PARAMAHANSA YOGĀNANDA
(5. siječnja 1893. – 7. ožujka 1952.)

ČOVJEKOVA VJEČNA POTRAGA

ZBIRKA GOVORA I ESEJA
O OSTVARENJU BOGA U SVAKODNEVNOM
ŽIVOTU

SVEZAK I.

PARAMAHANSA YOGĀNANDA

O OVOJ KNJIZI: *Čovjekova vječna potraga* prvi je dio *Zbirke govora i eseja* Paramahanse Yogānande koja sadržava zapise njegovih predavanja, neslužbenih govora i tekstova s tematikom duhovnosti. Većinu skupljenog materijala čine govori Sri Yogānande koje je održao u Međunarodnoj središnjici Self-Realization Fellowshipa ili jednom od hramova Self-Realization Fellowshipa koje je on bio osnovao. Tekstove je izvorno stenografski zabilježila Sri Daya Mata, jedna od prvih i najbližih Sri Yogānandinih učenica (ujedno i dugogodišnja predsjednica Self-Realization Fellowshipa sve do njezine smrti 2010.) i tako ih učinila dostupnim budućim naraštajima. Ovi tekstovi izvorno su bili objavljivani u časopisu *Self-Realization*, a zatim su sabrani u nekoliko antologijskih svezaka koji osim *Čovjekove vječne potrage* čine još knjige *The Divine Romance* i *Journey to Self-Realization*.

Naslov izvornika u engleskom izdanju
Self-Realization Fellowship, Los Angeles (Kalifornija):
Man's Eternal Quest

ISBN: 978-0-87612-232-7

Prijevod na hrvatski osigurao: Self-Realization Fellowship

Copyright © 2025 Self-Realization Fellowship

Sva prava pridržana. Osim kratkih navoda u recenzijama knjiga nijedan dio knjige *Čovjekova vječna potraga (Man's Eternal Quest)* ne smije se reproducirati, pohranjivati, prebacivati ili prikazivati u bilo kojem obliku (elektroničkom, mehaničkom ili nekom drugom) sada dostupnom ili poslije izumljenom – uključujući: fotokopiranje, snimanje i bilo koji sustav za pohranu i pristup – bez prethodnoga pisanog dopuštenja Self-Realization Fellowshipa, 3880 San Rafael Avenue, Los Angeles, California 90065-3219, U.S.A.

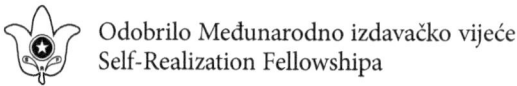

Odobrilo Međunarodno izdavačko vijeće Self-Realization Fellowshipa

Ime i zaštitni znak (prikazan) Self-Realization Fellowship pojavljuje se na svim knjigama, zvučnim i videozapisima te ostalim izdanjima SRF-a, što čitatelju jamči da je dano djelo izdalo društvo koje je osnovao Paramahansa Yogānanda i da kao takvo vjerno prenosi njegova učenja.

Prvo hrvatsko izdanje 2025.
First edition in Croatian, 2025
Tisak dovršen 2025.
This printing 2025

ISBN: 978-1-68568-215-6

1348-J8493

Self-Realization Fellowship posvećuje
našoj voljenoj predsjednici
SRI DAYA MATI
čija je ustrajna predanost u bilježenju
riječi našega gurua sačuvala
za nas i za buduće naraštaje
oslobađajuću mudrost i ljubav prema Bogu
Paramahanse Yogānande

DUHOVNO NASLIJEĐE PARAMAHANSE YOGĀNANDE

Sva njegova pisana djela, predavanja i neslužbeni govori

Paramahansa Yogānanda osnovao je 1920. Self-Realization Fellowship* s namjerom promicanja njegovih učenja diljem svijeta kako bi ih očuvao u cjelovitom i neizmjenjenom obliku za nadolazeće naraštaje. Započeo je s pisanjem i držanjem predavanja već ranih godina nakon svog dolaska u Ameriku. Tako je stvorio bogat opus djela o jogi kao znanosti meditacije, umijeću uravnoteženog života, a posebno je isticao osnovno jedinstvo svih svjetskih religija. Njegova jedinstvena i dalokosežna duhovna ostavština nastavlja nadahnjivati milijune ljudi u potrazi za istinom diljem svijeta.

Self–Realization Fellowship, sukldano izričitoj želji velikog duhovnog učitelja, i dalje neumorno radi na objavljivanju i novim izdanjima *Sabranih djela Paramahanse Yogānande*. Ovdje spadaju ne samo posljednja izdanja knjiga objavljenih još za njegova života, već i mnogi novi naslovi- djela koja su bila ostala neobjavljenja u vrijeme njegove smrti 1952., ili su izlazila u nastavcima tijekom godina u nepotpunom obliku u časopisu Self-Realization. Ovdje valja ubrojiti i stotine duboko nadahnutih predavanja i neformalnih izlaganja koja su bila zabilježena, ali ne i objavljena za njegova života.

Paramahansa Yogānanda je osobno odabrao svoje bliske učenike na čelu Izdavačkog vijeća Self-Realization Fellowshipa dajući im

---

* U prijevodu: „Udruga samoostvarenja". Paramahansa Yogananda objasnio je kako naziv *Self-Realization Fellowship* označava: udrugu, tj. povezanost s Bogom putem samoostvarenja, u prijateljstvu sa svim dušama koje su u potrazi za istinom. Vidjeti u rječniku pojmova i pod: *Ciljevi i ideali udruge Self-Realization Fellowship*.

posebne naputke u vezi s pripremom i objavljivanjem svojih učenja. Članovi Izdavačkog vijeća Self-Realization Fellowshipa (redovnici i redovnice koji su se doživotno zavjetovali da će slijediti put odricanja i nesebičnog služenja) s dubokim poštovanjem i pažnjom slijede te naputke kako bi univerzalna poruka ovoga voljenog svjetskog učitelja nastavila živjeti u svojoj punoj snazi i izvornosti.

Ime *Self-Realization Fellowship* i SRF-ov zaštitni znak (prikazan na stranici) osmislio je Paramahansa Yogananda kako bi jasno označavali organizaciju koju je on osnovao u svrhu duhovnog i humanitarnog rada diljem svijeta. To ime i simbol pojavljuju se na svim knjigama, audio i videoizdanjima Self-Realization Fellowshipa kao i na ostalim publikacijama, što čitatelju jamči da pred sobom ima originalno djelo poteklo od organizacije koju je utemeljio sâm Paramahansa Yogānanda i koje vjerno prenosi njegova učenja na način kako je on to zamislio.

– Self-Realization Fellowship

Sadržaj

Predgovor .... *xxi*
Uvod .... *xxiv*

Kako su prvi tragatelji pronašli Boga 1
Tri očitovanja Prirode *1*
Priča o Brahmi, Višnuu i Šivi *2*
Bog, Vrhovni Uzrok *3*
Dokazi o redu i skladu su posvuda *3*
Predanost i ispravno djelovanje privlače Božju pozornost *4*
Meditacija je najviši oblik djelovanja *7*
Jastvo je vaš spasitelj *8*
Razum daje čovjeku snagu u potrazi za Bogom *9*
Dva puta: aktivnost i meditacija *10*
Nebesa prepuna vječnog blaženstva bit će otvorena *11*

Univerzalnost joge 12
Slijepi ne mogu voditi slijepe *13*
Joga pretvara teologiju u praktično iskustvo *15*
Duša se mora ponovno uzdignuti do Boga *16*
Tajna sreće leži u svjesnosti o Božjoj prisutnosti *16*
Meditacija čini jogija *18*

Neograničena priroda Boga 20
Naš silazak iz beskonačnog u konačno *21*
Pravu prirodu Boga spoznaje se samo intuicijom *22*
Sotona je stvorio neznanje, uzrok svih patnji *23*
Meditacija uklanja maglu neznanja *25*
Bogu dajte prvenstvo u svojem srcu *26*
Probudite se iz noćne more patnje *30*
U jedinstvu s Bogom spoznajte da je život san *31*

Uslišane molitve 33

Sadržaj

 Molitva je potreba duše *34*
 U snazi volje leži zametak uspjeha *35*
 Spalite misli o „ne mogu" u svojem mozgu *36*
 Tražite društvo onih koji osnažuju vašu vjeru *37*
 Osigurajte svoj konačni put do nebesa *38*
 Osnažite volju koncentracijom *40*
 Tko će ustrajati sve dok Bog ne odgovori? *41*
 Vaša najveća potreba je Bog *42*
 Slijedite pravila molitve *43*

Preobrazba religije u znanost **45**
 Bog čeka na vaš poziv *46*
 Sve je stvoreno da vam razbije privid *47*
 Tražite jasno razumijevanje Istine *48*
 Joga čini religiju znanošću *49*
 Sotona nas navodi na misao da je Bog nedostižan *51*
 Meditacija je istinska religijska praksa *52*
 Meditacija je dokaz Božjeg postojanja *53*
 Potrebni su nam žar, tajnost, predanost i ustrajnost *53*

O prividu tvarnoga svijeta **55**
 Kemijski elementi materije su elektronske vibracije *56*
 Svemir je Božji san *58*

Čovjekova najveća pustolovina **60**
 Podrijetlo i moć pamćenja *61*
 Stvaranje – dvojna pustolovina Boga i čovjeka *62*
 Svijest prije rođenja *63*
 Dah života *64*
 Čovjek treba biti prijatelj samomu sebi *66*
 Prikriveni neprijatelji *66*
 Pripremite se za sve bitke *67*
 Važnost misaone snage *68*
 Najpotpunija zaštita je zajedništvo s Bogom *68*
 Cilj naše životne pustolovine *70*

Samoanaliza – ključ ovladavanja životom **72**
 Bez samoanalize čovjek je poput robota *72*
 Osobine iz prošlih života utječu na nas *73*

Što god učinite, možete poništiti 73
Misao stvara sve u svemiru 74
Snovi otkrivaju svemoć uma 75
Promijenite svoje misli 75
Uvjeti za sretan život: jednostavnost i uzvišeno razmišljanje 76
Usamljenost je cijena veličine 78

Liječenje neograničenom Božjom moći 79
Važan je uravnoteženi razvoj 80
Poštujte prirodne zakone i imajte više vjere u Boga 81
Voće, povrće i orašasti plodovi bolji su izbor od mesa 82
Očistite tijelo od štetnih tvari 83
Povećajte svoju prirodnu otpornost na bolesti 84
Možete produljiti svoj životni vijek 85
Moć osmijeha 86
Trajno izlječenje dolazi od Boga 86

Uklanjanje smetnje straha iz radioprijamnika uma 88
Svijet je samo misao u Božjem umu 89
Strah ne može ući u mirno srce 90
Biti oprezan, a ne uplašen 91
Tehnike za poništavanja straha 92
Strah prestaje u kontaktu s Bogom 92
Jedna misao može dovesti do spasenja 93

Nervoza - uzrok i lijek 95
Dalekosežne posljedice nervoze 95
Živčani sustav 96
Prevladavanje nervoze dobrim društvom 97
Smirenost je najbolji lijek 97

Fizičke i duhovne blagodati posta 99
Samokontrola – najpametniji put do zdravlja i sreće 101
Poznavanje pravog načina posta 101
Dobro djelovanje u svim okolnostima 103
Metafizička znanost u podlozi posta 103

Samoostvarenje: preduvjet religije 105
Duhovni razvoj mora biti usklađen s materijalnim napretkom 107

Sadržaj

Moja je jedina želja omogućiti vam uvid u Boga *108*
Potrebno je shvatiti značenje religije *109*
Istinska religija udovoljava zahtjevima vaše duše *110*
Koju god religiju izaberete, dobro je provjerite *111*
Spoznaja Boga zahtijeva napor i samodisciplinu *112*
Sve crkve trebale bi biti košnice zajedništva s Bogom *113*
Znanstvene metode potrebne za slijeđenje Prve zapovijedi ... *113*
Samoostvarenje pretvara uvjerenje u iskustvo *115*
Prakticirajte istinu meditacijom zbog zajedništva s Bogom ... *116*

Želja koja zadovoljava sve želje **117**
Božja djeca ne bi trebala prositi *118*
Opasnost neispunjenih želja *119*
Volite svoje neprijatelje *120*
Savjest će vam reći tko ste *120*
Čovjekovo izgubljeno blago je Bog *121*
Shvatite ozbiljno Boga, a ne život *122*
Naše želje oblikuje okolina *124*
Budite sigurni u dvorcu Božje prisutnosti *125*
Unutar sebe nosite pokretni raj *126*

U Bogu je sva sreća **128**
Bog mora doći onima koji Ga uistinu žele *129*
Boga tražite u osami *131*
Gledajte samo Boga *131*

Kako postati omiljeniji **133**
Privlačnost dolazi iznutra *134*
Vas se procjenjuje uglavnom prema vašem ponašanju *135*
U društvu budite iskreni i pažljivi *136*
Živite za druge, pa će i oni živjeti za vas *137*
Savršen sklad je Božji oltar *139*
Tražite Boga i budite pobjednik u životu *140*

Razvijanje osobnosti **143**
Intuicija razvija našu istinsku osobnost *145*
Čovjek može biti što god poželi *145*
Ne zaboravite nikada svoju pravu prirodu! *146*
Probudite svoju božansku osobnost *147*

Božansko umijeće stvaranja prijateljstva 149
Razvijajte prijateljstava iz prošlosti *150*
Kako biste privukli prijatelje, poboljšajte svoj karakter *150*
Budite prijatelj svima, kao što Bog to čini *151*
Univerzalno prijateljstvo počinje kod kuće *152*

Istinsko iskustvo duhovnog ushita 154
Neusporedivo vino duhovnog ushita *155*
Svijest je bezgranična *155*
Što je dokaz samoostvarenja? *156*
S onu stranu kaleidoskopa podsvijesti *157*

Tri staze do kozmičke svijesti 158
Koncentracija – nužan uvjet za pronalaženje Boga *159*
Nevidljivi izvor vidljivih svjetova *160*
Prva staza do kozmičke svijesti *162*
Druga staza *163*
Treća i najviša staza *163*

Budite nasmiješeni milijunaš 165
Iza mira stoji blaženstvo *165*
Smiješite se s Božjom ljubavi *166*
Meditirajte kako biste našli blaženstvo *167*
Kako isključiti vanjske dojmove *168*
Film stvaranja *170*
Ne sumnjajte u Boga, volite Ga *171*

Gospodine, neka nas obuzme Tvoja ljubav 172
Bog je Ljubavnik iza svih ljubavi *173*
Ne gubite vrijeme *174*
Obratite se Bogu kao svojem najbližem *175*

Upravljanje vašim novogodišnjim odlukama 177
Zatražite ponovno svoju izgubljenu božanskost *178*
Primijenite volju i rasuđivanje pri donošenju odluka *179*
Jeste li psihička okamina? *181*
Bujica božanske snage *182*
Najbolja odluka – posvetiti više vremena Bogu *184*

Sadržaj

Kako izaći na kraj s iskušenjima 185
Zašto su iskustva osjetila primamljiva 185
Navika je nemilosrdni diktator 186
Mudrost je čovjekova najbolja zaštita 187
Čak i ako ste najveći grešnik, zaboravite to 188
Učvrstite svoj um u božanskoj svijesti meditacije 190

Liječenje psihoalkoholizma 192
Pogrešne misli 193
Ispravni utjecaji 193
Sitni diktatori 194

Prevladavanje lošeg raspoloženja 196
Živimo u stakleniku 196
Neraspoloženje nastaje u praznom umu 198
Loše raspoloženje koči vaš napredak 199
Čarobni utjecaj iskrene ljubavi 200
Živite u svijetu čudesa 201
Kada zanemarimo Boga, u život ulazi strah 202

Reinkarnacija je znanstveno dokaziva 204
Znanstveni zakon 204
Kako su otkriveni duhovni zakoni? 205
Opuštanje u snu 206
Povlačenje toka struje 206
Začuđujući slučaj 207
Slijedite praksu 208

Reinkarnacija: putovanje duše prema savršenstvu 209
Važnost vremena 210
Način kako živimo ovaj život određuje što ćemo biti u sljedećem ... 211
Preispitajte se da shvatite kako se trebate mijenjati 213
Razlikujte unutarnje vrijednosti od vanjskog stanja 215
Razmjena duša između Istoka i Zapada 216
Veze iz prošlosti utječu na sadašnje sklonosti 217
Čisto srce – jasan uvid 219
Moramo usavršiti ljubav u najmanje jednom odnosu 220

Hoće li se Isus ponovno reinkarnirati? 221

Čovjekova vječna potraga

    Božanska pravda i zakon reinkarnacije..222
    Isus je u prošlom životu bio Elizej...223
    Krist svojim sljedbenicima dolazi kroz viđenje i u tjelesnom obliku..........224
    Svi će veliki avatari doći ponovno...226

Snolika priroda svijeta 229
    Materija proizlazi iz misli..230
    Ponos je najveća zapreka mudrosti..232
    Odvojite se od svojih iskustava...233
    Koncentrirajte se prije svega na Boga..234

Očitovanje prirode Boga kao Majke i Oca................................... 238
    Dio prvi: Majka..238
    Dio drugi: Otac..240
    Primjer je najbolji učitelj..240

Pogled na stvaranje očima koje vide 242
    Ograničenja fizičkih osjetila..244
    Beskonačne mogućnosti misli..245
    U svjesnosti Boga sve postaje krasno...247
    Ovaj je svijet privremeno mjesto...248
    Tragajte za Gospodinom skrivenim iza svega stvorenog.....................249

Nevidljivi čovjek... 252
    Istražite elektricitet koji osvjetljava tjelesnu žarulju..........................253
    Čovjekovo tijelo sastavljeno je od 35 Božjih misli.............................254
    Nevidljivi čovjek slobodan je od patnje i smrti.................................256
    Sve je rezultat jedne ideje...257
    Spoznajte svoju besmrtnost – sada...257

Što su duhovi?... 259
    Trojedna priroda čovjeka...260
    U trenutku smrti i dalje smo smješteni u astralna i kauzalna tijela........263
    Inteligencija prane stvara fizičko tijelo..264
    Smrti se ne treba bojati..265
    Moguć je svjesni ulazak i izlazak iz tijela.......................................267
    Moć crne magije u vašim je mislima...269
    Kozmički rat između dobra i zla..269
    Iskušenja Adama i Eve..271

Sadržaj

Slušajte samo Božji glas 272
Isus: Krist Istoka i Zapada **273**
   Istinska priroda Zvijezde Istoka 275
   Uvježbajte svoje srce da osjeti bratstvo među ljudima 278
   Bog ne voli kada Ga zaboravljamo 280
   Vizija Krista u Yogoda školi u Indiji 281
   Istina je sveobuhvatno iskustvo 282

Krist i Krišna: Avatari jedne Istine **284**
   Sveprožimajuća svijest 287
   Usklađenost pojmova: Bog i Trojstvo 289
   Zamke tjelesne svijesti 290
   Važnost života Krišne za suvremenog čovjeka 292
   Opća moralna pravila u svetim spisima 294
   Reinkarnacija u Giti i Bibliji 294
   Krist je rođen kao istočnjak kako bi ujedinio Istok i Zapad 295
   Vizija Krista i Krišne 296

Deset zapovijedi: Vječna pravila sreće **298**
   Deset vječnih pravila sreće 299

Kako ispravno procijeniti ljude **309**
   Fizički izgled kao procjena karaktera 310
   Emocije kao pokazatelj karaktera 311
   Smirenost uma kao ključ napretka 312
   Odlike životinja u čovjeka 313
   Intuicijom se najtočnije procjenjuju ljudi 314

Kako po volji biti sretan **316**
   Temelj svake reakcije 316
   Negativan i pozitivan mir 317
   Pijte iz dubine blaženstva 318

Koraci k univerzalnoj Kristovoj Svijesti **319**
   Psihološko širenje svijesti 321
   Svjesno, podsvjesno i nadsvjesno pamćenje 322
   Suosjećanje kao ključ Kristove Svijesti 323
   Metafizički put do Kristove Svijesti 324

xv

"Sinovi Božji" 325

Smiren um u nestalnom svijetu 327
Bol se opaža samo u umu 328
Možete se osloboditi diktata osjetila 329
Navike se počinju formirati u trećoj godini života 330
Čovjekov život uopće ne ovisi o tijelu 334
Ispravan pogled na smrt 335
Zračite mir i dobrotu 336
Dobro i zlo nastaju u umu 336
Kada duša naređuje, um se pokorava 337

Uravnotežen život (Liječenje psihičkih poremećaja) 339
Duhovna melankolija 340
Smetnje u duhovnoj probavi 340
Sijanje psihičke „divlje zobi" 340
Psihička prehlada 341
Psihološki katar 341
Psihičke fiksacije 341
Religiozna fiksacija 341
Potrebno je podučavanje duhovnih načela 342
Potrebne su nam škole utemeljene na načelu „kako živjeti" 343

Poticanje snage inicijative 345
Ne budite osoba s jednom konjskom snagom 346
Morate otkriti moć koja leži u vama 348
Održava vas beskrajna moć Gospodinova 349
Bog je stvorio svijet da vas zabavi 350

Tko je stvorio Boga? 351
Različita motrišta 352
Duh ne podliježe uzročnosti 353

Nedostajuća poveznica između svijesti i materije 355
Razlika između iluzije i varke 355
Velika iluzija kozmičkoga Maga 356
Kako je svijest postala materijom 357
Pogrešne misli zastiru savršeni Božji misaoni film 358
Volja kao izvor kozmičke energije 359

Sadržaj

Je li Bog Otac ili Majka? 361
   Bog je i otac i majka 363
   Intuitivna priroda čistog razuma i čistih osjećaja 365
   Viđenje Božanske Majke 366
   Kušnja vjere 368

Umijeće razvijanja pamćenja 371
   Razvijajte božansko pamćenje 372
   Utjecaj tjelovježbe na pamćenje 372
   Hrana koja jača moć pamćenja 373
   Vježbajte moć pamćenja 373
   Meditacija osnažuje pamćenje 374
   Pamtite dobra iskustva 375

Čovjekova vječna potraga 377
   Što čini uspješan život? 378
   Sreća je tvorevina našeg uma 378
   Biti sretan u svim okolnostima pravi je uspjeh 379
   Evolucijski napredak ljudi leži u snazi misli 380
   Primajte znanje izravno od Duha 380
   Čovjekova evolucija određena kozmičkim zakonom 381
   Bog je ispunjenje čovjekove vječne potrage 382
   Priroda prikriva Božju prisutnost 383
   Kako otkriti Duh 383
   Joga je znanstveni put do Boga 384
   Da biste dosegnuli Boga, vaša molitva mora biti snažna 386
   Praksa joge budi čežnju duše 386
   Svijet je igra slika svjetlosti 387
   Bog je naš jedini istinski cilj 387

Umijeće življenja 389
   Praktične metode za uravnoteženi razvoj 390
   Budite smireno aktivni i aktivno smireni 393

Navika – vaš gospodar ili rob? 394
   Je li robovanje navikama urođeno ili stečeno? 395
   Opozovite predsjednika Lošu Naviku i izaberite Dobru Naviku 396
   Za uspostavljanje navike, dobre ili loše, potrebno je vrijeme 397

Stvaranje i uništavanje navika vlastitom voljom 400
Zašto dopustiti da navike upravljaju vama? 403
Neka vas vodi mudrost, a ne običaji 404
Istinska sloboda nasuprot hirovite slobode 405
Pobijedite loše navike odlučnim – „neću" 405
Navike su mentalni nosači zvuka 406
Budite slobodni kao dijete Božje 407

Razvijanje dinamične volje 409
Mudrost i volja upravljaju tijelom i umom 411
Fiziološka volja – prvi izraz snage volje 411
Bez mudrosti volja postaje ovisna o navikama 412
Faze razvoja volje 414
Svijet će vas pokušati prevariti 416
Vaša snaga volje odražava sliku Boga 417
Ništa nije nemoguće uz dinamičnu volju 417

Tražite Boga – sada! 420
Ustrajnost je sva čarolija duhovnog uspjeha 421
Održavajte svakodnevni sastanak s Bogom 423
Kriya joga – vrhunski put do Boga 424
Pronaći Boga znači biti Mu vjeran 425

Zašto gubiti vrijeme? Bog je radost koju tražite 427
„Riječi moje neće proći" 427
Život je karavana 428
Iznimna važnost dobrog društva 429
Nikada nemojte zaboraviti Boga 429
Koračajte prema Kraljevstvu Gospodinovu 430
Udovoljite čovjeku udovoljavajući Bogu 431
Tražite Božje priznanje 433

Bog kao svjetlo i radost 436
Put do istinske slobode 437
Spoznaja Boga – izvor sve snage 437
Bog govori samo s pomoću Svojih poklonika 439
Bog – jedini guru 440
Plakao sam i molio se, danju i noću 441
Molite samo da spoznate Boga 442

Jesam li našao Boga? 443

Svrha života jest naći Boga 445
   Zanemarivati Boga nije pametno 446
   Romansa božanske ljubavi 449

Bog! Bog! Bog! (pjesma) 450

   Paramahansa Yogānanda: Jogi u životu i smrti 452
   Prigodne poštanske marke i kovanice u izdanju vlade Indije 453
   Dodatni izvori učenja Paramahanse Yogananande
      o tehnikama Kriya joge 454
   Lekcije Self-Realization Fellowshipa 455
   U izdanju Self-Realization Fellowshipa 456
   Ciljevi i ideali udruge Self-Realization Fellowship 464
   Rječnik 465

Fotografije

Naslovnica: Paramahansa Yogānanda u Mysoreu, Indija, 1935.

Paramahansa Yogānanda *(fotografija na početku knjige)*
Paramahansa Yogānanda u New Yorku, 1926. 5
Predavanja i tečajevi Paramahanse Yogānande u periodu 1920.-1935. 6
Paramahansa Yogānanda, 1926. 27
U ašramu Mahātme Gandhija u Wardhi 29
SRF 'Lake Shrine' i 'Gandhi World Peace Memorial' 29
Paramahansa Yogānanda ranih 1920-ih godina 306
Paramahansa Yogānanda u New York Cityju, 1926. 308
Paramahansa Yogānanda u Bijeloj kući, Washington D.C. 331
Paramahansa Yogānanda izražava dobrodošlicu
 indijskom veleposlaniku 1952. 331
Upravna zgrada u sklopu Međunarodne središnjice
 Self-Realization Fellowshipa 332

Predgovor

Sri Daya Mate (1914. – 2010.), treće predsjednice i duhovne čelnice Self-Realization Fellowshipa/Yogoda Satsanga Society of India.

Prvi sam put vidjela Paramahansu Yogānandu dok je govorio pred mnogobrojnom zanesenom publikom u Salt Lake Cityju. Bijaše to 1931. godine. Stajala sam u stražnjem dijelu krcate dvorane, posve paralizirana i nesvjesna ičega oko sebe osim govornika i njegovih riječi. Cijelo moje biće upijalo je mudrost i božansku ljubav koja se slijevala u moju dušu i natapala mi srce i um. Moja jedina misao bila je: „Ovaj čovjek voli Boga onako kako sam ja oduvijek čeznula da Ga volim. On doista *poznaje* Boga. Njega ću slijediti." I od tog trenutka to sam i činila.

Osjećajući preobražavajuću moć njegovih riječi tijekom ranih godina provedenih s Paramahansajijem, u meni se pojavio osjećaj prijeke potrebe da njegove riječi sačuvam za cijeli svijet, za sva vremena. Tijekom mnogih godina koje sam provela s Paramahansom Yogānandom imala sam svetu i radosnu povlasticu zapisivati njegova predavanja, lekcije, mnoge neformalne razgovore te osobne savjete – to doista golemo bogatstvo čudesne mudrosti i ljubavi prema Bogu. Vođen inspiracijom Gurudeva znao je govoriti iznimno brzo i bez stanke katkad i sat vremena. Slušatelji bi sjedili zaneseni, a moja je olovka letjela! Bilježeći njegove riječi u skraćenicama, kao da je posebna milost dopuštala trenutačno prevođenje Guruova glasa u skraćene znakove na stranici. Njihov prijepis bio je blaženi zadatak koji se nastavio do današnjeg dana. Čak i nakon tako mnogo vremena – a neke od mojih bilješki napisane su prije više od četrdeset godina – kada ih počnem prepisivati one su čudesno svježe u mojem umu, kao da su bile zapisane jučer. Čak mogu u sebi čuti izgovor i zvuk Gurudevova glasa u svakoj pojedinoj rečenici.

Učitelj je rijetko radio čak i najmanju pripremu za svoja

predavanja; ako bi uopće nešto i pripremio, to je bilo samo nekoliko natuknica zapisanih na brzinu. Često bi tijekom vožnje do hrama upitao nekoga od nas: „Koja mi je danas tema?" Usmjerio bi svoj um na to i zatim održao izvanvremensko predavanje iz unutarnjeg spremnika božanskoga nadahnuća.

Teme Gurudevovih propovjedi u hramovima bile su definirane i objavljene unaprijed. No katkad je znao posve promijeniti sadržaj nakon što bi počeo govoriti. Bez obzira na „zadanu temu", iz Učitelja bi progovorile istine dok je zaranjao u svoju svijest i u tom trenutku izlijevao neprocjenjivu mudrost u neprekinutom toku obilja svojeg duhovnog iskustva i intuitivne percepcije. Skoro uvijek bi mu, na kraju takve službe, mnogi ljudi prišli i zahvaljivali što im je objasnio problem koji ih je mučio ili što im je objasnio neku filozofsku temu koja ih je osobito zanimala.

Ponekad bi tijekom predavanja Guruova svijest bila toliko uzdignuta da je trenutačno zaboravio na publiku i razgovarao izravno s Bogom; njegovo cijelo biće bilo je preplavljeno božanskom radošću i opojnom ljubavlju. U tim višim stanjima svijesti njegov um bio je potpuno sjedinjen s Božanskom Sviješću i opisivao je ono što vidi. U nekim prilikama Bog mu se pojavljivao kao Božanska Majka ili u nekom drugom očitovanju; nekad bi mu u viđenje došli jedan od naših velikih Gurua, ili drugi sveci. U takvim prilikama i publika je duboko osjećala posebne blagoslove darovane svim prisutnima. Tijekom jedne takve „posjete" svetog Franje Asiškog, kojeg je Gurudev duboko volio, Učitelj je bio nadahnut da sklada prekrasnu pjesmu: „Bog! Bog! Bog!"

Bhagavad Gita opisuje prosvijetljenog učitelja ovim riječima: „Jastvo sjaji poput sunca u onih koji su mudrošću protjerali neznanje" (V:16). Duhovno zračenje Paramahanse Yogānande moglo bi izazvati zadivljujuće strahopoštovanje da ga nije uokvirivala ljudska toplina, prirodnost i tiha poniznost što je na sve djelovalo umirujuće. Svatko u publici osjećao je da Gurudev govori upravo njemu osobno. Učitelj je imao i izraziti smisao za humor kojim je također osvajao ljude. Nekom posebnom frazom, gestom ili izrazom lica znao je u publici izazvati snažnu reakciju srdačnog smijeha, u prikladnom trenutku, kada trebaju dobiti i sa sobom ponijeti pouku, ili kako bi opustio svoje slušatelje nakon duge i intenzivne koncentracije vezane uz posebno duboku temu.

Nemoguće je na stranice knjige prenijeti jedinstvenost i univerzalnost živopisne snage i osobnosti pune ljubavi kakvu je imao Paramahansa Yogānanda. Ipak, skromno se nadam kako sam u ovom kratkom predstavljanju uspjela pružiti osobni pogled koji će obogatiti čitateljevo uživanje i poštovanje govora predstavljenih u ovoj knjizi.

Kakva li je samo radost što sam mogla vidjeti svojeg Gurudeva u božanskom zajedništvu; čuti duboke istine i pobožne izljeve iz njegove duše; što sam ih bilježila kako bi bili sačuvani kroz stoljeća i koja sada mogu podijeliti sa svima vama! Neka Učiteljeve uzvišene riječi širom otvore vrata nepokolebljive vjere u Boga, prodube ljubav za toga Jednoga koji je naš voljeni Otac, Majka i vječni Prijatelj.

Daya Mata

Los Angeles, Kalifornija,
svibnja 1975.

Uvod

Čovječanstvo je zaokupljeno vječnim traganjem za onim 'nečim drugim' za koje se nada da će mu donijeti potpunu i beskrajnu sreću. Za one individualne duše koje su krenule tim putem i pronašle Boga, potraga je završena: On je to Nešto Drugo.

– Paramahansa Yogānanda

Ovaj svezak govora Paramahanse Yogānande namijenjen je svima koji su ikada doživjeli razočaranje, nezadovoljstvo, obeshrabrenje, tugu ili neispunjenu duhovnu čežnju. Namijenjen je onima koji su se dali u potragu za razumijevanjem tajne života; onima koji su u srcu sačuvali neizvjesnu nadu o stvarnosti Boga i mogućnosti da Ga se spozna; namijenjen je i onima koji su se u svojim traganjima već okrenuli prema Bogu. Neka ovaj svezak za svakog čitatelja bude zraka božanskog svjetla na putu koja donosi novi život, nadahnuće i osjećaj pravog smjera. Bog predstavlja sve, za sve ljude.

Čovjekova vječna potraga je knjiga o Bogu: o Njegovu mjestu u ljudskom životu; o njegovim nadama, volji, težnjama i postignućima. Život, čovjek, postignuće – sve su to samo očitovanja jednoga sveprisutnog Stvoritelja, neodvojivo ovisni o Njemu, baš kao što su valovi ovisni o oceanu. Paramahansaji objašnjava zašto i kako je Bog stvorio čovjeka, kako je čovjek uvijek i oduvijek dio Boga i što to znači za svakog pojedinca osobno. Spoznaja jedinstva čovjeka i njegova Stvoritelja jest sama bit joge. Razumijevanje čovjekove neizbježne potrebe za Bogom, u svakom vidu života, uklanja nestvarnost drugog svijeta o kojem govori religija i spoznaju Boga temelji na znanstvenom i praktičnom pristupu životu.

Kao Božji čovjek i kao autoritet za drevnu božansku znanost joge, Paramahansa Yogānanda je primio najviša priznanja od svojih duhovnih suvremenika i od čitatelja njegovih djela iz svih dijelova svijeta – od književne i opće javnosti, jednako kao i od njegovih sljedbenika. Činjenica da je najveću pohvalu primio i od Vrhovnog Autoriteta uvelike potvrđuju očiti Božji blagoslovi u njegovu uzornom životu i beskrajno lijepi te jedinstveno poučni odgovori koje je primao od Boga u vizijama i božanskom zajedništvu. Sljedeći komentar u *Review of Religions*, u izdanju Columbia University Pressa, jedna je od tipičnih pohvala koje je Paramahansa Yogānanda primio za svoje ranije djelo, *Autobiografija jednog jogija*: „Ništa što je dosad objavljeno na engleskom ili bilo kojem drugom jeziku ne može se mjeriti s onim što o jogi piše u ovoj knjizi. *The San Francisco Chronicle* je pak napisao: „Yogānanda uvjerljivo zastupa jogu, a oni koji su 'došli s namjerom ismijavanja vjere', ostaju 'kako bi se molili'". Citat iz *Schleswig-Holsteinische Tagespost*, Njemačka: „Ovoj se knjizi mora priznati snaga koja može dovesti do duhovne revolucije." Swami Sivananda, osnivač Divine Life Society, iz Rishikesha u Indiji, rekao je o Paramahansi Yogānandi sljedeće: „Rijetki dragulj od neprocjenjive vrijednosti, kojemu je svijet još uvijek svjedok, Paramahansa Yogānanda idealni je predstavnik drevnih mudraca i vidovnjaka, slava Indije." Njegova Svetost Shankaracharya iz Kanchipurama, časni duhovni vođa milijuna u Južnoj Indiji, napisao je o Paramahansajiju: „Kao blistavo svjetlo usred mraka, takva je bila Yogānandina prisutnost u ovom svijetu. Takve velike duše vrlo rijetko dolaze na zemlju, samo kada je stvarno velika potreba među ljudima. Zahvalni smo Yogānandi za širenje hinduističke filozofije na tako prekrasan način u Americi i na Zapadu."

Paramahansa Yogānanda rođen je u Indiji, 5. siječnja 1893. Imao je osobito djetinjstvo koje je jasno upućivalo na to da je njegov život predodređen za božansku sudbinu. Njegova je majka to prepoznala i ohrabrivala njegove plemenite ideale i duhovne težnje. Kada mu je bilo samo jedanaest godina, izgubio je majku, koju je volio iznad svega drugoga na ovome svijetu, što je učvrstilo njegovu unutarnju odlučnost da nađe Boga i od Samog Stvoritelja primi odgovore za kojima vapi svako ljudsko srce. Postao je učenik velikog *jnanavatara* (utjelovljenja mudrosti) Swamija Sri Yukteswar Girija. Sri Yuktewar je bio jedan iz niza uzvišenih gurua s kojim je Yoganandaji bio povezan od rođenja: Sri Yoganandini roditelji bili su učenici Lahirija Mahasaye, gurua Sri Yukteswara. Lahiri Mahasaya je Paramahansajija kao novorođenče u naručju svoje majke blagoslovio i prorekao: „Majčice, tvoj sin će biti jogi. Kao duhovni motor, on će mnoge duše odvesti u Božje kraljevstvo." Lahiri Mahasaya je bio učenik Mahāvatara Babajija, besmrtnog učitelja koji je u ovom dobu oživio drevnu znanost *kriya joge* – tehnike meditacije i umijeća življenja koja vodi do jedinstva duše s Bogom. Vrijednost ove duhovne tehnike ističe Bhagavan Krišna u Bhagavad Giti i Patanjali u *Yoga Sutrama*. Mahāvatar Babaji je svetu *kriyu* otkrio Lahiriju Mahasayi, koji ju je pak prenio Sri Yukteswaru, a ovaj je u *kriyu* inicirao Paramahansu Yogānandu.

Kada je 1920. nastupilo vrijeme za početak njegove svjetske misije širenja znanosti joge koja oslobađa dušu, Mahāvatar Babaji rekao mu je za božansku odgovornost koju treba preuzeti. „Ti si onaj koga sam izabrao da širi poruku *kriya joge* na Zapadu. Davno prije sam sreo tvojeg gurua Yukteswara na *Kumbha Meli*; rekao sam mu tada da ću mu poslati tebe za učenika. *Kriya joga*, znanstvena je tehnika spoznaje Boga i ona će se u konačnici proširiti svim zemljama i pomoći u uspostavi sklada među narodima putem čovjekove osobne, transcendentalne percepcije Beskonačnoga Oca."

Paramahansa Yogānanda započeo je svoje poslanje u Americi kao delegat na Međunarodnom kongresu vjerskih liberala u Bostonu 1920. Više od deset godina putovao je uzduž i poprijeko kontinenta, govoreći gotovo svakodnevno mnogobrojnoj publici u mnogim od najvećih dvorana u zemlji – od njujorškog Carnegie Halla do filharmonijske dvorane u Los Angelesu. U novinama *Los Angeles Times* 28. siječnja 1925. moglo se pročitati: „Filharmonijska dvorana pružala je nesvakidašnji prizor u kojem su tisuće ljudi... ostale ispred ulaza sat vremena prije najavljenog početka predavanja u dvorani od 3000 sjedala ispunjenoj do posljednjeg mjesta. Swami Yogananda je senzacija. Indijac u pohodu na Sjedinjene Države kako bi ljudima približio Boga... propovijedajući samu srž kršćanskog nauka." Zapadni svijet doživio je nemalo otkrivenje kako je joga – koju je Sri Yogananda tako elokventno objašnjavao i jasno tumačio – univerzalna znanost i da je kao takva doista „u srži" svih istinskih religija.

Uvod

U Los Angelesu je 1925. g. Paramahansa Yogānanda utemeljio Međunarodnu središnjicu Self-Realization Fellowshipa (SRF), udruge koju je bio osnovao u Indiji 1917. pod nazivom Yogoda Satsanga Society of India.

U drugoj polovini 30-ih godina prošlog stoljeća Paramahansaji je postupno prestao održavati javna predavanja diljem zemlje. „Ne zanima me biti usred gomile ljudi", rekao je, „već okružen dušama koje ozbiljno žele spoznati Boga." Nakon toga, usredotočio je svoje napore na držanje nastave za ozbiljne studente, a govorio je uglavnom u svojim SRF hramovima i međunarodnoj središnjici. Ovaj svezak sadržava govore koje je održao uglavnom tijekom tog razdoblja.

Paramahansa Yogānanda često je znao proročanski govoriti: „Ja neću umrijeti u krevetu, nego u cipelama, govoreći o Bogu i Indiji". Dana 7. ožujka 1952. proročanstvo se ispunilo. Na prijmu u čast indijskog veleposlanika, Binaya R. Sena, Paramahansaji je bio pozvani govornik. Održao je govor koji je dirao u dušu, zaključivši svoje obraćanje riječima iz pjesme koju je napisao – „Moja Indija": „Tamo gdje Ganges, šume, himalajske špilje i ljudi sanjaju Boga – ja sam posvećen; moje je tijelo dotaknulo to tlo!" Tada je pogledao prema gore i ušao u *mahasamadhi*, svjesni odlazak iz tijela svojstven naprednim jogijima. Umro je baš kako je i živio, potičući sve na spoznaju Boga.

Guruovi govori iz ranijeg razdoblja njegova služenja bili su zabilježeni samo djelomično. No kada je Daya Mataji 1931. postala učenica Paramahanse Yogānande, preuzela je taj sveti zadatak, vjerno zapisujući za buduće naraštaje sve Guruove govore i predavanja. Ovaj svezak je samo jedan dio toga: prema uputama samoga Paramahanse Yogānande, mnogi prijepisi – osobito oni koji sadržavaju pojedinačnu obuku u vezi s izvođenjem tehnika meditacije i načela joge namijenjeni redovnim studentima SRF-a – skupljeni su zajedno s još nekim njegovim tekstovima u niz *SRF Lekcija*. Dio njegovih govora redovito se objavljuje u člancima u časopisu *Self-Realization*. Drugi dio antologije pod nazivom *The Divine Romance* i treći svezak *Journey to Self-Realization*, upotpunjuju prvi svezak *Čovjekova vječna potraga*.

Budući da je većina govora koji su uvršteni u ovu knjigu bila namijenjena publici upoznatoj s učenjima SRF-a, za širu publiku korisna su neka objašnjenja pojmova i filozofskih zamisli. U tu svrhu uključene su mnoge fusnote, kao i rječnik koji objašnjava određene sanskrtske riječi, filozofske pojmove, informacije o događajima, osobama i mjestima vezanima uz život i rad Paramahanse Yogānande. Ako čitatelj naiđe na neki nepoznati pojam, on ili ona može se po želji konzultirati s rječnikom. Napominjemo da navodi iz Bhagavad Gite u ovom svesku potječu iz prijevoda samoga Paramahanse Yogānande. On ih je preveo sa sanskrta ponekad doslovno, a ponekad u parafrazama, ovisno o kontekstu teme njegova govora. Većina navoda iz Gite u ovom izdanju Čovjekove vječne potrage, naslanja se na Paramahansajijev opsežni prijevod i komentar Bhagavad Gite: *Bog razgovara s Arđunom – Bhagavad Gita: kraljevska znanost o spoznaji Boga* (u izdanju SRF-a iz 1995.) U govorima u kojima je slobodnije prevodio dijelove Gite, kako bi naglasio određenu točku, parafraze su zadržane i navedene kao takve u fusnotama.

Paramahansa Yogānanda je mogao reći, s Isusom: „Nemojte misliti da sam došao ukinuti Zakon ili Proroke! Ne dođoh da ih ukinem, već da ih ostvarim." (Mt, 5:17). Paramahansaji je poštovao sve religije i njihove osnivače, a poštovao je i sve iskrene tragatelje Boga. Dio njegova svjetskog poslanja je „otkriti potpun sklad i temeljno jedinstvo izvornog kršćanstva kako ga je naučavao Isus Krist i originalne joge kako ju je naučavao Bhagavan Krišna." (Vidi *Ciljevi i ideali udruge Self-Realization Fellowship*). Umjesto da se bavi dogmama koje izazivaju vjerski razdor, Paramahansaji je pokazao kako praksa joge vodi unutarnjoj usklađenosti s Bogom što je univerzalni temelj svih religija. Apstrakcije religijskog teoretiziranja blijede pred stvarnim iskustvom Boga. Istinu nitko ne može u potpunosti dokazati nijednom tragatelju; međutim, prakticiranjem joge, onaj koji teži istinskoj duhovnosti može samomu sebi dokazati istinu na temelju vlastitog iskustva.

Bog jest; svaki čovjek koji Ga bude iskreno tražio, spoznat će Ga. Čovjekova životna snaga dolazi od Boga. Paramahansaji je stoga isticao kako spoznaja Boga nije samo privilegij i božanska dužnost, nego i praktična nužnost. Zašto bi čovjek trebao puzati u vlastitoj nedovoljnosti, kada može dotaknuti Izvor sve snage i ispunjenja?

Mudrost u ovoj knjizi nije stečena na sveučilištu, to je empirijsko svjedočanstvo dinamične duhovne osobe čiji je život bio ispunjen unutarnjom radošću i vanjskim postignućima, svjetskoga učitelja koji je živio ono što je podučavao, *Premavatar* čija je jedina želja bila dijeliti Božju mudrost i ljubav sa svima.

Self-Realization Fellowship
Los Angeles, Kalifornija

Čovjekova vječna potraga

Kako su prvi tragatelji pronašli Boga

*Međunarodna središnjica Self Realization Fellowshipa,
Los Angeles, Kalifornija, 11. studenoga 1934.*

Lako je shvatiti kako je čovjek započeo djelatnost na području medicine. Doživljavao je fizičku patnju i zato se dao u potragu za različitim načinima liječenja. No kako je počeo tražiti Boga? To pitanje zahtijeva malo dublje promišljanje.

U indijskim svetim spisima zvanim *Vede** nalazimo najraniju istinsku zamisao o Bogu. U njima je Indija svijetu dala vječne istine koje su odoljele testu vremena.

Svakog izumitelja pokreće materijalna potreba – „nužnost je majka izuma". Na sličan su način, iz nužnosti, drevni indijski *rišiji*† postali gorljivi duhovni istraživači. Otkrili su da bez unutarnjeg zadovoljstva nikakve vanjske povoljne okolnosti ne mogu donijeti trajnu sreću. Kako onda netko može doista biti sretan? To je problem koji su mudri ljudi Indije odlučili riješiti.

Tri očitovanja Prirode

Štovanje Boga u pretpovijesnim vremenima počelo je zbog čovjekova straha od snaga prirode. Kada je odveć kišilo, u poplavama je stradavalo mnogo ljudi. Prestrašen, čovjek je mislio da su kiša, vjetar i druge snage prirode zapravo bogovi.

Poslije je shvatio da priroda djeluje na tri načina: stvaralački,

---

* Od sanskrtske riječi *vid*, „znati". Vede obuhvaćaju opsežne spise od 100.000 stihova. Njihovo podrijetlo gubi se u prošlosti. Vede su se usmeno prenosile tisućljećima. Prema tradiciji, prosvijetljeni mudrac Vyasa, koji je živio u vrijeme Bhagavana Krišne (vidi rječnik), skupio je i razvrstao *Vede* u njihovu sadašnjem obliku: Rig Veda, Sama Veda, Yajur Veda i Atharva Veda.

† Doslovno „vidovnjaci, proroci". *Rišiji* su bili nadahnuti pojedinci kojima su Vede bile predane otkrivenjem u nedokučivoj prošlosti.

održavajući i razarajući. Val koji se diže iz oceana primjer je stvaranja; dok na trenutak ostaje tako izdignut u krilu mora očituje održavanje, a zatim ponire natrag u dubinu te se razara i nestaje.

Baš kao što je Isus opažao univerzalne snage zla otjelovljene u Sotoni, tako su veliki *rišiji* univerzalne snage stvaranja, održanja i razaranja otjelovljene uklopili u određene oblike. Drevni mudraci nazvali su ih Brahma – Stvoritelj, Višnu – Zaštitnik i Šiva – Razarač. Te primarne snage stvorene su kao izrazi neočitovanog Duha kako bi nastala Njegova beskrajna drama stvaranja, pri čemu On, kao Bog izvan stvaranja, ostaje uvijek skriven iza njihove svijesti. U vrijeme kozmičkog razaranja, sve stvaranje i njegove goleme životvorne snage rastapaju se i vraćaju natrag Duhu. Ondje nalaze smiraj dok ih Veliki Redatelj ponovno ne vrati na pozornicu Svemira.*

Priča o Brahmi, Višnuu i Šivi

U Indiji je popularna priča o Brahmi, Višnuu i Šivi. Jedan drugome hvalisali su se svojim golemim moćima. Odjednom pred njima iskrsne maleni dječak i upita Brahmu: „Što stvaraš?" „Sve", odgovori mu Brahma znakovito. Dječak zatim upita druga dva boga što oni rade. „Mi sve održavam i uništavamo", odgovore mu.

Maleni posjetitelj u ruci je držao slamčicu, veličine čačkalice. Stavio ju je pred Brahmu i upitao: „Možeš li stvoriti ovakvu slamčicu?" Nakon golema napora, Brahma je začuđeno otkrio da ne može. Mališan se tada okrene Višnuu i zamoli ga da sačuva slamčicu, koja se polako počela raspadati pred dječakovim prodornim pogledom. Višnuovi napori da sačuva slamku bili su neuspješni. Naposljetku maleni stranac ponovno stvori slamčicu i zatraži od Šive da je uništi. No uz sve Šivine pokušaje, slamčica je ostala netaknuta.

Dječak se tada ponovno okrene prema Brahmi i upita ga: „Jesi li ti stvorio mene?" Brahma je mislio i mislio, ali nikako se nije mogao sjetiti je li ikada stvorio to čudnovato dijete. Iznenada, dječak nestade. Tri boga trgnu se iz svojih iluzija i sjete se da je iza njihove moći Veća Moć.

---

* Pravi su mudraci (poznavatelji)... koji razumiju Dan Brahme, koji traje tisuću ciklusa (*yuga*) i Noć Brahme, koja također traje tisuću ciklusa. U osvit Brahmina Dana sve stvoreno ponovno se rađa, izranjajući iz stanja neočitovanog postojanja; u sumrak Brahmine Noći sve stvoreno tone u san nepostojanja". (Bhagavad Gita VIII:17-18)

Bog, Vrhovni Uzrok

U zapadnom svijetu ideja Boga razvijala se na temelju zakona uzroka i posljedice. Čovjek može izrađivati predmete od različitih prirodnih materijala, oblikovati ih u skladu sa zamišljenom idejom; stoga se razumski zaključilo da je cijeli ovaj univerzum stvoren od ideja. To je potaknulo razmišljanja da je sve postojalo najprije kao ideja. Netko je morao stvoriti tu prvu ideju ili kozmički plan. Tako su na temelju zakona uzroka i posljedice inteligentni pojedinci zaključili da mora postojati Vrhovni Uzrok.

Znanost zastupa stajalište da se sva materija sastoji od nevidljivih građevnih blokova – elektrona i protona – baš kao što je kuća izgrađena od cigli. No nitko ne može reći zašto su neki elektroni i protoni postali drvo, drugi ljudska kost i sl. Koja ih Inteligencija vodi? Taj smjer razmišljanja otvara prostor za Boga čak i u materijalističkim znanstvenim teorijama o prirodi i pojavnom svijetu. Mudraci Indije kažu da sve proizlazi iz jednog izvora i u njega se vraća, a taj je izvor Bog.

Dokazi o redu i skladu su posvuda

Shvativši da je svako ljudsko biće sazdano od materije i misli, najraniji zapadni mislioci vjerovali su da postoje dvije neovisne snage: priroda i um. Zatim su se zapitali: „Zašto je sve u prirodi posloženo na određen način? Zašto jedna čovjekova ruka nije duža od druge? Zašto se zvijezde i planeti ne sudaraju? Posvuda u svemiru postoje dokazi o redu i skladu." Zaključili su da um i materija ne mogu biti odvojeni i neovisni, nego ih mora voditi jedna Inteligencija. Ovaj zaključak prirodno je doveo do ideje da postoji samo jedan Bog, koji je oboje – i Uzrok materije i Inteligencija u njoj te izvan nje. Onaj tko postigne krajnju mudrost shvaća da je u svojoj biti sve Duh iako skriven u vidljivom svemiru. Kad biste imali razvijenu mogućnost uvida, vidjeli biste Boga u svemu. Sljedeće je pitanje – kako su Ga našli prvi tragatelji?

Kao prvi korak, zatvorili su oči kako bi isključili neposredni susret sa svijetom materije i potpunije se usmjerili na otkrivanje Inteligencije u pozadini svega. Zaključili su da ne mogu doživjeti Božju prisutnost u prirodi s pomoću pet ljudskih osjetila. Stoga su Ga pokušali osjetiti u sebi sve dubljom i dubljom koncentracijom.

Nakraju su otkrili način kako isključiti svih pet osjetila i privremeno prekinuti svijest o materiji. Počeo im se otvarati unutarnji svijet Duha.* Tim velikanima drevne Indije koji su beziznimno ustrajali u unutarnjim istraživanjima – Bog se naposljetku otkrio.

Predanost i ispravno djelovanje privlače Božju pozornost

Sveci su postupno svoje zamisli o Bogu zamijenili samim poimanjem Boga. Upravo to i vi morate učiniti želite li Ga spoznati. Ne posvećujete dovoljno vremena molitvi. Najprije treba razviti pravo poimanje Boga – jasnu ideju s pomoću koje možete uobličiti odnos s Njim – a zatim treba meditirati† i moliti se, sve dok se taj misaoni oblik ne pretvori u stvaran prikaz. Tada ćete Ga spoznati. Ako ustrajete, Gospodin će vam doći. Tragatelj Srca želi samo vašu iskrenu ljubav. On je kao malo dijete: netko Mu može ponuditi sve svoje bogatstvo, ali On to ne želi; dok drugi vapi za Njim: „O, gospodine, ja Te volim!" i On će u njegovo srce jednostavno doletjeti!

Nemojte tražiti Boga sa skrivenim motivima, nego Mu se molite predano – bezuvjetnom, samo na Njega usmjerenom, postojanom predanošću. Kada vaša ljubav prema Njemu bude velika kao vezanost za vaše smrtno tijelo, On će vam doći.

U pronalaženju Gospodina predanost je važnija od djelovanja. Neki kažu: „Bog je Snaga; zato djelujmo snažno." Ako činite dobro, a Gospodin vam je pritom uvijek na prvome mjestu, dosegnut ćete Ga. No postoji pogrešno jednako kao i ispravno djelovanje, čak i u činjenju dobra. Gorljivi crkvenjak koji dovodi sve više i više ljudi u svoju zajednicu samo da zadovolji vlastiti ego, takvim djelovanjem ne udovoljava Bogu. Prva želja u svakome srcu trebala bi biti spoznaja prisutnosti Božanskog Stanara koji ondje boravi.

Tek kada uporno i nesebično svako djelo činite s ljubavlju i nadahnutim mislima o Bogu, On će vam doći. Tada ćete shvatiti da ste zapravo Ocean Života koji se prelijeva u maleni val pojedinačne

---

* „... jer kraljevstvo je Božje među vama". (Lk, 17:21)

† Meditacija je poseban oblik koncentracije u kojem se znanstvenim tehnikama joge pozornost oslobađa nemirnih stanja tjelesne svijesti i nepokolebljivo usmjerava prema Bogu. Meditacija je usredotočeni tok čovjekove pozornosti i svijesti prema zajedništvu i jedinstvu s Bogom.

Paramahansa Yogānanda u New Yorku, 1926.

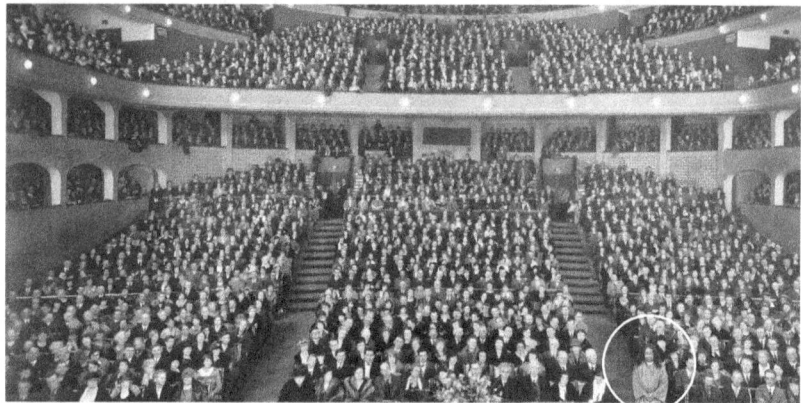

U razdoblju od 1920. do 1935. Paramahansa Yogānanda održao je javna predavanja i radionice pred mnogobrojnom publikom u većim gradovima diljem Sjedinjenih Država. *The Los Angeles Times* je izvijestio: „Dvorana filharmonije pružala je nevjerojatan prizor tisuća ljudi koje nisu mogle ući sat vremena prije najavljenog početka predavanja... Swami Yogānanda prava je atrakcija. Indijac u pohodu na Sjedinjene Države koji govori o Bogu usred kršćanske zemlje, propovijedajući samu bit kršćanskog nauka."

egzistencije. Tako se Gospodin spoznaje djelovanjem. Ako na početku svakog djelovanja najprije o Njemu razmišljate, to činite tijekom rada i nakon što ste posao završili, On će vam se otkriti. Morate raditi, ali pustite Boga da radi kroz vas; to je najveća predanost. Ako neprekidno razmišljate da On hoda vašim nogama, radi vašim rukama i sve postiže vašom voljom, spoznat ćete Ga. Također, treba razviti rasuđivanje kako bi prednost dali duhovnoj, s Bogom usklađenoj aktivnosti, u odnosu na rad koji se obavlja bez ijedne misli o Njemu.

Meditacija je najviši oblik djelovanja

Međutim, važnija od vaše aktivnosti, predanosti ili prosuđivanja je meditacija. Uistinu meditirati znači koncentrirati se isključivo na Duh. To je ezoterijska meditacija. To je najviši oblik aktivnosti koju čovjek može obavljati i najuravnoteženiji način za pronalaženje Boga. Radite li po cijele dane, postajete toliko zaokupljeni poslom i Njega ćete izgubiti iz vida zbog posvećenosti svojim dužnostima; ako Ga pak tražite samo mislima i prosuđivanjem, možete se izgubiti u labirintima beskrajnih razmišljanja; ako njegujete samo predanost Bogu, vaš razvoj ostat će samo na emocionalnoj ravni. No meditacija ujedinjuje i usklađuje sve te pristupe.

Raditi, jesti, hodati, smijati se, plakati, meditirati – samo za Njega, to je najbolji način života. Ako Mu budete služili, ako Ga budete voljeli i živjeli tako da ste s Njim u kontaktu, to će vam donijeti istinsku sreću. Sve dok dopuštate željama i slabostima fizičkog tijela da kontroliraju vaše misli i djelovanje, nećete Ga naći. Uvijek budite gospodar svojeg tijela. Kada sjedite u crkvi ili hramu, možda katkad osjetite pobožnost i dobijete kakav uvid, no to nije dovoljno. Ezoterijska meditacija je nužna želite li biti svjesni Njegove prisutnosti.

Možda mislite da ću se tijekom dva sata meditacije nasmrt dosađivati. Naprotiv, ne bih mogao naći ništa na svijetu tako zanosno i opojno kao što je taj moj Bog. Kada pijem to staro vino svoje duše, srce mi kuca nebeskom srećom. Božanska radost je u svima nama. Sunčeve zrake jednako obasjavaju ugljen i dijamant, no dijamant odražava svjetlost. Takvi su i umovi koji poznaju Duh i njime zrače.

U ezoterijskoj meditaciji, dakle, leži tajna spoznaje Boga. Ne okrivljujem vas za ono što radite, nego za ono što ne radite. Mislite da nemate vremena za Boga. Pretpostavimo da je Gospodin previše zauzet da pazi na vas? Što onda? Preusmjerite svoje misli iz lažnog privida osjetila i navika. Zašto se zavaravati njima? Ja vas upućujem na zemlju mnogo ljepšu od ičega što ovdje ikada možete i zamisliti. Govorim vam o sreći koja će vas prožimati noću i danju – nećete trebati osjetilne napasti da vas očaraju. Disciplinirajte tijelo i misli. Kontrolirajte osjetila. Nađite Boga!

Često kažem da je tijelo telefonska centrala, a pet osjetila njezini telefonski uređaji. S pomoću njih sam u dodiru sa svijetom; ali kad ne želim komunicirati, isključim svojih pet osjetila i živim u neizrecivoj radosti Boga. Nebeski Otac ne želi da vi, Njegova djeca, i dalje patite. Osjetilni lažni privid u kojem živite mora biti prevladan. Trebali biste shvatiti Boga kao najvišu životnu potrebu. Slomite okove ograničenja, mračnih navika i dnevnih rutina. Ne osuđujem nijednog čovjeka – samo ljudsku nevjeru i zaboravljanje na Boga. On se može spoznati tehnikama meditacije. Tada će On vibrirati kao mudrost u vašem umu, kao radost u vašem srcu i bit ćete aktivniji i uspješniji nego što ste bili ikada prije.

Dragi moji, i ja sam prije bio poput vas. Hodao sam zemljom tražeći istinu i sreću, a ipak, sve ono što mi je trebalo donijeti radost, dalo mi je tugu, i tako sam se okrenuo Bogu. Svi vi morate otkriti vlastitu božanskost i osvojiti Božje kraljevstvo za sebe.

Jastvo je vaš spasitelj

Ove duboke istine nisu kratkotrajna nadahnuća, nego ih treba potpuno usvojiti i primjenjivati za vaše najviše dobro. Kada bi ljudi samo znali gdje je njihovo dobro! Onima koji griješe Jastvo je neprijatelj. Sprijateljite se s Jastvom i Ono će vas spasiti. Ne postoji drugi spasitelj osim vašeg Jastva.* Okovi neznanja i loših navika drže vas u ropstvu. Patite zato što ste odlučili slijediti svoje pogrešne navike. Kada biste samo mogli zamisliti život nekoliko koraka naprijed; da vam vrijeme, dragocjeno vrijeme koje vam je dano, ne bi beskorisno

---

* „Neka čovjek uzdigne svoj ja (ego) do jastva, neka se jastvo ne uruši. Za onoga čije je jastvo (ego) svladano Jastvom (dušom), Jastvo je prijatelj jastvu; ali zaista, Jastvo se ponaša netrpeljivo, kao neprijatelj, prema jastvu koje nije podčinjeno." (Bhagavad Gita, VI:5-6)

iscurilo. U Indiji postoji izreka: „Dijete je zauzeto igrom, mladost je zauzeta seksom, a odrasli su zauzeti brigama. Kako je malo onih koji su zauzeti Bogom!"

Odbacite nestvarnu nadu da će sreća doći iz svjetovnih dobrobiti. Napredak nije dovoljan niti je to „otmjen život". Želite biti vječno sretni. Uhvatite Boga za sebe i čuvajte ga u sebi te shvatite da je Jastvo Božanstvo samo. Morate biti u stanju sa sigurnošću odgovoriti na najviše pitanje svojeg razuma: „Odakle sam došao?"

Bog i besmrtnost nisu mitovi. Najveća uvreda vašem Jastvu jest umrijeti vjerujući da ste smrtno biće. Koliko dugo ćete si dopuštati, vi sinovi Božji, da budete bespomoćno pokošeni srpom smrti, samo zato što tijekom života nikada niste pokušali pobijediti *mayu**, neznanje?

Razum daje čovjeku snagu u potrazi za Bogom

Bog postoji. On je dao čovjeku neovisnost, moć i razum. Čovjek može spoznati Gospodina zato što posjeduje dar razuma. Trošiti vrijeme samo na igru sa životom i ne tražiti Boga znači prokockati božanski dar koji je u nama.

Koristite se ključem razuma. Ne nalazi se u kamenju i životinjama. Bog je čovjeku dao razum kako bi se oslobodio zablude smrtnosti. Ako dopustite da vam razum bude zgažen pogrešnim navikama ega, što onda? Ako se ljudi klanjaju vašoj volji, što onda? Sreća vam i dalje izmiče. Zato je Isus izabrao Boga umjesto Sotone, kada ga je ovaj pokušavao dovesti u iskušenje. Isus je shvatio da iako svjetovna moć ima mnoge draži, nije trajna. Isus je našao nešto veće od svih bogatstava svemira. Stvari koje većina ljudi želi su prolazne. No Bog nikada neće napustiti Isusa. On i dalje uživa sveprisutnost Božjeg kraljevstva. Tako bi svatko od nas trebao odabrati život koji vodi do Boga.

Vi ste ti koji kažnjavate dušu držeći je zakopanom, uspavanom u materiji iz života u život, prestravljeni noćnim morama patnje i smrti. Shvatite da ste vi duša! Sjetite se da je Osjećaj iza vašeg osjećaja, Volja iza vaše volje, Moć iza vaše moći, Mudrost iza vaše

---

* Kozmički privid; „mjeritelj". *Maya* je magična moć koja se očituje u stvaranju i uzrokuje ograničenja i podjele u Nemjerljivom i Nedjeljivom. U Božjem planu i igri (*lila*), jedina uloga te sile privida je bacanje koprene neznanja na čovjeka kako bi preusmjerila njegovu svijest od Duha na materiju, od Stvarnosti prema nestvarnomu.

mudrosti – Beskonačni Gospodin. Ujedinite osjećaje srca i prosuđivanje uma u savršenu ravnotežu. U dvorcu smirenosti, opet i ponovno, odbacite poistovjećivanje sa zemaljskim titulama i uronite u duboku meditaciju kako biste spoznali da ste dostojni božanskog kraljevstva.

Pogledajte u *sebe*. Zapamtite, Beskonačni je posvuda. Zaronivši duboko u nadsvijest*, možete ubrzati putovanje svojeg uma kroz vječnost; snagom uma možete otići dalje od najudaljenije zvijezde. Reflektor vašeg uma sposoban je usmjeriti svoje nadsvjesne zrake u najunutrašnjije srce Istine. Koristite se njime u tu svrhu.

Zapamtite, vi ste ti koji morate putovati do kraljevstva nebeskog; ono vam neće doći posebnom dostavom. Svaki čovjek svojim putom mora koračati sam. Već danas donesite odluku u srcu da ćete tražiti Boga. Kada mnogi pristaše budu slijedili put do Njega, nastat će „Ujedinjene Države Svijeta"† s Bogom i Njegovom ljubavlju kao Rediteljem i Vodičem.

Želim vam dati više od riječi privremenog nadahnuća; želim ispaliti zvjezdane rakete mudrosti ravno u vašu duhovnu tamu, da pod njihovim svjetlom uvidite istinitost ovog što sam vam rekao.

Dva puta: aktivnost i meditacija

Da objasnim, u osnovi postoje dva pristupa spoznaji Boga: vanjski i unutarnji način ili transcendentalni put. Vanjski način je put ispravnog djelovanja: voljeti i služiti čovječanstvu sa sviješću usmjerenom na Boga; transcendentalni način je put duboke ezoterijske meditacije. Transcendentalnim načinom spoznajete sve ono što niste i otkrivate Ono što jeste: „Ja nisam dah; ja nisam tijelo, ni kosti, ni meso. Ja nisam um ili osjećaj. Ja sam To što je iza daha, tijela, uma i osjećaja." Kada živite tako da ste iznad svijesti ovoga svijeta, znajući da niste tijelo ili um, a ipak svjesni kao nikada prije

---

* Svjesnost duše, koja je intuitivna i sveznajuća. Nadsvjesni um je tako sveznajuća moć duše. (Vidi također *duhovno oko* u rječniku).

† Kao što pojedinačne američke države potvrđuju svoju neovisnost, a ipak su ujedinjene u zajedničkim idealima i ciljevima, jednako tako želimo li dolazak Božjeg kraljevstva na zemlju, države diljem svijeta jednako se tako moraju ujediniti u savez skladne suradnje i bratstva.

da postojite – tada je božanska svijest ono što vi uistinu jeste. Vi ste To u čemu je ukorijenjeno sve u svemiru.

Zašto ne biste otkrivali što se krije iza tame vaših vjeđa kada zatvorite oči? To je prostor za istraživanje. „I Svjetlo svijetli u tami i tama ga ne obuze."* Tamo su u pokretu beskrajna svjetla i kozmičke snage.

Nebesa prepuna vječnog blaženstva bit će otvorena

Samadhi† je radosno iskustvo, sjajno svjetlo u kojem vidite bezbrojne svjetove kako lebde na golemoj podlozi od radosti i blaženstva. Odbacite duhovno neznanje koje čini da mislite kako je ovaj smrtni život stvaran. Doživite ovo prekrasno iskustvo za sebe u vječnom *samadhiju*, u Bogu. Nebeske aurore svjetla prepune vječnog blaženstva otvorit će vam se.

Svi veliki učitelji govorili su da se u ovom tijelu nalazi besmrtna duša, iskra Onoga što sve održava. Onaj tko poznaje svoju dušu, zna ovu istinu: „Ja sam izvan svega konačnog; Ja sada vidim da je Duh sam u prostoru sa Svojom uvijek novom radošću izrazio Sebe kao veliko tijelo prirode. Ja sam zvijezde, ja sam valovi, ja sam Život svih, ja sam smijeh u svim srcima, ja sam osmijeh na svim licima i cvijeće u svakoj duši. Ja sam Mudrost i Moć koja održava sve stvoreno."

Shvatite to! Moje riječi mogu vibrirati u vama; ali ako spavate živeći u zabludi, nećete ih shvatiti. Ako se probudite, bit ćete svjesni da je istina koju sam izgovorio uvijek postojala u vašoj duši. Meditirajte. Naučite ovu oslobađajuću lekciju. Nemojte više čekati. Nisam došao ovamo da bih vas zabavljao svjetovnim svečanostima‡, nego da probudim vaše uspavano sjećanje na besmrtnost. Ne razumijete bol koju osjećaju oni koji ostaju u zabludi. Trpim za vas i učinit ću sve kako bih vam pomogao da shvatite da je prosvjetljenje u vama.

Oslobodite se zauvijek!

---

* Iv 1:5.

† Duhovna ekstaza; stanje jedinstva s Bogom koje se doživljava kao konačni cilj meditacije.

‡ Radi promicanja šireg razumijevanja između kultura Istoka i Zapada, Paramahansa Yogānanda povremeno je organizirao društvene susrete u Međunarodnoj središnjici SRF-a. Ova izjava odnosi se na *Indo-američki* banket koji je održan nakon ovog govora.

Univerzalnost joge

*Hram Self-Realization Fellowshipa,
Hollywood, Kalifornija, 21. svibnja 1944.*

Joga je sustav znanstvenih metoda za ponovno ujedinjavanje duše s Duhom. Došli smo od Boga i Njemu se moramo ponovno vratiti. Prividno smo se odvojili od našeg Oca i svjesno se trebamo ponovno ujediniti s Njim. Joga nas uči kako se uzdignuti iznad privida odvojenosti i shvatiti svoje jedinstvo s Bogom. Pjesnik Milton pisao je o čovjekovoj duši i kako se ona može ponovno vratiti u raj. To je svrha i cilj joge – ponovno vratiti izgubljeni raj odnosno svjesnost o duši koja čovjeku omogućuje da zna da jest i da je uvijek bio jedno s Duhom.

Različite svjetske religije zasnivaju se manje ili više na ljudskom *vjerovanju*. No istinska osnova svake religije treba biti znanstveno utemeljena kako bi je svi vjernici mogli primijeniti i tako stići do našega jedinog Oca – Boga. Praksa *znanosti religije* je imperativ. Različiti dogmatski „izmi" drže čovječanstvo podijeljenim iako je Isus naglasio: „Postane li jedna kuća u sebi nesložna, ta kuća neće moći opstati."* Jedinstvo različitih religija može se ostvariti samo ako pojedinci koji ih prakticiraju postanu doista svjesni Boga u sebi. Tada ćemo imati istinsko bratstvo ljudi pod Božjim očinstvom.

Sve velike religije svijeta propovijedaju potrebitost traganja za Bogom, bratstva među ljudima i sve propisuju moralna pravila poput biblijskih Deset zapovijedi. No što je to što čini razliku među njima? To je licemjerje u ljudskim umovima. Do Boga ne možemo doći koncentrirajući se na dogmu, nego stvarnom spoznajom duše. Kada ljudi uvide univerzalne istine kao temelj različitih religija, tada više neće biti poteškoća s dogmama. Za mene nema ni židova

---

* Mk, 3:25.

ni kršćana, ni hinduista – svi su moja braća. Boga štujem u svim hramovima jer je svaki od njih podignut u čast mojeg Oca. Trebali bismo graditi jedinstvo svijeta s pomoću „Crkve svih religija" kao temelj različitog puta do Boga, što je zamisao koju je pokrenuo Self-Realization Fellowship. To nije eklekticizam, nego poštovanje svih religija. Takvi hramovi, posvećeni jednom Bogu kojega štuju sve religije, trebali bi se posvuda graditi. Predskazujem da će se to dogoditi. Istok i Zapad trebaju zauvijek uništiti uske podjele u Božjim kućama. Samoostvarenjem putem joge ljudi će spoznati da smo svi djeca jednoga Oca.

Slijepi ne mogu voditi slijepe

To jedinstvo duha očituje se u velikim ljudima, onima koji su spoznali Boga. Slijepi ne mogu voditi slijepe; samo ostvareni učitelj*, onaj tko poznaje Boga može s pravom učiti druge o Njemu. Da bi čovjek ponovno stekao svoju božanskost, mora imati takva učitelja ili gura.† Onaj tko vjerno slijedi pravog gurua postaje poput njega jer guru pomaže učeniku da uvidi vlastitu razinu spoznaje. Kada sam pronašao svojega gurua, Swamija Sri Yukteswarjia‡, odlučio sam da ću slijediti njegov primjer: postaviti jedino Boga na oltar svojeg srca i dijeliti Ga s drugima.

Indijski učitelji podučavaju da onaj tko želi dobiti najdublje znanje treba gledati sveznajućim duhovnim okom. Kada na nešto usmjeri svu pozornost, čak i onaj tko nije jogi, nabora čelo u točki između obrva – centru koncentracije i duhovnog oka koje pruža sferni vid, sjedištu intuicije duše. To je prava „kristalna kugla", u koju jogi gleda kako bi naučio tajne svemira. Oni koji zarone dovoljno

---

* Onaj tko je gospodar samoga sebe – uma, emocija, osjetila, strasti. Njegova djela nisu zamagljena egoističnim motivima i u suglasju su s voljom Božjom; on poznaje sebe kao jedno s Bogom, ne u mašti, nego u stvarnom iskustvu Božanske Sveprisutnosti.

† Duhovni učitelj. Djelo *Guru Gita* (stihovi 17 – 19) prikladno opisuje gurua kao „onog koji rastjeruje tamu" (od *gu*, „tama" i *ru*, „onaj koji rastjeruje"). Prema božanskom pravu titula gurua povjerava se samo onim uzvišenim dušama koje su postigle samoostvarenje i jedinstvo s Bogom te su tako sposobne voditi druge iz tame neznanja do vječnog svjetla Istine.

‡ U *Autobiografiji jednog jogija* Paramahansa Yogānanda opisuje druženje sa svojim božanskim guruom, kojeg je nazvao Jñānāvatar, „Utjelovljenje mudrosti". *Ji* je nastavak koji se dodaje vlastitim imenima ili naslovima kako bi se izrazilo poštovanje.

duboko u koncentraciji, prodrijet će u to „treće oko" i vidjeti Boga. Tragatelji za istinom stoga trebaju razviti sposobnost projiciranja percepcije kroz duhovno oko. Prakticiranje joge pomaže učeniku u otvaranju tog jedinog oka intuitivne svijesti.*

Intuicija ili izravno znanje ne ovisi o podacima koje primamo osjetilima. Zato se intuitivna sposobnost često naziva „šestim čulom". Svi imamo ovo šesto čulo, no većina ljudi ga ne razvije. Međutim, gotovo svatko je imao intuitivno iskustvo, možda kao „osjećaj" da će se dogoditi nešto određeno kada nije bilo nikakvih osjetilnih dokaza koji bi na to upućivali.

Važno je razvijati intuiciju ili izravno znanje duše jer siguran je u sebe samo onaj tko je svjestan Boga. On zna i zna da zna. Moramo biti sigurni u Božju prisutnost kao što smo sigurni da poznajemo okus naranče. Tek kad mi je moj guru pokazao kako komunicirati s Bogom i nakon što sam svaki dan osjećao Njegovu prisutnost, preuzeo sam duhovnu dužnost govoriti drugima o Njemu.

Zapad je izgradio velike crkve za vjerske službe, ali je malo onih u kojima je vjernicima pokazano kako mogu pronaći Boga. Na istoku je veći naglasak bio na usavršavanju ljudi koji su spoznali Boga, no takvi su uglavnom nedostupni duhovnim tragateljima jer borave u osami na udaljenim mjestima. Stoga su prijeko potrebni duhovni centri u kojima se ljudi mogu približiti Bogu i učitelji koji im mogu pokazati kako se to radi. Može li netko primiti znanje o Bogu od učitelja koji Ga sam ne poznaje? Moj guru u mene je utisnuo potrebu za spoznajom Nebeskog Oca prije nego što drugima pokušam govoriti o Njemu. Kako sam mu samo zahvalan što sam dobio ovakvu poduku! On sam bio je čovjek koji je spoznao Boga.

Gospodina se prvo mora naći u svojem tjelesnom hramu. Svaki tragatelj treba svakodnevno disciplinirati svoje misli i na oltar svoje duše stavljati poljsko cvijeće predanosti. Onaj tko nađe Boga u sebi, bit će u stanju osjetiti Njegovu prisutnost u svakoj crkvi ili hramu u koji uđe.

---

* Tijekom duboke meditacije, jedno, duhovno oko postaje vidljivo kao svijetla zvijezda okružena sferom plavog svjetla koje okružuje sjajna aureola zlatnog svjetla. Na ovo sveznajuće oko odnose se različiti navodi u svetim spisima – kao treće oko, zvijezda s Istoka, unutarnje oko, golubica koja se spušta s neba, oko Šive i oko intuicije. „Oko je svjetiljka tijelu. Zato, bude li ti oko zdravo, čitavo će ti tijelo biti u svjetlu." (Mt, 6:22)

Joga pretvara teologiju u praktično iskustvo

Joga omogućuje čovjeku da vidi istinu u svim religijama. Deset zapovijedi propovijeda svaka religija, samo različitim riječima. No dvije najveće zapovijedi one su koje je naglašavao Isus: „Ljubi Gospodina Boga svoga svim svojim srcem, svom dušom svojom i svom pameti svojom!", i „Ljubi bližnjega svog kao samoga sebe!"*

Ljubiti Boga „svom pameti svojom" znači preusmjeriti pozornost s osjetila i posvetiti je Bogu. Meditacija je upravo posvećivanje potpune pozornosti Bogu. Svaki onaj koji je u potrazi za Bogom mora se naučiti koncentrati. Molitva koju netko izgovara dok istodobno u pozadini uma misli na druge stvari, nije prava molitva i Bog se na nju ne obazire. Joga uči da kada netko hoće pronaći Oca, on Ga najprije mora potražiti svojim umom, koncentrirajući se na jedno.

Neki smatraju da joga nije primjerena zapadnjacima i da su Indijci više prilagođeni praksi joge. To nije istina. Mnogi na Zapadu trenutačno imaju bolje uvjete za vježbanje joge u odnosu na Indijce jer je znanstveni napredak zapadnjacima omogućio mnogo slobodnog vremena. Indija bi trebala sve više i više primjenjivati napredne metode Zapada kako bi život učinila lakšim i slobodnijim, a Zapad treba od Indije preuzeti praktične metafizičke jogističke metode kojima svaki čovjek može naći svoj put do Boga. Joga nije nikakva sekta, nego univerzalno primjenjiva znanost kojom možemo pronaći našeg Oca.

Joga je za svakoga, za ljude na Zapadu kao i za one s Istoka. Ne bi se moglo reći da telefon nije za čovjeka s Istoka, samo zato što je izumljen na Zapadu. Jednako tako, metode joge, iako razvijene na Istoku, nisu namijenjene isključivo istočnjacima, nego su korisne cijelom čovječanstvu.

Bez obzira na to je li čovjek rođen u Indiji ili u Americi, jednog će dana umrijeti. Zašto ne naučiti kako „svakodnevno umirati" u Bogu, kao sveti Pavao?†. Tu metodu podučava joga. Čovjek u tijelu

---

* Mt, 22:37, 39. Krišnina učenja u Bhagavad Giti na sličan način naglašavaju ove dvije zapovijedi: „Na Mene (Gospodina) usmjeri svoj um, budi Moj predanik, koji se neprestano s poštovanjem klanja Meni. Nakon što se tako sjediniš sa Mnom kao svojim Najvišim Ciljem, ti ćeš biti Moj. (IX:34) i „Najbolji je onaj jogi koji osjeća za druge, u tuzi ili u zadovoljstvu, onako kao što osjeća za samoga sebe." (VI:32)

† 1 Kor, 15:31.

živi kao zatvorenik, a kada njegovo vrijeme prođe, pati zbog poniženja što je izbačen. Ljubav prema tijelu je, dakle, ljubav prema zatvoru. Dugo priviknuti na život u tijelu, zaboravili smo što znači prava sloboda. Živjeti na Zapadu nije izgovor da se ne traži sloboda. Životno je važno svakom čovjeku da otkrije svoju dušu i upozna svoju besmrtnu prirodu. Taj put pokazuje joga.

Duša se mora ponovno uzdignuti do Boga

Prije nego što je išta stvoreno, postojala je Kozmička Svijest: Duh ili Bog, Apsolut, uvijek postojeći, uvijek svjestan, uvijek novo Blaženstvo izvan oblika i stvaranja. Kada je nastupilo stvaranje, Kozmička Svijest „spustila se" u fizički svemir gdje se očituje kao Kristova Svijest*, sveprisutni čisti odraz Božje inteligencije i svijesti inherentne i skrivene unutar cijele kreacije. Kada Kristova Svijest silazi u fizičko tijelo čovjeka, ona postaje duša ili nadsvijest: uvijek postojeće, uvijek svjesno, uvijek novo blaženstvo Boga koje se odražava u osobnosti, u tijelu u koje je umotano. Kada se duša poistovjeti s tijelom, očituje se kao ego ili svijest smrtnika. Joga naučava da se duša mora ponovno uspeti ljestvama svijesti do Duha.†

Tajna sreće leži u svjesnosti o Božjoj prisutnosti

U redu je uživati u životu; tajna sreće je ne postati vezan ni za što. Uživajte u mirisu cvijeća, ali i vidite Boga u njemu. Ja sam sačuvao svjesnost osjetila samo da bih se njome uvijek mogao koristiti

---

* Hinduistički sveti spisi Kristovu Svijest nazivaju Kutastha Chaitanya, univerzalna svijest ili sveprisutna inteligencija.

† Joga uči da je prebivalište duše – čovjekova života i božanske svijesti – u finim duhovnim centrima unutar mozga: *Sahasrari*, lotosu s tisuću latica na vrhu mozga, sjedištu Kozmičke Svijesti; zatim u *Kutasthi*, točki između obrva, sjedištu Kristove Svijesti; i u medularnom centru (povezan polaritetom s *Kutasthom*), sjedištu nadsvijesti. Spuštajući se u tijelo (i tjelesnu svijest) iz tih središta najviše duhovne percepcije, život i svijest teku prema dolje duž kralježnice, prolazeći kroz pet astralnih centara u kralježnici (vidi *čakre* u rječniku) i granaju se prema van u fizičke organe, osjetilne doživljaje i fizičko djelovanje. Da bi ponovno postigla blaženu spoznaju jedinstva s Bogom, ljudska duša mora preusmjeriti ovaj silazni smjer i početi uzdizanje po svetoj stazi kralježnice prema svojem domu u višim moždanim centrima božanske svijesti. To se postiže praksom znanstvenih tehnika jogijske meditacije koje se mogu naučiti iz *SRF Lekcija* ako se prihvati duhovno učenje Paramahanse Yogānande kao gurua (vidi u rječniku).

za opažanje i razmišljanje o Bogu. „Moje oči su stvorene da gledaju Tvoju ljepotu svagdje. Moje su uši stvorene da čuju Tvoj sveprisutni glas." To je joga, biti jedno s Bogom. Nije potrebno odlaziti u šumu da biste našli Njega. Svjetovne navike uporno će nas pratiti gdje god mi bili, sve dok ih se ne oslobodimo. Jogi uči kako pronaći Boga u špilji svojeg srca. Kamo god ide, sa sobom nosi blaženu svjesnost o Božjoj prisutnosti.

Čovjek ne samo da je utonuo u osjetilnu svijest smrtnika nego je postao vezan nastranostima te osjetilne svijesti, poput pohlepe, ljutnje i ljubomore. Čovjek mora odbaciti te nastranosti kako bi pronašao Boga. Čovjek Istoka jednako kao i Zapada trebao bi se osloboditi osjetilnog ropstva. Običan čovjek može postati ljut zbog toga što nije dobio jutarnju kavu i siguran je da će mu to uskraćivanje donijeti glavobolju. On je rob svojih navika. Napredni jogi je slobodan.

Svatko može postati jogi, i to upravo sada. No mi smo skloni proglasiti čudnim i teškim sve što je izvan dosega naših životnih navika. Ne zaramamo se time kako naše navike izgledaju drugima!

Primjena joge vodi do slobode. Neki jogiji načelo nevezanosti dovode do krajnosti, primjerice tako što leže na krevetu od čavala bez nelagode ili primjenjujući ostale oblike *tapasye*, tjelesnog isposništva. Istina je da onaj tko može sjediti na krevetu od čavala i misliti o Bogu pokazuje veliku snagu uma. No takvi pothvati nisu potrebni. Može se jednako tako sjediti na udobnu stolcu i dobro meditirati o Bogu.

Patanjali[*] uči da je svaki položaj u kojem je kralježnica uspravna dobar za meditaciju, jogijsku koncentraciju na Boga. Nije potrebno biti iznimno gibak ili izvoditi vježbe koje zahtijevaju izvanrednu fizičku izdržljivost, kako se zagovara u *Hatha jogi*. Bog je svrha i cilj, ono čemu trebamo težiti jest svjesnost o Njegovoj prisutnosti. Bhagavad Gita kaže: „Onaj koji se s predanošću sjedini u Meni, s dušom uronjenom u Mene, njega smatram najuravnoteženijim među svim jogijima."[†]

---

[*] Najistaknutiji autor joge. Datum Patanjalijava rođenja nije poznat, iako ga mnogi znanstvenici smještaju u 2. st. pr. Kr.

[†] VI:47.

Indijski jogiji poznati su po pokazivanju neosjetljivosti na suprotnosti poput topline i hladnoće, ugriza komaraca i drugih dosadnih insekata. Takvi pothvati nisu nužni da bi netko bio jogi, nego su to samo prirodna postignuća jogija. Pokušajte odstraniti uznemirujuće situacije ili ih podnosite ako je potrebno, bez narušavanja unutarnjeg mira. Ako netko može biti čist, besmisleno je biti prljav. Vezanost za svjetovno može nas pratiti bez obzira na to živimo li u kolibi ili u palači.

Najvažniji čimbenik u postizanju duhovnog uspjeha je volja. Isus je rekao: „Žetva je velika, ali poslenika malo."* Svjetovni ljudi traže Božje darove, ali onaj tko je mudar traži samoga Darovatelja.

Biti jogi znači meditirati. Jogi nakon buđenja svakoga jutra ne misli najprije o hrani za tijelo. On hrani dušu nektarom jedinstva s Bogom. Ispunjen nadahnućem koje nalazi u dubokom zaranjanju unutar svojeg meditativnog uma, u stanju je sretno obavljati sve dnevne dužnosti.

Bog je stvorio ovu Zemlju sa svrhom. Dio Njegova plana čovjekova je zadaća da učini ovaj svijet boljim. Zapadnjaci su skloni ići u krajnosti neprestanim djelovanjem radi stvaranja nove i naprednije materijalne udobnosti. Istočnjaci idu u drugu krajnost zadovoljavajući se s onim što imaju. Ima nešto privlačno i u tom „samo naprijed" duhu Zapada i „polako i smireno" duhu Istoka. Trebamo krenuti uravnoteženim srednjim putem.

Meditacija čini jogija

Želite li pronaći Boga, trebate meditirati svako jutro i navečer i kad god imate malo slobodnog vremena tijekom dana. Usto, važno je jednom tjedno meditirati šest sati. To nije nerazumno. Neki ljudi vježbaju klavir deset sati svaki dan u tjednu i ne razmišljaju o tome. Da biste postali duhovni majstor, potrebno je više vremena posvetiti Bogu. Moramo učiniti sve da On osjeti kako Njega volimo više od ičega drugog. Kada postanete iskusni u meditaciji, moći ćete zaroniti dublje u nadsvijest i bit će vam dovoljno pet sati spavanja. Ostatak noći trebali biste iskoristiti za meditaciju. Meditirati o Bogu može se

---

* Mt 9:37.

noću, rano ujutro i praznikom. Tako bilo tko, čak i poslovni čovjek na Zapadu, može biti jogi. Zato postanite zapadni jogiji. Ne morate nositi turban ili imati dugu kosu kao ja!

Crkve moraju postati „košnice", no jednako tako moramo ih napuniti „medom" vlastita samoostvarenja.* Bog je, naravno, prisutan i u crkvama, ali samo odlaskom u crkvu nećete Ga potaknuti da vam Se otkrije. Otići u crkvu je dobro, ali meditirati svaki dan ipak je bolje. Činite i jedno i drugo jer će vas odlazak u crkvu svakako nadahnuti, a svakodnevna meditacija uzdignut će vas još i više. Kada srce vjernika gori i kada on upućuje kanonadu molitvi, Bog mu se naposljetku predaje. Za otkrivanje Boga potrebna je neprekidna predanost. Biti jogi u modernome svijetu zahtijeva meditiranje kod kuće, discipliniranje samoga sebe i obavljanje svih dužnosti s mišlju da je njihova svrha služenje Bogu.

Moja najveća želja je izgraditi Božje hramove u dušama ljudi, vidjeti osmijeh Boga na ljudskim licima. Najvažnije od svih životnih postignuća jest utemeljiti Božji hram u svojoj duši. A to se može lako učiniti. Ovo je upravo poslanje udruge Self-Realization Fellowship na Zapadu.

Svatko tko je postavio Boga u hram svoje duše je jogi. On može reći, zajedno sa mnom, da je joga prikladna za Istok, Sjever, Jug i Zapad — da je joga za sve ljude pa i one koji slijede sporedne puteve teologije kako bi se naposljetku priključili na autocestu joge. Ispravan put vodi do palače Božjeg blaženstva. Onaj tko to jednom dosegne „više neće izići".†

---

* Ostvarenja spoznaje vlastitog Jastva kao duše i jedinstva duše s Bogom.
† Otk 3:12.

Neograničena priroda Boga

*Međunarodna središnjica Self-Realization Fellowshipa,
Los Angeles, Kalifornija, 28. siječnja 1937.*

Hinduistički sveti spisi navode da se Boga ne može spoznati umom i razumom. Ta inače moćna sredstva ljudske spoznaje ipak nisu dovoljna da bi se pojmio Bog. Dakle, čovjek umom ne može uistinu spoznati Boga. Pitanje „Tko je stvorio Boga?" pokazuje nesposobnost ljudskog uma da shvati To što nema ni početka ni kraja.

Kada gledate Sunce na nebu udaljeno milijunima kilometara, taj se veliki lučonoša čini mnogo manjim od naše Zemlje. Promjer Zemlje je približno 12.700 kilometara, a promjer Sunca više od stotinu puta je veći. Kada bismo mogli naš planet približiti Suncu, Zemlja bi se u usporedbi s njim činila malenom točkom. Pretpostavimo da se ta divovska Sunčeva kugla počne širiti, postajući sve većom i većom, sve dok golemo plavo nebesko prostranstvo ne proguta njegova masa. Takvo prostranstvo ipak je samo djelić prostora koji se pruža kroz bezbrojne svemire i u beskonačnost. Koliko god povećavali Sunce, i dalje ne bismo bili u stanju izmjeriti beskonačnost. Kozmički privid prostorne ograničenosti sprječava nas da takvu neizmjernu širinu razumijemo umom. Gdje su njezine granice? Odakle dolazi ta beskrajna praznina? Taj Nemjerljivi, bez početka i kraja, je Bog. Sveprisutan u najudaljenijim dijelovima prostora, On je u dalekim zvijezdama, u vama, u meni, i u svakom je trenutku svjestan svakog mjesta u kojem On jest.

Bog nije um – On ga je stvorio i On je iznad njega. Inače bismo Ga mogli zamisliti u svojim umovima. Možemo Ga radije nazivati Božanska Svijest, Božanska Radost, Božansko Postojanje, ali ne um.

Iako umom ne možemo obuhvatiti Sveprisutnost, ipak njime možemo *osjetiti* Boga. Osjećati Njegovu prisutnost i izmjeriti Ga znači nešto posve različito. Val nije mjera oceana, ali između njih postoji

Neograničena priroda Boga

točka dodira. Nadsvjesni um ona je točka u kojoj Beskonačno postaje konačno, tu je točka susreta. Kada proširimo granice uobičajenog uma sve do nadsvjesnog, tada možemo osjetiti Njegovu prisutnost.

Naš silazak iz beskonačnog u konačno

Mi smo se iz Beskonačnog spustili u konačno. Joga je povlačenje pozornosti s izvanjskog i preusmjeravanje na unutarnji izvor Istine. Samo tako možemo otkriti kako je Bog zgusnuo Svoju svijest u bezbrojne, konačne oblike Njegovih stvorenja koja nastanjuju neizmjerne svemire. Ljudsko je tijelo najsloženije od svih Njegovih tvorevina. Oplođena se jajna stanica dijeli i procesom umnožavanja nastaju milijarde stanica oko nje čime se stvara tjelesni hram koji udomljuje božansku svijest naše duše.

Čak i ne slutite koliko je mnogo energije obuzdano u samo jednom gramu tvari. Njezino oslobađanje raspršilo bi elektrone daleko u svemir.* Snaga i mogućnosti ljudske svijesti jednostavno su izvan čovjekova shvaćanja. Stanice našeg materijalnog tijela pokreću i održavaju na životu električne struje i struje još finije životne energije. A iza tih suptilnih energija nalaze se misli i percepcije.

Misao je neiscrpna. Otkad je stvoren svijet, nemjerljiv broj misli prostrujao je eterom. Ne možemo ih izbrojiti, ali možemo dobiti ideju o njihovu broju ako pomislimo koliko misli i osjećaja izražavamo tijekom životnog vijeka. Riječ je o milijunima! Pokušajte se sjetiti svih misli koje ste imali u samo jednoj godini ili čak u jednom danu. Uzmite u obzir još i nagomilane misli svakog ljudskog bića od najranije povijesti. Bog ih sve poznaje!

Um ne može izmjeriti čak ni suptilne fenomene prirode. Koliko se elektrona kovitla u struji koja teče žaruljom u ovoj kapelici? Milijarde njih, plešući zajedno, stvaraju svjetlo koje gledate. Ove nepojmljivo sićušne čestice kreću se brzinom kojom bi putovanje odavde do New Yorka ili kojeg drugog dijela svijeta trajalo samo nekoliko sekundi. Znanstveni eksperimenti ovo su dokazali.

---

* Začuđujuća snaga nuklearne energije prvi je put pokazana pod kontroliranim uvjetima nekoliko godina nakon ovog govora kada je eksplodirala prva atomska bomba u Alamogordu, New Mexico, 16. srpnja1945.

Pokušate li izračunati koliko se protona i elektrona nalazi u našoj Zemlji, to još nekako možemo shvatiti umom, ali više od toga ne možemo. Riječ je o brojevima koji se istraživačima čine gotovo beskonačnima, dolazi se do točke iza koje više nismo sposobni razumjeti prirodu. Ondje gdje um nailazi na prepreku nalazi se sfera Boga koji izlijeva Svoje prvotno Svjetlo – kozmičku inteligentnu Vibraciju iz koje je nastalo sve stvaranje.

Pravu prirodu Boga spoznaje se samo intuicijom

Koristimo li se umom ispravno, možemo uvidjeti da se Bog nalazi iza uma i razuma, a Njegova se prava priroda može osjetiti samo intuitivnom moći duše. Moramo dosegnuti Njegovu svijest nadsvjesnim umom koji je jezgra našeg uma i razuma. Njegova beskonačna priroda otkriva se čovjeku intuitivnom nadsvijesti duše. Radost koja se osjeća u meditaciji znak je prisutnosti Vječne Radosti koja prožima sve stvoreno. Svjetlo koje se vidi u meditaciji astralno je svjetlo* koje čini potku našeg materijalnog svijeta. Gledajući ovo svjetlo, čovjek osjeća jedinstvo sa svim stvarima.

Običan čovjek živi u svijetu, ali je relativno nesvjestan njegove prirode i svrhe. Život tako ograničene percepcije malo se razlikuje od onog životinjskog. Imali smo ovdje u Mt. Washingtonu kozu koju je uvijek privlačio moj glas. Jednoga dana, dok sam govorio u ovoj kapeli, koza je doskakutala unutra i prolazom između sjedala došla ravno do mene! Siguran sam da nije znala o čemu govorim; jednostavno ju je privukao moj glas. Vi pak dolazite na predavanja ne samo da biste slušali nego i osjetili prisutnost Boga. Ako uskladite svoju svijest s Njegovom sviješću i ostanete u toj struji blaženstva, osjetit ćete sjedinjenje s Njim. Sve razumijevanje koje imam postigao sam tako što sam se iznutra povezao s Božjom sviješću. Takvo što i vi možete postići.

Kada se netko duhovno razvije i shvati svoje srodstvo sa svime što živi, tada se povećava njegova odgovornost da dijeli patnju

---

* Sve u materijalnoj dimenziji ima odgovarajuću inačicu sačinjenu od astralnog svjetla, svjetla koje je suptilnije od elektromagnetske energije atoma. Hinduistički sveti spisi ovu energiju nazivaju *prana*, za čije je čestice Paramahansa Yogānanda skovao naziv „astraloni".

drugih. Isus je čak bio spreman i patiti kako bi preuzeo patnje drugih. I mi moramo učiniti sve što možemo za one koji drhte od hladnoće i bolesti. To je noćna mora za njih, pa koju god njihovu nevolju možemo ukloniti, znajte da ih tako uklanjamo i od Boga. On nije sretan kada su Njegova djeca u bijedi jer On pati u njima.

U ovom trenutku većina vas uživa u ljepoti i miru, ali pomislite na one koji su danas u Louisvilleu! Tisuće njih pate zbog poplave. Jednom davno mislio sam da je Amerika divna, bez nesreća koje pogađaju toliko mnogo zemalja. Tada mi je Bog pokazao poplave koje se sada događaju. Vibracije misli[*] i osjećaja tisuća ljudi ubijenih u borbama u Španjolskoj prouzročile su atmosferske promjene zbog kojih su nastale te poplave i druge nesreće diljem svijeta. Rat izbacuje vibracije zla koje remete ravnotežu i sklad cijele prirode, uzrokujući „prirodne" katastrofe.

Bog je čovjeku dao slobodu, a čovjek ju je zloupotrijebio – to je uzrok sve patnje. Zloporaba te naše Bogom dane slobodne volje ima strahovite posljedice. Radije bih da me netko na vrijeme upozori na moguće štetno djelovanje, nego da mi dopušta pogrešne postupke sve dok me godinama poslije ne osvijesti šteta koju sam sam učinio.

Sotona je stvorio neznanje, uzrok svih patnji

Patnja, stoga, nije Božje djelo, nego djelo Sotonine moći *maye*, iluzije. Ova sila stvara neznanje koje ljude čini slijepima za posljedice njihovih djela, navodi ih na pogrešna djela čime stvaraju patnju sami sebi. Oni koji se bore u Španjolskoj – i vladine snage i protivnici – smatraju da postupaju dobro. Jedini način da se izbjegne pogreška jest razviti mudrost dobra prosuđivanja da bi se uvidjelo što je pogrešno, a zatim i odlučilo to ne činiti. Jedna pogrešna borba protiv

---

[*] Moć misli, bez obzira na to je li pozitivna ili negativna, potječe od iskonske osnove svemira, a to su misli. U očitovanju stvaranja Bog najprije utiskuje misaone obrasce kao najfinije oblike kreativne vibracije koji se zatim kondenziraju u oblike astralnog svjetla i naposljetku u grublje strukture materijalnih atoma. Uklonite li prvotnu Božju misao, kreacija se rastapa. Ljudske misli su mikrokozmička posudba Božje snage misli, stoga mogu, čak i kada su nerazvijene, uvelike utjecati na zdravlje, sreću, uspjeh osobe, a kada su snažno pojačane srodnim mislima drugih, umnogome djeluju i na svijet u kojem ljudi žive. Čovjekove misli, pojedinačne i zbirne, utječu dakle na misaone obrasce Boga ugrađene u kreaciji – skladno ili neskladno. (vidi *karma* u rječniku).

druge pogrešne borbe ne stvara ništa dobro. Pravi čovjekov neprijatelj je neznanje. Ono mora biti protjerano sa Zemlje.

Sada u svijetu imamo sve što nam je potrebno za tisućljeće mira. Samo ljudska sebičnost to onemogućuje. Kratkovidni ljudski interesi uzrokuju golemu i nepotrebnu patnju. Novac kojim se može nahraniti i odjenuti potrebite iskorištava se za uništavanje. Korijenski uzrok svjetskih problema jest ta sebičnost, rođena iz neznanja. Svaki čovjek misli da postupa ispravno, no ako teži zadovoljiti samo svoje interese, pokreće karmički zakon* uzroka i posljedice koji će neizbježno uništiti i njegovu i sreću drugih.

Kad gledam sve te svjetske tragedije prouzročene čovjekovim neznanjem, to više shvaćam da čak i kada bi svaka ulica bila popločana zlatom, sreća ne bi bila trajna. Sreća se postiže usrećujući druge, odustajući od vlastitih interesa kako bi donijeli radost drugima. Kada bismo svi tako postupali, svatko bi bio sretan i svatko bi bio zbrinut. Na to je Isus mislio kada je rekao: „Sve što želite da ljudi čine vama, činite i vi njima!"†

Potrebna nam je federacija svih religija i svih naroda. No takav savez moguć je samo ako se svaki pojedinac posveti meditaciji koja vodi do izravnog susreta s Bogom. Zajedništvo s Bogom je rješenje. Kada netko spozna Boga, više ne osjeća da su drugi različiti od njega samog. Sve dok se ne postigne takva mudrost, ne samo za neke, nego za sve ljude, neće biti slobode na zemlji. Čak ni ovdje u Americi sloboda nije potpuna, i dalje sve vrvi od patnje. Svatko od nas ima odgovornost da donese mir i sreću našoj zemlji i svim ljudima. Čovjek bi trebao brinuti se ne samo za svoj narod nego za sve zemlje, ne samo za svoju obitelj nego za čovječanstvo. Interesi običnog čovjeka su ograničeni na njega samog i njegovu okolinu, no Božji čovjek poistovjećuje se s cijelim svijetom. Nemojte misliti da je doprinos koji stvara vaša produhovljena svijest malen. Vaš udio može značiti veoma mnogo.

Da biste upoznali Boga, morate postati poput Njega. Iako griješimo, iako Ga zaboravljamo i ravnodušni smo prema Njemu, On nam i

---

* *Karma* je zakon akcije i reakcije. Što god čovjek posije svojim ponašanjem, to će jednako tako i požnjeti, u ovom ili u nekom od kasnijih života. (Vidi u rječniku)

† Mt, 7:12.

dalje s ljubavlju daje život i sve ono što podržava život na ovome svijetu. Ništa nije veće od Boga, ravnodušnost prema Njemu najveći je grijeh.

Oni koji nisu spremni odustati od svega onoga što imaju da bi pronašli Njega, neće ga upoznati. Tko god bi htio spoznati Boga, morat će napustiti sve drugo radi Njega. Isus se trudio da njegovi učenici shvate ovu istinu kada im je govorio da budu budni i mole s njim u Getsemaniju. No kada su zaspali, tužno je primijetio: „Duh je spreman, ali je tijelo slabo."*

Čovjek je poput lutke. Vezan koncima svojih navika, emocija, strasti i osjetila pleše po njihovu ritmu. Oni sputavaju njegovu dušu. Onaj tko ih nije spreman presjeći kako bi se oslobodio i spoznao Boga, neće Ga pronaći. Sebe smatram odvojenim od tih vezanosti. Jedem, a katkad ne jedem, spavam, a katkad ne spavam. Odustao sam od svih fizičkih potreba kako bih samome sebi dokazao da ih ne trebam. Bog ne jede i ne spava: On nije vezan osjetilima i navikama. To je ono što Ga čini Bogom, a mi smo stvoreni po Njegovoj slici. Da bismo Ga spoznali, trebamo odustati od svega: „Već tražite njegovo Kraljevstvo, a to će vam se nadodati!"† Unatoč svim testovima koje sam prolazio za Njega, nakraju mi je Bog dao sve što sam htio ili trebao na ovom svijetu. A ja sam mu sve to vratio jer On mi je darovao beskrajno veći dar: Božansku Radost, danju i noću. U toj Radosti zadovoljene su sve želje srca moga.

Meditacija uklanja maglu neznanja

U Bhagavad Giti, koju je zabilježio mudrac Vyasa, Gospodin Krišna objašnjava da ako je vaša urođena mudrost prekrivena neznanjem, zavedeni ste i posrćete kroz život. „Djelovanje pod utjecajem *tamasa* (neznanja) stvara obmanu i nepromišljena djela bez obzira na posljedice – gubitak zdravlja, bogatstva i utjecaja te štetu za druge."‡ Kada maglu neznanja uklonite meditacijom, vidjet ćete pravi put. Nećete više biti zabrinuti, naći ćete vječno ispunjenje. „Uistinu, ništa drugo na ovome svijetu nije tako pročišćavajuće kao

---

* Mt, 26:41

† Lk, 12:31

‡ XVIII:25

mudrost. Ubrzo, poklonik koji je uspješan u jogi (meditaciji) spontano će to shvatiti u svojem Jastvu."*

Sve ove istine smatram stvarnima. Istina je Stvarnost. Samoostvarenje nije nešto što se može naučiti iz knjiga, ono dolazi samo osobnim iskustvom. Spoznaja istine, kroz iskustvo s Bogom – a ne sama kao dogma – to je ono što bi svaka religija trebala dati svojim sljedbenicima. To što je Isus Krist spoznao i mi moramo iskusiti. On nije podučavao svoje sljedbenike da obožavaju njega kao osobnost, nego da trebaju doživjeti ono što je on doživljavao u jedinstvu s Bogom. To se postiže samo meditacijom i slijeđenjem Božjih zakona. Obožavati Isusa samo zato što je Isus nije dovoljno. Prihvatite sveukupne ideale koje je naučavao i nastojite biti poput njega.

Boravimo na Zemlji, u ovom određenom tjelesnom obliku samo neko vrijeme kako bismo naučili svoje lekcije i krenuli dalje. Kamo idemo sada? Razmislite, koliko je stranica već okrenuto u Gospodinovu romanu od samog početka sna kreacije! Kada sam posjetio Salt Lake City, vidio sam u viziji velik ocean i mamute kako hodaju obalom. Poslije sam saznao da je ondje pronađen kostur drevnog mamuta.

Ljudska bića imaju Bogom danu moć odbaciti svaku naviku i ograničenje, proširiti svijest na sveukupno stvaranje, ući ne samo u srca svih bića nego i poći onkraj zvijezda. Naše vrelo postojanja obuhvaća još veći prostor. Goleme mogućnosti nalaze se u nama! Mi smo beskonačni! Živim u toj sferi beskonačnosti i svjestan sam tijela samo katkad.

Sada ste ograničeni, no kada svakodnevnom, dubokom meditacijom budete u stanju proširiti svoju svijest od ograničenog do Beskonačnog, bit ćete slobodni. Nije vam suđeno tjelesno ropstvo. Vi ste Božje dijete, morate oživjeti to božansko pravo stečeno rođenjem.

Bogu dajte prvenstvo u svojem srcu

Gdje god se nalaze vaše misli, ondje ćete i vi boraviti. Što bi bilo da vam Bog nije dao snagu za igru, čitanje ili rad? Ne biste mogli ništa činiti. Zato bi On trebao biti prvi u vašem životu. Bog poznaje vaše srce, zato Mu tu, u vašem srcu, dajte prvo mjesto.

---

* Ibid. IV:38.

Paramanasa Yogānanda, 1926.

Ljubav je jedini način kojim ćete privući Boga. Meditirajte na Njega, a zatim duboko molite: „Gospodine, ja ne mogu živjeti bez Tebe. Ti si Snaga iza moje svijesti. Volim Te. Otkrij mi Se." On će vam doći kada odustanete od spavanja da biste meditirali na Njega, kada ne budete sebični i počnete suosjećati zbog Njegove patnje u vašoj braći. Kada se doista žrtvujete za Njega, uhvatit ćete Ga u mrežu svoje ljubavi. Ništa Ga drugo ne može zarobiti.

Ispravno znanje put je prema ljubavi. Ono što ne poznajete ne možete voljeti. Zato, znanje o Bogu mora prethoditi ljubavi za Njega. To znanje dolazi s praksom *Kriya* joge,* tehnike koju nam je prenio Lahiri Mahasaya. Kada upoznate Boga, voljet ćete Ga, a kada Ga zavolite, predat ćete Mu se.

Ne mirujte sve dok vaša predanost Bogu i svijest o Njemu ne postanu potpuni, nemojte ići na spavanje kada biste trebali meditirati. Ničemu nikada ne dajte prednost pred Bogom! Najveća ljubav koja postoji jest Njegova ljubav. Sve dok dopuštate da vam drugo bude važnije, On će čekati. No vaše odgađanje bit će predugo, a vaša patnja velika. Ne odugovlačite. Budite sigurni u iskrenost svoje savjesti koja vam govori jeste li se uistinu potrudili družiti s Njim. Ne odmarajte se i nemojte odustati sve dok Ga ne vidite vlastitim očima ili ne osjetite u svojem srcu. Rođenje, igra, brak, djeca, starost – i životu je kraj. To nije život! Ja sam otkrio, život je mnogo dublji i mnogo ljepši od toga. Kada spoznate Boga, za vas nema više tuge. Svi oni koje ste voljeli i izgubili u smrti, ponovno su s vama u Vječnom Životu. Više ne znate koga ćete smatrati „svojim" jer je svatko vaš.

Ljepota Boga je golema. Dobro je uživati u cvijeću zbog njegove ljupkosti, ali mnogo je uzvišenije vidjeti iza njegove čistoće i ljepote božje lice. Biti ponesen glazbom samo zbog nje same ne može se usporediti sa slušanjem stvaralačkog Božjeg Glasa koji je u njoj. Iako je Bog utkan u svaku ljepotu stvorenoga svijeta, mudrost je shvatiti kako iznad svega toga stoji vječno Jastvo izvan oblika i konačnosti.

---

* *Kriya joga* znači savez (*joga*) s Beskonačnim koji se ostvaruje određenim djelima ili obredima (*kriya*). Točnije, to je meditacijska tehnika kojom se može ostvariti božansko ujedinjenje. Lahiri Mahasaya, guru gurua Paramahanse Yogānande, odigrao je ključnu ulogu u otkrivanju drevne znanosti *Kriya* joge u suvremeno doba. (Vidi u rječniku; vidi također u *Autobiografiji jednog jogija*, poglavlje 26.)

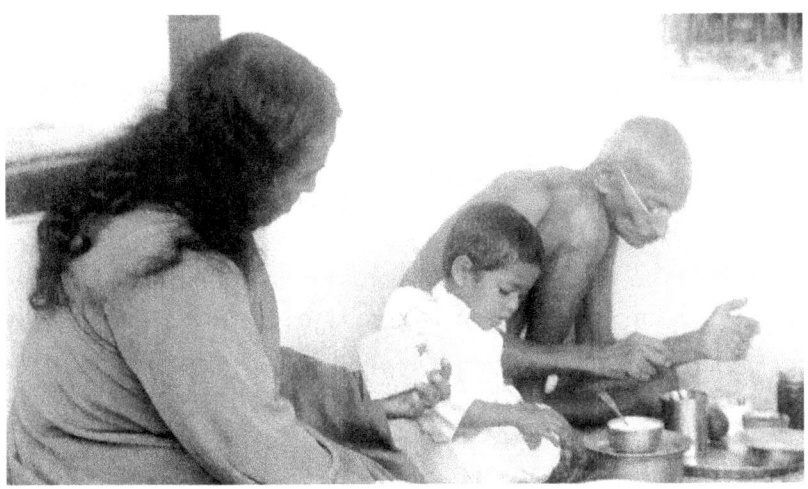

U ašramu Mahātme Gandhija u Wardhi

Sri Yogānanda čita poruku koju mu je Gandhi (zdesna) upravo napisao (bio je ponedjeljak, dan u tjednu kada je Mahātma Gandhi provodio zavjet šutnje). Idućeg dana, 27. kolovoza 1935., Sri Yogānanda je Gandhijija, na njegov zahtjev, inicirao u *kriya jogu*.

SRF 'Lake Shrine' i 'Gandhi World Peace Memorial'

Kompleks Lake Shrine smješten je na području Pacific Palisades u Los Angelesu i umirujućom ljepotom privlači svake godine tisuće ljudi. Na toj lokaciji usred zelenilom obraslih brežuljaka i cvjetnjaka nalazi se ručno isklesani sarkofag s dijelom pepela Mahātme Gandhija kao i kapelica u kojoj se svaki tjedan održava služba Self-Realization Fellowshipa, meditacije i predavanja. Lake Shrine se prostire na deset jutara, a slika iznad prikazuje dio ondje okupljenih pri posvećenju kompleksa koje je izveo Paramahansa Yogānanda 20. kolovoza 1950.

Znate koliko sam naklonjen našim posjedima i ašramima u Mount Washingtonu i Encinitasu.* Nikad se ne zasitim njihove ljepote. Ipak, nedavno mi je Gospodin priredio upozoravajuće iskustvo. U svojoj viziji ugledao sam ljude kako sjede uokolo i razgovaraju. Jedan od njih predložio je neke aktivnosti, no drugi je rekao: „Ne, Paramahansaji je učio da to ne smijemo raditi." Odjednom sam shvatio da je to bila vizija iz godina koje dolaze, kad više ne budem u ovom tijelu. Na trenutak sam bio potresen, a zatim sam se vratio u običnu svijest.

Nema koristi od vezivanja za bilo što u ovome svijetu. Toliko stvari dolazi i odlazi u Gospodinovoj kozmičkoj drami. Vidim uništene zračne luke, more puno mrtvaca i mnogo toga što dolazi. U srcu vidim i svijet bez mene. To je sloboda koju Bog nakraju daje svakoj duši.

Jedan veliki svetac je rekao: „Nije me briga gdje ću biti, o, Gospodine, ali me nemoj kažnjavati time da zaboravim Tebe." Ne postoji veća kazna od te. Isus je rekao: „Bolje ti je kljastu ući u život"†.Susretom s Bogom sva se patnja može odstraniti.

Probudite se iz noćne more patnje

U snu možete vidjeti sebe kako bježite niz ulicu dok vas neprijatelj progoni. Odjednom vas pogodi metak i pomislite: „Oh, kako grozno! Ja umirem! Žao mi je što napuštam ovaj svijet." Zatim vidite sebe mrtvog. Pogrebnik kremira vaše tijelo, a vaši prijatelji uplakani dolaze na polaganje pepela. No iznenada se budite i shvaćate da je to bio samo san. Vi ste živi! Ovo je slično onomu što se događa u trenutku smrti.

Bog mi je u viziji pokazao kako oni koji ginu u borbama u Španjolskoj samo sanjaju strašni san o smrti. Čim njihova svijest napusti tijelo, oni se bude kao iz noćne more, sretni što su se toga riješili. Naše cijelo životno iskustvo dio je sna. Čovjek je sam od rata stvorio noćnu moru. Nakon što su ratne žrtve izbačene iz tijela, shvaćaju da

---

* *Ašram* je duhovno utočište, često u sklopu samostana. Ašram na Mt. Washingtonu međunarodna je središnjica Self-Realization Fellowshipa smještena na Mt. Washingtonu u Los Angelesu. Ašram u Encinitasu u Kaliforniji podružnica je Self-Realization Fellowshipa.

† Mk, 9:43; Hoće se reći: kljast od svih želja i navika koje čovjeka sprječavaju razmišljati o Bogu.

je to bio samo strašan san iz kojega su se probudile. Znaju da nisu mrtvi. To je velika metafizička istina.

Ako znate da sanjate, nećete patiti zbog loših iskustava u snu. No ako se poistovjetite sa snom, a netko vas udari u glavu i ubije vas, taj san o smrti čini se istinitim i strašnim iskustvom sve dok se ne probudite i shvatite da to nije bilo stvarno. Tako je i nakon smrti. Jednom kada izađete iz tijela, shvaćate da niste mrtvi, da ste se riješili noćne more. Tako smrt nije kraj, ona je oslobođenje svijesti iz zatočeništva sna u fizičkom tijelu. To olakšanje donosi osjećaj velike slobode. Nikada ne biste trebali tražiti smrt. Trebali biste umjesto toga pripremiti svoju svijest putem meditacije i zajedništva s Bogom kako biste bili spremni u vrijeme smrti na nju gledati kao na san i ništa više. Kada god poželim, mogu vidjeti tu prirodu sna života i smrti. Zato pridajem malo važnosti ovome tijelu.

U jedinstvu s Bogom spoznajte da je život san

Živite u svijesti Duha, u tom jedinstvu s Bogom u kojem znate da je život san. Vrlo je lako to učiniti ako se potrudite. Teško je udaljiti svijest od poistovjećivanja s tijelom kada nastupi patnja, zato budite mudri i potrudite se sada, dok ste još zdravi i snažni.

Materijalne želje potiskuju želju za Beskonačnim. Svaki dan netko mi govori da trebam ovo ili ono. To mi se čini smiješnim jer znam da tisuće nemaju ono što meni govore da „trebam". Ako oni to ne trebaju, zašto bih ja trebao? Vaša jedina stvarna potreba jest Bog, nemate drugih potreba. Ne budite vezani za imovinu, glazbu, knjige, hranu ili koje drugo osjetilno zadovoljstvo. U Bogu imate vječni život. Postanite svjesni ove velike istine, inače će vas preuzeti obveze u životu i umrijet ćete i dalje vezani za njih. Ako ste postigli jedinstvo s Njim, niste prisiljeni vraćati se ponovno u ovaj zemaljski san. Tada ste slobodni doći i otići po želji*, da biste služili Bogu i

---

* Učenje o reinkarnaciji pruža uvjerljivo objašnjenje za prividnu nepravdu i nejednakosti među ljudima – svih onih koji su voljena djeca Božja. Duša, potpuno savršena i uvijek savršena, prisiljena je zakonom evolucije utjeloviti se uvijek ponovno u postupno višem stupnju života – zastajkujući zbog svojih loših djela i želja odnosno napredujući brže zbog duhovnih nastojanja – sve dok ne dosegne samoostvarenje i jedinstvo s Bogom. Nakon što tako transcendira Gospodinovu iluziju, duša je zauvijek oslobođena. „Misli uronjenih u To (Duh), njihove duše su jedno s Duhom, njihova jedina privrženost i predanost

Njegovoj djeci na Zemlji.

Ako živite u radosti Boga, nećete znati što je smrt. Ako mehanički molite, nećete doći u to stanje. Uronite potpuno u molitvu, s vjerom da Bog sluša. Ako se tako molite Bogu, žarko i s ljubavlju, On će vam doći u svakom trenutku.

---

posvećene su Duhu, njihova bića su pročišćena od otrova iluzije protuotrovom mudrosti - takvi ljudi postižu stanje nevraćanja" (Bhagavad Gita, V:17). U Bibliji je napisano slično: „Pobjednika ću učiniti stupom u hramu moga Boga odakle sigurno više neće izići" (Otk, 3:12). Duša koja se vraća na Zemlju nakon postizanja oslobođenja utjelovljuje se po vlastitoj slobodnoj volji kao duhovni učitelj kako bi pomogao osloboditi druge. Takvi dobrovoljni povratci nazivaju se *vyutthana*, vraćanje u zemaljski život nakon što *maya* više nema zasljepljujuću moć. Takva su utjelovljenja rijetka u svakom dobu.

Uslišane molitve

*Međunarodna središnjica Self-Realization Fellowshipa,
Los Angeles, Kalifornija, 19. listopada 1939.*

Odakle smo došli i koja je svrha života, ta nam se pitanja prirodno nameću jer ne znamo ni zašto smo ni kako došli na ovaj svijet. Čuli smo o Stvoritelju, čitali o Njemu, ali ne znamo kako stupiti u kontakt s Njim. Samo znamo da cijeli svemir oslikava Njegovu inteligenciju. Zamršeni rad malog satnog mehanizma budi naše divljenje prema vještini urara, veliki složeni strojevi u tvornicama navode nas na oduševljenje njihovim izumiteljem. Slično tomu, kada promatramo čuda prirode, osjećamo strahopoštovanje prema skrivenoj inteligenciji iza njih. Pitamo se: tko je stvorio cvijet, živi organizam koji se pruža prema Suncu? Odakle dolaze njegov miris i ljepota? Kako su oblikovane savršene latice obojene prelijepim bojama?

Zvijezde i Mjesec noću prosipaju srebrnast sjaj oko nas i potiču nas na razmišljanje o inteligenciji koja upravlja ovim nebeskim tijelima. Mjesečeva mekana svjetlost nedovoljna je za dnevne aktivnosti. Dobronamjerna inteligencija govori nam tako da se noću odmorimo. Kada izađe Sunce, njegovo blistavo svjetlo učini da jasno i otvoreno gledamo svijet oko sebe i našu odgovornost da zadovoljimo potrebe koje imamo.

Postoje dva načina na koja možemo zadovoljiti svoje potrebe. Jedan od njih je materijalni. Na primjer, kada smo bolesni, odlazimo liječniku. No dođe vrijeme kada nam nitko od ljudi ne uspijeva pomoći. Tada se okrećemo prema Duhovnoj Snazi, Tvorcu našega tijela, uma i duše. Materijalna moć je ograničena i kada ona ne uspijeva, okrećemo se neograničenoj Božanskoj Snazi. Jednako je tako i s našim financijskim potrebama; kada učinimo najbolje što možemo, a i dalje to nije dovoljno, okrećemo se toj drugoj Snazi.

Svatko misli da su njegovi problemi najveći. Neki se osjećaju deprimiranijima od drugih jer je njihova otpornost slabija. Zbog razlika u njihovoj psihičkoj snazi ljudi se koriste različitim vrstama energije. Ako netko ima veoma velike probleme, a um mu je slab, neće uspjeti prevladati ih. Onaj čiji je um snažan mogao bi svladati poteškoće. Čak se i najmoćniji čovjek katkad suoči s neuspjehom. Kada se susretnemo s nepremostivim materijalnim, psihičkim ili duhovnim problemima, shvaćamo koliko su ograničene životne snage u fizičkom svijetu.

Naš cilj mora biti usmjeren ne samo na stjecanje financijske sigurnosti i dobrog zdravlja, nego i na traženje smisla života. O čemu je tu riječ? Kada nas snađu nevolje, naša prva reakcija je pokušaj pronalaženja kakva materijalnog načina koji će nam pomoći u rješavanju problema. Međutim, kada dođemo do točke u kojoj kažemo: „Sve što sam pokušao dosad nije pomoglo; što sljedeće trebam učiniti?", tada doista počinjemo naporno promišljati o rješenju. Kada razmišljamo dovoljno duboko, nalazimo odgovor u sebi. To je jedan oblik *uslišane molitve*.

Molitva je potreba duše

Molitva je potreba duše. Bog nas nije učinio prosjacima. On nas je stvorio po Svojoj slici. Biblija i hinduistički sveti spisi to objavljuju. Prosjak koji ide u bogatu kuću i traži milostinju prima prosjački dio; no sin može imati sve što zatraži od svojeg bogata oca. Stoga se ne bismo trebali ponašati kao prosjaci. Božanski ljudi, poput Krišne, Krista i Buddhe nisu lagali kada su rekli da smo stvoreni na Božju sliku.

Ipak, možemo vidjeti da neki ljudi imaju sve, naizgled su rođeni sa srebrnom žlicom u ustima, dok drugi, čini se, privlače samo neuspjehe i probleme. Gdje je slika Božja u njima? Moć Duha leži u svakome od nas, pitanje je kako je razviti. Ako ćete slijediti lekcije iz mojeg iskustva s Bogom, dobit ćete odgovor za kojim tragate. Dosadašnje iskustvo vam je možda donijelo razočaranje jer niste dobili odgovor na molitve. No ne gubite vjeru. Da biste saznali djeluju li molitve ili ne djeluju, vaš um mora otpočetka vjerovati u moć molitve.

Vaše molitve su možda ostale bez odgovora zato što ste izabrali biti prosjak. Također, trebali biste znati što možete opravdano tražiti od svojega Nebeskog Oca. Možete moliti svim žarom i iz sveg srca za posjedovanjem zemaljskih dobara, ali vaša molitva neće biti uslišana, jer su sve molitve povezane s materijalnim životom ograničene; takve moraju biti. Bog neće prekršiti Svoje zakone kako bi zadovoljio vaše hirovite želje. No postoji pravi način molitve. Za mačku se kaže da ima devet života; za poteškoće se može reći da ih imaju devedeset i devet! Morate pronaći siguran način kako ubiti „mačku poteškoća". Tajna učinkovite molitve jest promjena svojeg statusa iz prosjaka u Božje dijete. Kada Mu se obratite iz te svijesti, vaša molitva imat će moć i mudrost.

U snazi volje leži zametak uspjeha

Ljudi većinom postaju jako nervozni ili napeti kada pokušavaju postići nešto što im mnogo znači. Uzbuđeno, nervozno djelovanje ne privlači snagu Boga; međutim, neprestana, mirna, snažna primjena volje protresa sile stvaranja i donosi odgovor od Beskonačnog. Zametak uspjeha u svemu što želite postići leži u snazi vaše volje. Volja koja je teško oštećena bolom postaje privremeno oduzeta. Odlučan čovjek koji kaže: „Moje tijelo može biti slomljeno, ali moja glava snažne volje neće se pokoriti", pokazuje najveći izraz volje.

Snaga volje čini vas božanskim. Kada odustanete od primjene te volje, postajete smrtan čovjek. Mnogi kažu da ne bismo trebali primjenjivati volju da bismo promijenili uvjete života kako ne bismo došli u sukob s Božjim planom. Ali, zašto nam je Bog dao volju ako se njome ne bismo trebali koristiti? Jednom sam sreo nekog fanatika koji je tvrdio da ne vjeruje u primjenu snage volje jer ona razvija ego. „Upravo sada koristite mnogo volje da biste mi se usprotivili!" – odgovorio sam. „ Koristite se njome dok govorite i bez nje ne biste mogli stajati, hodati, jesti, ići u kino, a primjenjujete je čak i kada idete spavati. Sve što radite vi želite. Bez snage volje bili biste mehanički vođen čovjek." Nekorištenje volje nije ono što je Isus mislio kada je rekao: „Ali neka ne bude moja, nego Tvoja volja."* Pokazao je da čovjek svoju volju vođenu željama mora naučiti podčiniti volji Boga. Stoga pravom molitvom smatram onu koja je uporna i vođena voljom.

---

* Mt 26:39.

Morate vjerovati u ostvarivost onoga za što molite. Ako želite dom, a pritom mislite: „Ti si, budalo, ne možeš priuštiti kuću", morate ojačati svoju volju. Kada riječ „ne mogu" nestane iz vašeg uma, dolazi božanska snaga. Dom vam neće pasti s neba. Morate neprestano ulagati snagu volje primijenjenim djelovanjem. Kada ustrajete, odbijate prihvatiti neuspjeh, predmet vaše volje mora se materijalizirati. Kada neprestano djelujete u skladu sa svojom voljom, svojim mislima i aktivnostima, mora se dogoditi ono što ste željeli. Čak i ako ništa na svijetu ne podržava vašu želju, kada vaša volja ustraje, željeni rezultat nekako će se ostvariti. U toj vrsti volje nalazi se Božji odgovor jer volja dolazi od Boga, a nezaustavljiva volja božanska je volja.

Spalite misli o „ne mogu" u svojem mozgu

Slaba volja smrtna je volja. Čim joj iskušenja i neuspjesi podrežu krila, gubi vezu s Beskonačnim pokretačem. Međutim, iza ljudske volje nalazi se božanska volja koja uvijek uspijeva. Čak ni smrt ne može zaustaviti Božju volju. Gospodin će zasigurno odgovoriti na onu molitvu iza koje je neprekinuta snaga volje. Većina ljudi misaono je ili psihički lijena, ili oboje. Kada se žele moliti, umjesto toga misle o spavanju, glava im klone, zagnjure se u krevet i to je kraj molitve. Volja je pokopana. Mozak smrtnog čovjeka pun je takvih „ne mogu" situacija. Rođen je u obitelji s određenim karakteristikama i navikama te pod njihovim utjecajem misli da ne može učiniti određene stvari. Ne može mnogo hodati, ne može jesti ovo, ne može podnijeti ono. Ti „ne mogu" trebaju se spaliti. Imate unutarnju snagu da ostvarite sve što želite; ta se snaga nalazi u volji.

Onaj tko želi razviti snagu volje mora imati dobro društvo. Ako želite postati veliki matematičar, a vašem se uobičajenom društvu ne sviđa matematika, sigurno ćete biti obeshrabreni. No kada se družite s uglednim matematičarima, vaša se volja učvršćuje i mislite: „Ako drugi to mogu učiniti, mogu i ja."

Kada gorljivo želite razviti volju, nemojte odmah započeti s velikim stvarima. Da biste uspjeli, najprije isprobajte volju na nekoj maloj želji za koju smatrate da je ne možete ostvariti. Ako se svojski potrudite, možete postići uspjeh. Sjećam se svih ciljeva za koje su mi moji prijatelji i mnogi drugi rekli da ih nikada ne bih mogao ostvariti, ali ipak jesam. Takvi „dobronamjernici" mogu učiniti mnogo štete. Bože, spasi nas od njihove ljubaznosti! Društvo najviše utječe na volju. Kada biste, umjesto toga što dolazite ovamo, svakoga četvrtka išli na druženje uz piće, htjeli-ne htjeli došli biste pod utjecaj tih svjetovnih vibracija. Vaša volja nesumnjivo je nadahnuta ili oslabljena vašim društvom. Iznimno je teško samostalno razvijati volju. Potreban vam je uzor. Ako želite biti umjetnik, okružite se dobrim slikama i umjetnicima. Ako želite biti božanski čovjek, okružite se duhovnim društvom.

Vjerovanje i iskustvo su različiti. Vjerovanje se temelji na onom što ste čuli, pročitali i prihvatili kao činjenicu, a iskustvo je nešto što ste stvarno doživjeli. Uvjerenje onih koji su doživjeli Boga ne može biti uzdrmano. Ako nikada niste okusili naranču, mogao bih vas zavarati govoreći o njezinim svojstvima, ali ako ste već probali jednu, ne bih vas mogao prevariti. Vi biste znali, imali biste iskustvo o tome.

Tražite društvo onih koji osnažuju vašu vjeru

Misli o Bogu, uspjeh, liječenje i tako dalje nalaze se u vašem mozgu u obliku zbirke zgusnutih sklonosti. Trebate ih doživjeti. Da biste doživjeli svoje misli, morate iskoristiti snagu volje za njihovo ostvarivanje, a da biste razvili potrebnu snagu volje, morate se družiti s onima koji imaju veliku snagu volje. Želite li da vas izliječi Božja energija, tražite društvo onih koji jačaju vašu vjeru i vašu volju.

Putovao sam po cijeloj Indiji pokušavajući naći nekoga tko je upoznao Boga. Takve duše su rijetke. Svi učitelji koje sam susreo govorili su mi o svojim uvjerenjima. No u duhovnosti sam bio odlučan da nikada ne budem zadovoljan samo riječima o Bogu. Htio sam Ga doživjeti. Ono što mi je rečeno nije mi imalo smisla sve dok to nisam doživio.

Jednom sam razgovarao s prijateljem, brokerom, o svecima u Indiji. Nije dijelio moje oduševljenje. „Svi ti takozvani sveci su lažni", rekao mi je. „Oni ne poznaju Boga."

Nisam ništa komentirao, nego sam promijenio temu i počeli smo razgovarati o brokerskom poslovanju. Kada mi je ispričao doista mnogo o tome, rekao sam ležerno: „Znaš li da ne postoji nijedan pouzdani broker u Kalkuti? Svi su oni nepošteni."

„Što ti znaš o brokerima?" - uzvratio je ljutito.

„Točno", odgovorio sam. „Što pak ti znaš o svecima?" Nije mogao odgovoriti. „Ne osporavaj ono o čemu ne znaš", dodao sam dobronamjerno. „Ja ne znam ništa o brokerskom poslovanju, a ti ne znaš ništa o svecima."

Religijska praksa došla je do točke gdje su rijetki oni koji pokušavaju svoje duhovne misli pretvoriti u stvarno iskustvo. Govorim vam samo o svojem iskustvu; ne zanima me poučavanje o onome što znam samo intelektualno. Većina ljudi postane samozadovoljna s onim što su pročitali o Istini, a da je nisu nikada doživjeli. U Indiji ne tražimo duhovno vodstvo od neke osobe samo zato što je završila studij teologije, niti ga tražimo u onih koji su samo proučavali svete spise, a nisu doživjeli istine koje su ondje navedene. Duhovni gramofoni koji samo izgovaraju istinu nas ne zadivljuju. Mi znamo prepoznati razliku između čovjekovih propovijedi i njegova života. Mora nam pokazati da je iskusio ono što podučava.

Osigurajte svoj konačni put do nebesa

Kada se potrudite doživjeti svoja duhovna uvjerenja, otvara vam se sasvim novi svijet. Nemojte živjeti u lažnom osjećaju sigurnosti, vjerujući da ćete biti spašeni jer ste se pridružili Crkvi. Sami se morate potruditi spoznati Boga. Vaš um može biti zadovoljan time što ste vrlo religiozni, no sve dok vam svijest ne bude zadovoljna izravnim odgovorima na molitve, nijedna religija ne može vas spasiti. Kakva korist od molitava upućenih Bogu ako on ne odgovara? Iako je teško dobiti Njegov odgovor, to se ipak događa. Da biste osigurali dolazak u nebo, morate ispitivati snagu svojih molitvi, sve dok ne postanu učinkovite. Još kao malo dijete odlučio sam da moram dobiti odgovor na svoju molitvu. Potrebna je takva vrsta odlučnosti. Slijede sva moguća iskušenja kako bi slomila vašu volju, ali snaga Božjeg odgovora je neograničena; ako budete uporni, snaga volje donijet će vam Njegov odgovor.

Trebali biste naučiti usmjeravati svoje misli. Zato je važno imati vremena za sebe. Izbjegavajte društvo negativnih ljudi. Većina njih nalik je na spužve koje sve izvlače iz vas, a jedva da primite išta zauzvrat. Vrijedno je biti s drugima samo ako su iskreni, snažni, pozitivni i ako je svatko od njih otvoren i svjestan snage onog drugog, tako da možete međusobno razmjenjivati plemenite kvalitete duše.

Nemojte provoditi vrijeme u dokolici. Velika većina ljudi bavi se nevažnim aktivnostima. Koga god pitate što je radio, uglavnom će reći: „Oh, bio sam zauzet svaki trenutak!" Ali jedva se može sjetiti čime je bio toliko zauzet! Previše razbibrige također slabi vaše psihičke snage. Ako svaki dan idete u kino, filmovi će izgubiti privlačnost i postat će vam dosadni. Svi su filmovi u osnovi jednaki – ljubavnici, junaci i zločinci. Možemo uživati u lijepoj filmskoj priči, no život je rijetko takav. S druge strane, ako idete u kino da se zabavite, što će vam suviše realističan film, tko želi vidjeti život takav kakav jest?

Život je vrlo prevrtljiv i moramo se nositi s njime takvim kakav jest. Ako ne ovladamo svojim životom, teško ćemo moći pomoći drugima. U utočištu usmjerenih misli skriva se radionica svih postignuća. Zapamtite to. U toj se radionici neprestano tkaju vaši obrasci volje za postizanje uspjeha i nadvladavanje poteškoća. Neprestano vježbajte volju. U toj radionici i danju i noću mnogo je prilika za djelovanje ako ne želite gubiti vrijeme. Noću se povlačim od zahtjeva svijeta i ostajem nasamo sa sobom, potpuni neznanac za svijet koji za mene tada ne postoji. Tako samotan, snagom svoje volje okrećem misli u željenom smjeru sve dok u svojem umu točno ne definiram ono što želim učiniti i kako to učiniti. Zatim uprežem volju s ispravnom aktivnosti, i to stvara uspjeh. Tako sam mnogo puta učinkovito iskoristio snagu volje. Ali, ovo ne djeluje sve dok se snaga volje ne primjenjuje neprekidno.

Prekrasan je osjećaj kada znate i možete reći: „Snagom svoje volje, nadopunjenom Božanskom Voljom, ostvarit ću svoj cilj." Ako lijeno prepuštate sve Božanskoj Snazi i zanemarujete korištenje vaše bogomdane volje, neće biti rezultata. Božanska Snaga svojom vam voljom želi pomoći, ne morate je nagovarati. Ali morate iskoristiti svoju volju, zahtijevati kao Njegovo dijete i tako se ponašati. Morate odbaciti misao da je Gospodin sa Svojim prekrasnim moćima negdje daleko na nebu, a vi ste ovdje na Zemlji samo maleni bespomoćni crv preplavljen teškoćama. Zapamtite da iza vaše volje stoji velika Božanska Volja, no ta oceanska Snaga ne može vam pomoći sve dok joj se ne otvorite.

Osnažite volju koncentracijom

Otvoreni ćete postati tako da sjedite mirno i misli usmjerite na dostojnu želju, sve dok se vaš um i misli posve ne stope s tom idejom. Tada će snaga volje postati božanska – sveznajuća i svemoćna – i uspješno će se primijeniti za ostvarenje vašeg cilja. Ne možete samo sjediti i čekati da vam uspjeh padne u krilo. Jednom kada je vaš cilj postavljen i volja čvrsta, morate učiniti praktičan napor. Tada ćete vidjeti da vam počinje dolaziti sve što vam je potrebno za uspjeh. Sve će vas voditi u pravom smjeru. U vašem oslanjanju na božanski izvor, snaga volje odgovor je na vašu molitvu. Kada se koristite ovom voljom, vaše molitve mogu biti uslišene. To je moje iskustvo. Znao sam započeti određene pothvate samo kako bih iskušao svoju volju, ali to više ne činim. Znam da to djeluje.

Jednom davno, vidio sam da jedan od mojih učenika ide u pogrešnom smjeru. Slutio sam tragične posljedice i smišljao svaki mogući razlog da ga odvratim od smjera kojim je krenuo njegov život, no uvidio sam da ma kako snažna bila moja volja, jednostavno nije pomagalo jer je odlučio slijediti put zla. „U redu", rekao sam naposljetku sebi, „vrijeme je za 'zbogom', pusti ga da ode." No ubrzo mi se ponovno vratila velika ljubav i briga koje sam osjećao prema njemu. Uporno sam mu sa žarom slao misaonu poruku: „Bog mi je rekao da ti naredim da se vratiš." Do večeri moje tijelo i um posve su ustreptali jer sam intuitivno znao da dolazi.* Napokon, pojavio se na vratima; „rasipni sin" vratio se kući. Pozdravio me *pranamom*† i rekao: „Cijeli dan, kamo god sam išao i što god sam radio, vidio sam vašu sliku. Što to znači?"

„Bog te pozivao kroz mene", odgovorio sam. „To je bio Njegov poziv, ne moj. U mojoj želji nije bilo sebičnog motiva. Odlučio sam da se neću pomaknuti s ovog mjesta dok ti ne dođeš." Takva odlučnost može promijeniti svijet. Čudesna moć!

---

* Veliki duhovni učitelji blagoslovljeni su božanskom svjesnošću koja prožima njihovo tijelo. Na primjer, njihova intuitivna percepcija negativnih misli učenika može se očitovati i fizički, kao oštro probadanje. Slično, skladne i sretne intuitivne uvide katkad prati ugodan osjet trnaca. (*napomena izdavača*)

† „naklonom"(Vidi *pranam* u rječniku).

Dakle, duboka molitva djeluje. Najbolje vrijeme za molitvu je noć, kada je manje onoga što vas ometa. Ako je potrebno, odspavajte malo navečer, tako da ste noću, kada svoje molitve iznosite pred Boga, potpuno budni. Ispočetka se to čini teškim, ali ako nastavite pokušavati, postat će lakše. Bit ćete iznenađeni rezultatima. Čim vaša volja postane snažna, Bog počinje odgovarati. A kada se Beskonačni udostoji prekinuti Svoj zavjet šutnje, nećete biti u stanju suzdržati radost. No ako imate sebičnu želju da drugima prikažete moć svojih molitvi ili ako ih komercijalizirate, izgubit ćete tu moć. Bog vam više neće odgovarati. Prestrašit ćete Ga i On će se udaljiti. On dolazi samo kad ste iskreni i kada Ga volite zbog Njega samog. Kada ste zadivljeni sami sobom i želite to pokazivati drugima, On vidi da ne tražite Njega, nego slavu i veličanje ega, a On tada neće doći.

Tko će ustrajati sve dok Bog ne odgovori?

Bog nije nijemo biće bez osjećaja. On je sama ljubav. On će s ljubavlju odgovoriti na vaše zahtjeve ako u meditaciji stupite u kontakt s Njim. Ne morate Ga moliti, možete zahtijevati kao Njegovo dijete. No tko će od vas odvojiti vrijeme koje je za to potrebno? Tko će od vas ustrajati sve dok ne postane tako usmjeren na Boga da primi odgovor od Njega?

Pretpostavimo da imate hipoteku na kuću koju ne možete otplaćivati. Ili postoji određen posao koji želite. U tišini koja dolazi nakon duboke meditacije, usmjerite pozornost s nepokolebljivom voljom na misao o toj potrebi. Nakon toga više ne razmišljajte o tome. Ako posijete sjeme u zemlju, a onda ga svako malo otkopavate da vidite raste li, ono nikada neće niknuti. Jednako tako, ako svaki put kad molite tražite znak da je Gospodin uslišao vašu želju, ništa se neće dogoditi. Nikada ne pokušavajte iskušavati Boga. Samo nastavite neprestano moliti. Vaša dužnost je skrenuti njegovu pozornost na vašu potrebu i učiniti svoj dio kako biste Mu pomogli da tu želju dovede do ostvarenja. Na primjer, u kroničnoj bolesti, učinite najbolje što možete kako biste pospješili ozdravljenje, ali znajte u svojem umu da u konačnici samo Bog može pomoći. Ponesite tu misao sa sobom u meditaciju svake noći i molite krajnje odlučno; jednoga dana, odjednom ćete otkriti da je bolest nestala.

Kao prvo, um prima sugestije. Zatim Božanski prožima um Svojom snagom. Nakraju, mozak oslobađa životnu energiju potrebnu za liječenje. Niste svjesni Božje moći u vašem umu. Ona kontrolira sve tjelesne funkcije. Možete poboljšati rad svojeg tijela ako vježbate snagu uma. Potrebno je najprije naučiti pravilno meditirati, tada možete primijeniti božanski osnaženu koncentraciju koju donosi meditacija kako biste izliječili tijelo ili kako bi vam se pomoglo u svakoj poteškoći.

Svaki dan započnite nešto što vam je teško, a zatim pokušajte to dovršiti. Ako doživite neuspjeh pet puta, nastavite, a čim uspijete u tom smjeru, primijenite vašu jednousmjerenu volju na nešto drugo. Tako ćete biti u stanju ostvariti sve veće naume. Volja je sredstvo kojim Bog djeluje u vama. U volji leži Njegova neograničena moć, moć koja kontrolira sve prirodne snage. Budući da ste stvoreni prema Njegovoj slici, ta moć je i vaša, s njom možete ostvarivati što god želite. Možete postići napredak, mijenjati mržnju u ljubav. Molite sve dok se tijelo i um potpuno ne podčine; tada ćete primiti Božji odgovor. Stalno otkrivam da On odgovara na moje i najmanje želje.

Vaša najveća potreba je Bog

Između obrva nalaze se vrata do neba. Ovaj centar* u mozgu sjedište je volje. Kada se duboko koncentrirate na ovu točku i smireno nešto poželite, što god to bilo, ostvarit će se. Stoga, nikada se ne koristite voljom u zle svrhe. Voljno i namjerno naštetiti nekomu teška je zlouporaba vaše bogomdane moći. Ako otkrijete da vaša volja ide u pogrešnom smjeru, zaustavite se! Tako ne rasipate samo svoju božansku energiju, već ćete je zbog toga i izgubiti pa je nećete moći iskoristiti čak ni za dobre svrhe.

Iskreno procijenite je li vaša molitva opravdana. Ne tražite Boga ono što je sasvim nemoguće u prirodnom poretku života. Obratite Mu se samo kada je riječ o istinskim potrebama. I budite sposobni razlikovati „nužnu potrebu" od one koja to nije. Najbolji način da se izliječite od želja za „potrebama koje to nisu" jest razborito ih se riješiti. Sanjarenje o velikim građevinama nekoć je bio moj hobi,

---

* Sjedište „jednog" ili duhovnog oka; *Kutastha* ili centra Kristove Svijesti.

ali to zanimanje sada je nestalo. Imam ih sasvim dovoljno kao i sve popratne glavobolje vezane uz njihovo održavanje! Vlasništvo je tegobna odgovornost. Odstranite želje za nepotrebnim posjedima. Koncentrirajte se samo na svoje stvarne potrebe.

Vaša najveća potreba je Bog. On će vam dati ne samo „neophodne potrebe", nego jednako tako i „nepotrebne potrepštine". On će zadovoljiti svaku vašu želju kada budete jedno s Njim. Ostvarit će se vaši najluđi snovi.

Kao mali dječak u Indiji silno sam želio imati ponija, no majka mi to nije dopuštala. Nekoliko godina poslije, nakon što sam osnovao školu za dječake u Ranchiju, doveo sam kući kobilu kao domaću životinju. Jednog jutra otkrio sam da je na svijet donijela ždrijebe. Upravo ono što sam želio u djetinjstvu! Dogodila su mi se mnoga takva iskustva. Davno prije, dok sam putovao Kašmirom, vidio sam ovu zgradu* u viziji. Godinama poslije, kada sam stigao u Los Angeles i vidio ovo mjesto, prepoznao sam ga kao zgradu iz moje vizije i znao sam da ju je Bog nama namijenio.

Slijedite pravila molitve

Prvo pravilo u molitvi je pristupiti Bogu samo s opravdanim željama. Drugo pravilo je moliti za njihovo ispunjenje ne kao prosjak, nego kao sin: „Ja sam Tvoje dijete. Ti si moj Otac. Ti i ja smo Jedno." Kada molite duboko i neprestano, osjetit ćete veliku radost koja vam raste u srcu. Budite zadovoljni tek kada se ta radost potpuno očituje. Kada osjetite to potpuno zadovoljstvo u srcu, znat ćete da se Bog podesio na stanicu vaše molitve. Tada se molite Ocu: „Gospodine, ovo je moja potreba. Spreman sam raditi za to, molim Te, vodi me i pomozi mi da imam valjane misli i da činim dobro koje će me dovesti do uspjeha. Koristit ću se razumom i raditi odlučno, ali Ti vodi moj razum, volju i aktivnosti do dobra koje trebam učiniti." Tako sam uvijek molio. Sada, čim pitam Boga o nekom pothvatu, znam trebam li to učiniti ili ne, i znam koje korake trebam ili ne trebam poduzeti.

Budite praktični i ozbiljni u molitvi. Koncentrirajte se duboko

---

* Međunarodna središnjica Self-Realization Fellowshipa na Mount Washingtonu u Los Angelesu. Paramahansajijeva vizija te zgrade zbila se oko 1913.

na ono za što molite. Prije nego što počnete tražiti posao, idete na potpis ugovora ili radite što drugo važno, razmislite o toj Snazi. Neprestano mislite o njoj. Budite budni. Vaš um naviknuo se noću odmarati od dnevnih dužnosti i uvijek ponavlja: „Spavaj". Na ovo morate odgovoriti svom svojom božanskom snagom volje: „Dosta je spavanja! Moj odnos s Bogom je važniji." Tada ćete dobiti odgovor od Njega.

Preobrazba religije u znanost

*Prvi hram Self-Realization Fellowshipa,
Encinitas*, Kalifornija, 22. prosinca 1940.*

Bog je pristupačan. Govoreći o Njemu i slušajući Njegove riječi u svetim spisima, misleći na Njega, osjećajući Njegovu prisutnost u meditaciji, postupno ćete uvidjeti da Nestvarno postaje stvarno, a ovaj svijet koji ste doživljavali stvarnim učinit će vam se nestvarnim. Nema veće radosti od te spoznaje.

Božja radost je bezgranična, neprestana, uvijek nova. Ni tijelo ni um ne mogu vas omesti kada ste u toj svijesti – takva je milost i slava Gospodinova. On će vam objasniti sve što niste mogli razumjeti, sve što želite saznati.

Nema nikakve koristi od toga da pokušate previše toga spoznati. Koliko bi inkarnacija morali proći da saznate sve što je zapisano u knjizi prirode? Milijuni života ne bi bili dovoljni! Zašto se onda gnjaviti? Sve što je potrebno naći ćete i razumjeti u Bogu. Indijski duhovni učitelji uvijek su govorili: „Najprije spoznaj Njega." Tada, što god želite znati, On će vam otkriti. To je Njegovo kraljevstvo – Njegovo znanje.

Kako život teče, a njegovi prividi nestaju, tako sve više uviđamo o čemu je uistinu riječ. A kada privid djetinjstva i mladosti prođe, što je preostalo? Samo u božanskoj svijesti iza ovih vrata (Paramahansaji ovdje dodiruje svoje čelo i ukazuje na mjesto *Kutastha* centra, sjedišta duhovnog oka†) možemo naći pravu sreću. Izbacio sam svijet iz života zbog njegova prividnog utjecaja koji ono nevažno

---

* Prvi hram na zemljištu Self-Realization Fellwoshipa u Encinitasu bio je sagrađen 1938. na litici s pogledom na Tihi ocean. Nazvan je Hram zlatnog lotosa. Postupna erozija obale naposljetku je prouzročila da građevina sklizne u more.

† Duhovno oko pranična su zvjezdana vrata kroz koja čovjek mora ući da bi postigao nadsvijest, Kristovu Svijest i Kozmičku Svijest. „Ja sam vrata. Tko uđe kroza me, spasit će se; on će ulaziti i izlaziti i pašu nalaziti." (Iv, 10:9)

čini važnim. Svi mi živimo u zemlji mašte, uspoređujući se uvijek sa svojim susjedima, ali jedino boraveći u svijesti Duha možemo biti doista sretni. Pokušajte!

Bog nas nastoji dovesti u svoje kraljevstvo jer i on čezne za nečim: želi da Ga spontano tražite i držite se uza Nj. Da nije tako, ne bi stvorio svemir i čovjeka. Njegovo savršenstvo nije uvjetovano tom čežnjom; no jedan od razloga za naš nastanak Njegova je želja da Ga volimo i da Mu se vratimo. On se veseli tom trenutku. U našoj ljubavi Njegovo je ispunjenje.

Otac nam je dao slobodu ili da skočimo u vatru priviđa svijeta ili da se vratimo Njemu, svojem pravom domu. Pitanje je što biste vi željeli. Hajdemo svi Kući, da se više ne vraćamo u ovaj strašni svijet. Ne znamo pod kojim ćemo se uvjetima ponovno utjeloviti. Sigurno ne želimo biti rođeni u vrijeme patnje i depresije, kao što je ovo sadašnje. Ovi problemi rezultat su ljudske sebičnosti i mržnje. Cijela Zemlja zapomaže jer smo zaboravili Boga.

Donesite odluku sada da ćete otići u kuću svojega Oca. Gubite vrijeme puni straha, a to si ne smijete dopustiti. Čak i ne slutite koliko ste sretni što ste rođeni kao ljudsko biće. Time ste blagoslovljeni više od ijednog drugog stvorenja. Životinje nisu u stanju meditirati niti mogu biti u zajedništvu s Bogom. Vi imate slobodu tražiti Ga, a ne koristite se time. Malo sjedite u meditaciji, a vaš um luta unaokolo. No kada um moli i moli, i opet moli, nebo se otvara. Tada ćete dobiti sva uvjerljiva iskustva na temelju kojih ćete spoznati da da Bog *jest*.

Bog čeka na vaš poziv

Ne prenosim vam knjiško znanje, nego govorim iz osobnog uvida. Ne bih ni mogao govoriti o Njemu da Ga nisam vidio i osjetio. On mi to ne bi dopustio. Dok vam govorim, pred sobom vidim sve o čemu vam kazujem. Pritom vas često uopće ne vidim. Ne bih vam ništa ni mogao reći da Ga nisam spoznao. No ovdje sam da vam kažem kako je radost koju tražite u seksu, novcu, vinu, ljubavi, slavi – ta radost već postoji u vama. Ne trebate ići nikamo drugamo. Ne trebate moliti ni laskati Bogu, samo Ga trebate zamoliti. Morate Mu se moliti iskreno i s ljubavlju: „Dođi k meni."

Niste dovoljno odlučni. Kao što škrtac voli novac, kao što

ljubavnik voli svoju dragu, tako biste trebali voljeti Boga; tada ćete Ga bez sumnje naći. To je teško, ali ako noću sjedite dugo u meditaciji, nećete mariti za vrijeme. Čak i kada uopće ne spavam, san mi nikada ne nedostaje. Kada dođe Bog, komu je do spavanja, komu je do tijela? Ništa nije važno osim Njegove opojne prisutnosti. U romanima čitamo o idealnoj ljubavi, ali ništa se ne može usporediti s Božjom. Pohitajte k Njemu. Najljepše postojanje jest ono u kojem smo uvijek svjesni Njega. Dok vam govorim, uvijek iznova, cijeli svijet se topi i udaljava, a ja samo osjećam Njegovo Blaženstvo.

Sve je stvoreno da vam razbije privid

Znanost smišlja metode za fizičku udobnost, potičući i hraneći vaše beskonačne želje. No nakon nekog vremena, razne udobnosti postaju teret u kojem više ne uživate jer osjećate da je naporno brinuti se o njima. Tako vi „plaćate" za sve što dobivate, osim božanskog blagoslova. Za to treba samo mirno sjesti i zamoliti Nebeskog Oca. Da sam smatrao kako Božju prisutnost moram zaslužiti, ne bih to nikad ni pokušao jer smatram da kao Njegov sin imam na to pravo. Ako tražite svoje pravo od Oca, On će vam ga dati. Vama koji žudite za Njim, On će i doći. To je ono što želi. On djeluje kako bi vas lišio privida i ponovno vas privukao da se vratite Njemu. Ne znate kada ćete morati napustiti ovaj svijet, ne postoji zakon koji vam propisuje dug život. To znači da je glupo gubiti vrijeme. Živim iz minute u minutu, iz dana u dan. Znam samo za radost življenja; iznutra, sve prepuštam Njemu.

Doći će vrijeme kada će se sve postizati voljom. Što god poželite, to će se i ostvariti. To sam mnogo puta pokazao kroz život. Jedini je cilj ljudskog života da razvijemo nebesku snagu volje kako bismo je upotrijebili za - spoznaju Boga. On je stvorio svakoga od vas i On kuca u vama, žudi da uđe u vašu svijest kako bi vas oslobodio. Siguran sam da se osjeća krivim što nas je stvorio! Svakoga dana postavljam Mu pitanje zašto je to učinio. (Razgovaram s Njim o svemu što mi padne na pamet. Voli kada Ga „ganjam". Svjestan je da Njegova tvorevina nije baš savršena.) Gospodin odgovara da nije moguće napraviti čelik ako prije toga željezo ne dovedete do usijanja. Nije Mu namjera naštetiti nam. Problemi i bolesti trebaju nas nečemu naučiti. Naša bolna iskustva nisu namijenjena uništiti nas, nego sagorjeti naš otpad, da ubrzaju naš povratak Kući. Nikomu nije više nego Bogu stalo do našeg oslobođenja.

Njegov glas govori kroz mene. Kada bi me samo jedna osoba poslušala i našla slobodu u Duhu, moj zadatak bi bio obavljen. Spasenje jednog života vrijedi više od obraćenja tisuća. Govorim vam o jednom Gospodaru svemira – jednom Voljenom koji čeka na vas, žudi za vama. Ne znate kako se raduje kada vaša duša ulazi u Njegovo kraljevstvo! On okuplja sve anđele i zajedno slave ulazak vaše duše u nebo. Kakva li radost ondje vlada!

Postoji dobar razlog zašto se ne sjećate prošlih inkarnacija. Pretpostavimo da ste bili rođeni deset puta. Stoga imate deset majki. Kako ih možete voljeti sve jednako? Trebali biste naučiti da iza tih deset majki postoji Jedna Majka; iza svih prijatelja, Jedan Prijatelj; iza svih očeva, Jedan Otac, iza svih ljubavi, Jedna Ljubav. Kako je divno to prepoznavanje! To je kao da ste se igrali skrivača kroz labirinte inkarnacija, a zatim iznenada otkrijete Njega! Kada sam shvatio tu Jednu Ljubav, nisam se mogao suzdržati. Moj um nestao je u Beskonačnom Kraljevstvu. To je tako, čak i sada. Radost Duha je beskrajna.

Tražite jasno razumijevanje Istine

U prirodnim znanostima sve je točno definirano: ako dvije tvari uđu na određen način u odnos, slijedi jasan rezultat. Veliki učitelji slijeda *Self-Realization Fellowshipa* govore vam zašto trebate tražiti Boga znanstvenim metodama i kako na znanstveni način doći do Njega. Svaki napor koji učinite slijedeći te upute rezultirat će određenim razumijevanjem. Netko pročita malo o duhovnim zakonima, a zatim knjigu ostavi po strani. Tako se ne stiže do vlastite spoznaje. Te istine moraju postati praktičnim dijelom vašeg života.

Većina ljudi religiju ne uzima ozbiljno. Smatraju da je to samo zamisao i sanjarenje. U Indiji smo naučili religiju primjenjivati praktično. Ne kažemo: „Pa, ja ću otkriti sve o Bogu na onome svijetu." Mi želimo spoznati Boga sada.

Znanost i religija trebaju ići ruku pod ruku. Svi rezultati znanstvenih istraživanja odgonetnuti su i povezani razumom, a religija je često dogmatična. Isus je poticao učenike da imaju vjeru, no pritom nije mislio na slijepo vjerovanje. Srce mi se slama kada vidim slijepi dogmatizam jer je to jedan od razloga zašto većina ljudi nema stvarnog interesa za Boga. Doduše, postoje mnogi koji su zainteresirani za Boga, no pravih tragatelja je malo jer rijetko tko pokušava proniknuti izlaz iz ove snolike drame. Malo je Njegove djece koja cijene darove Nebeskog Oca, a od onih koji to čine još je manje onih koji pokušavaju duboko i znanstveno utemeljeno spoznati Ga. Oni koji Ga žele ozbiljno tražiti trebaju naučiti kako to učiniti na znanstveni način.

Joga čini religiju znanošću

Joga je jasno određena i znanstvena. Joga znači ostvarenje jedinstva duše i Boga postupnom, korak po korak, primjenom određenih metoda koje donose točne i poznate rezultate. Ona uzdiže religijsku praksu iznad dogmatskih razlika. Moj guru, Sri Yukteswar, snažno je zagovarao jogu. Pritom nije smatrao da spoznaja Boga može biti trenutačna. „Za to moraš naporno raditi", rekao mi je. I doista sam se trudio, a kada su došli obećani rezultati, shvatio sam da je joga čudesna.*

Oni koji praktično ne primjenjuju svoju religiju ne mogu očekivati da će o Bogu saznati sve odjednom, kao i o onostranom. Ljudi se obično ne trude, a ako se i trude, taj njihov trud nije dovoljno dubok i iskren. Noć treba provoditi s Bogom. Ljudi spavaju više nego što je potrebno i tako gube mnoge vrijedne sate. Noć bi trebala zastrti sve užitke svijeta kako biste mogli pomnije istraživati kraljevstvo Božje. On je stvorio tamu da zamrači materijalni svijet jer želi da tijekom noći zaboravite na svijet i tražite Njega. Čitajte svete spise, čitajte *Lekcije*† i meditirajte – to donosi slavu i radost! Ništa drugo ne može vam pružiti to iskustvo. Pogledajte i uvjerite se da je to istina.

Zapamtite, ako ne nađete Boga, to znači da se niste dovoljno trudili u meditaciji. Ako niste pronašli biser nakon jednog ili dva ronjenja, nemojte zbog toga kriviti ocean. Krivite svoje ronjenje jer niste zaronili dovoljno duboko. Budete li ronili zaista duboko, naći ćete bisere Njegove prisutnosti. U našu religijsku praksu moramo

---

* „(O, Arđuna,) danas sam te podučio toj drevnoj znanosti joge jer si ti Moj poklonik i prijatelj. Ovo sveto otajstvo (joge) doista je darivatelj najveće blagodati (za čovječanstvo)" (Bhagavad Gita, IV:3)

† Znanstvena načela jogijske meditacije podučavaju se u *Lekcijama* Self-Realization Fellowshipa koje se mogu dobiti na zahtjev od Međunarodne središnjice SRF-a.

uvesti znanstvene postupke, u suprotnom religija ostaje samo oblog za umirenje savjesti. „O, da, idem u crkvu svake nedjelje", kažu ljudi; no ne znaju zašto idu. A kada jednom kažu „amen" nakon službe, sve u vezi s crkvom zaboravljaju do sljedeće nedjelje. Nije li to glupo? Ako ondje ne dolazite u doticaj s Bogom, zašto uopće odlazite onamo?

Sveci kažu da ako se obratite Bogu dovoljno iskreno, On će vam se pokazati. No morate se potruditi sami. Dobro je meditirati u skupini, ali važno je da noću meditirate u osami, a ne da samo posjećujete crkvu nedjeljom. Maknite se od bilo koga. To je dobro za vaše zdravlje, vaše živce i vašu dugovječnost – ne družite se previše s ljudima. Većina njih razmišlja samo o onome što im možete dati. Teško da itko misli o vašem najvećem dobru, osim vašeg duhovnog učitelja i Boga. Mudri učitelj dat će vam poduku, ali samo jednu: mislite o Bogu.

I dijelite Ga; ne postoji nijedan oblik službe važniji od govora o Bogu. Uvjerite li koga da put pogrešaka vodi u dolinu smrti, a put meditacije u vječni život, poklonili ste mu dar vrjedniji od milijun dolara. Novac je prolazan, ali spoznaja Boga vaša je popudbina i onkraj groba. Stoga me čini sretnim uvijek kada vidim nekoga tko nastoji svim žarom i trudom spoznati Boga.

Djelujem u svijetu, kujem planove, ali samo kako bih udovoljio Gospodinu. Čak i dok radim, preispitujem se šapućući u sebi: „Gdje si Ti, Gospodine?" i cijeli svijet se mijenja. Ne postoji ništa osim velikog Svjetla, a ja sam mjehurić u tom Oceanu Svjetla. Takva je radost postojanja u Bogu.

Iskustva o kojima sam vam pričao znanstveno su utvrdiva. Slijedite li duhovne zakone, rezultat je siguran. Ako rezultat ne dođe, nađite pogrešku u svojem naporu. Snažno htijenje u praktičnoj primjeni religije jedino je učinkovito. Oni koji ne meditiraju redovito i duboko, nemirni su kad god to čine i odustaju nakon kratka napora. No ako se svakoga dana sve više i više potrudite, bit ćete sposobni ići duboko. Ja se sada više ne moram truditi; cijeli se svijet povlači čim zatvorim oči i pogled usmjerim u Kristov centar. Nekoć sam i ja znao sjediti satima pokušavajući zaboraviti tijelo i misli! U jednom sam trenutku pomislio da nikakve koristi od toga. No uvidio sam da je to moja krivnja. Između nemirnih misli i Boga postoji zid. Običan čovjek ne pokušava ga preskočiti, pa nikada i ne prelazi preko tog zida. No duhovni borac ide dalje. Kada um postane miran, tada ste u kraljevstvu Beskonačnog. Oni koji potroše previše vremena na neozbiljne stvari, ostaju pred vratima kucajući uzalud.

Zajedništvo s Bogom jedino je za što vrijedi živjeti. Naposljetku ćete i vi to shvatiti, često nakon mnogo patnje. Zašto ne naučiti sada? On je spreman dočekati vas s dobrodošlicom. Naposljetku, ne možete a da ne dođete do Boga. Glupo je pitati: „Hoću li uspjeti ući u kraljevstvo nebesko?" Ne postoji drugo mjesto u kojem možete ostati, jer to je vaš pravi dom. Ne morate ga zaslužiti. Vi već jeste Božje dijete, stvoreno po Njegovoj slici. Samo trebate strgnuti masku ljudskog bića i ostvariti svoje božansko pravo stečeno rođenjem.

Sotona nas navodi na misao da je Bog nedostižan

Dakle, nikada nemojte reći da nećete moći ući u kraljevstvo nebesko. Sotona ubacuje tu varljivu misao u vaš um da bi vas zadržao ovdje. Niste smrtno biće. Kada sam to čuo od svojega gurua, bio sam presretan. Otad sam odbijao smatrati se grešnikom. Jednako tako, ni vi se ne biste trebali nazivati grešnikom; to je oskvrnuće Božje slike u vama. Ne dopustite nikomu drugom da vas tako naziva. Zašto bi bilo važno ono što ste bili jučer? Vi ste Božje dijete, sada i zauvijek. Tko vas može držati daleko od kraljevstva Božjeg? Tako bi se trebali osjećati. No trebate Ga potražiti na znanstveni način. Kad je riječ o religiji, znanost nas podučava da se valja truditi u meditaciji sve dok nam Bog ne postane stvaran, dok ne spoznamo kako je samo On stvaran. Običavao sam odlaziti na mjesta za spaljivanje kako bih uvidio nestvarnost svijeta. Plakao sam u šumi, zatvarao se u potkrovlju, neprestano se molio dok nije došla ta spoznaja. Gledao sam svjetove kako nestaju u plamenu i isparavaju oko nogu moje Božanske Majke*. U svjetlu Njezine mudrosti sva moja smrtnost bila je okončana.

---

* „U hinduističkim se svetim spisima očitovanje Nestvorenog Beskonačnog koji je djelatan u stvaranju naziva Božanska Majka. Gospodin u obliku Kozmičke Majke pojavljuje se u živućoj opipljivosti pred istinskim bhaktama (štovateljima Osobnog Boga)" – Paramahansa Yogānanda u *Autobiografiji jednog jogija*.

Meditacija je istinska religijska praksa

Primjenjivati religiju u praksi znači sjediti mirno u meditaciji i razgovarati s Bogom. No ljudi ne postižu taj intenzitet, ne koncentriraju se dovoljno i zbog toga ostaju u zabludi. Radi isticanja važnosti duge, intenzivne usredotočenosti na Boga, svake godine organizirao sam cjelodnevnu božićnu meditaciju uoči Božića.[*] U početku sljedbenici smatraju da je to dugotrajno, no čim uđu dublje u meditaciju, zaborave na vrijeme. Većina vjernika koji odlaze u crkvu nije u stanju sjediti mirno jedan sat, osim ako se ne događa nešto što će im sve vrijeme zaokupljati pozornost.

Biti u svijesti Boga potpuno je drukčije; ona se postiže kada sjedite mirno i kažete: „Jedno po jedno zatvaram vrata osjetila kako miris ruže ili pjesma slavuja ne bi odvratili moju ljubav od Tebe."[†] Nastavite li tako govoriti sa sve dubljom i dubljom koncentracijom i predanosti, vidjet ćete da ste nakon nekog vremena zaboravili na sve smetnje; pred vašim unutarnjim pogledom pojavljuje se svjetlo, ili sveci, ili uranjate u dubok mir i božansku radost.

Svaka je duhovna aktivnost dobra ako nam se tako misli usmjeravaju na Boga, ali nakraju je potreban krajnji intenzitet u nastojanju da Ga spoznate. Posvuda u svijetu trebali bi postojati centri za meditaciju u kojima će se sljedbenici zajedno družiti s Bogom. Dolazim u hram iz jednog jedinog razloga: da budem s Bogom i da vama govorim o Njemu. A vi dolazite zbog mojih riječi i kako biste putem meditacije pokušali osjetiti Njegovu prisutnost.

Mjesec rastjeruje tamu s neba. Takva je i duša koja je naučila spoznati Boga, duša koja je istinski predana iskrenom traženju punom unutarnjeg žara. Kamo god ta duša išla, rastjerivat će duhovnu tamu u drugih. Oni koji pomalo i misle o Bogu, svijetle samo malo i ne mogu dati svjetlost svijetu. Obični religiozni ljudi su poput zvijezda koje samo malo svijetle.

---

[*] Ovaj duhovni običaj započeo je Paramahansaji 1931., a provode ga članovi *Self-Realization Fellowshipa* u svojim *ašramima*, hramovima i centrima diljem svijeta. Jednodnevne meditacije također se održavaju i u drugim prigodama tijekom godine, na dane od posebne duhovne važnosti. (*napomena izdavača*)

[†] Stih iz pjesme „Prayer at Night" iz zbirke Paramahanse Yogānande *Whispers from Eternity*.

Meditacija je dokaz Božjeg postojanja

Putem znanstvene meditacije postanite istinski sljedbenik koji poput Mjeseca rastjeruje tamu oko sebe i drugih. Bez ostvarenja meditacijom, religija ostaje najzagonetnija knjiga od svih i nikada je nećete moći razumjeti. No meditacija će vam potvrditi Božje postojanje.

Idite u svoju sobu i zatvorite vrata – neka vam nitko i ništa ne smeta. Sjednite i razgovarajte s Bogom. Prakticirajte meditaciju. Neka vaš um ponese takav žar da se sljedeći put kada sjednete kako biste meditirali nećete morati truditi, vaš um bit će odmah usmjeren na Njega. Ako ne uložite odmah velik trud da već na početku pobijedite fizički i psihički nemir, godinama će vas pratiti poteškoće svaki put kad budete meditirali. Učinite li taj vrhunski napor na početku, bit ćete uskoro sretni i slobodni.

Kada izustim riječ „Bog", cijelo moje biće topi se u Njegovoj Radosti. No za to sam se morao potruditi. Učinite taj napor. Ispočetka uopće nisam bio predan. Moj um bio je vrlo nemiran. No sada je poput vatre. Čim usmjerim pozornost prema Kristovu centru, sve misli nestaju – dah, srce i um trenutačno se smiruju i svjestan sam samo Duha.

Neka religija bude istinska primjena znanstvenih metoda. Znanost nudi određeno jamstvo i sigurnost. Sjednite mirno i vježbajte metode koje su nam dali veliki indijski jogiji: Mahāvatar Babaji, Lahiri Mahasaya, Swami Sri Yukteswar.[*] Nađite u sebi to vrhovno blaženstvo o kojemu vam pričam i kada ga nađete, vidjet ćete da religija više nije mit, nego da je znanstveno točna. Molite Mu se ovako: „Gospodine, Ti si Gospodar sveg stvorenog, pa sam došao Tebi. Neću odustati sve dok Ti ne budeš razgovarao sa mnom i dok ne učiniš da uvidim Tvoju prisutnost. Neću živjeti bez Tebe."

Potrebni su nam žar, tajnost, predanost i ustrajnost

Veliki indijski svetac Sri Ramakrishna štovao je kameni lik Kali, Kozmičke Majke, i molio Je da mu se ukaže u stvarnosti. Njegova duhovna tjeskoba postala je tako snažna da se osjećao kao da njegov

---

[*] Uključujući Paramahansu Yogānandu to je slijed Gurua *Self-Realization Fellowshipa*. (Vidi *Gurui* u rječniku) (*napomena izdavača*)

život više nije vrijedan življenja. U tom trenutku njegov pogled pao je na mač koji su držali u hramu. Zgrabio ga je poput luđaka kako bi si oduzeo život. U tom trenutku Majka se ukazala u svojem kozmičkom obliku. Njezin sljedbenik uronio je u ocean Blaženstva. Upravo na mjestu gdje je svetac doživio to iskustvo, taj isti kameni kip Božanske Majke poprimio je živi oblik i govorio mi.*

Da nisam proveo sate i sate tražeći Boga u meditaciji, ne bih saznao da je religija znanost. Žar, tajnost, predanost i ustrajnost su nužni. Ne znate kada će doći smrt. Neka svake minute vaše misli budu usmjerene na Boga. Sve što želite i trebate upravo je u vama; tražite dugo i tražite duboko. Ja meditiram satima; nikoga ne vidim dok ne završim. Morate odlučiti da vas nitko i ništa neće ometati. Tada nećete znati za vrijeme.

U mojoj Yogoda školi u Ranchiju,† u Indiji, provodio sam sve slobodno vrijeme lutajući oko zemljišta, tu i tamo sjeo bih i neko vrijeme meditirao sve dok mi um ne bi bio opijen Bogom. To je jedini način da Ga nađete. Nemojte gubiti vrijeme. Kada možete živjeti u božanskoj svijesti, od četiri do šest sati spavanja sasvim je dovoljno; nikada se nećete osjećati umorno, nikada vam neće nedostajati sna. Spavanje je pod mojim nadzorom, isto je s prehranom. Imam nešto beskrajno veće, i Bog mi dokazuje da kada je On sa mnom, sve „životne potrebe" postaju nepotrebne. U toj svijesti postajete zdraviji od prosječne osobe, radosniji, darežljiviji na svaki način. Ne tražite male stvari, one će vas odvratiti od Boga. Započnite svoj eksperiment sada: učinite život jednostavnim i budite kralj.

---

* Ovo iskustvo opisano je u *Autobiografiji jednog jogija*, u poglavlju „Srce lika u kamenu".
† Vidi *Škola u Ranchiju* u rječniku.

O prividu tvarnoga svijeta

Oko 1926.

Hinduistički sveti spisi ističu da vjerovanje kako je sveprisutni Duh, a ne tvar, osnova svega ne bi trebalo temeljiti na dogmatskim, nelogičnim, nerazumljivim ili nemuštim teorijama, nego na znanstvenom unutarnjem istraživanju i jasnom razumijevanju.

Ljudi se uglavnom poistovjećuju s tijelom koje se održava hranom. Pritom ne razumiju da je osnovni izvor na kojemu opstaje tijelo *prana* (životna energija).* Čovjeka ne može oživjeti nikakva hrana ili drugo vanjsko sredstvo ako u njemu više nema kozmičke energije.

Veza između čovjekova materijalnog tijela i njegova nematerijalnog uma je *prana*. Drevni hinduistički mudraci otkrili su postojanje *prane* i definirali znanost *pranayame*,† nadzora životne energije.

Gospodin Isus postio je u pustinji četrdeset dana. Rekao je: „Ne živi čovjek samo o kruhu, nego o svakoj riječi koja izlazi iz usta Božjih."‡

„Riječ" je kozmička vibracija; „usta Boga" odnose se na *medullu oblongatu* u stražnjem dijelu mozga koja se suzuje u kralježničnu moždinu. Ta najživotnija točka u ljudskom tijelu Božanska su vrata („Božja usta") kroz koja ulazi „riječ" ili *Aum* §, kozmička vibrantna

---

* „Astraloni" su čestice životne energije, profinjenije od elektromagnetskih sila u atomima, koja održava život u svemu stvorenom. Postoje dvije vrste *prane*: kozmička energija kao sveprisutni izvor života i vitalnosti koji prožima i okružuje sve žive stvari; posebna *prana* ili energija koja prožima svako ljudsko tijelo.

† Putem *pranayame* sljedbenik je u stanju nadzirati životnu energiju u osjetilnim i motoričkim živcima pa tako um prestaje biti svjestan tijela tijekom meditacije. Moguće je također svjesno ovu životnu energiju upotrebljavati za liječenje ili osvježavanje svojeg tijela.

‡ Mt, 4:4

§ Gruba materija proizlazi iz i nasušno ovisi o inteligentnoj kozmičkoj vibraciji Boga koja čini suptilnu potku svemira. Izvorna svojstva te vibracije su svjetlo i zvuk. *Aum* je zvuk Božje stvaralačke vibracije koji se u kršćanskim spisima naziva Amen, Duh Sveti i Riječ. (vidi *Aum* u rječniku).

energija koja održava čovjekov život.

Ljudi koji nikada ne poste ne znaju iz iskustva da čovjek može živjeti, kao što je Krist živio četrdeset dana, samo od „riječi" Božje.

U prvih tjedan dana glad je prisutna; no, kako dani prolaze, tako se glad smanjuje, a jača osjećaj slobode. Zašto? Zato što zbog uskraćivanja grube hrane tijelo ovisi o nematerijalnoj hrani: životnoj energiji.

Čovjekova snaga volje velika je pokretačka energija. Snagom volje i voljnosti čovjek je u stanju brzo crpsti snagu iz beskonačne unutarnje zalihe. Osobi koja nije voljna obavljati svoje dnevne poslove nedostaje energije. Čovjeka koji naporno radi, ali voljno i spremno, fizički i psihički održava kozmička energija.

Onaj tko uči i prakticira metafizičke metode života snagom volje i svjesnim oslanjanjem na neiscrpni izvor životne energije, slobodan je od mnogih tjelesnih ograničenja.

Hinduistički mudraci i jogiji kažu da je materija opredmećenje uma, a neki od njih, poput Isusa, dokazali su tu istinu pokazujući moć materijalizacije i dematerijalizacije svojih tijela i drugih fizičkih predmeta.

Kemijski elementi materije su elektronske vibracije

Suvremena znanost pokazuje da se materija u osnovi sastoji od vibracija valova. Kemijski elementi, kao osnovne građevne jedinice sve tvari u svemiru – od stijena i zvijezda do čovjeka – nisu ništa više od različitih oblika elektronskih vibracija. Na primjer, u ledu nalazimo hladnoću, težinu, oblik; on je vidljiv. Ako se led otopi, postaje voda. Pustite elektricitet kroz nju, ona postaje nevidljivi vodik i kisik, koji su, kada se dalje analiziraju, oblici elektronskih vibracija. Može se, dakle, znanstveno tvrditi da led ne postoji, iako ga možemo doživjeti osjetilima vida, dodira i tako dalje. U stvarnosti njegova su bit nevidljivi elektroni ili oblici energije.

Drugim riječima, ono što se može raspasti tako da postane nevidljivo, može se reći, nema vjerodostojno postojanje. U tom smislu, materija je nepostojana, njezino je postojanje relativno. Materija postoji u odnosu na naš um i kao izraz nevidljivih elektronskih sila koje su u osnovi prirode, nepromjenjive i besmrtne.

O prividu tvarnoga svijeta

Voda i led očitovanja su nevidljivih plinova i imaju samo formalno, prolazno postojanje. Slično tomu, smrtni um i materija prolazna su očitovanja Božanske Svijesti i imaju samo formalno postojanje; u stvarnosti postoji samo Kozmički Um.

Baš kao što je dijete rođeno od roditelja, tako i postojanje materije ovisi o umu. Materija je rođena iz Božanskog Uma i vidljiva je smrtnom umu; sama po sebi nije stvarna, nema samostalno postojanje.

Slijepe ili neintelektualne elektronske prirodne sile kreativni su i svrhoviti posrednici koji sadržavaju vibracije sveprisutne, samosvjesne životne sile ili *prane*, a ona proizlazi iz samog Božanstva.

„I reče Bog; 'Neka bude svjetlost!' I bi svjetlost,"[*] to znači, odraz Božje Misli i Volje postala je svjetlost ili vibrantna energija kao izvorišna točka životvorne sile i elektrona čiji se različiti titraji očituju kao suptilne ili nevidljive snage prirode koje se nadalje u materijalnom svijetu opredmećuju kao svi poznati kemijski elementi iz kojih je nastao svemir.

Za ljudsku svijest materija je i opipljiva i stvarna. No čovjek je teorijskim istraživanjem, putem logike, ali i eksperimentalno (na primjer: pretvorba vidljive kocke leda do razine nevidljivih sila) otkrio da je u osnovi svih prijelaznih i prividnih oblika pojavnog svijeta stalna i nepromjenjiva stvaralačka snaga.

Ova istina može se shvatiti onako kako razumijevamo to što postoji ocean, iako njegovi valovi nemaju trajno značenje, nego su prolazan oblik očitovanja većeg pojma. Valovi ne mogu postojati bez oceana, ali ocean postoji s valovima ili bez njih.

Ove zamisli mogu se intelektualno shvatiti, ali čovjek ih ne može sasvim *spoznati* sve dok ne nauči pretvoriti materiju u životnu silu, a životnu silu u Kozmičku Svijest[†], kao što su to mogli Krist, Krišna i drugi samoostvareni učitelji. Ovi prosvijetljeni učitelji znali su da materija sama po sebi ne postoji jer su uvidjeli da se ispod malih, namreškanih valova stvaranja nalazi nepromjenjivi Ocean Duha.

---

[*] Post 1:3

[†] Bit Duha (vidi u rječniku).

Svemir je Božji san

Filozofski nazori *Vedante** i *joge* o svemiru govore kao o Božjem snu. Materija i um – svemir sa svojim zvijezdama i planetima; gruba materija na površini i suptilne podvodne sile materijalne kreacije; ljudske moći osjećanja, volje i svijesti; stanja života i smrti, dan i noć, zdravlje i bolest, uspjeh i neuspjeh – su stvarni u skladu sa zakonom relativnosti koji upravlja ovim Božjim snom.

Sve dvojnosti koje omogućuje zakon relativnosti stvarne su za onoga tko sanja, smrtnog čovjeka koji igra svoju malu ulogu u velikom kozmičkom snu. Da bi se spasio od *maye*, iluzije, zakona relativnosti, čovjek se mora probuditi iz tog sna i prijeći u vječnu Božju budnost. Ne možemo mijenjati zakon sna svojom zamisli ili negiranjem njegova postojanja, ili prihvaćanjem „života", a odbijanjem „smrti", ili priznavanjem zdravlja, a ignoriranjem bolesti. Jedno je stanje jednako onom suprotnom stanju, kao što su to dvije strane tkanine. Dvojnosti su inherentne i esencijalne. Onaj tko traga za istinom ne pokušava ih odvojiti u umu, nego se mudrošću nastoji uzdignuti iznad njih.

Čovjek koji smatra da je njegovo tijelo različito od njegova uma i koji želi prihvatiti kao „stvarne" samo pozitivne, sretne i povoljne strane svemira koji je u osnovi dvojne prirode, zapravo je čovjek koji duboko spava u zabludama ovosvjetskog sna.

Baš kao što nam se snovi određeno vrijeme čine stvarnima, ali izgube vjerodostojnost kada izronimo u budno stanje svijesti, tako je moguće i da se čovjek probudi iz sna o stvarnosti materije i da živi u nepromjenjivom carstvu Duha.

Samo nadčovjek koji je naučio proširiti i prenijeti svoju svijest u Beskonačno može shvatiti stvaranje kao Božji san; jedino on može reći s istinskim znanjem da materija ne postoji. S pomoću mnogih koraka koji vode samodisciplini – putem znanstveno jasnog puta joge ili kojeg drugog načina duhovnog usavršavanja: putem ljubavi, mudrosti, služenja, skromnosti ili samozatajnosti, tražitelj Boga

---

* *Vedanta* (u doslovnom prijevodu „završetak Veda") filozofski je sustav predstavljen u kasnijem dijelu Veda. Ova filozofija naučava da je Bog jedina stvarnost i da je stvoreni svijet u osnovi privid. Čovjekov zadatak je transcendirati taj privid spoznajom Boga.

rastapa dvojnosti i raspoznaje Vječno Jedinstvo. „Svatko tko se oslobodi privida i spozna Me kao Vrhovni Duh, taj zna sve. On me štuje cijelim svojim bićem."*

---

* Bhagavad Gita, XV:19.

Čovjekova najveća pustolovina

*Međunarodna središnjica Self-Realization Fellowshipa,
Los Angeles, Kalifornija, 29. veljače 1940.*

Život je najveća pustolovina koju možete zamisliti. Životi nekih ljudi prolaze bez mnogo zanimljivosti i uzbuđenja, drugi pak učestalo doživljavaju izvanredna iskustva. Čuo sam za čovjeka koji je trideset i dva puta pokušao počiniti samoubojstvo i svaki se put dogodilo nešto što bi ga spriječilo. Zamislite kako bi bilo znati sve o životima svih ljudi koji sada žive na Zemlji, pa o onima kojih više nema ili o onima koji će tek doći! Takva je Božja moć. Isus je rekao: „Zar se ne prodaju dva vrapca za jedan novčić? Pa ipak ni jedan od njih ne pada na zemlju bez dopuštenja (znanja) Oca vašega."* Životna iskustva svih ljudi pohranjena su u Božjem pamćenju. Doista je teško shvatiti tu svijest koja zna sve što se ikada dogodilo. Ipak, pojmiti prirodu Duha najveća je pustolovina u svemiru. Pokušat ću objasniti kako je vidim u svojem duhovnom oku.†

Istine nisu puka maštanja, one su stvarne. Ipak, potječu od misli u Božjem umu. Svi atomi tvari, na primjer, materijalizirane su Božje misli - mogu se ponovno pretvoriti u misli, a misli se opet mogu materijalizirati u objekte. Čovjek također ima moć zamišljanja ideja, ali njegova zamisao nije tako snažna. Kada bi njegova moć zamišljanja bila dovoljno snažna, čovjek bi mogao stvarati materijalne predmete.‡ U čovjeku je pritajena stvaralačka moć jednaka onoj

---

* Mt, 10:29.

† Teleskopski pogled intuicije. Tijekom duboke meditacije jedno ili duhovno oko postaje vidljivo unutar središnjeg dijela čela. Veliki jogiji koji neprekidno žive u stanju svijesti Boga mogu gledati kroz nj i tijekom meditacije i tijekom obavljanja redovitih aktivnosti.

‡ Isus je govorio o božanskom potencijalu čovjeka koji spozna prisutnost Boga u sebi. „Vjerujte mi: ja sam u Ocu i Otac je u meni... Kažem vam, tko vjeruje u me, i on će činiti djela koja ja činim. Činit će i veća od ovih..." (Iv, 14:11-12).

kojom Bog materijalizira svoje ideje u svijetu. No čovjeku je postalo gotovo nemoguće materijalizirati svoje misli jer nije u stanju koristiti se slobodnom moći, božanskom moći misli koju mu je darovao Bog.

Kada pokušamo zamisliti Božju svijest, čudimo se kako On može sve pamtiti jer sve prosuđujemo prema mjerilima svojih vlastitih misaonih sposobnosti. Naše razumijevanje temelji se na našim vlastitim iskustvima. Osoba koja nema veliku moć pamćenja sklona je pretpostaviti da je i pamćenje ostalih slično. Ipak, postoje osobe s iznimnim pamćenjem koje se mogu sjetiti cijele knjige, možda jednako lako kao što se vi možete sjetiti nekoliko redaka. Oni koji su zaboravljivi teško mogu razumjeti da drugi imaju nepresušnu moć prisjećanja. Zlatar pamti svoj nakit, knjigovođa brojke u svojim knjigama. Bog je u stanju pamtiti sve što je stvorio u svemiru. Budući da je obdaren svemogućom moći, On se trenutačno sjeća svega što se ikada dogodilo. Bog ne treba ograničeni fizički mozak da bi se sjetio prošlosti. Njegova bezgranična svijest je sveznajuća.

Podrijetlo i moć pamćenja

Pamćenje je čudesna moć. Sve ljudsko pamćenje dolazi od golema Božjeg pamćenja. Na primjer, ne možete mi pričati o svim filmovima koje ste gledali od rođenja, ali kad bi vam se ponovno prikazao jedan od njih, odmah biste ga se sjetili. U temelju toga je božansko pamćenje koje je u vama i koje uvijek prepoznaje prošla iskustva. Čim ponovno ugledate uvodnu scenu, sjetit ćete se cijele priče. „Oh, ovaj sam film već gledao", kažete. „Sjećam se završetka."

Kako to da možemo prepoznati film – svaki prizor iz njega – koji smo gledali prije više godina? Zato što su svi ti događaji zabilježeni u mozgu. Čim stavite gramofonsku iglu pažnje na određenu ploču iskustva, vaše pamćenje počinje reproducirati to iskustvo. Kada bih vas pitao gdje ste sjedili kada smo bili ovdje prošlog četvrtka, sjetili biste se, i tako prisjetili i drugih događaja. Kad bih vas upitao: „Što sam tada rekao?", počeli biste se sjećati mojih riječi.

Unutarnja snaga pamćenja dolazi od Boga i savršena je. Ona nikada ne zaboravlja. Pamćenje običnog čovjeka ne može održati svijest o svim iskustvima odjednom, ali božansko pamćenje koje je temelj svega sadržava sve istodobno i trajno. Stoga je dobro ili loše pamćenje stvar uvjerenja. Sami ste sebe uvjerili da imate slabo pamćenje i stoga imate i slabu moć pamćenja. Međutim, nije lako to uvjerenje promijeniti u suprotno. Mnogo truda je potrebno da biste uvjerili sami sebe da je vaša moć pamćenja u stvarnosti odraz sve-pamtećeg božanskog sjećanja samog Boga.

Najbolje ljudsko pamćenje je samo posuđivanje iz neograničene svijesti Boga u kojoj su zabilježene sve djelatnosti svih ljudskih bića i drugih oblika života.

Stvaranje – dvojna pustolovina Boga i čovjeka

Priča o Božjem stvaranju je čudesna – kako je On projicirao u postojanje sva bića na Zemlji i kako On radi iza scene da bi nas vratio u naše stvarno postojanje u Njemu. Gotovo je nemoguće opisati ljudskim jezikom kozmičku pustolovinu Božje kreacije i njezinih suptilnih isprepletanja s pojedinačnim životnim avanturama bezbrojnih ljudskih bića.

Ustanovili smo da ljudska bića žive u prosjeku šezdeset godina, krokodili od šezdeset do sto. Mamutovac – sekvoja živi do dvije tisuće godina, pas samo oko četrnaest, a konj najviše oko trideset i šest godina. Očito je da je Netko utvrdio te različite životne vjekove. A ipak znamo za velike jogije koji žive stotinama godina.* Znam pouzdano da Mahāvatar Babaji† živi već stoljećima i još je u svojem savršeno mladolikom tijelu. Za Swamija Trailangu‡ govori se da živi više od tri stotine godina. Istina je nevjerojatnija od mašte.

---

* „Veliki sveci koji su se probudili iz kozmičkog sna *maye* i koji su shvatili da je ovaj svijet zapravo zamisao Božanskog Uma, mogu činiti sa svojim tijelom što god žele, znajući da je ono oblik zgusnute energije kojim se može upravljati. Iako su znanstvenici spoznali da je materija u biti zamrznuta energija, prosvijetljeni učitelji pobjedonosno su prešli s teorije na praksu kada je riječ o kontroli materije." (iz *Autobiografije jednog jogija*, 31. poglavlje)

† *Mahāvatar*, „veliko ili božansko utjelovljenje", *Babaji*, „časni otac". On je guru Lahirija Mahasaye koji je pak guru Swamija Sri Yukteswara, gurua Paramahanse Yogānande. Babajijev život je izvan okvira uobičajene ljudske egzistencije i njegove moći opisane su u *Autobiografiji jednog jogija*.

‡ Osim što je bio iznimno star, Swami Trailanga isticao se i po mnogim čudesima. Bio je težak 130 kg, iako je rijetko jeo. Često je znao meditirati danima, sjediti na površini rijeke Ganges, ili ostati skriven dugo pod njezinim valovima. Znao je biti viđen na Manikarnika Ghatu kako nepomično sjedi izložen Suncu na užarenim kamenim pločama. Njegovo uobičajeno izvrgavanje prirodnih zakona bilo je stalni podsjetnik onima koji su ga vidjeli na to da je jedinstvo s Bogom najviši zakon.

Moguće je kako bi pod povoljnim uvjetima (te ako se ne rasipa vitalna tekućina*, provodi pravilna prehrana i ispravno razmišljanje) ljudsko tijelo moglo trajati neograničeno. No pritisci na tijelo su nevjerojatni. Kada se miš uhvati u zamku, njegovo srce kuca mnogo brže od normalnog, a kada vi ne možete platiti račune, vaše srce čini isto! Tako briga uzima danak. A tu su i druge vrste stresova. Rekli su mi da je povjerenstvo policije u Chicagu eksperimentalno dokazalo mogućnost da kada ne bi bilo gradske buke, stanovnici bi živjeli deset godina dulje.

Ipak, živimo u prekrasnom svijetu. Oni koji postoje samo da bi „jeli, pili i bili sretni" i da bi spavali, nemaju pojma o čudima ljudskog života.

Avantura započinje borbom duše za ulazak u maternicu pri začeću. U astralnom svijetu† postoje milijuni duša koje se bore za povratak na Zemlju, ulaskom u oplođenu jajnu stanicu u vrijeme začeća. Bez obzira na to jeste li svetac ili grešnik, ako niste postigli konačno iskupljenje, zasigurno se želite ponovno inkarnirati na Zemlji. U vrijeme začeća u eteru nastaje bljesak dok duša ulazi u oplođenu jajnu stanicu. Morate se boriti da biste ušli u maternicu. Osim vas to pokušavaju žurno učiniti i mnoge druge duše, a one koje su u tome uspjele su naše, nas ovdje prisutnih. Uzmite u obzir da to nije bila lagana pobjeda.

Svijest prije rođenja

Kad ste ušli u maternicu, pitate se: „Što sam to učinio? Bio sam tako dugo slobodan bez ograničenog smrtnog tijela, lebdio uokolo u bestežinskom svjetlosnom tijelu, a sada sam opet uhvaćen u fizički oblik." Međutim, počnete se privikavati na te nove uvjete tijekom

---

* Vitalna ili spolna tekućina sadržava visoku koncentraciju *prane*. Ako se ne rasipa, moć koja je u njoj može se koristiti za poboljšanje fizičkog i misaonog zdravlja, stvaralaštva i duhovni razvoj.

† "U kući moga Oca ima mnogo stanova..." (Iv, 14:2). Visoke i niske sfere astralnog svijeta koje se sastoje od suptilnog svjetla i energija astralona ono su što zovemo nebom (ili paklom) i u koje duše odlaze poslije smrti fizičkog tijela. Vrijeme boravka u njima karmički je predodređeno. Sve dok netko ima neispunjenih materijalnih želja ili zemaljsku karmu (posljedice prošlih djela koje još nisu odrađene), mora se reinkarnirati na Zemlji da bi nastavio svoju evoluciju povratka Bogu.

devet mjeseci u maternici. To je kazna. To je devet mjeseci života u tamnici u kojoj morate disati kroz nekog drugog, jesti kroz nekog drugog, primati krv i snagu za njezin protok preko nekog drugog. Ovisni ste. Vaša duša plačući govori Gospodinu: „Pusti me van iz ovog zatvora! Ne mogu vidjeti, ne mogu čuti, ja sam vezan."

Ako postoji pakao ili čistilište, to je tih devet mjeseci u majčinu tijelu – bespomoćni, u tami, vezani za jedno mjesto poput drveta, sa samo povremenim sjećanjima na prošlost, a zatim utonete u san. Kada vam dođu sjećanja iz prošlog života, opirete se u majčinu tijelu. Ja sam svoju svijest premjestio u ta stanja prije rođenja i znam o čemu govorim.* Djetetov san i budnost u majčinu tijelu ne ovise o njezinu spavanju i buđenju. Djetetova volja za kretanjem dolazi sjećanjem duše na prošlost. Ono se nemirno pomiče u majčinu tijelu sve dok se ne umori i zaspi. Zatim se ponovno probudi na neko vrijeme i ponovno pomiče. Osjeća glad i taži je hranom iz majčine krvi.

Beba čuje vibracije majčinih otkucaja srca i krvotoka. Ti zvukovi čine je svjesnim svojeg tijela i želi biti slobodna. Tako je prva pustolovina duše borba između dviju zamisli: želje za povratkom na Zemlju u ljudskom obliku i želje za bestjelesnim osjećajem slobode.

Tjelesni pokrov duše najprije ima oblik ribe sa sitnim repom. Zatim izrasta u oblik životinje sklupčane u maternici. Povremena sjećanja na prošli život uzrokuju pomicanje embrija. Borba postaje veća kada embrij počinje rasti i poprimati ljudski oblik unutar majčina tijela. Duša tada plače: „Pustite me van!" Kada volja postane vrlo jaka, beba je rođena. Prijevremeno rođene bebe vrlo su tvrdoglave duše. One ne žele ostati devet mjeseci u majčinu tijelu, pa stoga izlaze ranije.

Dah života

Novorođenče stiže na ovaj svijet plačući jer, kako kažu sveci, duša se sjeća svojih prethodnih utjelovljenja i ne sviđa joj se pomisao o povratku na Zemlju te ponovnom prolasku kroz životne bitke. U ovo sjećanje uklapa se i položaj molitve u kojem čedo obično drži sklopljene ruke prije dolaska na svijet. Ono se moli Bogu: „Molim

---

* Napredni jogi može svojim unutarnjim jedinstvom sa sveprisutnim Bogom suosjećajno vidjeti iskustva svih bića.

Te, ne dopusti da se ponovno rodim u fizičkom tijelu."

Fiziološko objašnjenje novorođenčetova plača jest da se pluća moraju otvoriti kako bi počela s procesom disanja i njegov prvi krik nastojanje je da aktivira pluća i započne dah života. Kada se dijete rodi, ulazi dah, a duša koja je bila poluuspavana postaje živo biće sa samostalnim životom. „Bog, napravi čovjeka od praha zemaljskog i u nosnice mu udahne dah života. Tako čovjek postane živa duša."* Mnoge osobe pogrešno smatraju da duša ulazi u tijelo pri rođenju. Ako duša ne bi već bila prisutna, tijelo se ne bi moglo razvijati iz stanica. Ako duša napusti embrij prije rođenja, dijete će biti rođeno mrtvo.

Ljudsko tijelo napravljeno je od šesnaest osnovnih materijalnih elemenata koje podržava i aktivira devetnaest elemenata† suptilne energije. Oni se mogu kondenzirati u čistu svijest. „Tako postane čovjek živa duša" odnosi se na činjenicu da fizičko tijelo čovjeka koje se sastoji od kemijskih spojeva („praha zemaljskog") mora udisati kisik da bi se održalo na životu, kako je Bog odredio kada na početku „u nosnice mu udahne dah života."

Kada se dijete rodi, ono trepće na svjetlu, čuje zvukove, miriše, kuša i diše. Uviđa da su uvjeti u novoj okolini normalni – opet ima fizičko tijelo. Otpor koji je pružao sve do rođenja završava njegovim prvim udahom, a *maya* (kozmička iluzija da „postojanje" ovisi o tijelu i dahu) stupa na scenu. Ponovno osjeća privlačnost fizičkog svijeta.

Kako vrijeme prolazi, tako novorođenče nastoji uspostaviti kontrolu nad svojim tijelom. Zato ga često možete vidjeti kako neprestano podiže ruke i noge u zrak pokušavajući ih usmjeriti! Svim tim pokretima rukovodi podsvjesni um sjećanjem duše na prošle živote. To je sjećanje uvijek tu. Čovjek se instinktivno boji smrti jer se sjeća da je mnogo puta prošao kroz to iskustvo. Također se bojite i boli jer ste već mnogo puta patili.

Kada novorođenče stasa u malo dijete, okruženo je utjecajima majčine i očeve volje koji ga nastoje voditi. Na njega utječe i ostala rodbina s kojom dolazi u dodir. Svatko od njih hoće da dijete bude

---

* Post, 2:7.

† Osnova su astralnog tijela koje se nalazi unutar čovjekova fizičkog tijela i koje ga pokreće i oživljava. Ovih devetnaest elemenata su: inteligencija, ego, osjećaji, um (osjetilna svijest); snage iza pet osjetila i pet instrumenata djelovanja; pet *prana* ili životnih sila.

nešto drugo, a njegovi nestašni prijatelji žele da bude opet nešto drugo. Djetetu se nije lako nositi s ovim proturječnim pritiscima. Nije to baš lako, tako da je dobro svojoj djeci dati malo slobode. Mladi koji su pak dobili previše slobode poslije mogu jadikovati: „Volio bih da mi je davno prije netko rekao da to ne radim; tada ne bih bio ovakav kakav sam danas." Razmislite o svim tim borbama, fiziološkim i misaonim, kroz koje se prolazi dok ne postanemo mladić ili djevojka. U toj dobi osjetila postaju aktivnija i mladi doživljavaju velike unutarnje borbe sami sa sobom. Borba s osjetilima golem je izazov. Veliko je iskustvo pobijediti u ovoj avanturi mladosti i izaći kao pobjednik kroz ova uzbuđenja života.

Čovjek treba biti prijatelj samomu sebi

Prekrasno je biti živ, ali mnogo toga vreba na nas i ugrožava nam život. Pustolovina s divljim životinjama u Južnoj Africi nije ništa u usporedbi s pustolovinom samoga života. Nijedna druga priča u povijesti nije tako zanimljiva. Čovjek upotrebljava pamet kako bi se zaštitio od životinja, ali ne zna kako zaštititi samoga sebe od vlastitih loših navika i pogrešnih prosudbi. Čovjek je samom sebi najveći neprijatelj. Kada pogrešno postupa, trebao bi se bojati samoga sebe više nego svih osobnih ili nacionalnih neprijatelja, više od mikroba, bombi ili ikoje druge opasnosti. Onaj tko ostaje u neznanju o svojoj božanskoj prirodi i koga nadjačaju loše navike, taj postaje neprijatelj samomu sebi. Najuspješniji način za prolazak kroz pustolovinu života jest postati prijatelj samomu sebi. Krišna je rekao: „Više Jastvo je prijatelj osobnom jastvu koje je spremno mijenjati se, ali je neprijatelj jastvu koje ne želi promjene."[*]

Prikriveni neprijatelji

Lako možemo zamisliti da krećemo u istraživanje kakve divlje i nepoznate zemlje. Idemo li brodom, ponijet ćemo čamac za spašavanje. Potone li brod, znamo da možemo uskočiti u čamac i spasiti se. No u mnogobrojnim životnim iskustvima čini se da postoje pukotine u našem čamcu za spašavanje, bez obzira na to koje smo

---

[*] Bhagavad Gita, VI:6.

mjere opreza poduzeli.

U džungli prepunoj životinja možete razumno postupati i čuvati se pogibelji, međutim, teže je prevladati prikrivene opasnosti. Kako se zaštititi od navale bakterija? Milijuni njih neprestano lebde oko nas. Smatramo se sigurnima kada poduzmemo mjere opreza protiv opasnosti koje možemo vidjeti i čuti, ali za zaštitu protiv bakterija nismo dovoljno opremljeni. U vašem krvotoku bijela krvna zrnca neprestano se bore protiv tih organizama. Lijekovi ih samo umrtve; bijela krvna zrnca su vojnici koji dođu i unište ih. Ako je vaša krv slaba, vojnici vam neće moći pomoći. U plućima mnogih osoba koje to i ne slute vrebaju okrutni bacili tuberkuloze spremni da unište domaćina. Priroda stvara zaštitni zid stanica oko njih, ali one su učinkovite sve dok tijelo može održati svoju otpornost. Slična borba nastavlja se neprestano u nevidljivoj džungli unutarnjeg života! Kad biste mogli ispitati svoju hranu pod mikroskopom, ne biste je jeli. Bakterije se na njoj goste, a vi sve to gutate. Voda koju pijete prepuna je takvih živih organizama. Ne postoji pravi vegetarijanac, jer svi jedu milijune bakterija svaki dan. Hoće li čovjek zato prestati jesti?

Pripremite se za sve bitke

Da biste prošli sigurno kroz džunglu života, morate se opremiti pravim naoružanjem. Morate biti dobro uvježban vojnik. Laik koji ne zna kako se zaštititi brzo strada. Mudar čovjek koji je naoružan za sve vrste ratovanja – protiv bolesti, sudbine i *karme*, protiv zlih misli i navika – postaje pobjednik u ovoj pustolovini. Sve to zahtijeva oprez i usvajanje određenih postupaka kojima možemo pobijediti naše neprijatelje.

Kako napredujemo, učimo sve bolje načine svladavanja uzroka naših fizičkih, misaonih, moralnih i duhovnih nesreća. Kada uspješno prebrodite fizičku bolest, nesreću i unutarnje borbe, tada možete reći da je život bio slatka avantura. Isus je to mogao reći. No prije nego što i vi tako pobijedite, prerano je reći da je život sladak. Dok ne postignete krajnje uzvišenje, slobodu duše u Bogu, život za vas još nije gotov. Vi još niste prevladali želju za avanturizmom sve dok se svjesno ne uzdignete do Duha.

Kad vidite nekoga kako pati osjećate se zahvalno što i sami ne prolazite kroz to iskušenje. No možete biti sljedeći. Mogućnosti ozljeda tijela su brojne. Dakle, budite spremni. Znanstvenik kaže: „Jedite hranjive namirnice i vodite zdrav život kako biste se zaštitili od bakterija." Političar kaže: „Budite dobri vojnici kako biste se zaštitili od vanjskih neprijatelja." Živimo u čudnim vremenima. Čak se i žene, koje su poslovično i po prirodi spasitelji svijeta, uvježbavaju da budu vojnici koji ubijaju tuđu djecu. Strašno! Može se reći da rat donosi i nešto dobro – iz nas uklanja kukavištvo.

Važnost misaone snage

U ovoj džungli života, okruženi neprijateljima – bolestima, siromaštvom, patnjom, lošim navikama, pogrešnim željama – toliko je mnogo pravila kojih se trebamo pridržavati da život postaje nepodnošljiv ako ih pokušate sve slijediti odjednom. Umorni ste od njih jer svaki segment života ima neograničene potencijale za različitosti. Pokušavate li se držati svih pravila zdravog života, jedva da sve to stignete pratiti – nemate vremena misliti ni o čemu drugom! A svatko vam nudi svoj skup recepata i savjeta koje treba slijediti. Svi smo pod velikom hipnozom. Kada sam isprobavao različite načine, ova mi je istina sinula: *um nadzire učinkovitost svih njih*.

Bog nam je dao jedno iznimno zaštitno oružje – moćnije od strojnice, elektriciteta, bojnih otrova ili ikojeg lijeka – a to je um. Um je taj koji moramo ojačati. Što se tiče tijela, djelovat ću samo po volji Božjoj. Ako mi On kaže da idem liječniku, to je u redu, a ako mi kaže da patim, i to je u redu. Što god je Njegova volja, to je i moja volja. Vrlo važan dio naše životne avanture jest držati um pod neprestanim nadzorom i usmjerenim na Boga. To je tajna sretnog i uspješnog života.

Najpotpunija zaštita je zajedništvo s Bogom

Iako ste usvojili fizičke načine liječenja, nemojte imati potpuno povjerenje u njih, nego se uzdajte u Božju snagu prije svega. Ako ste porezali prst, stavite jod na ranu, ali iskreno molite: „Gospodine, pomozi mi da ne ovisim o lijeku, nego da se oslonim samo na snagu uma." Nitko vas nije naučio kako postići to stanje uma. Do njega dolazimo vježbanjem snage uma i usklađivanjem uma s

Bogom s pomoću meditacije. Tako biste trebali dobiti potpunu vlast nad umom prije nego što pokušate negirati materiju i materijalne lijekove. Dotad je najbolje poduzeti zdravorazumske korake da biste pomogli tijelu. Kada budete mogli popiti otrov i time ne biti pogođeni, s pravom možete negirati materiju i reći da je um sve. No najprije treba stići do te svijesti.

Bog vam nudi nepobjedivo oružje kojim možete iskorijeniti sve svoje boli i patnje: mudrost, koja dolazi kroz zajedništvo s Bogom. Najlakši način prevladavanja bolesti, razočaranja i katastrofa je biti neprestano usklađen s Bogom.

Mi smo djeca koja lutaju šumom života, prisiljeni učiti na vlastitom iskustvu i problemima, upadamo u zamke bolesti i pogrešnih navika. Stalno moramo zvati u pomoć. No Vrhovna Pomoć dolazi nam usklađivanjem s Duhom.

Kad god ste u nevolji, molite: „Gospodine, Ti si u meni i svuda oko mene. Ja sam u dvorcu Tvoje prisutnosti. Borio sam se kroz život, okružen mnogim vrstama smrtonosnih neprijatelja. Sada vidim da oni zapravo nisu sredstva za moje uništenje. Ti si me doveo na Zemlju da ispitaš moju snagu. Prolazim te kušnje samo da bih se dokazao. Borim se protiv zala koja me okružuju i pobijedit ću ih svemoćnošću Tvoje prisutnosti. A kada prođem kroz avanturu ovog života, reći ću: „Gospodine, bilo je teško biti hrabar i boriti se, ali što su nevolje bile teže, rasla je snaga u meni koju si mi Ti dao, kojom sam pobijedio i spoznao da sam stvoren po Tvojoj slici. Ti si Kralj ovog svemira i ja sam Tvoje dijete, princ svemira. Čega se imam bojati?"

Čim shvatite da ste rođeni kao ljudsko biće, mnogo je toga čega se bojite. Čini vam se da nema izlaza. Bez obzira na to koje mjere opreza poduzmete, uvijek negdje postoji neki pogrešan korak. Vaša jedina sigurnost je Bog. Bilo da ste u afričkoj džungli ili u ratu ili pogođeni bolešću i siromaštvom, samo recite Gospodinu i vjerujte: „Ja sam u oklopnom vozilu Tvoje prisutnosti, krećem se bojnim poljem života. Ja sam zaštićen."

Ne postoji drugi način da se osjećate sigurni. Koristite se zdravim razumom i potpuno vjerujte u Boga. Ne sugeriram vam nešto ekscentrično. Potičem vas da bez obzira na to što se događa afirmirate i vjerujete u ovu istinu: „Gospodine, jedino mi Ti možeš pomoći."* Mnogi su pali u okove bolesti i pogrešnih navika i ne izvlače se iz toga. Nikada nemojte reći da ne možete pobjeći. Vaša nesreća samo je privremena. Poraz u jednom životu nije mjerilo vaše uspješnosti. Stav čovjeka pobjednika je neustrašiv: „Ja sam dijete Božje. Nemam se čega bojati." Dakle, ničega se ne bojte. Život i smrt samo su različita stanja vaše svijesti.

Sve što postoji Bog je stvorio da bi nas iskušao i da bi iznio na svjetlo dana besmrtnost naše duše. U tome se sastoji pustolovina života i njegova jedina svrha. Avantura svakoga od nas je različita, jedinstvena. Trebali bi se spremno nositi sa svim problemima zdravlja, uma i duše koristeći se zdravim razumom i vjerom u Boga, svjesni da u životu i smrti vaša duša ostaje nepobjediva. Nikada ne možete umrijeti. „Nijedno oružje ne može probosti dušu, vatra je ne može sagorjeti, voda je ne može smočiti niti je vjetar može isušiti... Duša je nepromjenjiva, sveprožimajuća, uvijek mirna i nepokretna."† Vi ste vječno slika Duha.

Nije li oslobađajuće za um kada zna da nas smrt ne može ubiti? Kada dođe bolest i tijelo stane, duša misli: „Ja sam mrtva!" No Gospodin protrese dušu i kaže: „Što je s tobom? Nisi mrtva. Zar još uvijek ne razmišljaš?" Vojnik ide u ophodnju i bomba raznese njegovo tijelo. Njegova duša plače: „O, ubijena sam, Gospodine!" A Bog kaže: „Naravno da nisi! Ne razgovaraš li ti sada sa mnom? Ništa te ne može uništiti, dijete Moje. Ti si sanjala." Tada duša shvaća: „Ovo i nije tako strašno. To je bila samo moja privremena zemaljska svijest dok sam bila u fizičkom tijelu zbog čega mi se činilo da kada ga izgubim, to će biti i moj kraj. Zaboravila sam da sam vječna duša."

Cilj naše životne pustolovine

Pravi jogiji u stanju su nadzirati svoj um u svim okolnostima. Kada dosegnete to savršenstvo, vi ste slobodni. Tada znate da je život

---

* „Onima koji meditiraju o Meni kao Svome Vlastitom, uvijek ujedinjeni sa Mnom neprestanim štovanjem, njima nadomještam nedostatke i neprestano im stvaram dobitke." (Bhagavad Gita, IX:22)

† Bhagavad Gita, II:23-24.

božanska avantura. Isus i druge velike duše to su dokazali. Ništa ih nije moglo dotaknuti. Oni su uživali neprekidnu divnu romansu s Bogom. To je jedini dio pustolovine koji ima nekakvu svrhu.

Ljudska ljubav je besmislena ako nije usidrena u bezuvjetnoj Božjoj ljubavi. Momak i djevojka se zaljube, pa se nakon nekog vremena rastanu. Romansa među ljudskim bićima nije savršena. Romansa s Bogom jest savršena i vječna.

Za vas će ova životna avantura završiti tek kada pobijedite i svladate sve opasnosti snagom volje i snagom uma kao što su to učinili veliki duhovni učitelji. Tada ćete se osvrnuti i reći: „Gospodine, to je bilo prilično gadno iskustvo. Umalo sam doživio poraz, ali sada sam zauvijek u sigurnosti Tvoje prisutnosti."

Život je zaista prekrasna pustolovina kada Gospodin na kraju kaže: „Sva ta zastrašujuća iskustva su gotova. Ja sam s tobom zauvijek. Ništa ti ne može naškoditi."

Ljudi se igraju sa životom poput djece, ali njihov um raste i jača u borbi s bolestima i problemima. Sve što slabi vaš um vaš je najveći neprijatelj, a ono što ga osnažuje vaše je spasenje. Smijte se svakom problemu koji dođe. Gospodin mi je pokazao da je ovaj život samo san. Kada se probudite, sjećat ćete ga se samo kao prolaznog sna sastavljenog od radosti i tuge. Znat ćete da ste vječni u Gospodinu.

Samoanaliza – ključ ovladavanja životom

*Prvi Hram Self-Realization Fellowshipa,
Encinitas, Kalifornija, 6. studenoga 1938.*

Napustimo granice ega i zaronimo u prostranstvo duše. Kako vrijeme teče, tako i vaša duša mora ploviti prema sve širem toku života u Duhu. Želja da ispunite svoju najvažniju dužnost često je zakopana ispod naplavina ljudskih navika. Morate se osloboditi njihova zaglupljujućeg utjecaja i početi sijati sjeme uspjeha koji priželjkujete. Život je vrijedan kad postižete ono najvažnije, a to je otkrivanje značenja i istinskih vrijednosti postojanja.

Čovjek bi trebao shvatiti ovaj kozmički film života. On nam se ne prikazuje bez razloga. Svaki dan gledamo prizore i svaki dan učimo novu lekciju. Da bismo je pravilno svladali, potrebno je usmjeriti se na najvišu svrhu ljudskog postojanja: spoznaju Onoga koji stoji iza vašeg života.

Bez samoanalize čovjek je poput robota

Milijuni ljudi nikada se ne analiziraju. Misaono, oni su mehanički proizvodi iz tvornice njihove okoline, zaokupljeni doručkom, ručkom i večerom, radom i spavanjem, a tu i tamo se odu zabaviti. Oni ne znaju što i zašto traže, ni zašto nikada ne ostvaruju potpunu sreću i trajno zadovoljstvo. Izbjegavajući svoje preispitivanje, nastavljaju biti roboti uvjetovani okružjem. Prava samoanaliza najveće je umijeće u postizanju napretka.

Svatko bi trebao naučiti nepristrano analizirati samoga sebe. Zapišite svoje misli i težnje svakoga dana. Saznajte što ste – ne što zamišljate da jeste! – jer vi želite od sebe doista učiniti ono što trebate biti. Većina ljudi ne mijenja se jer ne vidi svoje pogreške.

Svatko je proizvod svojeg nasljeđa i okoline. Ako ste rođeni u Americi, pokazujete prepoznatljive američke karakteristike. Ako ste rođeni u Kini ili Engleskoj, vjerojatno oprimjerujete osobine tih nacionalnosti. Vaša okolina rezultat je vašega pravog nasljeđa – svojstava i želja koje ste stekli u prošlim životima. To nasljeđe iz prošlih utjelovljenja dovelo je do toga da ste rođeni u određenoj obitelji i okružju u kojem se nalazite.

Kada čitamo o obiteljima poznatih ljudi, često primjećujemo da sinovi velikih ljudi nisu nužno istog misaonog dosega kao njihovi roditelji. Ovaj izostanak biološkog nasljeđa u čovjeku budi veliku sumnju: zašto u ljudskom životu ne nalazimo one rezultate koje uočavamo u biljnih i životinjskih vrsta, u kojih dobro podrijetlo obično znači dobro potomstvo? Da bismo odgovorili na ovo pitanje, moramo istražiti unutarnji život čovjeka.

Osobine iz prošlih života utječu na nas

Nije neobično da u obitelji književnika odrasta dječak kojega književnost uopće ne zanima. On je odgojen među ljudima koji vole literaturu, ali njega to ne privlači. Zašto? Okolina ili nasljeđe ovo nam ne mogu objasniti. Objašnjenje za ovo leži u reinkarnaciji. Rađamo se u određenoj obitelji zbog nekih sličnih karakteristika. Međutim, svaki član obitelji individualna je duša koja donosi posebna obilježja iz svojih prošlih života. Stoga uvijek postoje biološke nasljedne sličnosti u obitelji, ali je svaka osoba različita karakterom.

Čovjek se rađa u određenoj obitelji, određenoj društvenoj i nacionalnoj okolini, zbog njegovih djela iz prošlih života. Dakle, čovjek je tvorac vlastite sudbine. Analizom čovjekovih glavnih interesa i navika u sadašnjem životu gotovo se može predvidjeti što će netko biti u sljedećem.

Što god učinite, možete poništiti

Dakle, samoanaliza je važna za napredak duše. Pretpostavimo da ste dugi niz godina čitali ponajprije knjige s tragičnim završetkom i da vam je sasvim prirodno nastaviti uživati u njima i ubuduće. No ako se preispitate i uvidite da ste postali mrzovoljni zbog stalnog čitanja te vrste književnosti, poželjet ćete promijeniti tu naviku i početi čitati duhovne knjige koje vas nadahnjuju. Tako ćete promijeniti smjer svojeg života. Možemo se vrlo brzo promijeniti ako donesemo snažnu odluku. Upravo zato nije moguće bez truda ili preko noći promijeniti višegodišnje obrasce ponašanja. Da biste iskorijenili dugogodišnju naviku, morate snažno prionuti djelovanju suprotnom od te navike kako biste je uklonili. Ljudi većinom nisu dovoljno strpljivi. No svatko bi ohrabrenje trebao naći u sljedećoj činjenici: što god ste stvorili ili učinili, to možete i poništiti.

Kada se preispitujete, imajte čvrstu namjeru odbaciti svoje slabosti i krenuti prema poboljšanju. Ne dopustite da vas preplavi obeshrabrenost kada otkrijete nedostatke tijekom iskrene samoanalize.

Misao stvara sve u svemiru

Iznesena je teorija prema kojoj je misao proizvod endokrinih žlijezda. To je neutemeljena tvrdnja jer iz tijela ne može nastati misao. Um je arhitekt mikrokozmosa i makrokozmosa. Kao što voda hlađenjem i kondenzacijom postaje led tako i misao kondenzacijom poprima fizički oblik. Sve u svemiru jest misao u materijalnom obliku. Tako je i endokrina žlijezda samo fizičko ostvarenje mikrokozmičkog misaonog otiska.

Fizičko i misaono stanje čovjeka usko su povezani. Uobičajeno je da osoba čija jetra nije u redu postaje razdražljiva. Kada ste mrzovoljni, ne osjećate se kao netko tko je nasmiješen i kaže: „Mir svima!" Osjećate se neljubazno. Vaše misli i emocije pod utjecajem su stanja vašeg fizičkog tijela.

Slabljenje organa smanjuje i snagu uma. Oni koji jedu mnogo mesa često su osorni i puni srdžbe. Kada bih vas stavio tjedan dana na dijetu s grejpom, vjerojatno biste se osjećali uzvišeno i bili sa svima u skladnim odnosima.*

Nedavno sam sreo čovjeka koji je nosio samo lagano odijelo, bez

---

* Prejedanje i nepravilna prehrana stvaraju u tijelu višak otrovnih tvari koje negativno utječu na um jer postaje trom i razdražljiv. Povremeni post uz uzimanje samo soka od grejpa ili naranče ima pročišćujući učinak na tijelo što zauzvrat poboljšava rad mozga. Pokazalo se da ovakav post, jednom tjedno, ili povremeno tri dana u nizu, učinkovito pomaže u uklanjanju nečistoća. Post dulji od tri dana može se provoditi isključivo pod nadzorom stručnjaka u nutricionizmu.

kaputa, iako je bilo veoma hladno. Rekao je da ima sedamdeset godina i da nikada ne osjeća hladnoću. Čak nije nosio ni čarape! On je priviknuo tijelo na hladno vrijeme. Um više utječe na tijelo nego obratno, no tvari u našem tijelu neprestano utječu na um.* Tijelo i um su međuovisni.

Snovi otkrivaju svemoć uma

Pretpostavimo, na primjer, da sanjam kako sam budan, u kuhinji i veoma gladan. Pojedem nešto i popijem čašu mlijeka. Moja glad i žeđ su utaženi i osjećam se zadovoljno. Što je uzrok mojeg zadovoljstva? Možda hrana? Sjetite se, ja sanjam. Nije li zapravo jednostavna promjena misli ona koja me učinila zadovoljnim? Budući da sanjam, moj um je taj koji misli da sam uzeo hranu. Glad, hrana i mlijeko bili su samo ideje u mojem snu. Svi su izgrađeni od iste misaone tvari. Kada se probudim, znam da je to moje iskustvo bilo običan niz ideja. Samo promjenom misli nestao je neugodan osjećaj gladi i zamijenio ga ugodan osjećaj sitosti i pijenja mlijeka. Vidite, dakle, kako sama misao može učiniti bilo što.

Jednom sam putovao vlakom po iznimno toplom vremenu, bilo je vruće kao u pećnici. Svi oko mene su patili, no ja sam se smiješio iznutra jer se moj um oteo misli o vrućini. Rekao sam samom sebi: „Gospodine, elektricitet koji stvara vrućinu u peći stvara i led u hladnjaku. Stoga, zašto ne bih mogao preusmjeriti Tvoj elektricitet da proizvede hladnoću upravo sada?" U tom trenutku osjetio sam kao da me obuhvatio ledeni plašt.

Promijenite svoje misli

Trebamo imati na umu, međutim, da nije dobro sasvim zanemariti tijelo. Treba jesti odgovarajuću hranu. Ako morate živjeti s ljudima koji vas čine nervoznim, tada bi povremeno trebali promijeniti

---

* Ozbiljna istraživanja o utjecaju hrane i prehrane na misaono zdravlje počela su mnogo godina nakon što je Paramahansa Yogānanda iznio svoja zapažanja. Osobe iz siromašnih sredina kojima je uskraćena pravilna prehrana pokazuju izrazito sporiji misaoni razvoj i reakcije. Usto, znanost je dokazala da neki oblici psihičkih bolesti (koje se dosad smatralo neizlječivim) pokazuju znatna poboljšanja jednostavnom uporabom vitamina. Pokazalo se da i uzroci nekih oblika depresije, anksioznosti i drugih emocionalnih stanja mogu biti povezani s kemijskom neravnotežom u tijelu (*napomena izdavača*).

svoje okružje. No još je bolje ako možete promijeniti svoju *misaonu* okolinu tako da vas ponašanje drugih ne ometa. Promijenite sebe i moći ćete živjeti bilo gdje u miru i sreći.

Svijet uglavnom nalikuje na duševnu bolnicu. Neki ljudi bolesni su od ljubomore, drugi od ljutnje, mržnje ili strasti. Oni su žrtve svojih navika i emocija. No od svojeg doma možete stvoriti mjesto mira. Preispitajte sami sebe. Sve vaše emocije odražavaju se u tijelu i umu. Zavist i strah uzrokuju da lice problijedi, a ljubav ga čini sjajnim. Naučite biti mirni i bit ćete uvijek sretni.

Zato zapamtite, bez obzira na to koju vrstu ega imate, bez obzira na osobnost koju pokušavate izraziti, trebali biste uložiti napor da preispitate svoju pravu prirodu i razvijate svoje najbolje kvalitete. Netko može imati moralni ego ili domoljubni ego ili umjetnički ego ili poslovni ego i tako dalje. Ako je moralnost vaš ideal, živite čestito i iskažite dobru volju prema svima. To je pravi moral. Ponos je ono zbog čega moralizatorske osobe tako spremno sude onima koji su slabi. Istinski moral uključuje suosjećanje prema drugima u njihovu djelovanju proisteklom iz neznanja.

Oni koji su žrtve materijalnog ega pate mnogo i nepotrebno. Takve osobe trebaju naučiti samosvladavati se, inače postaju poput živih strojeva – moraju pušiti mnogo puta dnevno, moraju jesti određenu hranu, uvijek imaju glavobolju ako propuste ručak, mogu spavati samo u određenoj vrsti kreveta. U redu je koristiti se materijalnim udobnostima, ali nikada nemojte postati njihov rob.

Ako se u vama miješaju intelektualni i materijalistički ego, to je bolje. No sve dok ne razvijete i zadržite uravnoteženu prirodu – intelektualnu, materijalnu i duhovnu – nećete biti sretni. Vaša duhovna intuicija govori vam kako kontrolirati život tako da ne upravlja vama. Nije mudro dopustiti materijalističkom egu da upravlja vašim prosudbama, nego bi to trebalo prepustiti vašoj savjesti i intuiciji.

Uvjeti za sretan život: jednostavnost i uzvišeno razmišljanje

Jednostavnost i uzvišeno razmišljanje trebali bi biti vaš cilj. Naučite osigurati sve uvjete za sreću u sebi s pomoću meditacije i usklađivanjem svoje svijesti s uvijek prisutnom, uvijek svjesnom, uvijek novom Radošću – koja je Bog. Vaša sreća nikada ne bi trebala biti podložna ikojem vanjskom utjecaju. Kakva god da je vaša okolina, ne dopustite da vam poremeti unutarnji mir. Ispitajte sebe, odlučite što biste trebali biti i što želite biti. Ljudi rijetko nauče ispravno ovladati sobom. Rade ono što je suprotno njihovu najvišem dobru i smatraju da sebe čine sretnim, a zapravo to nisu. Trebali biste raditi ono što treba napraviti u pravom trenutku i suzdržati se od postupaka za koje znate da vam štete – to je put do pravog uspjeha i sreće.

Ne dopustite svojem umu da se bavi mnogim aktivnostima. Analizirajte što od njih dobivate i jesu li vam doista važne. Ne gubite svoje vrijeme. Čitanje dobrih knjiga usavršava vas više od gledanja filmova. Često kažem: „Ako čitate jedan sat, zapisujte u vaš duhovni dnevnik dva sata. Ako pišete dva sata, razmišljajte tri sata, ako razmišljate tri sata, meditirajte sve vrijeme." Bez obzira na to kamo idem, stalno svoj um držim uronjenim u mir svoje duše. I vi biste trebali usmjeriti iglu svoje pozornosti prema Sjevernom polu duhovne radosti. Tada vam nitko i nikada ne može poremetiti ravnotežu.

Zapamtite, ako svaki dan ne postanete bolja osoba nego što ste bili dan prije, nazadujete – u zdravlju, duševnom miru i radosti duše. Zašto? Zato što ne iskazujete dovoljnu kontrolu nad svojim djelovanjem. Sami stvarate svoje navike i možete ih mijenjati. Ako ste razmišljali na pogrešan način, odlučite potražiti dobro društvo, učite i meditirajte. Promjenom društva možete učiniti velike pomake za sebe. Kada dođete ovamo, čak i na samo nekoliko sati, psihički se mijenjate osjećajući osvježavajući mir. Idete li na ples ili zabavu, vaš je um često nemiran, nervozan i uzbuđen. Nakon toga, ako uđete u drukčiju, mirniju atmosferu, ponovno se osjećate mirnije. Najveći utjecaj u vašem životu, jači čak i od vaše snage volje, jest vaša okolina. Promijenite je, ako je potrebno. Dok ne budete dovoljno psihički i misaono jaki, nikada nećete moći postati ono što želite biti bez dobre okoline koja vam pomaže. Kada imate poteškoće u pokušaju promjene na bolje, tada je iznimno važno duhovno društvo i drugi povoljni utjecaji.

Samoanaliza je također važna i pomaže vam u poboljšavanju samoga sebe. Ako sami sebe možete preispitati bez straha, moći ćete stoički podnijeti i kritičku analizu drugih.

Oni koji se vole baviti nedostacima drugih ljudski su strvinari. Na svijetu već postoji previše zla. Ne govorite o zlu, ne mislite na zlo i ne činite zlo. Budite poput ruže, koja svima šalje slatki miris dobrote duše. Potrudite se da svi osjete vaše prijateljstvo, da ste onaj koji pomaže, a ne onaj koji razara. Ako želite biti dobri, preispitajte sami sebe i razvijajte u sebi vrline. Odbacite misao da zlo ima ikakav udio u vašoj prirodi i ono će otpasti. Učinite da svi osjete da ste vi slika Boga, ne riječima, nego svojim ponašanjem. Donesite svjetlo i tama će nestati. Bavite se učenjem, meditirajte i činite dobro drugima.

Usamljenost je cijena veličine

Usamljenost je cijena veličine. Unutar sebe potražite utočište. Ne živite besciljnim životom, koji slijede mnogi. Meditirajte i više čitajte dobre knjige. Ima toliko nadahnjujućeg što treba naučiti, a ipak ljudi uludo troše vrijeme. Sreća vam nikada neće doći ako ne usmjerite svoju pozornost i ne djelujete u skladu s mudrošću velikih ljudi. Njihove su misli tu da vam pomognu, u svetim spisima i drugim istinski vrijednim knjigama.

Zato, ne gubite vrijeme tražeći stalno nova uzbuđenja. Nije loše s vremena na vrijeme otići u kino i imati malo društvenog života, ali uglavnom ostanite odvojeni i izgradite svoj unutarnji život. Sreća ovisi o meditaciji, o upoznavanju velikih umova kroz njihove misli u knjigama i boravku u društvu plemenitih i ljubaznih ljudi. Uživajte u samoći, a kada se želite družiti s drugima, učinite to sa svom svojom ljubavlju i prijateljstvom tako da vas te osobe ne zaborave, nego da vas uvijek pamte kao osobu koja ih je nadahnula i usmjerila njihove misli prema Bogu.

Liječenje neograničenom Božjom moći

*Hram Self-Realization Fellowshipa,
Hollywood, Kalifornija, 31. kolovoza 1947.*

Postoje tri vrste bolesti: fizička, duševna i duhovna. Fizička bolest pojavljuje se zbog različitih oblika toksičnih uvjeta, zaraznih bolesti i nezgoda. Duševnu bolest uzrokuju strah, briga, ljutnja i drugi emotivni nesklad. Bolest duše nastaje zbog čovjekova neznanja o svojem pravom odnosu s Bogom.

Neznanje je najveća od sviju bolesti. Kada netko uništi neznanje, dokida i uzroke svih fizičkih, duševnih i duhovnih bolesti. Moj guru, Sri Yukteswarji, često bi rekao: „Mudrost je najveći čistač."

Pokušaji prevladavanja raznih vrsta patnji ograničenim snagama materijalnih lijekova često su razočaravajući. Trajni lijek za bolesti tijela, uma i duše moguće je naći samo putem neograničene moći duhovnih postupaka. Ta bezgranična moć liječenja treba se tražiti u Bogu. Ako ste psihički patili zbog gubitka voljene osobe, možete je ponovno naći u Bogu. Sve je moguće uz Njegovu pomoć.

Sve dok netko doista ne spozna Boga, ne može s pravom reći da postoji samo um i da se ne treba pridržavati zakona o zdravlju ili koristiti fizičku pomoć za liječenje. Sve dok netko ne postigne tu istinsku spoznaju, trebao bi u svemu što radi koristiti se svojim zdravim razumom. Istodobno, ne bi trebao sumnjati u Boga, nego neprestano potvrđivati vjeru u Božju sveprisutnu moć.

Liječnici pokušavaju otkriti uzroke bolesti i ukloniti ih kako se ne bi ponovila. Često su vrlo vješti u korištenju određenih materijalnih načina liječenja. Međutim, ne može se svaka bolest izliječiti lijekovima ili kirurškim zahvatom i u tome leži bitno ograničenje ovih postupaka.

Kemikalije i lijekovi utječu samo na vanjski fizički sastav tjelesnih stanica, no oni ne mijenjaju njihovu unutarnju životnu osnovu.

U mnogim slučajevima izlječenje bolesti nije moguće sve dok ozdravljujuća Božja moć iznutra ne poravna nesklad *astralona* – inteligentne životne energije u tijelu. Dva su osnovna uzroka bolesti – nedovoljna ili pretjerana aktivnost *prane* – životne energije koja izgrađuje i održava tijelo. Nepravilno djelovanje pojedine (ili više njih) od pet glavnih praničnih struja – *vyane*, cirkulacije; *udane*, metabolizma; *samane*, asimilacije; *prane*, kristalizacije i *apane*, eliminacije – negativno utječu na tjelesno zdravlje. Kada snaga Boga obnovi prirodnu i skladnu ravnotežu ovih suptilnih energija, to vodi i do obnavljanja ravnoteže atoma fizičkih stanica koje ona hrani; iscjeljenje je tada savršeno, a često i trenutačno. Sve dok se sklad vitalnosti održava ispravnim životom, pravilnom prehranom i *pranayamom* (meditacijskim tehnikama nadzora životne energije), tjelesna životna energija vlastitim elektricitetom „sprži" bolest prije nego što se razvije.

Važan je uravnoteženi razvoj

Ozljede i bolesti češći su uzrok smrti nego starost. Većina ljudi umre prije nego što nastupi starost. U nekim slučajevima, a oni su iznimke, svi dijelovi tijela oslabe odjednom; takve osobe umru bez boli, poput zrela voća koje padne u određeno vrijeme sa stabla. No većina je istrgnuta s drveta života prije nego što stvarno dozriju za smrt.

U većini slučajeva smrt nastupa jer jedan dio tijela prestane djelovati prije ostalih. Također je moguće da ako je jedan dio tijela jači ili više razvijen od drugog, stvoreni nesklad životnih snaga u tijelu može prouzročiti patnju, pa čak i smrt. Na primjer, netko sa slabim srcem, a snažnim i mišićavim tijelom može oštetiti svoje srce prekomjernim korištenjem mišićne snage. Poznati snagator Sandow* umro je u pedeset i osmoj godini zbog izljeva krvi u mozak, što je bilo posljedica podizanja automobila jednom rukom. Prekomjerno vježbanje koje vodi do neusklađenog razvoja tako može imati i štetne posljedice.

---

* Eugene Sandow (1867. – 1925.), zagovornik fizičke tjelovježbe i hrvanja, poznat po svojem stasu i fizičkoj snazi. Poznati atleta putovao je diljem svijeta i izlagao svoje ideje o fizičkoj spremi.

Energetske vježbe* Self-Realization Fellowshipa stvaraju najmanji pritisak na srce i pružaju ujednačen razvoj tijela. Za zdravlje su blagotvorne jednostavne vježbe na otvorenom, kao što je hodanje, usklađena prehrana, umjerenost u jelu i tiha meditacija.

Poštujte prirodne zakone i imajte više vjere u Boga

Ostvareni učitelj može zanemariti prehrambena i druga pravila, a da tako ne ugrozi svoje zdravlje. Obična osoba, međutim, treba biti oprezna u održavanju fizičke dobrobiti poštovanjem zakona prirode.

Čovjek treba mudro odabrati prehranu. Tijelu je za zdravlje potrebna određena količina škroba, proteina i masti, ali u prekomjernim količinama to može biti štetno. Potrebno je vrlo malo škroba; kruh se više ne smatra „osnovnom namirnicom". Previše škroba u prehrani, pogotovo od bijelog brašna, uzrokuje prekomjerno nakupljanje sluzi u tijelu. (Određena količina sluzi je potrebna, naravno, kako bi se spriječio ulazak štetnih mikroorganizama u sluznice.) Jedite obilno namirnice koje sadržavaju visok udio mineralnih soli, kao što su voće i povrće. Ova vrsta prehrane sprječava zatvor, koji, kada je prisutan, tijelo izlaže mnogim bolestima.

Priroda pokušava refleksno otkloniti uzroke fizičkih nevolja. Kada u oči dospije prašina, nehotičnim je treptanjem pokušavamo izbaciti. Kada prljavština ili prašina uđu u nos, kišemo. Ako pojedemo nešto nezdravo, toga se oslobodimo povraćanjem. Kada bolest napadne koji unutarnji organ, priroda pruža mnoge načine kako tijelo može zaštititi organ, obraniti ga i obnoviti. Međutim, zbog različitih životnih navika kojima se većina ljudi otuđuje od prirode, njihova urođena moć oporavka i obnavljanja postala je umanjena i prerano izgubljena.

Štetni mikroorganizmi neprestano napadaju tijelo; oni dobri ga stalno brane, katkad uz pomoć zdrave prehrane, biljaka, lijekova i drugih zdravstvenih čimbenika. *No neograničeni izvor zaštite za čovjeka leži u njegovoj snažnoj misli da on, kao dijete Božje, ne može biti pogođen bolešću.*

---

* Ove vježbe za punjenje tijela energijom svjesnim usmjeravanjem *prane* snagom volje razvio je Paramahansa Yogānanda 1916. godine. Sastavni su dio *SRF Lekcija* (napomena izdavača).

Um ima mnogo veću moć od lijekova. No nerazumno je u potpunosti odbijati lijekove jer kad ne bi imali snage, čovjek bi mogao uzeti otrov a da ne umre. Ne zanemarujući djelotvornost lijekova i ostalih pripravaka, treba ipak imati na umu da stvaraju ovisnost što znači da im je primjena ograničena jer će nakon određenog vremena izgubiti učinkovitost u obnovi zdravlja. Jedina beskonačna moć iscjeljenja leži u čovjekovu umu i duši. Tijelo ne može biti iscijeljeno duhom, ako su psihička snaga i vjera slabi. Trajno iscjeljenje dolazi uz pomoć bezgranične snage uma i Božjom milosti.

Voće, povrće i orašasti plodovi bolji su izbor od mesa

Postoji vjerovanje da se neke bolesti mogu izliječiti uzimanjem životinjskih organa. Urođenici jedu lavlje srce u uvjerenju da će tako okrijepiti vlastito srce. Za pileća srca tvrdi se da imaju osnažujući učinak na ljudsko srce; jetra pomaže onima koji su anemični. Međutim, mnogi zdravstveni stručnjaci navode da hrana bogata željezom i vitaminima, poput jaja, indijskih orašastih plodova, soje, melase, sušenih marelica, sušenog lima graha, suhog graška, pastrnjaka, špinata i peršina mogu biti uspješna zamjena za jetru u prevladavanju anemije. Pepsin preuzet iz životinjskih organa koristan je u slučaju čira na želucu; no papain, tvar vrlo slična pepsinu, nalazi se u voću papaje i ljekovita je pomoć u izlječenju onih koji pate od bilo kojeg oblika poremećene probave.

Bolestan čovjek smatra opravdanim jesti sve što ima ljekovitu vrijednost, no životinjsko meso zapravo nije nužno u ovu svrhu, štoviše, može opteretiti tijelo toksinima u krvotoku. Dakle, dok ishrana mesom može pomoći u liječenju jedne bolesti, katkad stvara uvjete u kojima se neka druga bolest može razviti u drugom dijelu tijela. Zato je najsigurnija ishrana za čovjeka svježe voće, povrće, mljeveni orašasti plodovi i mliječni proteini. U nekim slučajevima organizam ne može prihvatiti sirovo voće i povrće, ali će prosječna osoba imati koristi, ako ih svakodnevno uključi u svoju prehranu.

U povrće i voće Bog je utisnuo ljekovitu moć koja pomaže u prevladavanju bolesti. Međutim, čak i to može imati ograničene mogućnosti. Organi u tijelu u osnovi se sastoje od Božje energije pa osobe koje primjenjuju razne postupke za njezino povećanje posjeduju moć samoizliječenja koja je veća od one što je mogu pružiti kakav lijek ili hrana.

Očistite tijelo od štetnih tvari

Tri četvrtine tijela sastoje se od vode, stoga je tjelesna potreba za vodom mnogo veća nego za hranom. (Smrt od žeđi mnogo je bolnija patnja od one prouzročene glađu.) Važno je dati tijelu mnogo vode. Upotreba nezaslađenih voćnih sokova također je dobra. U mjestima gdje voda sadržava veliku količinu kalcija koji uzrokuje stvrdnjavanje krvnih žila, ljudi bi trebali umjesto takve vode uzimati voćne sokove, lubenice, dinje i slično sočno voće. Međutim, neki znanstvenici kažu da osobe koje imaju problema sa sinusima ne bi trebale uzimati sokove od citrusnog voća.

Uglavnom je važno piti mnogo tekućine (pritom ne mislim na gazirane napitke!) kako bi se isprale štetne tvari iz tijela. Međutim, izbjegavajte piti tekućinu tijekom obroka, jer to može štetiti probavi. Nije dobro gutati hranu s tekućinom bez pravilnog žvakanja. Ako škrob nije djelomično probavljen u ustima, često se u potpunosti ne probavi ni u želucu. Važno je dobro žvakati hranu – želudac nema zube. Štetno je brzo jesti; posebice ako se uz obrok uzimaju velike količine tekućine, jer se tako razrjeđuju želučani sokovi. Također, pijenje tekućine s jelom pojačava i sklonost k pretilosti.

Važno je zadržati zdrav krvotok. Govedina i svinjetina mogu pustiti u krvotok štetne otrove i mikroorganizme. Bijela krvna zrnca pokušavaju uništiti mikroorganizme, no ako su jaki, a bijelih krvnih zrnaca nema dovoljno da im se suprotstave, započinju toksične reakcije. Mesojedi bi prednost trebali dati ribi, piletini i janjetini u odnosu na govedinu i svinjetinu jer potonji stvaraju izrazito mnogo kiseline.

U hranjenju je najvažnije izbjegavati bilo koji oblik prejedanja. Kad se netko nauči kontrolirati prehranu, postaje zdraviji. Često se može dogoditi da je nečija želja za određenom hranom toliko velika da misli kako joj ne može odoljeti. Pod utjecajem osjetila čovjek dobiva poriv za hranom čak i kada zna da mu ta hrana može naštetiti. Ako se riješi te loše navike, otkrit će kako mu se prestaje sviđati ono što je štetno, a počinje mu se sviđati ono što je za njega povoljno.

Pohlepni ljudi prenatrpaju se hranom, ali i dalje su u potrazi za dodatnom. Prejedajući se, oni naprežu motor svojeg srca toliko da ono radi prekovremeno, katkad i do četrdeset godina!

Mnoge osobe nepromišljeno jedu kasno noću. Obično uskoro slijedi spavanje, tijekom kojega se čovjekova unutarnja mašina usporava. Hrana ostaje u želucu neprobavljena. Stoga, uzimanje hrane neposredno prije noćnog odmora uopće nije mudro.

Međutim, ne postoji ništa gore za tijelo i um od konzumiranja opojnih alkoholnih pića. Pod njihovim utjecajem čovjek može učiniti djela kojih bi se pri zdravoj pameti stidio. Nasilje, pohlepa, žudnja za novcem i seksom, čak i ubojstva mogu biti posljedica pijanstva. Mudri ljudi kažu kako je uvjerenje da vino, seks i novac donose sreću najtvrdokornija zabluda koje se čovjek mora riješiti kako bi shvatio svoju pravu prirodu.

Alkohol povećava čovjekovu želju za novcem i seksom, stoga je najgori od tih triju zala. To je nepotrebno i iznimno opasno zadovoljstvo, jer prigušuje razum. Pijani čovjek više nije pravi čovjek. Mudrost leži u nastojanju da se podrže samo normalni apetiti.

Povećajte svoju prirodnu otpornost na bolesti

Post je prirodni način liječenja. Kada se životinje ili urođenici razbole, poste. Organizam tako ima priliku očistiti se i dobiti prijeko potreban odmor. Većina bolesti može se izliječiti razumnim postom.* Jogiji preporučuju post kao izvrsnu zdravstvenu mjeru, s iznimkom

---

* U Armeniji je dr. Grant Sarkisyan pacijentima prepisivao post i uspješno liječio različite bolesti, uključujući bronhijalnu astmu, kožne bolesti, početna stanja arterioskleroze, hipertenzije, stenokardije i bolesti probavnog trakta. Pacijenti su bili na posebnoj dijeti nakon otpuštanja iz bolnice, u kojoj je prednost dana jelima od povrća i voća, a za koja je dr. Sarkisyan smatrao da su važna za dugovječnost. U Sovjetskom Savezu, dr. Uri Nicholayev prepisivao je terapiju postom protekle dvadeset i tri godine. Navodi da je to pomoglo u 64 % slučajeva njegovim pacijentima koji su bolovali od shizofrenije. U zračnoj bazi George, u Victorvilleu, Kalifornija, 25 pacijenata koji su patili od pretilosti podvrgnuto je postu u razdoblju do 84 dana. Njih 16 završilo je program i izgubilo na težini 20 - 50 kg. Dr. Robert M. Karns, koji je provodio ispitivanje, izvijestio je da je 48-godišnji pacijent koji je bolovao od dijabetesa i koji je primao 25 doza inzulina dnevno, bio u stanju prekinuti terapiju inzulinom nakon posta. Kod 60-godišnjig pacijenta došlo je o poboljšanja kod artritisa i srčanih tegoba. U pretkliničkim pokusima s miševima, pokazano je da životni vijek može biti produljen do 50 %. Kojim postupkom? Postom. (napomena izdavača)

osoba koje imaju slabo srce. Još jedan dobar način fizičkog izlječenja je uzimanje odgovarajućih biljaka ili biljnih pripravaka.

Pri korištenju lijekova često se utvrdi kako nisu dovoljno moćni da čovjeka dovedu do ozdravljenja, ili da su toliko jaki da nadražuju tjelesna tkiva, umjesto da ih liječe. Slično tomu, izloženost određenim vrstama „medicinskog zračenja" može dovesti do opeklina tkiva. Postoji toliko mnogo ograničenja u fizičkim postupcima liječenja.

Bolje od lijekova su Sunčeve zrake. U njima se nalazi čudesna isceliteljska moć. Trebalo bi se sunčati desetak minuta svaki dan. Deset minuta dnevno je bolje nego samo povremena izloženost na dulje vrijeme.* Kratko dnevno sunčanje u sprezi s dobrim zdravstvenim navikama opskrbit će tijelo životnom energijom koja uništava sve štetne mikrobe.

Zdrave osobe koje imaju prirodnu otpornost na bolesti posebno su otporne na infekcije. Bolest dolazi kada se smanji odupiruća moć krvi, pogrešnom prehranom ili prejedanjem, ili kada se prekomjernim seksom potroši vitalna energija. Očuvanje fizičke stvaralačke energije znači opskrbljivanje svih stanica vibrirajućom životnom energijom; tijelo tada ima golemu otpornost na bolesti. Pretjerivanje u seksu slabi tijelo i čini ga osjetljivim na bolest.

Možete produljiti svoj životni vijek

Naravno da su veće šanse za prevladavanje bolesti u mladosti nego u starosti. (Međutim, uvijek postoje iznimke, zahvaljujući karmičkim uvjetima.) Prosječan životni vijek danas je 60 godina.† Mnogi liječnici slažu se da ga je moguće lako povećati umjerenim životom.

Mahavatar Babaji i niz drugih velikih učitelja žive već nekoliko stotina godina. Život se može produljiti na neodređeno vrijeme – ne hranom, lijekovima, vježbanjem, sunčanjem i drugim ograničenim sredstvima, nego susretom s neizmjernom Božjom snagom. Mi ne

---

* Mudro je ograničiti sunčanje na rane i kasne sate u danu. Mjere opreza uvijek treba poduzeti kako bi zaštitili osjetljivu kožu od pretjeranog izlaganja Suncu. Ako netko ima kakvih pitanja u vezi s izlaganjem suncu, trebao bi se posavjetovati s vlastitim liječnikom ili dermatologom te slijediti njegove savjete (napomena izdavača).

† Odnosno, 1947. kada je održan ovaj govor.

bismo trebali misliti samo na tijelo, nego i na Duh. Ako postignemo savršenstvo u jedinstvu s Duhom, naći ćemo savršenstvo i u tijelu.*

Mnoge su osobe neprestano obuzete brigom za svoje fizičko zdravlje, zanemarujući pritom rad na psihičkom ustroju. Ključ svih moći leži u umu. Ako netko ne uspije razviti tu moć, kada dođe teška bolest, može umrijeti bez pružanja ikakva otpora, neovisno o životnoj dobi.

Moć osmijeha

Čuvajte vitalnu energiju, slijedite usklađenu prehranu i uvijek se osmjehujte te budite sretni. Onaj tko pronađe radost unutar sebe otkrit će da njegovim tijelom struji elektricitet životne energije koji ne dolazi iz hrane, nego od Boga. Ako mislite da se ne možete osmjehivati, stanite pred ogledalo i prstima razvucite usta u osmijeh. To je jako važno.

Iscjeljujući postupci na koje sam se ukratko osvrnuo u vezi s prehranom i čišćenjem tijela biljkama ili postom, ograničene su učinkovitosti; no, kada je netko iznutra radostan, tada priziva u pomoć neiscrpnu Božju snagu. Mislim na iskrenu radost, ne onu koju prikazujete prema van, a iznutra je ne osjećate. Kada je vaša radost iskrena, vi ste nasmiješeni milijunaš. Istinski osmijeh šalje kozmičku struju, *pranu*, unutar svake tjelesne stanice. Sretan čovjek je manje podložan bolestima jer sreća privlači u tijelo veću, univerzalnu životnu energiju.

Postoji mnogo toga što se može reći o temi izlječenja. Glavna zamisao je da se trebamo više oslanjati na snagu uma, koja je neograničena. Pravila za zaštitu od bolesti su: samokontrola, vježbanje, pravilna prehrana, uzimanje mnogo voćnih sokova, povremeni post i unutarnji osmijeh u svakoj situaciji. Ti osmjesi dolaze kroz praksu meditacije. Tada ćete otkriti vječnu Božju moć. Kada ste u ekstazi s Njim, svjesno dovodite Njegovu iscjeljujuću prisutnost u vaše tijelo.

Trajno izlječenje dolazi od Boga

Snaga uma nosi sa sobom neiscrpnu Božju energiju, a to je snaga koju želite u svojem tijelu. Postoji način kako pridobiti tu

---

* Veliki duhovni učitelji koji su postigli savršenstvo s Duhom ipak mogu trpjeti intenzivnu tjelesnu patnju – ne zbog kakva nedostatka u vezi s Duhom, nego zato što žele, s božanskim dopuštenjem, odraditi na svojim tijelima neke od karmičkih posljedica tuđih pogrešnih djelovanja kako bi pomogli tim osobama.

snagu. To je moguće uspostavom jedinstva s Bogom s pomoću meditacije. Kada je vaše jedinstvo s Njim savršeno, izlječenje je trajno. Kada prizovemo Božju snagu, iscjeljujuće djelovanje je trenutačno, bez čekanja da neki učinak urodi plodom.

Mnogi ljudi u nevolji pokušavaju prizvati tu snagu, no ako izlječenje ne dođe istog časa, gube vjeru u Gospodina, umjesto da nastave s pokušajima privlačenja Njegove pomoći. Čovjek koji se drži božanskog načela obvezno se izliječi, jer Bog zna za molitvu sljedbenika te On ne može drugo nego odgovoriti mu. No kada vi odustanete, Otac kaže: „U redu. Vidim da možeš i bez Mene. Čekat ću te."

Vrhovna Snaga može se prizvati nepokolebljivom vjerom i neprestanom molitvom. Trebali bi jesti pravilno i raditi sve drugo što je dobro za tijelo, ali uz stalnu molitvu upućenu Njemu: „Gospodine, Ti me možeš izliječiti jer Ti nadgledaš životne atome i suptilna tjelesna djelovanja koja liječnici ne mogu dosegnuti lijekovima." Vanjski čimbenici – lijekovi i post, imaju određene pozitivne učinke na fizičko tijelo, ali ne utječu na unutarnju snagu koja održava stanice. Samo kada se okrenete Bogu i primite Njegovu iscjeljujuću snagu, životna energija usmjerava se u atome tjelesnih stanica i nastupa trenutačno ozdravljenje. Ne biste li stoga radije više ovisili o Bogu?

No pokušaji promjene nečije ovisnosti o fizičkim postupcima u ovisnost o duhovnim postupcima trebaju biti postupni. Ako netko sklon prejedanju oboli pa kako bi misaono i psihički ojačao naglo počne postiti, postaje obeshrabren ako se uspjeh ne dogodi odmah. Potrebno je određeno vrijeme za promjenu jednog načina razmišljanja, od ovisnosti o hrani do ovisnosti o umu. Da biste mogli prihvatiti iscjeljujuću Božju snagu, um se mora izvježbati i naučiti vjerovati u božansku pomoć.

Vibracija te Velike Snage izvor je sve atomske energije koja prožima i održava svaku stanicu fizičkog svemira. Kao što film na platnu kina nastaje putem zrake svjetlosti koja dolazi iz projekcijske kabine, tako smo svi mi stvoreni Kozmičkom Zrakom, Božanskim Svjetlom koje se izlijeva iz projekcijske kabine Vječnosti. Kada tražite i otkrijete tu Zraku, uvidjet ćete njezinu neograničenu moć obnove atoma, elektrona i astralona u „neispravnim" tjelesnim stanicama. Družite se s Velikim Iscjeliteljem!

Uklanjanje smetnje straha iz radioprijamnika uma

*Prvi Hram Self-Realization Fellowshipa,
Encinitas, Kalifornija, 16. listopada 1938.*

Cijeli se svemir sastoji od energije ili vibracije. Vibracija u obliku riječi je, prema tome, grublji izraz vibracije misli. Misli svih ljudi vibriraju u eteru.* Zbog istančane strukture vibracije misli, njih tamo još nije moguće uočiti pa, nasreću, ne možemo znati misli svih ljudi.

Radijski prijamnik omogućuje da pritisnete tipkalo – i, gle čuda, začuje se glazba i glasovi! Kroz radijski eter putuju radiovalovi svih frekvencija, ali vi ih ne čujete sve odjednom. Tek nakon što je radioprijamnik ugođen na frekvenciju pojedine radiopostaje ti valovi postaju čujni. Bog je osmislio fizikalne zakone putem kojih čovjek može stvoriti radiovalove koji se mogu slati i primati kroz prostor. Radiovalovi nama su nečujni bez radioprijamnika. Vibracije radiovalova su poput misli koje se prenose prostorom, a koje može primiti svaki prijamnik ugođen na njihovu frekvenciju.

Kada se nalazite u blizini drage osobe, možete osjetiti njezine misli. To vam vjerojatno neće uspjeti ako je netko daleko, npr. u Indiji, ako ne razvijete sposobnost svladavanja takvih udaljenosti. Oni koji redovito vježbaju tehnike koncentracije i meditacije objašnjene u SRF *Lekcijama*, i ako posjeduju potrebnu mirnoću, bit će sposobni osjetiti misli drugih, čak i izdaleka. Vaš um postat će osjetljiviji.

Mi smo ljudski radiouređaji: primamo misaone poruke drugih

---

* Hipotetski eter ne pripada sadašnjim znanstvenim teorijama o prirodi materijalnog svemira. No hinduistički spisi upućuju na eter kao finu vibracijsku „pozadinu" iz koje izvire stvaranje. Ispunjava sve pore prostora te čini vibracijsku silu koja razdvaja sve slike, jednu od druge. (vidi pod *eter* i *elementi* u rječniku) (napomena izdavača)

kroz svoje srce*, koje je središte osjećaja, dok misaone poruke odašiljemo duhovnim okom, središtem koncentracije i volje. Vaša antena nalazi se u medulli, središtu intuitivne nadsvijesti. Pretpostavimo da ste daleko od kuće i želite vidjeti što se ondje događa. Ako su vaši osjećaji mirni i um staložen, moći ćete intuitivno primiti osjećaje i misli svoje obitelji kod kuće. Kada budete sposobni duboko se koncentrirati, vaši osjećaji moći će doprijeti posvuda, a percepcija će vam postati ispunjena strujom i energijom.

Svijet je samo misao u Božjem umu

U stvarnosti ne postoji prostor† između Indije i ovdje. No mi smo u Americi i smatramo da nam treba 25 dana putovanja parobrodom kako bismo stigli u Indiju. Prema materijalnoj svijesti potrebno je vrijeme da bi se prešla takva udaljenost. Ali energija poništava prostor. Ako putujemo avionom, potrebno je samo sedam dana.‡ Udaljenost se smanjuje s povećanjem energije leta – veća energija znači da se prostor ili udaljenost više smanjuju. Pretpostavimo da spavate i sanjate kako putujete u Indiju. Najprije vlakom do New Yorka, zatim uzimate kartu za brod, zaustavljate se u raznim lukama u kojima brod pristaje i naposljetku dolazite u Bombaj. Sve to u snu može biti učinjeno u nekoliko minuta, jer u mislima ne postoji prostor. Ili, pretpostavimo da sanjam kako sam radioprijamnik, izabirem radiostanice i odlučim se za Indiju. Ne postoji prostor; sve je to zamisao u mojem mozgu.

Cijeli svijet postoji samo u mislima, takva je moć uma. Prostor je samo misaoni oblik. Mogu zatvoriti oči i misliti o stvarima koje su udaljene tisućama kilometara, a ipak svi ti kilometri samo su ekspanzija misli. Prostor i vrijeme samo su diferencijacije misli. Koja je razlika između sladoleda i vruće kave u iskustvu sna? Kada se

---

* Okultno sjedište *chitte*, intuitivnog osjećaja.

† Prostor i vrijeme dio su iluzije odnosno *maye* koja u percepciji smrtnika dijeli i odmjerava nedjeljivo Beskonačno. U Božjoj svijesti koja je netaknuta *mayom*, kao i za sljedbenika ujedinjenog s Bogom u božanskoj budnosti, blizu i daleko, prošlost, sadašnjost i budućnost, stapaju se u vječnom sveprisutnom Sada.

‡ Sedam dana bilo je potrebno 1938.g. a danas se vrijeme obilaska Zemlje svemirskom brodom mjeri u minutama! Vrijeme i prostor se već uvelike savijaju pred voljom čovjeka. Već „sutra" ih on može potpuno osvojiti (napomena izdavača).

probudite, shvaćate da je u zemlji snova sladoled bio jedna misao, a vruća kava druga; to su samo dvije različite ideje.

Misao ima sveznajuću moć. Vrsta misli o kojoj ja govorim Božja je misao. Kao što je On sveprisutan kroz misao, tako smo i mi. Nismo li već povezali misao o Americi i misao o Indiji putem radija? Tu ne postoji prostor.

Kada pokušavate podesiti radiostanicu, često se pojave statičke smetnje i ometaju program koji pokušavate slušati. Jednako tako, kada nastojite postići neku osobnu preobrazbu u srcu, „statički šum" ometa vaš napredak. Te smetnje vaše su loše navike.

Strah ne može ući u mirno srce

Strah je oblik smetnji koji utječe na radioprijamnik vašeg uma. Strah, poput dobrih i loših navika, može biti povoljan ili razoran. Na primjer, kada žena kaže: „Moj muž će biti nezadovoljan ako ja večeras izađem, stoga neću nikamo ići", nju potiče strah iz ljubavi, koji je povoljan. Strah iz ljubavi i ropski strah su različiti. Govorim o strahu iz ljubavi koji nas čini opreznima kako ne bismo nepotrebno povrijedili druge. Ropski strah paralizira volju. Članovi obitelji trebali bi osjećati samo strah iz ljubavi i nikada se ne bojati govoriti istinu jedni drugima. Savjesno obavljanje dužnosti ili žrtvovanje svojih želja zbog ljubavi prema drugoj osobi mnogo je bolje nego činiti to iz straha. A kada se suzdržite od kršenja božanskih zakona, to bi trebalo biti iz ljubavi prema Bogu, a ne zbog straha od kazne.

Strah dolazi iz srca. Uvijek kada osjetite da vas obuzima strah od bolesti ili nesreće, trebali biste udahnuti i izdahnuti duboko i polako, ritmično nekoliko puta, opuštajući se sa svakim izdahom. To pomaže uspostavi normalne cirkulacije. Ako je vaše srce uistinu tiho, uopće nećete osjećati strah.

Tjeskoba se u srcu budi kroz svijest o boli jer je strah ovisan o nekom prijašnjem iskustvu – možda ste jednom pali i slomili nogu, pa ste se počeli bojati ponavljanja tog iskustva. Kada ovisite o takvu strahovanju, vaša volja je paralizirana, vaši živci također, i zaista možete opet pasti i slomiti nogu. Nadalje, kada srce postane paralizirano strahom, vitalnost je ugrožena i klice bolesti dobivaju priliku napasti vaše tijelo.

Biti oprezan, a ne uplašen

Teško da ima ikoga tko se ne boji bolesti. Strah je čovjeku dan kao sredstvo opreza koji ga poštedžuje boli, ali ne treba ga poticati ni zlorabiti. Prekomjeran strah samo ometa naše napore da se čuvamo nevolja. Oprezan strah je mudar, primjerice, kada svjesni pravila zdrave prehrane ovako razmišljate: „Neću pojesti taj kolač, jer to nije dobro za mene". No bezrazložno strahovanje uzrok je bolesti, to je prava klica svih bolesti. Strah od bolesti pospješuje bolest. Samom misli o bolesti prizivate je k sebi. Ako se neprestano bojite prehlade, bit ćete osjetljiviji na nju, bez obzira na to što činili da je spriječite. Nemojte paralizirati svoju volju i živce strahom. Kada strepnja ustraje unatoč vašoj volji, samo pomažete stvaranju iskustva kojega se bojite. Također, nije mudro družiti se suviše s ljudima koji neprestano pričaju o svojim i tuđim bolestima i slabostima. Zadržavanje na toj temi može posijati sjeme straha u vašem umu. Oni koji su zabrinuti da će umrijeti od tuberkuloze, raka, srčanih problema, trebali bi se osloboditi tog straha kako ne bi privukli neželjeno stanje. Oni koji su već bolesni i nemoćni, trebaju što se okružiti ugodnim ljudima koji imaju snažnu i pozitivnu prirodu, da ih ohrabre pozitivnim mislima i osjećajima. Misao ima veliku moć. Oni koji rade u bolnicama rijetko se razbole zbog svojih samopouzdanih stavova. Ohrabreni su svojom energijom i snažnim mislima.

Stoga, kako postajete stariji, tako je najbolje ne otkrivati drugima svoje godine. Čim to učinite, oni vas počnu poistovjećivati sa starošću i slabim zdravljem. Misao o poodmaklim godinama stvara tjeskobu, a tako sami sebe oslabljujete i umanjujete svoju vitalnost. Stoga držite svoje godine za sebe. Recite Bogu: „Ja sam besmrtan. Ja sam blagoslovljen povlasticom dobrog zdravlja i hvala Ti na tome."

Stoga, budite oprezni, ali ne i uplašeni. Poduzmite mjere opreza i povremeno idite na pročišćavajuću dijetu da odstranite sve moguće uzroke bolesti koji mogu biti prisutni u tijelu. Učinite najbolje što možete kako biste otklonili uzroke bolesti i budite potpuno bez straha. Posvuda postoji toliko mnogo bakterija i ako ih se budete bojali, nećete uopće moći uživati u životu. Čak i sa svim higijenskim mjerama opreza, kada biste pogledali svoju kuću kroz mikroskop, izgubili biste želju za jelom!

Tehnike za poništavanja straha

Bez obzira na to što je uzrok vašeg straha, ne mislite na to i prepustite sve Bogu. Imajte vjeru u Njega. Mnoge patnje nastaju samo zbog brige. Zašto patiti sada ako nevolja još nije došla? Budući da većina naših bolesti dolazi zbog straha, ako se odreknete straha, bit ćete slobodni. Liječenje će biti trenutačno. Svake noći, prije nego što zaspite, ponovite afirmaciju: „Nebeski Otac je sa mnom. Ja sam zaštićen." Neka vaše misli budu usmjerene na Duh i Njegovu kozmičku energiju, stoga i mislite: „Svaka bakterija koja me napadne bit će spržena mojom električnom strujom." Pjevajte „Aum" tri puta, ili riječ „Bog." To će vas zaštititi. Osjetit ćete Njegovu prekrasnu zaštitu. Budite bez straha. To je jedini način da budete zdravi. Ako se družite s Bogom, Njegova snaga teći će prema vama. Vi ćete znati da ste neuništiva duša.

Kad god se osjećate uplašeno, stavite ruku na srce, uz kožu, trljajte s lijeva na desno i recite: „Oče, ja sam slobodan. Isključi taj strah iz radioprijamnika mojeg srca." Baš kao što podešavanjem prijama na radiouređaju uklanjate smetnje, jednako tako kad neprestano trljate s lijeva na desno područje oko srca i stalno se koncentrirate na misao da želite odstraniti strah iz srca, to će se dogoditi, a opazit ćete i radost Božju.

Strah prestaje u kontaktu s Bogom

Strah vam stalno dosađuje. Oslobodit ćete se straha stupite li u kontakt s Bogom, nikako drukčije. Zašto čekati? Joga vam omogućuje zajedništvo s Njim. Indija vam može dati ono što nijedna druga zemlja nije dala. Sve dugujem mojem guruu, Swamiju Sri Yukteswaru, on je bio učitelj u pravom smislu. Slijedeći njegovu mudrost, uspio sam u svojem poslanju na Zapadu. Rekao je: „Što god činio, pokušaj to raditi tako kao da nitko drugi to nije prije tebe učinio." Ako zapamtite tu misao, uspjet ćete. Većina ljudi oponaša druge. Vi biste trebali biti originalni i što god radili, učinite to dobro. Sva se priroda svjesno udružuje s vama kada ste u skladu s Bogom.

Često najprije razmišljamo o sebi, iako bismo trebali uvijek uključivati i druge u svoju sreću. Kada to činimo iz dobrote u svojem srcu, širimo uokolo duh međusobnog poštovanja. Kada bi se svatko u zajednici od tisuću ljudi ponašao na ovakav način, svatko bi imao 999 prijatelja. No ako bi se svatko u toj zajednici prema drugima ponašao kao neprijatelj, svatko bi imao 999 neprijatelja.

Osvajanje srca drugih snagom ljubavi najveća je pobjeda koju možete osvojiti u životu. Uvijek pokušajte najprije misliti na druge i naći ćete cijeli svijet pred svojim nogama. U tome je bila Isusova veličina. On je živio i umro za druge. Ljudi velike materijalne moći koji žive samo za sebe, brzo su zaboravljeni, ali oni koji potpuno žive za druge, pamte se zauvijek. Kralj svih Kraljeva nije imao zlatno prijestolje tijekom svojeg kratkog vijeka na zemlji; no on je već dvadeset stoljeća na tronu ljubavi u srcima milijuna ljudi. To je najbolje prijestolje koje se može imati.

Jedna misao može dovesti do spasenja

Kada ste došli na ovaj svijet, plakali ste, dok su se svi drugi radovali. Tijekom života radite i služite tako da vas kada dođe vrijeme za napuštanje ovoga svijeta prati smiješak zbog odlaska, dok svijet za vama bude plakao. Držite se ove misli i uvijek ćete drugima davati prednost u odnosu na sebe.

Ovaj beskrajni svijet stvoren je da iskoristite svoju inteligenciju za postizanje znanja o Duhu, znanja o vašem Jastvu. *Samo jedna misao može vas osloboditi.* Vi i ne shvaćate kako djelotvorno vaše misli djeluju u eteru.

Kako biste upoznali ljudsku ljubav da vam je Sam Bog nije dao i da Svoju ljubav nije posadio u srce svakog bića? A budući da je Bog tako ljubazan i pun ljubavi, On bi trebao biti cilj vaše potrage. On vam Se ne želi nametati. No začudno djelovanje vašeg tijela, inteligencija koju vam je On dao i svako drugo čudo u životu trebali bi vam biti dovoljan poticaj za odluku da pronađete Boga. Svako ljudsko biće bilo bi oslobođeno kad bi to nastojalo postići. I vi to morate pokušati!

Kada sam krenuo ovim putem, moj je život isprva bio vrlo kaotičan; no, kako sam se nastavio truditi, tako su mi se stvari počele razjašnjavati na čudesan način. Sve što se događalo pokazalo mi je da Bog jest i da se On može spoznati u ovom životu. Kada nađete

Boga, kakvu li ćete sigurnost i neustrašivost imati! Tada ništa drugo uopće nije važno, ništa i nikada vas ne može uplašiti. Stoga je Krišna zapovijedio Arđuni da se neustrašivo suoči s bitkom života i postane duhovni pobjednik: „Ne prepuštaj se toj nemuževnosti; to nije dostojno tebe. O, pokoritelju neprijatelja, odbaci tu malu slabost srca! Ustani!"*

---

* Bhagavad Gita, II:3.

Nervoza - uzrok i lijek

Oko 1927.

Nervoza je bolest koja se može prevladati posebnim lijekom: mirnoćom. Narušenost psihičke ravnoteže i poremećaji koje nosi prouzročeni su neprestanim uzbuđenjem ili pretjeranom stimulacijom osjetila. Uzroci bolesti nervoze su: stalno razmišljanje o strahu, ljutnja, melankolija, kajanje, zavist, tuga, mržnja, nezadovoljstvo, briga; nedostatak preduvjeta za normalan i sretan život, a to su: pravilna prehrana, redovito vježbanje, izloženost svježem zraku i Sunčevu svjetlu te odgovarajući posao i svrha u životu.

Svako burno ili trajno psihičko, emocionalno ili fizičko uzbuđenje naveliko remeti životnu silu i dovodi do nesklada u njezinu protjecanju kroz strujne krugove osjetila. Spojimo li žarulju od 120 V na izvor od 2000 V, žarulja će pregorjeti. Jednako tako, živčani sustav ne može trajno podnositi razarajuće snage intenzivnih emocija ili trajnih negativnih misli i osjećaja.

Dalekosežne posljedice nervoze

Nervoza nije jednostavan problem. Ona je smrtni neprijatelj s dalekosežnim posljedicama. Fizički je teško izliječiti svaku bolest ako je prati nervoza. Na duhovnom planu, neravnoteža životnih sila u tijelu sljedbenika umnogome otežava koncentraciju ili duboku meditaciju kojima bi bilo moguće postići mir i mudrost. No nervoza se može izliječiti. Bolesnik mora biti spreman na analizu svojeg stanja i treba ukloniti štetne emocije i negativne misli koje ga malo po malo razaraju. Objektivna analiza nečijih problema i održavanje smirenosti u svim životnim situacijama izliječit će i najtvrdokorniju nervozu.

Spoznaja da sva snaga za razmišljanje, govor, osjećaje i djelovanje dolazi od Boga i da je On uvijek s nama, nadahnjuje nas i vodi donosi trenutačno oslobođenje od nervoze. S ovom spoznajom doći će bljeskovi božanske radosti, a katkad će duboko prosvjetljenje prožeti cijelo biće te otjerati svaku pomisao na strah. Kada kroz srce poteče Božja snaga, svojim pročišćujućim tokom, poput oceana, pomest će sve prepreke prividnih sumnji, nervoza i straha. Privid materije, svijest da ste samo smrtno biće, prevladava se u susretu sa slatkim spokojem Duha dostižnim putem svakodnevne meditacije. Tada spoznajete da je tijelo mjehurić energije u Njegovu kozmičkom moru.

Žrtva nervoze mora razumjeti svoj slučaj i razmisliti o opetovanim pogreškama u razmišljanju koje su uzrok njegovoj neprilagođenosti životu. Kada nervozan čovjek jednom prizna samomu sebi da uzroci njegove bolesti nisu mistični, nego posljedica vlastitih navika, već je napola izliječen.

Živčani sustav

Živčani sustav čini izlazno-ulazni kanal u tijelo koji čovjeku omogućuje reakcije na vanjske i unutarnje poticaje. Uzbuđenje remeti psihičku ravnotežu i normalnu raspodjelu energije, šaljući je nekim dijelovima previše, dok je drugima uskraćuje. Ta nepravilna raspodjela nervne snage jedini je uzrok nervoze. Smireni čovjek – onaj tko izbjegava uzbuđenja jer nije pretjerano vezan za svoj ego i svjestan je da Bog, a ne on, vodi brigu o svemiru – spremno dočekuje svaku životnu situaciju jer je uravnotežen. Gospodin Krišna je rekao: „Onoga tko je spoznao Duh i koji utočište nalazi u Vrhovnom Biću, nepokolebljiva rasuđivanja, slobodna od iluzije, ne obuzima ushit zbog ugodnih iskustava niti ga svladavaju neugodna iskustva."*
Ovo je cilj kojemu trebamo težiti i koji trebamo postići.

Živčani sustav opskrbljuje životnom strujom mozak, srce i druge dijelove tijela. Raspodjeljuje energiju osjetilima vida, sluha, dodira, okusa i mirisa. Živci su naše sredstvo kojim kontaktiramo s vanjskim svijetom i izvor svih naših osjetilnih reakcija. Stoga je iznimno važno održavati ih u savršenom skladu. Ne smijemo jedan dio tijela naprezati s previše energije, a ograničiti dotok drugim dijelovima. Jogijsku usklađenost bića postižemo smirenošću i dubokom vjerom u Boga, a ne nemirom ili emocionalnim reakcijama.

---

* Bhagavad Gita, V:20.

Jogiji posebnim tehikama za oporavak tkiva kojima je naudila nervoza šalju životnu energiju u živce djelomično oštećene nervozom. Svaka stanica i tkivo u živčanom sustavu su živa, inteligentna struktura. Životna energija uvijek ih može obnoviti.

Prevladavanje nervoze dobrim društvom

Postoje dvije vrste nervoze – psihička i mehanička, ili površna i organska. Najčešća je psihička nervoza koja se pojavljuje zbog uzbuđenosti uma. Takvo dugotrajno stanje popraćeno druženjem s nenadahnutim ljudima, pogrešnom prehranom i lošim životnim navikama uzrok je kroničnih ili organskih pojava nervoze.

Prehrana bi trebala biti jednostavna, uravnotežena i ne previše obilna. Vježbanje bi trebalo biti redovito. Previše spavanja umrtvljuje živce, a premalo je za njih štetno. No od presudne je važnosti izbor društva. Recite mi kakve prijatelje čovjek ima i reći ću vam što je on. Laskanje nam ne pomaže. Trebali bismo težiti boljem društvu – onih ljudi koji nam govore istinu i pomažu nam da poboljšamo sami sebe. Najbolji prijatelj nam je onaj tko nam smjerno sugerira kako možemo poboljšati svoj život vrijednim promjenama.

Snažna kritika, izrečena na pakostan ili bezosjećajan način je poput udaranja čovjeka čekićem po glavi. Moć ljubavi je beskrajno učinkovitija. Ljubazni prijedlozi dani s ljubavlju i razumijevanjem mogu ostvariti čuda; pukom kritikom i sitničarenjem ne postiže se ništa. Čovjek može suditi drugima samo ako je usavršio vlastitu prirodu. Dotad je najbolje suditi isključivo sebi.

Druženje s mirnim, mudrim ljudima jedan je od najbržih načina za prevladavanje nervoze i spoznavanje urođene nam božanskosti. Nervozni ljudi trebali bi se kloniti onih koji pate od takvih problema.

Smirenost je najbolji lijek

Najbolji lijek za nervozu je održavanje smirenosti. Onaj tko je po prirodi miran, ne gubi ni pod kojim uvjetima razum, smisao za pravednost ili humor. Uvijek može odvojiti naklonost ili vlastite želje od činjenica. Ne da se zavesti sladunjavim riječima neiskrenih ljudi i njihovim neuvjerljivim planovima za lako stjecanje bogatstva. On ne truje svoja tjelesna tkiva ljutnjom ili strahom koji negativno utječu na cirkulaciju. Dobro je dokazana činjenica da mlijeko od ljutite majke može imati štetne posljedice na njezino dijete. Treba li nam uvjerljiviji dokaz da negativne emocije naposljetku oštećuju tijelo do stanja sramotne olupine?

Uravnoteženost je divna osobina. Trebali bismo oblikovati svoj život prema ovim trima točkama: smirenost i ljubaznost dvije su poluge, a temelj je sreća. Svakoga dana trebali bismo se podsjećati: „Ja sam kraljević mira koji sjedi na prijestolju ravnoteže i upravlja svojim kraljevstvom aktivnosti." Bez obzira na to djeluje li netko brzo ili polako, u samoći ili u prometnim trgovačkim centrima, njegovo središte trebalo bi biti mirno i staloženo. Krist je primjer tog ideala. On je svagdje pokazivao mir. Prošao je kroz sva zamisliva iskušenja, ali nikada nije izgubio ravnotežu.

Bog je posvuda, nadgleda planete i galaksije, a pritom ipak nije uznemiren. Iako je On u ovome svijetu, ipak je iznad njega. Moramo biti primjer Njegove slike i prilike. Moramo meditirati često i zadržati u sebi blagotvorne učinke meditacije odnosno mir. Moramo odašiljati misli ljubavi, dobre volje i sklada. U hramu meditacije ukrašenom svjetiljkom intuicije ne postoji nemir, nema nervoznog nastojanja ili traženja. Čovjek je tada napokon uistinu kod kuće, u svetištu koje nije stvoreno rukama, nego Božjim mirom.

Fizičke i duhovne blagodati posta

*Međunarodna središnjica SRF-a,
Los Angeles, Kalifornija, 9. ožujka 1939.*

Fizički rezultati i duhovna iskustva posta su čudesni. Duh koji boravi u nama postaje izuzet od tjelesnih zahtjeva, a samo tijelo oslobođeno je materijalnih navika. Upravo sam prošao trideseti dan dijete i posta, i sada mi se to čini prirodnim, kao da nikada prije nisam jeo. Svi vi koji možete trebali biste poduzeti trodnevni post; ako je moguće, i dulji.* Tada biste počeli otkrivati da možete živjeti bez hrane.

Nelagoda ili bolovi u tijelu upućuju na to da se događa nešto loše u organizmu; potreban je popravak. Razmislite samo kako savjesno održavate automobil čistim, servisiranim i u dobrom stanju. Ljudsko tijelo je zamršenije od svakog automobila. Bog želi da i njega održavate čistim i u dobrom voznom stanju, a da istodobno sve više ovisite o Njemu. Tajna dobrog zdravlja ne leži samo u raznim lijekovima koje uzimate; mnogo se više treba osloniti na unutarnju Božju energiju.

Ta životna sila u našem tijelu zapravo je izvor života. To je svjesna snaga: tvorac organa i njihove vitalnosti. Obično se životna energija neprestano krijepi snagom uma i hranom. Međutim, ako se previše zlorabi, posustaje i više ne želi raditi. Na primjer, njezina moć oslabi u očima pa više ne vidite dobro. Kada životna snaga u tijelu kopni, nikakva hrana ne daje snagu niti je promjena zraka može okrijepiti, ništa ne može vratiti energiju.

Post omogućuje da se premoreni organi tjelesnog stroja odmore,

---

* Osobe dobra zdravlja ne bi trebale imati nikakvih poteškoća tijekom trodnevnog posta. Dulji post treba se poduzeti samo pod stručnim nadzorom. Svi koji pate od kroničnih bolesti ili organskih poremećaja trebali bi postiti samo uz savjet liječnika iskusnog kad je riječ o primjeni posta.

a jednako tako i sama se životna sila obnavlja oslobođena dodatnog rada. Prestanete li životnoj sili u sebi stvarati osjećaj da njezina egzistencija ovisi o vanjskim izvorima – hrani, vodi, kisiku, suncu – ona će postati samodovoljna i neovisna.

Prejedanje tijekom 365 dana u godini uzrokuje mnoge vrste bolesti. Neizostavno i redovito jelo, neovisno o tome trebamo li doista hranu ili ne trebamo, također je prokletstvo za tijelo. Što se više koncentrirate na nepce, imat ćete i više bolesti. Uživati u hrani je u redu, ali biti njezin rob znači uništenje života. Zašto dopustiti da vam priroda naškodi? Priroda vas ne može kazniti ako se niste vezali za tijelo ili hranu. Morate uvidjeti da je životna sila uistinu hranitelj vašeg tijela.

Bez fanatizma, najveći naglasak stavite na um, tako da sve više i više jačate njegovu moć i pouzdanost. Ako uporno inzistirate na tome da svoj um učinite robom vašeg tijela, um će se osvetiti. Ustuknut će i prepustiti svoju moć, pa ćete morati ovisiti o nekome ili nečemu drugom da vam pomogne; ali nijedan liječnik ili lijek ne može pomoći nijednom pacijentu ako njegov um oslabi toliko da bolest postane kronična. Tri četvrtine izlječenja nalazi se u umu.

U Indiji podučavamo ovladavanje tijelom kako bi se čovjek mogao više osloniti na um. Oni koji se stalno oslanjaju na fizička sredstva liječenja za svoje zdravlje uvijek će biti ovisni o njima. No psihička snaga je nadmoćnija. Trebalo bi postupno učiti sve više se koristiti umom. Tako ćete shvatiti da je um izvanredan instrument. Što god mu naredite, on će učiniti. U to sam se uvjerio kroz život.

Jednom sam držao predavanje u Milwaukeeju, bilo je užasno vruće; moje lice oblijevali su potoci znoja, a nisam mogao pronaći maramicu. Na trenutak nisam znao što učiniti. Tada sam preusmjerio svijest u Kristov centar (*Kutastha*) i u sebi rekao: „Gospodine, moje tijelo je hladno." Odjednom sam se prestao znojiti i osjetio sam da mi tijelom struji ugodna hladnoća! Tako je dobro katkad pokušati više ovisiti o umu. Međutim, ne možete sasvim zanemariti tijelo; ako to doista učinite, ne biste više mislili o jelu ili kretanju.

Neki su zainteresirani za moć uma nad tijelom ponajprije zbog zdravlja. No zdravlje nije svrha života. Zajedništvo s Bogom jest svrha života. Možete se osjećati dobro određeno vrijeme, ali dođe

Fizičke i duhovne blagodati posta

dan kada više ništa ne pomaže. Tko će vam tada pomoći? Bog. Post je jedan od najboljih načina približavanja Bogu, njime se životna sila oslobađa od robovanja hrani, pokazuje vam da je Bog jedini koji stvarno održava život u vašem tijelu.

No napast Sotone je takva da čim vaš um pomisli na „hranu", želite jesti. Jednom, kao dječak u Indiji, bio sam prehlađen i želio sam pojesti malo tamarinda, koji se smatra veoma lošim za prehladu. Moja sestra snažno se usprotivila, no budući da sam zahtijevao, nevoljko mi je donijela malo tog voća. Uzeo sam komad, žvakao ga, a zatim ispljunuo. Želja za okusom tamarinda bila je zadovoljena i bez gutanja. Budući da su ljudi često pohlepni, nesretna je okolnost što Bog nije stvorio tijelo koje uživa u osjetilu okusa a istodobno ne dopušta štetnim viškovima ili nezdravoj hrani prolaz kroz organe probave i asimilacije!

Samokontrola – najpametniji put do zdravlja i sreće

Samokontrola je zapravo jedini i najpametniji put do zdravlja i sreće. Jedan od najvećih blagoslova jest da biti gospodar samomu sebi, tako da vladate svojim osjetilima. Ako preopteretite sustav nervnih vodiča s prejakom strujom on pregara. Svaki put kad napunite probavni sustav s previše hrane, životna sila pregori. Kada se suzdržite od prejedanja i kada postite, životna sila odmara se i ponovno napuni.

Ako vaš automobil ne radi ispravno, dat ćete ga na servis. Nakon toga bolje radi neko vrijeme, a zatim se nešto drugo pokvari i ponovno ga popravljate. Isto to može se učiniti i s tijelom. Fizički učinci posta su znakoviti. Postom od tri dana na soku od naranče privremeno ćete popraviti tijelo, ali dugim ćete ga postom servisirati.* Osjećat ćete da je vaše tijelo jako poput čelika. No ako želite trajniji popravak, tada u svakom trenutku morate paziti koju hranu i koliko unosite u tijelo.

Poznavanje pravog načina posta

Tijekom posta morate znati što treba učiniti. Zbog toga je potreban odgovarajući nadzor za post dulji od tri dana. Nikomu

---

* Vidi fusnotu na strani 99.

ne savjetujem da mu prvi post dugo traje, jer će postati slab. Jednodnevni post na voću svaki tjedan ili trodnevni post na soku od naranče svakog mjeseca dobri su načini za privikavanje na post. Onaj tko posti mora biti psihički spreman slušati one koji će odmah početi suosjećati s njim i reći mu da će se razboljeti i umrijeti ako ne jede. Istina je da se na duljem postu možete osjećati slabim prvih nekoliko dana, jer se vaša životna sila priviknula na ovisnost o hrani. No postupno, kako prolaze dani, više ne osjećate nikakvu slabost. Vaša životna sila i duh postaju odvojeni od hrane. Vidite da se tijelo održava samo životnom silom.

Znam tajnu kako se može postiti, a ipak ne gubiti na težini. Kada je životna sila pod nečijom svjesnom kontrolom, može se koristiti za mršavljenje ili održavanje tijela na normalnoj težini. I jedan i drugi način djeluju. Kada se primijeni ovo načelo, normalna temperatura tijela se ne snižava, bez obzira na to koliko dugo netko posti. Povlačenjem energije iz medulle, „usta Božjih"*, životna sila počinje se sve više i više oslanjati na svoju urođenu, obnavljajuću snagu, umjesto na ovisnost o vanjskim izvorima.

Ljudska bića u svojem savršenom stanju vitalnosti mogu biti zakopana na pet tisuća godina ili do vječnosti i ostati živa. Život je vječan. Ne ovisi o dahu ni o hrani, vodi ili suncu. Zapamtite, vi ste neuništivi Duh. To je način po kojem trebate živjeti.

Naša svijest ostaje živom nakon smrti, ali običan čovjek gubi taj osjećaj neprekinutosti i tako samo misli da je mrtav. Svatko od nas umrijet će jednoga dana, stoga nema smisla bojati se smrti. Ne osjećate se jadno znajući da gubite svijest o tijelu u snu; prihvaćate san kao stanje slobode kojemu se radujete. Takva je i smrt; to je stanje odmora, mirovanja nakon ovoga života. Nema razloga za strah. Kada dođe smrt, nasmijte joj se. Smrt je samo iskustvo uz koje trebate naučiti veliku lekciju: ne možete umrijeti. Zašto čekati smrt

---

* Mt, 4:4 „Ne živi čovjek samo o kruhu, nego o svakoj riječi (*prana*, životna energija) koja izlazi iz usta Božjih (koja protječe kroz *medullu* u tijelo)." To je istinsko središte nadsvijesti u *medulli* u koje je Bog udahnuo svoju „riječ" – kozmičku inteligentnu vibraciju, ili energiju – u čovjeka. Spremnik te energije akumulira se u mozgu. Odatle ona teče prema dolje, kroz *medullu* u pet duhovnih središta (čakri) u kralježnici, koja djeluju tako što je raznose, napajajući tom životnom energijom sve dijelove tijela.

kada to možete shvatiti sada? Prva lekcija koju morate naučiti jest da život ne ovisi o hrani. Posteći to možete dokazati.

Dobro djelovanje u svim okolnostima

Svatko bi trebao razvijati svoju psihičku snagu da može dobro djelovati u svim okolnostima – spavanjem ili bez spavanja, hranom ili bez nje, odmorom ili bez odmora. Redovitost je izvrsna i potrebna; moramo steći naviku redovitosti kako bi poštovali Božje zakone. No pogrešno je ako od te navike ne možete odstupiti bez negativnih posljedica.

Sve temeljne navike djeteta stvaraju se između treće i sedme godine. Dobra okolina pomoći će vam da vodite njegov razvoj, ali za promjenu (ako je potrebna) istaknutih djetetovih nastojanja potreban je poseban trening. U mojoj školi u Ranchiju, u Indiji, proveo sam s dječacima strogi trening tijela. Često su postili i spavali na prekrivaču na podu, nikada nisu upotrebljavali jastuke. Katkad su meditirali četiri sata. Pomoći djeci da se čvrstom disciplinom oslobode tiranije tijela cjeloživotni je blagoslov. Jedan od školaraca sjedio je dvanaest sati u meditaciji bez treptanja očiju. Da imate takvu stabilnost, koliko biste bili sretniji! Koliko biste više mira imali! Najveći je trening znanstvena, uravnotežena disciplina tijela, uma i duha. A u tome i jest srž posta.

Metafizička znanost u podlozi posta

Postoji velika metafizička znanost u podlozi posta. Isus nas je podsjetio na ovu istinu kada je rekao: „Čovjek ne živi samo o kruhu..." Dvije stvari drže vas vezanima za zemlju: dah i „kruh". U snu, međutim, mirni ste i niste svjesni ikoje potrebe za dahom ili hranom; vaš duh odijeljen je od tjelesne svijesti. Post jednako tako uzdiže um.

Tijekom posta vaš um ovisi o svojoj snazi. Kada se ta snaga aktivira, životna sila u tijelu postaje sve većom i sve je više povezana s vječnom energijom koja neprekidno utječe u mozak i kralježnicu iz kozmičke energije oko tijela, ulazeći kroz *medullu*. Rješavajući se ovisnosti o vanjskim fizičkim izvorima za uzdržavanje tijela, životna sila uviđa da je podržana iznutra i čudi se kako to može biti. Um tada kaže: „Tvari o kojima se tijelo naviknulo ovisiti samo su grube kondenzacije energije. Ti si čista energija. I ti si čista svijest." Tada, koja god da se naredba uma utisne na svijest životne sile, ponašat će se u skladu s tim nalogom.

Snagom uma možete napraviti sve. Stoga je nepravedno prema vašem umu i prema svemogućoj životnoj sili u vama reći da ne možete živjeti bez hrane. Učinite svoj život i tijelo neprobojnim za patnju. Osvojite sebe. Dugim postom shvatite da je sve u umu.

Svaka sila i objekt u ovom svemiru tvorevina je Božanskog Uma, jednako kao što su sve stvari koje opažate u snu tvorevine vašeg uma. Na svjesnom planu, jednako tako, ako vaš um stvori misao da će tijelo postati slabo od posta, i bit će slabo; ili ako ste postili, a trenutačno mislite da vas to čini slabim, tijelo će uistinu osjećati slabost. No ako odlučite da je tijelo snažno, neće osjećati nikakvu slabost; dapače, osjetit će veliku snagu. Većina ljudi ne zna za to jer nikada nisu pokušali. Um neće pokazati svoja čuda sve dok ga vi ne zaposlite. I on neće raditi sve dok vi nastavite ovisiti sve više i više o materijalnim stvarima. Zato njegova čuda ostaju skrivena od običnog pogleda. No kada posteći naučite kako ovisiti o umu, surađivat će u svemu, u pobjeđivanju bolesti ili stvaranju napretka, ili shvaćanju vrhovnog cilja života – nalaženja Boga. „Jogi koji vlada sobom – onaj je čiji je um potpuno pod nadzorom – održavajući dušu u neprestanom meditativnom jedinstvu s Duhom doseže mir Moga bića: krajnju Nirvanu (oslobođenje).""

---

* Bhagavad Gita, VI:15.

Samoostvarenje: preduvjet religije

*Hram Self-Realization Fellowshipa, Los Angeles,
Kalifornjia, 22. kolovoza 1933.
Prvi Hram Self-Realization Fellowshipa, Encinitas,
Kalifornija, 27. kolovoza 1939.
(Kompilacija)*

Hram koji Bog najviše voli jest hram unutarnje tišine i mira Njegovih sljedbenika. Svaki put kad uđete u ovaj prekrasni hram,* ostavite iza sebe sve nemire i brige. Ako to ne učinite, Bog vam neće moći doći. Najprije u sebi uspostavite hram ljepote i mira, i ondje ćete Ga naći, na oltaru svoje duše.

Katkad je čovjek obeshrabren mislima da je za njega prekasno pronaći Boga. Nikada nije prekasno. Bhagavad Gita uči da ako netko spozna kako je ovaj svijet prividan i da je samo Duh stvaran, makar to bilo i u posljednjem trenutku uoči smrti, ući će u bolji svijet nakon odlaska sa zemlje.†

Prije ili kasnije svatko od nas napustit će ovaj svijet. Saznajte upravo sada što je to život. Najvažnija svrha iskustava koja ovdje stječete jest to da vas ona potaknu na istraživanje značenja života. Ne pridajte važnost ovdašnjoj povorci čovječanstva. Vrijeme teče i nakraju ćete morati shvatiti da ste dio velikog Jednoga. Neka vaš cilj bude spoznaja Boga. Mahāvatar Babaji rekao je da će vas čak i mali dio ove *dharme* – ispravnog djelovanja, te traženje spoznaje Boga – spasiti od golema straha.‡ Vjerojatnost smrti, izgledi za neuspjeh ili

---

* Hram Zlatnog lotosa, nekoć u Encinitasu, Kalifornija

† "O, Arđuna! To je stanje 'učvršćenosti u Brahmanu'. Svatko tko uđe u ovo stanje nikada (ponovno) ne podliježe zabludi. Čak i u samom trenutku prijelaza (iz fizičkog u astralni svijet), ako netko postane usidren u tom stanju, postiže krajnje i neopozivo zajedništvo s Duhom." (Bhagavad Gita, II:72).

‡ Parafraza stiha iz Bhagavad Gite, II:40

druge teške nevolje bude u čovjeku velik strah. Kada ste bespomoćni i ne znate kako pomoći sami sebi, kada vaša obitelj ne može učiniti ništa za vas, kada vam nitko drugi ne može pomoći, kakvo je tada stanje vašeg uma? Zašto si dopuštate da budete u takvu položaju? Nađite Boga i usidrite se u Njemu. Prije nego što je itko bio s vama, tko je bio s vama? Bog. A kada napustite Zemlju, tko će biti s vama? Samo Bog. No vi Ga tada nećete moći upoznati ako se sada ne sprijateljite s Njim. Ako istinski tragate za Bogom, naći ćete Ga.

Cjelokupna kreacija prepuna je napasti koje vas mame dalje od Boga. No on je primamljiviji od ikojeg zemaljskog iskušenja. Ako Ga uspijete spaziti čak i na trenutak, postat će vam jasno da Ga možete pronaći posvećenom molitvom, meditacijom i snažnom odlučnošću. Morate čvrsto odlučiti da želite pronaći Boga. On neće doći sve dok vaš um luta negdje drugdje. On vam želi doći, ali vi Mu to ne dopuštate. Umjesto toga žudite za malo osjetilnog zadovoljstva, ili provodite vrijeme čitajući knjige ili se zabavljate na domjenku uz piće. Bog zato kaže: „U redu, dijete Moje, samo se ti zabavljaj."

Ako Bog išta traži, to je naša ljubav. On kuca na vrata svakog srca i od nas traži da dođemo k Njemu, no većina ljudi ne želi ići. Ipak, kada upadnu u nevolje ili se razbole, hrle k Njemu. Onaj tko se sprijatelji s Gospodinom dok je uspješan i sretan, taj će uvijek naći Boga kada Ga bude trebao. No onaj tko odugovlači sa uspostavljanjem tog odnosa, morat će se sam boriti sa svojim testovima i iskušenjima, sve dok uz mudrost i bezuvjetnu predaju ne pronađe Vječnoga Prijatelja.

Od te velike mase čovječanstva, samo neki duboko traže Boga. Gdje su oni koji su prije dvije stotine godina mislili da je Zemlja njihova? Svi su otišli – a samo je nekoliko njih možda razumjelo istinu o životu i postali su samoostvareni sljedbenici Gospodinovi. Ipak, svaka sljedeća generacija misli da je ovaj život stvaran! Od ovo malo vremena dok ste ovdje pravite veliku predstavu. Nemojte se toliko uplesti u nju. Nađite Boga! On nas pokušava privući Svojom ljubavlju. On nam pokazuje sva čuda koja možemo poželjeti – sva golema čuda što cvjetaju i žive te savršeni poredak u prirodi. On je upravo tu iza cvijeća. Potražite Ga. Znanstvenici nisu postigli svoja otkrića s pomoću slijepe molitve, nego su slijedili zakone znanosti. Ako primijenite zakone duhovne znanosti s iskrenom predanošću,

Samoostvarenje: preduvjet religije

Bog će automatski biti s vama. Otvorite oči svoje predanosti jer ćete Ga naći samo gorljivim žarom i primjenom duhovnog zakona.

Duhovni razvoj mora biti usklađen s materijalnim napretkom

Različiti narodi specijalizirali su se u različitim umijećima i znanostima. Indija je svladala znanstveno umijeće spoznaje Boga. Ja sam vas došao naučiti indijskoj duhovnoj znanosti. Sve dok se ne stvori sklad između razvoja duhovne spoznaje i napretka fizičkih znanosti, pojedinci i narodi bit će izgubljeni u bijedi i uništenju. Kada bi današnji svjetski vođe bili prosvijetljeni samoostvarenjem i radili zajedno, za nekoliko godina mogli bi iskorijeniti ratove i siromaštvo. Samo duhovna svijest – spoznaja Božje prisutnosti u samome sebi i svakom drugom živom biću – može spasiti svijet. Bez toga ne vidim nikakvu šansu za mir. Počnite od sebe. Nema vremena za gubljenje. Vaša je dužnost uraditi vaš dio posla u dovođenju Božjeg kraljevstva na zemlju.

Mnogi ljudi oklijevaju tražiti Boga misleći da će im tada život biti sumoran. Nije tako! Nikakve riječi ne mogu opisati nepomućenu sreću koju sam našao u druženju s Gospodinom. Noću i danju sam radostan. Ta radost je Bog. Spoznati Njega znači zauvijek se oprostiti od svih svojih jada. On ne zahtijeva od vas da budete ravnodušni i smrknuti. To nije točna zamisao Boga ni način kako ćete Mu udovoljiti. Ako niste sretni, nećete moći naći ni Njega. Što više budete smireni, više ćete osjećati Njegovu prisutnost. Što ste sretniji, to će veća biti vaša usklađenost s Njim. Oni koji Ga znaju, uvijek su sretni, jer je Bog sama radost.

Ljudi pokušavaju naći sreću u piću, seksu i novcu, no stranice povijesti ispunjene su pričama o njihovim razočaranjima. Vrijeme koje sam proveo u meditaciji učinilo je moj život nezamislivo plodonosnim. Tisuće boca vina ne bi mogle proizvesti radost koju sam tako dobio. U toj radosti svjesno me vodi Božja mudrost. Kada se uskladite s Njim na takav način, čak i ako nepažnjom učinite nešto pogrešno, to će biti ispravljeno Gospodinovom sveznajućom naredbom. Vašu lošu procjenu, On će ispraviti.

Ne čekajte više! Tko god ovo sluša, neka zna da govorim istinu. To je Njegov glas, Njegova snaga, Njegov autoritet. Kada bih vam pokazao sve moći koje mi je Bog dao, njima bih privukao mnoštvo.

No ne tražim takvo sljedbeništvo. Vas treba privući Božja ljubav, a ne nikakve moći jer jedino ćete se tada promijeniti i potruditi da Ga spoznate. To je moj cilj.

Ne bih mogao propovijedati o Bogu na ovaj način da Ga nisam spoznao. Jednako tako i vi Ga možete upoznati. Zato naglašavam samoostvarenje koje znači da sami postanete svjesni da je ono što vam govorim istina. Ne morate mi vjerovati; morate znati. Kad bih imao tisuću usta, kroz njih bih govorio, samo da vas uvjerim.

Moja je jedina želja omogućiti vam uvid u Boga

Ljudi i ne shvaćaju koliko im nedostaje Bog jer Ga nikada nisu upoznali. Kada jednom uspostavite kontakt s Njim, nijedna snaga na Zemlji neće vas moći odvratiti od Njega. Moja jedina želja jest pružiti vam uvid u Boga jer kada imate Njega, nijedan drugi dobitak nije vrjedniji. Sotona je iskušavao Isusa nudeći mu vlast nad cijelim svijetom, ali on je rekao: „Stoji pisano: 'Gospodaru, Bogu svojemu, klanjaj se i njemu jedinom služi!'"* Isus je imao to Nešto, što je beskonačno veće. Spoznaja Boga više nadahnjuje od ispunjenja bilo koje zemaljske želje. Svaka manja želja vašeg srca bit će ispunjena kada budete imali Njega, koji je vaše najveće Blago. To je moje istinito svjedočanstvo. On mi je ispunio svaku želju. Sada više ne tražim stvari, one traže mene. Kada Bog daje Sebe, On će ispuniti vašu i najmanju želju. Nije potrebno pitati. To je stanje koje želite. No najprije morate dokazati da je vaša želja za Samim Bogom veća od želje za Njegovim darovima.

Od obilja koje mi je Bog dao ništa nisam zadržao za sebe. Uvijek sam slobodan jer ništa ne pripada meni. Ja samo radim za Njega i za sve vas. Stoga, ako u bilo koje vrijeme misao o nekoj potrebi prođe kroz moj um, Bog je ispuni. Moram paziti što misaono govorim Bogu, jer će se to sigurno materijalizirati! To stanje zadovoljstva ne može dati nijedan svjetovni napredak.

Bog vas traži i vi morate tražiti Njega. Slijedite ovaj put samoostvarenja. Taj put će vas dovesti Njemu mnogo brže nego ijedan drugi. Pokušao sam sve načine, a na ovaj put krenuo sam na temelju

---

* Lk, 4:8.

razuma, ne emocija. Veliki učitelji Self-Realization slijeda pokazali su vlastitim duhovnim primjerom da ako budete slijedili njihov primjer, i vi možete naći Gospodina i uzdignuti se do najvećih duhovnih veličina, baš kao što ćete učenjem od velikih znanstvenika postati veliki znanstvenik, ako sami primjenjujete to znanje. Ugljen ne prima i ne odražava Sunčevo svjetlo, ali dijamant to čini. Umovi onih koji su poput ugljena puni sumnji, negativnosti i duhovne tromosti, ne mogu primiti Boga. No dijamantni umovi, iskreni i puni vjere te ustrajnosti, primaju i odražavaju mudrost Božanske Svijesti.

Potrebno je shvatiti značenje religije

Za većinu ljudi religija je dio obiteljske tradicije, socijalna povlastica ili moralna navika. Ne razumiju njezinu važnost. Pitao sam jednog čovjeka koju religiju slijedi, a on je odgovorio: „Nijednu posebnu. Mijenjam crkve prema prilikama."

Oni koji ne traže Boga kao najveću životnu potrebu ne razumiju značenje religije. Zašto svi ljudi traže novac? Jer su uvjetovani mišlju kako im je novac nužan da si priskrbe stvari za vlastitu dobrobit. Ne treba im to posebno objašnjavati, oni to jednostavno znaju. Zašto onda većina ljudi ne shvaća potrebu za spoznajom Boga? Jer im nedostaje misaono zaključivanje i razmišljanje. Vrlo rano u životu uvidio sam da teološki odgovori na određena pitanja, pa čak i oni u svetim spisima, nikada ne mogu potpuno zadovoljiti dušu, ako te istine nisu proživljene spoznajom zajedništva s Bogom. Na primjer, kada je umrla moja majka i kada su drugi voljeni počeli odlaziti od mene, iznutra sam se pobunio protiv toga. Nitko mi, međutim, nije mogao dati objašnjenje koje bi me zadovoljilo. Odlučio sam da moram sam pronaći odgovor, vlastitim naporom. „Neću to slijepo prihvatiti, zavjetovao sam se. „Potražit ću odgovor od Njega koji je Tvorac ovog svemira." Tražio sam izravno od Boga razumijevanje životnih tajni koje nisam mogao naći u crkvi i hramovima. Ako mi religija nije mogla dati zadovoljavajuće odgovore na pitanja zašto se neki ljudi rađaju siromašni, a neki bogati, neki slijepi, a neki zdravi, kako bi me tek mogla uvjeriti u Božju pravednost? Indijski duhovni učitelji našli su odgovore na životne zagonetke u zajedništvu s Bogom stekavši unutarnju spoznaju te nam pokazali da i mi možemo učiniti isto.

Postoje mnoge vrste vjernika u svijetu i svaka religija ima osobitosti i raznolikosti. Postoje i oni čiji je pristup religiji posve emocionalan. Kada se njihovi osjećaji previše zaigraju, postaju histerični kada govore o religiji. No u ekstremnom iskazivanju emocija gubi se dodir s Bogom. Emocionalno uzavreli tipovi žele vjerski „žar". Kada slušaju intelektualni govor o religiji, oni zaspe. To im je suviše dosadno, kažu oni. Ali igranje na kartu tuđih emocija jednostavno je poigravanje s njihovim umovima, a to im neće dati Istinu ili Boga.

Intelektualni vjernici uživaju slušati o različitim teološkim ili filozofskim prikazima, laskajući sami sebi da su na višoj razini božanskog razumijevanja od emocionalnih vjernika. No intelektualna stimulacija također je samo druga vrsta „droge", drukčiji oblik misaonog poigravanja koji tragatelju ne daje ono što stvarno treba, ne daje mu ništa više od onoga što daje i omogućuje pretjerano emocionalno uzbuđenje.

Vjernici koji slijepo pristaju uz dogmu često su poput papiga koje rade ono što zapravo ne razumiju ili nisu shvatile. Kada im postavite pitanje, citiraju spise i načela poput duhovnih gramofona. Beskorisno je s njima raspravljati jer su toliko sigurni da sve znaju.

Istinska religija udovoljava zahtjevima vaše duše

Dogmatski sljedbenici religije uvjereni su da ste osuđeni na propast ako ne vjerujete na određeni način. Znanost vas ne uči tomu, ona dokazuje svoje tvrdnje. A istinska religija udovoljava zahtjevima vaše duše, ne riječima, nego dokazima. Uvijek sam nastojao da ne budem dogmatičan i ne prestanem se koristiti vlastitim rasuđivanjem i zdravim razumom. Kada sam sreo svojeg gurua, Sri Yukteswara, rekao mi je: „Mnogi učitelji reći će ti da trebaš vjerovati i da slijepo slijediš njihovu logiku. Ali ja želim da ti svoje oči razuma držiš otvorenima, a ja ću k tome otvoriti u tebi još jedno oko, oko mudrosti." Sri Yukteswarji dao mi je učenje u čiju sam se istinitost mogao sam uvjeriti. Zbog toga slijedim ovaj put. Nitko me ne može uzdrmati ni od njega odvratiti.

---

* Oko intuicije ili božanske mudrosti; sveznajuće duhovno oko. „Obmanuti ne vide Njega kada ostaju ili odlaze ili doživljavaju svijet *guna* (kvaliteta). Oni čije je oko mudrosti otvoreno, oni Ga vide." (Bhagavad Gita, XV:10). „Kad ti je oko zdravo, cijelo je tvoje tijelo u svjetlu... Zato pazi da svjetlo u tebi nije tama!" (Lk,11:34-35).

Druga krajnost dogmatizmu je liberalizam. Liberal slijedi sve! Uvjeren da tako iskazuje svoju slobodoumnost, on govori: „Svi duhovni putovi su dobri, zato se neću vezati ni za koji od njih." Uz dužno poštovanje prema svakom putu, bolje je pridržavati se jednoga od njih nego biti religiozni leptir koji leprša od cvijeta do cvijeta. Izbjegavajte oboje – lažni liberalizam i slijepi dogmatizam. Držite se dogmatično samo mudrosti i naći ćete Boga.

Bog će primijetiti svako naše nastojanje da Ga spoznamo. Međutim, ako čovjek ne slijedi dokazani znanstveni put prema Bogu, njegov napredak može se usporediti s vožnjom u staroj volovskoj dvokolici. Iskreni tragatelji uspjet će dobiti malo uvida bez obzira na to koji put slijede, ali samo slijepim vjerovanjem i mehaničkim molitvama dosezanje Gospodina bi moglo potrajati inkarnacijama.

Koju god religiju izaberete, dobro je provjerite

Tragajte, sve dok ne pronađete put koji najviše odgovara duhovnim sklonostima vašeg srca i uma, a zatim budite uporni. Što god da prihvatite, dobro to provjerite. Jednako tako isprobajte i učenja SRF-a. Draguljar razlikuje pravi dragulj od lažnog, a istinski duhovni učitelj može razlikovati iskrene od ispraznih tragatelja. Ima nekih koji primaju Lekcije Self-Realization Fellowshipa, ali ih ne proučavaju i ne prakticiraju. Pitate li ih kakva su to učenja, odgovorit će neodređeno: „Oh, to je nešto iznimno!" Ako ih pitate što su naučili iz njih, svaki će odgovoriti da su to dobra učenja, „ali ih nisam ih baš provjerio u praksi." Oni koji ih prakticiraju znaju kakve blagoslove donose.

Tragatelje treba poučiti da najprije pronađu Boga. Usmjerenost na novac ili zdravlje kao osnovne ciljeve u slijeđenju religije znači da nismo shvatili svoj pravi cilj. Istina je da se kroz Boga može primiti sve drugo, međutim, onaj tko najprije traži druge stvari osjetit će se ograničenim. Istinski duhovni učitelj poznaje i voli Gospodina i njegov vrhovni interes je Bog. Jedan me učitelj pokušao uvjeriti da prihvatim njegovo duhovno vođenje s obećanjem da ću imati mnogo sljedbenika. Njegova ponuda nije me privukla, jer ja sam želio samo Boga. Veliki učitelji uvijek će nastojati da vas zainteresiraju za spoznaju Gospodina. Oni vas neće odvesti u slijepu ulicu.

Bez zajedništva s Bogom religija postaje beskrvna. Crkva nije mjesto za ples, filmove i česta društvena okupljanja. Ovi odvraćaju ljude od Boga. U gradu se može naći dovoljno svjetovne zabave. Pođite u crkvu samo zbog jednog razloga: zajedništva s Bogom. Božansko zajedništvo osnova je religije. To je ono što me moj guru naučio i zbog toga sam ga slijedio bezuvjetno i svim srcem. Rezultat njegova učenja jest to da uživam u tom svetom zajedništvu s Gospodinom svakog trenutka moga postojanja. To je ono što religija mora biti.

Ako vam pričam o prekrasnom voću koje sam otkrio i opisujem vam ga u detalje svakoga dana, godinu dana, a da vam nisam dao da ga probate, to vas neće zadovoljiti. Slušanje o istini ne može dušu osloboditi gladi. Ako se zadovoljavate samo slušanjem o istini i ne činite nikakav napor da spoznate Boga, vaše zadovoljstvo je lažno. Morate gladovati za Bogom tako duboko da ćete Ga najozbiljnije potražiti. Svrha vjerskih predavanja i službi jest da u ljudima probudi tu neodoljivu čežnju duše za Njim.

Spoznaja Boga zahtijeva napor i samodisciplinu

S vremena na vrijeme sretnem nekoga u kome vidim malo stvarne predanosti Bogu. Spoznaja Boga mnogo je više od toga! Učenik koji je upoznao Boga katkad vidi cijeli svijet ispunjen Njegovim svjetlom – prekrasno iskustvo. Ali to se ne postiže u minuti. Spoznaja Boga zahtijeva dugu ustrajnost u prakticiranju tehnika samoostvarenja.

Želja za srećom najjača je od svih želja. Istinska i trajna sreća nalazi se u Bogu. Kada otkrijete Njega, prožet će vas velika radost, radost koju nećete naći nigdje drugdje. Sri Yukteswar mi je rekao: „Kada tvoja radost u meditaciji i zajedništvu postane veća od bilo koje druge radosti, našao si Boga.* Kada bi dobio cijeli svijet, ti ne bi znao što bi s njim učinio, samo bi se osjećao opterećenim, brinući se o svemu. Proučavaj živote prinčeva i svjetovnih ljudi, pogledaj kako su uzburkani." Mi smo kao lutke u rukama sudbine, ali sretan je čovjek onaj koji je jedno sa Svjetlom svijeta, koji ništa nema, a ipak ima sve.

---

* „Samo onaj jogi koji posjeduje unutarnje Blaženstvo, koji se oslanja na unutarnji Temelj, koji je jedno s unutarnjim Svjetlom, postaje jedno s Duhom. On postiže potpuno oslobođenje u Duhu (čak i dok živi u tijelu)" (Bhagavad Gita, V:24)

Onaj tko je jedno s Bogom ne boji se ničega, čak ni uništenja tijela. Isus je rekao: „Razvalite ovaj hram, i u tri dana opet ću ga podići."*

Crkva je postala prosjak. Ironično, novac je potreban u razvoju svih dobrih djela, uključujući i onih koje obavlja crkva. Dolar sam po sebi nema mozak, on može služiti i za dobre i za zle planove. Tražiti novac za širenje Božjeg djela pravedno je djelovanje. Tako novac služi u svrhu dobra i što se više netko žrtvuje za Božji rad, veća će biti njegova nagrada.

Sve crkve trebale bi biti košnice zajedništva s Bogom

Sve crkve čine dobro i zato ih sve volim. Doista će ispuniti svoj plemeniti poziv kada postanu mjesta zajedništva s Bogom. Trebale bi biti kao košnice ispunjene medom spoznaje Boga. Sve dok se ova istina ne bude sve više očitovala u religiji, crkve će postupno postajati prazne. Religija će se prakticirati na osamljenim mjestima na otvorenom, gdje Bog može doći samo nekolicini predanih duša koje Ga stvarno žele spoznati. To se dogodilo u Indiji. Neki tamošnji hramovi postali su ne toliko mjesta za meditaciju i druženje s Bogom nego prostor u kojem se okupljaju golubovi i ljudi. Istinski tragatelji u Indiji okupljaju se pod drvećem i meditiraju o Bogu. Sve više i više to će se događati posvuda u crkvama. Pravi tragatelji za istinom koji ne trpe dogmatizam i isprazne organizacije, bez mogućnosti osobnog samoostvarenja, primorat će svijet na velike promjene glede pristupa religiji.

Znanstvene metode potrebne za slijeđenje Prve zapovijedi

Ljubi Gospodina Boga svoga svim srcem svojim, svom dušom svojom, svom snagom svojom i svom pameću svojom, a svoga bližnjega kao samoga sebe!"† Ove dvije zapovijedi sjedinjuju cijeli smisao religije. Ako iskreno volite Boga, činit ćete samo ono što se temelji na istini. Vaša ljubav neće dopustiti da griješite protiv Njega. Ako dovedete svjetlo, tama će nestati kao da je nikada nije ni bilo. Dovedite Božju ljubav i tama neznanja nestaje. Znanost joge objašnjava istinu

---

* Iv, 2:19

† Lk, 10:27.

iza prve zapovijedi i daje jasnu znanstvenu tehniku koja sljedbeniku omogućuje da postigne božansko zajedništvo potrebno za potpunu ljubav prema Bogu. Iza svakog dijela ovih zapovijedi stoji duboka metafizička istina.

Ljubi Gospodina... svim srcem svojim: Bog je onaj koji vam je dao snagu da volite svoju obitelj i prijatelje. Zašto ne koristite tu snagu da volite Njega kao što volite svoje najdraže na Zemlji? Vi biste trebali reći: „Moj Gospodine, volim Tebe kao što otac voli dijete, kao što ljubavnik voli voljenu, kao što prijatelj voli prijatelja, kao što gospodar voli slugu. Volim Te svom snagom svih ljudskih ljubavi jer Ti si moj Otac, moja Majka, moj Prijatelj, moj Učitelj, moj Voljeni." Kada stvarno volite Boga svim svojim srcem, osjećate tu ljubav prema Njemu danju i noću.

Kada sam napuštao dom da bih tragao za Bogom, osjećao sam se rastrganim između dviju odanosti. Moj otac učinio je sve za mene i cijela je obitelj plakala zbog mojeg skorog odlaska, ali ljubav prema Bogu bila je jača i mogao sam prevladati ograničenja koja mi je nametala ljubav unutar obitelji.

Mnogi ljudi jednoga vam dana kažu „volim te", a već sljedećeg vas odbace. To nije ljubav. Netko čije je srce ispunjeno Božjom ljubavlju nikada ne može namjerno nikoga povrijediti. Kada volite Boga bez zadrške, On ispunjava vaše srce Svojom bezuvjetnom ljubavlju za sve. Tu ljubav nijedan ljudski jezik ne može opisati.

... i svom dušom svojom: Ne možete ispuniti ovaj dio zapovijedi ako ne poznajete svoju dušu. Spoznajete je nesvjesno svake noći jer u dubokom ste snu svjesni samo postojanja, nemate svijesti o tome jeste li muškarac ili žena. Vi ste duša. Svoju dušu – vašeg pravog sebe – možete svjesno upoznati meditacijom. A kada upoznate sebe kao dušu, otkrit ćete prisutnost Boga u sebi. Odraz Mjeseca ne može se jasno vidjeti na namreškanoj vodi, ali kada se površina vode smiri, pojavljuje se stvarni odraz Mjeseca. Tako je i s umom: kada je miran, jasno vidite odraz „Mjesečeva lika" duše. Kao duše, mi smo odrazi Boga. Kada s pomoću tehnika meditacije odvučemo nemirne misli iz jezera uma, vidimo svoju dušu kao savršeni odraz Duha i shvaćamo da su duša i Bog Jedno.

... i svom snagom svojom : Ovaj dio zapovijedi vrlo je znanstven.

Samoostvarenje: preduvjet religije

To znači povlačenje sve vaše snage – svih energija i svijesti – u njihov vrutak, koji je Bog. Joga vas uči kako kontrolirati životne energije i preobraziti ih s tjelesne svijesti na svijest o Bogu.

... i svom pameću svojom: Kada se molite Bogu, vaša pozornost mora biti potpuno usmjerena na Njega. Ne biste trebali razmišljati o nedjeljnoj večeri ili poslu ili kojoj drugoj želji i brizi. Gospodin poznaje vaše misli. Krišna je rekao: „Kad god nestalni i nemirni um odluta – iz kojeg god razloga – neka ga jogi odvuče iz tog nemira i vrati pod isključivi nadzor Jastva."* Kad se molim Bogu, moj um ostaje prikovan uz Njega. Ako razvijete tu mirnoću i snagu koncentracije, uvidjet ćete da s vremenom, bez obzira na to što radili, vaš će um i danju i noću biti uronjen u Boga.

... a svoga bližnjega kao samoga sebe: Običan čovjek nije u stanju voljeti druge na ovakav način. Vođen sviješću ega usmjerenog na „ja, mene i moje", još nije otkrio sveprisutnog Boga koji boravi u njemu i svim drugim bićima. Za mene nema razlike između jedne osobe i druge. Na sve gledam kao na duše – odraze jednog Boga.† O nikomu ne mogu razmišljati kao o strancu jer znam da smo svi mi dio Jednog Duha. Kada iskusite pravo značenje religije, a to je spoznaja Boga, shvatit ćete da je On vaše Jastvo i da On postoji jednako i nepristrano u svim bićima. Tada ćete moći voljeti druge kao vlastito Jastvo.

Samoostvarenje pretvara uvjerenje u iskustvo

Vezivna snaga religije trebala bi biti samo istina. Istina koju vam donosim kroz učenje Self-Realization Fellowshipa. Moje djelovanje širi se zbog mudrosti i blagoslova prosvijetljenih duhovnih učitelja koji stoje iza njega. Diljem zemlje viđam predivne studente koji se drže ovog duhovnog puta iz jednog razloga: samoostvarenja. Moj jedini plan za zadržavanje ljudi jest njihovo samoostvarenje. To je jedini način kako ih želim zadržati. Ako su ih stotine na mojoj nastavi, u redu; ako su tu prazna sjedala, i to je u redu. Nikada ne želim ništa.

---

* Bhagavad Gita, VI:26.

† Iskustvo koje Paramahansa Yogānanda ovdje opisuje spominje se u Bhagavad Giti (stih VI:9): „Vrhunski jogi je onaj koji se jednakom mjerom odnosi prema svim ljudima – dobrotvorima, prijateljima, neprijateljima, strancima, posrednicima, mrziteljima svega živoga, rođacima, vrlima i bezbožnima."

Radije bih imao nekoliko pravih duša nego stotine neiskrenih. Velika svrha ovog pokreta jest omogućiti ljudima njihovo samoostvarenje. Kada ljudi shvate da je njihova dužnost i povlastica spoznati Boga, tada će na Zemlji nastupiti novo doba. Sveti spisi, službe i predavanja na kraju više ne zadovoljavaju tragatelja koji istinski čezne za doživljajem Božje prisutnosti. Kada on *ostvari* istinu, spoznaje i život onakvim kakav bi trebao biti.

Prakticirajte istinu o kojoj slušate i čitate tako da ona ne bude samo ideja, nego uvjerenje rođeno iz iskustva. Ako čitanje teoloških knjiga zadovoljava vašu želju za Bogom, niste shvatili svrhu religije. Ne budite zadovoljni samo intelektualnim znanjem o istini. Pretvorite istinu u iskustvo i spoznat ćete Boga putem vlastitog samoostvarenja.

Prakticirajte istinu meditacijom zbog zajedništva s Bogom

Ono što je potrebno jest duhovno iskustvo. Samo zajedništvo s božanskim može ukloniti veliku dosadu koja se pojavljuje kada netko ne slijedi duhovni put na znanstveni način. Što je potrebno kako bi se postiglo to duhovno iskustvo? Navika svakodnevne meditacije. Bog se može spoznati. Vi Ga možete spoznati sada, meditacijom. Tada, bez ikakve sumnje, bez truna misaonog ograničenja, možete reći: „Ja sam s Bogom." Zašto ne? On pripada vama.

Došlo je vrijeme da čovjek spozna istinu o sebi. To što vam dajem svakomu je ostvarivo. Nekima se *Lekcije Self-Realization Fellowshipa* mogu činiti kao još jedan tečaj filozofije, dodatak nečijoj knjižnici, ali oni koji ih prakticiraju znaju njihovu vrijednost. Sa svakom novom duhovnom uputom koju sam dobio od Sri Yukteswarjia, rekao bi: „Moraš spoznati ovu istinu." I jesam. U početku moje duhovne potrage u Indiji uporno sam odbijao pridružiti se bilo kojoj sljedbi jer u njima nisam nalazio dokazive istine. Međutim, kada sam našao svojeg gurua i ovaj duhovni put te vlastitim iskustvom uvidio da to djeluje, sav svoj život posvetio sam ovom cilju.

Želja koja zadovoljava sve želje

*Međunarodna središnjica Self-Realization Fellowshipa,
Los Angeles, Kalifornija, 26. listopada 1939.*

Božja Slava je velika. On je stvaran i može Ga se pronaći u ovom životu. Ljudska srca prepuna su molitvi za – novac, slavu, zdravlje, za svakojake stvari. Međutim, molitva koja bi trebala biti prva u svakom srcu jest molitva za Božjom prisutnošću. Tiho i sigurno, dok koračate stazom života, dolazite do spoznaje da je Bog jedini predmet, jedini cilj koji će vas zadovoljiti jer u Bogu leži odgovor na sve želje vašeg srca.

Kada mislite kako je nemoguće da vam se brzo ispuni kakva osobna želja, u molitvi se obraćate Bogu. Tako je svaka molitva koju izgovorite zapravo želja. No kada nađete Boga, sve želje nestaju i nema potrebe za molitvom. Ja ne molim. Može vam izgledati čudno to što sam rekao, ali kada je Predmet vaše molitve neprestano s vama, više nemate potrebe za molitvom. Ispunjenje želje ili molitve za Njega vječna je radost.

Materijalne želje pojavljuju se zbog određenih zabluda o svrsi života. Zemlja nije naš dom. Sveti spisi govore nam da smo Božja djeca, stvorena po Njegovoj slici i kako je volja božanskog da se vratimo svojem Izvoru. Čovjek ne shvaća da će se morati zlopatiti kako bi ispunio svoje beskrajne želje, ako se ne vrati ili dok se ne vrati Izvoru, Bogu. Razmislite o tome. Čovjek ima želje i tu nema pomoći, nije grijeh imati ih; no većina ljudskih žudnji stoji na putu ispunjenja vrhovne želje, one za povratkom Bogu, stoga su štetne za čovjekovu sreću. Sve dok čovjek ne želi i nema Boga, čeznut će za bilo čime drugim za što vjeruje da će ga učiniti sretnim. No onomu tko ima Boga, trenutačno ispunjenje svih želja dolazi samo od sebe.

Postoje dvije kategorije želja: one koje nam pomažu pronaći Boga i one koje nam to otežavaju. Na primjer, ako vas netko udari,

117

želite se osvetiti; no ako prevladate tu želju nadmoćnom snagom ljubavi, djelujete načinom koji vas vodi do Boga. Sve želje trebale bi biti zadovoljene na božanski način. Kada ih pokušate zadovoljiti svjetovnim načinom, samo umnožavate svoje poteškoće. Ako naučite predati svaku želju Bogu, On će se pobrinuti da one dobre budu ispunjene, a štetne prevladane. Nema veće zaštite od savjesti i božanske kvalitete vaših dobrih želja. Ako samo pogledate u svoju dušu, potpuno savršen odraz Boga unutar vas, otkrit ćete da su već sve vaše želje zadovoljene! Postignete li tu božansku svijest, od koje nema većeg dobitka, nećete ustreptati ni da vam netko ponudi cijeli svijet. Nijedna hvala ne bi vas uzvisila, nijedna pokuda unizila. Osjećali biste samo veliku Božju radost u sebi.

Božja djeca ne bi trebala prositi

U nastojanju da ispunite svoje opravdane želje uvijek tražite Božansko vodstvo jer je to najbolji način da vaše molitve budu uslišane. No morate zapamtiti jedno: nemojte moliti poput prosjaka! Promijenite svoj ustaljeni ubogi stav pri molitvi. Vi ste Njegova djeca i u molitvi se trebate prisno utjecati Bogu. Bog se neće protiviti ako se molite iz pozicije ega* - kao stranac i prosjak, međutim, uvidjet ćete da su vaši napori tada ograničeni takvom svijesti. Bog ne želi da se odreknete svoje snage volje koja je vaše božansko pravo po rođenju, pravo koje vam pripada kao Njegovu djetetu.

Naravno, trebali biste razlikovati razumne od nerazumnih molitvi ili želja. Osim toga, imajte na umu da jednom kada shvatite ovu podjelu, koju god želju imali - dobru ili lošu, ona će se obvezno ispuniti. Ustrajete li na bilo kojoj lošoj želji, bit će uslišana, a vi ćete postati svjesni kakvu štetu i nesreću takve želje uzrokuju. S prolaskom vremena shvatit ćete da, iako je vaša želja bila ispunjena, srce vam još uvijek nije zadovoljno. Osjetit ćete da se nešto u vama buni. Na primjer, pretpostavimo da imate slabu probavu, a ipak želite jesti prženu hranu. Nije čudno da patite svaki put kad to učinite. Iako uživate dok ispunjavate tu želju, posljedica je bol, pa tako postajete

---

* Svijest ega ili poistovjećenosti sa smrtnim tijelom stvara osjećaj odvojenosti od Boga, a tako i osjećaj ograničenosti.

svjesni da ste postupili pogrešno. Mudrije je iskoristiti mogućnost razlučivanja kako bismo odvojili zle želje od dobrih, i nakon toga izbjegavati ispunjavanje takvih pogrešnih želja. Neka vas vodi vaša savjest koja je božanska snaga unutar vas.

Opasnost neispunjenih želja

Neispunjene želje ostaju u srcu. Zašto su one štetne? Iz ovog razloga: svaka želja je splet specifičnih silnica, dobrih, loših, ili njihove mješavine. Kada umrete, iako vašeg fizičkog tijela više nema, te silnice i dalje postoje. One slijede vašu dušu kamo god pošla. Pojavljuju se kao misaoni otisci koji se pri ponovnom rođenju očituju kao različito ponašanje. Tako će osoba koja je umrla kao alkoholičar donijeti sa sobom sklonost k alkoholizmu u sljedećem životu i ta sklonost ostaje s njom sve dok ne prevlada želju za alkoholom.

U ponašanju čak i malog djeteta mogu se otkriti određene karakteristike iz prošlih života. Neka djeca imaju strašnu narav i nastupe gnjeva; druga su zlovoljna. Bog ih nije stvorio takvima. Neispunjene želje iz prošlih života oblikovale su te psihičke sklonosti i zbog njih se duša, iako je stvorena na sliku Boga, doima kao nešto drugo. Ako sliku Boga u vama izobličavate ljutnjom ili strahom i ne uspijevate pobijediti te nepovoljne osobine, one će vas pratiti i u sljedećem životu. Nosit ćete teret tih bijednih sklonosti sve dok ih ne prevladate u nekim budućim utjelovljenjima.

Dakle, bolje je ispuniti ili prevladati sve želje sada. Mogli biste ih se začas i zauvijek riješiti kada biste spoznali vrhunsku radost Božje prisutnosti. No dok ne spoznate Njega, vaše neutažene želje ostat će s vama i biti vam neprekidna smetnja.

Dva su načina kako se možete riješiti želja – prvi je razumom i ispravnim rasuđivanjem, ili mudrošću, a to znači shvatiti da jedino Bog može dati trajnu, nepomućenu i čistu sreću i ispunjenje. Drugi je način da ih ispunite. U mnogim slučajevima želje ostaju skrivene u podsvijesti. Mislite da su nestale, ali nisu. Život je doista velika zagonetka, no moguće ju je riješiti secirate li ga skalpelom razuma. Ako svaki dan sjedite mirno neko vrijeme i analizirate sami sebe, otkrit ćete da imate mnoge neispunjene želje. One su kao opasne bakterije koje vas prate iz života u život kamo god išli.

Najbolje ćete se riješiti svih opasnih želja u ovom životu ako ispravno rasuđujete i usmjerite se na ispunjavanje dobrih želja. Ako vas salijeću misli o samoubojstvu ili o počinjenju nekog zlodjela, oslobodite se takvih želja istog časa. Uvjerite sami sebe, razumom i dobrim djelima, da ste dijete Božje, stvoreno po Njegovoj slici i izdignite se iznad svojih promjena raspoloženja i tjelesnih navika. Više vježbajte neprianjanje. Tako ćete pobijediti. Ako patite od kronične bolesti, pokušajte se misaono odvojiti od svjesnosti o tijelu. Ispravnim rasuđivanjem možete izaći nakraj s osjetilima. Pravilno rasuđivanje je plamen koji guta vaše želje.

Obično u potkrovlju skupljamo svu nepoželjnu i nepotrebnu „starudiju", a s vremena na vrijeme potrebno je napraviti generalno čišćenje. Jednako tako, u potkrovlju vašeg podsvjesnog uma skrivene su mnoge potencijalno štetne želje koje vam jednoga dana mogu prouzročiti velike probleme. Važno je, dakle, analizirati same sebe. Možda ste tip osobe koja je puna mržnje ili ste zlovoljni, ljutiti. Ako jeste, te osobine koje vas prate posljedica su vašeg ponašanja iz prošlosti. Morate temeljito očistiti svoj mentalni tavan prepun takve neželjene starudije i namještaja. To je moguće ako se zdušno i s mnogo ljubavi posvetite ostvarenju hvalevrijednih zamisli.

Volite svoje neprijatelje

Pretpostavimo da jedan vaš stari neprijatelj umre, a vi i dalje osjećate mržnju prema njemu. S vremenom će ta gorčina početi štetiti vašem tijelu i umu. Bolje je pokušati vidjeti Boga u njemu jer ćete se tako osloboditi zlih i osvetoljubivih želja koje uništavaju vaš mir. Nagomilavanjem ili uzvraćanjem mržnje povećavate neprijateljevu netrpeljivost prema vama i istodobno trujete svoj fizički i emocionalni sustav vlastitim otrovom.

Savjest će vam reći tko ste

Katkad čovjek osjeti želju da „malo uspori". Nije loše povremeno se udaljiti od svega jer to nam pruža priliku da razmislimo o životu. Većina ljudi prepušta se struji običaja i mode. Oni nikada uistinu ne žive svoj život. Oni žive prema naputcima svijeta – i kamo ih je to odvelo? Mudro je, dakle, povremeno se odmaknuti od svakodnevnih okolnosti, smiriti um i pokušati razumjeti kakva ste osoba i kakva osoba želite biti. I zapamtite, najistinitije svjedočanstvo o tome može vam pružiti vlastita savjest, razboriti glas duše. Što god vaša savjest kaže, to je ono što vi jeste. Razmislite o snazi Isusove savjesti. Njegovi tužitelji pljunuli su na njega i razapeli ga, a on je ipak rekao: „Oče, oprosti im." Takva moć uvida jedina je snaga koja će vam donijeti svjetlo na putu. Kad god se u vašem srcu pojavi snažna želja da molite za nešto određeno, upotrijebite sposobnost rasuđivanja i upitajte se: „Je li ta želja koju nastojim ostvariti dobra ili loša?"

Čovjekovo izgubljeno blago je Bog

Mnogo toga pothranjuje želje u vama. Kada ugledate novi model automobila, želite upravo taj. Vidite li novi model kuće, htjeli biste upravo taj. Na tržištu se pojavi nova modna kolekcija i odmah žudite za njom. Odakle dolaze te želje? Sjedio sam satima proučavajući to. Možete li razvrstati sve vaše želje? Ja sam svoje razvrstao i zadržao samo dobre, a kada sam susreo Boga, otkrio sam da su se sve te dobre želje odjednom ispunile. Danas želite jedno, a sutra ćete čeznuti za nečim drugim. Um, koji ste dobili od svemogućeg Boga, nije zadovoljan ni s čim što je od ovoga svijeta i nikada neće biti zadovoljan jer ste izgubili najdragocjenije blago svoje duše koje jedino može zadovoljiti sve vaše želje – a to je Bog.

Istina je da su neke želje dobre i potrebne, trebali biste nastojati da ih ispunite. No nikada ne zaboravite da dok se bavite svojim malim željama, najprije zadovoljite onu glavnu – želju za Bogom. Čovjekova najveća zabluda jest uvjerenje da je najprije potrebno ispuniti manje želje i dužnosti. Dobro se sjećam kako sam tijekom školovanja kao mladi učenik gurua Swami Sri Yukteswarjija svaki dan obećavao samom sebi: „Sutra ću meditirati dulje". Cijela godina prošla je prije nego što sam shvatio da to još uvijek odgađam. Odjednom sam odlučio da će prvo što ću ujutro napraviti biti to da očistim tijelo i zatim dugo meditiram. No čak i tada, čim bih se probudio, obuzele bi me moje dnevne dužnosti i poslovi. Odmah zatim odlučio sam prije svega meditirati. Tako sam naučio veliku lekciju: prvo dolazi moja dužnost prema Bogu, a tek onda briga o svim manjim dužnostima. Zašto ne? Bog kaže: „Zašto bih ti trebao otvoriti vrata vječnosti ako si stavio sve druge dužnosti ispred Mene?" Ako se ne uzdignete u visine Duha, koja je vaša vrijednost? Nemate što ponuditi ni Bogu ni čovjeku.

Stoga najprije tražite Njega. Pogrešno je razmišljanje davati veću važnost zemaljskim dužnostima jer u svakom trenutku može vas pozvati anđeo Gabrijel – u svakom trenutku možete biti odvedeni odavde. Zašto pridavati tako mnogo važnosti životu? Jer život je vrlo čudnovat. Mislite da ste prilično sigurni. Iznenada umre netko koga volite ili izgubite zdravlje, i sva sigurnost nestane. Kako sam volio svoju majku i mislio da će ona biti uvijek sa mnom, a odjednom sam shvatio da je otišla!* Ne bojte se smrti, već budite za nju spremni.

Život nije ono što se čini. Ne vjerujte mu jer je vrlo lukav i pun razočaranja. Savršenstvo se ne može naći ovdje. Ne nudim vam lažnu sliku života. To nije kraljevstvo Božje, to je Božji laboratorij u kojem On testira duše kako bi vidio hoće li one prevladati zle želje i zamijeniti ih dobrima, hoće li postaviti Njega kao svoju vrhovnu želju kako bi se mogle vratiti kući u Njegovo kraljevstvo.

Shvatite ozbiljno Boga, a ne život

Život je pun tragedija i komedija, kaleidoskop beskonačne raznolikosti. Ne postoje dvije iste stvari. Svačiji je život individualan. Svaka osoba ima drukčije lice, različit um i želje. Počeli bismo se dosađivati kada bi svaki dan imali posve jednaka iskustva, ubrzo bismo se umorili od života. Kada bi na nebesima bilo isto svaki dan, ne bismo ih željeli. Uživamo u raznolikostima. Pogrešne su sve uobičajene predodžbe o nebesima. Kada bi ondje bilo dosadno, svi bi sveci radi malo promjene molili da se vrate na Zemlju! Nebesa su beskrajna i drukčija, uvijek ugodna i nova, a Zemlja je često neugodno nova!

Ipak, bez obzira na to koliko život bio težak, većina ljudi privikne se na njega i pretpostavlja da ne postoji drukčiji život. Budući da nisu u stanju usporediti ovaj s duhovnim životom, i ne shvaćaju koliko je bolno i dosadno naše postojanje na Zemlji.

---

* Paramahansa Yogānanda nije imao ni jedanaest godina kada je umrla njegova majka. (*napomena izdavača*)

Zapravo, život nije stvaran, to je samo svojevrsna zabava. Baš kao što se stalno iznova prikazuju stari filmovi, tako se kroz život pojavljuju i ponavljaju isti stari događaji. I iako se život vječno nastavlja, iste teme prikazane u prošlim filmovima bit će prikazivane ponovno i ponovno. Istina je da se povijest ponavlja. Mi smo svi izlošci u muzeju!

Što god dođe u životu, uzmite to radosno, neosobno, kao da je riječ o filmskoj predstavi. Život je zabavan kada ga ne uzimamo previše ozbiljno. Dobar smijeh izvrstan je lijek za ljudske bolesti. Jedna od najboljih karakteristika Amerikanaca jest njihova sposobnost da se smiju. Moći se smijati životu jest divno. To me naučio moj guru Swami Sri Yukteswar. Na početku školovanja kod njega uvijek sam imao svečani i službeni izraz lica, nikada nasmiješen. Jednoga dana Učitelj je znakovito primijetio: „Što je to? Jesi li došao na pogreb? Zar ne znaš da je pronalazak Boga pogreb svih tuga? Zašto si tako smrknut? Ne uzimaj ovaj život previše ozbiljno." On me naučio da čovjek mora biti psihički iznad svakog križa zemaljskih iskustava kako bi našao potpunu sreću u Bogu.

Krišna je poučavao: „Smirena uma u sreći i tuzi, dobitku i gubitku, pobjedi i porazu – tako se suoči sa životom! Tako nećeš počiniti grijeh."* Ostati smirena uma, bez obzira na to što dolazi jedan je od najboljih načina za svladavanje nepotrebnih želja. To sam naučio iz primjera svojeg velikog Učitelja koji je ostao do posljednjeg trenutka nepromjenjiv. Krist pokazivao je taj duh. Iako je Isus bio mučen, Božja ljubav nije ga napustila, nije izgubio svoju božansku svjesnost. Božja zaštita vaše radosti i mira najveća je moguća utvrda. U svim iskušenjima i patnjama zapamtite dobre stvari koje vam je dao Bog. Vaša duša božanski je hram Boga. Tama smrtnog neznanja i ograničenja mora iz tog hrama biti istjerana. Prekrasno je biti u toj svjesnosti duše – utvrđeni i snažni!

Ničega se ne bojte. Nikoga ne mrzite, dajte ljubav svima, osjećajte ljubav za Boga, vidite Njegovu prisutnost u svima i imajte samo jednu želju – za Njegovom stalnom prisutnošću u hramu vaše svijesti – to je način kako treba živjeti u ovom svijetu. Oni koji imaju druge želje neće upoznati pravo zadovoljstvo.

---

* Bhagavad Gita, II:38.

Naše želje oblikuje okolina

Želje koje imamo uvjetuje naša okolina. Nastaju na temelju osjetilne percepcije, i to je ujedno njihovo ograničenje. Posjet seoskom sajmu može vas malo uzbuditi i izazvati zadovoljstvo, ali nakon što posjetite svjetsku izložbu i vidite sve te silne izloške iz cijelog svijeta, seoski sajam više vam neće biti privlačan. To nam oslikava važnost zajedništva s Bogom kako bismo ga mogli usporediti s nedoraslim zemaljskim radostima. To zajedništvo učinit će vaše želje profinjenijima i uzvišenijima. Želja da se bude jedno s Bogom veća je od svih ostalih. Kada ispunite kakvu manju želju, uskoro se pojavi neka druga, a kad imate Boga, sve druge želje potpuno su zadovoljene. „Zato *najprije* tražite kraljevstvo Božje i njegovu pravednost, a to će vam se nadodati."* Zašto ne ispuniti tu najvišu želju? Jer kad On odgovori na vašu molitvu da Ga spoznate, sve druge želje trenutačno i kroz vječnost bit će ispunjene.

Možda mislite da nemate nikakvih želja. Pa, često sam imao priliku vidjeti što se događa kada ljudi idu u kupnju. Možda i nemaju nikakvu posebnu želju, ali njihove oči iznenada nešto ugledaju i pomisle: „Moram to imati!" Misao o tom predmetu počinje ih pratiti danonoćno i nakraju ga kupe, čak i ako moraju posuditi novac. Zatim, nakon nekog vremena, njihova sreća ispari i tada žele nešto drugo. Znamo sresti ljude koji kažu: „Kad bih samo mogao imati tisuću dolara, automobil ili bazen" i kada se ta želja ispuni, oni žude za nečim drugim. Ljudske želje nisu savršene, pa ni njihovo ispunjenje ne dovodi do savršene sreće.

Okolina će vas pokušati navesti na to da smetnete s uma misao kako je jedina vrijedna želja imati Boga. Svejedno, svaki dan trebali biste se na to podsjećati. A kada odlučite da nećete pušiti ili nepromišljeno jesti ili lagati ili varati, budite čvrsti u toj dobroj želji, nemojte popustiti. Pogrešna okolina iscrpljuje vašu volju i priziva pogrešne želje. Ako živite s lopovima, mislite da je to jedini život. No budete li živjeli u društvu božanskih osoba i nakon što iskusite zajedništvo s Bogom, nijedna druga želja ne može vas zavesti. Sve

---
* Mt, 6:33.

one jednostavno izgube draž. Stoga će i nekoliko trenutaka duboke meditacije ili društvo svetaca biti vaša splav nadahnuća koja će vas prenijeti preko ovog oceana privida – do Božjih obala.

Budite sigurni u dvorcu Božje prisutnosti

Radost leži u neprestanom razmišljanju o Bogu. Čežnja za Njim trebala bi biti stalna. Postupno dođe vrijeme kada vaš um više ne luta, kada čak ni najveća bol tijela, uma i duše ne može odvojiti vašu svijest od žive prisutnosti Boga. Nije li to divno? Živjeti, misliti i osjećati Boga sve vrijeme? Ostati u dvorcu Njegove prisutnosti, odakle vas ni smrt ni išta drugo ne može odvesti? „Na Mene usredotoči svoj um, budi Moj poklonik, s neumornim obožavanjem klanjaj se s poštovanjem Meni. Tako sjedinjen sa mnom, kao svojim Najvišim Ciljem, ti ćeš biti osobno Moj."* Tako otporni na sve želje uživate Vječnu Prisutnost.

Život je čudan. Sve je podložno promjenama. Zato ne treba vezati svoju sreću za ovaj život. Naše vrijeme će proći, ono što danas vidite, jednog dana će otići. Promjena je dobra ako joj ne dopustite da vas povrijedi. Kada se to ipak dogodi, pobuna koju osjećate ima svrhu pokazati vam da ne trebate imati nikakvih želja. Kada ste ukorijenjeni u tom velikom Duhu, uživate u svemu, ali bez vezanosti. Stoga je iznimno vrijedno potruditi se Njega spoznati. U suprotnom vas život može užasno razočarati.

Kada sam 1935. ponovno posjetio Indiju, jedva sam čekao otići u neka od mjesta u kojima sam uživao kao dijete, ali kad bih došao, vidio sam da se sve promijenilo. Pozornica je bila drukčije postavljena. Najviše sam se razočarao tijekom posjeta svojem starom domu u Ichapuru gdje sam se nekoć igrao i promatrao ptice. Zaprepastio sam se. Ondje je stajalo samo jedno drvo kojeg sam se sjećao. Takav je život, jedna po jedna, stvari poznate i drage nestaju iz našeg vidokruga. Tada bih dao bilo što samo da sam mogao vidjeti naš dom kakav je bio u mojem djetinjstvu. Ipak, vidio sam ga poslije, materijaliziranog u svojem viđenju. Plivali smo u jezeru, a zatim sam se stubama popeo na kat kuće, legao na krevet i jeo mango, kao što sam činio mnogo godina prije.

---

* Bhagavad Gita, IX:34.

Sada pomno proučite svoje želje. Razvrstajte ih i zadržite samo dobre, ali ne dopustite da ijedna od tih dobrih prevlada onu najvažniju: želju za Bogom. Ona ne smije biti ugašena. U velikoj ste zabludi ako od Boga tražite da vam ispuni zemaljske želje, a nikada Ga ne tražite da vam da Sebe na dar. Što biste pomislili o sinu koji kaže: „Majko, napiši mi ček", kad god nešto poželi, a inače i ne pomisli na nju? Nemojte biti takvi, ne budite nezahvalni.

Kada se ova životna knjiga jednom zatvori, s vama će ostati samo spoznaje ispunjenih želja vezane uz Boga. Stoga, čitajte iz *Šapata**, a zatim meditirajte prije nego što odete na počinak svake večeri. Kada se probudite, mislite na Boga. Molite se ne samo prije uzimanja hrane nego i pri jelu i poslije toga. Kada radite, misao o Bogu neka bude utkana u vaše djelovanje. Kada ste u dodiru s Bogom, vidjet ćete da su sve vaše želje tajanstveno ispunjene. No morate tražiti najprije Njega. On vam je dao sve, ali jedino ako se odreknete svih Njegovih darova, dajući prednost Njemu, tek tad će vam se javiti. Kada Bogu pokažete da ste voljni sve žrtvovati kako biste spoznali Njega – On će vam doći.

Unutar sebe nosite pokretni raj

Najteža prepreka koju trebate svladati vi ste sami. Kada navečer sjednete kako biste meditirali, nervoza i nemir još su uvijek s vama. Naučite obuzdati um i tijelo. Budite kralj samomu sebi. Nosite u sebi pokretni raj, neka vas prati u životu i u smrti, na nebu ili u paklu. Molite duboko, iskreno: „O, Bože, žudim Te spoznati. Molim te, svakako mi odgovori!" Sljedeće jutro molite opet: „Gospodine, molim te, svakako mi dođi!" i molite ponovno sljedeće večeri na jednak način, jezikom svojeg srca. Nastavite li tako, On će neizostavno odgovoriti. No molite li neodlučno, s pola srca, dok u pozadini uma razmišljate o nečemu drugom, On zna da vam nije važan, pa i ne odgovara.

Stavite Boga na prvo mjesto. Budite s Njim upravo sada. Nemojte

---

* *Whispers of Eternity* (*Šapati vječnosti*), knjiga produhovljenih molitvi Paramahanse Yogānande. Produhovljena molitva je ona na koju je Bog odgovorio. Svaki učenik koji se Njemu moli duboko i iskreno s tim istim riječima primit će slične blagoslove (*napomena izdavača*).

čekati jer zabluda je vrlo snažna. Prije nego što i pomislite, doći će vrijeme za odlazak s ovog svijeta. Kad god imate imalo vremena, sjednite i meditirajte. Bez obzira na to koliko puta na vaše molitve nije bilo odgovora, ne brinite se – nastavite moliti. Molite iskreno. Vjerujte da će na vašu molitvu Bog odgovoriti.

U svojem životu svjedočim krasnim primjerima Božjeg odgovora na moje molitve. Pozivam vas da molite, ne za male stvari, nego prije svega za Njegovu prisutnost. Samo je ta molitva vrijedna. Ako ste zbog meditacije spremni žrtvovati sat ili dva svake noći, ući ćete u Božje kraljevstvo. Ne gledajte na vrijeme. S dubokom iskrenošću molite: „Gospodine, ja hoću samo Tebe." Loše navike i nemir pokušat će vas odvući od vaših napora, ali usmjerite li svoje misli na Boga, naći ćete Njegovu prisutnost u vama.

Svjetovne radosti magnetski privlače čovjeka natrag na Zemlju, iz života u život. Reinkarnacija više nije potrebna onima koji su ispunili svoje želje u Bogu. Kad god žele ispuniti koju želju, jednostavno misle o tom predmetu i on se pred njima materijalizira. Moja se majka pojavila preda mnom, od krvi i mesa, vidio sam je baš kao što vidim vas ovdje. Kako je Bog ljubazan, kako čudesan je Bog! On materijalizira predmete naših želja kako bi pokazao Svoju ljubav i zahvalnost jer je u našim srcima na prvome mjestu.

Dobro je ako uz Božju pomoć u životu ostvarite zdravlje, bogatstvo ili prijatelje, ali ako prijateljski privolite samoga Boga da odgovori na vaše molitve, čovjek ste koji je gospodar svoje sudbine. Stoga nemojte stati sve dok se Bog ne očituje u vašem životu. On će vam dati sve što ste ikada željeli, ali će vas i staviti na kušnju. Kušnje u duhovnom životu veće su nego ikoje druge. No vi koji prođete Njegove kušnje, reći ćete: „Gospodine, uslišio si moju najveću molitvu. Što drugo moje srce želi ili treba, osim Tebe?"

U Bogu je sva sreća

Ašram Self-Realization Fellowshipa,
Encinitas, Kalifornija, 10. lipnja 1937.

Bog nam Svojom beskrajnom milosti dariva Svoju radost, Svoje nadahnuće, istinski život, istinsku mudrost, istinsku sreću i istinsko razumijevanje, što se očituje u različitim iskustvima koja doživljavamo tijekom života. No Božja slava otkriva nam se samo u tišini duše, u snažnom unutarnjem naporu uma da se druži s Njim. To je mjesto gdje nalazimo istinu. Izvana, privid je veoma snažan i vrlo se malo ljudi može oduprijeti utjecajima vanjskog okruženja. Ovaj svijet ne posustaje u tome da nas izlaže beskrajno složenim i raznovrsnim iskustvima. Svaki život je nov i svaki život treba živjeti drukčije. A ipak, u temelju svakog života tihi je Božji glas koji nas uvijek priziva cvijećem, svetim spisima i našom savjesti - svime što je lijepo i život čini vrijednim življenja.

Što više usmjeravate svoju pozornost na izvanjsko, manje ćete razumjeti unutrašnju slavu vječne radosti Duha. Što se više usmjeravate na unutra, manje ćete imati vanjskih poteškoća. No većina ljudi ne razumije ovu istinu zbog utjecaja društva, okoline i loših navika. Okolina vas, manje ili više, drži uronjenima u svjetovno, ona nikada ne dopušta da mislite o dubljoj stvarnosti. Čak i u ovom prekrasnom mjestu u Encinitasu vidio sam da neki studenti dolaze bez čiste namjere da traže duhovni razvoj. Ako izaberete vidjeti Boga, možete Ga uočiti posvuda. Vaše navike su grabežljivci, one sve uništavaju. Trebali biste naučiti biti zadovoljni onim što imate. Nemojte željeti ništa više od onoga što vam je već dano. Otac zna što vam je potrebno.

Najbolji način da budete beskrajno sretni jest da ste svjesni Oca. Vaša najveća želja trebala bi biti spoznaja Boga, odlučnost da budete s Njim trebala bi u vašoj svijesti biti na prvome mjestu.

Ja sam sve dao Bogu. Ne postoji više ništa što bih mogao dati. I shvatio sam da je jedina svrha života spoznati Boga. Mnogi ljudi možda sumnjaju u to, ali svi će se složiti da je svrha života pronaći sreću. Ja kažem da je sreća – Bog. On je Blaženstvo. On je Ljubav. On je Radost koja nikada neće otići iz vaše duše. Pa zašto onda ne biste pokušali postići tu Sreću? Nitko vam je drugi ne može dati. Morate je stalno njegovati u sebi. Sile prirode neprestano vam nude svjetovna zadovoljstva, no ona su prolazna i redovito završe u žalosti i gorčini. Čak i najomiljenija osoba, za koju se čini da ima sve, ne mora biti sretna. A vi nikada nećete biti dugo zadovoljni zemaljskim stvarima. One daju samo lažni mir i zadovoljstvo. Cijeli svijet zapao je u kaos pohlepe. Pohlepa stvara rat. Ništa drugo ga ne uzrokuje.

Onaj tko pobijedi samoga sebe najveći je pobjednik u bitci ovoga života. Novac, slava, želje – sve što ide protiv tog ideala štetno je za naš mir i sreću. Kada bi ljudi samo naučili usredotočiti se na stvarne životne vrijednosti, našli bi istinsku sreću. Umjesto toga zanose ih zemaljske želje. Smatram da me nijedna napast ne može preusmjeriti s puta koji sam izabrao. Mogao bih očarati tisuće ljudi moćima koje mi je Bog dao, ali to bi bilo štetno za mene, a ja ionako ne težim tomu da očaram mnoštvo. Volim vidjeti istinske sljedbenike – one utemeljene u Bogu. Duše koje vole Boga doći će ovamo, a oni čije će nadahnuće potrajati do kraja života, ti će Ga i naći.

Bog mora doći onima koji Ga uistinu žele

Nemoguće je prevariti Boga jer On se nalazi iza vaših misli i točno zna što mislite i želite. Ako se u srcu doista odreknete svijeta i potražite unutarnje zajedništvo s Njim, On će vam doći. Ali morate dobro znati da želite samo Njega i ništa drugo. Kada se jednom ta želja za Njim ustali u vašem srcu, On mora doći.

Jedino za što vrijedi živjeti jest susret s Božanskim, zajedništvo s Bogom. Zato je Isus rekao: „Žetva je velika, a poslenika malo."* Vjerujte u Isusove riječi, on je živio istinu. Postoji li za nas veći primjer pobožnosti od onoga kada je rekao: „Oče, oprosti im, jer ne znaju što čine!"?†

---

* Mt, 9:37.
† Lk, 23:34.

Svatko želi imati više novca od susjeda, a kada ga ima, nije zadovoljan jer otkrije da uvijek postoji netko tko ima više od njega. Ljudi žive u ludilu od bijede vlastitih želja. Naučite biti zadovoljni s onim što imate. Prosječna osoba u Americi ima mnogo više nego prosječna osoba u Europi, Indiji ili kojoj drugoj zemlji. No ipak nije sretna! Gori od tjeskobe i brige.

Božji način najlakši je način. Najbolje je otići najprije k Ocu i tražiti Ga što je najbolje za vas. Kada znate da je On tu, da čeka na vas, zašto biste gubili vrijeme na izvanjsko? Jeste li ikada iskreno pokušali spoznati razgovara li Otac s vama ili ne? Gospodin govori svim ljudskim bićima. Što bi još trebao učiniti da privuče vašu pozornost?

Ne želim da ljudi misle kako mogu postići samoostvarenje jednostavno slušanjem drugih ili čitanjem knjiga. Trebaju prakticirati ono što su pročitali ili čuli. Bolje je ići u crkvu nego ostati kod kuće i slušati prazne tlapnje, ali čak i u crkvi morate iznutra osjetiti Njegovu prisutnost i znati tehniku kojom to možete ostvariti. Emotivnost i intelektualnost ne mogu dati tu i takvu spoznaju.

Kada se potpuno predate Bogu, kada više niste u iskušenju da molite za sebične ciljeve i kada ste sigurni da je Bog vaš duh, da je On vaša duša i sve drugo – tada ste slobodni.

Razmislite! Za nekoliko desetljeća ovo naše postojanje postat će san. Moj boravak ovdje i razgovor s vama bit će dio tog sna. Svi veliki učitelji iz prošlosti postali su snovi u svijesti čovječanstva. Ali ti su velikani postigli samoostvarenje. Oni su uvijek svjesni što se događa.

Koji li je san ovaj život! A ipak, ako sada pogledate u svoje tijelo i primijetite da kuca životom, ponovno ćete postati potpuno uvjereni u stvarnost ovoga sna. Mislite da morate imati ovo ili ono da biste mogli biti sretni. No bez obzira na to koliko je vaših želja uslišano, one nikada neće biti izvor sreće. Što više imate, više ćete željeti. Naučite živjeti jednostavno. „Zadovoljstvom je ispunjen um onog čovjeka čije su želje uvijek usmjerene unutra. Takav je čovjek poput nepromjenjiva oceana u koji neprestano pritječe voda. Onaj koji buši rupe želja u svojem spremniku mira i pušta da voda otječe nije *muni*."*

---

* Bhagavad Gita, II:70. Pravi *muni* je redovnik koji poštuje duhovnu šutnju (*mauna*), kontroliranjem valova misli i osjećaja koji su neprestano u pokretu tijekom obične svijesti.

Boga tražite u osami

Potrebno vam je vodstvo onih koji poznaju Boga, onih koji se s Njim druže. Isus nas je učio tražiti Boga u osami.* U samoći unutarnje tišine učite o Duhu Svetom. Veliki učitelji Indije također govore o toj božanskoj snazi. Pravo značenje Duha Svetoga je prvi put došlo u ovu zemlju putem Self-Realization Fellowshipa. Cjelokupno je stvaranje vibracija koju vodi Božja inteligencija. Ta inteligentna vibracija je Duh Sveti.† Svatko treba naučiti kako stupiti u doticaj s Duhom Svetim u meditaciji; Self-Realization Fellowship uči vas upravo tomu.

U tišini svoje duše, u sjenici pozornosti romansa s Beskonačnim je beskrajna. No ne možete imati Boga i bogatstvo‡ zajedno. Morate se Bogu predati u potpunosti. On je Vječni Ljubavnik i On prosi za ljubav svih vas.

Trebate iskoristiti svoju volju i pozornost kako biste tražili Boga svim srcem. Vašim djelovanjem upravljaju vaše navike. Navike vas prisiljavaju da radite ono što ne želite. Samom ste sebi neprijatelj i vi to ne znate. Ne sjedite mirno. Ne učite kako posvetiti vrijeme Bogu. Nestrpljivi ste, a očekujete da ćete dosegnuti nebo odjednom. Do njega se ne stiže čitanjem knjiga, izvođenjem službi ili djelima milosrđa. Samo darivanjem svojeg vremena Bogu i dubokom meditacijom možete steći Božje povjerenje.

Gledajte samo Boga

Morate se potruditi najprije udovoljiti Bogu. Nemoguće je ugoditi svima. Nikada nisam pokušao ni prema komu biti neugodan. Radim najbolje što mogu, i to je sve što mogu učiniti. Moj je prvi cilj

---

* „A ti, kad moliš, uđi u svoju sobu (unutarnju tišinu meditacije), zatvori vrata (bučnih osjetila) te se pomoli Ocu svom u tajnosti (unutar tebe), pa će ti platiti Otac tvoj, koji vidi u tajnosti." (Mt, 6:6)

† Vanjsko aktivno očitovanje sveprisutne Kristove Svijesti, njezin „Svjedok" u stvaranju (Otk, 3:14). Duh Sveti spominje se i u Bibliji kao „Riječ" (Iv, 1:1) i „Branitelj" (Ivan, 14:26), a u hinduističkim spisima kao „*Aum*". Ova nevidljiva božanska snaga jedini je činitelj, jedina uzročna i pokretačka snaga koja podupire svu kreaciju vibracijom. Posebnim jogijskim tehnikama meditacije, koje su sastavni dio učenja Self-Realization Fellowshipa, duhovni učenik stupa u doticaj Duhom Svetim, blaženim Braniteljem: „A Branitelj, Duh Sveti, kojega će Otac poslati zbog mene, naučit će vas sve i sjetiti vas svega što vam rekoh." (Iv, 14:26)

‡ Mt, 6:24.

udovoljiti Bogu. Koristim svoje ruke da molim s poštovanjem pred Njim, moje noge da posvuda traže Njega, moj um da misli o Njemu kao uvijek prisutnom. Na prijestolu svake misli mora se nalaziti Bog – Bog koji je mir, Bog koji je ljubav, Bog koji je ljubaznost, Bog koji je razumijevanje, Bog koji je samilost, Bog koji je mudrost. To je jedino što sam vam došao reći. Ništa drugo.

Naučite tehnike meditacije Self-Realization Fellowshipa. Držite se dobrog društva. Ne gledajte na druge, nego samo na Boga. I svaki dan drugima govorite o ovom radu. Svaki dan nekomu učinite dobro. Sve dok je novca u mojem džepu, nikada ne prestajem davati. Moja banka je Bog. Ponajprije morate spoznati Boga onako kako su Ga spoznali veliki duhovni učitelji. Slijedite li tehnike koje vam dajem, naći ćete Ga vlastitim naporom.

Jednoga dana šetao sam okolicom ašrama, razmišljajući o svojem velikom guruu, Sri Yukteswarjiju. Bio sam tužan što uživam u ovom prekrasnom ašramu i što on nije ovdje da to podijeli sa mnom. Odjednom se pojavio na nebu i rekao: „Ti misliš da si jedini koji uživa u ovom mjestu. Kroz cijeli svemir i ja uživam u njemu."

Morate nastojati biti jedno s Bogom. Meditirajte svaki dan i naučite Ga duboko voljeti i voljeti svoje bližnje kao sebe same. To je jedini način da se izbjegne rat. Mora postojati duhovna suradnja. Bez duhovnosti ne može biti sreće, ni nacionalne ni individualne. A sreća mora početi od pojedinca. Zajedništvo s Bogom jedini je odgovor na sve probleme, bez obzira na to jesu li oni fizički, financijski, bračni, moralni ili duhovni.

Sreća dolazi s osjećajem jedinstva s Bogom – osjećaja da ste Božje dijete – dijete princ Kralja Svemira. Vi niste dijete prosjaka. Vi ste se sami utamničili u tijelu zbog nepoznavanja svojeg Oca. Morate se osloboditi tog zatvora. Bez obzira na to što vas snalazilo, morate zadržati um „prikovanim" za Boga. To će vam donijeti velik mir i radost. „Njihove misli samo o Meni, njihova bića predana Meni, prosvjetljujući jedan drugoga, proglašavajući Me uvijek prisutnim, Moji pristaše su zadovoljni i radosni."*

---

* Bhagavad Gita, X:9.

Kako postati omiljeniji

*Prvi Hram Self-Realization Fellowshipa,
Encinitas, Kalifornija, 20. kolovoza 1939.*

Neki ljudi imaju prirodnu sposobnost svidjeti se drugima. Neki, pak, nisu privlačni nikomu. Ima i takvih koji nisu posebno ni privlačni ni odbojni, njih drugi jednostavno zanemaruju. Zašto je to tako? Nepristrani Bog nije odgovoran za nejednaku raspodjelu privlačnih osobina. Razlike u ljudskim karakterima nastale su djelovanjem samih ljudi. Čovjek je sam stvorio te ugodne ili neugodne osobine, u ovom ili u prošlim životima. Bila bi velika nepravda kada bi Bog bio odgovoran za popudbinu onih s privlačnim i dobrim vrlinama i onih drugih s odbojnim i lošim manama. Nije On taj koji je usadio loše sklonosti nekoj od Svoje djece, a dobre onoj drugoj, pa za te razlike ne možemo Boga smatrati odgovornim.

Bog je stvorio sve ljude jednakima, po Svojoj slici. Kako bismo uvidjeli podrijetlo ljudskih prividnih nejednakosti, moramo razumjeti zakon reinkarnacije. Znanje o ovom zakonu bilo je zameteno i zaboravljeno tijekom srednjega vijeka. Isus je kazao o reinkarnaciji: „Ilija je već došao, samo ga oni ne poznadoše... Tada razumješe učenici da im govori o Ivanu Krstitelju."* Duša koja se u jednoj inkarnaciji pojavila kao Ilija, u drugoj se vratila kao Ivan Krstitelj.

Život ne bi imao nikakva smisla kada nam ne bi pružao dovoljno mogućnosti za razvoj naših potencijala i zadovoljavanje želja. Bez ponovnog rađanja božanska pravda ne bi se mogla primijeniti na duše koje se nemaju priliku izraziti u tijelu djeteta koje je rođeno mrtvo ili živi tek šest godina? Teško bi takve duše mogle završiti u paklu jer nisu stigle učiniti niša što bi zahtijevalo kaznu niti bi, pak, mogle otići u raj jer nisu imale priliku da ga zasluže. Odgovor leži

---

* Mt, 17:12-13.

u tome da je ova Zemlja velika učionica, a zakon reinkarnacije jest načelo pravde koja svakog čovjeka dovodi ovamo stalno iznova, sve dok ne nauči sve svoje životne lekcije. Gospodin Krišna o toj se istini ovako izražava: „Marljivo slijedeći svoj put, jogi usavršen naporima kroz mnoga rođenja očišćen je od grijeha (karmičkih mrlja) te napokon nalazi Vrhovno Blaženstvo."*

Čovjek je sam tvorac svojih svijetlih i tamnih osobina. Negdje, nekoć, u ovom ili u prethodnim životima, sjeme je bilo posađeno njegovim djelima. Dopusti li rast sjemenkama štetnih djela, one će istisnuti dobro sjemenje koje je posijao. Mudar je onaj koji izbaci sve sjemenje zla iz vrta svojeg života.

Privlačnost dolazi iznutra

Potrebno je preispitati sebe i druge kako bi se utvrdilo zbog čega su neke osobe omiljene, a druge nisu. Čak i među djecom vidimo da se prema nekima svi odnose s ljubavlju, a druge izbjegavaju. Jedan od prvih zaključaka takve prosudbe jest to da ako osoba želi biti simpatična, mora samu sebe iznutra učiniti privlačnijom. Katkad nam čak i fizički najprivlačnije osobe mogu biti odbojne zbog unutarnje ružnoće koja se odražava u njihovu govoru i postupcima.

Jedno vrijeme tajnom popularnosti smatralo se „ono nešto", neka vrsta fizičke privlačnosti i magnetizma. No posjedovanje „tog nečeg" ne čini nekoga nužno i simpatičnim. Naše dobre ili loše osobine određuju jesmo li i komu omiljeni ili nismo. Zlo privlači zlo, dobro privlači dobro. Ne treba željeti imati „ono nešto", nego onu vrstu magnetizma koja će nam privlačiti dobro, koja će nam donijeti iskrene prijatelje i zasluženo poštovanje. Može li vanjština, poput odjeće i zgodna ili naočita lica biti taj faktor privlačnosti? Ne. To mora dolaziti iznutra.

Izbjegavajte biti neraspoloženi. U ozbiljnom držanju nema ništa neugodno, no vaš izraz sasvim je drukčiji kada se prepustite mračnom raspoloženju. Vaše je lice ogledalo koje otkriva svaku promjenu osjećaja. Vaše misli i osjećaji, poput valova, protječu i istječu iz mišića vašeg lica i neprestano vam mijenjaju izgled. Svatko koga

---

* Bhagavad Gita, VI:45.

sretnete vidi i reagira na ono što u sebi mislite i osjećate i što se očituje na vašem licu. Možete prilično dobro kontrolirati oči i osmijeh i tako od nekoga prikriti osjećaje, ali ne od svih. Lincoln je s pravom rekao: „Istina je da katkad možete prevariti sve ljude, neke čak i zavaravati neprestano, ali ne možete varati sve ljude sve vrijeme."

U našim očima vidi se povijest našeg života. To se ne može sakriti od onih koji znaju kako ih čitati. Postoje duhovne oči, napola duhovne oči, neiskrene oči, senzualne oči. Što netko jest, u njima je zapisano. Kad bih analizirao ono što vidim u nečijim očima, ta bi osoba bila začuđena točnošću moje prosudbe.

Nikad ne radite ono što blati vaš um. Pogrešno djelovanje stvara negativne ili loše misaone vibracije koje se očituju na cijelom izgledu i osobnosti. Držite se onih djela i misli kojima ćete njegovati dobre osobine koje želite. Ako se ponašate u skladu s istinama koje vam govorim, život će vam postati prekrasan i posve drukčiji.

Vas se procjenjuje uglavnom prema vašem ponašanju

Čovjeka se procjenjuje donekle po načinu odijevanja, ali najvećim dijelom po ponašanju. Uvijek izgledajte čisto i dotjerano. Izbjegavajte nositi mnogo odjeće: lepršavu odjeću i dodatke koji čine da izgledate kao muzejski izložak! Odijevajte se jednostavno i uredno, kako pristaje vašoj osobnosti. Ali prije svega naučite se dobro ponašati. Kada jednom razvijete svoj um i privlačne unutarnje vrline, odijevanje vam postaje manje važno.

Mahatma Gandhi dokazao je da samo odjeća „ne čini čovjeka". On nosi[*] samo *dhoti*, komad tkanine oko kukova i tako se poistovjećuje s masama običnih ljudi u Indiji. Tako odjeven jednom je došao na prijam koji je organizirao engleski guverner. Službenici ga nisu pustili unutra. Vratio se kući i guverneru poslao paket po glasniku. U paketu je bilo odijelo. Guverner ga je pozvao u svoju kuću i pitao za značenje tog paketa. Veliki čovjek je odgovorio: „Bio sam pozvan na vaš prijam, ali mi nije bio dopušten ulazak zbog moje odjeće; zato sam umjesto toga poslao svoje odijelo." Guverner je, naravno, inzistirao na tome da dođe. Gandhi je čak i u Londonu na prijam kod

---

[*] Gandhi je još bio živ kada je Paramahansaji održao ovaj govor. (napomena izdavača)

kralja i kraljice otišao tako jednostavno odjeven. On je prevladao potrebu da se osobnost izražava odijevanjem. Naravno, ne zagovaram takav način odijevanja! Gandhi ima misiju koju treba ispuniti, a to je dio njegove uloge. Ako netko postane velik poput Gandhija, i on će moći postupati onako kako smatra prikladnim.

Smisao je da ne treba sve vrijeme misliti samo na tijelo, ali ni prema njemu postupati nemarno. Ako osoba tijelu posvećuje previše pažnje ili je ne daje dovoljno, to je čini neuravnoteženom ili fanatičnom. Brinite se o tijelu razumno i uvijek zapamtite ono najvažnije, a to je – vaša snaga misli, vaše ponašanje. Pridajte više pozornosti umu, temelju vašeg ponašanja, jer upravo na to većina ljudi reagira.

U društvu budite iskreni i pažljivi

U društvu nemojte stajati po strani. Dok ste sami, imate pravo misliti i raditi što god želite, ali u društvu nemojte djelovati odsutno ili nezainteresirano. Društvo mrtvaca poželjnije je od zatvorene osobe, s tim da ravnodušnost leša nije uvredljiva. Kada ste u društvu, budite s ljudima svim srcem, ali kada vaše zanimanje za njih „splasne", smislite pristojan izgovor i povucite se. Nemate pravo ostati u društvu ako je vaš um odsutan.

Budite uistinu ugodni kada ste u društvu. Nikada ne budite „smrknuti". Ne morate se neobuzdano smijati, poput hijene, ali nemojte biti ni snužděni. Samo budite nasmiješeni, prijateljski i ljubazni. Međutim, smješkanje kada se osjećate ljutito ili ogorčeno je licemjerno ponašanje. Ako želite biti simpatični, budite iskreni. Iskrenost je kvaliteta duše koju je Bog dao svakom ljudskom biću, ali je svi ne izražavaju. Iznad svega, budite skromni. Iako možete imati zavidnu unutarnju snagu, ne razmećite se pred drugima svojom snažnom prirodom. Budite mirni i uljudni prema njima. Tako se razvija privlačnost.

Nastojte uvijek biti puni razumijevanja. Neki nas ljudi zbog svadljive prirode pogrešno shvaćaju bez obzira na to što mi kazali ili učinili. Takvi idu uokolo sa stajalištem da im je cijeli svijet za nešto kriv. Želite li privući prave prijatelje, potrebno je njegovati razumijevanje. Pravi prijatelji razumiju jedni druge, bez obzira na to što rade. Vi biste trebali biti takvi.

Što je život bez pravih prijatelja? U vašem srcu postoji magnet koji će privući prave prijatelje. Taj magnet je nesebičnost odnosno kada najprije mislite na druge. Vrlo je malo ljudi koji nisu egocentrični. Ipak je lako razviti nesebičnost ako uspijemo misliti najprije na druge. Majka obično ima tu kvalitetu. Njezin je život služenje. Ona najprije daje svojem suprugu i djeci. Budući da uvijek misli na druge prije nego na sebe, drugi misle na nju. To je tradicija u indijskim obiteljima. Nas tom istom duhu podučavaju u ašramima istinskih duhovnih učitelja.

Pažljivost prema drugima divna je osobina. To je najveća privlačnost koju možete imati. Prakticirajte to! Ako je netko žedan, pažljiva osoba predosjeća njegovu potrebu i predsusretljivo mu nudi piće. Pažljivost znači biti svjestan da postoje i drugi. Pažljiva osoba u društvu će imati intuitivnu svijest o potrebama drugih.

Živite za druge, pa će i oni živjeti za vas

Ima onih koji će reći: „Ja sam pobožan čovjek." A ipak, ako netko drugi sjedne u njihovu crkvenu klupicu, spremni su otkinuti glavu tom uljezu! S vremena na vrijeme primjećujem takvo ponašanje na svojim predavanjima. Ako druga osoba želi vaš stolac, dajte joj ga, čak i ako zbog toga morate stajati. Svojim uzornim ponašanjem pridobit ćete nekoga drugoga koji će svakoga dana biti pažljiv prema vama. Kada naučite živjeti za druge, oni će živjeti za vas. Kada živite samo za sebe, nitko za vas neće mariti. Druge možete najbolje privući svojim dobrim djelima.

Osvrnete li se oko sebe na kakvu domjenku, gotovo uvijek primijetit ćete goste koji su otvoreno zavidni drugima na onome što imaju. Nitko ne želi društvo uskogrudnih i sebičnih ljudi. Svakomu je, pak, drago biti u društvu taktičnih i pažljivih osoba.

Vježbajte pažljivost u govoru jednako kao i u postupcima. Osjetite li iskušenje da govorite grubo, obuzdajte taj impuls i umjesto toga razgovarajte mirno. Neka nitko ne čuje oštre riječi od vas. Ne bojte se govoriti istinu kada vas za to pitaju, ali ne namećite svoje mišljenje drugima. Također, zapamtite ovo: kada o slijepom čovjeku govorite kao o slijepcu ili o bolesnom kao o bolesniku, to može biti istina, ali je bolje izbjegavati takvu oštrinu i grubost. Ljubaznim i pažljivim govorom možete pomoći u uzdizanju drugih i učiniti ih boljima.

Međutim, nisu uvijek vaše riječi ono na što drugi obraćaju pozornost, nego je to snaga i iskrenost koja proizlazi iz njih. Kada govori iskren čovjek, svijet se pokreće. Kada on nešto kaže, drugi ga slušaju. Neke osobe bez prestanka govore i govore, nadajući se da će slušatelje impresionirati neprekidnim „rafalom" riječi. Ali zarobljeni slušatelj samo misli: „Molim vas, pustite me van!" Kada se nekomu obraćate, nemojte govoriti previše o sebi. Pokušajte pričati o temi koja zanima drugu osobu. I slušajte. To je način da budete privlačni. Vidjet ćete kako je vaša prisutnost poželjna i tražena.

Moja je majka bila obzirna na takav način. Otac ili majka nikada ne bi djeci trebali govoriti protiv drugog roditelja. Svoje probleme trebaju zadržati za sebe. Moji roditelji imali su takvu samokontrolu, oni su stvarno bili poput bogova. Samo sam jednom vidio problem između oca i majke. Sve što smo mi djeca znali bilo je da je kočija pred vratima, a naša majka odlazi. Ujak je ušao i pitao oca: „Što je bilo?" Otac je odgovorio: „Nemam ništa protiv toga što daje novac u dobrotvorne svrhe, samo tražim da ne troši više od mojih prihoda." Ujak je nešto šapnuo ocu u uho. Nakon nekoliko očevih pomirbenih riječi, majka je otkazala prijevoz. Ona nikada nije rekla ni riječ protiv oca. Uvijek je mislila na druge.

Radost je živjeti za druge. Kada sam nasamo, jedva da imam potrebu za hranom, a kada sam s drugima, volim za njih pripremati ukusna jela. Primijetio sam sličnu osobinu kod svojeg gurua, Swamija Sri Yukteswarjija. Tijekom mojeg prvog posjeta njegovu ašramu, stekao sam dojam da kod njega uvijek ima ukusne hrane za jelo. No jednom sam došao onamo kada me nije očekivao i vidio sam da ima najjednostavniji obrok koji se može zamisliti. Pitao sam ga o tome. „Posebna jela spremam samo kada ti dođeš", odgovorio je. „Volim ih pripremati za tebe."

Jednom mi se kolega sa studija pridružio u trgovini dok sam kupovao ananas. Na polici su bila samo dva, jedan veći i jedan manji. Kupio sam oba i uručio prijatelju ovaj veći. Bio je toliko iznenađen! Mislio je da sam namjeravao veći zadržati za sebe. Kada je netko pažljiv prema drugima i kada misli prije na druge nego na sebe, u njemu se pojavljuje prekrasan osjećaj. Čim ste ljubazni prema nekom drugom, ne samo da ta osoba misli na vas, nego i Bog misli na vas. Ako ste obzirni i stalno radite za druge dajući i zadnji novčić koji imate kako biste im pomogli, Bog će vam uzvratiti s još više blagoslova.

Još jedno trebate zapamtiti: svatko od vas ima neke posebne kvalitete, jedinstvenost, nešto što drugi nemaju. Također, svatko je na neki način bogatiji ili siromašniji od drugih. Ako ste nesebični, dobroćudni, puni razumijevanja, bogatiji ste od onih sebičnih, ljutitih i ljubomornih.

Savršen sklad je Božji oltar

Čovječanstvo je poput velikog zoološkog vrta – toliko mnogo ljudi ponaša se tako različito, a većina nema pravu kontrolu nad sobom. No da bi netko ostvario pravi cilj života, mora imati samokontrolu. Mora tražiti ravnotežu. Savršen sklad Božji je oltar. Težite tomu, jednom kada ga dosegnete, nikada ga nemojte izgubiti. Krist nije izgubio tu ravnotežu kada je bio prikovan na križ. Rekao je: „Oče, oprosti im, jer oni ne znaju što čine." Običan čovjek ne bi mogao podnijeti njegova iskušenja.

Kada sam započeo svoj duhovni put, pretpostavljao sam da će mi se događati samo ono što je dobro, ali otkrio sam da ga prate i mnoga teška iskustva. Tada sam zaključio: „Budući da volim Boga tako duboko, očekivao sam previše od Njega. Odsad pa nadalje reći ću: „Gospodine, neka bude volja Tvoja." Bio sam spreman prihvatiti što god mi On pošalje na put. A On mi je uvijek pokazao kako pobijediti u svakom iskušenju.

Čak ni smrt nije ništa za čovjeka snažna duha. Jednom sam sanjao da umirem. Ipak sam Mu se molio: „Gospodine, sve je u redu, što god je Tvoja volja." Tada me On dodirnuo i shvatio sam istinu: „Kako ja mogu umrijeti? Val ne može umrijeti, on samo tone natrag u ocean i ponovno se uzdiže. Valovi ne umiru, pa ni ja neću nikada umrijeti."

Kada kupujete odjeću, nastojite pronaći onu koja vam odgovara i najbolje stoji. Treba učiniti jednako i za svoju dušu. Duša nema određenu odjeću, ona se može odjenuti u stilu koji sama želi. Tijelo je ograničeno, no duša se može odjenuti u svako zamišljeno odijelo, u koju god vrstu osobnosti.

Ako temeljito razmotrite neku osobu, proučite njezinu povijest i svjesno oponašate njezinu osobnost, počet ćete biti kao ona; formirat ćete svoj identitet prema njezinoj osobnosti. Ja sam to uvježbao i mogu odjenuti svaku osobnost koju poželim. Kada se uskladim s osobnošću mudra čovjeka, mogu govoriti samo o mudrosti. Kada usvojim osobnost Sri Chaitanye*, velikog Božjeg sljedbenika, ne mogu govoriti ni o čemu osim o predanosti. A kada se uskladim s Isusovom osobnošću, ne mogu govoriti o Bogu kao Majci – nego samo kao o Ocu, kao što je i on govorio. Duša može usvojiti svaku misaonu odjeću kojoj se divi ili koju želi imati, i može mijenjati tu odjeću toliko često koliko joj se sviđa.

Kada sretnete divnu osobu, ne želite li biti poput nje? Razmislite o svim plemenitim osobinama u srcima velikih muškaraca i žena. I vi ih možete imati u srcu. Biti ponizni i snažni, hrabri poput generala koji se bori radi pravde. Možete imati osvajačku volju Džingis Kana ili božansku volju, ljubav i predanost svetoga Franje.

Tražite Boga i budite pobjednik u životu

Prije svega, bez obzira na prepreke, osnažujte volju za traganjem za Bogom. Tada ćete biti pobjednik u životu. Kada pokušavam učiniti nešto za ovaj rad, a nadođu mnoga iskušenja, katkad pomislim: „Zašto prolazim kroz sve ovo? Ja sam našao Boga i to mi ne treba."†
Ali tada Mu kažem: „Prihvatit ću sve što mi dolazi, nije me briga što ljudi o meni misle, jer jednoga dana oni će biti sa mnom, a sljedećeg protiv mene. Tvoje zadovoljstvo i moje je zadovoljstvo. Tvoja je sigurnost i moja sigurnost."

Slijedite svijest duhovnih velikana kao što je Krist. Osjetite njegovu sveprisutnost. Nebeski Otac je dao Isusu takvu univerzalnu svijest s kojom je znao sve. Čak i dok govorim, on zna što govorim.

---

* Sri Chaitanyina slava kao *bhakte* (sljedbenika Boga) proširila se Indijom u 16. st. On je u Gayi 1508. g. doživio duhovno buđenje i ondje se rasplamsala njegova ljubav prema Bogu kojega je obožavao kao *avatara* Gospodina Krišnu.

† U Bhagavad Giti, III:I, sljedbenik Arđuna na sličan način požalio se Gospodinu: „Ako ti smatraš da je razumijevanje (shvaćanje istine) nadmoćnije djelovanju, zašto mi onda nalažeš tu strašnu aktivnost?" A kada se suočio sa svojim iskušenjem na križu, Isus je zavapio Bogu: „Ako je moguće, neka me mimoiđe ovaj kalež! Ali neka ne bude moja, nego tvoja volja!" (Mt, 26:39)

Iako ga vi ne vidite, ja ga vidim. On je upravo ovdje – veliko svjetlo, koje preobražava ovaj hram. Svatko ovdje prisutan nalazi se u tom svjetlu koje vidim. Mi smo kao valovi u oceanu tog svjetla – svjetla Kristove Svijesti (*Kutastha Chaitanya*), Božjeg svjetla. Kada vidite Njegovo svjetlo i osjećate Njegovu prisutnost, tada znate da ovaj život nije ništa drugo negoli test koji svatko mora proći kako bi stigao do Boga. Odolimo li kušnjama Sotone, tada nam i njegova uloga kao Božjeg oruđa postaje jasna Svako je iskušenje blagoslov ako nas dovodi bliže Bogu. To treba zapamtiti. I što god radili na Zemlji, činite to za Boga.

Svako ljudsko biće je jedinstveno, ne postoje dva potpuno jednaka čovjeka. Mislite o sebi ovako: „Moja je osobnost dar od Boga. Ono što sam ja, nitko drugi nije. Ja ću biti vrlo ponosan na svoju božansku osobnost. Poboljšat ću se i odjenuti osobnost dobrote." Ako svoju ulogu igrate dobro, vi ste jednako tako dobri kao duša koja igra ulogu kralja ili kraljice. A sve dok budete dobro igrali svoju ulogu, bit ćete privlačni i omiljeni svima. Vaša dobro odigrana uloga vaša je putovnica za ulazak u Kraljevstvo Božje.

Abraham Lincoln bio je vješt glumac na pozornici života. Nije se bojao igrati svoju tešku ulogu. Radio je za Boga i za ono u što je vjerovao da je dobro: jednakost svih ljudi. Zbog toga ga se danas pamti i voli. Ako nastojite služiti Bogu, služite svima. Nastojte udovoljiti Njemu, a ne čovjeku.

Ono što očekujete od drugih, najprije budite vi. Prakticirajte ove prijedloge. Posvetite se jednoj osobini određeno vrijeme i radite na njezinu razvoju. Od danas, na primjer, prakticirajte mir. Zatim uzmite radost; pokušajte se smijati čak i kada ste nezadovoljni. Tada radite na njegovanju hrabrosti i neustrašivosti. Neke osobe boje se mraka. Ako ste jedna od njih, ulazite u mračnu sobu sve dok ne izliječite taj strah. Razvijajte svjesnost da je Bog s vama. Možete biti u neosvojivom dvorcu, a ipak vas može zadesiti bolest. Međutim, možete biti na bojnom polju po kojem lete meci posvuda oko vas, ali ako još nije došlo vaše vrijeme da napustite tijelo, ništa vas neće ozlijediti. Vježbajte usavršavanje iskrenosti, nesebičnosti, poslovnih sposobnosti, i tako dalje. Radite na tome kao mučenik snažna uma koji nikada ne zanemaruje svoje ideale. Bez obzira na to što dolazi, ne dopustite da vas išta omete ili zastraši. Budite takvi.

Prakticirajte obzirnost i dobrotu dok ne postanete kao prekrasan cvijet koji svatko voli vidjeti. Budite ljepota toga cvijeta, privlačnost čista uma. Budete li privlačni na takav način, uvijek ćete imati prave prijatelje. Voljet će vas i ljudi i Bog.

Razvijanje osobnosti

*Međunarodna središnjica Self-Realization Fellowshipa,
Los Angeles, Kalifornija, 28. listopada 1938.*

Osobnost i njezin razvoj općenito se razmatraju samo u svjetlu ostvarivanja nekog materijalnog cilja, npr. radi unapređenja nečijih poslovnih ili društvenih prilika. Stvarna priroda osobnosti rijetko se proučava.

Što je zapravo osobnost? To je svijest ega, ne ega u smislu pretjeranog ponosa, nego svijest o vlastitom postojanju. Svatko od nas zna: „ja postojim".

Nadalje, svjesni smo postojanja u određenom obliku, kao muškarac ili žena s posebnim karakteristikama. O sebi razmišljamo u skladu s osobnim podrijetlom, iskustvima i okolinom. Domaćica o sebi razmišlja kao o domaćici, profesor o sebi kao o profesoru, a znanstvenik o sebi misli kao o znanstveniku. Ipak, kada svaki od njih zaspi, zaboravlja svoje dnevne aktivnosti. U snu ostaje svijest o postojanju, iako egoistični pristup kakav imamo u budnom stanju nije prisutan. No čim se tko probudi, sjeti se i ponovno povezuje sa svojom osobnošću u određenom okružju. Stoga, osobnost koju čovjek izražava u budnom stanju naučena je i djelomična.

Svijest o postojanju temeljno je, univerzalno i neograničeno stanje. Međutim, ta svijest postaje više ili manje ograničena obilježjima naše osobnosti koja nosimo iz dana u dan. S vremenom zaboravljamo da se naše osobine mogu proširivati ili suzivati u skladu s ponašanjem.

Odakle potječe naša prava osobnost? Ona dolazi od Boga. On je Apsolutna Svijest, Apsolutno Postojanje i Apsolutno Blaženstvo. Stvoritelj zna da postoji. On zna i da je Njegovo postojanje vječno te da je Njegova priroda uvijek novo Blaženstvo.

Ljudski um ne može spoznati Beskonačni Um ni pojmiti neizreciv Duh, ali nadsviješću duše možemo okusiti Božansku Prisutnost kao Blaženstvo. Radost koja proizlazi iz nekog iskustva zapravo izvire iz Boga, iako je možda potaknuta vanjskim okolnostima.

Usmjerite li pozornost prema unutra, izravno ćete osjetiti božansko blaženstvo vaše duše u sebi i izvan sebe. Ako se možete učvrstiti u toj svijesti, vaša vanjska osobnost će se razvijati i postati privlačna svim ljudima. Duša je stvorena na sliku Boga i kada se učvrstimo u svijesti duše, naša osobnost počinje odražavati Njegovu dobrotu i ljepotu. To je vaša prava osobnost. Sve druge osobine koje izražavate su manje ili više izdanci – one nisu vaš pravi „ja". Božanski čovjek, koji živi u kozmičkoj svijesti Boga, može po želji poprimiti svaku vrstu vanjske osobnosti.

Kada sam svjestan svoje ljudskosti, to me čini ograničenim, no čim proširim svijest do razine duše, sve doživljavam poput filma koji gledam u kinu. Kada se osoba u kinu osvrne na snop bijele svjetlosti koja dolazi iz projekcijske kabine, shvaća da svjetlucave točkice na filmskom platnu koje čine sliku proizlaze upravo iz te svjetlosti. Tako i ja vidim svijet i sva njegova stvorenja samo kao projekcije Božje misli. Kad se usredotočite na materiju, vidite sve u svjetlu materije. No razvijete li svijest do stanja božanske svijesti, uočit ćete oceansku struju Božjeg svjetla koje prožima svu materiju. Sve ćete promatrati onako kako je proizašlo iz Duha.

Iako se Bog pokazuje u svemu, u kozmičkoj prirodi očituje se u mnogostrukosti i različitosti. Njegova stvaralačka snaga teče kroz Zemlju, stavlja sjeme u tlo i ono počinje rasti. Metali izražavaju određenu snagu i ljepotu Boga. U biljnom svijetu On ponovno mijenja Svoju osobnost; djelatni izraz života vidljiviji je u biljkama. Ipak, proučavanje stvorenog otkriva da svaki metal, svaka biljka, svaka životinja ima različitu osobnost, a ljudska je osobnost još izraženija jer čovjek zna da je živo i svjesno biće. No sve te različite osobnosti posuđene su od Boga; On je jedini Život. „O, Arđuna! Ja sam Jastvo u srcima svih stvorenja: Ja sam njihovo Podrijetlo, Postojanje i Konačnost." Tako Gospodin opisuje Sebe u Giti.[*] I u Bibliji čitamo ovu objavu: „Ja sam Alfa i Omega, veli Gospodin Bog, koji jest, koji bijaše i koji će doći, Svemogući."[†]

---

[*] Bhagavad Gita, X:20.
[†] Otk, 1:8.

Intuicija razvija našu istinsku osobnost

Intuicija naše duše sposobnost je dana od Boga. On nema usta, a ipak sve kuša. On nema ruke ni noge, a ipak osjeća cijeli svemir. Kako? Intuicijom, Svojom sveprisutnošću.

Čovjek se obično oslanja na osjetila kojima dobiva obavijesti o sebi i svijetu u kojem živi. Njegov um ne zna ništa osim onoga što mu signalizira njegovih pet osjetila. No nadčovjek znanje stječe intuicijom, svojim „šestim čulom". Intuicija ne ovisi o osjetilima ili sposobnosti razumijevanja podataka. Na primjer, osjećate da će se nešto sigurno dogoditi i to se dogodi, točno kako ste predvidjeli. Svatko od vas vjerojatno je imao takvo iskustvo. Kako ste znali bez ijedne činjenice, pretpostavke ili podatka dobivenog osjetilima? To izravno znanje moć je intuicije duše.

Drevni indijski mudrac Patañjali govori nam da autoritet svetih spisa sam po sebi nije dokaz da su vjerodostojni. Kako onda znate da su Biblija i Gita istinite? Podaci koje prenose osjetila i moć zaključivanja ne mogu dati krajnji dokaz. Istina je naposljetku shvaćena ili „dokazana" samo intuicijom, spoznajom duše.

Vaša istinska osobnost počinje se razvijati kada dubokom intuicijom osjećate da niste ovo opipljivo tijelo, nego vječni božanski tok Života i Svijesti u tijelu. Tako je Isus mogao hodati po vodi. On je shvatio da se sve sastoji od Božje svijesti.

Ljudska osobnost može postati božanska osobnost. Odbacite svijest da ste zavežljaj mesa i kostiju. Svake noći Bog čini da zaboravite tu zabludu. No čim se probudite, ponovno se vraćate u zatvore privida i tjelesna ograničenja.

Čovjek može biti što god poželi

Čovjek može promijeniti svoju vanjsku i unutarnju prirodu usredotočenošću. Čovjek snažna uma može biti što god poželi. Ograničena ljudska osobnost može se znatno proširiti meditacijom. Kada zatvorite oči i osjetite prostranstvo duše u sebi i kada tu svijest učinite trajnom, tada ćete imati osobnost koju vam je Bog namijenio i koju uistinu trebate imati. Iskustvo budnog stanja prevladava u vašoj svijesti. No tijekom dubokog sna, kada je čovjeku darovana sloboda od ograničenja tijela, u dodiru ste s Istinom, s vašom stvarnom osobnošću. Vaše stajalište mijenja se s podsvjesnom i nadsvjesnom spoznajom: „Ja sam beskonačan. Ja sam dio svega."

Proširite li svijest razumijevanjem božanskog, osobnost vam postaje sve privlačnija i moćnija. Kada se bit čovjeka duhovno razvija, može usvojiti gotovo svaku nijansu njemu poželjne osobnosti. Um je neograničen, a s razvojem duha i vaš unutarnji život postaje odvojen od tjelesne ograničenosti, više ne osjećate nikakvu sebičnu povezanost s tijelom. Postajete svjesni neizrecive slobode.

Ne biste se trebali poistovjećivati ni s jednim određenim tipom osobnosti. Radije budite u stanju promijeniti svoju osobnost kad god to želite. Bio sam mnogo toga različitog u životu, i to samo zbog zabave. Ulagao sam novac, radio kao glazbenik, poduzetnik, kuhar. Zaista, možete postići bilo što ako ne prihvatite ograničenja koja vam nameće vaša sadašnja osobnost. Kada mi kažete da ne možete učiniti ovo ili ono, ja u to ne vjerujem. Što god odlučite, vi to možete učiniti. Bog je sveobuhvatan i Njegova slika je u vama. On može učiniti bilo što, pa možete i vi, ako se naučite poistovjetiti s Njegovom neiscrpnom prirodom.

Bez obzira na to jeste li zdravi, bogati i imate sve ostalo što želite od svijeta, ipak će se uvijek pojaviti razočaranja koja će donijeti tugu. Ništa na Zemlji nije trajno, samo Bog je vječan. Kada razvijete osobnost koja je izraz Njegove prisutnosti u vama, koja je vaše pravo Jastvo, moći ćete privući sve što želite. Pokušavate li razviti neku drugu osobnost – primjerice, umjetnika, poslovnog čovjeka ili pisca – razočarat ćete se jer sve ljudske pojavnosti imaju svoja ograničenja. Možete poći za uspjehom, novcem ili slavom i postići te ciljeve; ali uvijek će vas povrijediti neki nedostatak – u vezi sa zdravljem ili manjkom ljubavi ili nešto drugo. Najbolje je moliti se: „Gospodine, podari mi sreću da budem svjestan Tebe. Oslobodi me svih zemaljskih želja, a, iznad svega, daj mi Svoju radost koja nadživljava sva sretna i tužna iskustva života."

Ne zaboravite nikada svoju pravu prirodu!

Upamtite da ste kao dijete Božje obdareni snagom većom od one koju ćete ikad trebati za nadvladavanje svih iskušenja koje Vam Bog može poslati.

Često nastavljamo patiti, a da ne uložimo napor za promjenu, i to je razlog zašto ne nalazimo trajni mir i zadovoljstvo. Kada bismo ustrajali, naravno da bismo prevladali sve poteškoće. Važno je uložiti napor kako bi došli od bijede do sreće, od malodušja do hrabrosti.

Nužno je najprije shvatiti da je važno promijeniti sadašnje stanje. Takvo mišljenje potiče volju za djelovanjem. Odlučimo da ćemo se uvijek truditi spoznavati samog Sebe i tako neprestano poboljšavati i svoj život.

Indijski duhovni znanstvenici istraživali su kraljevstvo duše. Oni su čovječanstvu, za njegovu dobrobit, dali određene univerzalne zakone meditacije kojima istinski tragatelji – oni koji žele poboljšati svoj život mijenjajući sebe – mogu na znanstveno točan način nadzirati svoj um i tako postići samoostvarenje.

Kada razvijete svoju božansku prirodu, postajete potpuno odvojeni od tjelesnosti jer se prestajete poistovjećivati s tijelom. O njemu se brinite kao što biste se brinuli o malom djetetu. Putem meditacije sve više i više uviđat ćete što je vaše pravo Jastvo i tako se postupno oslobađati psihičke i fizičke patnje. Odbacit ćete svoja cjeloživotna ograničenja. To je najbolji način kako živjeti svoje vrijeme na Zemlji.

Probudite svoju božansku osobnost

Zapamtite da nije loše posjedovati imovinu, ako vas ona ne drži u vlasti. Teško je uspostaviti pravu ravnotežu. Ako previše trčite za novcem, možete zanemariti zdravlje. Vidjet ćete da će vas sve izdati izdate li svoju odanost Bogu. Stoga, neka se ne prolije nijedna kap ulja iz svjetiljke vaše pozornosti u svetištu unutarnje tišine dok svakodnevno meditirate i pažljivo obavljate svoje dužnosti u svijetu.* To je osobnost kakvu želite razviti – biti savjesni u obavljanju životnih

---

* Priča koja se često pripovijeda u Indiji govori o duhovnom testu kojemu je veliki svetac, kralj Janaka, podvrgnuo svojeg kandidata za učenika, Sukhadevu. Kako bi provjerio mladog pristašu, prije nego što ga primi u duhovno naukovanje, Janaka je tražio od Sukhadeve da obiđe kraljevsku palaču dok na dlanu nosi uljanicu do vrha ispunjenu uljem. Uvjet za polaganje testa bio je da Sukhadeva detaljno prouči (i naknadno izvijesti kralja) svaki predmet i pojedinost u svim kraljevskim odajama, a da pritom ne prolije nijednu kap ulja iz napunjene uljanice. Značenje ovog testa je da duhovni učenik mora naučiti držati svoju pozornost usmjerenu na Boga, ne dopuštajući pritom mislima da ni na trenutak od Njega ne odlutaju kako ne bi prolio ulje božanskog zajedništva, dok istodobno obavlja, točno do posljednjeg detalja, sve svoje dužnosti u svijetu.

zadataka, ali svjesni da se vaš stvarni Dom nalazi u vama samima. Koja je svrha razvijanja osobnosti koja se temelji na svjetovnim, uvijek promjenjivim i prolaznim vrijednostima? Radije težite za osobnošću koja proizlazi iz vašeg života u stalnoj svjesnosti o Bogu. Bhagavan Krišna je rekao: „Kada se čovjekov um potpuno odrekne svih želja i posve je zadovoljan u Jastvu, i s Jastvom, on se smatra usidrenim u mudrosti."*

Probudite u sebi ovu božansku osobnost, istodobno krotku i snažnu – snažnu poput lava i nježnu poput goluba. Kada se doista odlučite na praksu meditacije i sliječenje ovoga puta, ništa vas neće od njega odvratiti. Vjerno izvršavajte svjetovne dužnosti ne zaboravljajući ni trena svoju najvišu dužnost, onu prema Bogu.

---

* Bhagavad Gita, II:55

Božansko umijeće stvaranja prijateljstva

Prvi hram Self-Realization Fellowshipa, Encinitas, Kalifornija, 22. siječnja 1939.

Prijateljstvo je najplemenitiji izraz Božje želje za pokazivanjem Svoje ljubavi prema čovjeku. Bog ljubavlju obasipa novorođenče s pomoću oca i majke. Njihovi osjećaji za djetešce su urođeni jer je naš Stvoritelj odredio da naši roditelji ne mogu drukčije nego nas voljeti. Međutim, prijateljstvo nam se nadaje kao slobodan i nepristran izraz Njegove ljubavi.*

Dva se stranca sretnu i prema trenutačnom izboru njihovih srca žele pomoći jedan drugomu. Jeste li ikada razmišljali kako se to događa? Spontana uzajamna želja za prijateljstvom proizlazi izravno iz Božjeg zakona privlačnosti; međusobna djela prijateljstva dviju duša koja su činile u prošlim životima postupno stvaraju karmičku vezu na temelju koje se neodoljivo privlače u ovom životu.

Taj impuls je čist sve dok ga ne umrlja sebičnost ili spolna privlačnost. No često se upravo to događa. Prijateljstvo raste na stablu naših najintimnijih osjećaja i oskvrnjuje se nezdravim željama i sebičnim djelima. Ako zagnojite korijenje stabla pogrešnom vrstom gnojiva, ono će roditi ubogim plodovima, a hranite li stablo ljudskih osjećaja sebičnošću, vaše nedostojno ponašanje zagadit će plodove prijateljstva. Osjećati zainteresiranost za nekoga samo zato što je bogat, utjecajan ili može za vas nešto učiniti, nije prijateljstvo. Privlači li vas netko prije svega zato što ima lijepo lice, to nije prijateljstvo. Kada to lice izgubi svoju mladenačku privlačnost, „prijateljstvo" će ispariti.

---

* „Mir nalazi onaj tko poznaje Mene... kao beskonačnog Gospodara sveg Stvaranja, i kao dobrog Prijatelja svim stvorenjima." (Bhagavad Gita, V:29)

Razvijajte prijateljstava iz prošlosti

Istina je da ne možete pronaći prijatelje gdje god. Neke osobe viđate svaki dan, a nikad ih ne upoznate, dok s drugima osjećate da ih poznajete oduvijek. Trebali biste naučiti prepoznati taj unutarnji znak. Gdje god bili, uvijek držite oči otvorenima, i ako osjetite da vas netko božanski privlači, trebali biste započeti prijateljstvo s tom osobom jer je ona bila vaš prijatelj u nekom prijašnjem životu. Postoje mnogi prijatelji koje smo upoznali u prošlim životima, ali ta prijateljstva još nisu bila usavršena. Bolje je početi gradnju na temeljima koji su već postavljeni, nego ih kopati u pijesku privremenih poznanstava. Lako je nekomu misliti da ima mnogo prijatelja, sve dok oni ne učine nešto njemu bolno, zbog čega se zatim osjeća duboko razočaranim.

Mnogi ljudi griješe u odabiru prijatelja jer su zavedeni njihovim vanjskim izgledom. Jedini način da prepoznate prave prijatelje jest da više meditirate. Trebali biste pokušati pronaći prijatelje na božanski način, a to je da svoju svijest oslobodite misli o izgledu lica ili drugim pojavnostima kao pokazateljima vaših osjećaja prema drugima. Ako to učinite, jednoga dana moći ćete posvuda oko sebe naći prave prijatelje. Osjetit ćete Božje prijateljstvo putem tih skromnih ljudskih kanala koji Mu se ne opiru. Putem onih čista srca u vas će se ulijevati božansko svjetlo prijateljstva.

Kako biste privukli prijatelje, poboljšajte svoj karakter

Ne možete privući prave prijatelje ako ne uklonite karakterne mrlje sebičnosti i drugih neugodnih osobina. Umijeće pronalaženja prijatelja krije se u tome da se i sami ponašate božanski – da ste duhovni, neiskvareni, nesebični – i da započnete prijateljstvo ondje gdje su temelji prijateljstva već postavljeni u prošlom životu.

Prijateljstvo bi trebalo postojati u svim ljudskim odnosima: između roditelja i djece, između muževa i žena, između muškaraca i muškaraca, između žena i žena, te između muškaraca i žena. To je bezuvjetno. Kada osjećate potrebu da se sprijateljite s drugima, činite to tako da osjećate Božju prisutnost. Prijateljstvo je božanski impuls. Bog se ne brine o Svojoj ljudskoj djeci samo u obliku roditelja i rodbine. On nam dolazi i kao prijatelj kako bi nam pružio mogućnost za izražavanje bezuvjetne ljubavi proizašle iz srca.

Što se više ljudskih nedostataka riješite, a u život prizovete više božanskih kvaliteta, to ćete imati više prijatelja. Nije li Gospod Isus bio veliki prijatelj svima, kao i Gospod Buddha i Gospod Krišna? Morate usavršiti svoju ljubav prema drugima kako biste bili poput njih. Ako druge ljude možete uvjeriti u svoje prijateljstvo prema njima, pokaže li vam vrijeme na temelju mnogih zajedničkih iskustava da vam neka osoba pokazuje osjećaje iz dna duše, a vi za nju osjećate jednako – ne zbog kakve dobiti, nego isključivo zbog božanskog impulsa prijateljstva – u takvom odnosu vidjet ćete Boga.

Budite prijatelj svima, kao što Bog to čini

Ne dopustite si da prijateljski odnos imate samo s jednom osobom, nego ga postupno uspostavljajte s drugima koji imaju plemenite ideale. Ako pokušate izgraditi prijateljstvo s osobama iskvarena uma, bit ćete razočarani. Budite najprije prijatelj s uistinu dobrim ljudima, a zatim nastavite biti prijatelj i drugima sve dok ne osjetite prijateljstvo prema svima, dok ne budete mogli reći: „Ja sam prijatelj svima, čak i svojim neprijateljima." Isus je osjećao prijateljstvo čak i prema onima koji su ga razapeli; svojim primjerom pokazao je u posljednjem teškom iskušenju to što je uvijek podučavao: „... Ljubite svoje neprijatelje i molite za one koji vas progone, blagoslovite one koji vas proklinju, činite dobro onima koji vas mrze i molite za one koji vas nemilosrdno koriste i progone."*

Prijateljstvo je božanska ljubav jer je bezuvjetno, stvarno i trajno. Emerson je lijepo izrazio taj ideal u jednom od svojih eseja:†
„Najviši sporazum koji možemo postići s našim drugom je ovaj – 'Neka između nas dvoje zauvijek bude istina'. ... Poseban je osjećaj za nekoga reći da ga nikada ne trebam sresti ili govoriti mu ili pisati, mi se ne trebamo međusobno ojačavati ili si slati razglednice sjećanja; oslanjam se na njega kao na samoga sebe, ako je on učinio ovo ili ono, znam da je to bilo ispravno." S prijateljem možete slobodno

---

* Mt 5:44

† *Vodič za život: Ponašanje*

razgovarati i nećete biti pogrešno shvaćeni. Ali prijateljstvo se ne može nikada razviti ako postoji kakav nagovještaj zahtijevanja jednog od drugog. Prijateljstvo se može graditi samo na temelju slobode i duhovne jednakosti. Stoga biste se trebali prema svakomu odnositi u tom božanskom svjetlu i biti svjesni da je svaka osoba slika Boga. Ako prema nekom pogrešno postupate, nikada nećete uspostaviti prijateljstvo s njim.

Mnogi ljudi prolaze kroz život bez prijatelja. Ne mogu zamisliti kako mogu tako živjeti. Pravi prijatelji nas rijetko pogrešno shvate, a ako se to i dogodi, to je samo nakratko. Ako netko iznevjeri vaše povjerenje, nastavite mu dalje davati ljubav i razumijevanje, u nadi da će vam to biti uzvraćeno. No ako se ta osoba nastavi nedolično ponašati i odbija ispruženu ruku prijateljstva, tada je bolje ustuknuti na neko vrijeme.

Univerzalno prijateljstvo počinje kod kuće

Prijateljstvo treba početi kod kuće. Ako u vašoj obitelji postoji netko tko je posebno usklađen s vama, razvijajte najprije prijateljstvo s tom osobom. Zatim, ako vas privlači netko od znanaca sa sličnim idealima, razvijajte taj odnos. Isključite iz odnosa sve sebične želje ili seks. U iskrenom i čistom prijateljstvu vidjet ćete da vas Bog vodi. Prijateljujte s dobrim ljudima i što više budete meditirali, to ćete sve više prepoznavati prijatelje iz prošlosti. Meditacija budi „uspavana sjećanja na prijatelje koji bi iznova to mogli biti."* Mnoge osobe koje sam vidio u viziji, poslije sam susreo, a ovdje u Americi našao sam mnoge koje sam vidio u viziji na brodu kada sam prvi put stigao u ovu zemlju 1920.

Prijateljstvo je velika univerzalna sila. Kada je vaša želja za prijateljstvom dovoljno jaka, čak ako nepoznata osoba koja je duhovno usklađena s vama živi na Južnom polu, magnetizam prijateljstva ipak će vas međusobno privući. Samo sebičnost može uništiti privlačnost u nama. Onaj tko misli o sebi sve vrijeme, uništava prijateljstvo. Takve osobe ne mogu privući prijatelje jer nisu u stanju primiti i

---

* Ulomak iz pjesme „O dolasku u novu - staru zemlju - Ameriku" Paramahanse Yogānande iz zbirke „Songs of the Soul" (*Pjesme duše*). (*napomena izdavača*)

proširiti ono dobro u životu.

Bog vam je dao obitelj kako biste naučili voljeti druge, a onda tu vrstu ljubavi dijeliti s drugima. Smrt nam odnosi drage osobe ili ih gubimo pod drugim okolnostima kako bismo mogli naučiti voljeti ljude, ne samo u ljudskim odnosima, nego biti u ljubavi s Ljubavlju Samom, a to je Bog, Biće iza svih ljudskih maski. „Kada čovjek sva pojedinačna bića primjećuje u Jednom, koji je razasut u mnoštvu, on se stapa s Brahmanom."*

Prijateljstvo znači ulaganje ljubavi ondje gdje nema predrasuda koje nameću ljudski odnosi. U braku postoji prisila seksa, u obiteljskom životu prisila nametnutih nasljednih instinkata. No u prijateljstvu nema prisile.

Dajmo ljubav svima. Molimo se da sretnemo prijatelje iz prošlosti i dokažemo svoje prijateljstvo s njima tako da nakraju možemo razumjeti i zaslužiti prijateljstvo Boga. Sve dok ne budemo ujedinjeni sa svom Njegovom djecom u duhu prijateljstva, nećemo biti sjedinjeni s Bogom.

Meni nitko nije stranac. Kako je divno to stanje sreće i radosti! Čak me ni najgori neprijatelj ne može prisiliti da u njemu ne vidim prijatelja. Kada dođe to buđenje, čovjek je u ljubavi sa svima. Vidite svakoga kao dijete vašega Oca i ljubav koju osjećate za sva bića nikada ne umire. Ona raste i povećava se, sve dok u ljubavi prijatelja ne spoznate Božju ljubav.

---

* Bhagavad Gita, XIII:30.

Istinsko iskustvo duhovnog ushita

Međunarodna središnjica Self-Realization Fellowshipa,
Los Angeles, Kalifornija, 16. prosinca 1934.

Bog nam je dao snagu da budemo duhom nadahnuti – da spoznamo čisto blaženstvo Njegove prisutnosti u nama. No sile zla tijekom stvaranja napravile su zavodljive krivotvorine. Privremen, uzbuđujući učinak alkohola i opojnih droga lažna je zamjena istinskom duhovnom iskustvu. Konzumacija alkohola i opojnih droga često vodi do neumjerenosti u seksu što poništava snagu duhovnog nadahnuća jer um postaje izrazito vezan za tjelesnu svijest.

Mnogi se ljudi odaju alkoholu kako bi otjerali od sebe neugodna sjećanja i brige, no takav način bijega čovjeka udaljava od prirođene mu mudrosti duše – upravo one snage koja mu je dana kako bi prevladao poteškoće i našao trajnu sreću. Bog, kao Radost sama, želi da tragamo i nađemo, u svojoj duši, Njegovu uvijek novu radost.

Spomenute krivotvorine su štetne jer su mamci *maye*, kozmičke snage privida koja uvijek pokušava narušiti sve predivne izražaje Boga u svemiru. U stvaranju se posvuda nalaze dvojne snage dobra i zla koje se suprotstavljaju jedna drugoj. Bog je stvorio ljubav, sotonske sile stvorile su mržnju; Bog je stvorio ljubaznost, sotonske sile sebičnost; Bog je stvorio mir, sotonske su sile stvorile nesklad.

Znajući ovo, trebali biste shvatiti da su alkohol i opojne droge štetni za vas jer uništavaju istinsku radost i inteligenciju vaše duše. Čak i jedno piće ili prvo uzimanje droge* može potaknuti trajnu naviku koja možda već postoji kao sklonost usađena u vašu podsvijest iz prošlih života. Ono što je zlo uvijek treba izbjegavati kao zlo.

---

* Osim kada je to medicinski opravdano i propisano kao potrebno od liječnika specijalista te kada se uzima pod njegovim nadzorom.

Neusporedivo vino duhovnog ushita

Kada jednom okusite vino duhovne ekstaze, shvatit ćete da se nikakvo drugo iskustvo ne može s tim usporediti. Uvijek nastojte razviti božansku svijest kod svoje djece učeći ih da meditiraju, da ne dođu u iskušenje igrati se vatrom zavodljivih i lažnih užitaka. Sveto blaženstvo je beskrajno, a užici koje daju alkohol i opojne droge su kratkotrajni i nakraju donose bijedu.

Svake noći u snu imate priliku okusiti mir i radost. Tijekom dubokog sna Bog nam omogućuje da uživamo u miru nadsvijesti u kojem se zaboravljaju svi strahovi i brige svakodnevice. Meditacijom možete doživjeti to sveto stanje uma, pa čak i u budnom stanju ako ste neprekidno uronjeni u iscjeljujući mir.

Kada nailazi božanska radost, moj dah odmah se smiri i uzdižem se put Duha. Osjećam blaženstvo tisuća snova zamotanih u jedan, a ipak ne gubim svoju običnu svijest. To je univerzalno iskustvo onih koji postižu duboko nadsvjesno stanje. Kada vas prožme duboka ekstaza Boga, tijelo postaje potpuno mirno, dah prestaje teći, a misli su staložene – jednostavno nestaju po magičnoj zapovijedi duše. Tada pijete Božje blaženstvo i doživljavate opijenost radošću koju vam ne bi moglo dati ni tisuću gutljaja vina.

Kada običan čovjek zadrijema i tek što nije utonuo u san, osjeti malo sreće, ali ubrzo izgubi tu svijest i čvrsto zaspi. San nije potpuna nesvijest jer kada se probudite, uvijek znate jeste li dobro spavali ili niste.

Postoje razne vrste sna – neki laki, a neki duboki. No opojnija od najblaženijih snova su ona duhovna iskustva koja čovjek može imati u svjesnosti s Bogom. Iza tajnovite zemlje snova te su božanske radosti. Mogu ostati u svakom stanju koje želim. Često ostajem između svijeta snova i budnosti – u nadsvjesnom stanju.

Svijest je bezgranična

Mogućnosti vašeg uma su bezgranične, ali vi to ne razumijete. Mogu utonuti u dubok san i uživati, a istodobno biti mišlju prisutan u svijetu. Ili mogu spavati i sanjati, a u isto to vrijeme čuti sve što se oko mene događa. Katkad spavam baš kao i obični ljudi i ponovno mogu spavati i svjesno gledati sebe dok spavam. U nadsvjesnom stanju možete vidjeti da vaše tijelo i um spavaju, a ipak imati potpunu svijest o svemu što se događa. To je moguće samo kada ste razvili sposobnost da voljno ulazite u stanje nadsvijesti i voljno se vraćate u normalno stanje uma.

Ne trebate se brinuti da ćete u meditaciji (ili zamisli ili prakticiranjem unutarnje tišine) izaći iz tijela i napustiti ga zauvijek. Ta je ideja potpuno pogrešna. Vezanost za tijelo koju uvjetuje *maya* tako je moćna da joj ne možete izmaknuti tek tako! Čak i ako je vaše normalno budno stanje svijesti nestalo, sve dok je vaš podsvjesni um i dalje vezan za tijelo, ne možete ga trajno napustiti.

Što je dokaz samoostvarenja?

Ako nešto vrlo snažno zamislite, to se prikazuje kao halucinacija koja nije stvarna. Trebali biste razumjeti razliku između zamisli i samoostvarenja. *Važan dokaz samoostvarenja – Božje svijesti u vama – jest istinska i bezuvjetna sreća.* Ako u meditaciji neprestano osjećate sve veću radost, to je znak da Bog u vama pokazuje Svoju prisutnost. Ako se božanska sreća prestane pojavljivati, tada nešto nije u redu s vašom sviješću, postoji čvor koji treba ukloniti uz pomoć vašega gurua. Održavanjem stalnog zajedništva s njim svakodnevnom meditacijom i sliješenjem njegovih uputa – *sadhane** koju vam je dao, razvezat će se taj čvor. Čovjek ne može biti s Gospodinom ako samo misli da je božanski prosvijetljen. Mora se poboljšati, odnosno usavršiti. Velika je razlika između potencijalne spoznaje Boga i stvarnog ostvarenja Boga. Ne možete ga upoznati osim skromnošću, mudrošću i predanošću. Upravo će skroman čovjek spoznati Boga.

Oni koji postižu duboku nadsvijest razvijaju neobične duhovne moći i kontrolu nad snagama prirode. No nijedan čovjek s istinskom sviješću o Bogu nikada se ne koristi svojom moći nepromišljeno, za sebično nametanje. Mudri shvaćaju da je Gospodin jedini Stvaratelj, i ponizno Mu vraćaju izvanredne darove koje im je On poklonio. Nije li sve u svemiru čudo? Nije li čovjek čudo samim svojim postojanjem? Ako ljudska bića nisu zadovoljna sa svim čudima koje je Bog stvorio, zašto bi ih izvodili Njegovi sveci? Oni to nikada ne rade,

---

* Put duhovne discipline i upute koje nekomu daje njegov guru. (vidi rječnik)

osim – zbog nekih osobitih razloga, često nespoznatljivih – kada im Gospodin tako zapovijedi.

S onu stranu kaleidoskopa podsvijesti

Opisat ću vam kako se nadsvijest razlikuje od podsvijesti. Nadsvijest je stanje u kojem možete *svjesno*, budni ili u snu, po volji proizvesti svaku senzaciju u svojem tijelu bez ijednog vanjskog poticaja. To je dokaz. U podsvjesnoj zemlji sna možete piti čašu vrućeg mlijeka, ali to iskustvo vam dolazi spontano, nepozvano. U nadsvjesnom, pak, stanju to ili koje drugo iskustvo možete doživjeti svjesno i voljno. Sve dok niste u stanju to učiniti, nemojte se zavaravati da ste dosegnuli nadsvijest.

Milijuni vjernika nikada ne stignu dalje od kaleidoskopa podsvjesnog uma koji svoja čuda prikazuje uglavnom tijekom spavanja. No u nadsvjesnom stanju možete vidjeti i znati sve što želite – ne putem zamisli, nego u stvarnosti. Mogu sjediti na ovom stolcu i umom otići u Indiju te točno vidjeti što se događa u mojoj staroj kući.

Napredni sljedbenik prolazi kroz tri stanja duhovne svijesti, Svetog Trojstva. On najprije doživljava nadsvjesno stanje, jedinstvo sa stvaralačkom snagom u kreaciji koja je *Aum*, „Bog kao Duh Sveti". Zatim dolazi Kristova Svijest koja omogućuje uranjanje u Beskonačnu Inteligenciju unutar kreacije: *Tat*, „Bog kao Sin". Naposljetku, on dostiže najvišu, Kozmičku Svijest, Istinu s onu stranu svega stvorenog, koja je neizrecivi Apsolut: *Sat*, „Boga Otac".

Katkad sljedbenik boravi u podsvijesti, katkad je uzdignut do nadsvijesti i Kristove Svijesti, a nekoliko velikih duša u stanju je ići dalje od Kristove Svijesti u Kozmičku Svijest, područje Bezuzročnog Duha.

U stanju Kristove Svijesti ne treba zamišljati događaje da bismo ih doživjeli. Ne morate zamisliti Indiju – ondje ste; svjesni cijelog stvaranja. To iskustvo znači beskrajno širenje svijesti. Istodobno ste u vlati trave i na vrhu planine, možete osjetiti svaku stanicu svojeg tijela i svaki atom prostora.

No Kozmička je Svijest čak i iznad toga. U trenutku kada osjetite svoju prisutnost u svemu stvorenom i Radost koja je iznad stvorenog, tada postajete bogoliko biće.

Tri staze do kozmičke svijesti

Dvorana Trinity, Los Angeles, Kalifornija, 9. veljače 1934.

Sve dok postoji čak i slabašan vrtlog misli i titraj psihičkog nemira, čovjek ne može dosegnuti kozmičku svijest. Tehnike koncentracije* uvelike pomažu u poboljšanju kvalitete i snage naše pozornosti. Predano prakticiranje tih tehnika gorljivog će tragatelja poštedjeti godina uzaludnog lutanja na podsvjesnoj razini. To je područje uma koje je bolje izbjeći jer vrvi lažnim i zamišljenim duhovnim iskustvima. Treba dosegnuti nadsvjesnu razinu kako biste postigli istinsko duhovno iskustvo i spoznaju istine.†

Ljudi imaju naviku mnogo učiti, a malo prakticirati naučeno. Poslušat ćete predavanje o šećeru stotinu puta, ali nećete znati kakav je njegov okus sve dok ga ne kušate. Veličina kojeg god istinskog učenja ne može se spoznati drukčije nego praksom. Učenja proroka i velikana treba iskustveno doživjeti. Tada njihove istine postaju i vaše i tek tada možemo razumjeti da je ta istina primjenjiva, dokaziva i sveopća. Kada prakticirate istinu – bez obzira na to jeste li kršćanin, hinduist, budist ili sljedbenik koje druge religije – dobit ćete potvrdu Krista, Krišne, Buddhe ili drugog božanskog utjelovljenja.

Postojano slijedite put istine. Sjetite se da od tisuću ljudi, samo nekoliko njih traži Boga, a od tih nekoliko, možda Ga samo jedna

---

* Koncentracija je stanje potpune jednousmjerenosti i mirnoće svijesti. Priroda stvorenog je gibanje, priroda Duha je mirnoća. „Prestanite i znajte da sam ja Bog." (Ps 46:11). Koncentracija je stoga nužna za božansko zajedništvo. Tehnike koncentracije i meditacije koje se uče u *Lekcijama Self-Realization Fellowshipa* vode do savršenog usklađivanja ljudske svijesti s božanskom sviješću. (vidi *Tehnike koncentracije* u rječniku).

† Podsvjesna razina ljudske svijesti ima svoju korisnu stranu kao skladište sjećanja i kao zemlja sna i snova. No u meditaciji ona može biti ozbiljna smetnja onima odsutnog uma, sklonima maštanju ili psihičkim moćima te ih odvesti u područje izmaštanih priviđenja koja nisu ništa stvarnija ili duhovno vrjednija od običnih snova. Znanstvene tehnike meditacije i sljedbenikov osobni napor da ih pravilno provodi privlače um prema nadsvjesnom stanju samoostvarenja i zajedništva s Bogom.

osoba stvarno poznaje.* Onaj tko je uporan, spoznat će Boga. Stoga pokušajte učiniti sve kako bi meditacija postala redovito iskustvo u vašem životu. Nikada ne zaboravite Boga i ne budite zadovoljni sve dok Ga ne spoznate! Budite u stanju reći: „Iza ovog konačnog okvira, osjećam Beskonačnost." Nikada nisam došao na predavanje ako nisam sa sigurnošću znao da je On sa mnom. Nikada ne podučavam sve dok nisam siguran u potpuno zajedništvo. I znam da kada govorim s te razine, studenti nikada neće zaboraviti ono što su naučili.

Koncentracija – nužan uvjet za pronalaženje Boga

Moć koncentracije iznimno je važna za duhovni napredak, bez koncentracije nikada nećete naći Boga. Naučite kako isključiti iz svijesti sve zvukove i druge smetnje. Čim svoju svijest dovedete u red, Bog će vam se otkriti. On se ne skriva od vas, nego se vi skrivate od Njega. Ako u dubokoj meditaciji ugledate kakvo unutarnje svjetlo†, pokušajte ga zadržati i osjetiti da ste u njemu – jedno s njim. To je mjesto gdje je Bog. Pokušajte shvatiti da ste vi to Božje svjetlo.

Što dulje ostanete koncentrirani i mirni, to ćete dublje spoznati Boga. Kada bi vrijeme koje provodite u čitanju knjiga o duhovnim istinama proveli u meditaciji, vaš napredak bio bi mnogo veći, i mentalni i duhovni. Spavajte manje, a više sati posvetite meditaciji jer odmor koji ćete tako doživjeti stotinu puta više osvježava od spavanja.

Sve dok ne uklonite ometajuće zvukove iz svijesti, nećete moći dosegnuti Boga. Zbog toga su sveci tražili osamu u špiljama i šumama. Uranjajte u unutarnju tišinu opet i opet, provodeći vježbe koncentracije i meditacije koje sam vam dao i naći ćete pravi mir i sreću. Gita kaže: „Slobodan od neprestanih želja punih nade i od čežnje za imutkom, mirna srca (smirenih valova osjećaja) pod nadzorom duše (jogijske koncentracije), u osami tihog mjesta, jogi neprestance treba težiti jedinstvu s dušom."‡

---

* „Među tisućama ljudi, možda jedan teži za duhovnim postignućem, a među blagoslovljenim iskrenim tragateljima koji marljivo pokušavaju doći do Mene, možda Me jedan spoznaje onakvog kakav jesam." (Bhagavad Gita, VII:3)

† Svjetlo Boga ili duhovno oko.

‡ Bhagavad Gita, VI:10.

Tišina duboke meditacije trebala bi biti prisutnija u crkvama i hramovima. Tijekom duhovnog školovanja u ašramu u Indiji, moj guru Swami Sri Yukteswar držao nam je predavanja samo povremeno. Većinom smo sjedili oko njega bez ikakva razgovora, usmjereni na svoj unutarnji mir. Ako bi se samo pomaknuli, on bi nas ukorio. Pravi učitelj posjeduje više od pukog knjiškog znanja i u duhovnom životu potrebno je primiti mudrost od takva učitelja, nekoga tko zna i svjestan je tog znanja jer je iskusio istinu, a nije o njoj samo čitao.

Nevidljivi izvor vidljivih svjetova

Svemir je podijeljen na dva dijela ili razine. Na jednoj je strani sve stvoreno. Na drugoj je samo Bog; stvoreno ne postoji. Božji je svijet „tama bez tame" i „svjetlost bez svjetla". U Giti Gospodin kaže: „Gdje ni sunce, ni mjesec, ni vatra ne sjaje, ondje je Moje Vrhovno Prebivalište".*

Jednaku dvojnost nalazimo i kada govorimo o ljudskoj svijesti. Vaše biće ima dvije strane – vidljivu i nevidljivu. Otvorenim očima vidite objektivnu kreaciju i sebe u njoj. Zatvorenih očiju ne vidite ništa osim tamne praznine, a vaša je svijest, čak i kada se odvoji od oblika, i dalje svjesna života i djelotvorna. U dubokoj meditaciji prodirete u tamu iza zatvorenih očiju, vidite Svjetlo iz kojega nastaje sve stvoreno. U dubljem stanju *samadhija*, vaše iskustvo nadilazi čak i odraz Svjetla i ulazi u Sveblaženu Svijest – izvan svih oblika, a ipak beskrajno stvarniju, opipljiviju i radosniju od ijedne osjetilne ili nadosjetilne percepcije.

Bog vam je dao priliku da sviješću promatrate djelovanje zakona jednakih onima koji upravljaju svemirom. To stanje svijesti bez oblika koje se doživljava zatvorenih očiju može se usporediti s beskrajnim područjem „tame bez tame" i „svjetla bez svjetla", gdje Bog postoji bez ikakva oblika, osobina i dvojnosti koje obilježuju razinu Njegova materijalnog stvaranja. U tom bezgraničnom protezanju vječnosti iza stvorenog živi samo Bog u savršenoj svjesnosti *uvijek postojećeg, uvijek svjesnog, uvijek novog* Blaženstva. U tom dijelu

---

* Bhagavad Gita, XV:6.

vječnosti gdje On kraljuje kao Apsolut ne postoji nikakav svijet ni koja druga stvorena stvar. No na drugoj strani svemira On je svjestan svega – cjelokupne kreacije – u Sebi.

U Nevidljivom je tvornica univerzuma. Einstein je rekao da prostor izgleda vrlo sumnjivo jer sve proizlazi iz njega i sve u njemu nestaje. Kamo to elektroni nestaju kao i cijeli svjetovi?

Svaki put kad vas „očara" kakva materijalna tvorevina, zatvorite oči, pogledajte unutra i nadahnite se njezinim Izvorom. Ne vidite ništa, ne osjećate ništa. A ipak svi vidljivi objekti došli su iz tog Nevidljivog. „I Svjetlo svijetli u tami".* Ako nastavite gledati u tamu, naći ćete veliko Svjetlo. Iza tame je Kristova Svijest (*Kutastha Chaitanya*). Iza tame je gusto naseljen život drugih svjetova. „U kući Oca moga ima mnogo stanova."†

Odmah iza svemira nalazi se Inteligencija. A odmah iza vas je Bog. Ne živite više u neznanju o Njegovoj prisutnosti. Protresite tamu meditacijom. Nemojte stati sve dok Ga ne nađete. U toj nutrini toliko je toga što treba naučiti! Toliko toga vidjeti! Odgovor na svaki problem doći će vam izravno iz Beskonačnosti. Istine koje ja vidim iznutra meditacijom, otkrivaju osnovu fizioloških zakona koje znanost otkriva drugim metodama. Kada zatvorim oči, mogu vidjeti suptilne struje života koje teku mojim tijelom.

Kada su vam oči zatvorene, u tišini vašeg iskustva, nemojte misliti da ste sami. Bog je s vama. Zašto biste mislili da nije? Eter je ispunjen glazbom koju primate putem radija – glazba za koju inače ne biste znali. A tako je i s Bogom. On je s vama svakog časa vašeg postojanja, a ipak jedini način da to spoznate je putem meditacije. A oni koji meditiraju, trebali bi ići sve dublje!

Nemojte zaspati noću sve dok stvarno ne osjetite znak Božje prisutnosti u vama. Zurite u tu tamu sve dok ne otkrijete njezine čudesne tajne.

Da vas ohrabrim, ispričat ću vam o jednom iskustvu koje sam imao danas u nadsvjesnom stanju. Sjedio sam u knjižnici u Mt. Washingtonu. Bilo je oko četiri sata. Odjednom sam ostao bez daha.

---

* Iv, 1:5.

† Iv, 14:2.

Moji udovi postali su kruti. Zatekao sam se kako promatram proces svojeg umiranja. Dah i pokret napustili su moje tijelo, a ipak sam bio svjestan. To iskustvo smrti bilo je prekrasno. Vidio sam svoje tijelo i cijelu prirodu kao kozmički film, stvoren od Božjeg svjetla. Radosno sam plakao: „Ne postoji smrt, Gospodine! Cijeli ovaj svijet nije ništa drugo nego samo film!"

Vladar na prijestolju može reći: „Ah, ja sam kralj!", ali kada mu smrt pokuca na vrata, on odlazi. Pravi je kralj onaj tko osjeća Boga u svim oblicima stvorenog. Smrt ga neće uplašiti jer je vidi kao vrata do božanskog kraljevstva.

Prva staza do kozmičke svijesti

Postoje tri načina širenja ljudske svijesti u kozmičku svijest, prvi je društveni način, u kojem isključujete „sebe" i živite za sve. To znači biti odan svojim prijateljima i osjećati ljubav prema svima. Bog vam je dao obitelj da biste proširili svijest brigom i radom za druge. U obiteljskom životu učimo o ljubavi i žrtvovanju za najmilije i tako postižemo širenje svijesti. No to nije dovoljno. Ljubav koja postaje osobna isključiva je i ograničena. Kada ljubav postane neosobna, ona se širi. Razvijajte neosobnu ljubav, budite u stanju svima dati jednaku ljubav koju dajete svojoj obitelji i za druge činiti točno ono što biste učinili za same sebe. Društveni put ka kozmičkoj svijesti znači prema svima se tako ponašati.

Bog voli svu Svoju djecu jednako – oni su svi Njegova božanska obitelj i Njegova ljubav je neosobna. Njegova djeca trebala bi si uzajamno dati takvu vrstu ljubavi. To je božanski plan. Zaboraviti to, znači patiti. Općeniti način razmišljanja u svijetu treba se promijeniti. Vi svi *jeste* svatko drugi jer je vaša prava priroda sveprisutnost.

Uživam u davanju stvari drugima, osjećam najveću sreću kad vidim nečiju radost. Kada osjećamo ljubav i volimo druge, otkrivamo da sve stvoreno reagira na nas. Isus, koji se odrekao tijela „kao otkupnine za mnoge"* pokazao je društveni način postizanja kozmičke svijesti. Poput Krista, i vi biste trebali služiti svim ljudima kao sami Sebi.

---

* Mt, 20:28.

Čovjek kozmičke svijesti jest sretan čovjek. On ne ograničuje svoju ljubav na nekoliko osoba, isključujući sve druge. Tako bi i vama cijeli svijet trebao biti obitelj. Hoćete li se sjetiti? Ta svijest sa mnom je u svakom trenutku. Nemam kastu, nemam domovinu – osjećam da su svi moji. Volite sve ljude kao svoju braću, volite sve žene kao svoje sestre i sve starije ljude kao svoje roditelje. Volite sva ljudska bića kao svoje prijatelje.

Druga staza

Druga staza do kozmičke svijesti je put samodiscipline. Ne budite žrtva neumjerenosti. Uživajte u stvarima, ali ne budite vezani za njih. Budite slobodni. Budite veseli i puni samokontrole. Izbjegavajte postati rob pogrešnih navika i djelujete samo u skladu sa svojim ispravnim uvjerenjima. Za postizanje kozmičke svijesti nužno je posjedovati samokontrolu i uzdići se iznad dvojnosti – toplo i hladno, zadovoljstvo i tuga, zdravlje i bolest. Naučite podnijeti sva stanja bez ikakva uzbuđenja ili uznemiravanja uma. „Onaj tko je svuda nevezan; ni radosno uzbuđen u susretu s dobrim ni ometen zlom – učvršćen je u mudrosti."*

Treća i najviša staza

Naposljetku, tu je i put meditacije – metafizički staza. Ako ste tijekom meditacije i dalje svjesni daha, vezani ste za svijest o tijelu. Čovjek se mora osloboditi vezanosti za tijelo uz tehnike meditacije koje dobiva od gurua kako bi postigao kozmičku svijest.

Ako stavite začepljenu bocu vode u spremnik, voda u boci odvojena je od onoga što je okružuje, no ako uklonite čep, voda u boci i voda u spremniku će se pomiješati. Slično tomu, obični ljudi isključe Boga jer je njihova svijest u njima zapečaćena čepom neznanja. Kada se taj čep ukloni pravilnom tehnikom meditacije, čovjek osjeća Božji mir unutar i izvan tijela. Kako postupno povećavate duljinu i dubinu svoje meditacije, tako pronalazite sve više i više mira i uvijek nove radosti. Što god drugo pokušavali, nećete prizvati božansku svijest koja dolazi iz meditacije.

---

* Bhagavad Gita, II:57.

Gospodin je posvuda uokolo, ali vi Ga ne osjećate. Vi Ga i ne možete osjetiti, iznutra ili izvana, sve dok ne uklonite čep neznanja i ne pomiješate svoju svijest s Njegovom, i otkrijete Ga u sebi. Ako potonete u materijalne želje, ugušit ćete se. Ako potonete u ocean Boga, živjet ćete zauvijek.

Tko jednom nađe Boga, doživljava stvarna i trajna zadovoljstva. Ljudska se prijateljstva mogu prekinuti, ali Bog vas nikada neće napustiti. Ostave li vas baš svi, ako imate Njega, imate sve.

Budite nasmiješeni milijunaš

Hram Self-Realization Fellowshipa,
Hollywood, Kalifornija, 29. siječnja 1950.

Pravi osmijeh jest osmijeh blaženstva koji dolazi u meditaciji dok osjećate radost Božje prisutnosti. To je osmijeh s lica Lahirija Mahasaye.[*] On svijet promatra djelomično, ali Boga vidi potpuno. Moj osmijeh dolazi od radosti iz dubine mojega bića, radosti koju i vi možete postići. Poput mirisa, ona izlazi iz jezgre rascvjetane duše. Ta radost poziva druge da se okupaju u vodama božanskoga blaženstva.

Prosječan čovjek poznaje četiri stanja uma. Kada mu je želja ispunjena, on je sretan. Kada želja nije ispunjena, on je nesretan. Kada nije ni zadovoljan, ni tužan, on se dosađuje. Kada se odstrane ove tri emocije, ta tri stanja uma – zadovoljstvo, bol i dosada – čovjek postiže mir.

Iza mira stoji blaženstvo

Mir nastaje kad se prekine niz naizmjeničnih stanja tuge i zadovoljstva te nema dosade. To je vrlo poželjno stanje. Nakon burne plovidbe na krijestama valova bola i zadovoljstva, s čestim potonućem u dubine dosade, napokon uživate plutajući na morskoj bonaci. No i od toga mira postoji veće blaženstvo – blaženstvo duše. To je uvijek nova radost koja nikada ne nestaje, nego ostaje s vašom dušom kroz vječnost. Ta se radost može postići samo doživljajem Boga.

Stavite li posudu s vodom na mjesečinu, a zatim uzburkate vodu, na površini će se pojaviti iskrivljeni odraz Mjeseca. Kada smirite valove u posudi, odraz postaje jasan. Situacija kada je voda u posudi mirna i Mjesec se jasno odražava može se usporediti s meditativnim

---

[*] Odnosi se na fotografiju Lahirija Mahasaye koji je bio guru Sri Yukteswara, gurua Paramahanse Yogānande. Neobične okolnosti pod kojima je ta fotografija nastala opisane su u prvom poglavlju *Autobiografije jednog jogija*.

stanjem mira i još dubljim stanjem mirnoće. U miru meditacije svi valovi misli i osjetilnih podražaja iščeznuli su iz uma. U tom dubljem stanju mirnoće čovjek uočava Božju prisutnost poput nepomičnog odraza Mjeseca na vodi. Uobičajeni mir negativno je stanje jer znači samo odsutnost valova zadovoljstva, boli i ravnodušnosti pa nakon nekog vremena onoga koji meditira može ponovno privući želja za iskustvima valova kretanja. Međutim, kada se mir u meditaciji produbi i prijeđe u pravu smirenost te naposljetku postane pozitivno stanje blaženstva, osoba u meditaciji doživljava radost koja je uvijek nova i svezadovoljavajuća.

Kada spavate, pasivno smirujete misli i osjećaje. Kada u meditaciji svjesno smirite misli i osjetila, isprva doživljavate stanje mira, a mišići vašeg lica prelaze u osmijeh što je izraz mira u vašem srcu. Međutim, morate gledati dalje od tog mira kako biste vidjeli čistoću svoje duše, neiskrivljenu osjetilnim podražajima i motoričkim refleksima misli vezanih za osjetila. Stanje koje tada osjećate uvijek je novo blaženstvo. Sveci uvijek imaju tu radost u srcu. Učvršćeni u unutarnjoj božanskoj sigurnosti, njih ne potresa ljutnja ili strah. Koristeći se skalpelom razuma ili intuicije, oni seciraju vlastite ili tuđe misli na operacijskom stolu uma i pritom ostaju smireni. „U blaženstvu duše sva tuga nestaje. Doista, razlikovanje blaženog čovjeka ubrzo postaje čvrsto utemeljeno (u Jastvu)."*

Smiješite se s Božjom ljubavi

Osmijeh uglavnom proizlazi iz pozitivnih emocija koje nose dobra djela, od osjećaja naklonosti, ljubavi, ljubaznosti ili milosrđa. No najljepši se osmijeh pojavljuje na licu kada ispunite svoje srce Božjom ljubavlju. Tada ćete moći voljeti svakoga i smješkati se sve vrijeme. Svi drugi oblici osmijeha su kratkotrajni jer emocije zasvjetlucaju i prođu, bez obzira na to koliko pozitivne bile. Jedino što može trajati jest Božja radost. Kada nju imate, možete se smiješiti neprestano. Inače, kada prema nekom osjećate milosrđe, a on vam na vašu ljubaznost uzvrati udarcem, nećete više prema njemu moći gajiti takve osjećaje.

---

* Bhagavad Gita, II:65.

Poznavao sam čovjeka koji je napravio veliku predstavu od svoje žalosti kada mu je umrla žena. Prozreo sam njegovu emotivnost. „Oženit ćete se u roku od mjesec dana", rekao sam mu tada. Bio je toliko ljut na mene da me poslije toga nije želio više vidjeti, ali se zaista ponovno oženio za mjesec dana. Mislio je da je njegova ljubav prema prvoj ženi bila tako velika, ali vidite kako ju je brzo zaboravio.

Nikada neću zaboraviti što me moj guru, Sri Yukteswarji, naučio kada mi je ispričao ovu dogodovštinu iz svojeg života: „Kada sam bio dječačić, poželio sam imati susjedova ružnog psića. Tjednima sam gnjavio ukućane zanovijetanjem ne bih li dobio tog psa. Posve bih se oglušio na prijedloge da uzmem ljepšeg kućnog ljubimca. Htio sam samo tog psa."

Ista vrsta „fiksacije" obuzima ljude u takozvanim ljubavnim vezama. Ljubavnici postanu hipnotizirani licem i ne mogu ga zaboraviti. No prava ljepota koju bi trebali tražiti jedni u drugima nije vanjska, nego unutarnja.

Kada vam je duša puna radosti, svima ste privlačni. Volim samo božanske osmijehe, jer bez njih bi ljudska bića bila poput lutki – danas vam kažu da će vas zauvijek voljeti, sutra su, pak, u grobu. Gdje je tada njihova velika ljubav? Gdje je obećanje „Voljet ću te zauvijek"? No ako vam Bog samo jednom kaže „Volim te", to je za cijelu vječnost. Zašto tratiti vrijeme na malo ljudske ljubavi, novca, na razne trice, kada u Bogu možete naći sve – svu ljubav ovoga svijeta, svu moć koja postoji? No nemojte Ga tražiti zbog moći, tražite Ga zbog ljubavi. Tada ćete otkriti pukotinu u Njegovu oklopu. Kada Mu date svoju bezuvjetnu ljubav, On više neće moći odbiti dati vam Sebe.

Meditirajte kako biste našli blaženstvo

Meditirajte više. Ne znate kako je to divno. Korisnije je meditirati nego provesti sate i sate radeći za novac ili bilo što drugo čega se možete sjetiti. Što više meditirate, što je više vaš um uronjen u duhovno stanje tijekom vašeg rada, to ćete se više smiješiti. Ja sam uvijek, pa i sada u toj blaženoj svijesti Boga. Ništa me ne pogađa, bio sam ili s ljudima, ta radost Božja uvijek je tu. Zadržao sam osmijeh – ali dobiti ga za stalno bio je težak posao! Isti osmijesi postoje u vama, ista radost i blaženstvo duše. Ne morate ih stjecati, nego ih samo ponovno vratiti. Izgubili ste osmijeh samo privremeno poistovjećujući se s osjetilima.

Ako mislite da ćete osjetima vida, sluha, okusa, mirisa i dodira doživjeti najveću radost, silno se varate. Samo će je oduzeti. Ako uvjetujete svoju radost – ne ugledam li to lice, ne mogu biti sretan – nikada nećete naći nepomućeno blaženstvo. Zato što nijedno osjetilno zadovoljstvo nije trajno. Vrijeme neumoljivo pustoši fizičku ljepotu, sve je u materijalnom svijetu podložno promjeni. Stoga, kada biste mogli vidjeti sva lijepa lica na svijetu, kada biste čuli svu glazbu i dodirnuli sve što želite, i dalje ne biste našli istinsku sreću. Ali, možete zamišljati da ste sretni. Katkad se dogodi da čovjek neprestano traga i traga za određenim objektom svoje želje, no ne nalazi sreću u samom tom predmetu. Ipak, osjeća određeno zadovoljstvo zbog truda koji je uložio u dobivanje toga predmeta i stoga misli da je sretan. No takva su zadovoljstva kratka vijeka.

Stoga ne tražite sreću osjetilima. Nađite radost u sebi i pokažite je na licu. Kada to učinite, kamo god išli, mali osmijeh nahranit će svakoga vašim božanskim magnetizmom. Svi će biti sretni!

Ali zapamtite da je samo Gospodin onaj koji mijenja svako srce, ne smijemo pripisati sebi moć da činimo dobro. Jedini tko čini dobro je Bog. Ovo je Njegov svijet. Ako osjećate Njega kao stanovnika tog tijela – da je on taj koji djeluje u svemu; ako predate sve – i dobra i loša djela – Njemu, iznenadit će vas spoznaja da se sve vaše djelovanje mijenja na bolje. Nećete moći učiniti ništa loše kada Božja svijest bude s vama. Dajte svoj život Njemu. U svemu što radite, recite: „To si Ti, Gospodine, ne ja! Ne ja, Gospodine!" Uništite ego, on je velika prepreka ovoj oslobađajućoj spoznaji. Vi niste Činitelj. Možete li podignuti svoju ruku ako Gospodin utrne tu malu zraku života u vašoj medulli oblongati?*

Kako isključiti vanjske dojmove

Jednom sam sjedio vani u Encinitasu i bilo je vrlo hladno. Usmjerio sam svoju svijest prema unutra i začas uopće nisam osjećao hladnoću. Obuzela me radost, povremeno sam vidio okolinu

---

* Medulla (ili *čakra*) glavna je točka ulaska životne sile u tijelo.

kako se pretapa u snop svjetla poput filmske projekcije. Kada sam se koncentrirao na sliku, vidio sam sliku. Kada sam se koncentrirao na snop svjetla, svijet bi nestao. Bez svijesti ne možete vidjeti ništa. Tako, ako imate potpunu vlast nad svojim umom i gledate unutra u svoju dušu, čak i ako su vam oči otvorene, vidjet ćete samo to veliko Božje svjetlo i osjetiti Njegovu veliku radost. Samo kada gledate očima prema van, vaša svijest opaža vanjski svijet. Sve je to Božji film. Toga dana u Encinitasu sam mogao vidjeti, s jedne strane senzacije i misli koji čine snove moje svijesti koji su došli od Boga, a s druge strane, kada sam se povukao unutra, uopće nije bilo senzacija – samo čista radost. I iako sam sjedio na toj ekstremnoj hladnoći, odjeven samo u kupaće gaće, mogao sam osjetiti da su hladnoća i krajolik nestali, a došla je samo radost; poslije sam osjetio i blage senzacije zajedno s tom velikom radošću.

Vježbajte – biti u prisutnosti Boga. Nemojte se zadovoljiti samo kratkom molitvom ili s malo svjetla, a zatim otići u krevet. Spavanje je droga. Ako možete potpuno kontrolirati seks, ako možete potpuno kontrolirati osjetila, ako možete tražiti Boga svom snagom svoje duše, On će vam doći. Čak i ako ste veliki moralist i osoba sklona duhovnosti, bez opažanja Boga imate vrlo malo.

Dakle, nemojte se zavaravati. Meditirajte više – neprestano i iskreno. Recite Bogu: „Ja znam svoje slabosti. Ali, Gospodine, one pripadaju Tebi, jer si me Ti stvorio. Nemam želja ni za čim osim da budem s Tobom, jer si Ti Onaj koji prikazuje ovaj film. Ti si slobodan od suprotnosti njegovih komedija i tragedija. Tako sam i ja slobodan, jer sam Tvoje dijete."

Ne nazivajte sebe grešnicima ni pravednicima i ne budite ponosni. Recite radije da je Gospodin s vama i da On, a ne netko drugi!, radi kroz vas. Tada ćete vidjeti drukčiji svijet. Bez svjesnosti o Bogu ovaj se svijet doima punim borbi, nasilja, strašnih razočaranja. No s Njim se pretvara u nebesa puna sreće.

Kada sam gledao film „Bernadettina pjesma", bio sam tako duboko dirnut nekim događajima iz svetičina života da sam zaplakao. Naposljetku si rekoh: „Što je tebi?" Pogledao sam film ponovno i vidio svjetlo i sjene, nestalo je svijesti o drami. Nisam više mogao plakati. Obuzela me velika radost.

Film stvaranja

Bog može začas napraviti kopiju bilo koje osobe koja je otišla s ovoga svijeta. On želi da toga budete svjesni. Želi da spoznate kako je sve u stvaranju samo predstava. Shvatite li predstavu ozbiljno, bit ćete povrijeđeni i neće vam se svidjeti, nećete moći podnijeti život pun tuge, bolesti i patnje. Kad god osjećam tjelesnu bol, svoj um usmjerim u sjedište duhovne svijesti u točki između obrva i tada je više uopće ne osjećam. No ako razmišljam o ozljedi, osjećam privid boli. Ako um usmjerite na duhovnu svijest svoje duše i ondje ga zadržite, nećete patiti kada se nestvarne sjene tuge pojave na ekranu vaših misli. Neprestano se molite Bogu da vam Se otkrije kao jedina radosna Stvarnost.

Već ste izgubili toliko mnogo vremena – smrt vas može uzeti svakoga trenutka, a tada nećete imati vremena upoznati Njega. Morate Ga spoznati prije nego što izađete iz kaveza tijela. Recite Mu: „Želim osjetiti Tvoju prisutnost." No On vas neće trajno otpustiti iz ove bolnice privida, sve dok se ne izliječite od bolesti želja. Učinite sve za Boga. Raditi za Njega jednako je važno za vaš duhovni napredak kao i meditacija.

Meditirajte na Gospodina noću dok se ne uzdignete u Njemu i osjetite zaključani u Njegovoj radosti, a kada siđete da obavite aktivnosti tijekom dana, ponesite i zadržite s vama sjećanje na to stanje. Tada ćete sve vrijeme biti s Bogom. Uvijek ćete se moći smješkati i reći: „Malo tuge ili malo zadovoljstva ili malo mira ne mogu stvoriti nikakvu zbrku u oceanu uvijek novog blaženstva koji ispunjava moju dušu."

Smijte se *mayi*, iluziji. Gledajte na život kao kozmički film, tada njegova magija privida neće više na vas djelovati. Budite u blaženstvu Boga. Kada budete mogli stajati neuzdrmani dok se kraj vas sudaraju planeti, tada ćete znati da je Bog stvaran. On vas ne želi povrijediti. On vas je stvorio na Svoju sliku. Onakvim kakav je On. No vi to ne shvaćate jer znate samo da ste ljudsko biće, ne znate da je ta misao samo privid.

Kada bolujete od karcinoma, nije zabavno. A ipak, sveti Franjo patio je od bolesti i istodobno liječio bolesne i uskrsavao mrtve. Njegova božanska radost nije mu mogla biti oduzeta. Stoga, svim raspoloživim sredstvima dođite do Boga. No On vas neće primiti sve dok Mu ne dokažete da doista želite Njega i da više ne namjeravate biti umiješani u Njegovu predstavu.

Ne sumnjajte u Boga, volite Ga

Ne biste trebali sumnjati u Boga. Samo ćete žeti sumnje. Nećete moći razumjeti Njegove zakone sve dok ne postanete jedno s Njim. Pa zašto onda gubiti vrijeme pokušavajući ih razumjeti intelektualnim pristupom? Ako čitate roman u kojem je heroj zlostavljan, zločinac pobjeđuje, i svako vam se poglavlje čini kao da je u suprotnosti s prethodnim, osjetit ćete se frustrirano i ljutit ćete se na autora. No kada pročitate posljednje poglavlje, zadovoljni ste i mislite kako je to bio divan roman jer je tako cjelovit. Takav je i Bog – majstor romanopisac i čovjek je začuđen paradoksima i intrigantnim radnjama u Njegovu djelu. Ne pokušavajte riješiti ove zagonetke jer ćete se izgubiti. Kada nađete Njega, u tom posljednjem poglavlju, On će vam dati rješenja svih zagonetki ljudskog života. I nećete sumnjati u Njegovu mudrost kada čujete Njegove odgovore. To znam!

Živite s Bogom u srcu i ne bojte se svijeta – strah će se bojati vas! Bit ćete slobodni od ovog kozmičkog privida. Tada ćete se smijati: „Napokon znam tajnu svega ovoga." No nemojte prvo pokušavati saznati, prije toga zavolite Boga. Tada će vam On reći sve. A vi se možete smiješiti vječnim smijehom. Vaše misli, vaše riječi, vaše pisanje i sve što radite bit će prožeto radošću koja blista u tom osmijehu. Gdje god meditirate, ostavit ćete iza sebe miris smijeha i tko god će tu doći, bit će također potaknut da se smije s Bogom. Možete se smiješiti sve vrijeme dok boravite u Njegovu neizrecivom blaženstvu.

Gospodine, neka nas obuzme Tvoja ljubav

Međunarodna središnjica Self-Realization Fellowshipa, Los Angeles, Kalifornija, na Paramahansajijev rođendan 5. siječnja 1945. nakon tradicionalnog indijskog obreda u čast Guruova rođenja

Svatko od nas dijete je Božje. Rođeni smo iz Njegova duha, u svoj njegovoj čistoći, slavi i radosti. Ta djedovina je neotuđiva. Osuditi samoga sebe kao grešnika, odanog putu zablude, najveći je od svih grijeha. Biblija kaže: „Ne znate li da ste hram Božji i da Duh Božji prebiva u vama?"*

Zauvijek upamtite: vaš vas Otac voli bezuvjetno. Ali budući da vam je On dao slobodu da odete od Njega ili da Mu se vratite, On čeka na vas, čeka da izrazite svoju želju za Njegovom ljubavlju prije nego li vam dođe.

Jednom sam u meditaciji čuo Njegov glas, šaptao je: „Govoriš da sam daleko, *ali ti si taj koji ne dolazi*. I zbog toga kažeš da sam daleko. Dođi i vidjet ćeš Me. Jer ja sam uvijek tu. Ja sam uvijek ovdje, spreman da te dočekam."

Na duhovnom putu potrebna je krajnja iskrenost. Duh se rađa u bezazlenosti. Isus je rekao: „Ti si sakrio ove stvari od mudrih i umnih, a objavio malenima."† Pred Bogom naša ljudska mudrost ne znači ništa. Jedini način kako Ga možemo nagovoriti da nam Se preda jest taj da Mu ponudimo istu bezuvjetnu ljubav koju On daje nama.

Svatko će nakraju naći spasenje, ali oni koji oklijevaju na putu, padaju u jarak ravnodušnosti. Ravnodušnost sprječava čovjeka da

---

* I Kor, 3:16.

† Mt, 11:25.

spozna koliko je važno naći Boga sada, u ovom trenutku. Ovaj naš planet što se poput zvrka vrti, naša ljudska individualnost, nisu nam darovani samo zato da bismo mogli postojati neko vrijeme, a onda nestati u ništavilu, nego da nas potaknu na pitanje čemu sve to. Živjeti bez razumijevanja svrhe života je glupo i gubitak vremena. Tajna života je oko nas – darovana nam je pamet kojom možemo odgonetnuti to otajstvo.

Bog je Ljubavnik iza svih ljubavi

U potrazi za trajnom ljubavlju shvatio sam da je Netko Drugi bio taj komu je stalo do mene i tko se brinuo o meni u obliku svih ljudskih ljubavi. Božanski me volio kao majka, kao otac i kao prijatelj. Tražio sam tog jednog Prijatelja iza svih prijatelja, tog jednog Ljubavnika kojeg sada vidim kako svjetluca na svim vašim licima. A taj Prijatelj me nikada nije iznevjerio.

Bog je iza svega. „Poštuj oca i majku!"*, ali „Ljubi Jahvu Boga svoga svim srcem svojim, svom dušom svojom i svom snagom svojom!"† Trebali biste shvatiti važnost njegovanja prijateljstva s Njim i koliko je bitno ne gubiti vrijeme. Kada odete spavati, znate li hoćete li se ili nećete probuditi? Jedan po jedan, odlazimo sa lica Zemlje. No to nije razlog za tugovanje. Nakon smrti, moramo se ponovno roditi na Zemlji kako bismo započeli sljedeći život od točke gdje smo stali u ovome.

Promatram život i smrt kao uzdizanje i spuštanje valova na moru. Pri rođenju val se uzdiže s površine, a sa smrću tone u san, u naručju Boga. Ja sam to shvatio. Znam da nikada ne mogu umrijeti, jer bez obzira na to spavam li u oceanu Duha ili sam budan u fizičkom tijelu, uvijek sam s Njim. Takva se vrhunska sreća ne može naći u svijetu, ali ne trebamo pobjeći u džunglu kako bismo Ga tražili. Možemo Ga naći u džungli svakodnevnog života, povlačenjem u špilju unutarnje tišine.

Nije važno koliko ste pogrešaka napravili, one su prolazne. Stvoreni ste na sliku Duha. Gospodin je napravio ovaj prividni film na

---

* Mt, 19:19.

† Pnz, 6:5

Zemlji sa zadovoljstvima koje pruža iz samo jednog razloga, a to je: da jednom ipak prozrete Njegovu igru u vidu *maye* i odreknete se privida i volite samo Njega. To je istina; ne može biti drukčije. Zašto smo stvoreni tako da osjećamo ljubav za članove naše obitelji, a onda gledamo kako odlaze, jedan po jedan? To je zato da nam pomogne shvatiti da je On taj koji nas voli iza svih voljenih.

Poteškoća s ovim kozmičkim filmom života je ta što sve nestvarnosti izgledaju stvarno, a sve nam se stvarnosti čine nestvarnima. Svake noći u snu ovaj svijet nestaje iz naše svijesti kako bismo pokušali shvatiti nestvarnost materijalnoga svemira. Ova lekcija sna ne dolazi da bi nas uplašila, nego da nas potakne na traženje stvarnosti u obliku Boga. Duša ne može nikada biti zadovoljna ni s čim drugim osim s Njim i Njegovom ljubavlju. Njegov duh je stvarnost s kojom se ništa drugo ne može mjeriti.*

Ne gubite vrijeme

Toliko je vremena već prošlo u našem životu. A ostao nam je samo određen broj godina, tjedana, dana i sati. Ne gubite vrijeme. U svojem srcu, govorite Mu danju i noću: „Gospodine, ja hoću Tebe." Kada to činite, nemojte biti neiskreni. Nikada ne razmišljajte: „Sutra ću tražiti Boga. Danas me pustite da se zabavljam." Uvijek recite: „Danas, moj Gospodine, danas želim Tebe."

Upravo sada vidim veliko Božje svjetlo kako se posvuda širi – kakva radost, kakvo svjetlo! „Gospodine, klanjam se Tebi u ovoj krasnoj prigodi u kojoj se Ti rađaš u nama u novoj slavi. Neka uvijek budem blagoslovljen sviješću o Tvojoj prisutnosti i neka svatko od nas ovdje bude blagoslovljen, kako bismo svi spoznali da Ti tražiš da budeš ponovno rođen u našoj svijesti."

Volite Njega, razgovarajte s Njim svake sekunde svojeg života, u djelovanju i u miru, s dubokom molitvom, s neprestanom željom vašeg srca. Vidjet ćete kako se zaslon privida rastapa i nestaje. Onaj koji se igra igre skrivača u ljepoti cvijeća, u dušama, u plemenitim strastima, u snovima, pristupit će nam i reći: „Ti i Ja bili smo

---

* „U nestvarnom nema postojanja. U stvarnosti nema nepostojanja. Konačna istina o nestvarnom i stvarnom je poznata ljudima od mudrosti." (Bhagavad Gita, II:16)

odvojeni dugo jer sam želio da Mi dragovoljno ponudiš svoju ljubav. Ti si stvoren po Mojoj slici i Ja sam htio vidjeti hoćeš li iskoristiti svoju slobodu da Meni daruješ ljubav."

Molim da vam Bog daruje vječni dar Svoje ljubavi. No bez truda nećete Ga pronaći. Napravite li sami dvadeset i pet posto napora, ostatak će doći uz pomoć Boga i gurua. Ova večer prošla je kao tren jer je On bio sa mnom svake sekunde. To je ono što sam htio osjetiti, da mi vi pokazujete zahvalnost samo da biste izrazili svoju privrženost Njemu koji me je poslao. Neka Njegovi blagoslovi budu uvijek s vama, neka vas Njegova svijest nikada ne napusti da možete shvatiti ono iznutra i ono izvana, tu puninu Njegove prisutnosti.

Obratite se Bogu kao svojem najbližem

Bog nam ne odgovara odmah jer smo pred Njim sramežljivi, propuštamo priliku pokazati Mu koliko Ga snažno želimo. Nemojte Ga se bojati. Nazovite Ga svojim i neprestano Ga slijedite, u mislima, u djelima i otkrit ćete da je On najveće nebo sigurnosti.

„Nudim Ti buket ovih duša, Oče, da mogu ukrasiti oltar Tvoje prisutnosti. Budi neprestano s njima. Oče, ti si glava ove obitelji. Mi smo Tvoja djeca, okupljeni zajedno da pjevamo o slavi Tvoga imena. Tvojim svjetlom protjeraj tamu neznanja. Širenjem svjetla Svoje prisutnosti rastjeraj svu tminu s obala naših misli. Nestašni ili dobri, mi smo Tvoja djeca. Otkrij nam Se. Blagoslovi sve nas ovdje. Osjećam njihove dobre misli upućene meni. Svu ljubaznost, čast, poštovanje i ljubav koje sam dobio, nudim Tebi, Oče! Ti si moja ljubav, Sve moje.

„Blagoslovi nas Svojom milošću. Uništi našu želju za svime osim za Tobom. Ti budi Kralj koji sjedi na prijestolju svih naših ambicija. Neka se svjetlo Tvoje slave protegne diljem svijeta. Blagoslovi nas sve, natopi nas Svojom prisutnošću. Neka sve više i više razumijevamo da si Ti uvijek bio naš. Ti si naš sada, Ti ćeš uvijek biti naš. Mi Ti zahvaljujemo za blagoslove i ljubav koju si darovao Svojoj obitelji okupljenoj ovdje. Neka svi mi jednoga dana slavimo Tvoje rođenje u nama u vječnosti, u besmrtnosti i neprestanoj radosti."

Molite sa mnom: „Oče naš, blagoslovi nas slobodom koja će nam omogućiti da se okupimo na nebu i slavimo Tvoje rođenje u nama. Odrazi Se u nama i izvan nas. Ujedini nas sve. Neka u svjetlu tog jedinstva pronađemo Tvoju jednu i jedinu Prisutnost. Svom predanošću naših sjedinjenih srca, naših ujedinjenih duša, padamo ničice pred Tvoje noge sveprisutnosti. Blagoslovi nas da nikada ne budemo ravnodušni prema Tebi. Neka besmrtna vatra ljubavi obuzme naša srca. Mi Ti se klanjamo, Oče naš, najbliži od sviju. Neka Tvoja prisutnost bude s nama sada i zauvijek."

Upravljanje vašim novogodišnjim odlukama

*Hram Self-Realization Fellowshipa,
Hollywood, Kalifornija, 2. siječnja 1944.*

Ako posve predano svoje misli usmjerite na Boga i posvećeno ih njegujete duboko u srcu i duši, tada će Gospodar svemira doći u vaš hram nadsvijesti kao odgovor na misli pune ljubavi.

Zamolite Boga da vam pomogne ostvariti sve dobre zamisli i provesti odluke koje donosite za novu godinu. Odlučite da ćete raditi upravo onako kako smatrate da bi trebalo raditi i da ni pod kakvim okolnostima nećete zbog starih, loših navika biti primorani postupiti drukčije.

Za mene je velika lekcija bilo pisanje knjige. Pisao bih a da nisam pregledavao rukopis – taj zadatak uvijek sam izbjegavao. No morao sam se vraćati i pregledati svaki dio svoje autobiografije.* Gospodin me na plemenit način disciplinirao jer sam uživao u prisjećanju na ta čudesna iskustva kada sam ponovno provjeravao tekst.

Prihvaćao sam se raznih poslova u životu. Držao sam predavanja, projektirao i gradio kuće, bavio se umjetnošću, svirao razne instrumente, bio vrtlar, osnovao školu, no uvijek je tajna mojeg uspjeha bila snaga volje. Iskreno mogu reći da je sudbina onakva kakvom je sami stvorite.

Analizirajte sebe. Što se dogodilo s vašim dobrim namjerama i plemenitim ambicijama od prošle godine? Jeste li im dopustili da zamru zbog pomanjkanja dinamičke volje za ostvarenjem? Donesite snažnu odluku da ćete izbjeći ponavljanje starih pogrešaka u ovoj novoj godini. Isplanirajte svoje vrijeme. Odlučite da nećete biti kao

---

* *Autobiografija jednog jogija*

automati kojima upravlja svijet i stare navike. To nije put do prave sreće. Sami se morate promijeniti i morate *biti sposobni* to učiniti. Nejasna želja za poboljšanjem nije dovoljna. Sami ste stvorili sebe onakvim kakvi ste sada i možete postati što god želite biti, ali morate upotrijebiti snagu volje.

Navike vas poput zatvorskih rešetki sputavaju čak i više od kamenih zidova. Sa sobom nosite taj nevidljivi zatvor kamo god išli. A možete biti slobodni! Odlučite sada iskočiti iz zatvora navika i potrčati u slobodu. Kako je život strašan kada smo od treće godine ograničeni navikama. Čim sam shvatio da sam u kavezu navika, slomio sam sve šipke. Ne bih si dopustio biti vezan navikama zbog kojih si govorim: „Ne mogu to učiniti" ili „Moram to učiniti", ili „Nemoj mi to raditi, to me čini nervoznim" ili „Ne mogu podnijeti hladnoću" i tako dalje.

Zašto su navike iz ranog djetinjstva tako jake? Zato što potječu iz iskustava prošlih života. Naša raspoloženja mrlje su koje je na grafikonu života ostavila *karma* prošlosti. Pogrešne navike i raspoloženja neugodniji su od mirisa tvora. Zašto se ponašati poput ljudskih tvorova, stvarajući drugima neugodnosti, a ujedno kažnjavajući i sebe? Katkad smo svi to činili jer svi sa sobom nosimo nezgodne osobine.

Zatražite ponovno svoju izgubljenu božanskost

Ipak, možemo prevladati nepoželjne osobine. Ljudski um je elastičan. Ako ga postupno vučete, prepustit će se vašem povlačenju. No mi to čak i ne pokušavamo. Bog nam je dao više nego dovoljno snage da prevladamo sva iskušenja i nedostatke naših života. Sveti Franjo, iako bolestan i slijep, mogao je liječiti bolesne i uskrsavati mrtve. Izvana slijep, iznutra je gledao veliko Svjetlo svemira. Bog svoju pravu djecu stavlja na veće testove nego što ih daje običnim ljudima. Međutim, nitko ne prolazi kroz vrata slobode dok ne prođe sve Božje testove, dok ne nauči živjeti kao pravi Božji sin. Zašto biste sebe smatrali slabašnim smrtnikom? Vi ste potencijalni Božji sin. Ništa ne morate stjecati, samo trebate *znati*.

Postati milijunašem u ovoj inkarnaciji zaista je mnogo teže nego biti pravi sin Božji. Život na Zemlji je toliko ograničen da mnogi ljudi umru a da nisu postali ono što su željeli. No spoznaja Boga moguća je u jednom životnom vijeku jer se Njega ne mora stjecati. On nam već pripada.

Čak i kada bi svi danonoćno molili da postanu bogati kao Henry Ford, njihove molitve ne bi mogle biti uslišane jer Zemlja nije mjesto gdje svi mogu biti Henry Ford. Ali, svi mogu biti bogati u Duhu jer je Bog svima dao jednaku moć da postanu poput Njega. Kada položite pravo na vlastitu božanskost, pripada vam sve. Henry Ford može izgubiti svoje bogatstvo ili zdravlje, ali Isus Krist po volji stvara zdravlje ili bogatstvo ili što drugo, što god želi. Stoga, nemojte žudjeti za bogatstvom ili zdravljem koje ima netko drugi. Imajte samo jednu želju: biti poput Boga. Isus nikada nije tvrdio da je on jedini sin Božji. Otac vas, Svoju djecu, voli jednako kao što je volio Isusa. I Bog vam ništa neće uskratiti kada, poput Isusa, uspostavite istinski odnos s Njim. Meditacija je način kako možete vratiti svoju izgubljenu božanskost.

Navike su samo naslage koje skrivaju našu stvarnu prirodu, a to je uvijek slobodan Duh. U djetinjstvu znao sam biti vrlo ljut, ali kada sam odlučio da to ne želim biti, nikada me više nije obuzimala ljutnja. Da se nisam koristio svojom voljom, ne bih bio u stanju to postići, kao ni bilo što drugo u životu. I vi se možete koristiti svojom voljom. Pogreške u životu mogu se ispraviti – *danas*. Donesite odluku u novoj godini da ćete spoznati istinu o tome da ste kao božansko biće slobodni, iako kao smrtni ljudi imate određene navike. Zašto lagati samomu sebi? Zašto si pripisivati greške iz prošlosti? Morate ih uništiti. Inače će one postati nametnici na vašem stablu života. Ne smijete to dopustiti. Afirmirajte opet i opet: „Ja sam Božje dijete. Ja sam jedno s Bogom."

Primijenite volju i rasuđivanje pri donošenju odluka

Sve ono što snažno odlučite može odjednom postati navika. Zašto ne biste učinili ono što želite vođeni razumom? Morate pokušati. Odbacite sve svoje pogreške! Osvrnite se na svoje djelovanje tijekom prošle godine. Vidite koje ste problematične navike možda pokazali: možda ste se svađali s ljudima, ili ste previše jeli, ili ste bili ljubomorni. Donesite odluku danas i *znajte* da to nikada više nećete ponovno učiniti. Recite sami sebi: „Paramahansaji je rekao da je zazirao od uređivanja tekstova, ali je ipak postao urednik. Ako je on to mogao, i ja mogu učiniti slično." Zašto ne biste mogli? Sve što sam pokušao učiniti snagom volje, uspjelo je. A ja vam dajem nadu da ako donesete čvrstu odluku u umu, i vi ćete uspjeti. Bog vam je dao moć da kao dinamitom raznesete sve svoje probleme. „Pazite planine, ne stojte mi na putu! Vaša rebra danas će biti polomljena i usitnjena!" To su riječi iz pjesme velikog swamija.* Na drugom je mjestu pjevao: „Upregnuo sam svoju kočiju sudbine i bogove!"

Rimljani su svoje zarobljenike vezali za kočije i vukli ih po tlu – grozan običaj! A ipak u tome postoji lekcija za nas jer svojim navikama dopuštamo da nas jednako tako tretiraju. Navike bi trebale biti naši zarobljenici, a ne da nas drže u ropstvu. Uprezanjem u kočije volje mi bismo njih trebali zauzdati, umjesto da im dopuštamo da nas vuku. Biti stvarno slobodan znači biti u stanju učiniti sve što znamo da bismo trebali učiniti, a ne samo ono što hirovito želimo.

Naučite u novoj godini koristiti se rasuđivanjem: ispitajte svaki poticaj koji dođe, da vidite je li to za vas dobro. A kada vam razum kaže da učinite određenu stvar, ne dopustite ni sudbini, ni bogovima da vam stanu na put. No ako otkrijete da ste u krivu, budite u stanju predomisliti se. Neki su ljudi vrlo tvrdoglavi i ne žele priznati da griješe. No treba biti vođen razumom, a ne slijepom voljom. Ako nakon smirenog razmišljanja procijenite da je ono što ste si zacrtali ispravno, nitko ne bi trebao biti u stanju da vas zaustavi. Kada ne bih imao posao, protresao bih cijeli svijet sve dok ljudi ne bi rekli: „Dajte mu posao da ga smirimo!" (Ja to ne govorim zbog osobnog ponosa, nego zato da naučite iz mojeg iskustva.)

Rad svake vrste, ako se obavlja u dobrom duhu, omogućuje vam pobjedu nad samim sobom. Možete čistiti kupaonice, ali ako to radite s mislima o služenju i pomaganju ljudima, pokazujete pravi duh Božjeg čovjeka. Stajalište s kojim radite jest ono što se broji. Psihička lijenost i bezvoljni rad kvare ljude. Ljudi me često pitaju: „Kako ste toliko toga postigli?" To je zato što sve radim s najvećim zadovoljstvom i duhom služenja. Iznutra sam sve vrijeme s Bogom. I iako spavam vrlo malo, uvijek se osjećam svježe jer obavljam svoje

---

* Swami Ram Tirtha.

dužnosti s ispravnim stajalištem – da je služenje privilegij.

Morate shvatiti da ste Božje dijete. Čvrsto odlučite da vas neće voditi onaj stari ja koji je vezan navikama. Privremena ograničenja i nesavršenosti tijela i mozga ne mogu vas sputati. Jednom kada donesete snažnu odluku da ćete postati nova osoba, tada ćete se promijeniti.

Bili ste zatočenici svojih navika i to vam nije donijelo dobra. Zbog pogrešnih navika razmišljanja i djelovanja u ovom i u drugim životima, vaše tjelesno kraljevstvo sada popušta pred naletima bolesti, problema, raspoloženja i neznanja. Odsad pa nadalje morate reći: „Ja nisam rob tijela. Ja sam vladar svojeg kraljevstva. Moje misli bit će točno onakve kakve želim da budu." Kada jednom promijenite navike, reći ćete sami sebi: „Kako je to bilo lako učiniti! Kako sam bio neljubazan prema sebi zato što nisam prije zamijenio navike koje mi unesrećuju dušu onima koje mi donose sreću."

Jeste li psihička okamina?

Ljudi zarobljeni navikama su poput psihičkih okamina, nepromijenjeni iz godine u godinu. Oni govore uvijek jednake tvrdnje, čine jednake radnje. Razgovarate li s njima, možete točno predvidjeti koja će biti njihova sljedeća primjedba. Promotrite se u zrcalu unutarnje analize i vidite jeste li i vi psihička okamina. Većina ljudi jest.

Ali zašto biti poput njih? Promijenite svoje navike. Otjerajte stara neraspoloženja. Svakim danom pokušajte biti bolji. Neka ljudi o vama govore: „Kakva se lijepa promjena vidi na njemu!"

Samoostvaren čovjek nadvladao je svoju staru navikama okovanu osobnost. Prepoznavši to majstorstvo kod Isusa, službenici koje su farizeji poslali da ga uhite otišli su od njega zadivljeni njegovom sigurnošću. Rekli su: „Nikada čovjek nije govorio kao ovaj čovjek!"* Priroda samoostvarenog čovjeka je beskonačna, ne može se obuhvatiti uskim ograničenjima ljudskih koncepcija. Svaki put kada sam mislio da sam odgonetnuo svojeg gurua, Swamija Sri Yukteswarjija, otkrio sam da je on drukčiji, veći, i da ga nije moguće pročitati.

Jednog dana morat ćete se riješiti navike vezanosti za smrtno tijelo i vratiti se Bogu. Tu nema dvojbe. Ovdje na Zemlji čovjek je

---

* Iv, 7:46.

razmetni sin. Vaša beskonačna priroda mora se ponovno otkriti. Nećete biti sretni sve dok ste uljuljkani u naviku neznanja o vječnoj prirodi vlastite duše. Nije važno tko ste, jedini način kako možete pronaći trajnu radost jest povratak Bogu. Ne treba napuštati zemaljske obale i zamišljati svoja krila, nego naučiti biti sretan ovdje i sada, pod svim uvjetima. Neka dio vaše radosti bude i sreća drugih. Izađite iz obrasca i činite druge sretnima. Ne možete udovoljiti svakomu, ali onim dušama koje srećete na putu, dajte ljubaznost i ljubav. Ništa ne oslobađa više od iskrene ljubaznosti upućene ljudima koji su prema vama neljubazni. Zašto ne biti poput cvijeta koji svoj miris širi čak i kada je zgnječen u ruci? Gita uči: „Onaj tko je slobodan od mržnje prema svim bićima, prijateljski je i ljubazan prema svima... Meni je drag."*

Ako vas ljudi kritiziraju, nemojte to zanemarivati. Preispitajte se kako biste uvidjeli postoji li krivnja koju vam pripisuju, a ako kritika ima osnove, tiho ispravite svoju pogrešku. No nije uvijek pametno drugima priznati svoju pogrešku, često to nije ni mudro. Ako se naljute na vas, to vaše priznanje mogu neljubazno iskoristiti kao prijetnju. Duhovnom učitelju koji poznaje Boga, ili guruu, možete priznati svoje grijehe, ali ne i nekomu tko vam ne može pomoći i tko vas umjesto toga može povrijediti pričanjem o vašim manama pred drugima.

Bujica božanske snage

Naučite se družiti s dobrim ljudima. Lica mnogih od vas koji ste došli ovamo postala su duhovnija. A što ste više u skladu sa mnom i više se suzdržavate od uzrujavanja zbog nevažnih događaja, bit ćete bolji. Stalno će vam dotjecati božanska snaga jer su me Velikani ovamo poslali. Kada odem, bolje ćete shvatiti tu istinu. Ja sam ovdje samo da bih prenio njihovu poruku. Malo po malo duhovna će promjena doći istinskim sljedbenicima ovoga puta i njihov će se utjecaj širiti diljem svijeta. Pokret Samoostvarenja jedan je od dosad najvećih duhovnih pokreta poslanih kao pomoć čovječanstvu. To je bio blagoslov Velikana – Mahāvatara Babajija, Lahirija Mahasaye, Sri Yukteswara – u zajedništvu s Kristom i Krišnom. Milost ovih

---

* Bhagavad Gita, XII:13-14.

duhovnih učitelja nije otišla sa Zemlje. Oni čekaju da vam pomognu i da pomognu svijetu, ali mogu djelovati samo na temelju slobodnog izbora svakog čovjeka. Svijet je poludio od mržnje i rata, ali bratska ljubav poput Isusove rješenje je svih problema na svijetu. Čovječanstvo se može odvratiti od rata slijeđenjem njegovih učenja koja nam je namijenio.

Posljednjeg dana naše meditacije*, Krist mi je došao nekoliko puta, najprije kao djetešce, zatim kao odrasli čovjek i nakraju onakav kako je bio prije raspeća. Mislio sam da ću morati dugo meditirati prije nego što mi dođe. A on me iznenadio! Bog mi je tim iskustvom pokazao da nisu potrebni daljnji napori jednom kada ste Ga uvjerili da želite Njega više nego sve darove ovoga svijeta. Tada On uklanja zaslon tajne i dolazi vam kao Krist ili Krišna, ili Babaji ili kao bilo koja velika inkarnacija u kojoj Ga želite vidjeti.

Čvrsto odlučite da ćete se u novoj godini više ponašati poput Krista. Morate se potruditi – sada. Morate više meditirati. Self-Realization Fellowship nije stvoren da bi vam dao samo kratak pogled na Boga putem riječi, nego da Ga možete spoznati na temelju osobnog iskustva. Mi učimo da se istinsko zajedništvo ljudi može postići samo kad je svaki pojedinac osobno doživio Boga. Ako se obratite Bogu u samome sebi, znat ćete da je on u svakome od nas i da se kao dijete rodio među svim ljudskim rasama. Tada nikomu ne možete biti neprijatelj. Kada bi se cijeli svijet volio tom sveobuhvatnom ljubavlju, ne bi bilo potrebe da se ljudi brane jedni od drugih. Svojim kristolikim primjerom moramo ujediniti sve religije, sve nacije i sve rase.

Moramo se pripremiti za jednostavan život i uzvišeno razmišljanje. Bilo bi dobro kada bi svaka obitelj imala mali vrt u kojem bi posadila bilje za hranu. Živite jednostavnije, tako da imate vremena za uživanje u malim svakodnevnim zadovoljstvima. Čovjek protrči kroz svoj životni vijek radeći, jedući, spavajući, i to je sve što postiže. Odbacite svaku naviku ili aktivnost koja remeti vaš duševni mir i sreću.

---

* Godišnja cjelodnevna božićna meditacija Self-Realization Fellowshipa (vidi fusnotu u na str. 52).

U novoj godini odlučite izbaciti iz hrama svojeg uma sve „vražićke" loših navika. Isplanirajte svoj život tako da radite sve ono što želite. Ako je sreća ono što želite, imajte je! Ne postoji ništa što vas može zaustaviti. Vi ste besmrtna Božja djeca i poteškoće s kojima se susrećete tu su samo zato da vas potaknu na veće uspjehe.

Najbolja odluka – posvetiti više vremena Bogu

Odaberite navike kojih ćete se riješiti u Novoj godini. Donesite čvrstu odluku i držite se svoje namjere. Odlučite da ćete više vremena posvetiti Bogu, odlučite da ćete redovito, svaki dan meditirati, a jednu noć u tjednu meditirati nekoliko sati tako da osjetite duhovni napredak u Bogu. Odlučite da ćete prakticirati *kriya jogu* redovito i da ćete kontrolirati apetit i emocije. Vladajte sobom! Donesite snažnu odluku – sada.

Sjetite se dobrih odluka koje ste donijeli u prošlosti – da nećete biti pod jarmom starih navika i misli. No jeste li ih održali? Uvreda je za vašu dušu i za Boga prepustiti se slabostima. Budite gospodar samomu sebi, kapetan svoje sudbine. Zajedno s vama rođena je i opasnost, ali vi ste stariji brat, mnogo opasniji od opasnosti same! Ne gubite tu hrabrost i odlučnost koju osjećate dok me sada slušate. Molite sa mnom:

„Nebeski Oče, daj nam snage da provedemo sve naše dobre odluke u novoj godini. Neka svim svojim djelima uvijek udovoljavamo Tebi. Naš duh je spreman. Pomozi nam u novoj godini materijalizirati sve naše vrijedne želje. Mi ćemo razmišljati, mi ćemo htjeti, mi ćemo djelovati – ali Ti si onaj koji vodi naš razum, volju i aktivnost do svega ispravnog što bismo trebali činiti u svemu. Aum. Mir. Amen."

Kako izaći na kraj s iskušenjima

*Međunarodna središnjica Self-Realization Fellowshipa,
Los Angeles, Kalifornija, 15. studenoga 1934.*

Sotona, ili kozmički privid, uvijek nas hvata u zamku zbog našeg neznanja. Tako ometa Boga. Gospodin bi mogao lako uništiti Sotonu, ali draže Mu je pobijediti ga ljubavlju. Svaki put kad dajemo prednost vječnoj radosti što je nudi Bog umjesto prolaznom zadovoljstvu osjetila, protivniku je oduzeta njegova razorna moć. Stoga o nama ovisi hoćemo li surađivati sa svojim Nebeskim Ocem kako bi vrag bio poražen.

Kad god ste lijeni i nemarni, pomažete Sotoni da vas pridobije na svoju stranu. Isus je molio: „Ne uvedi nas u napast, nego izbavi nas od zla."[*] Napast nije naša tvorevina, nego pripada svijetu *maye* i svi su joj ljudi podložni. Međutim, kako bi nam omogućio da je se oslobodimo, Bog nam je dao razum, savjest i snagu volje.

Pristati na grešne aktivnosti znači naći se u nevolji. Kada pogrešnim mislima upadnemo u ponor grijeha, trebali bismo moliti: „Oče, ne ostavljaj me ovdje, nego me izvuci snagom mojeg razuma i volje. A kada izađem, ako je Tvoja volja da me i dalje testiraš, najprije mi se Ti otkrij – kako bih shvatio da si primamljiviji od napasti."

Sve dok oklijevate oduprijeti se nekom određenom zadovoljstvu koje je za vas štetno, prepušteni ste Sotoni. Popuštanje štetnoj privlačnosti koje nude osjetila prije ili kasnije obit će vam se o glavu. Izaći na kraj s osjetilima možete kad shvatite da je napast za vas opasna jer obećava sreću, a naposljetku donosi tugu.

Zašto su iskustva osjetila primamljiva

Napasti su primamljive; u to nema sumnje. Sva naša osjetila usmjerena su prema vanjskom svijetu. Tok životne energije kreće

---

[*] Mt, 6:13.

se od mozga kroz živce u oči, uši, nos, jezik i kožu. Senzacije koje njima doživljavamo rezultat su struja koje teku prema van i nama se sviđa taj osjećaj. U tome leži privlačnost osjetila. Preveliko uživanje u njima je opasno jer ako čovjek nije usidren u mudrosti, energija usmjerena prema van vodi ga u vezanost za osjetila.

S pomoću tog reflektora osjetila s pet snopova opažamo i istražujemo svijet materije. Osjetilima učimo voljeti sve ono što je ugodno vidjeti, čuti, mirisati, kušati i dodirnuti. Želja za određenom senzacijom postaje navika. Problem je što većina ljudi nema iskustvo Duha koji je skriven iza materije. Stoga nema ni kriterij za usporedbu uzbudljivih, ugodnih percepcija osjetila i nepoznatog i neizrecivog blaženstva duše. To dvoje ne možemo ni usporediti sve dok se ne odreknemo zavodljivosti osjetila ili ne postanemo mentalno neosjetljivi na njih. Jedini način da se izbjegne ta zamka jest razmišljanje ili iskustvo postojanja uzvišenije radosti.

Navika je nemilosrdni diktator

Zapovijedi da se ljudi suzdrže od štetnih iskustava uglavnom su uzaludne. Kada god nekomu naredite da nešto ne čini, on baš to odmah želi učiniti. Okus zabranjenog voća sladak je u početku, ali je nakraju gorak. Ipak, bez obzira na to koliko mnogo patili, ljudi nastavljaju činiti jednake autodestruktivne radnje. Kada se jednom razvije ljubav prema određenom osjetilnom iskustvu, ta se navika kao diktator učvrsti u mozgu i zapovijeda vam da se prepustite, iako je to protiv vašeg najvećeg dobra. Ne želite ponavljati taj čin, a ipak ga činite. Pokušajte se ne dovesti u situaciju da postanete žrtva pogrešnih navika. Morate biti gospodar samomu sebi, ne dopustite da vas kontrolira ijedna navika. Kad god želja za određenim osjetilnim iskustvom postane uobičajena, vrijeme je za zaustavljanje te prakse.

Volio sam piti gazirani sok od đumbira jer me podsjećao na našu limunadu u Indiji. Neki učenici nosili su taj napitak kamo god sam išao kako bi mi ugodili. Jednoga dana shvatio sam da su moje zalihe nestale, a osjećao sam potrebu za njim. „Gospodine, Đumbire", rekao sam, „otišao si predaleko, a da ja to nisam čak ni shvatio! Zbogom." Sljedeći dan namjerno sam popio malo tog napitka, kao test, i imao je grozan okus. Moja misao od prethodnog dana bila je tako snažna da je želja odmah iščeznula.

Meni nikada ništa ne nedostaje, bez obzira na to je li mi nešto uskraćeno ili sam od nečega dobrovoljno odustao. Nikakva tjelesna ugoda ne može me vezati. Isprobao sam to. Morate biti u stanju proći bez vezivanja kroz sva iskustva u životu. Gospodin Krišna je rekao: „Čovjek samokontrole čija su osjetila pod nadzorom, prolazi kraj materijalnih objekata bez osjećanja privlačnosti ili odbijanja prema njima, i tako postiže nepokolebljivu unutarnju smirenost."* Svaki put kada *morate* nešto imati – mek krevet, jastuk ili što drugo – zapamtite da ste sami sebe zarobili, a kada je vašu volju i prosuđivanje zatočila vezanost za osjetila, izgubit ćete beskonačno kraljevstvo Božje. Isus stalno uživa u transcendentalnoj ekstazi koju je doživio kada je uskrsnuo u Bogu. No oni koji žive u neznanju, podložni pritiscima želja, nastavit će tako živjeti iz života u život, sve dok ne postanu otporni na svjetovna zavođenja.

Trebate biti oprezni i ničemu ne dopustiti da povrijedi vašu istinsku sreću. Nagrizajući osjećaji ljutnje, pohlepe, ljubomore i preuzbuđenosti seksom, alkoholom ili drogama za vas su iznimno štetne jer sprječavaju ostvarenje radosti duše. Nikada ne zlorabite osjetila neumjerenošću, ako doista želite biti sretni. „Uvijek sit, nikad zadovoljan; nikad sit, uvijek zadovoljan" istinski je aksiom koji se odnosi na nezdrava osjetilna iskustva.

Mudrost je čovjekova najbolja zaštita

Potražite zaštitu u tvrđavi mudrosti. Nema veće sigurnosti. Potpuno razumijevanje dovest će vas do točke gdje vas više ništa ne može povrijediti. No sve dok ne dosegnete mudrost, kada dođe iskušenje, najprije morate zaustaviti djelovanje ili potrebu, a zatim razmisliti. Ako pokušate najprije razmišljati, bit ćete prisiljeni učiniti ono što ne želite, unatoč svemu jer će napast obuzeti vaš razum. Samo recite: „Ne!", ustanite i udaljite se. To je najsigurniji način za bježanje od Đavla. Što više budete razvijali snagu da kažete „ne" tijekom nasrtaja napasti, bit ćete sretniji jer sva sreća ovisi o sposobnosti da učinite ono što vam savjest kaže da biste trebali učiniti.

---

* Bhagavad Gita, II:64.

Ne dopustite da vama upravljaju okolina i osjetilne želje. Vrlina i duhovni život daleko su privlačniji od ugađanja osjetilima, ali ljude čvrsto drže lanci navike. Kada bi vas Gospodin jednom zaveo Svojom ljubavlju, više ne biste željeli ništa drugo. Ništa vas drugo ne bi zanimalo. Kada ste uvjereni da je On najpoželjnije Blago, ništa vas više nikada na materijalnom planu ne bi zavelo i pobijedilo vašu moć rasuđivanja.

Spoznati Boga jedina je ambicija koju trebate imati i koja je vrijedna truda jer je On vječna sreća. Trebali bismo željeti Njega jer je On lijek za svu našu patnju. On je odgovor na sve naše potrebe. Sve ono za čim u srcu čeznemo – ljubav, slava, mudrost, sve ostalo – nalazimo u zajedništvu s tim Potpunim Jedinstvom. Čak i da ste najpoznatiji čovjek na svijetu, smrt će biti kraj vaše svijesti o slavi, tada više nećete znati da vas ljudi obožavaju. Ali Isus je svjestan da ga njegovi sljedbenici vole jer je njegova svijest jedno sa sviješću Boga koji se u kreaciji očituje kao Kristova Inteligencija (*Kutastha Chaitanya*), sveprisutna, sveznajuća, uvijek živa.

Zašto se onda toliko upinjati da postignete nešto što ćete ionako izgubiti čim vas polože u grob? Novac, slava, ugled, ugađanje osjetilima, materijalna udobnost – sve su to lažna zadovoljstva koja nudi Sotona umjesto prave radosti božanskog zajedništva. Zapamtite da su iskušenja moćna samo zato što nemate osjećaj za usporedbu s nečim boljim. Kada ste u snažnom iskušenju, vaša mudrost postaje trenutačni zatočenik želja i navika. No najviši put do slobode je biti toliko uronjen u neiscrpnu radost Boga da ste u stanju napustiti sve svjetovne užitke u jednom jedinom trenutku.

Ako nađete istinsku radost u ovom životu, imat ćete je i u sljedećim životima. Koje od ovoga želite: vječno Božje blaženstvo koje može biti vaše odreknete li se nekoliko povremenih užitaka sada, ili prolaznu svjetovnu sreću sada? Uvjerite svoje srce usporedbom. Bog će prepoznati svaki napor koji učinite da se popnete gore.

Čak i ako ste najveći grešnik, zaboravite to

Nemojte o sebi misliti kao o grešniku. Vi ste dijete Nebeskog Oca. Čak i ako ste najveći grešnik, zaboravite to. Donesete li odluku da ćete biti dobri, više niste grešnik. „Ako se čak i okorjeli zločinac odvrati od svega kako bi obožavao samo Mene, može se ubrojiti u dobre, zbog njegove ispravne odluke. On će ubrzo postati čestit čovjek i postići neprolazni mir. O Arđuno, reci svima sa sigurnošću da Moj poklonik nikada ne propada!"* Okrenite novu stranicu i recite: „Ja sam oduvijek dobar, samo sam sanjao da sam loš." Ovo je istina: zlo je noćna mora i ne pripada duši.

Iskušenje je zašećereni otrov, vrlo je ukusno, ali smrt je sigurna. Sreća koju ljudi traže u ovom svijetu nije trajna. Božanska radost je vječna. Žudite za onim što je trajno i budite nemilosrdni u odbacivanju nestalih zadovoljstava u životu. Morate biti takvi. Ne dopustite da svijet vlada nad vama. Nikada ne zaboravite da je Gospodin jedina stvarnost. Istinska ljubav vašeg Kozmičkog Oca igra igru skrivača s vama u vašem srcu. Vaša istinska sreća leži u doživljavanju Njega.

Čovjek je potonuo u san neznanja, zamišljajući da pati od bolesti, tuge i siromaštva. Kralj Janaka, veliki indijski svetac, bio je jednom u dubokoj molitvi, no iznenada je uzviknuo: „Tko je u mojem hramu danas? Mislio sam da sam to ja, ali vidim da je u njemu Vječnost. A to malo ja, vezano za tijelo od kostiju, to nisam Ja. Beskonačno je to što je u mojem tijelu. Ja se klanjam Sebi. Nudim cvijeće Sebi." Jednog dana kada i vi to spoznate, više se nećete smatrati smrtnikom, čovjekom ili ženom. Znat ćete da ste duša, stvorena po božanskoj slici, „i da Duh Božji prebiva u vama."†

Duša je vezana za tijelo lancima želja, napasti, problema i briga i pokušava se osloboditi. Ako nastavite povlačiti te lance koji vas vezuju za svijest smrtnika, jednoga dana nevidljiva Božanska Ruka intervenirat će i dokrajčiti ih, a vi ćete biti slobodni.

Zaštitite se od iskušenja i tuge razumom i zajedništvom s Bogom. U Bhagavad Giti Gospodin kaže: „Onaj tko je u neznanju, zaboravlja na Moju transcendentnu prirodu kao Stvoritelja svih bića, odbija i Moju prisutnost u ljudskom obliku."‡ Meditacija je jednostavno podsjećanje samoga sebe, opet i opet, da niste ograničeno

---

* Bhagavad Gita, IX:30-31.

† I Kor, 3:16.

‡ Bhagavad Gita, IX:11.

fizičko tijelo, nego Beskonačni Duh. Meditacija je buđenje sjećanja na pravog Sebe i zaboravljanje onoga što zamišljate da jeste. Ako pijani princ ode među siromahe potpuno nesvjestan svojeg pravog identiteta i počne jadikovati: „Kako sam jadan", njegovi će mu se prijatelji smijati i reći: „Probudi se i sjeti da si princ."

Jednako tako, i vi ste u stanju halucinacije, mislite da ste nemoćan jadni smrtnik koji se mora boriti. Svaki dan trebali biste sjesti mirno i ponavljati, s dubokim uvjerenjem: „Nema rođenja, nema smrti, nemam kastu; oca, majku nemam. Blagoslovljeni Duh, ja sam On. Ja sam Beskonačna Sreća."[*] Budete li uvijek iznova ponavljali ove misli, danju i noću, naposljetku ćete shvatiti to što vi uistinu jeste: besmrtna duša.

Učvrstite svoj um u božanskoj svijesti meditacije

Iskušenja, pohlepa, vezanost za ljude i imovinu, robovanje osjetilima, neznanje o vašoj duhovnoj prirodi, lijenost i mehanički život najgori su neprijatelji vaše sreće. Budite zauzeti radom, dok je vaš um učvršćen u božanskoj svijesti koja se njeguje meditacijom jer tada ćete biti istinski sretni i uistinu ćete živjeti.

Kada sam počeo meditirati, nisam mogao ni zamisliti da ću ikada u tome naći pravu radost. No kako je vrijeme prolazilo, kako sam sve više i više meditirao, tako su mir i blaženstvo u meni postajali sve veći.

Ako ste postali umorni od života koji vodite, a ipak stječete sve više imovine i imate sve veću želju za novim iskustvima, na pogrešnom ste putu. Najsigurniji način da izbjegnete iskušenja jest voditi prirodan život: život u skladu s Bogom. Nemojte živjeti neprirodnim životom, nemirno tražeći sreću od svijeta koji vam je ne može dati. Život je suviše dragocjen. Svaki dan Mu se molim: „Uzmi mi sve, ako je to Tvoja želja. Pokušavam učiniti najbolje što mogu, Oče, ali znaj: iznad svega želim udovoljiti Tebi." Kada tako molite, prolazite kroz kušnje mnogih želja. No nastavite li boriti se s pogrešnim navikama i sklonostima, On će vam postupno dolaziti u susret i naposljetku ćete

---

[*] Iz poznate pjesme Swamija Šankare, predstavnika Vedskog monizma bez premca. (vidi u rječniku)

uvidjeti da je poput velike poplave odnio sve vaše nepoželjne osobine.

Krišna je rekao: „Čovjek koji fizički posti od predmeta osjetila, nalazi da ovi nestaju na neko vrijeme, ostavljajući iza sebe samo čežnju za njima. No onaj koji ugleda Vrhovno, oslobođen je i od čežnji."* Svu tamu zamijenite Njegovim svjetlom, a loše misli dobrima. Riješite se iskušenja spoznavajući nadmoćnu Božju privlačnost u meditaciji. To je najbolje oružje protiv iskušenja. Svaki put kada osjećate da ćete biti svladani, meditirajte sve dok ne osjetite Božansku Prisutnost.

---

* Bhagavad Gita, II:59.

Liječenje psihoalkoholizma

Oko 1949.

Osobe koje previše piju stvaraju lošu naviku. Ne učine li napor da obuzdaju svoje uživanje u alkoholu, iz čista mira i bez razloga mogu postati alkoholičari te bespomoćno i beskrajno patiti od prekomjerne želje za pićem. Takvi nesretni ljudi često troše sav svoj novac na piće, jedu vrlo malo i čini se da ih alkohol hrani. Gube osjećaj odgovornosti prema svojem zdravlju i dostojnom položaju u obitelji, društvu i svijetu. Na kraju alkoholičar gubi osjećaj svakog ponosa kada ga tko nađe mrtvog pijanog, bilo gdje – u jarku ili nasred ulice, izlažući se opasnosti da bude opljačkan ili pregažen.

Ovaj opis alkoholičara, ovisnika o alkoholnim pićima, služi kao ilustracija za one što ih nazivam „psihoalkoholičarima". Potonji se mogu pojedinačno kategorizirati prema njihovu psihičkom zastranjenju koje se odnosi na intenzivnu ljutnju, strah, spolnu požudu, sadizam, ovisnost o kocki, krađu, ljubomoru, mržnju, pohlepu, neraspoloženje, prepredenost ili glupost.

Kada od samog početka života osoba doživljava iznimne provale ljutnje, straha, ljubomore – ili koje druge negativne emocije – može se reći da je te naglašene psihičke navike stekla u prethodnom životu.

Roditelji koji primijete takvu negativnu psihičku sklonost kod svojeg djeteta, čak i ako je još u povojima, trebaju odmah djelovati poduzimajući određene korake kako bi spriječili da dijete postane psihoalkoholičar. Ovo uključuje njegovo premještanje u drugu okolinu i stavljanje pod skrb duhovnih učitelja.

Stalno okružen dobrim društvom i odgovarajućom okolinom, psihoalkoholičar se može osloboditi urođenog zla koje ga stišće poput hobotnice. Dok psihoalkoholičar prima pažnju iz dobrog okruža, treba mu objasniti teške posljedice njegovih loših navika, trebalo bi ga se ohrabriti da sam promisli o njima i napravi određeni napor ne pokazujući ih ni pod kojim okolnostima. Svako popuštanje prenatalno stečenim psihičkim navikama čini ih sve jačima i jačima, sve dok vlasnik ne postane doslovno njihov rob.

Pogrešne misli

Ljutit čovjek, čovjek opsjednut seksom, pohlepan čovjek zaboravlja svoj položaj i svoje odnose u društvu te čini velike pogreške koje uništavaju i njegov i živote drugih. Mnogi od ovih psihoalkoholičara smatraju da će, nakon što se prepuste svojim navikama, osjetiti olakšanje. No navika samozadovoljnog prepuštanja štetnim pobudama iznimno je opasna jer učestalim ponavljanjem takvih negativnih postupaka osoba postaje kronični psihoalkoholičar, praveći budalu od sebe, kad god i gdje god.

Ako je dijete izloženo negativnom okružju dok se njegov um razvija, i samo će steći pogrešne navike koje, ako se ne kontroliraju, vode kroničnom psihoalkoholizmu. Roditelji koji primijete naglu promjenu u ponašanju djeteta – kada po prirodi mirno dijete odjednom postane ljutito – trebaju o tome odmah povesti računa. Uzroke djetetovih frustracija treba utvrditi i ukloniti te potražiti nove putove za kreativno korištenje njegove energije.

Oni koji redovito pokazuju koju od navedenih osobina su psihoalkoholičari. Oni se bezobzirno spuštaju niz slapove Niagare svojih stalnih loših navika, razbijajući vlastitu sreću na komadiće bespomoćno se upuštajući u nekontrolirane izljeve najgorih osobina. Uzaludno je prigovarati takvim psihoalkoholičarima koji se često prema svijetu odnose nasilno, s gađenjem i dosadom. Njihovo je stajalište rezultat neprestanog ponavljanja loših navika. Oni se trebaju smatrati psihijatrijskim pacijentima koji pate od kronične duševne bolesti.

Ispravni utjecaji

Promjena okoline najbolji je lijek za akutni psihoalkoholizam bilo koje vrste jer je volja te osobe postala rob navike pa se ne može oduprijeti napasti. Najučinkovitiji lijek je što hitnija promjena okružja kao ciljani protuotrov za njegovo poremećeno mentalno stanje.

Psihoalkoholičaru sklonom ljutnji treba društvo jedne ili više osoba koje se ne ljute ni u kakvim okolnostima. Osobe opsjednute seksom trebaju biti okružene ljudima koji posjeduju samokontrolu. Osoba sklona krađi treba društvo poštenih ljudi. Osobama u stalnom strahu može pomoći druženje s hrabrim ljudima te čitanje priča o junacima. Zlovoljni, čangrizavi ili „sumorni" tipovi trebali bi se što više družiti s veselim ljudima.

Psihoalkoholičari trebaju imati na umu da loša probava i konzumacija mesa (posebno govedine i svinjetine) mogu pogoršati njihovu psihičku bolest, učvršćujući je još jače u njihovu mozgu. Poboljšanje se može postići uvođenjem obilja voća i povrća u svakodnevnu prehranu, te jednodnevnim postom jednom tjedno tijekom kojeg se uzima samo voćni sok – uključujući povremeno i dulji post. Sve ovo pomaže u mijenjanju mentalnih obrazaca koji su u njihov um usadili štetne navike.

Prekomjerno uživanje u seksu oštećuje živčani sustav i moždane stanice, što opet kod psihoalkoholičara pospješuje ljutnju. Također, neumjerenost u seksu uništava snagu volje. Zato, svi psihoalkoholičari trebaju naučiti kontrolirati seksualni nagon kako bi mogli biti umjereniji u bračnim odnosima, onako kako je to priroda namijenila.

Sitni diktatori

Često se događa da hranitelji u obitelji – otac ili sin, a katkad majka ili kći – pokazuju psihoalkoholizam zbog svijesti da su u poziciji onih čija se riječ ima slušati. Takvi mali diktatori u obitelji ne bi se trebali iskaljivati na nedužnim, bezazlenim osobama koje o njima ovise, a time i izgubiti unutarnje poštovanje onih u njihovoj blizini. Kada obiteljski diktator misli da kod kuće može postupati onako kako mu se sviđa, postupno počinje činiti što ga je volja izražavajući neugodna raspoloženja ili negativne osobine i izvan obitelji. Na kraju on to čini uvijek i svagdje. Ako ti sitni obiteljski nasilnici ne obuzdaju svoje sadističke navike, postupno postaju psihoalkoholičari, ponašaju se nezrelo i uzrokuju neizrecive probleme samima sebi, jednako kao i onima koji su blizu njih ili čak samo slučajno s njima povezani.

Ako ste psihoalkoholičar, trudite se izliječiti, a u međuvremenu barem ne pokušavajte zaraziti druge ili utjecati na njih jer ćete tako samo prouzročiti dodatne nevolje, bez obzira na to hoćete li uspjeti ili nećete. Zamislite koji bi nered nastao kada bi netko iznenada ubacio tvora u vaš dom, gdje mirno sjedite i tiho meditirate, ili čitate knjigu pokraj kamina. Svi biste ga bez sumnje pokušali istjerati i tako se izložili njegovu neugodnom mirisu. I obitelj i tvor bi patili.

Dakle, nije mudro za ljudskog tvora doći u okolinu gdje je nepoželjan. On će vjerojatno prouzročiti probleme svakomu oko sebe, a na kraju i sam može doživjeti takvo nasilje. Molim vas, zapamtite da ljudski tvor nosi vibracije strašnih raspoloženja, a odraz toga na njegovu licu stvara neprocjenjivu štetu u mirnom okružju. Takav dvonožac je svagdje nepoželjan.

Bolje je čak i sakriti psihoalkoholizam nego li ga otkrivati u javnosti. Stalno besramno popuštanje stvara plodno tlo u kojem prenatalne ili postnatalne pobude rastu. Osoba koja ima prenatalnu sklonost prema psihoalkoholizmu mora biti dvaput više oprezna i izbjegavati okružje koje može potaknuti urođeno sjeme njegovih loših navika ili raspoloženja.

Naravno, kada sretnete osobu koja vam hladno i s lažnim osmijehom kaže: „Kako ste, posebno mi je drago vidjeti vas", dok u sebi misli: „Najradije bih mu odsjekao glavu zato što me uznemiruje", slutite njegov unutarnji osjećaj i to vam se ne sviđa. Volim znati na čemu sam s ljudima. Draže mi je netaktično ponašanje u odnosu na licemjerje. Nitko ne želi izložiti se neiskrenosti osobe koja štrca otrov poput zmije uz osmijeh lijep poput ružina grma.

Međutim, za psihoalkoholičara je bolje ponašati se prijateljski prema ljudima čak i po cijenu licemjerja, nego da na njih izlijeva loša raspoloženja. Psihoalkoholičaru će, malo po malo, svakodnevna praksa samokontrole čak i u uobičajenim situacijama pomoći da se riješi svoje neugodne sklonosti pijanstvu.

Prevladavanje lošeg raspoloženja

*Prvi Hram Self-Realization Fellowshipa,
Encinitas, Kalifornija, 5. ožujka 1939.*

Loše raspoloženje nije lako odrediti, ali znate što sve pod tim podrazumijevamo. Kada ste neraspoloženi, ne ponašate se prirodno, niste osoba kakva biste trebali biti. Krajnji je rezultat to da se osjećate bijedno. A doista je glupo biti nesretan zbog vlastitih postupaka! Nitko *ne voli* bijedu. Zašto se ne biste preispitali kada sljedeći put budete zlovoljni? Uvidjet ćete da ste se svojevoljno učinili jadnim. I dok tako postupate, i drugi oko vas osjećaju se neugodno zbog stanja vašeg uma. Kamo god idete, o sebi govorite bez riječi, jer vam se loše raspoloženje vidi u očima, a svi koji vas gledaju svjesni su negativnosti koju nosite. Kada drugi vide mračne osjećaje u vašim očima, to ih odbija, žele se udaljiti od tih neugodnih vibracija. Morate maknuti loše raspoloženje iz svojeg psihičkog ogledala prije nego što uklonite njegov odraz iz svojih očiju.

Živimo u stakleniku

U ovom svijetu čovjek je kao u stakleniku i svi ga promatraju. Ne smijete pozirati, treba živjeti prirodnim životom. Pa zašto se ne ponašati tako da vas drugi gledaju kao uzor? Zašto da ne vide radost na vašem licu? Sve vaše dobre osobine prekrivene su lošim raspoloženjem.

Dok drugi promatraju kako se ponašate, i vi proučavate kako se oni ponašaju. Budući da imamo sklonost k uspoređivanju, rezultat stalnog promatranja drugih u okolini jest loše raspoloženje. Loše raspoloženje može nastupiti zbog raznoraznih poteškoća s kojima se susrećete u ovom svijetu. Neraspoloženja su često posljedica utjecaja okoline. Svijet oko nas na svakoga utječe različito. No ne biste si trebali dopustiti da budete neraspoloženi zbog vanjskih uvjeta.

Zašto potpasti pod utjecaj okoline? Postoje ljudi koji pribjegavaju neraspoloženju kako bi izbjegli suočavanje s nekim problemom. No zlovolja nije ni bijeg, a ni emocionalni sigurnosni ventil. Prirodno je povremeno, na trenutak upasti u loše raspoloženje, ali nemojte ga zadržati!

Svaki oblik lošeg raspoloženja ima određeni uzrok, i to u vašem umu. Da bismo ga uklonili, treba otkloniti njegov uzrok. Treba se svaki dan preispitati kako bi se shvatila priroda neraspoloženja i ako je ono štetno, kako ga ispraviti. Možda vas obuzima ravnodušnost. Bez obzira na to što vam se predlaže, niste zainteresirani. Tada je nužno svjesno se napregnuti i stvoriti kakav pozitivan interes. Čuvajte se ravnodušnosti koja koči vaš napredak u životu, paralizirajući vašu snagu volje.

Možda je vaše neraspoloženje prouzročeno obeshrabrenošću zbog bolesti, osjećaja da nikada više nećete ozdraviti. Prije svega morate se pridržavati zdravih životnih navika koje vode zdravom, aktivnom i moralnom životu, i moliti se za veću vjeru u iscjeliteljsku Božju moć.

Ili, pretpostavimo da je uzrok vašeg neraspoloženja uvjerenje da ste neuspješni i da nikada, ni u čemu, ne možete biti uspješni. Preispitajte svoj problem i vidite jeste li doista uložili sav mogući napor. Promislite o teškom poslu predsjednika SAD-a. On mora nastojati zadovoljiti svih četrdeset osam saveznih država[*] kao i narode drugih zemalja. Moramo se diviti čovjeku koji može razumjeti toliko mnogo i poduzimati toliko toga. Kad već postoje takve razlike između radnog kapaciteta običnog čovjeka i onog predsjednika države, kolika je tek razlika između predsjednika i Boga koji je nemjerljivo zaposleniji? Bog upravlja cijelim svemirom, sve do najsićušnijeg detalja – *a mi smo stvoreni na Njegovu sliku.* Stoga se ne možemo ispričavati za svoje propuste. Ne bojte se teškog rada, on nije nikada nikomu naudio. Međutim, treba naučiti raditi – i misliti – smireno. Kada ste aktivni, a istodobno smireni, možete ostvariti sve što si odredite jer ste tada čista uma.

---

[*] Aljaska i Havaji još nisu bile savezne države SAD-a u vrijeme kada je Paramahansaji držao ovo predavanje. (*napomena izdavača*)

Osim što ne rade dovoljno snažno da bi ostvarili željen cilj, ljudi većinom nisu ni psihički dovoljno aktivni. Previše vremena provode ne razmišljajući uopće. To se smatra opuštanjem. Međutim, pravilnim opuštanjem čovjek postaje smiren i psihički aktivan, može razmišljati o Bogu, o prekrasnim mirnim prizorima, ili o nekom ugodnom iskustvu. Smirena, pozitivna psihička aktivnost je oživljavajuća. Ipak, mnogi ljudi pogrešno povezuju stvaralački napor s naprezanjem i traže ga a da su pritom napeti i nervozni.

Neraspoloženje nastaje u praznom umu

Stvaralačko razmišljanje najbolji je protuotrov za loše raspoloženje. Loše raspoloženje vas može obuzeti kada je vaš um u negativnom ili pasivnom stanju. Upravo kada je um prazan, može nastupiti promjena raspoloženja, a kada ste neraspoloženi, dolazi vrag „po svoje" i nameće vam svoj utjecaj. Stoga, razvijte stvaralačko razmišljanje. Uvijek kada niste fizički aktivni, pokušajte u um dozvati stvaralačke misli. Bude li tako zaokupljen, nećete imati vremena prepustiti se lošem raspoloženju.

Stvaralačko razmišljanje je čudesno – poput života u drugom svijetu. Svatko bi trebao razvijati tu moć. Sve do dolaska na predavanje jedva da o tome razmišljam, a tada intenzivno usmjerim svijest na danu temu i duša mi počne šaptati prekrasne stvari. Kada čovjek stvaralački razmišlja, ne osjeća tijelo i nije pod utjecajem lošeg raspoloženja jer tada postaje usklađen s Duhom. Naša ljudska inteligencija stvorena je na sliku Njegove stvaralačke inteligencije kojom je sve moguće, a ako ne živimo u toj svijesti, obuzima nas gomila raznih raspoloženja. U stvaralačkom razmišljanju naći ćemo sve odgovore na svoje probleme i probleme drugih.

Raspoloženja su kao karcinom – uništavaju duševni mir. Zato se neraspoloženi čovjek ne može riješiti svojih problema. Zapamtite: bez obzira na to što vam sve ide loše, nemate pravo biti neraspoloženi. U *umu* sami sebe možete učiniti osvajačem. Kada doživi poraz, čovjek obuzet neraspoloženjem uzima to kao gotovu činjenicu. No čovjek nepobjediva uma osjeća se pobjednikom čak ako je i cijeli svijet pred njegovim nogama u pepelu.

Želite li biti rob ili osvajač? Prianjanjem za razna raspoloženja sami sebe onesposobljujete za bitku sa životom. Čim dopustite nekom raspoloženju da prevlada mislima, vaša volja postaje paralizirana. Loša raspoloženja zamagljuju mozak, a tako utječu i na vaše misli, pa su svi vaši napori izgubljeni.

Loše raspoloženje koči vaš napredak

Možete pobijediti loše raspoloženje bez obzira na to kako se strašnim činilo. Donesite razumnu odluku da više nećete biti neraspoloženi. Ako vas ipak obuzme loše raspoloženje, razmotrite uzrok koji je do njega doveo i učinite nešto učinkovito. Ne nastavljajte sa svojim radom kad ste ravnodušni, ako je to vaš stav, jer ravnodušnost je najgora od svih raspoloženja. Sjetite se u takvoj situaciji da niste svoj stvoritelj, stvorio vas je Bog i On održava ovaj svemir za vas. Što god radili, radite to s nadahnućem i za Njega. Djelujte! Stvarajte nadahnuta djela jer On vam je dao beskonačnu moć. Kako se usuđujete biti psihički loše zbog prepuštanja otrovnom neraspoloženju? Oslobodite se tog razornoga misaonog stanja koje koči vaš napredak. Dok to ne učinite, nećete se pomaknuti s mjesta. Svako se jutro podsjetite da ste vi Božje dijete i da bez obzira na poteškoće, imate moć prevladati ih. Vi ste kao nasljednik kozmičke moći Duha opasniji od opasnosti same!

Inteligentnog dječaka ne zanimaju jednostavni problemi. On uživa u izazovima težih zadataka. No mnogi ljudi boje se životnih problema. Ja ih se nikada nisam bojao jer sam se uvijek molio: „Gospodine, neka Tvoja snaga raste u meni. Drži me u pozitivnoj svijesti da uz Tvoju pomoć uvijek mogu prevladati svoje poteškoće." Razmišljajte o problemu puni stvaralačkog nadahnuća tako dugo da više o tome ne možete misliti. Kada rješavam neki problem, potpuno mu se predajem, uzimajući u obzir sve moguće korake za njegovo rješavanje, sve dok iskreno ne mogu reći: „Učinio sam najbolje što sam mogao, to je sve što mogu učiniti." A onda na to zaboravim.

Osoba koja se stalno brine o problemu u svojoj svijesti postaje neraspoložena. Izbjegavajte to. Kada dođe neki problem, umjesto da živite u njemu, razmislite o svakom mogućem putu djelovanja kako bi ga se oslobodili. Ako ne možete misliti, usporedite taj svoj određeni problem sa sličnim problemima drugih i iz njihova iskustva naučite koji put vodi do neuspjeha, a koji do uspjeha. Izaberite one korake koji se čine logičnima i praktičnima, a zatim ih počnite primjenjivati. Cijela knjižnica svemira skrivena je u vama. Sve što želite znati već je u vama. Da biste to znanje prizvali, razmišljajte stvaralački.

Čarobni utjecaj iskrene ljubavi

Promjene raspoloženja otupljuju osjećaje i razumijevanje te onemogućuju normalan odnos s drugim ljudima. Život u obitelji trebao bi biti nebeski hram, a sklonost promjeni raspoloženja pretvara ga u pakao. Muž dolazi kući i zatječe svoju ženu u sumornom raspoloženju te se ne mogu uzajamno razumjeti. Ili, on se vrati s posla u lošem raspoloženju, a ona ga ne može razumjeti. Tolike si probleme ljudi stvaraju zbog lošeg raspoloženja!

Kada netko iz vaše obitelji vrije od bijesa ili je potpuno ravnodušan, njegovo raspoloženje na vas odmah djeluje. Ili možda dođete nekomu veoma radosni, a on je hirovit i svadljiv te vam na kraju dade pljusku. Vaša će radost odmah nestati i poželjet ćete se osvetiti. Ne preuzimajte raspoloženja drugih. Biblija nam kaže da ako nas netko udari po lijevom obrazu, trebali bismo mu okrenuti i desni. Koliko će ljudi to učiniti? Češće će osoba koja je primila udarac željeti uzvratiti svojem napadaču za odmazdu dvanaest udaraca – a možda i šut nogom, pa čak i metak! Lako je uzvratiti udarac, ali dati ljubav najviši je način kako možete razoružati svojeg progonitelja. Čak i ako se to ne dogodi odmah, taj čovjek nikada neće moći zaboraviti da, nakon što vas je udario, zauzvrat ste mu dali ljubav. Ta ljubav mora biti iskrena; kada ljubav dolazi iz srca, ona je čarobna. Ne trebate očekivati rezultate, čak i ako vaša ljubav bude odbačena, ne obraćajte pozornost. Dajte ljubav i zaboravite. Ne očekujte ništa; tada ćete vidjeti čudesan rezultat.

Shvaćate li da se u vama, u vašoj duši, nalazi veličanstven vrt? Prekrasni vrt satkan od misli, mirisan od ljubavi, dobrote, razumijevanja, mira i ljepši od ijednog vrta u kojemu raste zemaljsko cvijeće. Uzgojili ste mirisno cvijeće kad god vas netko u ljutnji pogrešno shvati, a vi mu i dalje dajete ljubav. Nije li miris te ljubavi i razumijevanja trajniji od mirisa ijedne ruže? Stoga, uvijek mislite o svojem umu kao o vrtu i držite ga lijepim i mirisnim s božanskim mislima. Ne dopustite da postane blatna bara, prepuna smrdljivih i odvratnih raspoloženja. Ako njegujete nebesko mirisno cvijeće mira i ljubavi, pčela Kristove Svijesti (*Kutastha Chaitanya*)* prikrast će se vašem vrtu. Kao što pčela traži samo cvijeće puno nektara slatkog kao i sam med, tako i Bog dolazi samo onda kada je vaš život sladak i prožet medenim mislima. Odlučite da u svojem vrtu dobrih kvaliteta duše nećete dopustiti rast zlom korovu ljutnje. Što više budete razvijali božanske kvalitete poput lijepih cvjetova, to će više Bog u vašoj duši otkrivati Svoju tajnu sveprisutnost.

„Onaj tko je miran podjednako pred prijateljima i neprijateljima, kada nailazi na obožavanje i vrijeđanje, tijekom iskustava topline i hladnoće, zadovoljstva i patnje... takva osoba Mi je vrlo draga".† Neprekidnim davanjem ljubavi onima koji su neljubazni, mira onima koji su mučeni brigama, slatkoće onima koji su ogorčeni, radosti onima koji su preopterećeni bijedom, neprekidnim davanjem boljeg primjera onima koji slijede put grijeha, uništavate negativna raspoloženja držeći um stalno zaposlenim. Ako ne možete biti zaposleni izvana, budite neprestano zauzeti iznutra.

Živite u svijetu čudesa

Često govorim: Ako čitate jedan sat, pišite dva sata; ako pišete dva sata, razmišljajte tri sata; ako razmišljate tri sata, meditirajte stalno. Bog je riznica sve sreće, a možemo Ga susresti u svakodnevnom životu. A ipak, čovjek se uglavnom bavi težnjama koje ga vode u nesreću. Meditacijom se najbolje uništava loše raspoloženje i živi u svijetu čudesa – svijetu koji je Narada, veliki *riši*, poznavao kada je rekao: „Gospodine, ja sam pjevao hvalospjeve Tebi i izgubio se u Tebi. Kada sam se vratio u ovu svijest, vidio sam da sam se iskrao iz svojeg starog tijela, a Ti si mi dao novo!"

Slična priča govori o drugom svecu iz Indije. Jedan je mladić upravo umro. Njegovo tijelo odnijeli su u spalionicu, a ožalošćeni

---

* Božja sveprisutna inteligencija, privlačna snaga Njegove ljubavi, koja se odražava u stvaranju.
† Bhagavad Gita, XII:18-19.

su se pripremali zapaliti vatru, kad li iznenada dotrči starac, vičući: „Stanite! Nemojte to činiti, ja ću iskoristiti to tijelo." Čim je to rekao, njegovo ostarjelo tijelo palo je beživotno na tlo, a mladić je ustao iz lomače i otrčao prema šumi. Stari čovjek bio je veliki svetac i jednostavno nije želio prekinuti svoju predanost ponovnim ulaskom u bespomoćno tijelo novorođenčeta.

Kada zanemarimo Boga, u život ulazi strah

Postoji toliko toga prekrasnog što treba znati o životu i smrti, a meditacija je jedan od načina kako to saznajemo. Naučite živjeti u ovom svijetu kao sin Božji. Čovjek se boji smrti jer je ispustio Boga iz života. Sve što je bolno zastrašuje nas jer volimo svijet bez razumijevanja njegovih tajni i svrhe. No kada u svemu vidimo Boga, nemamo se čega bojati. Mi smo uvijek iznova „rođeni", u životu jednako kao i u smrti. Riječ „smrt" veoma je neprikladan naziv jer smrt ne postoji. Kada se umorimo od života, jednostavno skidamo kaput tijela i vraćamo se u astralni svijet.*

Smrt ne znači kraj. Automobil čiji su dijelovi istrošeni je mrtav, dolazi do kraja. Na sličan način fizičko tijelo smrću dolazi do svojeg kraja. No besmrtna duša ne može biti mrtva. Svake noći, u snu, duša živi bez ikakve svijesti o fizičkom tijelu, no to nije smrt. Smrt je samo viši oblik sna u kojem duša živi u astralnom tijelu bez svijesti o fizičkom. Kada bi gubitak svijesti o fizičkom tijelu značio smrt za čovjeka, tada bi duša umrla dok utonemo u san. No nismo mrtvi kada spavamo niti smo potpuno nesvjesni, jer kada se probudimo, sjećamo se jesmo li dobro spavali ili nismo. Tako u stanju poslije smrti ne umiremo.

Doista umiru oni koji dopuste da im um okošta. Da biste riješili misterij života, morate se ponovno rađati svaki dan. To znači da morate na neki način svakodnevno težiti tomu da poboljšavate sami sebe. Iznad svega, molite za mudrost jer s mudrošću dolazi i

---

* Hinduistički sveti spisi kažu da ljudsku dušu redom obavijaju tri tijela: idejno ili kauzalno tijelo, suptilno astralno tijelo i grubo fizičko tijelo. Astralni je svijet suptilno carstvo finijih sila u koje se duša, još uvijek obavijena kauzalnim i astralnim tijelom, povlači prilikom fizičke smrti, da bi nastavila svoju duhovnu izobrazbu i evoluciju sve dok se ponovno ne utjelovi na Zemlji. (vidi u rječniku).

sve drugo. Ne dopustite da vama upravlja loše raspoloženje, nego mudrost. A tom mudrošću, razvijajte stvaralačko razmišljanje i aktivnost. Radite ono što je potrebno da biste poboljšali sebe, ali i za dobrobit drugih jer tko god želi ući u Božje kraljevstvo, svaki dan mora pokušavati činiti dobro drugima. Ako slijedite ovaj obrazac, osjetit ćete radost koja raspršuje loše raspoloženje i radost spoznaje da napredujete misaono, psihički i duhovno. Sigurno ćete doći do Boga jer taj put vodi u kraljevstvo nebesko.

Neprestano nastojte prevladavati negativna raspoloženja jer kad ste neraspoloženi, sijete sjeme pogrešaka na tlu vaše duše. Prepuštati se lošim raspoloženjima znači postupno umirati; no ako pokušate svakodnevno biti veseli, unatoč svim uznemirujućim iskustvima, doživjet ćete ponovno rođenje. Sve dok rođenje u ljudskom tijelu ne bude preobraženo u visoko duhovno rođenje, nećete biti „ponovno rođeni"* u Bogu.

Loše raspoloženje je „zarazno" pa u vrijeme opće krize zahvaća mnogo ljudi. Čovjek ne bi trebao uzimati nesretne slučajeve u životu tako ozbiljno. Bolje je malo se nasmijati nego stvarati tragediju od svake nevolje. Gita nas uči: „Onaj tko ne osjeća ni radost ni odbojnost prema zadovoljstvima ili tuzi (pojavnoga života), tko je slobodan od žalosti i žudnji, tko je odbacio relativnu svijest o dobru i zlu i tko je nepokolebljivo predan – on je Meni drag."† Biti optimističan i smijati se djelotvorno je i vrijedno jer uvijek kada izražavate božanske kvalitete poput hrabrosti i radosti, ponovno se rađate. Vaša svijest obnavlja se izražavanjem istinske prirode duše. To je duhovno rođenje koje vam omogućuje „vidjeti kraljevstvo Božje."

---

* „Osim ako se čovjek ne rodi ponovno, ne može vidjeti kraljevstvo Božje... Stoga se morate ponovno roditi." (Iv, 3:3, 7)

† Bhagavad Gita, XII:17.

Reinkarnacija je znanstveno dokaziva

Oko 1926.

Vjeruje li netko u postojanje pravednoga Boga, tada i vjerovanje u reinkarnaciju dolazi samo po sebi jer su te dvije zamisli usko povezane. No kako uvjeriti skeptike i ateiste? Može li istina o reinkarnaciji biti znanstveno dokaziva? Može li teorija reinkarnacije biti podvrgnuta eksperimentalnoj provjeri kako ne bi ostala puka nada, nego bila stvarno dokazana?

Materijalistički znanstvenici tvrde da nisu otkrili nijedan stvarni dokaz o postojanju Boga i da stoga ne mogu ponuditi nikakav dokaz ni o postojanju tog Njegova zakona koji daje jednaku mogućnost svemu živomu da se usavršava putem reinkarnacije. Takvim znanstvenicima patnja nedužne novorođenčadi i druge nejednakosti u životu čine se neobjašnjivima i upravo služe kao dokaz da Stvoritelj ne postoji.

Znanstveni zakon

S druge strane, većina onih koji vjeruju u pravednoga Boga svoja uvjerenja temelje samo na vjeri i ne mogu ponuditi nikakav znanstveni dokaz onima koji ne vjeruju. Oni se ne usuđuju temeljito proučiti ili duboko preispitati svoju vjeru, najvećim dijelom zbog straha od njezina gubitka ili od stvaranja nekog društvenog nesklada. Drugim riječima, nisu svjesni postojanja znanstvenih duhovnih zakona kojima se može dokazati istinitost njihovih uvjerenja.

No zašto se duhovni zakoni ne bi istraživali jednakim načinima opita kojima se koriste i materijalistički znanstvenici za otkrivanje fizičke istine? To pitanje stoljećima prije postavljali su hinduistički mudraci i dali si zadatak da na njega odgovore. Njihovi opiti iznjedrili su znanstvene metode kojima se mogu služiti svi koji žele otkriti stvarnost duhovnih zakona, a tako i postojanje reinkarnacije te svake druge velike kozmičke istine.

Reinkarnacija je znanstveno dokaziva

Budući da dokazi postoje, nitko nema pravo reći da reinkarnacija i drugi duhovni zakoni ne djeluju, sve dok sam nije iskušao metode i vidio rezultate. Nepovjerljivi proučavatelj materijalnoga ima pravo izraziti svoje mišljenje, no ono ostaje samo mišljenje, ali ne postaje i činjenica. U prirodnim znanostima mora se usvojiti i slijediti određeni postupak kako bi se dokazala valjanost bilo koje postavljene teorije. Mikrobi nisu vidljivi golim okom, potrebno je koristiti se mikroskopom kako bi se otkrila njihova prisutnost. Ako osoba odbija gledati kroz mikroskop, ne može se reći da ima znanstveno provjerenu teoriju o postojanju mikroba. Stoga je njezino mišljenje bezvrijedno jer nije slijedila propisana pravila za utvrđivanje istinitosti teorije. Tako je i sa duhovnošću. Metoda postoji, pravila su utvrđena, a rezultati dostupni svima koji su dovoljno zainteresirani za opit. Zbog nedostatka znanstvenog pristupa duhovnom zakonu na Zapadu je vrijednost religije kao ključne u životu čovjeka znatno umanjena, a u duhovne se doktrine vjeruje ili ih se odbacuje samo na temelju osobnih predrasuda, umjesto da budu rezultat znanstvenog istraživanja.

Kako su otkriveni duhovni zakoni?

Kako su duhovni znanstvenici (*rišiji*) drevne Indije otkrili ove nepromjenjive kozmičke zakone? Izvodeći opite na samom životu i mislima čovjeka u laboratorijima svojih duhovnih utočišta. Kako bi se pronašla istina o fizičkim stvarima, moramo eksperimentirati s fizičkim tvarima. Da bi se pronašla istina o reinkarnaciji, odnosno prolascima duše kroz mnoga tijela, potrebno je vršiti opite na svijesti čovjeka. Ti su drevni znanstvenici otkrili da ljudski ego odolijeva svim promjenama iskustva i mišljenja tijekom stanja budnosti, sna i sna bez snova, tijekom čovjekova životnog vijeka. Mijenjaju se spoznajna iskustva, okružje, osjetilne senzacije, misli i stanje tijela, ali osjećaj identiteta, „ja", ne mijenja se od rođenja sve do smrti.

Ti su Indijci na temelju iskustva ustanovili da koncentracijom na jastvo, neprestanim, svjesnim i nepristranim uvidom ili promatranjem različitih promjenjivih stanja života – budnosti, sanjanja ili spavanja bez snova – čovjek može uočiti nepromjenjivu i vječnu prirodu jastva. Obično je čovjek svjestan svojeg budnog stanja, katkad i stanja spavanja. Nije neobično da je tijekom sna osoba svjesna da sanja. Određenim postupcima i djelovanjem, čovjek može održati svjesnu budnost tijekom svakog stanja svojeg bića: budnosti, sanjanja, spavanja bez snova i takozvanog *turiya* stanja, „dubokog sna", uvijek budne nadsvijesti (neograničenoga područja uma) onkraj podsvjesnog stanja bez snova.

Opuštanje u snu

Tijekom sna događa se nesvjesno povlačenje energije iz motoričkih i osjetilnih živaca. Čovjek vježbom može voljno izazvati ovo opuštanje i tijekom budnog stanja. U velikom snu – smrti – postoji potpuno opuštanje, povlačenje energije iz srca i cerebrospinalne osi. Dubokom meditacijom svjesno se može proizvesti potpuno opuštanje i u budnom stanju. Drugim riječima, svako nenamjerno djelovanje može se ostvariti voljno i svjesno, odgovarajućom praksom. Mudraci drevne Indije (*rišiji*) analizirali su smrt i shvatili da je to zapravo povlačenje elektriciteta života iz žarulje ljudskog tijela s njegovim žicama osjetilnih i motoričkih živaca koji razvode struju u razne kanale usmjerene prema vanjskom svijetu. Kao što elektricitet ne nestaje kada prestane teći razbijenom žaruljom, tako i životna energija ne nestaje kada se povuče iz vegetativnog živčanog sustava. Energija ne može nestati. Ona se nakon smrti povlači u Kozmičku Energiju.

Povlačenje toka struje

Svjesni um prestaje djelovati u snu – struja je privremeno povučena iz živaca. U smrti se ljudska svijest zauvijek prestaje izražavati kroz tijelo, slično kao kada netko ima paraliziranu ruku – on je misaono svjestan te ruke, ali ne može njome djelovati. U medicini je zabilježen slučaj svećenika koji je pao u komu. Čuo je sve prisutne oko sebe koji su oplakivali njegovu prividnu smrt, ali nije mogao izraziti svjesnost svojim tjelesnim organima. Njegov tjelesni motor je „zablokirao" i odbijao je odgovarati na njegove misaone naredbe. Nakon što je proveo dvadeset i četiri sata u tom stanju i već bio pripremljen za ukop, s najvećim naporom uspio se pokrenuti. Ovaj primjer pokazuje nepromjenjivost svijesti o „jastvu" ili osobnom identitetu, čak i u naizgled beživotnom tijelu.

Rišiji su tvrdili da čovjek mora naučiti kako svjesno odvojiti energiju i svijest od tijela. Treba svjesno promatrati stanje sna i prakticirati svjesno i voljno povlačenje energije iz srca i područja kralježnice. Tako čovjek svjesno uči raditi ono na što će ga smrt prisiliti nesvjesno i nenamjerno.*

Začuđujući slučaj

U kartotekama francuskih i drugih europskih liječnika zabilježen je slučaj čovjeka po imenu Sadhu Haridas – s dvora indijskog cara Ranjita Singha – koji je bio u stanju odvojiti svoju energiju i svijest od tijela, a zatim ih ponovno povezati nakon nekoliko mjeseci. Za to vrijeme njegovo je tijelo bilo zakopano pod zemljom i nad tim mjestom se danju i noću, mjesecima, budno stražarilo. Nakon određenog vremena, njegovo su tijelo otkopali i kada su ga pregledali europski liječnici, proglasili su ga mrtvim. Međutim, nakon nekoliko minuta on je otvorio oči i ponovno preuzeo kontrolu nad svim tjelesnim funkcijama. Živio je još mnogo godina. On je naučio, putem prakse, kako kontrolirati sve refleksne funkcije tijela i uma. Bio je duhovni znanstvenik koji je vršio opit primjenjujući propisane metode za spoznaju istine o kozmičkom zakonu. Ishod toga bio je dokaz istinitosti teorije o nepromjenjivosti osobnog identiteta i vječnoj prirodi životnih načela.

Oni koji se sami žele uvjeriti u ispravnost znanstvene istine o reinkarnaciji trebaju najprije dokazati načela održanja svijesti poslije smrti tako što će svladati umijeće svjesnog odvajanja duše od tijela.†
To je moguće postići pridržavanjem sljedećih pravila koja su utvrdili hinduistički mudraci prije mnogo stoljeća. Naučiti kako: 1.) biti svjestan tijekom sna; 2.) biti u stanju proizvesti snove po volji; 3.) svjesno

---

* Životna energija koja u tijelo ulazi kroz *medullu* pohranjuje se u spremniku velikog mozga (cerebrum), a zatim se spušta u pet ostalih središta života i svijesti u kralježnici, odakle se zatim širi prema osjetilnim organima i svim drugim dijelovima tijela. Prilikom smrti, životna energija neopozivo se povlači u kralježnicu i napušta tijelo kroz medullu. Usavršeni jogi može voljno i svjesno povući životnu energiju iz tijela i osjetila u kralježnicu, usmjeriti je prema gore do najviših centara božanske percepcije, radosno svjestan da je „mrtav" – slobodan od osjetilnih zabluda ograničenosti na čisto fizičku egzistenciju.

† Kršćanski mistik sveti Pavao shvatio je i pokazao svoje majstorstvo nad životom i smrću izjavom: „Iz dana u dan mrem..." (1 Kor, 15:31).

isključiti pet osjetila, a ne pasivno kao tijekom sna, i 4.) kontrolirati rad srca, što znači doživjeti svjesnu smrt, ili privremenu hibernaciju tijela (ali ne i svijesti), koja nastaje u višim stanjima nadsvijesti.

Slijedite praksu

Bhagavan Krišna nas uči: „Ego je neprestano svjestan sebe u djetinjstvu, mladosti i starosti; utjelovljena duša neprekidno je svjesna ne samo ovih stanja, nego i drugih utjelovljenja nakon smrti (u dugom nizu 'rađanja i 'umiranja' kroz koja ego naizmjenično boravi u fizičkom i astralnom svijetu.)"*

Slijeđenjem određenih postupaka koji dovode do prethodno navedenih četiriju stanja možemo pratiti i ego u svim stanjima njegova postojanja – možemo ga slijediti svjesno kroz smrt, kroz prostor, do drugih tijela ili drugih svjetova. Oni koji to ne nauče, ne mogu zadržati svoj osjećaj osobnog identiteta, budnosti ili svijesti, tijekom velikog sna – smrti, te se stoga ne mogu sjetiti nijednog prijašnjeg stanja, pa čak ni stanja „dubokog sna" tijekom jednog života.

Usvajanjem metoda drevnih hinduističkih znanstvenika koji su eksperimentalno potvrdili ove zakone i tako dali svijetu znanje koje je neprocjenjivo i dokazivo, čovjek može doći do spoznaje znanstvene istine o reinkarnaciji i drugim vječnim istinama.

---

* Bhagavad Gita, II:13.

Reinkarnacija: putovanje duše prema savršenstvu

*Hram Self-Realization Fellowshipa,
Hollywood, Kalifornija, 20. veljače 1944.*

Reinkarnacija je napredovanje duše kroz mnoge živote na zemaljskoj ravni, poput prolaska iz razreda u razred tijekom školovanja, prije nego što „diplomira" postigavši besmrtno savršenstvo – jedinstvo s Bogom. Duše koje život provode daleko od savršenstva (nesvjesne svoje božanskosti povezane s Duhom), nakon smrti fizičkog tijela ne spoznaju odmah Boga. Mi jesmo stvoreni prema Božjoj slici, ali zbog poistovjećivanja s fizičkim tijelom vezali smo se uz tjelesne nesavršenosti i ograničenja. Sve dok ne uklonimo ovu nesavršenu ljudsku svijest smrtnika, ne možemo ponovno postati bogovima.

Kraljević je pobjegao iz svojega dvora i potražio utočište u sirotinjskoj četvrti. Zbog pijanstva i druženja s osobama lošeg karaktera postupno je izgubio iz vida svoj pravi identitet. Tek nakon što ga je njegov otac pronašao i poveo natrag kući u palaču, prisjetio se da je zapravo kraljević.

Slično tomu, svi smo mi djeca Kralja Svemira koja su pobjegla iz duhovnog doma. Vezani toliko dugo u zatvoru tijela zaboravili smo svoju božansku prirodu. Sa svakim novim dolaskom na Zemlju razvijali smo nove nesavršenosti i nove želje. Zato se vraćamo na Zemlju, opet i opet, sve dok ne ispunimo sve želje, ili dok ih kroz razvijenu mudrost ne odbacimo. Moramo zadovoljiti naše želje ili ih vlastitom mudrošću sve odbaciti. Malen broj ljudi pokušava izaći iz tog kruga rođenja i smrti jer i dalje nastoje zadovoljiti svoje želje, međutim, u samoj je prirodi želje da se svakim ispunjavanjem samo pojačava njezin stisak u vidu rađanja htijenja za ponavljanjem tog iskustva, i to se nastavlja sve dok čovjekov um ne postane vrlo snažan.*

Bolje je zadovoljiti male ili nevažne želje, jer ih se tako možemo osloboditi. No to je potrebno učiniti mudro i razborito, u suprotnom se čak i male želje mogu vratiti mnogo snažnije, pojačane iskustvom. Ljudi koji osjećaju želju za pićem, na primjer, često ovako „razmišljaju": „Danas ću popiti sve što želim, a sutra neću ništa." Nakon nekoliko ovakvih uzastopnih iskustava, uobičajena je posljedica stjecanje snažne navike koje se tada teško osloboditi. Isto to se može dogoditi s bilo kojom drugom željom.

Bog nije diktator koji nas je poslao ovamo i govori nam što da radimo. On nam je dao slobodnu volju da činimo što želimo. Slušamo često o važnosti činjenja dobra. No ako idemo ravno u nebo kada umremo (kao što neki tvrde), koji je smisao u pokušavanju biti dobar dok smo ovdje? Ako ondje sve čeka, jednaka nagrada na kraju života, zašto ne bismo onda bili pohlepni i sebični, jer je put zla često najlakši? Ako svi mi – dobri i loši – jednako postajemo anđeli kada umremo, tada ne bi bilo nikakve koristi ugledati se na primjere velikih svetaca.

S druge strane, kad bi Božji plan za sve nas bio da nas pošalje u pakao, opet ne bi imalo nikakve koristi brinuti se o tome kako se ponašamo u ovom životu. Nikakve vrijednosti ne bi imalo promatranje vlastita djelovanja kada bi naši životi dijelili sudbinu automobila – kada jednom ostare, odbaci ih se na hrpu smeća i to je njihov kraj. Kada bi tako bilo i s ljudskim životom, ne bi imalo smisla čitati svete spise ni vježbati samokontrolu.

Važnost vremena

Međutim, ako postoji uzvišena svrha života, kako možemo objasniti nepravdu u slučaju mrtvorođene djece? Što je s onima koji su rođeni slijepi ili nijemi ili kao bogalji, ili s onima koji žive samo nekoliko godina, a onda umru? Samo onaj tko dugo živi ima vremena za borbu protiv pogrešnih unutarnjih sklonosti i želja te pokušati biti dobar. Kada ne bi bilo nikakve druge šanse (u budućem životu) za malo dijete

---

* „Jogi koji je ujedinjen s Bogom prekida vezanost za plodove djelovanja i postiže nepokolebljivi mir (mir rođen iz samodiscipline). Čovjekom koji nije ujedinjen s Bogom upravljaju želje i ta ga vezanost drži u ropstvu." (Bhagavad Gita, V:12).

koje umre sa šest mjeseci, zašto bi Bog tom djetetu dao um i tako malo vremena za razvoj svih mogućnosti uma? Vrijeme je najvažniji čimbenik u našem napretku. Samo jedan životni vijek nije dovoljno dug.

Ako umre dijete, postoji razlog zašto je umrlo, a budući da nije imalo dovoljno vremena da izrazi svoje mogućnosti, ljudske ili božanske, dobit će drugu priliku za to. Takva osoba je poput dječaka koji je izostao iz škole zbog bolesti. To ne znači da dječak zauvijek napušta školu. Čim ozdravi, vraća se i nastavlja s gradivom ondje gdje je stao. Slično je i u životu. Ne dobijemo li priliku za učenje u ovom životu, dobit ćemo je u nekom drugom.

Pruži li nam se prilika da zavirimo „iza pozornice", shvaćamo da je život na Zemlji poput lutkarske predstave. Sada nam se doima stvarnim, ali ono što doživljavamo ovoga trenutka za nekoliko godina činit će nam se nestvarnim poput sna. To što sada doživljavamo, činilo bi nam se nestvarnim da nam je to netko opisao prije nekoliko godina. Prošle nedjelje većina vas sjedila je na drugim sjedalima u ovom hramu i bila zaokupljena drukčijim mislima. Danas gledamo novi „film". Razmislite o tome koliko ste ljudi poznavali kojih više nema na pozornici života.

Život kao promjenljiva i prolazna predstava nije pesimističan. To bi nas trebalo naučiti da ga uopće ne uzimamo suviše ozbiljno. *Maya*, kozmička iluzija, stvara osjećaj da je naše tijelo veoma stvarno, iznimno važan dio našega bića. Ipak, to tijelo može začas biti odvojeno od duše u trenutku smrti, a to odvajanje uopće nije tako bolno. Kada ta „operacija" završi, više nemate potrebu za vremenom, odjećom, hranom ili skloništem jer se ne trebate brinuti za ovu hrpu mesa. Slobodni ste od tijela. A vi ste i dalje vi. Jeste li se ikada pitali zbog čega je ta istina skrivena? Ili gdje bi mogli biti milijuni ljudi koji su otišli s ove Zemlje? Jeste li se ikada zapitali – ako smo poput pilića u kavezu – kada odemo iz njega, dolazi li na naše mjesto drugo jato? Zar nema načina da to saznamo?

Način kako živimo ovaj život određuje što ćemo biti u sljedećem

Dana nam je moć rasuđivanja o tome kamo idemo i odakle smo došli. No ne ulažemo dovoljno truda kako bismo analizirali sami sebe i svoj život. Inače bi nam naš zdrav razum rekao da kakav je naš sadašnji karakter, takav će biti i nakon smrti – možda malo bolji ili malo lošiji, ovisno o tome koliko smo se potrudili poboljšati se. Ljudski život protječe svakim od 365 dana u godini, i tako godina za godinom, možda ste malo i napredovali, ali vaša priroda nakon smrti jednaka je onoj prije nje. Nećete postati anđeo samo zato što ste umrli! Mijenja se samo tijelo. Smrt inače ne čini nikakvu drugu razliku. Smrt je poput vrata kroz koja ćete proći. Vaše će tijelo otići, ali vi ćete biti u svakom drugom pogledu jednaki. Ako imate naprasitu narav, u trenutku smrti nećete je ostaviti iza sebe zajedno s fizičkim tijelom. Vaša naprasita narav ostat će s vama sve dok je ne pobijedite. Ako ste u sadašnjem životu poštovali pravila zdravog života, u sljedećoj inkarnaciji imat ćete zdravo tijelo. Posljednji dio života je važniji od prvog jer to što ste na kraju života određuje što ćete biti na početku sljedećeg.

Prvi dio života obično je uzaludno izgubljen, u nekoj vrsti zavedenog stanja. Zatim dolazi romantika, a nakraju bolest i starost, s kojima započinje borba s tijelom. Skovao sam uzrečicu: „kolaž života", da opišem kako se tijelo mora zakrpavati kako bi nastavilo djelovati. Tijelo nam je većinu vremena problem: nedostaje „svjećica" ili su mu dotrajale „gume". Muči nas glavobolja ili prehlada ili ste pokvarili želudac, pa dođu problemi sa zubima i tako dalje. Uvijek samo problemi! Zbog vaše sreće potrebno je da shvatite kako vi niste tijelo, sa svim njegovim patnjama i bolima, nego besmrtna duša.

Život uopće ne shvaćam ozbiljno. Kažem: „Gospodine, kad god poželiš odvojiti ovo tijelo od duše, slažem se. Sve dok me držiš ovdje, to je u redu; ali ako ostanem bez tijela, i to je u redu." Nije potrebno umrijeti kako bismo potvrdili slobodu od vezanosti za tijelo. Ako se družite s Bogom, vidjet ćete da ste već slobodni. Vi niste tijelo. Vi ste vječni Duh.

Postoji li neki način da saznamo što smo bili u našem posljednjem utjelovljenju? Preispitujući ovo što smo sada, sigurno možemo uočiti osnovne sklonosti misli i sposobnosti. Hinduistički sveti spisi kažu da su duši potrebni milijuni godina skladnog života bez bolesti kako bi postala slobodna. Prema tome, kod običnog čovjeka očekuje se samo mala promjena iz života u život. Međutim, duhovna evolucija može se ubrzati određenim naporom da ispravno živimo i uz pomoć pravoga gurua.

Indijski mudraci analizom ljudi ustanovili su da postoje četiri osnovna tipa: *šudre*, oni koji mogu služiti društvu tjelesnim radom; *vajšije*, oni koji su sposobni, domišljati, posjeduju razne vještine, bave se poljoprivredom, obrtom, trgovinom, općenito poslovnim životom; *kšatrije*, oni koji imaju talent za upravljanje, izvršne poslove i zaštitu društva – to su vladari i ratnici: te *brahmani*, oni kontemplativne prirode, nadahnuti duhom koji i sami mogu duhovno nadahnuti druge.

Uzmemo li u obzir kvalitetu života, *šudre* su oni koji u životu ne vide veću svrhu od zadovoljenja htijenja i želja tijela; takve osobe jedu, spavaju, rade, razmnožavaju se i na kraju umru. Milijuni danas žive kao *šudre* ili obični „radnici" – zanima ih samo udobnost i zadovoljavanje tjelesnih potreba.

Čovjek u misaono aktivnom stanju *vajšije* uvijek je zauzet obavljanjem nekih poslova. Neki pripadnici ovog sloja ne razmišljaju ni o čemu drugom osim o poslu. Oni žive samo da bi zaradili novac koji obično troše na osjetilne užitke. No oni najbolji pripadnici *vajšija* poslovni su ljudi puni kreativnosti.

Trećem razredu ili *kšatrijama* pripadaju oni koji, nakon što su prošli iskustvo zarađivanja novca i postizanja nečega u poslovnom smislu, počinju shvaćati što je zapravo život. Takvi nastoje putem samokontrole dobiti bitku s osjetilima. (Čovjek *vajšija* ne nastoji iznutra poboljšati samoga sebe. On jednostavno zarađuje novac, stvara potomstvo i rijetko razmišlja o značenju života, osim u smislu poslovanja.) No, treći, stalež *kšatrija*, shvaća život mnogo ozbiljnije. Takav se čovjek pita: „Ne bih li se trebao boriti i osloboditi se svojih loših navika? On osjeća želju da nadvlada loše sklonosti i radi samo ono što je dobro.

Posljednje i najviše stanje je ono *brahmana* – poznavatelja Brahme ili Boga.*

Preispitajte se da shvatite kako se trebate mijenjati

Podsjetimo se četiriju osnovnih vrsta svijesti u čovjeka: *šudra* je stanje postojanja vezano za osjetila; *vajšija* je poslovni ili stvaralački razvojni put čovjeka; *kšatrija* je stanje ratnika u kojem se čovjek

---

* Vidi *kaste* u rječniku.

hvata ukoštac sa svojim osjetilima kako bi nadišao vezanost za njih; *brahman* je stanje mudrosti koje čovjek postiže prevladavanjem svake vezanosti za osjetila i tako ostaje svjesno uronjen u Brahmu, Boga.

Svako ljudsko biće uklapa se u jedan od ovih četiriju razredbena dijela i ako preispitate sami sebe, možete ustanoviti kojem razredu pripadate. Razmislite o svojem životu još od dana djetinjstva i pokušajte shvatiti u koju se od ovih četiriju kategorija ubrajate. Razmislite o tome živite li samo za osjetilna zadovoljstva i zanima li vas samo zarada novca. Ili možda samo radite bez razmišljanja i stvaralačkog impulsa.

Preispitajte sami sebe i ustanovite jeste li kreativni još od djetinjstva. Neka djeca, na primjer, pokazuju sklonost mehanici i stalno rastavljaju i sastavljaju predmete. Neka osjećaju veće zadovoljstvo u crtanju, igri ili slušanju glazbe. Nije potrebno biti stručnjak ili operna zvijezda kako biste utvrdili da netko pokazuje znakove kreativnosti u ovome životu. Čak i besmislena pjesmica kao što je: „Da, mi nemamo banana" proizvod je stvaralačkog uma.

Sve što netko stvori, bilo to obavljeno više ili manje stručno, izraz je kreativnog talenta. Ako još zarana u životu pokazujete smisao za pisanje romana, glumu, drvodjelstvo, ili za slikanje, glazbu, ili rad sa strojevima, to upućuje na to da ste vjerojatno bili *vajšija* u prošlom životu.

Bračni parovi ne bi trebali ismijavati svoje talente ili se rugati stvaralačkom radu svoje djece. Pokušaj suzbijanja nečijeg stvaralačkog duha zločin je protiv Božjeg procesa evolucije.

Zapitajte se jeste li od djetinjstva uvijek pokušavali obavljati svoje dužnosti u skladu s vlastitom savjesti. Jeste li stalno promatrali svoje djelovanje i pokušavali se ispraviti kada biste pogriješili? Jeste li imali kakve unutarnje borbe još u djetinjstvu? Ovo su znaci trećeg stanja, *kšatrije*. No ako su od djetinjstva vaše misli uvijek bile usmjerene na Boga, ušli ste u četvrto ili duhovno stanje *brahmana*.

Prepoznate li svoju pripadnost jednom od manje naprednih od ovih četiriju tipova misaonog sustava, to vas ne treba obeshrabriti, nego, naprotiv, trebalo bi vas ohrabriti. Utvrdite li samoanalizom da još niste dosegnuli najviše stanje, nemojte se osjećati bespomoćno i nesretno. Pouka svega toga jest da ako se dosad niste promijenili, sada je vrijeme da to učinite. U suprotnom, ponijet ćete sadašnje stanje u svoj sljedeći život. Kada nastupi smrt, želite osjećati da ste uspješno prošli ovaj „razred" u školi života i da možete slobodno krenuti u viši. Ali za to je potrebno promijeniti svoj život već sada. Preispitajte se i naučite što ste bili prije. Tada možete početi s učinkovitijim preoblikovanjem života.

Naučite ovladati svojim lošim raspoloženjem. Nagli izljevi osjećaja koje možda sada doživljavate imaju korijene u prošlosti. U suprotnom, kako to da su neka djeca ljubomorna od samog početka, dok su druga iz iste obitelji mirna i dražesna? Postoje djeca koja bi vas odmah udarila ako kažete da nešto ne čine, druga su pak tiha i poslušna. Zašto su neka djeca sklona krađi? Te osobine jednostavno su izdanci prenatalnih sklonosti stvorenih u prošlim životima.

Jednom su mi dali u ruke malo dijete. Skoro sam ga ispustio jer mi je Bog iznenada otkrio da je to dijete bilo okrutni ubojica u prošlom životu. No obično je prošlost strogo čuvana tajna. Takve pojedinosti saznat ćete samo ako je to Gospodinova volja.

Razlikujte unutarnje vrijednosti od vanjskog stanja

Jednom mi se žena koja je u New Yorku pomagala u uredu SRF-a povjerila da je srela čudesnoga čovjeka, „vidovnjaka" naime, koji joj je rekao mnogo toga prekrasnog o njoj, uključujući i to da je u prošlom životu bila škotska kraljica Marija. Nisam uopće vjerovao da je nekoć bila kraljica, pa sam potiho zamolio Boga da je riješi te zablude.

Nekoliko dana poslije došla me posjetiti jedna studentica i vrlo uzbuđeno rekla: „Upravo sam srela poznatog vidovnjaka (istog onog kojega je spomenula i službenica u uredu), koji mi je rekao da sam u prošlom životu bila škotska kraljica Marija. Pozvao sam službenicu iz ureda u sobu kako bi se te dvije „kraljice" susrele licem u lice i upitao: Koja je od vas dviju prava škotska kraljica Marija?" Dame su s veseljem shvatile svoju pogrešku – nesmotrenu lakovjernost i spremnost zamijeniti istinsku unutarnju vrijednost primamljivim vanjskim dojmom.

Istina je, volimo kada nam se laska. Bezobzirne osobe nas stoga mogu povremeno iskoristiti. No tko ste bili u prošlom životu i jeste li ili niste bili bitni u očima svijeta, nije od velike važnosti. Najbolje je roditi se kao božanski tip *brahmana* bez obzira na to kakav bio vaš položaj u svijetu. Svatko od vas nosi nešto od tog božanskog tipa u sebi; inače ne biste bili jutros ovdje.

Razmjena duša između Istoka i Zapada

Od milijuna ljudi upravo je vas nešto privuklo u ovaj hram jer odnekud potječe vaša prethodna veza s Istokom i njegovim duhovnim učenjima. Sada kad ste izvana zapadnjaci, drugi vas zapadnjaci mogu ismijavati zbog toga što odlazite u, kako oni smatraju, „pogansko" mjesto. Oni koji osjećaju predrasude prema Istoku nisu ondje skoro boravili. Oni, pak, koji osjećaju naklonost vjerojatno su ondje bili rođeni u nekom od prošlih života. Tako je moguće razlikovati istočnjačke od zapadnjačkih duša. Jeste li od malih nogu uživali u mirisu tamjana i pričama te slikama s Istoka? Takve sklonosti pokazuju da ste relativno nedavno bili u kontaktu s Istokom.

Mnoge duše s Istoka sada su ponovno rođene u Americi. Želja za materijalnim savršenstvom dovela ih je ovamo kako bi se ispunila i kako bi potpomogli američke duhovne ideale. Jednako tako, mnoge duše koje su prije bile rođene u Americi, sada su se reinkarnirale u Indiji kako bi imale koristi od njezina duhovnog bogatstava i kako bi pomogle Indiji u razvoju materijalne strane njezine civilizacije. Nadam se da će mnogi od vas otići onamo i pomoći Indiji, a da će mnogi iz Indije doći ovamo kako bi služili u Americi. Svijet je Božja obitelj i On pokušava unaprijediti sve narode. On ne daje prednost jednima u odnosu na druge.

Još jedan način da ispitate svoju prošlost je prisutnost određenih navika. Neki ljudi uvijek vole toplinu. Oni su se u drugim životima naviknuli na toplu klimu. Drugi više vole hladnoću, što pokazuje da su prije bili rođeni u hladnoj klimi. Ako ste oduvijek imali posebnu sklonost prema planinama ili prema moru, zasigurno ste tu vezanost donijeli iz nekog drugog života. Postoje ljudi koji postanu usamljeni ako odu iz grada i ne mogu podnijeti tiha mjesta. To je također odraz njihove sklonosti iz prošlosti.

Oni koji cijelog života pokazuju ambicije bili su nekoć važni ljudi. Imati takve sklonosti i ne razvijati ih znači potiskivati sebe. U pogodnom okružju takve osobe mogu postati važni ljudi. Postoje i drugi koji ostaju neuspješni bez obzira na to što radili za svoj napredak. To znači da nose sklonost neuspjehu iz prošlosti. No takvi ne bi trebali odustati od borbe da to prevladaju. Takve osobe moraju odmah sada pobijediti pogrešne sklonosti ili će se te pogreške odraziti i u sljedećoj inkarnaciji.

George Eastman jednom mi je rekao da mu je prvih godina otkako je osnovao tvrtku Kodak bila ponuđena cijena dionice od dvadeset pet centi, pa ipak ih nije prodao. Obitelj djevojke koju je želio oženiti bila je protiv tog vjenčanja. Nepovoljne okolnosti bile su takve da se činilo da nikada neće postati uspješan, a ipak, nakon nekog vremena, sve mu se otvorilo. Zašto? Zato što je otprije nosio kreativnost i ambiciju i te sklonosti nastavio njegovati i u ovom životu.

Ja sam od djetinjstva čeznuo za velikim zgradama, za mnoštvom oko mene, za sjenovitim drvećem i vodom kamo god bih išao. I to je ono što sam privukao. Također sam od djetinjstva znao da ću to i imati te da ako uz snažnu želju prionem cilju, ta mjesta i ljudi jednostavno će se ostvariti. Kada bih im o tome govorio, ljudi su mi se katkad podsmjehivali. Ipak sam ostvario ta svoja htijenja. U našoj školi u Ranchiju imali smo velik ribnjak, naše sjedište u Dakshineswaru gleda na rijeku Ganges, naš ašram u Encinitasu ima pogled na Tihi ocean.[*]

Tako, razmatrajući svoje sadašnje snažne sklonosti možete prilično točno pretpostaviti kakav ste život vodili prije.

Veze iz prošlosti utječu na sadašnje sklonosti

Možda ste ustanovili da imate izrazitu sklonost prema nekom stranom jeziku i da ste ga u stanju brzo naučiti. Madame Galli-Curci me, na primjer, oduševila lakoćom kojom je učila mnoge fraze na bengalskom. Ljubav prema određenim jezicima rezultat je veza iz proteklih života. Privlače vas njemački, francuski, kineski ili bengalski zato što ste ih nekoć govorili.

---

[*] Škola u Ranchiju, indijskoj saveznoj državi Jharkhand, bila je osnovana 1918. na imanju koje je velikodušno ustupio Maharaja od Kasimbazara. Yogoda Math, sjedište društva Yogoda Satsanga Society of India, bilo je osnovano u Dakshineswaru, Kalkuta, 1939. Zgrada ašrama s pogledom na Tihi ocean u Encinitasu, Kalifornija, bila je dar za Paramahansu Yoganandu od Rajarsija Janakanande (Jamesa J. Lynna) 1936. Rajarsi Janakananda, duhovno uzvišeni učenik Paramahanse Yoganande, naslijedio je Paramahansajija kao predsjednik udruge Self-Realization Fellowship 1952. (*napomena izdavača*)

Nedavno sam upoznao jednu mladu Amerikanku koja mi je rekla: „Nikada nisam studirala nijedan orijentalni jezik, ali često mi u umu odzvanjaju neke strane riječi. Mogu ih izgovoriti, ali ne znam što one znače." Zatim je izgovorila oko devet riječi na bengalskom. U ovom životu nikada nije učila jezike niti je poznavala ikoga tko govori bengalski, pa ipak je znala te riječi i izgovarala ih pravilno.

Na putovanjima neki nam se krajolici sviđaju više od drugih. Ako vam je neko mjesto zanimljivije od ostalih, vjerojatno ste i prije bili u njegovoj blizini.

Sve su to naznake koje vam otkrivaju određene ideje vezane uz vaše prošle živote. Ubuduće znajte da meditacijom možete steći dublje znanje o tome što ste bili prije.

Katkad se dogodi da prvi put stojite na nekom mjestu, ali prepoznajete određene krajolike iako ljudi s kojima ste se nekoć ondje družili više nema. A katkad susrećete ljude za koje osjećate da ih znate otprije. Za mene je prepoznavanje uvijek bilo trenutačno, posebno kada je riječ o bivšim učenicima.*

Sljedeći je stvarni slučaj sjećanja na iskustva iz prošlog života postao poznat u cijelom svijetu. Djevojčica, rođena u malom selu u Indiji, neobjašnjivo je počela tugovati za selom u drugom dijelu Indije. Njezino stanje postalo je toliko ozbiljno da su liječnici savjetovali da je odvedu u to udaljeno, nepoznato selo. Rečeno-učinjeno i na zaprepaštenje svojih pratitelja, od trenutka kada je ušla u selo, počela je do u detalje opisivati sve u mjestu. Znala je stanovnike po imenu i otišla izravno u određenu kuću gdje je pozvala čovjeka rekavši da je on bio njezin brat u prošlom životu. No nije tu stala. Objasnila je da je u prošloj inkarnaciji skrila zlatninu u zidu jedne kuće, ali da je umrla prije nego što je ikomu za to rekla. Mala djevojčica otišla je do mjesta u zidu i – gle! zlatnina je još bila ondje. Opisala je svoju odjeću i kako je bila odjevena što se također pokazalo točnim. Pred takvim dokazima više nemamo pravo sumnjati u vjerodostojnost i značenje njezina iskustva.

Postoji još jedan sličan slučaj u Indiji. Riječ je o svecu koji je

---

* Misli se na one koji su primili duhovnu inicijaciju od Paramahanse Yogānande u prošlim inkarnacijama. (*napomena izdavača*)

otišao u hram na obali rijeke i rekao: „Moj je hram stajao u blizini. Sada je u rijeci." Ronioci su zaronili i otkrili pod vodom vrlo star hram. Ovaj čovjek u prijašnjem je životu bio svetac kojemu je bio posvećen sada potopljeni hram.

Čisto srce – jasan uvid

Ako svijest uzdignete iznad poimanja spola i njegujete čisto srce, tada ljude oko sebe nećete doživljavati kao muškarce ili žene i bit ćete u stanju u trenutku prepoznati duše koje ste poznavali prije. Ako njegujete tu neosobnu svijest, prepoznat ćete ljude koje poznajete otprije. Pretpostavimo da ste nakratko vidjeli šestomjesečno dojenče te nakon mnogo godina sreli tu istu osobu kada je već postala odrastao čovjek. Vjerojatno nećete prepoznati ono dojenče u sadašnjem čovjeku. A ipak, određene su karakteristike jednake i otkrit ćete da ako ste bili poznavali to dijete dovoljno dugo, njegove su osobine ostale jasno utisnute u vašem umu. Tako i određene osobine iz naših prošlih života ostaju s nama. Posebno su oči onakve kakve su bile prije. Oči se jedva mijenjaju jer su one prozori duše. Oni čije oči odražavaju ljutnju, strah ili zloću, trebali bi se pokušati promijeniti i ukloniti odbojne osobine koje skrivaju u sebi i koje ometaju izražavanje ljepote njihove duše. Pod utjecajem okoline i društva, vaš um i tijelo donekle se mijenjaju. No oči se malo mijenjaju. Ponovno se rađate s jednakim izrazom u njima.

Na temelju svojih sklonosti možete otkriti jeste li u prošlom životu bili muškarac ili žena. Mnoge se žene ponašaju poput muškaraca, a mnogi muškarci naginju ženskim sklonostima.

Ne postoji razlika u važnosti između muškarca i žene. Razum i osjećaji prisutni su u jednih i drugih. No u muškaraca prevladava razum, a u žena osjećaj. Lakše je utjecati na muškarca pozivajući se na njegov razum, nego na njegove osjećaje; žena spremnije reagira kada se utječe na njezine osjećaje.

Putem zajedništva s Bogom skladno uravnotežujete ove osobine u sebi. Nikada si nisam dopustio biti muškarac ili žena. Prema drugima osjećam majčinsku ljubav, ali me nitko ne može razuvjeriti igrajući na kartu mojih emocija, ako se moj razum ili očinska priroda, s tim ne suglasi. Postizanje božanske ravnoteže između razuma i emocija trebalo bi postati svrha muškaraca i žena. Muškarci bi obično trebali više njegovati osjećaje, a žene logičnost.

Moramo usavršiti ljubav u najmanje jednom odnosu

Postoji dubok razlog zašto nam Bog obično ne dopušta sjećanje na naše prijašnje živote. To je zato što bismo bili veoma vezani za one koje poznajemo otprije, umjesto da širimo svoju ljubav i njome obuhvaćamo druge. Bog želi da dajemo ljubav i prijateljstvo svima i moramo to *usavršiti* u najmanje jednom odnosu. Kada ponovno sretnete stare prijatelje, u prilici ste usavršiti svoju ljubav u odnosu s njima. Učenik označuje nekoga u kome guru usavršava stanje božanskog prijateljstva. Oni koji slijede guruove želje njegovi su učenici. Želje istinskog gurua vodi božanska mudrost i ako se uskladite s njegovim željama, postat ćete slobodni baš poput njega.*

Prije svega, iz ovog života trebali biste naučiti najviše što možete, nastojeći proći sve do najvišeg razreda duhovnog razvoja u školi života. Družite se s Bogom. Kada to budete u stanju, sve slabije ocjene vaših životnih zadaća bit će izbrisane. Da biste se oslobodili *karme* koja vas veže za manje plemenite dužnosti u životu, razvijajte mudrost i svjesnost o Bogu.

---

* „Ako ustrajete u mojoj nauci, uistinu ste moji učenici,; upoznat ćete istinu, a istina će vas osloboditi." (Iv, 8:31-32); „Ljudi ispunjeni predanošću, koji neprestano i bez zanovijetanja prakticiraju Moje upute, oni se također oslobađaju sve *karme*." (Bhagavad Gita, III:31)

Hoće li se Isus ponovno reinkarnirati?

*Prvi hram Self-Realization Fellowshipa,
Encinitas, Kalifornija, 26. studenog 1939.*

Mnoge osobe pretkazuju drugi dolazak Krista. Neki pak smatraju da pravi Krist tek treba doći. No Isus je bio na Zemlji i s nje otišao. To su činjenice. Da je njegov život bio samo mit, kako neki kažu, njegovo poslanje ne bi preživjelo tolika stoljeća. Iako je bio razapet, njegovu misiju prihvatili su ljudi diljem svijeta jer je živio za Boga.

„Evo dolazi u pratnji oblaka!; I vidjet će ga svako oko."* Zbog ovog odlomka iz Biblije mnoge iskrene osobe vjeruju da će se Krist nama spustiti doslovno iz oblaka. Stvarno objašnjenje je metafizičko. Kada zatvorimo oči, vidimo mrak, ali iza te tame unutarnje je svjetlo. Kontrast označuje razliku između ovoga svijeta i kraljevstva Božjeg.

Kada zatvorim oči i usmjerim pozornost i volju, vidim Krista u tom svjetlu.† Jednako tako vidjet će ga svaki pravi sljedbenik koji je u stanju prodrijeti u duhovno oko. U tom unutarnjem svjetlu vidim Isusa tako jasno kao što vidim drugu osobu na ovome svijetu. Sve što se opaža u tom svjetlu mnogo je istančanije. Ako ste ozbiljni i ako ste se duhovno razvili – dolazit će vam prekrasne vizije svetaca. Takva iskustva ne dobivaju oni koji meditiraju samo nekoliko minuta, a zatim se koncentriraju na nešto drugo. Kada zaista „mislite ozbiljno" u vašem odnosu s Bogom i kada Ga, iznad svega, volite; kada dobrovoljno žrtvujete san kako biste ustrajali u svojoj potrazi za Njim, tada ćete vam se ukazati božanske vizije. One nisu halucinacije. Istinske vizije odrazi su stvarnosti.

---

* Otk, 1:7.

† Svjetlo duhovnog oka između obrva. „Oko je svjetiljka tijelu. Zato, bude li ti oko zdravo, čitavo će ti tijelo biti u svjetlu." (Mt, 6:22)

Božanska pravda i zakon reinkarnacije

Čovjek može i ne mora vjerovati u zakon reinkarnacije; međutim, kada bi ovaj život bio početak i kraj ljudskog postojanja, bilo bi nemoguće pomiriti nejednakosti života s božanskom pravdom. Zašto se jedan čovjek rađa u bogatoj obitelji, dok drugo dijete dolazi u siromaštvom pogođeni dom, samo da bi umrlo od gladi? Zašto je jedna osoba dovoljno zdrava da živi 100 godina, a netko drugi je bolestan neprestano? Zašto su Eskimi rođeni na hladnom sjeveru, a drugi ljudi u umjerenoj klimi gdje je borba za preživljavanje lakša? Zašto se neke bebe rađaju slijepe ili mrtve? Zašto? Zašto? Zašto? Da ste vi Bog, biste li činili takvu nepravdu? Kakva je svrha čitanja i življenja u skladu sa svetim spisima ako je život predodređen hirovitošću Boga koji namjerno stvara bića s tijelom i mozgom koji nisu savršeni?

Prema zakonu uzroka i posljedice, svaka akcija stvara primjerenu reakciju. Stoga, sve što nam se događa sada, mora biti rezultat nečega što smo učinili prije. Ako ne postoji ništa u ovom životu što je prouzročilo trenutačne okolnosti, neizbježan je zaključak da je uzrok pokrenut u neko prijašnje vrijeme, to jest, u nekoj prošloj ljudskoj egzistenciji. Vaše najizraženije sklonosti određenim raspoloženjima jednako kao i karakterne osobine nisu počele s rođenjem, one su davno prije bile utvrđene u vašoj svijesti. Tako možemo razumjeti kako neke osobe od ranog djetinjstva pokazuju određene izrazite talente ili slabosti, i tako dalje.

Također, možemo razumjeti kako je savršeni život Isusa na Zemlji bio rezultat nekoliko prethodnih inkarnacija u kojima je uspješno ovladao vlastitom prirodom. Njegov čudesni život kao Krista bio je rezultat mnogih prošlih života ispunjenih duhovnim školovanjem. On je postao *avatar**, božanska inkarnacija, jer se u prijašnjim životima kao običan čovjek borio s iskušenjima tijela i pobijedio. Njegov primjer daje ostalom čovječanstvu konačnu nadu. Inače, kakve mi imamo šanse? Kada bi nam Bog poslao anđele da nas uče, rekao bih: „Gospodine, zašto nisi i mene stvorio poput

---

* Vidi u rječniku.

anđela? Kako mogu oponašati bića koja su stvorena savršena i koja nisu prošla iskustva stavljanja na kušnju koja su meni dana?"

Nama je potreban ideal u obliku bića koje je u biti poput nas. Isus se *jest* suočavao s iskušenjima. „Odlazi od mene, Sotono!", rekao je - i pobijedio. Da nikada nije prošao kroz iskušenja, njegova bi izjava „Odlazi od mene, Sotono" bila samo glumački čin i teško bi nas mogla nadahnuti i potaknuti na slično. Iako je već bio pobijedio tjelesna iskušenja u prošlim životima, ponovno je morao osjetiti njegove slabosti u ovoj inkarnaciji kao Isus kako bi svojim majstorstvom pokazao čovječanstvu duhovnu nadmoć i potaknuo sve ljude vlastitim primjerom.

Isus je u prošlom životu bio Elizej

Isus je većinu svojeg savršenstva postigao u svojoj prijašnjoj inkarnaciji kao Elizej. Znam sigurno da je bio Elizej u prošlom životu, a Isusov guru, Ivan Krstitelj, bio je u prošlom životu Ilija.[*] Elizejeva kasnija inkarnacija kao Isusa bila je prorokovana nekoliko stotina godina prije samog događaja jer je bio predodređen ispuniti božanski plan. To proročanstvo izrečeno je u Knjizi proroka Izaije (7:14), osam stoljeća prije Krista: „Zato, sam će vam Gospodin dati znak: Evo, začet će djevica i roditi sina i nadjenut će mu ime Emanuel!" Sveti Matej, bilježeći događaj Kristova rođenja, navodi: „A sve je to bilo da se izvrši što je Gospodin rekao po proroku: 'Evo, Djevica će začeti i roditi sina, i dat će mu ime Emanuel' - što znači: Bog je s nama."[†]

Isus je naučio sve ove životne lekcije u školi mnogih inkarnacija i pokazao svoju potpunu pobjedu nad materijalnom svjesnošću. Zato je Nebeski Otac rekao o njemu: „Ovo je Sin moj, Ljubljeni moj, koga sam odabrao!"[‡]

Isus je poslan na Zemlju kao primjer da druga Božja djeca mogu prepoznati nekoga tko je prevladao sve privide ovog svijeta. Unatoč svojoj veličini Isus je rekao skromno: „Tada ćete saznati da

---

[*] Misleći na Ivana Krstitelja, Isus je rekao: „On je - ako ćete pravo - Ilija koji ima doći." (Mt, 11:14)

[†] Mt, 1:23.

[‡] Mt, 3:17.

Ja jesam i da ništa od sebe ne činim, nego da govorim ono što me Otac nauči."[*] Sva njegova ljubav je bila za Boga. Sva njegova svijest bila je uronjena u Oca.

Svi smo mi djeca Božja. Stvorio nas je prije mnogo inkarnacija, kao što je stvorio Isusa. U Evanđelju sv. Ivana nalazimo na Isusovu izjavu: „Ne stoji li pisano u vašem Zakonu: 'Ja rekoh, bogovi ste?'"[†] Isus je bio stvoren na sliku Božju, kao što smo i mi. On je pobijedio privid, pokazao nam kako i mi to možemo učiniti. Ako pobijedite privid u ovom životu, vratit ćete se Bogu i više se nećete inkarnirati. „Pobjednika ću učiniti stupom u hramu moga Boga odakle sigurno više neće izići."[‡]

Ali hoće li Isus ponovno doći? Metafizički, on je sveprisutan. On vam se smiješi kroz svaki cvijet. On osjeća svoje kozmičko tijelo u svakom komadiću prostora. Svaki dašak vjetra diše dah Isusa. Kroz njegovo jedinstvo s božanskom Kristovom Sviješću (*Kutastha Chaitanya*) utjelovljen je u svemu što živi. Ako imate oči da vidite, možete ga uočiti ustoličenog u svemu stvorenom.

Onaj tko je poput Isusa oslobođen postaje jedno s Duhom. Ipak, on zadržava svoju osobnost jer kada Bog jednom stvori ljudsko biće, On drži u Svojoj kozmičkoj svijesti stalni zapis o tom stvorenju. Svaka misao i djelo svakog bića zabilježeni su u svjesnosti Boga. Isus je na to mislio kada je rekao: „Zar se ne prodaje pet vrabaca za dva novčića? Ipak, nijednoga od njih ne zaboravlja Bog."[§]

Krist svojim sljedbenicima dolazi kroz viđenje i u tjelesnom obliku

Isus se u vidu osobe može utjeloviti na dva načina: kao viđenje i u tjelesnom obliku. Ako ste mu uistinu predani, možete ga vidjeti u sebi točno onakvog kako je izgledao kada je živio na Zemlji. Brojnim se svecima tako ukazao i mogli su s njime doživjeti razne događaje iz njegova života.

Isus se može ponovno inkarnirati u svako vrijeme, u fizičkom

---

[*] Iv, 8:28.
[†] Iv, 10:34.
[‡] Otk, 3:12.
[§] Lk, 12:6.

Hoće li se Isus ponovno reinkarnirati?

tijelu ili u unutarnjem svjetlu, u skladu s vašom predanošću i moći koncentracije. Reinkarnacija je nužda za većinu čovječanstva, a budući da se Isus nje oslobodio, može doći ili ne doći, kako poželi. Može se pojaviti pred vama u tjelesnom obliku ovog trenutka, ako ste mu toliko predani da ga privučete, ali neće doći sve dok je vaša predanost i jedan posto manja od toga.

Prije mnogo godina, dok sam živio i podučavao u Bostonu, toliko sam bio zaposlen da sam na tri dana zaboravio na Boga. Takva zaboravnost bila mi je nepodnošljiva. Bio sam spreman spakirati stvari i napustiti Ameriku. No upravo tada je došao jedan moj student i zamolio me da zajedno meditiramo. Tijekom meditacije, počeo sam se moliti: „Gospodine, volim raditi za Tebe ovdje u Americi, ali volim Te više od rada i ako Te budem zaboravljao, radije ću otići odavde." U sebi sam začuo Božji glas: „Što želiš?"

Iznenada sam rekao: „Volio bih vidjeti Krišnu i Krista zajedno sa svim njihovim učenicima." Odmah sam ih ugledao, na moru od zlata, tako jasno kao što sada gledam vas; poklonio sam im se.

No s vremenom moj je um počeo sumnjati: „To nije stvarno", mislio sam. Zato sam se ponovno pomolio: „Gospodine, ako je ovo viđenje istinito, neka i drugi poklonik u ovoj sobi vidi isto." Moj prijatelj začas je povikao: „Oh, gle, Krišna i Krist, na moru od zlata!"

Onda se pojavila nova sumnja: da nije to bio samo prijenos misli? Međutim, čim je ta ideja prošla mojim umom, Božji glas je rekao: „Kada odem, soba će se ispuniti mirisom lotosa i tko god dođe, primijetit će ga." Svaka osoba koja je poslije došla k meni u sobu neizostavno je pitala: „Kakav je to čudan miris cvijeća?"

Za većinu njegovih sljedbenika Krist je samo idealizirani lik o kojemu su čitali u Bibliji. No za mene je on mnogo više od toga. On je stvaran. Jednom, prije osam godina, došao je i meditirao sa mnom cijele noći. Tom prilikom imao sam viziju ove duhovne škole.[*] I mnogo puta poslije vidio sam ga u vizijama i razgovarao s njim. A istog takvog Krista možete i vi vidjeti.

Za zajedništvo s Bogom, morate biti spremni odustati od svega.

---

[*] Ovaj govor održan je 1939., a duhovna škola u Encinitasu bila je izgrađena 1936. Ovdje se Paramahansaji poziva na viziju koju je imao 1931. (*napomena izdavača*)

On će vas najprije iskušati. Ako unatoč stalnim molitvama i meditaciji i dalje ne budete u stanju vidjeti Ga, ne odustajte, nego recite: „Gospodine, nema veze, Ti znaš da molim i neću stati dok ne dođeš" – tada će vam odgovoriti. Jedan svetac je rekao: „Ne brinem se kada će On doći – znam da će doći." Morate imati takvo stajalište.

Kada odlučite raditi na tome da postignete Kristovu svijest kakvu je imao Isus, Bog će vam pomoći ispuniti tu želju. No najprije morate ovladati sobom, kao što je to Isus učinio. Bog ne daruje velike duhovne moći vjernicima sve dok Mu ne pokažu da su nadvladali svoje ljudske slabosti. U suprotnom bi zloporabom božanske moći mogli nauditi drugima pa čak i uništiti cijele narode.

Isus je imao suverenu moć kojom je mogao lako spasiti samoga sebe od raspeća, ali tijekom agonije u Vrtu rekao je: „Oče, neka ne bude moja, nego tvoja volja,"* a na križu: „Oče, oprosti im, jer ne znaju što čine!"† Tim krajnjim kušnjama pokazao je da je nadvladao sve svoje egoistične težnje. Kada imate neograničenu moć, kao što je imao Isus, i kada vas svi preziru, a vi se ipak ne osvećujete, uistinu ste pobjednik.

Svi će veliki avatari doći ponovno

Svaki svetac koji je došao na Zemlju dao je svoj doprinos u ispunjavanju Božje želje za duhovnim uzdizanjem sve Njegove ljudske djece. Duhovni velikani dolazili su zbog dva razloga: prvi, kako bi nadahnuli i prosvijetlili određen broj ljudi ili veliku masu ljudi; i drugi, kako bi duhovno školovali prave učenike, one koji će oblikovati svoje živote u skladu s učiteljevim. Potonji su članovi svečeve istinske „obitelji", oni pripadaju unutarnjoj skupini kojoj on usađuje svoj duhovni život. Isus je imao dvanaest takvih učenika – uz ostale – ali jedan je od te dvanaestorice izdao njegovu ljubav i povjerenje. Najteži zadatak za svakog Bogom određenog duhovnog učitelja jest osposobiti druge da postanu poput njega, a Isus je stvorio istinske kristolike učenike.

Svi duhovno prosvijetljeni učitelji pokušavaju osposobiti mnoge učenike da se druže s Bogom. Ipak, svaki veliki duhovni učitelj

---

* Lk, 22:42.

† Lk, 23:34.

Hoće li se Isus ponovno reinkarnirati?

ostavi neku „nedovršenu simfoniju". Zbog toga se mora ponovno vratiti, no u koje vrijeme, ovisi o Božjoj volji. Ono što vam govorim ne piše ni u jednoj knjizi niti vam prenosim ičiju ideju, ali je to istina.

Isus je često liječio druge, no oni nisu uvijek to cijenili. A zatim se umorio od liječenja njihovih fizičkih bolesti jer je u osnovi nastojao da ljudi upoznaju Boga. Došao je samo za njihovo najviše dobro, a oni su ga razapeli što znači da ipak nisu sve njegove želje za duhovnim napretkom ljudi bile ispunjene. Zbog toga se mora ponovno vratiti. Takvi duhovni velikani vraćaju se na Zemlju da dovedu što više duša Bogu. Iako su postigli svoje osobno savršenstvo, njihova želja za srećom i savršenstvom drugih nije ispunjena. Oni žele dovesti svoju izgubljenu braću natrag k Bogu.

Kada se molite Isusu, on osjeća vašu molitvu. Slobodne duše poput Isusa svjesne su poziva svojih sljedbenika. Možda ne znate da primaju vibracije vaših osjećaja, ali jest tako. A kada je vaš poziv vrlo snažan i upućen s ljubavlju, tada vam duhovni velikani dolaze.

Njihova je želja izbaviti sve ljude na Zemlji jer svaki svetac ostvaren u Bogu zna da za njega smrt ne postoji. On živi u toj Vječnoj Radosti. Ipak, takvi su sveci svjesni svjetske boli. Stoga se ovako obraćaju Nebeskom Ocu: „Ljudi se međusobno ubijaju i pate na mnoge druge načine. Zašto mora tako biti?" A Bog odgovara: „Poslat ću te jednom natrag k njima da im pomogneš."

Bogom određeni spasitelji čovječanstva moraju se ponovno vratiti na Zemlju, ali kada će doći, to nitko ne zna. Mnogi ljudi vjeruju u Kristov drugi dolazak, ali kada će se to dogoditi, ovisi o Božjoj volji. Duhovni se velikani vraćaju samo uz dopuštenje Nebeskog Oca. Katkad njihov dolazak najavljuju proroci, dok drugi *avatari* dolaze nenajavljeno. U svakom slučaju, oni dolaze. Ja također želim doći, opet i opet.

> Želim krstariti svojom lađom, mnogo puta,
> Preko zaljeva onostranog,
> I vraćati se na zemaljske obale iz svojeg nebeskog doma.
> Želim ukrcati na svoju lađu
> Sve one žedne i pune iščekivanja,
> Da ih povedem opalnim jezerom radosti duginih boja

> Tamo gdje moj Otac toči
> Vodu mira što utažuje sve želje.*

Bilo bi divno doći pomoći svima i svi bismo tako trebali željeti živjeti na Zemlji. Zašto tražiti sebičnu korist? Ako smo spoznali Boga, razumjet ćemo i Njegovu djecu, jer u Bogu smo svi mi jedno. Zato je važno da Ga nađemo! Za naše osobno dobro moramo upoznati Njegovu ljubav i biti uronjeni u Njega – noću i danju – u neprekidnu radost, beskrajnu sreću.

Velike duše ponovno će se reinkarnirati. Bog im je dao osobnost i božansku ulogu koju igraju za Njega. One će doći jer mnogo je braće na ovom svijetu koja posrće u blatu iluzija i patnji. Duhovni velikani moraju doći opet, kao što će i Isus ponovno doći da povede još više duša u kraljevstvo nebesko.

---

* Iz pjesme Paramahanse Yogānande: *Božji lađar*.

Snolika priroda svijeta

*Međunarodna središnjica Self-Realization Fellowshipa,
Los Angeles, Kalifornija, 23. prosinca 1937.*

Tek kada se probudimo iz sna, znamo da smo sanjali. Jednako tako, ovaj život možemo shvatiti kao san tek kada se probudimo u Kozmičkoj Svijesti.

Misao o lijepom krajoliku tijekom budnog stanja ne nosi sa sobom trenutačnu moć materijalizacije. No u snu jača naša stvaralačka moć prikazivanja i uobličavanja, a naše misli brzo izgrađuju različite tvorevine. Prikaz slika sna zahtijeva misao i energiju, kao što projekcija filma uključuje filmsku vrpcu i električnu energiju svjetla.

Tijekom sna životnu energiju ne sputavaju razni zahtjevi tijela te se povlači u moždane stanice u kojima su pohranjeni filmovi odnosno misli vezane uz sva prošla iskustva. Ponovno oživljena energija pohranjena u misaonim filmovima podsvijesti stvara projekciju misaonih filmova koje nazivamo snovima. Snovi nam zapravo služe kao lekcije o tome kako djeluje Kozmička Svijest. Oni čovjeku dolaze s razlogom, a njihova je svrha u nama probuditi razumijevanje snolike prirode svemira i načina njegova djelovanja.

Drevni indijski mudraci govorili su o svemiru kao materijalizaciji Božje misli. Naravno, lako je reći da je svemir san. Međutim, naoko neporeciva vjerodostojnost „života" iz našeg svakodnevnog iskustva priječi nam povjerovati da je svijet više od kozmičkog sna. Tek kada razvijemo prikladnu moć uma, tada smo u stanju shvatiti da je svemir stvarno nastao od Božjih misli i da je, poput svakog sna, u osnovi nestvaran i netvaran.

Svi znamo da su misli nevidljive. No u zemlji snova one postaju vidljive snagom energije. Tako je izvorno cijeli svemir – u obliku Božjih misli – bio nevidljiv, skriven u kozmičkoj struji svijesti. Tek kada su se te misli kristalizirale putem Božje kozmičke vibracije, ili energije, one su nama u materijalnom svemiru postale vidljive.

Iako je teško pojmiti snoliku prirodu svemira, valja se potruditi misliti na takav način. Takvo istinsko razumijevanje fizičkoga svijeta može nam donijeti mnoge praktične dobrobiti.

Uzmimo za primjer čovjeka koji je usnuo san u kojemu je on veliki i moćni ratnik koji je pogođen usred bitke i umirući pada na tlo. Baš kada se zbog toga počne osjećati veoma tužnim, iznenada se probudi. Nasmije se svojem strahu u snu i shvati da zapravo nije ni ratnik niti je umro.

U „stvarnom" životu čovjek može imati takvu vrstu iskustva. Vojnik koji ide u rat i smrtno je ranjen odjednom se budi u astralnom svijetu i shvaća da je ratno iskustvo bilo samo ružan san – da nema ni slomljene kosti, a ni fizičko tijelo. Ipak, on je i dalje svjestan života i svoje osobnosti.

Da bismo shvatili kako su svi događaji ovoga svijeta iskustva sna, trebali bismo naučiti kako vizualizirati misli – kako ih ispuniti energijom koncentracije dok ne postanu vidljiva očitovanja. Pravilna prispodoba putem vježbi koncentracije i snage volje omogućuje nam da materijaliziramo misli, ne samo kao snove ili vizije u misaonom svijetu, nego i kao iskustva u materijalnom svijetu.

Materija proizlazi iz misli

Uz pomoć snage stvaralačke misli čovjek je stvorio začudne znanstvene uređaje i nevjerojatnu materijalnu civilizaciju. Izumi su rezultat materijalizacije ljudske misli. Mnogi pokušavaju ostvariti postignuće u misaonom području, ali odustaju kada naiđu na poteškoće. Samo one osobe koje mogu svoje misli vrlo jasno predočiti u stanju su ih očitovati u izvanjskom obliku.

Sve na Zemlji proizvod je tvornice uma – ili Božjeg ili ljudskog. Zapravo, čovjek ne može pronaći „originalnu" ideju. On može samo posuditi Božje misli i postati sredstvo njihove materijalizacije.

Eksperimentirajte sa svojim mislima. Isprobajte vaše najsnažnije misli na svojem tijelu. Vidite možete li prevladati nepoželjne navike i kronične bolesti. Uspije li vam to, tada možete primijeniti svoje misli kako biste mijenjali svijet oko sebe.

Odnos misli i materije vrlo je suptilan. Pretpostavimo da vidite

Snolika priroda svijeta

drveni stup i pokušate ga pomaknuti snagom misli. Ne možete to učiniti. Unatoč tomu što mislite, stup je i dalje tu. To je materijalizacija nečije prethodne misli. On neće nestati samo na temelju vašeg razmišljanja. Tek kada ga *shvatite* kao materijalizaciju misli moći ćete ga dematerijalizirati u svojoj svijesti. Na temelju iskustva s prevladavanjem navika, boli i tako dalje, shvatit ćete da je cjelokupni ustroj tijela i svih njegovih procesa pod nadzorom misli.

Razvijete li svijest o tome da je ovaj svijet i sve u njemu samo san, steći ćete veliku mudrost. Prije svega, ne uzimajte svoja zemaljska iskustva previše ozbiljno. Korijenski uzrok svake tuge leži u promatranju ove prolazne predstave s emocionalnom upletenošću. Mislite li neprestano: „Ne živim onako kako bih trebao živjeti", samoga sebe činite jadnim. Radije učinite najbolje što možete da se poboljšate i da bez obzira na teškoće koje se pojavljuju, uvijek njegujete stajalište: „To je sve san. Uskoro će proći." Tada za vas nijedan problem ne može biti veliko iskušenje. Nijedan događaj vas više ni na koji način ne može mučiti.

Također morate prevladati svijest o boli želite li stvarno uvidjeti snoliku prirodu svijeta. Kao dijete često sam se ozljeđivao igrajući nogomet tako da čak i kada sam sanjao da ga igram, u snu sam zadobivao ozljede. Ta misao o strahu od ozljede postala je toliko ukorijenjena u mojem podsvjesnom umu da sam patio od sanjane ozljede čak i u snu!

Ne treba, dakle, uzimati svoje nevolje previše ozbiljno da nam ne zatamne podsvjesni um. Poteškoće nam dolaze kako bi u nama probudile spoznaju da je ovaj život san. Tu lekciju svi moramo naučiti. Tada možemo razumjeti zašto postoji toliko razlika u svemu na svijetu: neki su ljudi siromašni, neki bogati; neki su zdravi, a neki bolesni. Iako se katkad čini da je to strašna i okrutna igra, objašnjenje zamršenosti života jest u tome da je sve u njemu samo san. Shvatite to tako.

Razmislite o mnogim težnjama i nadama koje su vas zaokupljale kao dijete i u mladenačkoj dobi. S vremenom one su izblijedjele, ali neka vas to ne obeshrabri. Vjerujte uvijek da, što god dolazi, to će biti samo još jedan prizor u snolikom Božjem filmu koji se prikazuje u kinu našega uma. Taj kino-program uključuje i tragedije i komedije kako bi bio zanimljiv. Budući da idemo u obično kino i gledamo uprizorenje rata i patnje pa poslije toga govorimo: „Kakav prekrasan film!", i ovaj život možemo shvatiti kao kozmičku kino-predstavu. Budite spremni za svaku vrstu iskustva koje vam može doći, shvaćajući da su to sve samo snovi.

Svaki ljudski život čini drama, svakodnevni događaji su dramatični. Proživljavamo po jednu svih 365 dana u godini. Spoznaja da ste samo glumac u tim dramama vrlo je utješna. Shvatite da igranje bilo koje uloge koja vam je dodijeljena ne pogađa vaše stvarno biće. Na kraju svake zemaljske inkarnacije vi ste i dalje isto – besmrtna duša – netaknuta bolešću, tugom ili smrću. „Čovjek koji je smiren i spokojna uma i tijekom boli i zadovoljstva, onaj koga sve to ne može uznemiriti, samo on je sposoban postići vječno postojanje (besmrtnost)."*

Ponos je najveća zapreka mudrosti

Moja su životna iskustva ojačala u meni uvjerenje da je ljudski ponos najveća zapreka mudrosti. Egoistični ponos mora nestati. To je zastor koji sprječava naše viđenje Boga kao jedinog Izvršitelja i Ravnatelja Kozmičke Drame. Igramo različite uloge u ovom kozmičkom kinu i ne možemo predvidjeti koja će nam uloga biti sutra dodijeljena. Trebali biste biti spremni na sve. Takav je zakon života. Zašto onda tugovati zbog životnih iskustava? Kada biste svaki događaj shvatili kao da gledate nekog drugog kako igra u tom filmu, ne biste se žalostili. Igrajte svojih 365 uloga svake godine s unutarnjim osmijehom i sa spoznajom da samo sanjate. Tako više nikada u životu nećete biti povrijeđeni.

Igrali ste mnoge uloge u brojnim inkarnacijama. No sve njih dobili ste kako biste se zabavljali – a ne da vas uplaše. Vaša besmrtna duša ne može biti dirnuta. U filmu života plačemo, smijemo se, igramo mnoge uloge, ali u sebi bismo uvijek trebali reći: „Ja sam Duh". Velika utjeha dolazi sa spoznajom ove mudrosti.

Čovjek ne može očekivati da će se probuditi iz iluzije kako je zemaljski život stvaran ako samo pobjegne u šumu. Mora odigrati do kraja ulogu koja mu je dodijeljena. Svako ljudsko biće pridonosi

---

* Bhagavad Gita, II:15.

odigravanju ovog filma koji mu je namijenio svemir. Ako želite biti sretni, trebali biste odigrati svoju ulogu s dostojanstvom, sigurnošću i srećom. Kada ste budni u Bogu, On će vam pokazati da ste nepromjenjivi iako ste odigrali bezbrojne uloge u Njegovoj zemaljskoj drami.

Odvojite se od svojih iskustava

Razmislite o ovome! Od 1,5 milijardi ljudi koliko ih umre svakih sto godina, svatko je odigrao određenu ulogu u ovom kozmičkom filmu. Osim toga, svatko od tih ljudi odigrao je i u ulogu u svojem zasebnom „kućnom kinu", vlastitom privatnom filmu. Ako bismo pomnožili sve filmove života prikazane tim milijunima bića, ne bismo bili u stanju sve to zbrojiti. No svrha ove predstave jest da naučimo kako igrati različite uloge u životnim filmovima bez poistovjećivanja Jastva s određenom ulogom. Važno je izbjeći poistovjećivanje s bolom ili ljutnjom ili kojom drugom vrstom psihičke, misaone ili fizičke patnje na koju nailazite. Najbolji način da se izdvojimo od poteškoća jest da budemo misaono odvojeni, poput gledatelja, dok istodobno nastojimo naći lijek.

Ne očekujte od zemaljskog života da ćete postići nepomućeni mir i sreću. Vaše novo stajalište trebalo bi biti: bez obzira na moja iskustva, uživat ću u njima na nepristran način, kao da uživam u filmu. Treba naći istinski mir i sreću u sebi. Vaše vanjsko iskustvo trebalo bi biti samo zabava. Sva svoja iskustva možete pretvoriti u nesretna ako umu dopustite da ih učini takvima. Možete imati dobro zdravlje i uopće ga ne cijeniti. Međutim, ako se razbolite, tada ćete znati cijeniti ga. Pokažite zahvalnost Bogu za ono što vam daruje ne očekujući zauzvrat nikakvu zadovoljštinu.

Vi ste besmrtno dijete. Došli ste na Zemlju da zabavljate druge te kako biste se i sami zabavili. Zbog toga bi život trebao biti mješavina meditacije i djelovanja. Ako izgubite svoju unutarnju ravnotežu, to je znak da ste postali ranjivi na zemaljsku patnju. Ne sramotite ime Božje – Onoga po čijoj ste slici stvoreni. Probudite urođenu snagu uma, afirmacijom: „Bez obzira na to kakva mi iskustva dolaze, ona me ne mogu dotaknuti. Ja sam uvijek sretan."

Kada se osvrnem unatrag, nalazim da je život bio mnogo jednostavniji u vrijeme kada smo osnovali našu prvu duhovnu školu (u maloj kolibi od blata u Indiji unajmljenu za jednu rupiju) nego danas kada imamo odgovornost vođenja velike organizacije. Ipak, sačuvao sam svoju psihičku ravnotežu bez obzira na iskušenja koja mi dolaze. Naučite se smijati poteškoćama, zapamtite da ste besmrtni: „Ubijen mnogo puta, ipak živim; rođen mnogo puta, ipak sam nepromjenjiv." Bez obzira na to patite li u ovom životu ili se smijete u bogatstvu i moći, vaša svijest trebala bi ostati nepromijenjena. Ako možete postići smirenost misli, ništa vas više i nikada ne može povrijediti. Životi svih velikih učitelja pokazuju da su postigli to blagoslovljeno stanje.

Da biste bili u stanju s razumijevanjem reći da je sve u umu, morate najprije razviti unutarnju svijest koja ostaje smirena u svim iskustvima na Zemlji. Prihvatite ih kao što prihvaćate snove. Doći će vrijeme kada ćete otkriti da možete materijalizirati sve što pomislite samo snagom vaših moćnih misli. To je vrlo teško učiniti, ali jest moguće.

Znanstvenik mora obaviti nekoliko opita kako bi dokazao jednu činjenicu. No duhovno razvijen čovjek u stanju je uočiti činjenicu bez prolaženja kroz fizički proces. Ako najprije postanete jedno s Bogom, tada što god zamislili, može postati materijalizirano. Tu istinu Isus je pokazao mnogo puta. On je shvatio svoje jedinstvo s Bogom.

Koncentrirajte se prije svega na Boga

Čovjek bi se prije svega trebao usredotočiti na jedinstvo s Bogom. Svaki dan dok prolazite kroz različita životna iskustva misaono se povežite s Bogom. Ako se pojavi bol, kako bi omela tu svijest, trebate razmišljati ovako: „Da spavam, ne bih osjećao tu bol; zašto bih je trebao biti svjestan sada? Sva iskustva samo su kratkotrajni snovi." Tako prevladavajte sva iskušenja.

Prvi oblik koncentracije omogućuje da očima svojeg uma vidite sve što želite. Na primjer, mogu promatrati ovu sobu i koncentrirati se na nju sve dok, i nakon što zatvorim oči, budem u stanju vidjeti je točno onakvu kakva jest. To je prvi korak k dubokoj koncentraciji, ali većina ljudi nema strpljenja vježbati. Ja sam ga imao.

Kada nastavite s vježbom vizualizacije, otkrit ćete da se vaše misli počinju materijalizirati. Kozmički zakon tako će urediti da o čemu god mislili, to će se pojaviti u stvarnosti, ako vi naredite da tako bude.

Pretpostavimo da mislim na jabuku i jabuka se pojavi u mojoj ruci. To bi bio prikaz najviše moći koncentracije. Veliki duhovni učitelji mogu materijalizirati bilo što upravo pred vašim očima, kao što je to učinio Babaji kada je materijalizirao palaču za vrijeme inicijacije Lahirija Mahasaye u Himalaji.* To je bio izraz moći koncentracije u najvišem obliku. Ništa vrijedno ne može se postići bez truda i bez koncentracije.

Nemojte biti osjetljivi na tijelo i materijalne brige, i ne dopustite nikomu da vas povrijedi. Držite svoju svijest nepristranom. Pokažite dobru volju prema svima, istodobno razvijajući stanje svijesti u kojem vas nitko ne može uznemiriti. Pokušajte svaki dan druge učiniti sretnima. Dijelite svoju mudrost s drugima. Ne dopustite sebi da izgubite interes za život. Naučite sve o nečemu određenom, a ponešto o svemu. Shvatite da što više tražite, više ćete otkrivati; carstva misli su beskonačna. U trenutku kada mislite da ste postigli sve, ograničili ste samoga sebe. Nastavite neprestano tražiti i tražiti, a u dolini vaše poniznosti okupit će se ocean Božje mudrosti.

Najvažnije što možete učiniti za stjecanje istinske mudrosti jest prakticirati svijest o svijetu kao snu. Ako dođe neuspjeh, recite: „To je san." Zatim uklonite misao o neuspjehu iz svojeg uma. U teškim uvjetima, „suprotstavite" se mišljenjem i djelovanjem na pozitivan,

---

* Vidi u *Autobiografiji jednog jogija*, poglavlje 34. Nikola Tesla, poznati znanstvenik i izumitelj na polju elektrotehnike, razumio je mogućnosti izravne materijalizacije. Napisao je:
 „Čovjek je davno prepoznao da sva osjetilna materija potječe iz primarne supstance, iz nepojmljive netvarnosti koja ispunjava sav prostor, *Akaše* ili svjetlom prožetoga etera, u kojem djeluje životvorna *prana* – stvaralačka snaga koja u beskrajnim ciklusima omogućava postojanje svih stvari i pojava."
 „Može li čovjek staviti pod nadzor te najveće, strahopoštovanja vrijedne i nadahnjujuće procese u prirodi? Može li ovladati njezinim neiscrpnim energijama kako bi djelovale po njegovim naredbama, štoviše, potaknuti ih na djelovanje jednostavno snagom vlastite volje?"
 „Kada bi to mogao, imao bi gotovo neograničene i natprirodne moći. Na njegovu zapovijed bi, tek uz neznatan napor, stari svjetovi nestajali, a novi se pojavljivali i izranjali prema njegovim zamislima. Bio bi u stanju učvrstiti i održati eterične oblike svoje mašte, prolazne vizije svojih snova. Mogao bi izraziti sve kreacije svoga uma na bilo kojoj razini, u konkretnom i neprolaznom obliku."
 „Stvaranje i rastvaranje materijalne supstance, uzrokovanje da se zgušnjava u oblike prema njegovoj želji bilo bi vrhovno očitovanje moći čovjekova uma, njegova najpotpunija pobjeda nad fizičkim svijetom, njegovo krunsko postignuće koje bi ga svrstalo uz bok njegova Stvoritelja i učinilo da ispuni svoju konačnu sudbinu." Iz knjige J. J. O'Neilla *Nesputani genij*, Ives Washburn Inc New York.

stvaralački način. Prakticirajte *titikshu*, što znači ne predavati se neugodnim iskustvima, nego im odolijevati bez psihičke uznemirenosti. Kada dođe bolest, pridržavajte se higijenskih pravila zdravog života i ne dopustite umu da bude uznemiren. Budite staloženi u svemu što činite. Ako se potrudite stvoriti san koji je suprotnost bilo kojem iskušenju kroz koje prolazite, bit ćete u stanju svaku noćnu moru pretvoriti u prekrasno iskustvo. Ovakva sloboda uma postiže se shvaćanjem da su krutine, tekućine i svi drugi oblici materije samo izražaji Božjih misli.

Najbolji način pronalaženja istinske slobode jest duboka meditacija. Tehnike meditacije možete naučiti proučavajući *Lekcije Self-Realization Fellowship*a. Nitko drugi ne može vam dočarati okus šećera, sami ga morate kušati.

Jučer sam sjedio u sobi razmišljajući o svojoj prošlosti i shvatio da me prevarilo sve što mi je u vanjskom svijetu obećavalo veliku sreću. Jedino što me nikada nije prevarilo jest – moj unutarnji mir. Moju dušu preplavljuju neopisivi valovi sreće. Kroz sva moja iskustva taj nepromjenjivi unutarnji mir za mene je bio dokaz da postoji Bog.

Dok sam tako razmišljao, odjednom sam ugledao veliko Svjetlo. Sve ostalo je nestalo. Tu je bio samo osjećaj – i ništa drugo. Moja ruka više nije bila ruka, nego osjećaj. Kada sam sklopio ruke, to više nije bilo tijelo, nego samo osjećaj. Tada sam shvatio da sam postao misao. Sve oko mene, svjetlo i soba i težina mojeg tijela – sve su to postale samo misli.

To je bilo divno iskustvo. Nestala je sva tuga i žalost koju sam osjećao zbog događaja iz prošlosti, a zamijenio ih je snažan osjećaj slobode.

Ta svijest o Božjem miru je beskrajna. To je jedino istinsko stanje sreće. Sve drugo će vas iznevjeriti. Ništa drugo vas ne može učiniti sretnim jer je stvarna samo radost zbog Njegove prisutnosti.

Nije nužno proći kroz sve vrste ljudskih iskustava kako bi se postigla ta krajnja mudrost. Trebali bismo učiti i proučavajući živote drugih. Zašto se bespomoćno predavati beskrajnom krajoliku događaja kako bismo otkrili da nas ništa na ovome svijetu nikada ne može usrećiti?

Čovjek može naučiti istinu na dva načina: izlažući se mnogim dobrim i lošim iskustvima, ili njegovanjem mudrosti. Izaberite što vam je draže. Krišna je rekao: „Postizanje mudrosti trenutačno daruje vrhovni mir."* Isus je rekao: „Najprije tražite kraljevstvo Božje."† Ako najprije tražite nešto drugo, sigurno ćete biti razočarani. Svaki čovjek razmišlja ovako: „Pa, drugi su bili prevareni, ali ja neću biti." Ipak će i on biti prevaren. Jedino iskustvo koje je stvarno, jedino iskustvo koje donosi sreću, jest svijest o Božjoj prisutnosti.

---

* Bhagavad Gita, IV:39.

† Mt, 6:33.

Očitovanje prirode Boga kao Majke i Oca

DIO PRVI: MAJKA

*Prvi hram Self-Realization Fellowshipa,
Encinitas, Kalifornija, Majčin dan, 11. svibnja 1941.*

Uputimo na današnji dan misli zahvalnosti svim dobrim majkama koje brižnom ljubavlju podižu svoju djecu. Kada bi djeca razmislila o ljubavi koju su im darovale njihove majke, osjetila bi želju da takvu ljubav dadu svoj djeci na svijetu. Neka svi sinovi i kćeri koje je hranila majčina ljubav i sami budu ispunjeni majčinskom privrženošću, koja je bezuvjetna, i neka je izraze drugima. Tako će donijeti svijetu utjehu mira i pridonijeti raju na Zemlji.

Majčinsku ljubav nismo dobili da bi nas razmazila ugađanjem, nego da omekša naše srce, kako bismo i mi zauzvrat ublažili druge dobrotom i oslobodili okova one duše koje pate u teškim lancima vezanosti za svijet. Oni bespomoćni, okovani grijehom i velikim nevoljama trebaju našu nježnost i ljubav.

Iskrena i potpuna predanost mojoj zemaljskoj majci prva je potaknula ljubav koju osjećam prema Božanskoj Majci. Tako me moja velika ljubav prema majci prosvijetlila.

U Indiji volimo govoriti o Bogu kao o Božanskoj Majci jer je istinska majka nježnija i sklonija opraštanju od oca. Majka je izraz bezuvjetne Božje ljubavi. Bog je majke stvorio kako bi nam pokazao da nas voli imao za to razloga ili ne. Svaku ženu smatram Majkom. U svima vidim Kozmičku Majku. Ono po mojem mišljenju najljepše u ženi jest njezina majčinska ljubav. Oni koji ženu doživljavaju kao objekt požude, izgaraju u toj vatri. Oni, pak, koji na sve žene gledaju kao na utjelovljenje Božanske Majke, u njima nalaze nepovredivu svetost. Uspijete li svaku ženu vidjeti kao svoju majku, kao što su to činili neki od naših bogoostvarenih učitelja iz Indije, u vaše srce ulazi univerzalna ljubav.

Jednog velikog sveca neki su sumnjičavci pokušali dovesti u iskušenje poslavši mu nekoliko lijepih prostitutki. Na to je on hitro skočio i povikao: „Božanska Majko, došla si mi u ovim oblicima. Klanjam vam se svima." Žene su posramljene kleknule pred njim. Od tog trenutka bile su duhovno promijenjene.

Svaki čovjek koji u ženi vidi utjelovljenje Besmrtne Majke naći će spasenje. Muž bi trebao vidjeti u svojoj ženi čistu ljepotu Božanske Majke. Gledajući je kao Majku, on će u njoj naći sveti temeljni kamen koji prije nije uočavao.

Majke ne bi mogle voljeti svoju djecu da Bog u njih nije utisnuo tu ljubav. Ipak, zasluga pripada i njima samima jer kroz njih protječe rijeka božanske ljubavi. Svi veliki duhovni učitelji iskazivali su čast svojoj majci. Swami Šankara[*] nakon majčine smrti oglušio se o redovničke zabrane obavljanja obreda i obiteljskih rituala te kremirao njezino tijelo u božanskom plamenu stvorenom iz njegovih ruku.

Prisutnost Božanske Majke u obliku žene čini dom blagotvornim. Nije li to misao za pamćenje? Nemojte je zaboraviti. Ljubav prema Majci morate stalno njegovati u srcu i svaki put kada vidite ženu, gledajte je kao svoju majku. Ako ženu promatrate bez požude u očima, bit ćete u stanju iz nje izvući obilje duhovnoga blaga.

Zašto je majci dodijeljena tolika ljubav? Da bi mogla voljeti svoju djecu bezuvjetno. Ljubav prema vlastitom djetetu samo je odraz božanske ljubavi. Majka smatra da je dijete njezino, ali to je zapravo dijete Božje. Dijete će joj biti oduzeto čim ga pozove Božanski Duh. Stoga bi svaka majka trebala proširiti ljubav koju osjeća za svoje dijete na svu djecu svijeta.

Od majke se očekuje da se brine o sinu, a sinu je rečeno da poštuje majku, ali ja vam kažem da bi sin trebao voljeti ne samo svoju majku nego i svaku ženu doživljavati kao izraz Božanske Majke.

Svaka bi majka trebala imati na umu da bezuvjetna božanska

---

[*] Molitva Gospodina Šankare Božanskoj Majci za oproštenje od grijeha nosi refren: „Iako su mnogi sinovi loši, nikada nije bilo loših majki."

ljubav protječe kroz nju i da je to za nju blagoslov. Trebala bi shvatiti da ljubav koju daje svojem sinu nije njezina, nego je to ljubav Božanske Majke u njoj. Treba biti ponosna na svoju djecu, ali ne i ograničiti davanje ljubavi samo svojim sinovima i kćerima. Majka treba davati božansku bezuvjetnu ljubav svima. To je moja današnja poruka vama.

DIO DRUGI: OTAC

Hram Self-Realization Fellowshipa, Hollywood, Kalifornija, Dan očeva, 18. lipnja 1944.

Na Dan očeva potvrđujemo svoju odanost Nebeskomu Ocu. Iako očinska ljubav nije uvijek bezuvjetna, ipak je ljubav koju dobivamo od oca vođena mudrošću, poštovanjem pravila i voljom da zaštiti druge. Danas slavimo Božanskoga Oca mudrosti, zakona i zaštite koji boravi u svim dobrim ljudskim očevima.

Otac treba upamtiti da on nije samo roditelj djeteta, nego je i predstavnik Nebeskog Oca. Tom Kozmičkom Ocu odajem počast. On je Taj koji se nalazi iza svih očeva. Svaki otac trebao bi stoga shvatiti da ima odgovornost ispravno se ponašati jer čisto svjetlo Duha ne može teći kroz njega ako je njegov um zatamnjen prividom i pogrešnim mislima. On mora sebe održavati čistim jer se kroz njega kao i kroz sve druge očeve Nebeski Otac brine o zemaljskoj djeci.

Tijelo i um zemaljskog oca treba biti hram Božanskoga Oca. Kao sredstvo Božanskog Bića, otac igra najveću stvaralačku ulogu kada u svoju djecu usađuje misli koje će ih odvesti do spoznaje Boga.

Stvaranje potomstva nije jedinstveno postignuće jer i životinje to čine. Ono što je važno jest odgajanje djece u smislu božanske ljubavi i u duhovnoj svjesnosti. Čak se i životinje mogu dovesti u red, pa ipak, mnoga se djeca rađaju iz strasti, slučajnosti, emocija ili zla. Kako oni rođeni u takvim uvjetima mogu biti čisti i savršeni? Počinitelji krađa i drugih zločina obično su djeca rođena iz strasti, iako katkad, tu i tamo, ima i dobrih duša.

Primjer je najbolji učitelj

Izgradnja karaktera može se poučavati u školama i na fakultetima, ali očevi bi trebali shvatiti da je vlastiti primjer važniji od

Očitovanje prirode Boga kao Majke i Oca

školovanja. Djeci ne treba govoriti ovako: „Nemoj raditi onako kako ja radim, nego onako kao ti kažem da radiš." Ako ne želite da vaše dijete puši, sami ne biste trebali pušiti. Ako želite da vam dijete bude blago i pristojno u razgovoru, ne biste trebali sa ženom razgovarati neuljudno jer dijete primjećuje i oponaša vaše ponašanje. Budite ljubazni u riječima i mislima jer je Nebeski Otac taj koji je uzeo vaš oblik kako bi se brinuo o djetetu.

Svaki bi otac trebao imati na umu sljedeće, svaki put kada je u iskušenju da djetetu pristupi grubo i naređivački: „Kroz moj glas trebao bi progovarati Kozmički Otac, stoga nikada ne smijem dopustiti Sotoni, ocu neznanja, da govori kroz mene podlom i nepromišljenom okrutnošću. Uvijek trebam odgajati svoju djecu s ljubavlju i uvjerljivošću istine. Moj um trebao bi biti prozirna čaša kroz koju sja svjetlo mudrosti Nebeskoga Oca."

Trebamo se koristiti mudrošću Boga Oca i ljubavlju Božanske Majke kako bismo donijeli mir na Zemlji. Dobar otac nikada se ne bi trebao dovesti u situaciju da ubija svoju djecu jer ako bi svi očevi ispunili svoja srca ljubavlju Božanskoga Oca koji se brine za svu Svoju djecu na svijetu, zar bi ikada moglo doći do rata? Ljubav je duhovno oružje koje može okončati sve ratove.

Gospodinu sam posvetio svoj glas, oči, ruke, noge, srce, tijelo, osjećaje, volju – cijelo svoje biće. Svim očevima poručujem: „Uništite li ego, shvatit ćete zaštitničku prirodu i mudrost Nebeskog Oca koji djeluje kroz vas."

Pogled na stvaranje očima koje vide

Međunarodna središnjica Self-Realization Fellowshipa,
Los Angeles, Kalifornija, 17. kolovoza 1939.

Doista je čudesan ovaj Svemir koji stvori Gospodin. U njega je utkao sva čuda stvaranja. Nemojte biti hodajući „mrtvac" koji samo prolazi svijetom, nego propitujte i cijenite ono što su Bog i Njegov predstavnik, čovjek, ovdje napravili. Kako je zamršen taj univerzalni mehanizam! Razmišljajte kako smo stvoreni i o uređenom obrascu po kojem djeluje cijeli mehanizam sveg stvorenog u skladu s kozmičkim zakonom.

Svi promatramo cvijeće i uživamo u njegovoj ljepoti, ali zna li tko kako je nastalo? O svakoj stvari kojom se koristi ili je vidi svakoga dana – bez obzira na to je li to rupčić, glazbeni instrument, kuća ili stablo – čovjek bi se trebao pitati kako je i od čega stvorena. Automobili se uzimaju zdravo za gotovo, ali kada biste posjetili tvornice u kojima se proizvode, shvatili biste koliko su složeni. Promislite također o tome što je sve potrebno za proizvodnju papira za dnevne novine i o složenoj mašineriji koja ih tiska – nijedna ruka ne bi mogla raditi tako brzo.

Ako je izrada svakodnevnih predmeta što je čini čovjek tako složena, nemjerljivo je složenije stvaranje biljaka, životinja i ljudskih bića! Deset godina studija medicine potrebno je da bi se shvatio sastav, funkcija i zahtjevi naizgled jednostavnog ljudskog organizma. Čak i površna analiza otkriva mnogo toga čemu se možemo čuditi – iako katkad pomislim da je Bog ponešto mogao napraviti i bolje!

Promatramo li biljku kako raste u staklenoj posudi s vodom, možemo vidjeti da je njezino korijenje poput kose. Uz Bogom danu inteligentnu energiju biljka korijenjem iz tla i vode crpi hranu potrebnu za rast. Poput preokrenute biljke čovjek kosom upija električne struje koje su korisne njegovu tijelu.*

Nije li zadivljujuće da biljni sokovi koji hrane lišće teku prema gore suprotstavljajući se sili teži? Kada se ukloni biljna kora, može se vidjeti složena mreža cijevi kojom ti sokovi teku. Ono što održava taj proces hranjenja i rasta misterij je koji zovemo život. Kada sam u ekstazi svjesnosti Boga, promatram taj život i u vlati trave. Ni sanjao nisam da ću biti u stanju vidjeti ta skrivena čuda stvaranja! Usredotočiti se na ta čuda znači stajati sa strahopoštovanjem ispred onog što je Gospodin stvorio.

Proračunatom preciznošću Bog je odredio strukturni oblik svakog živog bića i potrebe koje je potrebno zadovoljiti za uspješno održavanje na životu. Nastupi li nemogućnost da se neka od njih namiri – na primjer nedostatak hrane – biljke, životinje i ljudska bića pate. Prosječna osoba crpi iz svoje hrane razne kemijske elemente koji su potrebni njezinu tijelu, ali postoje mnogi čije prehrambene navike ne uključuju uravnoteženu prehranu i unos svih potrebnih elemenata. Nepravilna prehrana jedan je od glavnih uzročnika svih bolesti u čovjeka. Posljedice nedostatka hranjivih tvari u razvoju biljaka mogu se odmah uočiti.

Postoje vitalne razmjene čovjeka i svih drugih živih bića. U Indiji od davnina postoji običaj kremiranja mrtvih i prosipanja njihova pepela. Na ovaj i na druge načine čovjek hrani Majku Zemlju, a njezine biljke zauzvrat hrane čovjeka.

Suradnja u razmjeni čovjeka i drveća dobro je poznata. Čovjek udiše kisik i izdiše ugljikov dioksid.† Drveće apsorbira i pohranjuje ugljikov dioksid te vodu koje zatim razgrađuje procesom fotosinteze i stvara ugljikohidrate (hrana). Tim postupkom oslobađa se

---

* „Fizičko tijelo, s korijenjem od kose, cerebrospinalnim stablom, živčanim granama i grančicama ruku i nogu, podsjeća na izokrenuto drvo... Neki jogiji ne režu svoju kosu, nego je drže dugom kako bi iz etera privukli veću količinu kozmičkog zračenja. Razlog Samsonova gubitka nadljudske snage nakon što ga je Dalila ošišala možda je naznaka da je prakticirao određene jogijske vježbe koje kosu pretvaraju u osjetljive antene za privlačenje kozmičke energije iz etera." –Paramahansa Yogānanda, objavljeno u časopisu *Self-Realization*, iz broja za svibanj/lipanj 1963.

† Višak ugljikova dioksida otrovan je za tijelo. Međutim, mala količina koja se zadržava u krvi od vitalnog je značenja za život jer upravlja biokemijskim procesima u tijelu. (*napomena izdavača*)

kisik koji je od životne važnosti za čovjeka.* Fotosinteza koja ovisi o suncu prestaje noću. Međutim, procesom disanja drveće neprekidno oslobađa ugljikov dioksid u atmosferu, posebice noću kada nema fotosinteze kojom se proizvodi kisik. Budući da noću zrak obično miruje, teški ugljikov dioksid pada prema tlu. Dijelom je stoga i nastao običaj spavanja na krevetu – to jest, iznad razine tla.

Ograničenja fizičkih osjetila

Znanost nas je naučila mnogo o složenim mehanizmima našeg svemira i o tvarima od kojih smo napravljeni, ali i dalje se mnoga znanja trebaju tek otkriti. Mogli bismo više i vidjeti i cijeniti ako bismo ovladali moćima koje su temelj naših osjetilnih organa. Ono što bismo trebali vidjeti očima, ne vidimo, ono što bismo trebali čuti ušima, ne čujemo, jer su naša osjetila previše naviknuta na iskustva ograničenog, grubog fizičkog svijeta i za njih vezana. Osloboditi se te vezanosti ne znači odreći se osjetilnih užitaka, nego samo proširiti Bogom dane osjetilne percepcije do njihova potpunoga duhovnog potencijala.

Na materijalnoj ravni čovjek je otkrio razne načine kako poboljšati vid. Golim okom primamo samo ograničenu lepezu boja. Međutim, pod ultraljubičastim svjetlom inače sivosmeđi kamenčići koji sadržavaju određene minerale počet će svjetlucati. Uklonite li ultraljubičasto svjetlo, stijene poprimaju svoju izvornu tamnu boju. Mnoge boje u fizičkom svijetu, poput plave boja neba, zapravo su optičke varke prouzročene odbijanjem svjetlosti na različitim vrstama čestica. Vaše oči primjećuju samo ograničeni dio spektra stvaralačkih frekvencija koje izgrađuju sav stvoreni svijet, pa niste u stanju vidjeti suptilne astralne† boje koje leže skrivene u svemu oko vas. Kada bi samo mogli vidjeti, bili biste zaprepašteni njihovom ljepotom. U usporedbi s veličanstvenim nijansama boja astralnog svijeta čak se i najfinije nijanse zemaljskih boja čine ružnim, grubim i pustim.

Vaše oči i uši ne primjećuju, dakle, sve što je moguće. Ne možete

---

* „Vrlo je vjerojatno da naša cijela opskrba atmosferskim kisikom, što čini jednu petinu atmosfere, dolazi iz fotosinteze.", *Britanska enciklopedija*

† Unutar svakog fizičkog bića, predmeta i vibracije njegov je istančaniji astralni dvojnik koji se sastoji od profinjene astralne svjetlosti.

mirisati astralne mirise ni opažati s vašim drugim fizičkim osjetilnim organima bezbrojne suptilnije oblike i dojmove koji prožimaju eter. Čak kada bi se sveti Franjo sada pojavio ovdje u astralnom obliku, ne biste ga bili u stanju vidjeti, čuti, ni dodirnuti. Ipak je to moguće postići izvan običnih osjetilnih ograničenja jer ja sam ga vidio.

Često čovjek nije svjestan čak ni objekata koje njegova osjetila normalno mogu opažati. One osobe čije oči vide i primjećuju sve oko sebe, uživaju u ljepoti posvuda. Drugi djeluju kao da nemaju oči; čak i na lijepim mjestima oni sve propuste „vidjeti". Kada sam posjetio Meksiko i vidio „Plutajuće vrtove" jezera Xochimilco*, njihova ljepota ispunila mi je srce sviješću o božanskom Umjetniku. Čovjek pokraj mene izgledao je jednako zadubljen. Međutim, nešto mi je govorilo da on ne vidi isto što i ja, pa sam ga upitao za njegov dojam o toj slikovitoj sceni. Odgovorio je: „Razmišljao sam o tome kako bi bilo dobro isušiti tu vodu i dobiti više zemlje." Bio je inženjer i gledao jezero na svoj način. Tako i mi vidimo stvari u skladu s našom različitom psihom i temperamentom.

Svaka se duša nalazi u specifičnom pokrovu vibracija osjetila, misli, osjećaja – svega onoga što čini čovjekovo biće, ili svijest. Svatko ima različit sastav i vibraciju. Sve što ste učinili još u djetinjstvu pohranjeno je kao matrica sklonosti u vašem mozgu. To je ono što vi jeste. Budući da ne vidimo te sveukupne obrasce, čudimo se zašto se ljudi ponašaju tako kako se ponašaju. Neki postanu iznenada ushićeni, ili neobjašnjivo ljuti, ili neraspoloženi a da ni sami ne znaju zašto. Neki su uvijek spremni kritizirati ili ogovarati druge, ne vidjevši pritom koliko toga imaju za „počistiti" pred vlastitim „pragom"! Te nevidljive matrice raznih sklonosti pohranjenih u mozgu sile svakoga da se ponaša na određen način. One zatomljuju dušu jer sprječavaju izražavanje čovjekova istinskoga Jastva. Kako je čovjek složeno biće! Život svake osobe sadržaj je povećeg romana.

Beskonačne mogućnosti misli

Čovjek ima mogućnost dobiti nešto više od života, osim jela, spavanja i rada. Ljudi skloni razmišljanju počinju se čuditi životu.

---

* Vrtovi su sada učvršćeni „otoci", a korijenje biljaka odavno je postalo usidreno na dnu jezera koje je iznimno plitko.

Oni promatraju i ispituju zašto se nešto događa ili ne događa na određen način. Na primjer, prvo imamo mliječne zube pa zatim trajne, zašto se zubi ne izmijene još koji put? Koji je razlog tomu? Bezuvjetno prihvaćajući mnoge lažne predrasude o fizičkoj ograničenosti, čovjek im dopušta da upravljaju njegovim postojanjem. Mislioci ne prihvaćaju neizbježno, nego usmjeravaju svoje napore prema promjeni ustaljenoga. To je važan preduvjet svakog napretka.

Oduševljavaju me veliki proizvodni pogoni, važni izumi i ostala iznimna ljudska postignuća. Koliko je samo toga došlo iz mozga čovjeka! A i sam mozak beskrajno je složeniji od ičega što se može zamisliti.

Postoji priča o kralju koji je pokazivao izrazitu naklonost svojem ministru zbog čega su drugi na dvoru bili ljubomorni. Kralj je to uočio i htio im pokazati zašto je taj ministar njegov miljenik. Iz daljine se čula nekakva glazba, a kralj se okrene jednom od svojih dvorjana i rekne: „Molim te, saznaj što se događa." Nakon određenog vremena čovjek se vratio s obaviješću da prolazi svadbena povorka. „Čije je to vjenčanje?" upitao je kralj. Dvorjanin nije znao, pa je poslao drugog dvorjanina. Čovjek se vratio s odgovorom na kraljevo posljednje pitanje, no kada je vladar postavio sljedeće, nije znao odgovoriti. Rezultat je bio jednak sa svakim dvorjaninom. Naposljetku, kralj pozove ministra i zatraži od njega da ode i sazna što se događa. Kada se vratio, kralj ga je zasuo pitanjima, a na svako od njih lukavi i temeljiti ministar bio je u stanju ponuditi zadovoljavajući odgovor. Ljudi su većinom tupi poput tih neobaviještenih dvorjana. Oni nisu nužno glupi, samo su previše psihički lijeni potruditi se za išta osim onog što je prijeko potrebno. Ja mogu oprostiti fizičku lijenost (tu mogu postojati opravdani fiziološki razlozi), ali nema isprike za psihičku lijenost! Psihičke lijenčine ne vole misliti jer im se čak i to čini previše napornim.

Misli su očaravajuće. Nitko i nikada neće moći popisati sve mogućnosti percepcije uma; njima jednostavno nema kraja. A ipak um ne može smisliti nijednu originalnu misao, ne postoji nijedna jedina ideja koju Bog nije već stvorio na samom početku Njegovih prošlih, sadašnjih i budućih stvaranja. Stoga, ako dovoljno duboko razmišljate o nekoj temi, doći ćete do odgovora na svako pitanje.

Razmišljanje mora pratiti i osjećaj jer u suprotnom nećete biti uspješni u donošenju točnih zaključaka. Osjećaj je izraz intuicije koja predstavlja spremište svih znanja. Osjećaj, misao ili razum moraju biti uravnoteženi jer samo tada slika Boga unutar vas, duša, odražava svoju punu prirodu. Zato joga uči kako uravnotežiti snage razuma i osjećaja. Onaj tko nema pravu mjeru obojega, nije potpuno razvijena osoba.

U svjesnosti Boga sve postaje krasno

U mlađim danima običavao sam odlaziti u razgledavanja, ali zanimali su me jedino hramovi. Budući da se moja svijest mijenjala s praksom meditacije, počeo sam gledati na svijet drukčije; sve mi se činilo promijenjeno i zanimljivo. Sada iza svega stvorenog vidim kraljevstvo mojega Oca. To očarava više od ijednog ovozemaljskog sna! A katkad vidim ljepote Njegova kraljevstva prikazane kroz grublje fizičko stvaranje.

Kako duhovno napredujete i više se približavate Bogu, tako vam On otkriva sve više i više čuda stvaranja. Čak i poslije žetve na poljima u neuglednim pokošenim stabljikama žita vidjet ćete život. Bog i ondje igra svoju ulogu, iako gledano običnim očima života više nema, ali uz pomoć božanskog oka* vidjet ćete, čak i u vanjskoj pustoši, prekrasne boje rasplesanih elektrona i protona.

Iza svakog fizičkog predmeta astralni je otisak od obojenog svjetla. U astralnom svijetu sve je pokret, sve je živo i ništa se ne naziva „mrtvim". Čak i u fizičkom svijetu smrt nije prestanak života, samo prelazak u drukčiji oblik. Život još uvijek vibrira u „beživotnom" predmetu. U kostima mrtvih životinja gledao sam bogatstvo boja i vibrirajućeg svjetla.

Vidite samo grube fizičke tvorevine koje dolaze iz Božje skrivene tvornice koja se nalazi iza svega stvorenog. Kada biste, pak, ušli u samu tvornicu, vidjeli biste kako je čudesan način kojim je sve na ovome svijetu dovedeno u postojanje.

Ta tvornica iza sveg stvorenog prelazi granice svake mašte. Cijeli je svemir jedna misao u umu Boga! Tako jednostavno, a ipak sve se

---

* Duhovno ili treće oko u čovjeka; oko intuitivne percepcije.

galaksije gibaju čovjeku nepojmljivim matematičkim zakonima. Sve se kreće u savršenom redu. Kakva je to samo izvanredna inteligencija prisutna u svem stvorenom! Beskonačni je na djelu u svemu. Svu tu vrevu kretanja koju zovemo život nadzire kozmička Inteligencija.

Svakih stotinu godina, 1,5 milijardi osoba napusti ovu Zemlju, a više od toliko ih se rodi. Do kojih samo složenih zahtjeva ponude i potražnje tako dolazi! Unatoč tomu, božanska Inteligencija omogućuje dovoljno hrane za potrebe svih ljudi. Jedino je čovjek odgovoran za neimaštinu i bijedu na Zemlji. U ovom smo tisućljeću već mogli svi biti zdravi i namireni svime potrebnim za život – živeći sretno i mirno u svijetu kojim vlada mudrost. No ljudska sebičnost i moć u rukama nesposobnih stoje na putu ovakvoj mogućnosti. Abraham Lincoln izrazio je najviši ideal vladanja kada je rekao da bi vlast trebala biti „od ljudi, s pomoću ljudi i za ljude". On je bio duhovan čovjek, pa ipak je stradao zbog neznanja nekolicine.

Ovaj je svijet privremeno mjesto

Prirodno je pitati se kamo su otišli poslije smrti takvi iznimni ljudi poput Lincolna ili naši dragi koji su nas napustili, a nekoć su bili živi i tako opipljivi! Takva pitanja nastaju u umu, ne da bi vas obeshrabrila, nego da u vama probude spoznaju o prolaznoj prirodi ovog sna zvanog život. Bhagavad Gita* nam kaže: „Ono što je noć (usnulost) svim bićima, dan je (budnost) za čovjeka koji je ovladao sobom… Stanje budnosti običnoga čovjeka za mudraca je u stvarnosti stanje prividnih snova."

Tako većina ljudi čvrsto spava tijekom svojeg sna – života, a samo je čovjek koji je postigao samoostvarenje budan. Njega ne zanimaju poslovi kojima se bavi običan čovjek, traženje bogatstva i osjetilnih zadovoljstava te gubljenje vremena u površnim društvenim vezama. Trčeći za kratkotrajnim zadovoljstvima ovoga svijeta, čovjek od sebe stvara nervoznu olupinu, iako bi mu radost i čuda Boga, koji je izvan svakog opisa, pružili mnogo više – i sreće i beskrajnog ispunjenja!

Tek kratko vrijeme čovjek je individualna slika unutar Božjeg sna ovog svijeta. Sanjate svoju smrtnu egzistenciju koja je dio Božjeg

---

* II:69.

kozmičkog sna. Svaki dan živite u tom snu fizičkog bića. Svake, pak, noći, u dubokom snu, to nestaje. I jednoga dana, kada se probudite u Bogu – koji je vaše stvarno Jastvo – taj san nestat će zauvijek.

Tragajte za Gospodinom skrivenim iza svega stvorenog

Iskoristite vrijeme na pravi način kako biste otkrili Božju tvornicu koja je u pozadini ovoga svijeta. Jednom sam cijeli dan gledao u viziji beskrajna čuda stvorenog i molio se:

„Oče, bijah slijep i ne nađoh vrata koja vode do Tebe. Ti si izliječio moje oči pa sada otkrivam vrata posvuda: u ljepoti cvijeća, glasovima prijateljstva, sjećanjima na lijepa iskustva. Svaki val moje molitve otvara novi ulaz u golemi hram Tvoje prisutnosti."*

Budite postojani, snažni i nepokolebljivi u odlučnosti otkrivanja onog Jednoga, skrivenog iza sveg stvorenog. Otrgnite se zahtjevima svijeta i ne idite u krevet sve dok niste svjesno porazgovarali s Bogom. Rijetko odlazim na spavanje prije četiri sata ujutro jer samo noću mogu naći slobodu od svojih odgovornosti i biti u potpunosti s Bogom.

Običan čovjek sa svojim svakodnevnim obvezama može biti jednako zaposlen kao i predsjednik SAD-a. Biti zauzet, zauzet, zauzet! To je zahtjev današnjega života. Morate svakog dana odvojiti vrijeme da se udaljite od svijeta i budete nasamo s Bogom. Dovedite svoj život u red i nađite vremena za meditaciju u zajedništvu s Njim. Tada će vam sve na ovom svijetu biti čudesno.

Kao što znanstvenici dolaze do otkrića primjenom određenih metoda temeljenih na fizikalnim zakonima, tako ćete i vi, bez iznimke, naći Boga budete li sustavno slijedili duhovne zakone. Proučavanjem i primjenom duhovnih zakona sadržanih u učenjima Self-Realization Fellowshipa na najbolji način možete pomoći sami sebi.

Ne zaboravite ovo što vam govorim. „Riječ upućena mudrima – onima koji su duhovno probuđeni – je dovoljna." Ipak, Isus je rekao: „Žetva je velika, a poslenika malo."† Ako usvojite ova učenja i primijenite ih u praksi, shvatit ćete svaku istinu koju sam vam rekao.

---

* Prijevod stihova pjesme *Doors Everywhere*, iz knjige Paramahanse Yoganande *Whispers from Eternity*.

† Mt, 9:37.

To nije komplicirano. Dajem vam samo one duhovne tehnike koje će vam omogućiti da vidite Boga i družite se s Njim. Bez obzira na to kako neugodne bile okolnosti u kojima živite u ovome svijetu, jednom kada otkrijete Boga, vidjet ćete da On djeluje kroz vas i odražava se u svemu; bit ćete ispunjeni Njegovom ljubavlju i radošću.

Indijski *rišiji* podsjećaju nas da zdravlje i blagostanje, materijalna postignuća i imovina, nisu trajni. Zašto obraćati pozornost samo na prolazne ciljeve? Ono što je trajno, to je uvijek novi radosni kontakt s Bogom i postizanje samospoznaje – pronalaženje svoje prave prirode, spoznaje da je slika Boga u vama. Kada steknete tu spoznaju, bit ćete zadovoljna osoba. Sveti spisi iz Indije opisuju onoga tko je postigao ovo stanje kao *siddhu* ili „uspješnog". Kada sam držao predavanja pred stotinama i tisućama ljudi, često su me nazivali „uspješnim". To me se nije dojmilo. Netko može biti prepoznat od cijelog svijeta, a ipak biti nepoznat onomu Jedinom čija je pažnja najvažnija, dok onaj tko privlači pažnju Boga, može biti potpuno nepoznat svijetu. Što biste od toga radije? Ja sam želio samo da me prepoznaje moj Otac. Odobravanje svijeta može biti tako opojno da čovjek zaboravlja njegovati prihvaćanje od Gospodina koje ga može u potpunosti ispuniti.

Čovjek prirodno čezne za ulogom kralja na ovoj zemaljskoj pozornici, ali kada bi svi bili kraljevi, ne bi bilo predstave. Vaša uloga jednako je važna kao i ona bilo koga drugog. Poanta je u tome da morate igrati svoju ulogu u skladu sa željom božanskog Redatelja; kada živite svoju ulogu kako biste udovoljili Bogu, tada ćete biti uspješni. Ovo bi trebala biti neprekidna molitva u svakom ljudskom srcu:

„Moj Gospodaru, Ti radi kroz moje ruke; one su stvorene da služe Tebi i skupljaju cvijeće za Tvoj hram. Moje oči su stvorene da gledaju Tvoju prisutnost u treperenju zvijezda, u očima poklonika punih duše; moje noge stvorene su kako bi me vodile do Tvojih hramova u kojima točim nektar Tvojih propovijedi dušama koje Te traže; moj glas stvoren je samo da o Tebi govori. Kušam zdravu hranu da me može podsjetiti na Tvoju svehranjivu dobrotu; udišem miris cvijeća da mogu udisati miris Tvoje prisutnosti. Posvećujem Tebi svoje misli, osjećaje i ljubav. Sva su moja osjetila u skladu s Tvojim nebeskim orkestrom mirisa, ljepote i radosti, i sviraju svoj refren u vječnoj simfoniji svemira."

„Vodi me iz tame u svjetlo. Vodi me iz mržnje u ljubav. Vodi me iz moje slabosti u Tvoju neiscrpnu snagu; vodi me iz neznanja u mudrost. Vodi me iz patnje i smrti u vječni život i uživanje u Tebi. Iznad svega, vodi me iz privida ljudske vezanosti u spoznaju tvoje vječne ljubavi koja se igra skrivača sa mnom u svim oblicima ljudske ljubavi.

„Oče, Majko, Prijatelju, voljeni Bože, otkrij mi Se! Ne ostavljaj me više u neznanju. Sve privide odbacio sam iz svetog hrama svoje duše. Ti budi jedini Kralj koji sjedi na tronu mojih ambicija, jedina Kraljica u dvorcu moje ljubavi, jedino Božanstvo u hramu moje duše. Drži me budnim u Tvojoj svijesti, da mogu moliti i neprestano zahtijevati sve dok Ti ne otvoriš sva vrata u Tvom domu mudrosti, i tu me primiš, Tvoje razmetno dijete, i ponudiš me gozbom ugojenog teleta besmrtnosti i vječne radosti."

Nevidljivi čovjek

*Prvi hram Self-Realization Fellowshipa,
Encinitas, Kalifornija, 3. ožujka 1940.*

Čini se apsurdnim razmišljati o čovjeku kao o nečemu nevidljivom. Svaki dan vidimo sebe kao fizičko tijelo. Ipak, na mnoge načine izražavamo svoju stvarnu nevidljivost. Na primjer, zatvorite oči. Vi se sada ne vidite, pa kako onda znate da postojite? Svjesni ste svoje tjelesne težine, možete čuti, mirisati, kušati i dodirivati. Ipak, stvarni ste sebi samo u smislu ideje. Vi ste nevidljiva jezgra oko koje se vrte mnoge misli. Sada otvorite oči. Jeste li vi tijelo koje opažate ili to unutarnje biće kojega ste bili svjesni upravo dok su vam oči bile zatvorene?

Vidljivi je čovjek od male važnosti; nevidljivo jastvo, ili duša, od najveće je važnosti. Dok spavate, niste svjesni vidljivog čovjeka, ali *jeste* sebe jer kada se probudite, znate jeste li spavali dobro ili loše. Stoga je vaše nevidljivo jastvo stvarno. Ako njega odbacite, tada je i vaša vanjska vidljivost besmislena. Bez nevidljivog jastva tijelo bi bilo bezvrijedno, beživotno poput leša. Nevidljivi čovjek u vama je stvaran. Začudo, čovjek ne pokušava preispitati što je to nevidljivo jastvo. On je itekako zainteresiran za vidljivi fizički oblik, pa neprestano misli o izgledu i dobrobiti, a nikako da zastane i shvati da je unutarnje nevidljivo jastvo jedina stvarnost.

Unutar fizičkog tijela, nevidljivo fizičkim očima, identično je svjetlosno tijelo, astralni pokrov duše. Kada bi vam prst bio odsječen, još uvijek biste osjećali kao da ga imate. Svatko tko je izgubio ekstremitet poznaje taj osjećaj. Postoji jedan nevidljivi astralni dvojnik za svaki dio tijela. Iza vašeg fizičkog srca jest nevidljivo srce. Bez njega, vaše vidljivo srce ne bi moglo kucati. Imate nevidljive organe vida i sluha, nevidljivi mozak, nevidljive kosti i živce. Ti dijelovi - tkiva sastavljena od svjetla i energije - čine astralno tijelo nevidljivog čovjeka. Astralno tijelo izgleda točno kao i vidljivo, s tim da je njegov oblik, budući da se sastoji od svjetla i energije, iznimno suptilan.

Ako ste fizički povrijeđeni, ne biste trebali govoriti: „Moj vid je nestao", ili „Izgubio sam ruku." Vaše nevidljive oči i ruka i dalje su prisutni. Iako vaša fizička ruka može biti paralizirana, ona nevidljiva nije onemoćala. Nikad ne vjerujte da su nevidljivi organi na ikoji način povrijeđeni bolešću fizičkih organa jer bi vaša negativna misao mogla spriječiti protok inteligentne životne energije kroz dijelove fizičkog tijela.

Električna struja prolazi kroz žice. Što je važnije, žica ili elektricitet? Žica služi samo za prolazak elektriciteta; elektricitet ne postoji zbog žice. Jednako tako, i tijelo postoji da bi se njime koristio nevidljivi čovjek, duša, a ne zbog samog tijela. Međutim, fizičko tijelo mora biti u određenom stanju kako bi nevidljivo jastvo ostalo u njemu.

Kakva šteta što je nevidljivo jastvo vezano za tijelo! U suprotnom, mogli bismo hodati po vodi, letjeti nebom i vratiti se ponovno u fizičko tijelo. Astralno tijelo nevidljivog jastva ima mnogo veću osjetilnu percepciju od fizičkog dvojnika. Čovjek je izumio strojeve koji su na određen način bolji od fizičkog tijela i njegovih ograničenja. Međutim, kada razvijete svijest nevidljivoga astralnog tijela, uviđate da to astralno tijelo može čuti ono što fizičke uši ne mogu čuti i vidjeti ono što fizičke oči ne mogu vidjeti. Astralno tijelo može i mirisati, kušati i dodirivati predmete izvan dosega fizičkih osjetila. A vi ih možete po volji povećavati ili smanjivati, baš kao što čovjek u projekcijskoj kabini povećava ili smanjuje sliku na filmskom platnu.

Istražite elektricitet koji osvjetljava tjelesnu žarulju

Stalno se brinete o fizičkom tijelu – žarulji. Jeste li ikada pomislili kako bi bilo divno istražiti elektricitet koji osvjetljava tu žarulju? Vidljivi čovjek sastoji se u osnovi od šesnaest elemenata, od kemikalija koje se mogu kupiti u trgovini. Vaše tijelo vrijedi samo devedesetak centi, u vrijeme ekonomske depresije čak i manje! Zašto se ne upoznati bolje s nevidljivim čovjekom? On je taj koji ima moć, prijatelje i ljubav. Bez njega, vidljivi čovjek ne znači ništa, osim kemikalija od kojih je napravljen.

Usmjerite svjetlo reflektora vaše pozornosti prema unutra, daleko od ograničenog vidljivog čovjeka. Fizičko tijelo osjeća bolove u leđima, bolove u želucu; u starosti pati od propadanja; tijelo je najstrašnija životinjica koja stalno plače i cvili zbog nečega. Vidljivi čovjek ne može podnijeti ozljede pri padu, a katkad poskoči čak i na ubod iglom; nevidljivog čovjeka ništa ne može ozlijediti. On je slobodan. On može odbaciti sve probleme fizičkog tijela. Nevidljivi čovjek u vama ono je što vi doista jeste. „Onaj tko prožima sve stvari je neuništiv. Ništa ne može uništiti taj nepromjenjivi Duh."*

Čovjek misli da je tijelo, ali nije. Komad leda može se otopiti i postati tekućina, a ona nestati isparavanjem. Proces može biti i obrnut, kondenziranjem pare u tekućinu i smrzavanjem tekućine ponovno u čvrsti oblik leda. Običan čovjek još nije ovladao sličnim preobrazbama svojih tjelesnih atoma, ali Krist je pokazao da se to može učiniti.

Čovjekovo tijelo sastavljeno je od 35 Božjih misli

Ljudsko tijelo sastavljeno od 16 fizičkih elemenata samo je sjena nevidljivog čovjeka koji ima dva tijela – astralni oblik napravljen od električnih struja i kauzalni oblik napravljen od ideja. Vaš astralni svjetlosni oblik sastoji se od 19 elemenata, a nevidljivi kauzalni oblik napravljen je od 35 misli – 19 ideja iz kojih proistječe 19 električnih elemenata vašeg astralnog tijela† i 16 ideja koje proizvode 16 grubih materijalnih elemenata vašeg fizičkog tijela. Bog je najprije stvorio željezo, kalij i druge kemijske elemente kao ideje; zatim ih je materijalizirao da napravi vaše fizičko tijelo. Vaša stvarna osnova je nevidljiva jer je čak i vaše fizičko tijelo, kao i sve drugo stvoreno, bilo najprije začeto u mislima.

Tako je ljudsko tijelo zapravo kauzalni oblik sastavljen od 35 misli unutar astralnog tijela od 19 elemenata svjetla i energije, koji su, pak, smješteni u fizičko tijelo od 16 kemijskih elemenata. Kada umrete, vidljivo fizičko tijelo će nestati, a vama će biti stvarno astralno tijelo nevidljivog unutarnjeg jastva; bit ćete svjesni svojeg astralnog oblika. S višim duhovnim napredovanjem uvidjet ćete da se vaše suptilno astralno tijelo može svesti na 35 misli i da je vaša

---

* Bhagavad Gita, II:17.

† Vidi *astralno tijelo* u rječniku.

Nevidljivi čovjek

svijest u podlozi tih 35 misli istinska Stvarnost jer je vaša svijest, ili duša, iskra kozmičke svijesti Boga.

Kada gledate film, zaslonom prolaze mnogi likovi, ali pogledate li prema gore, vidjet ćete samo jedan snop svjetla koji projicira te slike. Jednako tako, iz mozga teče pet struja energije, vibracija stvaralačkih elemenata zemlje, vode, vatre, zraka i etera koji se zgušnjavaju kako bi materijalizirali fizičko tijelo na zaslonu stvaranja.*

Filmovi su prije bili nijemi, sada su zvučni, a provode se opiti s mirisima kako biste ugledavši vrt na platnu, osjetili miris cvijeća. Kada te svjetlosne oblike budete mogli i dodirnuti te okusiti, dobit ćete prikaz peterostrukog polja doživljaja Božjeg stvaranja. Pet osjetila putem kojih čovjek sagledava stvoreno u suodnosu je s pet elementarnih elektriciteta – eterom (zvuk), zrakom (dodir), vatrom (vid), vodom (okus), i zemljom (miris) – iz kojih je sve stvoreno i materijalizirano. Jednoga dana cijeli ovaj svijet doimat će vam se poput filma – svjetlosnih oblika koji su stvarni za vaših pet osjetilnih percepcija. Strašna zbivanja u svijetu za vas su potresna, no kada ih budete u stanju gledati kao tvorevine svjetla i sjene, shvatit ćete da je to samo kozmička kinopredstava, dio Božje igre.

Čovjek samo sanja da ima tijelo od mesa. Vaše istinsko jastvo sastoji se od svjetla i svijesti. Vi niste fizičko tijelo. Vidljivost tijela obmanjuje našu materijalnu svijest. Ako razvijete nadsvijest – svijest o svojem stvarnom jastvu ili duši – shvatit ćete da je tijelo samo projekcija tog nevidljivog unutarnjeg jastva. Tada možete s tijelom učiniti bilo što. Ali nemojte još pokušati hodati po vodi!

U kinu ste zadubljeni u slike na ekranu. One izgledaju tako stvarno! Niste ni svjesni svjetla iznad svoje glave koje projicira te slike. No pogledate li prema gore, vidjet ćete da vidljivo proizlazi

---

* Kozmička vibracija, ili *Aum*, prožima svu fizičku stvarnost, uključujući i ljudsko tijelo, a očituje se kroz pet *tattwi* (elemenata): zemlju, vodu, vatru, zrak i eter. To su vibracije inteligentnih sila. Bez elementa zemlje ne bi bilo čvrstog stanja tvari, bez elementa vode, ne bi bilo tekućeg stanja, bez elementa zraka ne bi bilo plinovitog stanja, bez elementa vatre nema topline, bez elementa etera ne bi bilo prostora na kojem se događa ova kozmička filmska predstava. Stvaralačka kozmička vibracija ulazi u tijelo čovjeka kroz medullu, a zatim se dijeli na pet elementarnih struja, djelovanjem pet nižih *čakri*, ili središta: trtični (zemlja), križni, tj. sakralni (voda), slabinski, tj. lumbalni (vatra), prsni, tj. dorzalni (zrak) i vratni, tj. cervikalni (eter).

iz nevidljivog; svi oblici na zaslonu proizlaze iz tog jednog svjetla u projekcijskoj kabini. Kakva je razlika između svjetla i slika? Kada ne bi bilo svjetla, bi li se slike mogle materijalizirati? Slično tomu, kada ne bi bilo nevidljivog čovjeka, ne bi bilo ni vidljivog. Kada nevidljivi čovjek napusti fizički oblik, tijelo se dezintegrira. Oni koji razumiju suptilne odnose između vidljivog i nevidljivog čovjeka mogu dematerijalizirati i materijalizirati fizičko tijelo po volji.* Sada ulazimo u evolucijsko razdoblje tijekom kojega ćemo sve više shvaćati da smo zapravo nevidljiva bića ili duše.

Nevidljivi čovjek slobodan je od patnje i smrti

Živjeti samo u svijesti ovog vidljivog tijela od mesa duhovno je nazadno jer tijelo je podložno patnji koju donosi bolest, ozljeda, siromaštvo, glad i smrt. Ne bismo trebali misliti o sebi kao vidljivom, ranjivom i propadajućem tijelu. Nevidljivi čovjek u nama ne može biti ozlijeđen ni ubijen. Ne bismo li trebali više težiti spoznaji svoje nepoznate besmrtne prirode? Sve većim stjecanjem znanja o tom nevidljivom jastvu bit ćemo u stanju kontrolirati vidljivog čovjeka onako kako to čine veliki duhovni učitelji. Čak i kada je vidljivi čovjek u nevolji, onaj tko je svjestan božanske snage svojeg nevidljivog unutarnjeg čovjeka, može ostati nedodirnut fizičkom patnjom.

Kako steći takvu kontrolu? Prvo, morate naučiti više živjeti u tišini; morate naučiti meditirati. To se u početku može činiti nezanimljivim jer ste toliko dugo bili u bliskom dodiru s tim vidljivim tijelom da vam je sada teško početi razmišljati o ičemu drugom osim o njegovim neprestanim nevoljama, željama i zahtjevima. No potrudite se! Držeći oči zatvorenima, ponavljajte uvijek iznova: „Ja sam stvoren na sliku Božju. Moj život ne može biti uništen nikakvim sredstvima. Ja sam vječni nevidljivi čovjek."

---

* Veliki duhovni učitelji koji su spoznali Boga mogu po volji organizirati atome kako bi po želji stvorili koji god oblik. Paramahansa Yogānanda navodi u svojoj autobiografiji da mu se njegov voljeni guru, Swami Sri Yukteswar pojavio u tijelu tri mjeseca nakon što je umro. Nije to bila samo prikaza; Paramahansaji spominje da je zagrlio gurua „zahvatom hobotnice" i otkrio „isti lagani, miomirisni, prirodni miris koji je bio karakterističan za njegovo prijašnje tijelo". Nadalje, guru i učenik dugo su razgovarali kako je opisano u *Autobiografiji jednog jogija* u poglavlju 43. pod nazivom „Sri Yukteswarovo uskrsnuće". (*napomena izdavača*)

Sve je rezultat jedne ideje

Taj nevidljivi čovjek stvoren je na sliku Božju, slobodan kao što je Duh slobodan. U vidljivom čovjeku leže sve nevolje i ograničenja svijeta. Kad god smo svjesni svojeg tijela, vezani smo njegovim ograničenjima. Stoga nas veliki duhovni učitelji podučavaju da zatvorimo oči i podsjetimo se, u meditaciji, na nevidljivo jastvo, i kako nismo ograničeni onim što naše tijelo može učiniti. S dubokim uvjerenjem ponavljao sam: „Ja nisam ograničen svojim fizičkim tijelom. Kamo god želim ići, ja sam trenutačno ondje." Možete reći: „To je samo misao." Pa, što je misao? Sve što vidite rezultat je jedne ideje. I ne možete si ništa predočiti bez misli. Nevidljiva misao daje svim stvarima njihovu stvarnost. Stoga, kada biste mogli kontrolirati svoj misaoni proces, mogli biste učiniti bilo što vidljivim, mogli biste to materijalizirati snagom svoje usredotočenosti.

Pretpostavimo da sjedimo u tišini i ja vam kažem da se koncentrirate na ovaj hram u kojem ste sada. Uporno pokušavate sve dok vam um ne postane duboko usredotočen. U tom času vidjet ćete hram upravo onako kako se pojavljuje pred vašim fizičkim očima. Nevidljive misli mogu se materijalizirati u vidljivo iskustvo.

Ako zatvorite oči, ne možete vidjeti svoje tijelo, pa ipak ono je za vas stvarno. Zašto mislite da je nevidljivo jastvo nestvarno samo zato što ga ne možete vidjeti? U meditaciji gledate u tamu iza zatvorenih očiju i usmjeravate pozornost na dušu, nevidljivo jastvo u sebi. Ovladavanjem kontrole misli i pounutrenjem uma, primjenjujući znanstvene tehnike meditacije dobivene od gurua postupno ćete razviti duhovnost, vaša će se meditacija produbiti i vaše nevidljivo jastvo, duša kao unutarnja slika Boga u vama, postat će vaša stvarnost. U tom radosnom buđenju samoostvarenja, ograničena tjelesna svjesnost koja je bila tako stvarna, postaje nestvarnom. Vi, pak, znate da ste otkrili svoje pravo nepobjedivo jastvo i njegovo jedinstvo s Bogom.

Spoznajte svoju besmrtnost – sada

Usto, shvatit ćete da je nevidljivi čovjek „vezan" za fizičko tijelo priključcima psihičkih i emocionalnih želja za određenim iskustvima na fizičkom planu. Kada dubljom meditacijom budete mogli rasplesti te žice, bit ćete slobodni i znat ćete da ste stvarna slika Boga. Potražite tog nevidljivog čovjeka koji je zatočen u džungli fizičkih opažanja i materije.

Ako jednom spoznate tog nevidljivog čovjeka i čuda njegova vanjskog fizičkog tijela te njegova tijela skrivena od svjetla i konačno njegovo unutarnje tijelo stvoreno od ideja, to će vam donijeti spoznaju o tome kako ste divno ustrojeni! Koncentrirajte se na tog nevidljivog sebe. Vidljivi čovjek je privid, a unutarnji, nevidljivi čovjek je stvaran. Kad to spoznate, znat ćete da vas ne čine kosti i meso, nego da ste neuništivi nevidljivi čovjek.

Vi ne možete umrijeti! Nemojte više razmišljati o starenju i približavanju smrti. Spremajte se umjesto toga za svoje besmrtno stanje! Ništa ne umire. Idejni nacrt vašeg tijela uvijek je prisutan u eteru. Čini vam se da su vaši dragi koji su preminuli otišli zauvijek jer nemate potrebnu moć koncentracije da ih vidite u njihovim suptilnim oblicima unutar astralnog svijeta u kojemu borave. Budite svjesni ovih istina, ponavljajte ih u sebi kada god imate za to vremena, u kakvom mirnom kutku: „Ja sam oličenje Božje misli. Ja sam vječan, onaj koji stalno kroči Božjim kraljevstvom." Vi ste taj besmrtni nevidljivi čovjek i uvijek ćete to biti. Zašto ne spoznati svoju besmrtnost sada?

Vaša vas dva fizička oka navode na misao da je ovaj svijet dvojnosti stvaran. Otvorite svoje duhovno oko i zagledajte se u svoj nevidljivi oblik. Ako je u unutarnjoj tišini vaše duhovno oko otvoreno, nevidljivo postaje vidljivo. Kada god razmišljate, sanjate ili se duboko koncentrirate, vi ste taj nevidljivi čovjek. On je stvaran, a vidljivi čovjek je sjena. Zaboravite sjenu i upamtite stvarnost. Budite jedno s nevidljivim čovjekom - odrazom Boga.

Što su duhovi?

*Hram Self-Realization Fellowshipa,
Hollywood, Kalifornija, 22. srpnja1945.*

Postoje razne priče o duhovima, vragovima, vješticama, vampirima, a mnogo je osoba koje tvrde da su imale različita iskustva s takvim bićima. Takve osobe koje su privukle moju pozornost uglavnom su patile od prejake i bolesne mašte. Jedna od njih bila je žena koja je slučajno pročitala knjigu o vampirima što je u njoj pobudilo snažnu maštu, pa je povjerovala kako joj jedan od njih svake noći siše krv. Svaki put kada bi me posjetila osjećala se dobro, ali ideja o noćnim dolascima vampira u njoj je bila toliko jaka da je nakon nekog vremena ponovno postala bolesna. Umrla je prerano, uništena vlastitim mislima.[*]

U šesnaestom stoljeću bilo je rašireno vjerovanje u čarobnjaštvo; stotine osoba osumnjičene su da su vještice i lažno optužene da su u dosluhu s vragom, te su bile pogubljene. Ivana Orleanska spaljena je na lomači uz optužbu da je vještica. Čak je i Isus Krist, koji je liječio bolesne i činio samo dobro, bio optužen da je u kontaktu s Belzebubom. Istina je da su u različita vremena zli duhovi u opsjednutim osobama prepoznali Isusa i razgovarali s njim, govoreći: „Ha, što hoćeš od nas, Isuse Nazarećanine? Jesi li došao da nas upropastiš? Znam tko si: Svetac Božji."[†] Sam Isus govorio je o Sotoni[‡] i zlim duhovima, koje je istjerao iz mnogih osoba, u jednom

---

[*] U prisutnosti duhovnog učitelja koji je spoznao Boga, poput Paramahanse Yogānande, poklonici koji mu se s povjerenjem predaju često su izliječeni od psihičkih ili fizičkih bolesti. Konačno izliječenje obično ovisi o nepokolebljivoj vjeri i otvorenosti osobe koja se liječi. Oni koji podlegnu pogrešnom razmišljanju, poput ove žene, dopuštaju bolesti da se vrati. (*napomena izdavača*)

[†] Lk, 4:34.

[‡] Lk, 4:1-13.

slučaju protjerao ih je u krdo svinja.*

Postoji jedan drugi, astralni svijet, skriven iza ovog svemira. Njegovi stanovnici ogrnuti su astralnim tijelima načinjenima od svjetla. Budući da nemaju fizičko tijelo, oni su za nas nevidljivi „duhovi". Obično se drže svojega astralnog svijeta kao što smo i mi ograničeni na naš fizički svijet. Kada bi zlonamjernim astralnim bićima bilo tako jednostavno prodrijeti u naš zemaljski svijet da nam naude, živjeli bismo u teroru sve vrijeme. Na Zemlji već postoji dovoljno strahota. Ne lebde li uokolo milijuni smrtonosnih mikroba? Zasigurno Bog ne bi našim patnjama dodao još i uplitanje duhova!

Međutim, postoji nekoliko astralnih bića poznatih pod nazivom „lutajuće duše". One su vezane za Zemlju zbog snažne privrženosti prema svijetu i nastoje ući u fizički oblik zbog želje za osjetilnim užicima. Takva bića obično su nevidljiva i nemaju moć da utječu na običnog čovjeka. Lutajuće duše povremeno uđu u nečije tijelo i um i prisvoje ih, ali samo ako je osoba psihički nestabilna ili je isprazna uma jer se njime ne koristi za kakvo korisno razmišljanje. To je kao da ostavite otključan automobil s umetnutim ključem. Svaki lutalica može ući i odvesti ga. Lutajuće duše žele besplatnu vožnju u nečijem fizičkom tijelu – vozilu – budući da nemaju svoje za koje su bile toliko vezane. Tako opsjednuti bili su oni iz kojih je Isus istjerivao te duhove skitnice. Lutajuće duše ne mogu podnijeti visoke vibracije duhovnih misli i svijesti. Iskreni tragatelji za Bogom koji primjenjuju znanstvene tehnike molitve i meditacije nikada se ne trebaju bojati takvih bića. Bog je Duh svih duhova. Zlonamjerni duhovi ne mogu nauditi onomu čije su misli usmjerene Bogu.

Trojedna priroda čovjeka

Da bismo bolje razumjeli što su astralna bića, hajde da najprije shvatimo tko smo mi. U trenutku kada nas je Bog stvorio najprije smo postojali samo kao svijest. Bili smo tvorevina Njegova uma. Kada počinjete kakav stvaralački pothvat, prvi je korak osmisliti model u svojem umu, nije li tako? Zatim prikupljate materijale koji su vam potrebni te nakraju izrađujete opipljivu sliku svoje početne

---

* Lk, 8:26-33.

Što su duhovi?

ideje. Slično tomu, naša je priroda trojedna, kao i sveg stvorenog, i odlikuju nas tri plana: mentalni (ideja), astralni (građevni materijal) i fizički (konačni tvarni proizvod).

Fizičko tijelo sastoji se od 16 elemenata. Način kako je Bog ustrojio kemijske elemente odnosno materijale za izgradnju fizičkog svijeta kao izraz inteligencije pravo je čudo! Ipak, ovo tijelo sve je samo ne savršeno. Mi bismo zasigurno mogli smisliti mnogo bolje! Htio bih stvoriti tijelo koje bi bilo poput azbesta, da može prolaziti kroz vatru, a ne izgorjeti; u kojemu ne bi bilo krhkih kostiju i neugodna kašlja. Fizičko tijelo trpi bol i bolesti, često mu zakazuju „svjećice", dolazi najprije jedan kvar, pa sljedeći, a na kraju otkaže i srce.

Amerikanci vole svake godine imati novi automobil, a istodobno se moraju voziti u istom starom modelu tijela šezdeset ili sedamdeset godina! Čak i kada se počne raspadati, i dalje želimo voziti taj model sve dok konačno Gospodin ne kaže: „Hajde, izlazi iz vozila!" Tada iskočite iz dotrajalog fizičkog tijela, starog modela automobila i opažate da se nalazite u svjetlosnom tijelu, astralnom tijelu od svjetla i energije.* Radujete se kad otkrijete da možete čuti, vidjeti, dodirivati i sve to u novom tijelu bez kostiju koje se mogu slomiti, bez mesa koje se može ozlijediti.

Naše astralno tijelo sastoji se od 19 elemenata mentalne, emocionalne i astralne prirode. To su: inteligencija, ego, osjećaji; um (osjetilna svijest); pet instrumenata spoznaje (suptilne snage prisutne iza fizičkih osjetilnih organa vida, sluha, mirisa, okusa i dodira), pet instrumenata djelovanja (snaga odgovornih za sposobnost produljenja vrste, govora, hodanja i vještine ručnog rada) te naposljetku pet instrumenata životne sile (zaduženih za obavljanje sljedećih funkcija u fizičkom tijelu: kristalizacije, asimilacije, izlučivanja, funkcioniranja metabolizma i cirkulacije).

---

* Postoje mnoga područja u astralnome svijetu o kojima se govori kao o raju ili paklu u zagrobnom životu. „U kući Oca moga ima mnogo stanova." (Iv, 14:2) Čovjekovo dobro ponašanje tijekom života na Zemlji privlači ga prema nekoj od viših svjetlosnih sfera u kojima vlada mir i radost. Zla djela odvode ga prema nižim, tamnim sferama u kojima doživljava njegova iskustva srodna noćnim morama iz pakla. Osoba ostaje u astralnom svijetu karmički predodređeno vrijeme, a zatim se ponovno rađa na Zemlji u fizičkom obliku.

Sve to su suptilni elementi. Možemo slušati, mirisati, kušati, dodirivati i gledati u svijetu sna zahvaljujući moći koja se nalazi u naših pet osjetila. U astralnom, pak, svijetu, čak i bez fizičkih organa ušiju, očiju, nosa, jezika i kože, i dalje nosimo sa sobom moć svih pet osjetilnih percepcija. Astralno tijelo nema težinu i putuje brzinom svjetlosti. Po volji ga smanjujemo na veličinu atoma ili ga možete učiniti vrlo velikim. Zašto ne? Bog, taj božanski kozmički kinooperator, u Svom filmu stvaranja povećava ili smanjuje veličinu slike na ekranu. On prikazuje kozmički film iz projekcijske kabine vječnosti. Vi ste individualni izraz Njegova beskrajnog svjetla. Vaše je astralno tijelo, dakle, mnogo slobodnije od kozmičkih ograničenja kojima tako snažno podliježe fizičko tijelo.

No Bog je isprva morao razmisliti od kojih će materijala načiniti fizička i astralna tijela prije nego što ih stvori. Stoga posjedujemo i kauzalno ili idejno tijelo od 35 elemenata: to je 16 ideja koje izgrađuju elemente fizičkog tijela te 19 ideja koje čine ustroj astralnoga tijela. Na temelju kauzalnih misaonih oblika, pet instrumenata životne sile astralnog tijela čine vidljivim astralno tijelo od svjetla i fizičko tijelo od grube materije. Sljedeći primjer zorno oslikava ovu zamisao. Zatvorite oči i predočite si konja na lijevoj strani. U početku je vaš prikaz nejasan, ali ako vam kažem da je to *bijeli* konj, tada ga možete mnogo lakše zamisliti. Zamislite sada crnog konja na desnoj strani. Upravo stvarate misaone ili kauzalne slike. Zamijenite sada mjesta konjima tako da bijeli bude s desne strane. Ako malo pojačate vizualizaciju, moći ćete vidjeti te misaone oblike kao stvarne slike. To je upravo ono što radite u snu kada je vaš um usredotočeniji, pa vam misaoni oblici postaju vidljivi. Snovi i vizije astralne su tvorevine sastavljene od svjetla i energije. Kada bismo astralne slike crnog i bijelog konja mogli učiniti stvarnima za fizička osjetila, materijalizirali biste ih u fizičkom obliku.

Tako smo izvorno stvoreni od 35 ideja koje čine idejno ili kauzalno tijelo čovjeka. Unutar tih 35 misli smjestio se duh Božji što se naziva dušom. Baš kao što jedan plamen izlazi iz sitnih otvora na plinskom plameniku u vidu mnogo pojedinačne plamičaka, tako smo i svi mi jedno svjetlo koje izvire iz Boga u mnoštvu tijela.

Što su duhovi?

U trenutku smrti i dalje smo smješteni u astralna i kauzalna tijela

Kada čovjek umre, njegovo se fizičko tijelo od 16 elemenata raspada, ali 19 elemenata vašeg astralnog tijela ostaje netaknuto. Gdje se onda nalaze sve one duše koje su napustile Zemlju? Lutaju eterom. „To je nemoguće", kažete. Pa napravimo usporedbu. Kada bi član primitivnog plemena došao ovamo i ja mu kažem da se glazba može čuti u eteru, on bi mi se smijao, ili bi se možda uplašio. Ali ako bih mu donio radijski prijamnik i podesio ga na stanicu na kojoj svira glazba, više ne bi mogao odbiti istinitost moje izjave. Jednako tako, upravo sada mogao bih vam pokazati astralna bića koja se kreću eterom i ne biste to mogli poreći. Astralni svijet upravo je ovdje, skriven iza grubih vibracija fizičkog svemira.

Kad biste vidjeli mnoštvo astralnih bića u eteru, posvuda uokolo, u ovom trenutku mnogi od vas bi se bojali. Neki bi pokušali među njima pronaći svoje voljene koji su umrli. Ako se s dubokom pozornošću usmjerite na duhovno oko, unutarnjim pogledom vidjet ćete taj svjetlosni svijet u kojem žive sve duše koje su otišle na astralnu ravan. Kod ljudskih bića srce djeluje kao prijamnik, a duhovno oko kao odašiljač. Iako ne možete vidjeti svoje voljene koji su preminuli, ako mirno usmjerite osjećaje prema srcu, postat ćete svjesni ohrabrujuće prisutnosti vama dragih osoba koje sada u astralnom obliku uživaju u svojoj slobodi od zatočeništva tijela.

Ja vidim mnoga astralna bića koja su napustila fizički svijet, ali oni mene ne mogu vidjeti. Ja sam njima nevidljiv, ali ih mogu gledati ako poželim.*

Dakle, odvajanje od fizičkog tijela u trenutku smrti ne znači i naše potpuno oslobađanje. Naše duše i dalje su umotane u suptilna astralna i idejna tijela. Čovjek je vidljivo biće na ovom svijetu samo dok je omotan i fizičkim tijelom. Smrću čovjeka nestaje samo njegovo fizičko tijelo, a on ostaje u astralnom obliku kao „duh":

---

* Veliki duhovni učitelji paze na svoje učenike na astralnoj i kauzalnoj ravni jednako kao i kada su na Zemlji. Takvi učitelji mogu se materijalizirati u fizičkom ili astralnom obliku što i čine na zaziv iz duše istinskog poklonika, ali po njihovom vlastitom mudrom nahođenju. Primjer ovoga je poziv Lahirija Mahasaye upućen Mahāvataru Babajiju da se pojavi pred njegovim nevjernim prijateljima, što je opisano u *Autobiografiji jednog jogija*, poglavlje 34.

inteligentno, nevidljivo biće koje u biti ima istu psihu i karakter kakve je imalo tijekom života na Zemlji. Stanovnici astralnih svjetova, naravno, mogu vidjeti jedni druge u njihovim svjetlosnim tijelima. No astralna bića obično nisu vidljiva nama na Zemlji, sve dok ne naučimo kako percipirati astralni svijet kroz duhovno oko. Kada duše odbace astralno tijelo i poprime mentalni oblik u kauzalnom svijetu*, one ne gube identitet, nego postaju uistinu nevidljive kao što su nevidljive i ideje.

Isus je rekao: „Razvalite ovaj hram (tijelo) i u tri dana opet ću ga podići!"† Time je želio reći da je morao svući sa sebe fizičko, astralno i idejno tijelo (odbacivanjem svih tragova vezanosti za bilo kakav oblik) kako bi postao jedno s Duhom. Trebala su mu tri različita napora da to učini.

Ako duša pri napuštanju fizičkog tijela ima nedovršenih želja stvorenih tijekom boravka na Zemlji, te je želje prate i u astralnome svijetu, a s time i želja za povratkom u fizičko tijelo kako bi se te stalne želje ispunile. Tako je duša u astralnom svijetu ponovno privučena u spermijem oplođenu jajnu stanicu odnosno još jednom u fizički oblik.

Inteligencija *prane* stvara fizičko tijelo

Prana koja prožima fizičko tijelo inteligentna je životna sila (sastavljena od tzv. astralona). Elektricitet koji osvjetljava žarulju ne stvara žarulju samu, ali elektricitet životne sile u spermijem oplođenoj jajnoj stanici upravlja embrionalnim i sljedbenim razvojem cjelokupnog ljudskog tijela. Očitujući se u smislu pet prethodno spomenutih životnih sila astralnog tijela, to je inteligentna ili svjesno upravljana sila.

Nije mudro stalno si zamjerati oštećenje tijela. Pretpostavimo da ste izgubili ruku u ovom životu. Misao o tom gubitku toliko se utisne u vašu svijest pa smatrate kako se više nikada nećete moći koristiti

---

* Kada se duše oslobode fizičkih želja, više se ne moraju utjelovljavati na Zemlji. Takve duše tada putuju između astralnog svijeta i kauzalnog „neba", utjelovljujući se u astralnom svijetu sve dok ne dosegnu duhovnu slobodu i od tog stanja. Kada duša prevlada sve kauzalne želje, napokon postaje oslobođena ili slobodna duša.

† Iv, 2:19.

tom rukom. Kada se sljedeći put rodite, sa sobom ćete donijeti tu svijest o nedostatku ruke. Ako je ta negativna misao dovoljno jaka, može spriječiti stvaralačko djelovanje inteligentne životne sile koja potiče rast ruke na vašem novom tijelu. Stoga se nikada ne biste smjeli poistovjetiti s nedostacima svojeg fizičkog tijela. To ne pripada vama jer ste vi čista, savršena slika Boga – vi ste duša.

Vidite, dakle, da ste prije utjelovljenja bili duh, a kad umrete, opet ćete postati duh. Mi postajemo duhovi i kada spavamo jer u snu uopće nismo svjesni sebe kao fizičkog tijela. Ako duh postajete tijekom spavanja, bit ćete duh i poslije smrti, čemu se bojati duhova? To je ono što ste bili i ono što ćete postati. Jedina razlika je to što po ulasku u astralni svijet nakon smrti ne možete po volji stvoriti fizičko tijelo kakvo sada imate. Samo veliki duhovni učitelji koji su postigli jedinstvo s Bogom – Stvoriteljem to mogu učiniti. Duhovno napredne duše mogu zgusnuti suptilne vibracije astralnog tijela u opipljivo tijelo.

Smrti se ne treba bojati

Smrti se bojimo zbog bola i zbog pomisli da ćemo jednostavno biti izbrisani. To je pogrešna zamisao. Isus se pokazao u fizičkom obliku svojim učenicima nakon smrti. Lahiri Mahasaya pojavio se u tjelesnom obliku dan nakon što je ušao u *mahasamadhi*.[*] Oni su tako dokazali da nisu prestali postojati. Iako su to rijetki primjeri onih koji su nadvladali kozmičke zakone, ne bi trebalo sumnjati u istinitost njihova svjedočanstva. Ne biste trebali zanemarivati božanske primjere prikazanja Isusa i mojega param-param gurua[†] Babajija kao što ni ja ne mogu zanijekati dokaze kojima sam svjedočio – riječ je o uskrsnuću mojega gurua, Sri Yukteswarjija[‡] – ili onome što sam ja sam doživljavao. „Ova duša, u suštini odraz Duha, nikada ne prolazi kroz muke smrti ili bolove rođenja; niti, jednom spoznavši

---

[*] Posljednja meditacija, tijekom koje duhovni učitelj svjesno odbacuje svoje fizičko tijelo i stapa se s Duhom, naziva se *maha*, ili veliki, *samadhi*.

[†] Guru gurua vlastitog gurua. (vidi pojmove *paramguru* i *Gurui slijeda Self-Realization Fellowshipa* u rječniku)

[‡] Vidi u *Autobiografiji jednog jogija*, 43. poglavlje: „Sri Yukteswarovo uskrsnuće".

postojanje, ikada prestaje postojati. Ta duša nikada nije bila rođena; ona je vječno živa, netaknuta magijom promjene koju nosi *maya*. Duša je uvijek postojana kroz sve cikluse tjelesnih promjena."

Mnogo se puta dogodilo da neki učenik koji živi daleko, za vrijeme bolesti ili na samrti, svojom predanošću privuče moje astralno tijelo. Jedan takav slučaj zbio se ovdje. Seva Devi bila je vrlo predana učenica. Jako se razboljela, ali se nikada nije nikomu zbog toga žalila. Znala je da dolazi njezino vrijeme da napusti Zemlju. Jednoga dana, kada sam je posjetio u Los Angelesu, rekla mi je: „Molim vas, ne držite me ovdje."† Nakon toga, ostao sam neko vrijeme u Duhovnoj školi Self-Realization Fellowshipa u Encinitasu. Ondje sam imao radioprijamnik te sam ustao rano ujutro kako bih poslušao vijesti iz Indije. Odjednom sam intuitivno osjetio suptilne astralne vibracije Seva Devi koja je privukla moje astralno tijelo svojom predanosti. Moje se fizičko tijelo umrtvilo. Poslije su mi rekli da je Seva Devi uoči smrti uzviknula, „Swamiji je tu!" Shvatila je da sam je svjesno uveo u drugi svijet.‡ Nedugo nakon toga vidio sam njezin svjetlosni astralni oblik. Sjedila je u jednom od mojih razreda, upravo onakva kakva je bila i tijekom života. Da me netko tada dotaknuo, i on bi je vidio. Međutim, onaj tko je u stanju astralne svijesti obično ne dopušta drugima da ga dodirnu.

Toliko smo puta prošli kroz smrt i ponovno rođenje, pa čemu se onda bojati smrti? Ona nas dolazi osloboditi. Ne biste trebali priželjkivati smrt, nego neka vas tješi spoznaja da ona donosi slobodu od mnogih problema, ona je poput mirovine nakon teška rada tijekom života. Meni se smrt čini tako šarmantnom!

Ljudi se također boje smrti jer su tako dugo bili u tjelesnom kavezu, pa osjećaju strah od gubitka njegove sigurnosti. Ali, glupo je strahovati. Sjetite se samo da nema više popravljanja guma na tjelesnom vozilu, nema više krpanja života. Budući da Gospodin želi da vozimo taj stari model sve do smrti, moramo ga održavati i o njemu

---

* Bhagavad Gita, II:20.

† Zauzmu li se kod Boga, veliki učitelji mogu produljiti boravak učenika na zemlji.

‡ Ovo je jedno od obećanja koje čini sveti odnos gurua i učenika: u vrijeme učenikove smrti guru je prisutan kako bi ga uveo u njegov novi život u astralnom svijetu.

voditi brigu. Ali, želio bih da Gospodin svima dade sposobnost ulaska u *samadhi* i mogućnost da promjene tjelesno vozilo tako jednostavno kako je to učinio *riši* Narada. On je pjevao o Bogu u božanskoj ekstazi zajedništva s njim, a kada se vratio u normalnu svijest, vidio je kako je odbacio svoje staro tijelo i „utjelovio se" u svježem, novom i mladenačkom ruhu. To je najviši oblik preobrazbe.*

Jedna priča iz Indije govori o umirućem mladiću koji je, slušajući jecaje oko sebe, uzviknuo:

> Ne vrijeđajte me svojim sućutnim uzdasima
> Dok uzlijećem
> U zemlju vječnog svjetla i ljubavi;
> Ja trebam žaliti vas.
> Za mene nema više bolesti, lomljivih kostiju,
> Tuge, mukotrpnog bola.
> Sanjam radost, klizim u radost, zauvijek dišem u radosti.

Ne znate što vas može snaći na ovome svijetu, morate nastaviti živjeti i brinuti se. Oni koji umru, žale nas i šalju nam blagoslove. Zašto bi se trebali žalostiti zbog njih? Rekao sam to ženi koja je izgubila sina. Kada sam joj sve objasnio, odmah je obrisala suze i rekla: „Nikada prije nisam osjetila takav mir. Drago mi je znati da je moj sin slobodan. Mislila sam da mu se dogodilo nešto strašno."

Moguć je svjesni ulazak i izlazak iz tijela

Mnoge duhovno napredne osobe mogu vidjeti svoje astralno tijelo. Sveti Ivan kaže u Bibliji: „Kad ga opazih, padoh kao mrtav k njegovim nogama."† Kada se vaše astralno tijelo uzdiže u času smrti, svoje fizičko tijelo vidite kao mrtvo. Jednako iskustvo imaju napredni jogiji pri svjesnom napuštanju fizičkog tijela po volji. Tako je Ivan, iako živ, vidio oblik svojeg fizičkog tijela kao da je mrtav

---

* Preobrazba ili selidba duše nakon smrti iz jednog oblika u drugi oblik utjelovljenja u skladu je s prirodnim uzlaznim tijekom evolucije života, bez vraćanja na niže životne oblike. Hinduistički sveti spisi uče da duša evoluira od mineralnog carstva, kroz biljke, a onda kroz životinjsko carstvo prije nego što dosegne utjelovljenje u ljudskom obliku. Nakon toga, kroz ponavljajuće cikluse ljudskih rođenja i smrti, s njihovim lekcijama, duša na kraju pronalazi savršeni izraz u nadčovjeku, čovjeku koji je spoznao Boga.

† Otk, 1:17.

tijekom iskustva *samadhija* koje je opisao. Zabavno je ulaziti i izlaziti iz tijela na takav način. No mnogi smatraju da to mogu jednostavno učiniti. Sama pomisao nije dovoljna za takav čin. Mora se poznavati posebna tehnika.

U New Yorku mi je prišao jedan čovjek i uvjeravao me da može astralno putovati. „Mislim da ne možete", rekao sam, „vi to samo umišljate." On je ipak inzistirao na tome da ga provjerim. „U redu", složio sam se. „Idite astralno niz stubište i recite mi što se nalazi dolje u restoranu." Na trenutak se umirio, a zatim mi rekao: „Ondje je veliki klavir u desnom uglu." Znao sam da on to zamišlja jer sam primijetio da su mu dah i puls normalni.[*] „Naprotiv", rekao sam, „mislim da ćete ondje naći dvije žene kako sjede za stolom". On mi se nasmijao. Zatim smo obojica sišli u restoran. Nikakav klavir nije bio u uglu, ali dvije su žene sjedile za stolom. Na kraju je shvatio da je bio zavaran svojom zamisli.

Često unutarnjim astralnim pogledom vidim ratna zbivanja u Europi, ali ona se doimaju poput filmske predstave. Svijet bi nas trebao zabavljati, a ne mučiti. Bog je svoju filmsku predstavu stvaranja načinio vrlo zamršenom, punom suprotnosti dobra i zla. Kada idete u kino, želite vidjeti i doživjeti mnogo uzbuđenja. Zamislite, koliko ste puta otišli pogledati kriminalistički film o istrazi ubojstva, a kada je završio, rekli biste: „To je bila dobra predstava!" Naučite gledati na ovaj film života s istim osjećajem odvojenosti i uživanja.

Činjenica da smo sada zatočeni u ljudskom tijelu, a da noću i nakon smrti postajemo duhovi, trebala bi nas nečemu naučiti. Moramo najprije naučiti spoznati svoju duhovnu prirodu koja je nevidljiva i moćna. No to vam neće uspjeti ako ste stalno usmjereni na tijelo: „Imam glavobolju, želim to i to, ne volim špinat." Zaokupljenost

---

[*] Svjesno „astralno putovanje" moguće je samo kada se uđe u duboko stanje *samadhija* u kojem se svijest proširuje u nadsvjesni prikaz svevidećeg duhovnog oka. Duhovnim okom može se vidjeti bilo koja točka prostora na ovome ili astralnom svijetu i tamo usmjeriti svoju svijest. Onaj tko je dovoljno duhovno napredovao može također bilo gdje materijalizirati svoj astralni pa čak i fizički oblik, što je poznato kao bilokacija. U tom stanju astralnog *samadhija* dah i otkucaji srca su mirni, a tijelo je nepomično kao u transu. Samo kada duhovno napredni jogi dosegne najviše stanje, *nirbikalpa samadhi*, njegovo fizičko tijelo može nastaviti djelovati na normalan način dok je iznutra zaokupljen božanskom ekstazom.

onim materijalnim morate prevladati. Kako to učiniti? Tako da Boga postavite na prvo mjesto u životu. Sve dok Ga držite na drugom mjestu, On vam neće doći. Zlato, vino i seks stvoreni su da bi vas vezali za ovaj svijet. Gospodin se njima koristi kao testovima da vidi što vam je draže: materijalna prolaznost ili Njegova ljubav.

Moć crne magije u vašim je mislima

Osim duhova, neki se ljudi boje crne magije i drugih okultnih vještina. Mnogi su mi rekli da netko primjenjuje crnu magiju nad njima. Ja im kažem: „Vi sjedite u Božjem dvorcu. Nitko vas ne može ozlijediti ako doista vjerujete u Boga." Međutim, kada vjerujete u negativne misli kojima vas netko povređuje, dajete mu moć da to čini. Pretpostavimo da vam netko šalje negativnu misao, a vi je prihvatite; to će vas povrijediti. No ne trebate prihvatiti zle ideje. Ne bojte se zlonamjernih osoba; nitko na vas ne može utjecati osim ako niste uplašeni. Strah i ispraznost uma dopuštaju da u njega uđe zlo, ali kada kažete: „Bog je sa mnom", ništa osim dobra ne može vam doći iz misli drugih. Omotajte se u misli o Bogu. Njegovo sveto Ime je Moć iznad svih moći. Poput štita ono odvraća sve negativne vibracije.

Kozmički rat između dobra i zla

Zašto se brinuti zbog nevažnih prijetnji duhova lutajućih duša ili onih koji su se odali vradžbinama? Mnogo veća opasnost za našu sreću i dobrobit vreba stalno unutar nas i oko nas. Sukobljavaju se dvije snage – jedna nas želi spasiti, a druga nam nauditi. Nalazimo se usred kozmičkog rata dobra i zla.

Svijetom stvarno upravljaju ove nevidljive sile ili duhovi: Bog Otac, Kristova Svijest (*Kutastha Chaitanya*), sedam duhova pred prijestoljem Božjim[*] i Sotona sa svojim legijama zlih sila. Sedam duhova pred prijestoljem Božjim glavne su inteligentne sile stvaranja: Duh Sveti (iskonska vibratorna snaga Božja, *Aum*, ili Amen) i njegovih šest individualiziranih stvaralačkih moći koje tvore i održavaju fizički, astralni i kauzalni svemir odnosno fizičko, astralno i kauzalno tijelo čovjeka.

---

[*] Otk, 1:4.

Izvorno je Sotona bio arhanđeo*. Dobio je moć stvaranja svijeta prema Božjem planu. Nakon završetka svojega zadatka trebao se vratiti Bogu, budući da je Božja namjera bila da se sve stvoreno naposljetku vrati k Njemu. No kada bi ta inteligentna moć, u spisima prikazana kao Sotona, uronila ponovno u Duh, sve stvoreno bi nestalo. Kako bi to spriječio, Sotona je u čovjeka ugradio zle (to jest, materijalne) želje, a kako bi ih ostvario, čovjek se uvijek iznova mora vraćati na Zemlju, zbog čega se mehanizam stvaranja stalno održava. Tako Sotona nastoji spriječiti čovjekov povratak Bogu.

Na djelu je veliko „potezanje konopca" između đavla i Boga. Problem se ne može zanemariti ako mislimo da je Sotona samo privid. Bog bi bio vrlo nesmotren kad ne bi znao za postojanje zla u svijetu. I zašto je Isus rekao: „Odlazi od mene, Sotono" i „Izbavi nas od zla" ako ne postoji Sotona? Zašto je uopće potrebno moliti se Bogu ako ne postoji đavao? Zlo zaista postoji.

Kada je Bog stvorio čovjeka, stvorio je i vraga. Sotona i njemu pridružena moć *maye* postoje kako bi djecu Božju stavili na kušnju. Ne može se iskovati čelik sve dok vatra ne rastali željezo. Kada dođe bolest ili patnja, trebali bismo shvatiti da je to test Božje *maye*. Morate proći te testove. Ne trebate se zbog njih uzrujavati. Iako je Isus patio na križu, on je prevladao taj božanski test. Mnoge velike duše umrle su od strašnih bolesti i patnji. Sveta Tereza Avilska bolovala je od tuberkuloze, a ipak je rekla: „Ne želim da Gospodin skrati moje kušnje. Želim patiti hrabro i raditi sve dok budem mogla." A kada je njezino tijelo umrlo, bila je uzdignuta u Kristu.

Cjelokupno je stvaranje samo Božji hobi. Ali ja Mu se stalno obraćam riječima: „Zašto imaš takav hobi? Zašto si nam zadao toliko problema?" Naša Zemlja jedno je od najgorih mjesta u svem stvorenom. Postoje mnogo bolja mjesta za život od ovoga. No iako Bog dopušta postojanje patnje, pokušava nam pomoći da iz nje izađemo. Bog, zajedno sa Svojim anđelima i milijunima dobrih duhova, pokušava uspostaviti red božanskog sklada na Zemlji. Svaku blagotvornu kvalitetu stvorili su dobri duhovi. Božji duhovi neprestano siju

---

* A on im reče: „Gledao sam Sotonu kako pada kao munja s neba!" (Lk, 10:18).

„Znaj da svi odrazi sattwe (dobra), rajasa (aktivnosti) i tamasa (zla) proistječu iz Mene. Iako su one u Meni, ja nisam u njima." (Bhagavad Gita, VII:12)

sjemenje korisnih misli u tlo vašega uma. Istodobno, Sotona, kralj tame, sa svojim zlim duhovima stvara nered i probleme u svijetu. Tko je, ako ne Sotona, stvorio klice bolesti? Postoje razne pošasti, zatim bolesti kao tuberkuloza, a sada je najnoviji „razarač" i karcinom – to su sve đavolje metode za mučenje ljudskih bića. Međutim, Bog jednako tako i nadahnjuje mnoge istraživače na pronalaženje novih načina za iskorjenjivanje tih bolesti.

Iskušenja Adama i Eve

Kako bi zadržao ljude na zemaljskoj ravni, Sotona je stvorio spolni nagon. To iskušenje prati čovjeka od početka vremena. Gospodin je stvorio čovjeka i ženu snagom volje, a njihova su tijela bila materijalizacija Njegove božanske mudrosti i ljubavi*. Izvorno su muškarac i žena poput Boga imali moć stvaranja djece misaonom naredbom. Bog je Adamu i Evi podario moć da „razmnožavaju" ljudsku vrstu bezgrješnim ili božanskim načinom. Moj guru Sri Yukteswarji objašnjava da je zla sila, Sotona, dovela u napast Evu da kuša plod (seks) u sredini vrta (tijela)†. Bog bijaše rekao da izvorni muškarac i žena mogu uživati u svim osjetilima drva života (astralnim centrima svijesti i energije u kralježnici koji prožimaju životom tijelo i osjetila), s iznimkom iskustva spolnog općenja, koje se nalazi u sredini ili nasred tjelesnoga vrta. „Zmija" koja je zavela Evu predstavlja sklupčanu energiju u kralježnici koja hrani i nadražuje spolne živce. Kada Evine osjećaje ili svijest prisutne u ljudskom biću nadvlada spolni nagon, tada i razum, ili Adam, podliježe tom izazovu.

Spolno zadovoljstvo prijevarni je nadomjestak Božjeg blaženstva. Tako seks, odvojen od vjerne ljubavi, koji služi samo zadovoljavanju spolne požude postaje sredstvo kojim đavao zadržava ljudsku svijest u ropstvu osjetila, i priječi joj doživljaj Boga, ili spoznaju Jastva kao Duha: uvijek postojećeg, uvijek svjesnog, vječno nove Radosti. Seks i žudnja za vinom i novcem – sve su to krivotvorine koje je stvorio Sotona kako bi čovjeka odvratio od ekstaze duše. Kada

---

* U muškaraca je obično izraženiji razum, a osjećaji su skriveni, u žena su, pak, istaknutiji osjećaji, a razum je često u drugom planu.

† Post, 3:3.

su Adam i Eva okusili seksualni užitak, izgubili su Raj i božansku svijest koja im je omogućavala osjećaj jedinstva s Bogom u ekstazi duše i bili su istjerani iz vrta Edena. Sve otad, ljudska bića moraju obnavljati svoju vrstu spolnim općenjem, poput životinja. Žene rađaju djecu u porođajnim mukama. Osim toga, muževi i žene morali su prihvatiti ono što su dobili. Ako im se rodi loše dijete, oni ga ipak moraju podizati. Prvotno su, pak, kroz moć uma bili u stanju stvarati ono što su htjeli, baš kao što to Bog čini. Koji sretni dani davno nestale nevinosti!

Slušajte samo Božji glas

U krajnjem smislu čak je i Sotona oruđe Boga. Sotona ne ispunjava svoja obećanja čovjeku, a onda razočarani čovjek traži vjernog Gospodina. Zašto čekati na razočaranje? Ja vas potičem da ne stavljate sva svoja jaja sreće u jednu košaru. Kada ste fizički snažni i u dobrom stanju, relativno ste zadovoljni, a kada iznenada dođe bol, pomislite: „Blagi Bože, što je ovo?" Self-Realization Fellowship uči vas da ne stavljate sve svoje nade za sreću u krhku košaru vašeg tijela i zadovoljstava ovoga svijeta. Kako? Učeći vas kako ovladati svojim tijelom i – ponajprije, učeći vas meditaciji.

Slušajte glas Boga koji se pojavljuje s vašim dobrim mislima. Bog i Njegovi anđeoski duhovi stvaraju te dobre misli, a đavao stvara svoju vrstu misli. Svaki put kada dođe loša misao, odbacite je. Tada vam Sotona ništa ne može učiniti. No čim počnete misliti pogrešno, idete prema njemu. Vi se stalno krećete naprijed i natrag između dobra i zla; kako biste tomu izmaknuli, morate otići onamo gdje vas Sotona neće moći dohvatiti: duboko u Božje srce.

Isus: Krist Istoka i Zapada

*Prvi Hram Self-Realization Fellowshipa,
Encinitas, Kalifornija, 18. rujna 1938.
Hram Self-Realization Fellowshipa,
San Diego, Kalifornija, 4. veljače 1945. (kompilacija)*

Isus Krist posrednik je između Istoka i Zapada. Taj veliki duhovni učitelj stoji pred mojim očima dok se obraća Istoku i Zapadu riječima: „Ujedinite se! Moje je tijelo rođeno na Istoku, moja duhovna poruka otputovala je na Zapad." Činjenica da je Krist po rođenju Azijac kojega su kao svojeg gurua prihvatili ljudi na Zapadu božanska je poruka da se Istok i Zapad trebaju ujediniti razmjenom svojih istaknutih najboljih obilježja. Kao dio božanske drame Zapadu je dodijeljena uloga nositelja materijalne moći, a Istoku ona duhovne snage, što znači da se prijateljstvo može razviti samo razmjenom njihovih posebnih kvaliteta. Duhovna sloboda Istoka nadilazi fizičku patnju i nesreću materijalnog svijeta. Zapadu je potrebna ta vrsta duhovne slobode. Božja djeca sa Zapada bogatija su fizički i materijalno, no trebaju se razviti duhovno primanjem prosvjetljenja u duhu Istoka. Istoku je, pak, potreban materijalni razvoj kakav postoji na Zapadu. Božja djeca s Istoka trebaju primiti pomoć Zapada kako bi se Azija industrijalizirala i tako potpuno razvila te iskoristila sva svoja prirodna bogatstva. Stalan napredak prisutan u Americi u sprezi s duhovnošću Indije nepobjediva je kombinacija. Indija je primjer zemlje u kojoj se prožimaju religije, a Amerika u kojoj se prožimaju nacije. Amerika je postala velika zbog ljubavi prema slobodi i prihvaćanja svih rasa u svoje okrilje – upijajući tako najbolje od svih nacija. Nijedna druga zemlja nije bila zasnovana niti se razvijala na tako divnim idealima. Sloboda i poseban način života koji se temelji na tim idealima u Americi ne smiju se nikada izgubiti.

Mnogi na Zapadu vjeruju da su istočnjaci materijalno siromašni zato što su duhovno bogati. To nije točno. Jednako tako, mnogi na Istoku vjeruju da su zapadnjaci duhovno siromašni zato što su materijalno bogati. Ni to nije istina. Istina je da mi kao ljudska bića postajemo previše jednostrani, a trebamo težiti skladu tako što jedni od drugih izvlačimo ono najbolje.

Isus je božanski div na razmeđu Istoka i Zapada koji se obraća i Istoku i Zapadu s porukom da razmjene svoje najbolje osobine. Vidite li ga ondje? Ja ga vidim. Vidim ga kako poziva Zapad da se produhovi, a Istok da se industrijalizira – poziva Istok da prihvati misionare znanosti i industrije sa Zapada, a Zapad da prihvati misionare Duha s Istoka. Zapadu on kaže: „Volite svoju braću s Istoka. Ja dolazim s Istoka." Istoku se, pak, obraća ovako: „Volite svoju braću sa Zapada, oni su primili i zavoljeli mene, istočnjaka." Nije li to prekrasna istina? To je veličanstven prizor vrijedan slike.

Krist nije vlasništvo ni Istoka ni Zapada – njegov život primjer je veze: Istok – Zapad. On pripada i jednima i drugima kao i cijelom svijetu. Njegova sveobuhvatnost čini ga tako prekrasnim. Isus je uzeo tijelo istočnjaka kako bi ga zapadnjaci prihvatili kao gurua čime se Istok i Zapad simbolički približavaju i ujedinjuju. Oni Zapadnjaci koji su prigrlili Krista kao svojega trebali bi imati na umu da on potječe s Istoka. Ljubav i simpatija prema Isusu trebale bi se razviti u ljubav i simpatiju prema svim istočnjacima i prema cijelome svijetu.

Bog ne daje prednost ni istočnjacima ni zapadnjacima. On voli one koji pokazuju Njegove duhovne kvalitete. Zašto je tada Bog odredio da Krist, veliki spasitelj čovječanstva, dođe s Istoka? Bog je htio sići među potlačene kako bi im pokazao nadmoć Duha nad materijom. No to ne znači da je potrebno biti siromašan kako bismo bili poput Krista. Jednako tako, da je Isus došao u zemlju napretka, bilo bi posve nepromišljeno zaključiti da se Kristova Svijest može postići samo materijalnim ili da Bog daje prednost materijalno bogatima. Prijeko je potrebna ravnoteža između duhovnosti i materijalnog razvoja.

Kristovi su ideali ujedno i ideali indijskih svetih spisa. Isusove upute u skladu su s najvišim vedskim učenjima poznatima od iskona, davno prije njegova silaska na Zemlju. To, pak, ne umanjuje

Isus: Krist Istoka i Zapada

njegovu veličinu i značenje jer on se utjelovio kako bi svijetu dao novi izraz *Sanatana Dharme* (vječne religije, vječnih načela pravednosti)*. U biblijskoj Knjizi postanka nalazimo točnu poveznicu sa starijim hinduističkim prikazom nastanka svemira. Deset Mojsijevih zapovijedi, mnoge biblijske legende, likovi i rituali, čuda koja je činio Krist te sami temelji kršćanskoga nauka, sve to prisutno je i u ranijoj vedskoj literaturi. Postoji temeljno slaganje između učenja Krista u Novom zavjetu i Krišne u Bhagavad Giti.†

Istinska priroda Zvijezde Istoka

Istovjetnost Kristova nuka s učenjima filozofije joge i vedante snažno podupiru zapisi iz Indije koji navode da je Isus ondje boravio i upoznao se s indijskim duhovnim naukom tijekom petnaest godina njegova života o kojima u Novom zavjetu nema ni spomena – riječ je o razdoblju od njegove dvanaeste do trideste godine. Isus je otputovao u Indiju u uzvratni posjet trojici „mudraca s istoka" koji su mu bili došli odati počast u povodu njegova rođenja.‡ Oni su tada stigli do Djeteta Krista vođeni božanskim svjetlom zvijezde – ne fizičkom svjetlošću, nego zvijezdom sveznajućeg duhovnog oka. To „treće oko" sljedbenik može vidjeti unutar svojeg čela u točki između obrva za vrijeme duboke meditacije. Duhovno oko metafizički je teleskop kojim se može promatrati beskonačnost istodobno u svim smjerovima, koristeći se sveprisutnim sfernim vidom kojim se uočava sve što se događa u kojem god dijelu svemira. Duhovno oko spominje se u indijskim učenjima, a navodi ga i Isus: „Oko je svjetiljka tijelu. Zato, bude li ti oko zdravo, cijelo će ti tijelo biti u svjetlu."§ Svjetlo duhovnog oka Mudrace je nepogrešivo dovelo do Betlehema. Oni su se poklonili Djetetu Kristu prepoznavši u njemu

---

* *Sāṃkhya* filozofija definira istinsku religiju kao „ona nepromjenjiva načela koja čovjeka trajno štite od trostruke patnje prouzročene bolesti, nesrećom i neznanjem."

† Mnoge takve podudarnosti zabilježene su i rastumačene u knjizi *Autobiografija jednog jogija*.

‡ „Kad se Isus rodio u Betlehemu judejskom, za vrijeme kralja Heroda, dođoše s istoka magi u Jeruzalem i upitaše: 'Gdje je novorođeni kralj židovski? Vidjesmo, naime, gdje izlazi njegova zvijezda, i dođosmo mu se pokloniti'." (Mt, 2:1-2).

§ Mt, 6:22.

veliku dušu i božansku inkarnaciju. Tijekom spomenutog razdoblja njegova života Isus im je uzvratio posjet.

Isusovo ime i naslov podudaraju se u značenju s odgovarajućim sanskrtskim riječima. Riječi *Isus* i *Isa* (izgovara se „Isha") u osnovi su jednake. Riječi *Is, Isa* i *Iswara* sve se odnose na Gospodina, vrhovno Biće. Ime „Isus" potječe od grčkog oblika imena Jošua ili Ješua koje su, pak, skraćenice od Jehošua, u značenju „Jahvina pomoćnika" ili „Spasitelja".* Pojam „Krist" nalazimo i u Indiji – Isus ga je ondje vjerojatno i dobio – u riječi „Krišna" koju katkad namjerno izgovaram „Kristna", kako bih naznačio povezanost. „Krist" i „Krišna" pojmovi su koji označuju božanskost, u značenju da su ta dva *avatara* bila jedno s Bogom. Dok su boravili u fizičkom obliku, njihova je svijest izražavala jedinstvo s Kristovom Svijesti (na sanskrtu *Kutastha Chaitanya*), sveprisutnu božju Inteligenciju u stvaranju.† Ta svijest naziva se „jedinorođeni Sin" jer je jedini savršeni odraz nestvorenog Beskonačnog u stvaranju.

Kako biste razumjeli značenje Kristove Svijesti, uzmite u obzir razliku između svoje svijesti i svijesti maloga mrava. Svijest mrava ograničena je njegovim sićušnim tijelom. Vaša svijest posvuda je u vašem relativno većem obliku. Kada tko dotakne dio vašeg tijela, vi ste toga svjesni. Sve stvoreno tijelo je Boga i Njegova sveprisutna svijest u njemu naziva se Kristova Svijest. On je svjestan svega što radimo u Njegovu sveobuhvatnom obliku, baš kao što smo mi svjesni malog sebe. Zahvaljujući jedinstvu s tom Kristovom Svijesti Isus je mogao znati, a da mu nije bilo rečeno, da je Lazar umro.

Čuda Božjeg stvaranja ne može razumjeti krava. Jedinstveni

---

* Prema referenciji: „Smith's Dictionary of the Bible"; De Wolfe, Fiske & Co. Boston, Mass.

† Postoje mnoge izvedenice riječi „Krišna" od kojih je najčešća „taman" što se odnosi na boju Krišnine puti. (On je često prikazan tamnoplave puti što označuje božanstvo. Plavo je također boja Kristove Svijesti koja se pojavljuje u duhovnom oku kao krug tamnoplave svjetlosti unutar kojeg je zvijezda već spomenuta u ovom govoru.) Prema M. V. Sridatti Sarmi (u djelu „On the Advent of Sri Krishna"), među različitim drugim značenjima riječi „Krišna", nekoliko njih nalazimo u *Brahmavaivarta Purani*. On navodi jedno od objašnjenja prema kojem „Krsna označuje Sveznajući Duh. *Krsi* predstavlja generički pojam, dok *na* prenosi ideju jastva, što vodi do značenja 'Sveznajući Duh'". U ovome nalazimo poklapanje s pojmom Kristove Svijesti kao božje Inteligencije sveprisutne u stvaranju. Zanimljivo je da kolokvijalni bengalski izraz za „Krišnu" glasi – Krista (usp. s grčkim Christos i španjolskim Cristo). (*napomena izdavača*)

potencijal ljudskih bića jest u tome da mogu postići sveprožimajuće znanje o jedinstvu s Kristovom Svijesti. Pitam one koji ne vjeruju u Boga: „Odakle potječe inteligencija u čovjeku i svemiru, ako ne iz božanske 'Tvornice' skrivene iza etera?" Takve tajne potaknule su Einsteina da izmijeni naše uobičajeno shvaćanje pojma prostora. Iza tog prostora skriva se Bog i Njegova Inteligencija jer sve proizlazi iz „ništavila" prostora.

Isus je postigao jedinstvo s tom Inteligencijom koja upravlja svakim stvorenim atomom i stoga je mogao materijalizirati svoj oblik gdje god je želio. On to i dalje može činiti, baš kao što se svake noći ukazivao sv. Franji Asiškom. Isus je bio svjestan ne samo svojeg mikrokozmičkog fizičkog oblika nego i cjelokupnog stvaranja kao svoga makrokozmičkog tijela. Mogao je iskreno govoriti: „Ja i Otac jedno smo."* Doživljavao je svoju prisutnost u svakom atomu, kao što to doživljava i njegov Otac. Isus je mislio na sveprisutnu Kristovu Svijest kada je rekao: „Zar se ne prodaju dva vrapca za jedan novčić? Pa ipak, nijedan od njih ne pada na zemlju bez dopuštenja Oca vašega."†

Krist je došao u kritično vrijeme u povijesti kada je svijet bio u nasušnoj potrebi za duhovnom nadom i obnovom.‡ Svojom porukom nije želio poticati stvaranje različitih sekti, koje bi njegovo učenje prisvajale samo za sebe. Njegova misija bila je prenijeti poruku sveobuhvatnog jedinstva, i to je jedna od najvažnijih poruka ikada danih čovječanstvu. On je podsjećao ljude da u svetim spisima stoji „'Ja rekoh: bogovi ste.'"§ Sv. Ivan svoje je nadahnuće i duh Kristova učenja izrazio rekavši: „A svima koji ga primiše (Kristovu Svijest odraženu u Isusu i svemu stvorenom) dade vlast da postanu djeca Božja."¶ Postoji li veća poruka od ove ikad izrečena? Isus je tješio potlačene, ljude bijele i crne, istočnjake i zapadnjake, govoreći im da

---

* Iv, 10:30.

† Mt, 10:29.

‡ U Bhagavad Giti Gospodin kaže: „O, Bharata (Arđuna)! Kad god vrlina (*dharma*) opadne i prevladaju poroci (*adharma*), Ja se inkarniram kao Avatar. U vidljivom obliku pojavljujem se u svakom dobu da zaštitim čestite i uništim zlonamjerne kako bi se ponovno uspostavila pravednost." (IV:7-8).

§ Iv, 10:34.

¶ Iv, 1:12.

su svi djeca Božja. Svatko čista srca, bez obzira na rasu ili boju kože, može primiti Gospodina.

Ugljen i dijamant primaju jednake zrake sunca, ali dijamant odražava njihov sjaj. Tako će istočnjaci i zapadnjaci dijamantnih kvaliteta odražavati Boga i biti nazvani sinovima Božjim, a oni zlih osobina koji tavore u tmini neće moći sjajiti Njegovim svjetlom.

Uvježbajte svoje srce da osjeti bratstvo među ljudima

Cijelo čovječanstvo trebalo bi otvoriti svoje srce Isusovoj velikoj poruci: „Bog je izveo sav ljudski rod od jednoga čovjeka."* To je Kristova poruka koja me toliko nadahnjuje. Želim toj poruci udahnuti živost, dati joj praktičnu primjenu. Predrasuda u vezi s bojom kože najgluplja je od svih koje ljudi imaju zbog neznanja. Boja se nalazi samo na površini kože. Bog je dao tamniji pigment kože rasama koje su prvotno živjele u klimatskim okolnostima koje zahtijevaju veću zaštitu od sunca, dakle kao čisto praktičnu mjeru. Stoga bijela, maslinasta, žuta, crvena ili crna koža nije nešto zbog čega bismo trebali biti posebno ponosni. Uostalom, duša nosi tjelesni kaput određene boje u jednom životu, a u drugim inkarnacijama odijeva drugu nijansu. Stoga je pridavanje važnosti boji nečijeg tena samo golema predrasuda. Bilo kakva predrasuda vezana uz boju kože ujedno je i diskriminacija protiv Boga koji boravi u srcu svih – crvenih, bijelih, žutih, maslinastih i crnih – ljudi svijeta. Osim toga, dobro je zapamtiti, da tko god mrzi neku rasu, zasigurno će se inkarnirati u tom obliku; tako karmički zakon prisiljava čovjeka da prevlada svoje predrasude koje mu guše dušu. Uvježbajte svoje srce da osjeti bratstvo među ljudima – to je najvažnije.

Iako su Isusova učenja bila predodređena da se najdublje ukorijene prije svega na Zapadu, on je izabrao inkarnaciju u tijelu istočnjaka, u naciji Židova koja je imala dugu povijest progona. Tako je htio pokazati koliko je glupo prosuđivati druge prema rasi i boji kože. Treba živjeti istinsko kršćanstvo, a rasne podjele moraju se odbaciti. Predrasude i nedostatak stvarnog bratstva uzroci su rata i razdora među djecom Božjom. Moramo raditi na iskorjenjivanju svih

---

* Dj, 17:26.

Isus: Krist Istoka i Zapada

povoda za rat jer mržnja i predrasude vode bombama i bijedi. Isus je upozorio: „... svi koji se mača hvataju od mača ginu."* U konačnici svijet neće postati slobodan uz pomoć mača, nego primjenom Kristovih načela. U najvišem smislu, jedino vas Bog štiti. Najbolje možete pomoći ovom svijetu slijedeći ideale uravnotežena života kakve je naučavao Krist i ostali duhovno prosvijetljeni. Prije svega, volite Boga. Zar ne vidite da se potpuni odgovor nalazi u Njegovim rukama? Kad On smakne veo tajne, ukazat će vam se odgovor na sve što je dotad bilo nejasno i nespoznatljivo.

Neki zapadnjaci Indijce smatraju poganima ne znajući da i mnogi Indijci njih smatraju poganima – neznanje je posvuda podjednako prisutno. Katkad su me pitali vjerujem li u Isusa. Odgovorio sam: „Čemu takvo pitanje? Mi u Indiji štujemo Isusa i njegova učenja, možda čak i više od vas."

Da biste voljeli Krista, morate živjeti ono što je poučavao, morate slijediti primjer njegova života. Isus je rekao: „... udari li te tko po desnom obrazu, okreni mu i drugi!"† Indijci su kroz povijest prakticirali ovo učenje više od ijednog drugog naroda. Mnogi koji sebe nazivaju kršćanima uopće ne primjenjuju ta učenja, smatraju to lijepim riječima, ali ako ih netko udari, uzvratili bi dvanaest udaraca, šutnuli ga nogom, možda ispalili i metak. Svatko tko tako uzvraća nije pravi kršćanin niti voli Krista jer to nije Isusov duh koji sve oprašta.

Svaki put kada vidite simbol križa trebate se podsjetiti na njegovo istinsko značenje – da morate nositi svoj križ s ispravnim stajalištem kao što je to Isus učinio. Kada su vaše namjere dobre, a ipak vas se pogrešno shvaća ili se prema vama loše odnose, umjesto ljutnje trebali biste slijediti Kristov primjer i reći: „Oče, oprosti im jer ne znaju što čine." Zašto oprostiti nekomu tko vam je učinio nepravdu? Zato što – ako ljutito uzvratite, ne pokazujete božansku prirodu svoje duše – i niste ništa bolji od onoga koji vas vrijeđa. No ako pokažete duhovnu snagu, blagoslovljeni ste i svojim ispravnim držanjem moći ćete promijeniti pogrešno mišljenje druge osobe.

---

* Mt, 26:52.

† Mt, 5:39.

Te vječne postulate istine i pravednosti koje je poučavao Isus mi u Indiji doživljavamo vrlo ozbiljno - shvaćamo ih doslovno, bez racionalizacije i prilagođavanja našim potrebama. Isus je rekao: „I svaki će, koji radi mene ostavi kuću, ili braću, ili sestre, ili oca, ili majku, ili ženu, ili djecu, ili njive, stostruko primiti i baštiniti život vječni."* Taj duh odricanja u korist Boga u Indiji je posvuda prisutan. Pogotovo je u stara vremena ideal svakog čovjeka bio posvetiti jedan dio života isključivo Bogu.

Bog ne voli kada Ga zaboravljamo

Nije nužno da se svatko odrekne baš svega, ali ako zaboravljate Boga dok ispunjavate svoje materijalne obveze, to Mu se neće svidjeti. Posvetite dio vremena samo Njemu prekinuvši svaki rad. Uvijek odvajam vrijeme ujutro i navečer za Boga, a ostatak dana služim Njemu svim srcem. Gospodin kaže u Giti: „Koji god posao obavljaš... posveti ga i prinesi Meni. Tako te nijedno tvoje djelo neće okovati ni za dobru, ni za lošu *karmu*."† Vi ste došli na Zemlju zbog Boga. To je Njegov svijet, ne vaš. Vi ste ovdje kako biste radili za Njega. Život će vas grubo prevariti i razočarati ako radite samo za sebe jer ćete nakraju morati sve ostaviti. Tada ćete tek biti prisiljeni na odricanje!

Kristova poruka jest poruka suosjećanja, praštanja i odricanja (u duhu, ako to netko ne može učiniti u stvarnosti), bratske ljubavi, jedinstva, jednakosti i prije svega ljubavi prema Bogu. Zapamtite Isusovu opomenu: „Zašto me zovete: 'Gospodine, Gospodine!', a ne radite što kažem?"‡ Mnogi agnostici sumnjaju u istinitost Kristova života. Neki su iznijeli teoriju da je Isus bio samo legenda, a njegov život literarna drama. Ja znam da je Krist stvaran jer sam ga vidio mnogo puta.

Isus nije bio svijetlog tena kao većina vas na Zapadu. Imao je tamnu kožu. Njegove oči nisu bile svjetloplave kako ga mnogi umjetnici prikazuju, nego tamne. Njegova kosa također.

---

* Mt, 19:29.
† IX:27-28.
‡ Lk 6:46.

Vizija Krista u Yogoda školi u Indiji

Jednog dana sjedio sam s dječacima u svojoj školi u Ranchiju te iza njihovih leđa ugledao kako nam netko prilazi. Pitao sam se tko je to. Ubrzo sam shvatio da je to Isus, a dok nam je prilazio, nogama nije doticao tlo. Došao je vrlo blizu nas i zatim nestao.

Nekoliko godina poslije, u Bostonu, ponovno sam vidio Isusa. Meditirao sam i duboko se molio Bogu jer sam osjećao da sam Ga tri prethodna dana zaboravio zbog tolikih obaveza i odgovornosti koje mi je dao. Rekao sam Gospodinu: „Napustit ću ovaj posao!" Pravilno je mišljenje voljeti Boga i voljeti Njegov posao samo zbog Njega. Oni koji provode misionarsku službu, a nikada se ne potrude meditirati ili biti s Bogom, nikada Ga neće naći. Budući da sam osjetio da su me poslovi moje službe odveli daleko od Boga, molio sam: „Gospodine, ja ću otići. Neću ostati u Americi i raditi Tvoj posao, ako ne znam da si Ti sa mnom." Tada je došao Glas kroz eter kao zraka svjetla: „Što želiš? Ne možeš otići." Mnogo puta u životu Bog me spriječio da ostvarim želje koje bi me mogle odvesti daleko od dužnosti, da budem samo s Njim. Odgovorio sam Božanskom Glasu: „Dopusti mi da vidim na moru od zlata Krišnu i Isusa te njihove učenike." Čim sam uputio taj unutarnji zahtjev, ugledao sam te božanske osobe kako dolaze prema meni! „Haluciniram", pomislio sam. „Ako i osoba koja meditira sa mnom vidi isto, tada ću povjerovati." Odjednom je moj pratitelj naglas uzviknuo: „Oh, vidim Krista i Krišnu!" Nastavio sam umovati: „To mora da je prijenos misli." Sumnjao sam i molio Boga da pomogne mojoj nevjeri kada mi je Glas rekao: „Kada odem, soba će biti ispunjena mirisom lotosa i tko god dođe, osjetit će ga." Kada je vizija nestala, cijela je soba bila ispunjena prekrasnim mirisom lotosova cvijeta. Drugi koji su ulazili u sobu, čak i satima poslije, osjetili su taj miris. Više nisam mogao sumnjati.

Mahāvatar Babaji odredio je da dođem u Ameriku i prenesem ljudima da je Kristov nauk u biti istovjetan s indijskim učenjem joge Gospodina Krišne. U besmrtnim istinama koje su izrazila ova dva *avatara* leže odgovori za vjekove. To je razlog zašto mi je Babaji, koji je u božanskom zajedništvu s Kristom, dao posebnu zadaću da ove poruke prenesem Zapadu.

Sve dok bude daha u mojem tijelu, pokušavat ću ujediniti Istok i Zapad kako bih ispunio svrhu zbog koje je Krist došao na Zemlju u tijelu istočnjaka. Njegova duša pripada Zapadu, njegovo tijelo Istoku. Ovo jedinstvo duše i tijela ujedinit će Istok i Zapad.

Istina je sveobuhvatno iskustvo

Pomognite širenju poruke Self-Realization Fellowshipa. Ne postoji ništa nejasno ili tajnovito u učenjima ove udruge. Ove istine može spoznati svatko na temelju vlastita iskustva. Istina je jedna i sveobuhvatna. Nakon što sam vidio kako moj guru, Sri Yukteswarji, objašnjava vječnu istinu shvatio sam koji su nedostaci i kakva je praznina u govorima onih koji su mi pokušavali objasniti nešto što ni sami nisu razumjeli. Trgovac nikada ne bi trebao pokušavati prodati nešto u što ni sam ne vjeruje. Treba podučavati samo ono što čovjek sam prakticira i što je iskusio.

Sljedbenici ovog puta trebali bi iskreno proučavati *Lekcije Self-Realization Fellowshipa* i duboko meditirati svake noći prije odlaska na počinak. Isus je obećao poslati Duha Svetoga, Branitelja.* Uz primjenu tehnika meditacije danih u spomenutim *Lekcijama*, vjerni student može spoznati istinitost tog obećanja. Štovanje i vjerovanje u Isusa nije uistinu pravo ako čovjek ne proširi svoju svijest da u sebi samome može primiti Kristovu Svijest. To je uistinu drugi dolazak Krista. Dok sami ne postignete svoj udio u tome, i da tisuće kristolikih dođu na Zemlju, ne bi vas mogli spasiti. Morate sami raditi na svojem spasenju. Tada vam Krist može pomoći.

Prva dva stiha iz pjesme Rudyarda Kiplinga postala su poznata: „Istok je Istok, a Zapad je Zapad i nikada se to dvoje neće sresti..." Međutim, to što ja jedem curry, a vi pitu od jabuka nije razlog za podjelu među nama. Podjela je izmišljena linija koju su zacrtali mali umovi. To je posljedica kompleksa nadmoćnosti koji uzrokuje ratove i svako drugo stradanje. Moramo uništiti podjele. Pogledajte primjer velikog Krista koji je došao s Istoka i predstavio uzvišene ideale i Istoku i Zapadu, govoreći: „Ja stojim među vama. Učite jedni od drugih, uskladite vaš duhovni i materijalni razvoj." Eno ga

---

* Iv, 14:16,26; 15:26. (Vidjeti fusnotu na str. 131)

ondje – Krist Istoka i Zapada – koji povezuje dvije polutke svojom porukom jedinstva. Zar ga ne vidite?

Krist i Krišna: *Avatari jedne Istine*

Međunarodna središnjica Self-Realization Fellowshipa,
Los Angeles, Kalifornija, 15. siječnja 1933. i 14. travnja 1935.
(kompilacija)

Duhovno ostvareni učitelj onaj je čija je svijest toliko pročišćena da može savršeno primati i odražavati Božje svjetlo. Sunce obasjava jednako komad ugljena i dijamant, ali samo dijamant sjaji njegovom svjetlosti. Slično tomu, Božje svjetlo obasjava jednako sve razine života, ali postoji razlika među njima u smislu sposobnosti odražavanja tog svjetla. Božansko svjetlo potpuno se odražava u ostvarenom čovjeku koji je postigao samospoznaju.

Svako ljudsko biće u osnovi je duša koju prekriva *maya* – veo iluzije. Evolucijskim razvojem i vlastitim trudom čovjek buši rupicu na tom velu, a ona se s vremenom širi. Kako procijep u velu raste, čovjekova se svijest širi, a duša sve više dolazi do izražaja. Kada se, pak, veo potpuno strgne, duša u čovjeku izlazi na vidjelo. Takav čovjek postaje duhovno ostvaren – gospodar svojega Jastva koji je prevladao *mayu*.

Duhovne velikane Bog nije stvorio posebnim ukazom. Oni su to postali vlastitim duhovnim naporom. Morali su raditi i boriti se za svoje oslobođenje baš kao što i ostatak čovječanstva stremi ugledati svjetlo istinske slobode.

Božanska utjelovljenja poput Isusa Krista i Jadava[*] Krišne su negdje, nekada, razvila tu duhovnu snagu koja ih je predodredila da se rode kao *avatari*[†]. Takva bića nisu podložna karmičkoj prisili ponovnog rođenja. Ona se vraćaju na Zemlju samo kako bi pomogla oslobođenju čovječanstva.

---

[*] Jedno od imena Krišne. (Vidi u rječniku)

[†] Sanskrtska riječ koja znači „silazak"; njezini su korijeni: *ava*, „dolje" i *tri*, „silaziti". U hinduističkim spisima *avatara* označuje silazak Božanstva u ljudsko tijelo.

Iako potpuno oslobođena, ta božanska bića po Božjoj zapovijedi ipak pristaju igrati svoje ljudske uloge u prividnoj stvarnosti drame zemaljskog života. Ona imaju svoje slabosti, sukobe i iskušenja da bi pravednom borbom i ispravnim ponašanjem postigla pobjedu. Tako daju primjer svim ljudima da je moguća i vjerojatna duhovna pobjeda nad snagama koje ih odvlače od spoznaje njihova istinskog jedinstva s Bogom.

Da je Krista i Krišnu Bog unaprijed stvorio savršenima i da je izostao njihov napor vlastita razvoja, da su se samo pretvarali kako se bore i prevladavaju svoja iskušenja na Zemlji, ne bi mogli služiti kao primjer čovječanstvu koje pati. Činjenica da su i ti velikani jednom bili obični smrtnici, ali su to prevladali, čini ih stupovima snage i nadahnuća posrnulom čovječanstvu. Spoznaja da su božanski *avatari* kako bi se usavršili morali proći jednaku vrstu iskušenja i iskustava koja i mi prolazimo daje nam nadu da ustrajemo u svojoj borbi.

Duhovni učitelj koji je spoznao Boga poznaje se po svojim duhovnim djelima. Čuda nisu najvažnija od njih. Neka od čuda koja je izveo Krist znanstvenici mogu danas izvesti drukčije. U duhovnom značenju Krist nam je ostavio poruku: „Tko vjeruje u me, i on će činiti djela koja ja činim. Činit će i veća djela od ovih."* Čudima duhovno ostvarenih ljudi o kojima ste vi samo slušali ja sam često svjedočio, ali to nije pokazatelj njihove veličine. Moć izvođenja čuda dolazi prirodno onima koji poznaju Boga jer su usklađeni s Njegovim kozmičkim zakonima. Međutim, oni koji se vežu za čuda, izgubit će samog Boga. Samo Bog mora biti cilj naših srca. Najvažnije duhovno postignuće duhovnog učitelja je svladavanje privida *maye* – ostvarenje spoznaje da je Bog vrhovni cilj života, mnogo važniji od života samog.

Isus je izveo svoje najveće čudo kada je pristao patiti na križu, rekavši: „Oče, oprosti im, jer ne znaju što čine."† Mogao je uzvratiti duhovnom snagom i spasiti se. Njegova pobjeda primjer je za sva vremena. Ako je on mogao prevladati svoju smrtnu svijest kako bi izrazio božanskost, isto to mogu učiniti i drugi ljudi.

---

* Iv, 14:12.
† Lk, 23:34.

Prisutnost Boga u životima božanskih bića mjeri se u vidu kvantitativnog i kvalitativnog dobra koje čine. No svi ti velikani koji potpuno odražavaju Boga podjednako su u jedinstvu s Njim. Stoga je nemoguće uspoređivati velike duhovne učitelje (ili *avatare*), besmisleno je to i pokušavati zato što su svi oni jednaki jer su jedno s Bogom, pa prema tome svi su jednaki pred Njim.

No za mene su Krišna i Krist najveći. Veličinom svoje žrtve iz ljubavi Krist je utjecao na cijeli svijet. Krišna je očitovao drukčiji vid beskonačnog Oca. Za razliku od Krista koji se svega odrekao, Krišna je bio kralj. Klanjam se onomu tko može biti kralj i istodobno zadržati božanske kvalitete. Biti u svijetu, ali ne od svijeta vrlo je teško jer živite usred iskušenja i želja kojima ne smijete dopustiti da vas svladaju.

Krišna je došao na Zemlju mnogo prije Krista, oko tri tisuće godina prije, tvrde neki znanstvenici. Krist i Krišna nisu samo uvelike slični u duhovnom smislu, postoje podudarnosti i u njihovim osobnim pričama koje su stigle do nas. Isus i Krišna rođeni su od predanih roditelja koji su voljeli Boga. Krišnine roditelje proganjao je njegov zao ujak, kralj Kansa; prijetnje kralja Heroda mučile su Isusove roditelje. Isus se uspoređuje s dobrim pastirom; Krišna je tijekom svojih ranih godina bio pastir, skrivajući se od Kanse. Isus je pobijedio Sotonu; Krišna je pobijedio demona Kaliyu.* Isus je zaustavio oluju na moru kako bi spasio brod kojim su se prevozili njegovi učenici; Krišna je podignuo planinu Gowardhan iznad poklonika i njihove stoke, poput kišobrana, kako bi ih spasio od utapanja u poplavi.

Isusa su nazivali „kraljem židovskim", iako njegovo kraljevstvo nije bilo od ovoga svijeta. Krišna je bio zemaljski kralj jednako kao i božanski. Isus je imao za učenike i žene, Mariju, Martu i Mariju Magdalenu koje su mu pomagale i odigrale važnu ulogu u njegovoj misiji. Krišnine učenice, Radha i *gopike* (mljekarice), jednako tako odigrale su božanske uloge. Isus je bio razapet na križu. Krišna je bio smrtno ranjen lovačkom strijelom. Sudbina obojice bila je prorokovana u svetim spisima. Ta dva *avatara*, obojica istočnjaci, bili su općenito prihvaćeni, jedan na Zapadu, drugi na Istoku, kao vrhovne inkarnacije Boga.

---

* Sotona i Kaliya predstavljaju zlo, ili neznanje o Bogu.

Isus Krist i Bhagavan Krišna dali su svijetu dvije od najvažnijih knjiga svih vremena. Riječi Gospodina Krišne u Bhagavad Giti i Gospodina Isusa Krista u Novom zavjetu simboliziraju uzvišenu istinu, temelj duhovnih spisa. Ta dva nadahnuta djela u osnovi prenose isto učenje. Istinska bit kršćanstva, kako ga je propovijedao Isus, do danas se izgubila. Krist je propovijedao predanost i jogu, baš kao i Krišna. Moj *param-paramguru*, Mahāvatar Babaji, prvi je nastojao govoriti o jedinstvu Kristova učenja i Krišnine filozofije joge.* Babaji mi je dodijelio poseban zadatak u ispunjavanju misije duhovnog ujedinjavanja Istoka i Zapada.

Sveprožimajuća svijest

Drago mi je što kršćanstvo nije nazvano „isustvo" jer je kršćanstvo mnogo širi pojam. Postoji razlika u značenju između Isusa i Krista.† Isus je čovjek s malim ljudskim tijelom u kojem je rođena velika Kristova Svijest. Iako se Kristova Svijest očitovala u Isusovu tijelu, ona nipošto nije ograničena na samo jedan ljudski oblik. Bilo bi metafizički pogrešno reći da je sveprisutna Kristova Svijest ograničena tijelom bilo kojeg ljudskog bića.

Jadava Krišna je indijski Krist. Ova dva velika *avatara*, Jadava i Isus, u potpunosti su izrazila Kristovu Svijest, (na sanskrtu *Kutastha Chaitanya*) ili usmjeravajuću božansku Inteligenciju koja se nalazi u svakom atomu stvaranja. „A svima koji ga primiše (sveprožimajuću Kristovu Svijest), dade vlast da postanu djeca Božja."‡

Isus je rekao: „Zar se ne prodaju dva vrapca za jedan novčić? Pa ipak, nijedan od njih ne pada na zemlju bez dopuštenja Oca vašega."§ Božja svijest je sveprisutna. Bog istodobno zna sve što se događa na svijetu. Vi ste svjesni svega što se događa u bilo kojem dijelu vašeg tijela, a jednako tako Bog osjeća sve što se događa u Njegovu tijelu – svemiru. Kada osjetite Njegovu sveprisutnu svijest u vrhovima prstiju,

---

* Mahāvatar Babaji dao je u zadatak mojem guruu, Swamiju Sri Yukteswaru, da napiše knjigu u kojoj će pokazati da ne postoji stvarna razlika između duhovnih spisa Istoka i Zapada. Naslov te knjige je *The Holy Science* (*Sveta znanost*).

† Vidjeti prethodno poglavlje: *Isus: Krist Istoka i Zapada*, na strani 273.

‡ Iv, 1:12.

§ Mt, 10:29.

u srcu i glavi, gdje god postoji vibracija stvaranja, kada osjetite sebe u svakom djeliću prostora, kada se naklonost i ljubav prošire posvuda i u svemu osjetite jedinstvo svega, tada ste u Kristovoj Svijesti. Isus i Jadava bili su jedno sa sveprisutnom Kristovom Svijesti.

Ako nalijete slanu vodu u bocu, začepite je i pustite u ocean, voda u boci ne može se pomiješati s vodom oceana. Odstranite li čep, voda iz boce postat će jedno s oceanom jer se sastoji od iste tvari. Stoga, kada uklonimo čep neznanja iz boce naše svijesti, kao što su to učinili Jadava Krišna i Isus Krist, postajemo jedno s velikom sveprožimajućom Sviješću.

Krist i Krišna nas uče da je svrha religije širenje ljudske svijesti i njezino sjedinjenje sa sveprisutnom Kristovom Sviješću. Na koji način? Društveni način podrazumijeva njegovanje božanske ljubavi prema svemu što postoji. Voljeti jednako sve znači poznavati Kristovu Svijest. Transcendentalni je način biti u izravnom zajedništvu s Kristovom Sviješću putem jogijske meditacije. Tijelo vas neprestano podsjeća da ste tijelo. Ipak, svake noći u snu Bog odbacuje vašu svijest o tijelu kako bi vam pokazao da niste tijelo. Vi niste val, nego Ocean iza tog vala. Niste ta smrtna svijest, nego besmrtna Svijest iza te smrtne svijesti.

Isus je izjavio: „Ja i Otac jedno smo."* Onaj tko poznaje Boga postaje jedno s Njim. Svijest takva poklonika nije samo u tijelu, on osjeća jedinstvo s Duhom koji je u podlozi tijela i misli. Kada val pleše na moru, misli da postoji kao odvojeni dio. Ali, kada jednom shvati: „Ja ne mogu postojati bez oceana", val uviđa da je zapravo ocean, da ga je sam ocean stvorio. Jednako tako, Bog se može izraziti kao duša u obliku čovjeka, ali On nije ograničen tim tjelesnim oblikom. Bhagavad Gita kaže: „Vrhovni Duh, koji je transcendentan boravi u tijelu, odvojeni je Promatrač, Onaj koji daje pristanak, Održavatelj, Onaj koji doživljava iskustvo, Veliki Gospodin, a također i Najviše Jastvo."† Isus je shvatio da je „Otac postao jastvo". Također, ta istina dana je i u hinduističkim svetim spisima u obliku izjave: *Tat twam asi*, „Ti si To".

---

* Iv, 10:30.

† XIII:22.

Krist i Krišna: Avatari jedne Istine

Usklađenost pojmova: Bog i Trojstvo

Hinduizam kao i kršćanstvo iskazuje vjeru u jednoga Boga. Na temelju priča nekoliko zapadnjaka koji su posjetili Indiju i stekli pogrešne predrasude s kojima su se zatim vratili, ljudi su razvili pogrešnu predodžbu o hinduističkoj vjerskoj praksi. Jednako tako, i ja bih nakon povratka u Indiju mogao pričati kako sam ustanovio da je Amerika zemlja ubojica, ucjenjivača i pijanica, ali ipak znam da Ameriku ne čine samo takvi ljudi. U Indiji postoje nedostaci, kao i u Americi ili bilo gdje drugdje. Neki indijski učitelji upućuju svoje sljedbenike da se koncentriraju na sliku koja predstavlja određeni vid Beskonačnog Duha. Konkretna slika pomaže pokloniku da poveća svoju koncentraciju i predanost u molitvi nevidljivom Duhu. Neobaviješteni zapadnjaci zaključili su stoga da svi Indijci obožavaju idole. No mi štujemo samo Brahmana, Duh. Koncept jednog Boga jednak je i u hinduizmu i u kršćanstvu.

Objašnjenje Trojstva također je potpuno istoznačno u hinduističkim i kršćanskim spisima. Trojstvo ne znači odbacivanje jednoga Boga. Ono upućuje na metafizičku istinu kako je Bog pri stvaranju svemira – iz Jednoga postao Trojstvo.

U početku – kada nije bilo ničeg stvorenog – postojao je Duh. Taj Duh želio je stvarati i svojom mišlju proizveo je veliku kuglu svjetla, ili kozmičke energije, koja je postala svemirom. Ta kozmička energija je Duh Sveti. „Duh" znači nešto nevidljivo i inteligentno. „Duh Sveti" odnosi se na duhovnu vibraciju ili energiju stvaranja u kojoj je Božja inteligencija utkana kao Kristova Svijest, „Jedinorođenac"[*], čisti odraz Boga u stvaranju. Ta Kristova Inteligencija održava svemir stabilnim. Bog Otac Inteligencija je iza sveg stvorenog; Sin ili Kristova Svijest Njegova je Inteligencija unutar stvaranja; „Duh Sveti" je inteligentna vibracija stvaranja samog. Davno prije Krista pojam Trojstvo opisan je i u hinduističkim spisima kao *Aum, Tat, Sat* – Kozmička Vibracija, Kristova Inteligencija i Bog Otac.

Biblija nam govori o obećanju Isusa Krista da će nam, kada ode s ovoga svijeta, poslati Branitelja[†], „Duha Svetoga". Svaka vibracija

---

[*] Iv, 1:18.

[†] Iv, 14:26.

proizvodi zvuk. „Duh Sveti" je kozmička inteligentna Vibracija, čiji se zvuk *Aum* ili Amen čuje u dubokoj jogijskoj meditaciji. Sveti Ivan govorio je o tome: „U dan Gospodnji padoh u zanos i čuh kako se iza mene ori jak glas poput trube"*. Taj zvuk je „Duh Sveti". Njegovoj se vibraciji utječemo.

Živimo u novom dobu u kojem se Božji glas kozmičke vibracije, *Aum* ili Amen, može čuti kako dolazi s dvije zemaljske polutke u spisima Krišne i Krista. U Indiji je Krišna govorio o zvuku *Auma*†, a još jedan Krist s Istoka govorio je o toj istoj vibraciji pod imenom Amen ili Duh Sveti, kao o načinu razgovora s Bogom.

Kada u meditaciji u sebi uskladite svijest, čut ćete zvuk *Aum* ili Amen i stupiti u kontakt s njim, s vibracijom kojom susrećete velikog Branitelja. U zajedništvu sa svetim Braniteljem spoznat ćete imanentnu Kristovu Svijest. U dubljem zajedništvu s Kristovom Sviješću čovjek postaje svjestan zajedništva s Bogom. Jednom kada spoznate „Duha Svetog", spoznat ćete Kristovu Svijest, a kada spoznate Kristovu Svijest, znat ćete da ste vi i vaš Otac – Kozmička Svijest jedno. Božanska Kristova Svijest, skrivena u svakom atomu stvaranja, istovjetna je Kozmičkoj Svijesti Oca koji se nalazi iza svega stvorenog. Najprije morate naučiti stupiti u kontakt s Trojstvom. Tim zajedništvom postat ćete jedno s Duhom. Tada više nema Trojstva: Otac, Sin i Duh Sveti stapaju se u jedan Duh.

Zamke tjelesne svijesti

Razmislite o ograničenjima fizičkog tijela. Izvana vidite bolest, patnju, bol i razočaranja, međutim, s one druge, unutarnje strane tijela u suptilnim središtima duhovne svijesti nalazi se Branitelj. Kada vaš um slijedi tok uobičajene svijesti usmjerene prema izvanjskome, to će vas dovesti do Hada (Pakla); međutim, kada je meditacijom

---

* Otk, 1:10.

† Autor ovdje upućuje na stih iz Bhagavad Gite u kojem Gospodin u obliku Krišne govori: „Ja sam *Aum* (*Pranava*) u svim Vedama; zvuk u eteru..." (VII:8). Paramahasaji u svojoj *Autobiografiji* objašnjava da je mudrost Veda, najstarijih indijskih spisa, bila božanski objavljivana *rišijima* (drevnim vidovnjacima), generacijama i da se to otkrivenje „čulo izravno" putem zvuka (*shruti*). U najdubljoj meditaciji *rišiji* su uskladili svoju svijest s kozmičkom vibracijom *Aum* i iznutra čuli bezvremene istine o Duhu i cjelokupnom stvaranju. (*napomena izdavača*)

na *Aum* vaš um usmjeren tokom unutarnje svijesti, naći ćete se pred vratima Raja koji se nalazi iza ovog tijela. Zbog toga je Isus rekao: „Ne brinite se tjeskobno za svoj život, što ćete jesti ili piti; ni za svoje tijelo: u što ćete se obući! Zar nije život vredniji od hrane, a tijelo od odijela?"* Čim se usmjerite na ograničeno fizičko tijelo, upadate u zamku jada. Danas je popularno težiti materijalnom napretku, ali što ako se razbolite i ne budete mogli uživati u izobilju. Stoga je Isus upozorio da najprije trebamo tražiti Božje kraljevstvo. Vaša svijest mora biti s Bogom. To je čovjekova najveća dužnost. „To sve traže pogani ovoga svijeta – jer vaš Otac zna da vam je to potrebno! Već tražite njegovo Kraljevstvo, a to će vam se nadodati."† Zdravi ili nezdravi, snažni ili bez snage, tražite najprije Boga. Kada tražite s istinskom odlučnošću, „sve drugo će vam se nadodati", ne prije.

Krist je otišao čak i dalje: „Nema nikoga tko ostavi radi mene i radi Radosne vijesti kuću, ili braću, ili sestre, ili majku, ili oca, ili djecu, ili njive, koji ne bi primio stoput toliko – iako s progonima – kuća, braće i sestara, majki, djece i njiva, već sada u ovom svijetu, a u budućem svijetu život vječni."‡ Ovim riječima Krist nas uči o odricanju od materijalnoga kao najuzvišenijem putu do Boga. Zar nije glupo ne odreći se nekoliko materijalnih stvari kako biste ostvarili kraljevstvo nebesko? Ali malo ih je danas, čak i pobožnih kršćana, koji slijede ove Kristove riječi; rijetki su u stanju slijediti taj put. A ipak, odricanje nije kažnjavanje sebe; to je ulaganje nekoliko prolaznih drangulija koje će nam kao nagradu donijeti vječno blago – Boga. Ljudi koji žive svjetovnim životom napustili su Boga zbog kratkotrajnih dobitaka, ali ja sam to ostavio zbog Boga.

Gita također savjetuje odricanje. Krišna kaže: „Odustani od svih drugih *dharmi* (dužnosti), imaj na umu samo Mene; Ja ću te odriješiti svih grijeha (počinjenih zbog neizvršavanja tih manjih dužnosti)".§ Bog će vam oprostiti sramotu, nevolje i bijede kao posljedicu napuštanja svjetovnih dužnosti. No Gita kaže dalje: „Mudraci

---

* Mt, 6:25.
† Lk, 12:30-31.
‡ Mk, 10:29-30.
§ XVIII:66.

smatraju mudrim onoga koji nema sebičnih planova ni težnji za rezultatima djela, čije je djelovanje pročišćeno (spaljivanjem karmičkih izraslina) vatrom mudrosti. Odričući se vezanosti za plodove djela, uvijek zadovoljni, neovisni (od materijalnih nagrada), mudri ne obavljaju nijedno (vezujuće) djelo čak ni usred aktivnosti."* Ovdje Krišna izjavljuje da nije potrebno napustiti svijet da bi se našlo Boga, ako sve radite bez sebičnih motiva i kako biste udovoljili isključivo Njemu. Zaboraviti Boga zbog svjetovnih dužnosti znači pokazati golemu nezahvalnost jer ne možemo obavljati dužnosti prema obitelji i drugima bez snage posuđene od Boga.

U Indiji stotine ljudi odlaze u šumu da bi razmišljali samo o Bogu. To je put na koji je pozivao Krist kada je govorio učenicima: „Pođite za mnom."† Oni su napustili svoje poslove, domove i odrekli se svega zbog Boga, pa čak i vlastita života.

Važnost života Krišne za suvremenog čovjeka

Gospodin Krišna u Giti kaže da je ono što čovjek treba postići kako bi našao kraljevstvo nebesko *odricanje od plodova* djela. Bog je poslao čovjeka u ovaj život i uvjetovao ga glađu i željama kako bi ga prisilio na rad. Bez rada ljudska bi civilizacija bila džungla prepuna bolesti, gladi i nereda. Kada bi svi ljudi na svijetu napustili svoj materijalni dom i otišli živjeti u šumu, šume bi se pretvorile u gradove jer bi u suprotnom stanovnici umrli zbog nedostatka higijenskih uvjeta. S druge strane, materijalna civilizacija puna je nedostataka i bijede. Koji se lijek može preporučiti?

Krišna je svojim životom svjedočio da ne treba bježati od odgovornosti materijalnog života. Rješenje problema je dovođenje Boga ovamo gdje nas je On smjestio. Bez obzira na to kakva je naša okolina, Raj će doći u um onih koji su u zajedništvu s Bogom.

„Nebo bez Tebe, Bože, ne želim! Volim raditi i u tvornici, samo ako čujem Tvoj glas u buci kotača strojeva. Materijalni život bez Tebe, moj Gospodine, izvor je fizičke bijede, bolesti, kriminala, neznanja i nesreće."

---

* IV:18-20.
† Mt, 4:19.

Da bi se izbjegle zamke dviju krajnosti, odricanja od svijeta ili utapanja u materijalnom životu, čovjek treba uvježbati svoj um redovitom meditacijom kako bi mogao obavljati potrebne aktivnosti u svakodnevnom životu, a ipak iznutra održavati svijest o Bogu. Svi muškarci i žene trebali bi upamtiti da se u svjetovnom životu mogu osloboditi beskrajnih fizičkih i psihičkih problema ako svojoj svakodnevnoj „rutini" dodaju praksu duboke meditacije. Krišnin život primjer je života uravnotežena meditacijom i aktivnošću bez vezanosti za plodove djelovanja.

Krišnina poruka u Bhagavad Giti predstavlja učenje koje najbolje odgovara našem modernom, užurbanom životu punom briga. Raditi bez Božjeg mira je pakao, raditi s Božjom srećom koja uvijek vri u duši znači nositi unutar sebe prijenosni raj kamo god išli. Biti neprestano zabrinut, čak i u ugodnom okružju, znači živjeti u paklu; živjeti u unutarnjem, bezgraničnom miru duše, makar bili smješteni u trošnu kolibu stvarni je raj. Bez obzira na to jesmo li u palači ili ispod stabla, moramo sa sobom uvijek nositi to unutarnje blaženstvo.

Jogi uživa u svemu sa sviješću o Bogu. No istodobno može reći: „Kad ne bih vidio hranu, uopće mi ne bi nedostajala." Uvjeti u svijetu ne trebaju vas uznemiravati. Ne budite vezani ni za što. Isus je postio četrdeset dana i stalno držao svoj um usmjerenim na Boga.

Ako ste u svijetu, a niste za njega vezani, i vi ste pravi jogi. Biti u trgovini slatkišima, a ne posegnuti za njima istinsko je odricanje. Međutim, mlijeko neće plutati na vodi ako od njega ne napravite maslac. Jedini način pronalaženja sreće i napretka jest tražiti Boga i živjeti prema Njegovim zakonima. Isus je rekao: „Ako te na grijeh navodi ruka tvoja, odsijeci je!"* Potrebna je takva vrsta odlučnosti. Morate u svojem srcu i duši shvatiti ovu istinu: „Gospodine, samo si Ti moj. Ja sam ovdje samo da bih udovoljio Tebi."

Odricanje nije samo vanjsko, nego i unutarnje – misaono. Isus nije smatrao da čovjek ne bi trebao jesti ili odijevati se; i on je jeo hranu i nosio odjeću. Smatrao je da se čovjek ne smije misaono vezati za odjeću i hranu. On je poučavao da odricanje mora biti postignuto misaono jednako kao i tjelesno. „Ne brinite se ... za svoje

---

* Mk, 9:43.

tijelo"* znači „Ne brinite se previše o hrani, odjeći i zahtjevima tijela." Važnije je biti čist iznutra nego izvana. Ako možete biti čisti iznutra i izvana, to je još bolje.

Opća moralna pravila u svetim spisima

Važna religijska moralna pravila nalaze se i u Bibliji i u hinduističkim svetim spisima. Poruka Gite uključuje i propise kršćanskih Deset zapovijedi kao i razlog zašto je pogrešno kršiti ih. Gita mudro upozorava: „Onaj tko zanemaruje zapovijedi svetih spisa i tko slijedi svoje glupe želje, taj ne nalazi sreću ili savršenstvo ili Beskonačni Cilj."† Možete biti moralni, a da pri tome niste religiozni, ali pridržavanje moralnih načela potrebno je na početku religijske prakse jer je prava religija dublja od moralnosti – ona je kontakt s Bogom. Ne biste trebali usmjeravati svoju pozornost na osobne pogreške ni o sebi misliti kao o grešniku.

Afirmativno razmišljajte da ste vi Božje dijete i imajte na umu Isusove riječi: „Ja i moj Otac smo jedno."

Reinkarnacija u Giti i Bibliji

Reinkarnacija, koju je Krišna tako lijepo objasnio u Bhagavad Giti, jedno je od najkorisnijih i najinspirativnijih duhovnih načela bez kojeg ne bismo mogli shvatiti Božju pravednost. Zbog čega se rađa obogaljeno dijete? Zašto Bog u istu obitelj dovodi dva snažna i zdrava novorođenčeta, a treće je šepavo? Ako smo svi stvoreni po Božjoj slici, gdje je onda tu pravda? To se može objasniti samo reinkarnacijom. Osakaćeno dijete duša je koja je u nekom od svojih prošlih života prekršila Božje zakone, a posljedica je to što je izgubila sposobnost korištenja nogu. Budući da um oblikuje tijelo, a ta je duša izgubila svijest o zdravim nogama, nije sposobna pri ponovnom rođenju stvoriti savršen par nogu. I tako smo primorani uvijek nanovo dolaziti, sve dok ne vratimo svoje izgubljeno savršenstvo. Onaj tko postigne savršenstvo ne treba se više vraćati na Zemlju.

Oni koji prevladaju želje bit će jedno s Bogom. Isus je o tome

---

* Mt, 6:25.

† XVI:23.

govorio: „Pobjednika ću učiniti stupom u hramu mojega Boga odakle sigurno više neće izići."* U Giti nalazimo slično obećanje: „O, Arđuna! To je stanje 'utvrđenosti u Brahmanu'. Svatko tko dosegne to stanje nikada (više) ne podliježe obmani. Čak ako se to dogodi i u samom trenutku prijelaza (iz fizičkog u astralni svijet), čovjek postiže krajnje i neopozivo stanje zajedništva s Duhom."† Kada prevladate fizičke želje, više ne napuštate Boga. Želja vas veže za boravak na Zemlji. Mi smo biblijski izgubljeni sinovi koji se ne mogu vratiti Ocu ako se ne odreknu svojih želja. Ako biste iznenada bili prisiljeni napustiti ovaj svijet dok u vama još gore želje, morali biste se ponovno vraćati sve dok ih ne ostvarite. Prije toga, za povratak Bogu nužno je vratiti vlastito savršenstvo. Tijekom oluje na oceanu se uzdižu valovi, ali čim se ocean ponovno smiri, valovi se vraćaju u more. Tako je i s nama. Čim se stiša oluja materijalnih želja, ponovno se vraćamo u Božji ocean.

Rano kršćanstvo prihvaćalo je reinkarnaciju. Isus je otkrio svoje znanje o toj istini rekavši: „Ali vam kažem da je Ilija već došao, samo ga oni ne poznadoše... Tada razumješe učenici da im govori o Ivanu Krstitelju."‡ Kada je rekao: „Ilija je već došao", mislio je da se Ilijina duša reinkarnirala u tijelu Ivana Krstitelja.

Krist je rođen kao istočnjak kako bi ujedinio Istok i Zapad

Bog je učinio da se Isus rodi kao istočnjak kako bi zbližio Istok i Zapad. Krist je došao probuditi božansku svijest bratstva između Istoka i Zapada. Istina je da je Krist proveo u Indiji veći dio od osamnaest godina svojeg života o kojima u Bibliji nema spomena, i ondje dobio duhovnu poduku od velikih indijskih učitelja. To ne dovodi u pitanje njegovu božanskost i jedinstvenost, nego samo pokazuje jedinstvo i bratstvo svih velikih svetaca i *avatara*.

Veliki duhovni učitelji dolaze na Zemlju kako bi pokazali da je Kristova Svijest koju su postigli ono čemu trebaju težiti svi ljudi. Morate proširiti svijest i odbaciti svoje patnje. Uzimanje hrane ne

---

* Otk., 3:12.
† II:72.
‡ Mt, 17:12-13.

može otkloniti fizičku bol. Posjedovanje dobara ne uklanja psihičku patnju. Čitanje duhovnih knjiga ne pruža zadovoljstvo duši. Duhovni učitelji Indije kažu da svrha religije nije stvaranje određenih učenja koja treba slijepo slijediti, nego da se čovječanstvu objasni kako pronaći trajnu sreću. Poslovni čovjek pokušava ublažiti patnju drugih zadovoljavanjem njihovih potreba. Jednako tako svaki čovjek Božji je izaslanik da učini neko dobro na Zemlji kao što su duhovni velikani poput Krišne, Krista, Buddhe došli na Zemlju darovati čovječanstvu najviše dobro: znanje o putu prema vječnom Blaženstvu i kako bi nas primjerima njihovih uzvišenih života nadahnuli da ih slijedimo.

Jednoga dana morat ćete napustiti tijelo. Bez obzira na to koliko ste moćni, tijelo će jednom, na kraju, morati biti pokopano. Nemate vremena za gubljenje. Put joge koji su podučavali moj voljeni Krist i moj voljeni Krišna zaista uništava neznanje i patnju, omogućujući čovjeku da postigne samoostvarenje i sjedinjenje s Bogom. U ime Izvora i kršćana i hinduista srušimo zidove patnje i neznanja istinski poštujući Boga. Prečesto su u Njegovo ime demoni pohlepe i predrasuda plesali u hramovima Božjim. Vratimo na Njegove oltare ponovno Gospodina mira i radosti. Nemojmo se ponašati kao Amerikanci ili Indijci s proturječnim običajima i uvjerenjima, nego kao djeca jednoga Oca. „Kršćanin" i „hinduist" samo su nazivi. Hajde da živimo kao velika božanska obitelj u Ujedinjenom Svijetu Jedinstva, izvana i iznutra svjesni sklada i blaženstva Duha!

★★★

Vizija Krista i Krišne

Iskustvo opisano u „Šapatima vječnosti" Paramahanse Yogānande

Vidjeh veliku plavu dolinu omeđenu planinama što svjetlucahu poput dragulja. Oko opalnih vrhova blistaše zalutala sumaglica. Rijeka tišine tekla je svijetleći poput dijamanta. Tamo ih ugledah kako dolaze iz dubine planina, Isusa i Krišnu hodajući ruku pod ruku: Krista koji je molio uz rijeku Jordan i Krišnu koji je svirao flautu uz rijeku Jamunu.

Krstili su me u sjajnim vodama; moja se duša slila u nepojmljive dubine. Sve je počelo isijavati astralne plamenove. Moje tijelo i oblici Krista i Krišne, brda duginih boja, usijani potok i udaljeno nebo postali su rasplesano svjetlo, a nebesa se osuše božanskim sjajem. Na kraju ne ostade ništa osim blage svjetlosti u kojoj je vibriralo sve stvoreno.

O, Duše! U svom srcu klanjam se opet i opet Tebi: Vječnom Svjetlu u Kojem se miješaju svi oblici.

Deset zapovijedi: Vječna pravila sreće

*Prvi Hram Self-Realization Fellwoshipa,
Encinitas, Kalifornija, 6. ožujka 1938.*

Iznenadne prirodne kataklizme koje uzrokuju pustoš i masovna stradanja nisu „djelo Božje". Takve katastrofe nastaju kao posljedica ljudskih misli i djela. Kad god se u svijetu poremeti odnos dobra i zla zbog nakupljenih štetnih vibracija loših ljudskih misli i djelovanja, dogodit će se razaranja kakvima smo nedavno svjedočili.*

U svijetu će se i dalje događati ratovi i prirodne katastrofe sve dok svi ljudi ne isprave svoje pogrešne misli i ponašanje. Ratovi ne nastaju zbog sudbonosnog Božjeg djelovanja, nego zbog posvuda prisutne materijalne sebičnosti. Odbacite sebičnost – osobnu, industrijsku, političku, nacionalnu – i više neće biti ratova.

Prevaga materijalizma u ljudskoj svijesti dovodi do isijavanja suptilnih negativnih zračenja čije gomilanje narušava sklad prirodnih sila i zato nastaju potresi, poplave i druge elementarne nepogode. Bog nije za njih odgovoran! Najprije treba staviti pod nadzor ljudske misli, pa će i priroda biti uravnotežena.†

Rama, indijski *avatar*, vladao je carstvom Ayodhya čiji su stanovnici živjeli pravedno. Rečeno je da tijekom zlatnoga doba Ramine vladavine nije bilo nijedne nesreće, prerane smrti ili prirodne nepogode koja bi narušila savršeni sklad Ayodhye. Bit će više sklada i zdravlja u svakom domu budu li svi članovi obitelji živjeli ispravno. Kada članovi obitelji sebično oduzimaju jedni od drugih, u kući,

---

* Odnosi se na lokalne poplave nakon neuobičajeno obilnih kiša.

† „Čovjekovo busanje u prsa u vidu tzv. pobjede nad prirodom izraz je kompleksa prividne i uobražene snage. Zapravo smo *mi podložni* prirodi. Znanstvenici odgonetavaju pravila koja moramo poštovati. Svako pravilo koje otkrijemo u sebi sadržava snagu koja mu osigurava našu poslušnost." – Iz knjige, *Biologists in Search of Material*, G. Scott Williamsona i Innes H. Pearsea (Faber & Faber, London, 1950.).

naravno, dolazi do nesklada. To se događa i među narodima. Božje kraljevstvo doći će na Zemlju samo ako čovječanstvo bude živjelo ispravno. No vremena je malo. Danas ste ovdje, a sutra ćete otići. Kao ljudska bića, vaša je najvažnija zadaća tražiti Boga. Trebali biste iskoristiti slobodu koju vam je On dao u ovom životu kako biste u praksi dokazali valjanost vječnih duhovnih istina.

Grijeh je ono što uzrokuje patnju. Vrlina je ono što vas čini trajno sretnim. Ako duhovni sklad ne vlada u vašem umu, čak vas ni nova kuća, ni novi automobil ne mogu učiniti sretnima. Uvijek ćete nositi isti pakao sa sobom.

Uistinu sretan čovjek može podnijeti sve izazove vanjskih okolnosti. Podnosite li muke razapinjanja koje vam priređuju ljudi nepravdom, a ipak uzvraćate ljubavlju i praštanjem, zadržite li nepomućeni božanski unutarnji mir unatoč svim bolnim udarcima koje dobivate izvana, upoznat ćete istinsku sreću.

„Onaj tko zanemaruje naredbe svetih spisa i tko slijedi osobne, bezumne želje, ne nalazi sreću ni savršenstvo ni Beskonačni Cilj. Zato, shvatite svete spise kao vodiča koji vam sugerira što trebate činiti, a što izbjegavati. Intuitivno razumijevajući naredbe objavljene u svetim spisima sa zadovoljstvom obavljajte vaše dužnosti upravo sada."* Oni koji su u svojoj nutrini zadovoljni, žive ispravno. Sreća dolazi samo s pravilnim postupanjem. Budite sretni ovdje gdje ste sada i bit ćete sretni poslije. Smrt nije bijeg. Morate sada biti dobri, ako želite dosegnuti nebo u budućnosti. U skladu sa zakonom uzroka i posljedice poslije smrti bit ćete točno ono što ste bili i prije nje. Stoga „kosite i sušite sijeno" skupljanjem mudrosti dok sjaji sunce mogućnosti.

Deset vječnih pravila sreće

Deset zapovijedi† mogli bismo mnogo prikladnije nazvati „Deset vječnih pravila sreće". Riječ „zapovijed" nespretan je izbor jer rijetko tko voli da mu se zapovjeda. Čim kažete djetetu da nešto ne čini, ono baš to želi učiniti.

---

* Bhagavad Gita, XVI:23-24.

† Izl, 20:3-17.

Tih Deset zapovijedi posvuda se krše svaki dan. Sve dok ne shvate njihovo duhovno značenje, ljudi će se uvijek buniti protiv njih. Deset zapovijedi vječna su pravila ponašanja koja nalazimo u svim velikim svjetskim religijama. Međutim, sveti spisi najvećim dijelom ne objašnjavaju njihovu psihologiju i korisnost. Ljudi ih prihvaćaju u crkvi, ali ne djeluju u skladu s njima izvan crkve smatrajući te propise nepraktičnima. Ipak, kršenje Deset zapovijedi glavni je izvor svih nevolja u svijetu.

Koja je korist od ovih zapovijedi? U Bhagavad Giti nam je rečeno da se odreknemo svega i da usmjerimo pozornost samo na Boga. „Uroni svoj um u Mene, postani Moj poklonik; predaj sve stvari Meni, pokloni se Meni. Ti si Meni drag, stoga uistinu ti obećavam: ti ćeš stići do Mene."* To je u skladu s prvom od Deset zapovijedi danih Mojsiju:

Nemoj imati drugih bogova uz mene. Spoznati Boga trebalo bi biti cilj života. Materijalne dužnosti ne mogu se obavljati bez snage koja nam dolazi od Boga. Najveći je grijeh obavljati obične dužnosti i pritom zaboraviti na Boga. Grijeh znači neznanje, djelovanje protiv nečijeg najvećeg dobra. Koliko ste puta osjetili razdiruću bol u svojem srcu? Zašto? Jer niste postupali ispravno; jer Bog nije bio prvi u vašem srcu. Gita kaže: „Zanemari sve druge *dharme* ili dužnosti i pamti samo Mene; Ja ću te osloboditi od svih grijeha (počinjenih zbog neobavljanja tih manjih dužnosti)."† U vašem životu ne bi trebalo biti nijednog drugog boga koji ti znači više od Boga. Iako je Isus bio jedno s Ocem, rekao je: „Ja ne znam sve stvari koje moj Otac zna."‡

Čim se čovjek počne klanjati imutku, imenu, slavi – čemu god što je manje od Boga – snalazi ga nesreća. „Oni koji se klanjaju manjim bogovima, o Arđuna, oni k njima odlaze; Moji poklonici dolaze k Meni."§ Samo Bog može ispuniti čovjekove snove o trajnoj sreći. Nisu dopuštena nikakva skretanja prema nečem drugom osim

---

* XVIII:65.

† XVIII:66.

‡ „Što se tiče onog dana i časa, o tome nitko ništa ne zna; ni anđeli na nebu, ni Sin, nego jedino Otac". (Mk, 13:32).

§ Bhagavad Gita, VII:23.

štovanja Vrhovnog Gospodina. Ako proučavate hinduističke spise, vidjet ćete da se podudaraju s Deset Božjih zapovijedi iz Biblije.

Ne pravi sebi lika ni obličja bilo čega što je gore na nebu. Obožavanje simbola dobro je za neke, ali općenito nosi više loših posljedica nego dobrih rezultata. Obožavati Kristov križ i zaboraviti što on simbolizira, znači obožavati „obličje", jer gubite iz vida njegovo značenje. Kada veliki duhovni učitelj premine, obično čuvamo i štujemo njegovu sliku ili kakav simbol njegova života; to je u redu pod uvjetom da ne zaboravimo oponašati i njegove kvalitete. Međutim, ako obožavate neku sliku bez svjesnog uzimanja u obzir onoga što ona predstavlja, tada ste zaboravili na Beskonačnog. Prihvatljivo je imati sliku ili kip Isusa ako vam to pomaže upijati njegove božanske kvalitete. Tada ne obožavate svetu sliku, nego ideal koji vam ta slika predstavlja. Dokle god ritual obožavanja obavljate sa sviješću o Duhu, on je Gospodinu ugodan. Međutim, u Mojsijevo vrijeme mnogi su obožavatelji zaboravili na Boga; oni su štovali same objekte, čak su im žrtvovali i koze.

U Indiji je običaj izraditi sliku ili kip sveca ili možda određeni simbolički prikaz neke kvalitete božanstva i postaviti ga u hram. Ljudi nude cvijeće Bogu ili duhu sveca kojega predstavlja ta slika ili kip i meditiraju na božanske kvalitete koje predstavlja. Takvo obožavanje je prihvatljivo u Božjim očima.* Istinski poklonik ne dopušta svojoj svijesti vezanost za objekt, nego usmjerava svoju pozornost i duboku ljubav prema Duhu u pozadini. Jedan veliki indijski svetac ulazio bi u *samadhi* (ekstatično zajedništvo s Bogom) svaki put kada bi se duboko poklonio pred slikom Božanske Majke u hramu u kojem ju je štovao. „Stavljao sam cvijeće pred noge kamenog simbola", rekao je, „kad odjednom vidjeh da sam, netaknut svojim tijelom, postao jedno s Održavateljem cijelog svemira. Počeo sam stavljati cvijeće na vlastitu glavu."

Bolje je, ako to možete, usmjeriti pozornost na Boga nego li se najprije fokusirati na vanjski posrednički simbol pa se tek tada

---

* „Koje god utjelovljenje (inkarnaciju Boga, sveca ili božanstvo) poklonik nastoji vjerno štovati, Ja sam onaj koji njegovu predanost čini nepokolebljivom. Uronjen u takvu predanost, s namjerom štovanja tog utjelovljenja, poklonik tako stječe plodove svojih čežnji. A ipak ta ispunjenja darujem samo Ja." (Bhagavad Gita, VII:21-22).

usredotočiti na Duh. Bog je beskonačan. Stoga, kako bi Ga ijedna slika mogla obuhvatiti? Ta je poruka sadržana u drugoj zapovijedi. Ne bismo trebali štovati sliku kao Boga jer je On beskonačan.

Budući da je Bog beskonačan, ne može se ograničiti ni na koji oblik, ljudski ili kameni, a ipak je prisutan u svim oblicima. Može se s pravom reći da se Bog očituje u svakom čovjeku, jednako kao i u velikim svecima jer je On prisutan u svemu. Sunce jednako obasjava komad ugljena i dijamant. Međutim, dijamant, za razliku od ugljena, prima i odražava sunčevu svjetlost. Slično tomu, svi su ljudi izloženi Božjem svjetlu, ali ga svi ne primaju i ne zrcale. Da bi to mogli, moraju se pročistiti meditacijom i slijeđenjem Deset zapovijedi.

Ne uzimaj uzalud imena Jahve, Boga svoga. Dok izgovarate Božje ime, morate u sebi biti svjesni što govorite. Kada biste mogli zaviriti u um ljudi dok se mole, vidjeli biste da velika većina njih razmišlja o svemu drugom, samo ne o Bogu. Oni uzimaju ime Božje uzalud. Kada molimo, trebali bismo pokušati najsnažnije što možemo usmjeriti svu svoju pozornost na Boga, umjesto da govorimo: „Bog, Bog, Bog", a mišlju smo negdje sasvim drugdje. Jedna moja teta obično bi izgovarala svoju molitvu držeći u ruci brojanicu. Gotovo uvijek je se moglo vidjeti kako užurbano prevrće kuglice. No jednog dana prišla mi je i priznala da, iako to radi četrdeset godina, Bog nikada nije odgovorio na njezine molitve. Nije ni čudo! Njezine molitve bile su poput kakve nervozne fizičke navike.

Kada molite, nemojte misliti ni o čemu osim o Duhu. Pokušajte biti maksimalno iskreni. Korištenje brojanice u molitvi i *jape*, ponavljanja Božjeg imena, dobro je ako se to čini s predanošću i koncentracijom. No njihova upotreba često postaje mehanička; to su niži oblici štovanja. Ali, kada šapćete „Bog" u svom srcu na brojanici ljubavi – to je onda istinsko štovanje. Također je uvredljivo ako Bogu pjevate himne ili molitve odsutnih misli. Bhagavad Gita ističe koliko je važno biti usredotočen pri štovanju Boga. Dok molite, vaše srce i vaš um trebali bi biti puni ljubavi prema Bogu. „Vrhovnog i Sjajnog Gospodina postiže onaj, o Arđuna, čiji je um postojan u jogi i neprestano usmjeren na misao o Njemu."[*]

---

[*] VIII:8.

Sjeti se da svetkuješ dan subotni. U tjednu je sedam dana, a samo malo ljudi posvećuje čak i taj jedan dan Bogu! Odvojiti jedan dan za Njega u vašem je najboljem interesu i za vašu dobrobit. Nedjelja je dan kada svakodnevne aktivnosti ostavljamo po strani – sveti dan mudrosti. Mnogi ga nikada ne iskoriste da bi razmišljali o Bogu, a to činiti bila bi najviša mudrost. Ako biste na taj dan mogli biti sami i tihi, samo neko vrijeme, uživajući u toj tišini, vidjeli biste koliko biste se bolje osjećali. Provedite dan subotnji na taj način, bit će to melem na ranu od rastresenosti prethodnih šest dana. Svatko treba provesti jedan dan u tjednu u duhovnoj bolnici kako bi izliječio svoje psihičke ozljede.

Dan subotnji nemojte smatrati prisilnom dužnosti; uživajte u njemu. Kada vam taj dan postane dan mira, radosti i zadovoljstva, jedva ćete ga čekati. Usamljenost je cijena veličine. Bili biste iznenađeni spoznajom što osama s Bogom čini za vaš um, tijelo i dušu. U rano jutro i prije spavanja trebali biste uroniti u Njegov mir.

Indijski mudraci ne savjetuju samo redovit dan za osamu, nego ističu i potrebu za mirnom meditacijom tijekom četiriju određenih razdoblja svakoga dana. U rano jutro, prije nego što ustanete ili vidite bilo koga, budite mirni, osjećajte mir. U podne, budite mirni prije uzimanja ručka; prije vašeg večernjeg obroka, opet odredite vrijeme za mir. Prije odlaska u krevet, ponovno uđite u tu tišinu. Oni koji vjerno prakticiraju razdoblja tišine i odvojenosti zasigurno osjećaju sklad s Bogom. Tko ne može činiti to četiri puta dnevno, trebao bi odvojiti dio vremena svakoga jutra i večeri i posvetiti ga Bogu. Tako ćete živjeti drukčiji, sretniji život.

Ako stalno ispisujete čekove bez pokrića, a da pritom ništa ne polažete na svoj bankovni račun, ostat ćete bez novca. Tako je i s vašim životom. Bez redovitih depozita mira na vašem životnom računu, ostat ćete bez snage, smirenosti i sreće. Na kraju ćete bankrotirati – emotivno, fizički, psihički i duhovno. Međutim, svakodnevno druženje s Bogom neprekidno će nadopunjavati iznos na vašem unutarnjem računu.

Četiri puta dnevno sjedite mirno u meditaciji i mislite sa svom ljubavlju i čežnjom svojega srca: „Ja sam sada s Beskonačnim. Oče, otkrij Se, otkrij Sebe." Nastojte osjetiti mir u Njegovoj prisutnosti.

Kupajte svoj um i tijelo u tom miru i bit ćete mnogo uspješniji u životu. Smiren čovjek ne radi greške. Kada tisuće drugih ne uspije, on uspijeva. Morate biti smireni da biste bili uspješni. Oni koji ne poštuju dan subotnji i ne upijaju božanski mir, upadaju u loša raspoloženja. Oni odmah postaju nervozni. Kroz portale tišine na vas će zasjati iscjeljujuće sunce mudrosti i mira.

Dan subotnji trebao bi biti dan odmora i njegovanja božanskog mira. Jednako tako, toga dana priliči i aktivnost koja izražava mudrost i mir.

Poštuj oca svoga i majku svoju. Ljudskog oca i majku treba poštovati kao predstavnike Boga, Vrhovnoga Roditelja, koji im je podario moć stvaranja čovjeka. Majka je utjelovljenje Božje bezuvjetne ljubavi jer prava majka oprašta i kada nitko drugi to ne čini. Otac je odraz mudrosti Nebeskoga Oca i zaštite Njegove djece. Oca i majku ne treba voljeti odvojeno od Boga, nego kao predstavnike Njegove zaštitničke ljubavi i mudrosti. Vrhovni Duh postaje otac i majka kako bi pomogao svakom djetetu. Stoga poštujte Njega u svojim roditeljima.

Ne ubij! Smisao je da ne treba ubijati samo zbog ubijanja jer tada postajete ubojica. Čovjek ne smije oduzeti nečiji život u trenutku kada ga obuzmu destruktivni osjećaji. No ako je vaša zemlja napadnuta i rat joj je nametnut, trebali biste se boriti kako biste zaštitili one koje vam je Bog dao u obranu. Vaša je pravedna obveza braniti svoju obitelj i svoju zemlju.

Ne učini preljuba! Ideal spolnog sjedinjenja trebao bi biti dobivanje djece stvorene na sliku Božju i izraz čiste ljubavi duše koju suprug i supruga osjećaju jer vide jedno u drugome samo Boga. Oni koji žive samo na fizičkom planu ne razmišljajući o ljubavi ili višoj svrsi spolnog općenja u smislu ove zapovijedi čine preljub. Tako ostaju na razini životinje koja učini snošaj i ode dalje svojim putem.

Osim u svrhu rađanja i izražavanja međusobne istinske ljubavi u svetoj zajednici braka, Božja namjera je transformacija stvaralačke spolne energije u božansko ostvarenje. Onoliko koliko ste sposobni obuzdati sponi nagon ta se energija može uspješno pretočiti u stvaralačku moć pisanja, slikanja ili nadahnutog izražavanja na tisuće drugih načina. Kada na kraju stavite pod nadzor i produhovite ovu stvaralačku energiju, osjećat ćete veliki mir, ljubav i blaženstvo u Bogu. Sveci koji su tako produhovili spolnu energiju posjeduju veliku moć i u stanju su činiti prekrasne stvari i u svijetu i u unutarnjoj potrazi za Istinom.

Stoga je najviša svrha seksa sublimiranje njegove moći u postizanje duhovnih misli, ideala i mudrosti. Usredotočenost na seks šteti vam psihički i fizički osim ako se njima izražava bračna ljubav ili mu je svrha začeće djeteta u bračnoj zajednici. Ne treba se baviti mislima o seksu ili voditi promiskuitetni život. Ako možete tako ovladati spolnim nagonom, razvit ćete ispravan odnos prema seksu i njegovoj zdravoj božanskoj svrsi.

Svemir i čovjek bezgrješno su stvoreni Božjom voljom. U početku, čovjek je imao moć bezgrješnog stvaranja putem svoje volje, baš kao što je to učinio Bog. Čovjek je izgubio tu moć kada je pao u iskušenje da se radije koncentrira na spolnost nego na duhovno izražavanje te božanske stvaralačke moći. Biti zarobljen seksom znači izgubiti zdravlje, samokontrolu i mirnoću uma – sve što je čovjeku potrebno da bi bio sretan.

Ne ukradi! Kad bi svi u zajednici od 1000 ljudi krali jedni od drugih, svatko bi imao 999 neprijatelja. Zato se ne smije nepravedno uzimati od drugih, njihovu imovinu, ljubav, mir ili bilo koji drugi imetak. Ako ne osjećate želju za uzimanjem onoga što vam ne pripada, ono što vama treba ili što želite, doći će vam. Krađa počinje u umu, kada počnete priželjkivati ono što ima drugi. Sjeme želje mora se ukloniti iz uma. Duhovna nesebičnost pravi je put kojim čovjek odmah privlači obilje.

Sve dok se ne napusti materijalna sebičnost, na svijetu neće biti sreće. Sreća će doći samo s duhovnom suradnjom, kada svi ljudi počnu osjećati potrebe drugih kao svoje vlastite i počnu raditi za druge tako iskreno kao za same sebe.

Ne svjedoči lažno na bližnjega svoga! Još jedan način narušavanja društvene sreće je naštetiti bilo kome iskrivljavanjem istine. Ako želite da se prema vama postupa dobro, i vi biste morali dobro postupati prema drugima. Važno je govoriti istinu u svakom trenutku.

Da bi čovjek uvijek bio iskren, mora shvatiti razliku između činjenice i istine. Vaše naglašavanje da je čovjek hrom samo povređuje;

Paramahansa Yogānanda ranih 1920-ih godina.

to nije dobro. Stoga se ne bi trebalo nepotrebno govoriti o neugodnim činjenicama. Govoriti istinu koja će izdati drugu osobu, a bez valjana razloga, također je pogrešno. Ne biste trebali lagati kako biste izbjegli reći istinu, nego je bolje šutjeti. Nikada ne otkrivajte nemarno ili zlonamjerno informacije koje bi mogle posramiti i povrijediti druge ljude.

Ne poželi kuće bližnjega svoga! Ne poželi žene bližnjega svoga; ni sluge njegova, ni sluškinje njegove, ni vola njegova, ni magarca njegova, niti išta što je bližnjega tvoga! Pohlepa je izvor nezadovoljstva. Naučite razliku između „stvarnih potreba" i „bespotrebnih potreba". Što više želite ono što imaju drugi, to ćete biti nesretniji. Potratit ćete svoj život u bijedi i nikada nećete naći zadovoljstvo. Tražite duhovna bogatstva u sebi.

Ono što vi jeste, mnogo je veće od ičega ili ikoga drugog za čime ste ikada čeznuli. Bog se u vama očituje onako kako se ne očituje ni u jednom drugom ljudskom biću. Vaše lice ne nalikuje ni na čije drugo lice, vaša duša nije slična duši drugoga, vi ste dovoljni samom sebi jer u vašoj duši leži najveće od svih blaga – Bog.

Paramahansa Yogananda u New York Cityju, 1926.

Kako ispravno procijeniti ljude

Međunarodna središnjica Self-Realization Fellowshipa, Los Angeles, Kalifornija, 11. siječnja 1942.

Točnim procjenjivanjem drugih ljudi čovjek može shvatiti kako unaprijediti vlastitu prirodu. Međutim, to procjenjivanje drugih ima i negativnu stranu, što katkad dovodi do nepoželjnih učinaka. Nikomu nije drag „detektivski tip" koji otkriva tuđe pogreške. Mnogi ljudi skloni kritiziranju sami ne mogu podnijeti kritiku, a katkad imaju upravo one nedostatke koje tako pomno primjećuju na drugima.

Proučavanje tuđeg karaktera važno je ponajprije zbog toga što: čovjek treba stalno uočavati vrline drugih i pokušati ih sam usvojiti. Ja proučavam karaktere drugih kada biram ljude s kojima ću raditi. No imam sasvim osebujne kriterije glede odabira. Katkad dopuštam da sa mnom bude osoba za koju znam da je „loša" u nadi da će se promijeniti. Ako ta osoba bude prihvaćala moje duhovne misli za njezinu dobrobit, postat će bolja, a ako tako ne bude, barem sam joj dao priliku. Ja sam poput liječnika koji se izlaže bolesti i riskira kako bi pomogao pacijentu. Svi liječnici trebali bi imati takvu nesebičnu želju za pomaganjem. Tako je i s duhovnim liječnikom; on prosuđuje druge kako bi im pokazao njihove nedostatke i kako bi im pomogao da se poboljšaju.

Isus je rekao: „Nemojte suditi, da ne budete suđeni."* On je time osudio kritiziranje kojemu je jedina svrha želja da se povrijedi druge. Takvo je ponašanje neljubazno i narušava prijateljstvo. Kritika nema koristi ako se ne daje s iskrenom ljubavlju i samo ako je potrebna. Kritiku treba uputiti s ljubavlju i željom da se pomogne drugoj osobi.

---

* Mt 7:1.

Oni koji su stekli samokontrolu, imaju pravo pomagati drugima. Gledajući tako, procjenjivanje ljudi ima smisla.

Fizički izgled kao procjena karaktera

Jedan pristup u procjenjivanju osobe temelji se na fizičkom izgledu. Kaže se da glavne karakteristike čovjeka možemo prepoznati promatrajući njegov fizički ustroj - vrlo općenita tvrdnja. Ne govore sve izvana vidljive fizičke osobine pravu priču o nečijem unutarnjem životu.

Aristotel je proučavao fizionomiju kao vodič prema procjeni karaktera. Hinduistički učitelji otišli su dalje. Oni kažu da se u očima čovjeka zrcale glavne misli svih njegovih utjelovljenja. Iako oči otkrivaju cijelu priču duše, ne samo iz ovog nego i iz prošlih života, ipak je potreban majstorski um za otkrivanje tih prijašnjih veza i kakav im je utjecaj u ovom životu.

Katkad u šetnji primijetimo nešto posebno u očima prolaznika te pomislimo: „On mi se ne sviđa.", ili u drugom slučaju: „Sviđa mi se." Oči sve govore. Strah, ljutnja, ljubomora, pohlepa, velikodušnost, ljubav, hrabrost, duhovnost – sve te kvalitete, dobre i loše, vide se u očima. Detektivi mogu kontrolirati mišiće lica kako svojim izrazom ne bi odali ono o čemu razmišljaju, ali ne mogu sakriti sumnju u očima. Oči jogija su mirne jer on razmišlja o mirnome Duhu.

Proučavaju se razna obilježja tijela i lica, čak i izbočine na glavi, međutim, fizički izgled ne govori nam uvijek cijelu priču, a različite kulture izvlače različite zaključke iz svojih promatranja. Neki kažu da su debeli oni ljudi koji vole luksuz i ne vole raditi, a da su mršavi ljudi duhovniji. Ipak, u Indiji se na debljinu kod duhovnih ljudi gleda blagonaklono. Cezar je bio vrlo oprezan prema Kasijevu „mršavom i gladnom" izgledu u kojem je vidio prijetnju za svoju moć. Neki pisci iznijeli su teoriju prema kojoj mršavi ljudi mnogo razmišljaju, pa se na njima nije izgradilo meso. Povijest nas uči da su i mršavi i snažni ljudi bili dobri vladari.

Ako ste sada debeli, bili ste debeli mnogo puta prije; ako ste u ovom životu kronično mršavi, vi ste tako mršavi bili i u nekoliko prethodnih inkarnacija. Svoju mršavost naslijedili ste iz prošlosti i bez obzira na to što jeli, taj se misaoni obrazac nastoji izraziti.

Fizionomija nam može pomoći pri ocjeni nečijeg karaktera ako se uzme u obzir činjenica da su sve misli koje su prošle kroz nečiji um tijekom mnogih inkarnacija i sada prisutne u tijelu. No za potpuno i točno „čitanje" nečije fizionomije potrebna je intuitivna moć pravog majstora.

Uzmimo na primjer Sokrata koji je bio vrlo ružan. Jednom je sreo poznatog astrologa koji mu je rekao: „Sokrate, ti si najgora i najporočnija osoba koju poznajem." Sokratovi su učenici zbog toga bili vrlo ljutiti na astrologa, ali je njihov učitelj odgovorio: „Imate pravo. Ja sam sve to bio u prošlosti. Ali, iako sam sada to mudrošću prevladao, ipak su neka prošla, učinjena djela ostala zabilježena u ovom tijelu i učinila da ono izgleda tako ružno."

Ne postoje dva ista lica. Svako je drukčije zbog obilježja koja se očituju u ovom životu i iz prošlih života. Dakle, nije tako jednostavno suditi ljude kao loše ili dobre samo po njihovu sadašnjem odbojnom ili ugodnom izgledu. Sveti Franjo nije bio fizički privlačan, dok je njegov učenik Brat Masseus bio zgodan muškarac. Međutim, Masseus nije posjedovao tako veliku duhovnu ljepotu kao sveti Franjo.

Emocije kao pokazatelj karaktera

Postoji još jedan pravac istraživanja vezanih za fizionomiju, tzv. patognomija, koja proučava čovjekove emocije na temelju izvanjskih pokazatelja kao što su izraz lica i tjelesni pokreti te emocionalnih reakcija na različite događaje u životu. Osjećaji i navike upućuju na nečije karakteristike, međutim, neki ljudi stekli su sposobnost skrivanja svojih pravih osjećaja jer ih ne žele pokazivati pred drugima. Dva muža čula su vijest da su im se žene utopile. Jedan je iskazivao veliku tugu, dok drugi nije rekao ništa, međutim, onaj koji je izvana pokazivao tugu zapravo je osjećao manje ljubavi prema svojoj ženi nego onaj muž koji svojim izrazom lica uopće nije pokazao nikakvu bol. Patognomija otkriva prave osjećaje i reakcije ljudi, stoga je to vrlo ozbiljna studija.

Ljude možete mnogo točnije procijeniti na temelju njihovih osjećaja nego prema fizičkom izgledu. Ja kombiniram oba načina za najpreciznijih analizu. Sve one koji žele biti moji učenici dovodim u određene situacije da vidim kako će reagirati umom i osjećajima.

Ako su njihove reakcije negativne, pokušavam ih ispraviti, ali to ne činim sve dok osoba to ne zatraži od mene i ne da mi dopuštenje i ovlasti da je vodim.

Neki se ljudi emotivno uznemire i na najmanju pobudu. Glazbenici su u ovoj zemlji uglavnom vrlo emotivni i vaše je glazba dirljiva jer se bavi temom ljudske ljubavi. U Indiji glazba usmjerava misli prema Bogu. Zato ona nastoji smiriti oluje emocija i donijeti duboki duhovni mir. Naravno, nisu svi zapadni glazbenici emotivni niti su svi indijski glazbenici duhovni, iako većim dijelom jesu. Sanskrtska riječ za glazbenika je *bhagavathar*, „onaj koji pjeva hvalospjeve Bogu."

U odnosima s emotivnim ljudima rijetko možete računati na njihovu stabilnost. Danas su oduševljeni vama, a sutra vas napuštaju. Viđao sam takve osobe koje bi došle u *ašram* i u roku od nekoliko dana ostavile na me dojam čvrste odanosti poput učenika Ivana. Sljedeći mjesec otkrio bih da su otišle. Ako me išta vrijeđa, onda je to kada se javno priznanje prijateljstva povuče naglim prekidom tog povjerenja. Kada nekomu dam svoje prijateljstvo, nikada ga ne povlačim.

Smirenost uma kao ključ napretka

Lako se može primijetiti razlika između dinamičnog i misaonog tipa čovjeka: prvi je uvijek spreman djelovati pa tek naknadno promišljati o učinjenom. Obje vrste ljudi su potrebne. Dinamični ljudi vole djelovati odmah. Oni bi trebali naučiti usmjeriti svoju energiju na duhovno korisne aktivnosti. Kako bih pomogao i jednima i drugima da stvore skladnu ravnotežu, onim dinamičnima savjetujem da više meditiraju i razmišljaju, a misaonim tipovima da više meditiraju i rade.

Ljudi ovisni o lošim navikama poput prejedanja, pušenja, alkohola zahtijevaju oprezan pristup. Takvima svaka pomisao na uskraćivanje želja uzrokuje ljutnju. Ako oduzmete hranu pohlepnu čovjeku, on postaje razdražljiv. Beskorisno je pokušati pomoći takvim robovima osjetila sve dok oni sami ne pokažu istinsku želju za poboljšavanjem.

Swami Šankara rekao je da će ljudi smirena uma spoznati Boga. Gospodar svemira na oltaru sjedi smirena uma. Smireni um omogućuje čovjeku da uživa u savršenom skladu.

Prema hinduističkoj filozofiji* u svakom čovjeku prevladava jedna od tri osnovne kvalitete. *Sattva* je kvaliteta onih koji imaju duhovne sklonosti. Oni jedu pravilno, njeguju dobre navike i posvećeni su Gospodinu. *Rajas* je kvaliteta dinamičnih ljudi, takve osobe ne prestaju raditi sve do smrti. Oni u kojih prevladava *tamas* svoj život provode u svađi, ljutnji, ljubomori, senzualnosti i lijenosti.

Potrebno je prevladati svaku naviku koja vas odvraća od duhovnog postignuća. Morate biti gospodar svojih misli i djela. Bolje je biti aktivni *rajas* tip i držati svoje navike pod nadzorom, nego biti *tamas* tip; međutim, ideal je *sattva* tip u kojem se odražava sama dobrota. Oni koji sebe žele unaprijediti trebali bi se više družiti s ljudima *sattva* tipa.

Malo ljudi zna što je za njih dobro. Za to postoji vrlo jednostavna prosudba. Devedeset i devet posto svih ljudi pada na sljedećem ispitu. Recite čovjeku, za njegovo dobro, da učini nešto određeno i on će učiniti upravo suprotno. Zašto? Ne može si pomoći jer su njegove materijalističke navike suviše jake. Veoma često ljudi neće uraditi ono što im govorite, čak i kada sami znaju da je to dobro za njih, samo da pokažu kako ne možete na njih utjecati. Oni koji doista žele napredovati trebali bi se više družiti s onima koji su mirni i posjeduju samokontrolu. Pokušajte se družiti s normalnim ljudima, ili još bolje, s ljudima koji su više od toga. Slabi bi trebali tražiti društvo snažnih, a snažni bi trebali potražiti one koji su još jači. Hrvač nikada neće povećati svoju snagu ako ne vježba s jačim od sebe.

Odlike životinja u čovjeka

Nakon prosudbe psihičkih kvaliteta; *sattve*, *rajasa* i *tamasa*, kod drugih možete analizirati njihovo fizičko ponašanje. Neki kažu da su žene „mačkaste". Ali i muškarci jednako tako mogu biti mačkasti. Mačka pojede pitomog kanarinca i zatim sjedi mirno poput jogija hineći nedužnost kojom hoće prikriti svoj nepoželjni čin. Neki ljudi uživaju remetiti mir i sreću drugih. Jedina namjera im je metež i uznemiravanje, poput grabežljivih vukova upadaju u društvo i traže sukob.

---

* Cjelokupno stvaranje pod utjecajem je triju inherentnih *guna* ili kvaliteta koje se nazivaju: *sattva*, *rajas* i *tamas*. To su redom: duhovna ili uzdižuća, dinamična i ometajuća kvaliteta.

Neki su ljudi poput šojki, ne prestaju cvrkutati, tj. brbljati. Kaže se da je najprije bio stvoren muškarac, a da je bog Twashtri tada uzeo nježnost mjeseca, mekoću labuđeg perja, ljepotu cvijeća i cvrkutanje šojke i iz svega toga stvorio ženu. A muškarac bijaše tako sretan. No nakon nekog vremena otišao je do Twashtrija i rekao: „Ona je prekrasno biće. Zaista je cijenim, ali priča bez prestanka i postala je prokletstvo mojega života. Uzmi je natrag." A onda je, nakon dva mjeseca, muškarac ponovno posjetio Twashtrija. „Jako sam tužan.", rekao je, „Molim te, vrati mi ženu." No nakon nekog vremena opet je došao i rekao: „Molim te, uzmi je natrag." Ovaj put Twashtri je rekao: „Ne, moraš je zadržati!" Jadan muškarac! Nije mogao živjeti s njom, ali ni bez nje.

Žene se, pak, sa svoje strane mogu žaliti na muškarce. Sve dok muškarac i žena ne shvate prirodu jedno drugoga, oni se i ne znajući međusobno muče. U Božjim očima oboje su stvoreni jednakima; nijedan muškarac ne može bez žene, niti žena može bez muškarca. Dužnost muškarca i žene jest uskladiti u sebi kvalitete koje u njima prevladavaju s onima koje su u drugom planu. Muškarac je više vođen razumom, a žena osjećajima. Svatko bi trebao težiti unutarnjem skladu između razuma i osjećaja i tako postati „cjelovita" osobnost, usavršeno ljudsko biće.

Neki ljudi ponašaju se poput magaraca. Bez obzira na to koliko patili od posljedica robovanja osjetilima, tvrdoglavo nastavljaju sa svojim lošim navikama. Čini se da nemaju nikakva pamćenja, brzo zaboravljaju bolne rezultate popuštanja osjetilima i tako nikad ne uče iz svojih iskustava.

U prirodi različite životinje predstavljaju različite emocije i odlike, ali čovjek sve njih nosi u sebi. On se može ponašati kao zmija, vuk, lisica ili lav. Unutar nas je esencija pakla i raja. Mi trebamo naučiti kako više izražavati nebeske kvalitete.

Intuicijom se najtočnije procjenjuju ljudi

Iako je zanimljivo proučavanje ljudi analizom očiju, emocija i fizičkih obilježja, kao što je prethodno bilo istaknuto, nesumnjivo najbolji način učenja o karakteru osobe je intuicija duše. Ako su vaš um i osjećaji savršeno mirni, bit ćete u stanju intuitivno točno osjetiti prirodu svake osobe koju sretnete.

Moja je zadaća prihvatiti razne vrste ljudi koji žele poduku i pomoć. Nije dobro postavljati ograničenja bilo komu na temelju prosudbe mogućnosti te osobe, no bez obzira na to mijenja li se netko ili ostaje nepromijenjen, intuicijom ćete to utvrditi bolje nego bilo kakvom analizom očiju, osjećaja ili fizičkih obilježja, kakva god bila priroda pojedine osobe. Intuicija je najveća analitička moć. Kao što ogledalo odražava sve stvari koje se pokraj njega stave, tako ćete - kada je vaše ogledalo uma mirno, moći u njemu uočiti kako se zrcale istinske kvalitete drugih. Ako ste posvećeni činjenju dobra drugima, ostajući pritom smireni i meditativni, to će vam otkriti istinski karakter svakoga tko vam dođe.

Kako po volji biti sretan

Datum i mjesto nepoznati.

Promatranjem lica ljudi njihove se izraze može svrstati u četiri osnovna tipa, u skladu s njihovim psihičkim stanjem. To su: nasmijana lica, koja govore o unutarnjoj i izvanjskoj sreći; tmurna lica, koja označuju tugu; bezizražajna lica, koja otkrivaju unutarnju dosadu te spokojna lica, koja odražavaju unutarnji mir.

Ispunjena želja stvara zadovoljstvo. Neispunjena čežnja stvara tugu. Između psihičkih vrhunaca sreće i tuge nalazi se udolina dosade. Kada se visoki valovi zadovoljstva, boli i depresije prouzročene dosadom neutraliziraju, nastupa stanje mira.

Iza stanja mira stanje je uvijek novog blaženstva koje pojedinac može pronaći u sebi i prepoznati ga kao istinsko i izvorno stanje svoje duše. To blaženstvo leži zakopano ispod uzbudljivih psihičkih valova vrhunskog zadovoljstava, duboke depresije i praznine ravnodušnosti. Kada se ti valovi utišaju, na psihičkome moru pojavljuje se blagoslovljeno stanje mira. U spokojnim vodama mira zrcali se uvijek novo blaženstvo.

Temelj svake reakcije

Većinu ljudi udaraju valovi uzbudljivog zadovoljstava ili boli, a kada ovih nema, nastupa dosada. Promatrate li ljude tijekom dana – kod kuće, u uredu, na ulici ili na skupovima – na licima samo nekoliko njih možete vidjeti mir.

Kada vidite osobu sretna izraza lica i upitate je: „Što Vas čini sretnim?", ona će vjerojatno odgovoriti: „Dobio sam povišicu plaće." ili „Sreo sam zanimljivu osobu." Iza takve sreće nalazi se ispunjenje neke želje.

Kada vidite osobu tužna lica i suosjećajno je upitate što se dogodilo, odgovorit će: „Bolestan sam." ili „Izgubio sam novčanik."

Njegova želja za zdravljem (ili izgubljenim novcem) nije ispunjena. Kada na nekom licu primijetite bezizražajnost, i upitate: „Što se dogodilo? Jeste li nesretni zbog nečega?", odmah dobivate negativan odgovor. Ali, ako ga pritisnete, „Jeste li sretni?", reći će: „Oh, ne, samo mi je dosadno."

Negativan i pozitivan mir

Uzmite za primjer profinjenog, dobrostojećeg čovjeka koji živi na bogatom imanju, izgleda zdravo i čilo, nije pretjerano sretan ni tužan i ne dosađuje se. Za takva čovjeka može se reći da je miran. No kada se osoba takve udobnosti i mirnog ugođaja zasiti tog mira – a rijetki su oni koji imaju sreću to doživjeti – u sebi pomisli: „Imao sam dovoljno mira – trebam malo uzbuđenja i razonode." Ili napomene prijatelju: „Molim te, kucni me u glavu, da osjetim da sam živ!"

Negativno stanje mira proizlazi iz odsutnosti triju psihičkih stanja – sreće, tuge i dosade. Bez promjene ili uzbuđenja, osoba koja osjeća produljeni negativni mir osjeća se monotono i nedostaje joj užitak. Međutim, nakon dugotrajnog iskustva sreće, tuge i dosade, takav negativni mir je dobrodošao. Stoga jogiji preporučuju smirivanje uzburkanih valova misli s pomoću koncentracije radi postizanja psihičkog mira. Kada jogi jednom umiri valove misli, počinje gledati ispod jezera smirenosti i ondje nalazi pozitivno stanje mira – uvijek novu radost duše.

U New Yorku sam upoznao vrlo bogatog čovjeka. Dok mi je govorio o životu, zastao je i rekao: „Ja sam odvratno bogat i odvratno zdrav..." – a prije nego što je i dovršio rečenicu, uzviknuo sam: „Ali vi niste odvratno sretni! Mogu vas naučiti kako da budete stalno zainteresirani za uvijek novu sreću." Postao je moj učenik. Prakticiranjem *Kriya joge* i vodeći uravnotežen život, iznutra uvijek posvećen Bogu, doživio je zrelu starost i uvijek je iznova prštao od sreće. Na samrti je rekao svojoj ženi: „Žao mi je zbog tebe – što moraš gledati kako odlazim – ali ja sam vrlo sretan što ću se pridružiti mojem Voljenom u Svemiru. Raduj se zbog te moje sreće i ne budi sebična tugujući. Kada bi znala koliko sam sretan što idem u susret svojem voljenom Bogu, ne bi bila tužna; raduj se, spoznaj da ćeš mi se jednoga dana i ti pridružiti u slavlju vječnoga blaženstva."

Pijte iz dubine blaženstva

Sada, nakon promatranja lica koja pokazuju zadovoljstvo, tugu, dosadu ili privremeni mir, ne biste li više voljeli da vaše lice odražava zaraznu i uvijek novu radost Duha? Da biste to mogli, morate uvijek iznova piti Njegovo blaženstvo iz bačve duboke meditacije, sve dok ne postanete opijeni blaženstvom koje ćete osjećati tijekom spavanja, u snovima, dok ste budni i u svim životnim okolnostima koje bi vas inače mogle navesti na uzbuđenja intenzivne sreće ili beskrajne tuge, ili vas ispunila dosadom, ili privremenim negativnim mirom. Vaš smijeh mora odzvanjati iz odaja iskrenosti. Vaša radost mora teći iz fontane vaše ostvarene duše. Vaš osmijeh mora se proširiti na sve duše koje sretnete i cijelim svemirom. Svaki vaš pogled mora odražavati vašu radosnu dušu i širiti ovu zarazu radosti na duše uronjene u tamu.

Prestanite se smatrati običnim smrtnikom koji stalno prolazi kroz psihičke uspone i padove. Bez obzira na to što se događa, uvijek se sjetite da ste stvoreni po istinskoj slici Duha. Živuća radost u svim stvarima – ta Fontana kozmičkog blaženstva – mora vas okupati Svojim mlazovima i prskati kapljice radosti vaših misli, kroz svaku stanicu i tkivo cijelog vašeg bića.

Zapamtite, tijekom mnogih sati provedenih u stanju sna bez snova, koji je nesvjesna percepcija duše, vi ste sretni. Zato, tijekom dana, bez obzira na to koliko vas uznemiravale noćne more psihičkih iskušenja i previranja, morate iznutra nastojati sve vrijeme biti uvijek iznova radosni, žuboriti smijehom poput svježe vode potoka.

Kao što je čovjek pijan od alkohola, tako i vi nakon meditacije budite opijeni istinskom srećom, neprestanim doživljavanjem radosti svoje duše. Kada se izvještite toliko da poslije meditacije stalno osjećate to blaženo stanje, živjet ćete u ekstazi; bit ćete jedno s uvijek novom Radošću vaše duše i tko god bude u vašoj blizini, bit će kao vi – kao što ruke postaju mirisne od stalnog dodira sa sandalovim drvetom. „Njihove misli potpuno okrenute Meni, njihova bića predana Meni, prosvjetljujući jedan drugoga, uvijek kličući Meni, Moji poklonici su zadovoljni i radosni."[*]

---

[*] Bhagavad Gita, X:9.

Koraci k univerzalnoj Kristovoj Svijesti

17. veljače 1935.

U ovom svijetu ograničeni smo svojim mislima. Prirodno smo pristrani prema vlastitim idejama, ali zbog te pristranosti često ne prepoznajemo da ideje drugih mogu biti veće i bolje od naših. Kada naučimo biti otvorena uma i bez predrasuda, napredujemo u razumijevanju i mudrosti.

Osoba je psihički slobodna kada njezine prosudbe više nisu pod utjecajem predrasuda, običaja i ustaljenih razmišljanja nametnutih rasnom, nacionalnom i obiteljskom pripadnošću. Na Zapadu sjedite na stolcima; mi na Istoku sjedimo na podu jer je klima izrazito topla i zrak je hladniji pri tlu. No ne može se reći da svi trebaju sjediti na podu samo zato što ljudi na istoku to smatraju udobnijim načinom sjedenja. Narodni običaji i ustaljena razmišljanja znatno ograničavaju naše gledanje; međutim, čim se oslobodimo slijepog robovanja svojim provincijskim predrasudama i navikama, možemo uistinu vidjeti što je dobro ili pogrešno kod svakog drugog naroda.

Kao osobe, donekle smo ograničeni željom da učinimo sve što pridonosi osobnom dobru. Tako je svako ljudsko biće manje ili više uokvireno egoističnim željama i iskustvima. Kako povećava raspon svojih iskustava, tako se čovjekova svijest širi – poput gumene trake koja se beskonačno rasteže bez pucanja. Doista, što više budete širili svoju svijest, ona će postajati sve većom.

Dok učimo voljeti svoje rođake, vježbamo širenje svoje svijesti. To je pripremna praksa za ljubav prema svima, a ne samo prema našim rođacima koje uobičajeno smatramo svojima. Moramo naučiti gledati na obitelj i strance jednako jer su svi djeca Božja. Bog vam je dao određene članove obitelji s kojima vježbate širenje svijesti. Kada muž pomaže ženi, a ona pomaže njemu, sa željom da onog drugog učine sretnim, kroz njihovu svijest počinje se izražavati Kristova svijest - Božja Kozmička Inteligencija koja s ljubavlju prožima svaki atom svemira. Kad god činite nešto za nekoga drugoga, bez ikakva sebičnog motiva, zakoračili ste u područje Kristove Svijesti.

Međutim, ako svoju ljubav ograničite na obitelj, utoliko ste suzili mogućnosti izražavanja Kristove Svijesti. Kada svoje bližnje volite kao svoju obitelj, vaša svijest se širi i izražavate viši stupanj Kristove Svijesti. Ako prema svim ljudima osjećate ljubav kao prema svojim najdražima, ako je vaša duša spremna da za sve druge činite isto kao za svoje voljene, tada iskazujete Kristovu Svijest.

Sebičnost je iznimno štetna za svakog pojedinca, stoga nije mudro biti sebičan u kojem god odnosu ili namjeri. Mnogi divni, indijski običaji omogućuju prakticiranje širenja svijesti putem nesebičnog djelovanja. Majka nikada ne jede dok djeca i otac nisu dobili svoju hranu. Kao rezultat takva ponašanja i oni prema njoj iskazuju suosjećajnu želju da s njom podijele najbolji dio hrane. Međutim, osjećati brigu samo za sebe i nekoliko svojih voljenih, i dalje je sebično. Kada za druge učinite nešto tako osjećajno kako to radite za sebe i obitelj, napuštate uske ograde sebičnosti i ulazite u široko prostranstvo Kristove Svijesti.

Stoga je prvi korak prema Kristovoj nesebičnosti širenje svijesti i uključivanje interesa i dobrobiti bližnjih. Ne treba sve podijeliti, ali trebali biste imati snažnu želju da pomognete drugima i biti spremni psihički i fizički na to, tako da kada se pojavi prigoda možete učiniti za svoje bližnje ono što biste učinili i za sebe. Vi to možete učiniti, ali nećete. Kad god naiđete na usamljeno srce ili brata koji plače na putu, a vaše srce poleti k toj duši, vaša svijest tada doseže Kristovu Svijest.

Ljudska ljubav ima svoja ograničenja. Obiteljski osjećaji su uskogrudni. Patriotska ljubav je veća jer kada ste spremni odustati od vlastite sreće za dobrobit svoje zemlje, proširili ste svoju svijest na mnogo veći krug. A ako ste u stanju osjećati prema svim narodima ono što osjećate prema vlastitoj zemlji, vaša se ljubav očituje još više – postajete još veći kanal za izražavanje univerzalne Kristove Svijesti.

Isus je mogao reći: „Tko je moja majka? I tko su moja braća?"* jer je bio svjestan da postoji samo jedna Božja ljubav koja se iskazuje svim pojedinačnim ljudskim odnosima.

U svojoj svijesti ne vidim nikakvu razliku među Amerikancima, Indijcima, Afrikancima, Nijemcima, Francuzima ili Englezima – to sam postigao vježbom tijekom duhovnog učeništva kod svojeg gurua, Swamija Sri Yukteswara. Roditeljskim, društvenim i školskim odgojem uglavnom se teži poticanju predrasuda. Ja jednako volim sve rase i nacionalnosti. Ne želim biti ograničen vezanošću za neku zemlju. Uostalom, mi smo Amerikanci ili Indijci samo neko vrijeme; kada umremo, svi smo jednaki. Ako smo svjesni da smo građani svijeta, širimo svoju svijest.

Psihološko širenje svijesti

Vlastitu svijest možemo psihološki proširiti tako da nam više nije stalo samo do sebe nego nam je na umu dobrobit cijelog svijeta kao vlastita šireg jastva. To je jedan od načina izražavanja Kristove Svijesti.

Svaki dan na um vam dolaze tisuće misli – oko tisuću na sat. Kada pišete, u roku od 90 minuta pojavit će vam se oko 2 500 misli. Obično ljudsko biće ima oko 12 000 misli na dan. Duboki mislilac smisli ih oko 50 000. Ustanovio sam da je koncentracijom moguće proizvesti više od 500 000 misli na dan.

U Indiji sam poznavao čovjeka koji je govorio osamnaest jezika i imao stupanj magistra u dvanaest od njih. Zamislite koliko je tisuća misli prolazilo kroz njegov mozak! A ipak se nikada nisu pomiješale.

Donekle ste svjesni svake misli koja vam dođe tijekom budnog stanja. Ako vas netko ubode, gdje god u tijelu, odmah ste toga svjesni. To znači da je vaša svijest prisutna u svakoj od trilijun stanica tijela. Možete li se na kraju šezdesete godine sjetiti svih misli koje ste imali? Čini se nemogućim. A ipak su svi događaji u vašem životu zabilježeni u vašem podsvjesnom umu i taj se um može prisjetiti većine misli koje su bile po nečemu posebne. Što više razvijate koncentraciju i pamćenje, to ćete se više moći prisjetiti.

---

* Mt, 12:48.

Svjesno, podsvjesno i nadsvjesno pamćenje

Opseg uma jako je velik. Bog vam je dao budnu svijest, podsvijest i nadsvijest. Vaš svjesni um ima određena ograničenja; nakon nekoliko godina počinje zaboravljati razne situacije. Međutim, vaš podsvjesni um ima veći kapacitet pamćenja; svaka misao i iskustvo pohranjeni su u spremniku podsvijesti. Vaš svjesni um može zaboraviti svaku riječ koju izgovorim, ali je sve njih registrirao vaš podsvjesni um.

Iza vašeg podsvjesnog uma nalazi vaš nadsvjesni um koji nikada ništa ne zaboravlja. Nadsvjesni um čuva podatke o svemu što ste učinili, o svakoj misli koju ste pomislili. U času smrti sve te misli i iskustva bljesnu kroz vaš um prije nego što napustite tijelo. Dojmovi koji su najjači određuju okolinu i navike u vašem sljedećem životu.*

Svijest vašeg ega prisutna je posvuda unutar vas, stoga i u svakoj misli koju mislite. Kada biste mogli proširiti svijest izvan ega, u područje nadsvijesti, mogli biste s te točke promatrati tisuće misli koje prolaze kroz vaš svjesni um. Oni koji su razvili nadsvjesni um mogu se sjetiti svih misli u životu, a jednako tako i iz prethodnih života. U božanskom sjećanju ništa nije zaboravljeno. Naše su misli stvarne i vječne, uvijek prisutne u eteru. Svi zvukovi sa Zemlje također su zabilježeni u vašem nadsvjesnom umu. Tako je Isus govorio: „Zar se ne prodaju dva vrapca za jedan novčić? Pa ipak nijedan od njih ne pada na zemlju bez (znanja) Oca vašega."†

Razmislite o milijardu i pol ljudi i 12 000 misli koje svaki od njih misli svaki dan. Ako je vaša svijest svjesna svih tih misli, nekoliko trilijuna njih, tada posjedujete Kristovu Svijest: sveznanje, svjesnu svijest o svemu u stvaranju.

Bog postavlja čovjeku psihičku prepreku tako da nitko drugi ne može znati njegove misli. Vi ste sami sa svojim mislima, iako možete biti među mnoštvom ljudi. Čak i oni koji imaju Kristovu Svijest ne zadiru u misli drugih sve dok im Bog ne odredi da vode druge ili njihovi učenici od njih ne zatraže da to učine kako bi im pomogli usavršiti njihovu *sadhanu*.

---

* „Ona misao s kojom umirući čovjek napušta tijelo određuje – svojom dugom postojanošću u njemu – njegovo sljedeće stanje bića." (Bhagavad Gita, VIII:6)

† Mt 10:29.

Suosjećanje kao ključ Kristove Svijesti

Želite li razviti Kristovu Svijest, naučite biti suosjećajni. Kada iskreni osjećaj za druge uđe u vaše srce, počinjete odražavati tu veću svijest. Kada o drugima govorite neljubazno, vi ste daleko od sveopće simpatije Kristove Svijesti. Isus je rekao: „Molite za one koji vas progone."* On je prakticirao božansku suosjećajnost. Isus se borio protiv onih koji su radili pogrešno; ali nikoga nije mrzio jer je vidio Boga u svima. Gospodin Krišna je rekao: „Vrhunski jogi je onaj koji se prema svim ljudima odnosi smirena uma..."† Nemojte prljati svoje misli i jezik ogovarajući druge. Budite iskreni sa svima i, iznad svega, budite iskreni prema sebi. Bog vas gleda. Ne možete Ga prevariti.

Bog je šapat u hramu vaše savjesti i On je svjetlo intuicije. Vi znate kada činite pogrešku; vaše vam cijelo biće to govori i taj osjećaj jest Božji glas. Ako Ga ne slušate, On postaje tih. No kada se probudite iz privida i želite postupati ispravno, On će vas voditi. On uvijek čeka na vrijeme kada ćete se vratiti Kući. On vidi vaše dobre i zle misli i djela, ali mu to ne smeta. Vi ste svejedno Njegovo dijete.

Iz vašeg srca mora izvirati ta suosjećajnost koja ublažava sve boli u srcima ljudi, ona ista suosjećajnost koja je omogućila Isusu da kaže: „Bože, oprosti im, jer oni ne znaju što čine." Njegova velika ljubav obuhvatila je sve. On je samo pogledom mogao uništiti svoje neprijatelje, no Bog stalno prašta iako zna sve naše opake misli, pa nam i velike duše koje su u skladu s Njim daju takvu ljubav.

Transcendentalni način razvijanja univerzalne suosjećajnosti je meditacija. Čovjek čiji um boravi u nadsvjesnom stanju uvijek je sretan, uvijek mudar i pun ljubavi i uvijek to stanje zadržava i nakon meditacije. Ako možete zadržati bez napora tu svijest koju osjećate upravo poslije meditacije, stekli ste nadsvijest. Dođe li netko nepoznat pred vas, odmah ćete znati sve o životu te osobe. Međutim, Kristova svijest ide još dalje od toga: tada, u isto vrijeme, u vašoj svijesti osjećate sve u svemiru.

Razvijanjem suosjećanja prema svim bićima proširit ćete svoju svijest i naučiti sve što se može znati. Baš kao što ste istodobno

---

* Mt 5:44.
† Bhagavad Gita, VI:9.

svjesni svojega tijela, udova, misli i mozga, tako kad razvijete Kristovu Svijest, osjetit ćete tjelesne nadražaje svakog ljudskog bića koje sretnete i bit će vam poznate sve misli koje su ikada imali. Kada su pismoznanci i farizeji doveli preljubnicu pred Isusa da joj sudi, on je rekao: „Tko je od vas bez grijeha, neka prvi baci kamen na nju!"* Kako je Isus imao uvid u njihove privatne živote? On je živio u sveprožimajućoj božanskoj Kristovoj Svijesti. U toj svijesti možete osjetiti što drugi rade i misle. Ponekad čak zaboravite na trenutak u kojem tijelu živite.

Metafizički put do Kristove Svijesti

Metafizički put do Kristove Svijesti jest put meditacije i zadržavanja njezinih učinaka. Postoje ljudi koji pročitaju nekoliko knjiga o istini i zatim kažu da su postigli Kristovu Svijest, ali vi je možete postići samo dubokom meditacijom i neprekidnim duhovnim naporom. Zato nemojte reći da imate Kristovu Svijest sve dok niste ostvarili ono što sam opisao. Vaša sadašnja svijest ograničena je tijelom, ali proširite li je dubokom meditacijom, postat ćete svjesni osjećaja svih ljudi. Bit ćete u stanju znati sve. Doći će vam čudesna spoznaja. Ponekad u tom stanju osjećate se prisutnim istodobno u zvijezdama, na Mjesecu i u svakoj vlati trave.

Mi smo dio božanske Kristove Svijesti koja je prisutna u svem stvorenom. Svaka inteligencija dio je te velike Kristove Inteligencije. Mi smo poput mlaznica plinskog plamenika. Postoje mnoge male rupice kroz koje izvire plamen, ali ispod plamenika je samo jedan. Mi smo plamičci koji dolaze iz velikog plamena Života. Iza svih sitnih iskrica ljudskog života jest Jedan Život; iza cvijeća, iza cjelokupne prirode Jedan je Život.

Dok osjećate svoju svijest u svakoj pori stvorenog, posjedujete Kristovu Svijest. Iza cjelokupnoga stvaranja stoji Kozmička Svijest. Kada uzdignete svoju svijest sa stvaranja i vidite veliku vječnu radost samog Boga, bit ćete u Kozmičkoj Svijesti. Bivajući u skladu s tom Kozmičkom Svijesti koja se nalazi iza stvaranja, shvatit ćete da je Bog stvorio Svoju Inteligenciju u utrobi samog stvaranja, „Djevice

---
* Iv 8:7.

Marije"; i da ova Inteligencija Boga Oca, koja se odražava ili je „rođena" u svakom atomu stvorenog, jest Kristova Svijest ili „Jedinorođeni Sin".

„Sinovi Božji"

Indijski naziv za ovu univerzalnu Kristovu Svijest je *Kutastha Chaitanya*. U Indiji je nazivamo i Svjesnost Krišne, jer je svijest našeg velikog avatara Jadave Krišne, kao i Isusa Krista, bila u skladu s Kristovom Sviješću u svemu. Ta dva velikana otkrila su Jedan Život iza sveg života. Božanskom koncentracijom i voljom u meditaciji oni su povukli svoju svijest iz materijalnog svijeta i vidjeli da se iza svega stvorenog nalazi jedan odraz Boga, jedini sin Božji – Kristova ili Svijest Krišne.

Krišna, Isus, Buddha, Babaji – svi su oni Krist na svoj način. Oni su proširili svoju svijest kako bi primili Kristovu Svijest. Sveti Ivan je izjavio: „A svima onima koji ga primiše (Kristovu Svijest koja je bila odražena u Isusu), dade vlast da postanu sinovi Božji."*

Moj guru, Swami Sri Yukteswar, pokazivao je Kristovu Svijest. On je uvijek bio miran i sve moje misli i osjećaji odražavale su se u ogledalu njegove mirnoće. Sri Yukteswarji nije bio zainteresiran za ono što drugi govore; nego samo za ono što mise. Bilo je nemoguće pretvarati se pred pravim učiteljem kao što je moj guru! Njegova svijest bila je svjesna svega što se događa.

Kristova Svijest bila je prisutna i kod Lahirija Mahasaye. Jednoga dana kada je razgovarao sa svojim učenicima o Kristovoj Svijesti, kako je ona objašnjena u Bhagavad Giti, Lahiri Mahasaya odjednom je uzviknuo: „Utapam se u tijelima mnogih duša na obali Japana!" Sljedećeg dana njegovi učenici saznali su iz novinskog članka za smrt mnogih ljudi na brodu koji je potonuo prethodnog dana u blizini Japana.

Život i smrt samo su prelasci iz jednog sna u drugi. To su samo misli: sanjate da ste živi i sanjate da ste mrtvi. Postigavši veliku Kristovu Svijest, uviđate da su život i smrt Božji snovi. Budući da je Isus živio u toj svijesti, mogao je reći: „Razvalite ovaj (tjelesni) hram

---

* Iv 1:12.

i u tri dana opet ću ga podići!"* On je znao da taj san o smrti može pretvoriti u san o životu, kao što samo Bog može.

Razvijajte suosjećanje i nesebičnost ako želite proširiti svoju svijest. Nemam svijest o posjedovanju. Mogu ostaviti sve u jednom trenutku, ako me Bog pozove, jer nisam vezan ni za što. A ipak su sve ove stvari moje. U Kristovoj Svijesti cijeli je svijet – svatko i sve u njemu – sve vaše. Cijeli prostor i sve u njemu pripada vama.

Dok osjećate doživljaje drugih kao da se događaju u vašem tijelu, razvijate tu Kristovu Svijest. Njegujući tu svijest i pritom shvaćajući da je sve vaše, nećete imati predrasude o rasi ili boji kože. U toj svijesti osjećate ljubav milijuna majki u vašem srcu, ne samo prema određenima, nego prema svima. Vi to ne zamišljate, vi to osjećate – tu ljubav koju su isijavali Isus, Krišna i svi velikani – tu univerzalnu inteligenciju i ljubav koja se zove Kristova Svijest.

---

* Iv 2:19.

Smiren um u nestalnom svijetu

*Prvi Hram Self-Realization Fellowshipa,
Encinitas, Kalifornija, 3. kolovoza 1939.*

Na Zapadu se posebno cijeni fizička udobnost. Ako je vrijeme pretoplo, čovjek sa Zapada pati jer nema rashladni uređaj, a nastupi li studen, nesretan je bez grijanja. Međutim, duhovni učitelji Indije zastupaju drukčije stajalište. Oni kažu da osjetljivost na toplinu i hladnoću, zadovoljstvo i bol, potječe od varljivih podražaja osjetila i čovjekove navike da ih zadovolji te da je mudar onaj koji se uzdigne iznad svih dvojnosti. Ovi duhovni mudraci ne sugeriraju da podvrgavanje disciplini treba dovesti do krajnosti čime se ozljeđuje samoga sebe. Oni tvrde da se čovjek mišlju treba osloboditi utjecaja osjetila postane li toplina ili hladnoća nepodnošljivom, a istodobno treba tražiti zdravorazumsko rješenje kako bi svladao neugodno stanje.

Gita nas uči: „Oni koji su vezani za osjetilna zadovoljstva ne mogu postići psihičku ravnotežu meditacijom; oni ne uspijevaju ostvariti jedinstvo s Bogom putem ekstaze (*samadhi*)."* Naučimo li se mišlju isključiti osjetilnu neugodu, um će nam biti miran. Čovjek koji ostane netaknut utjecajem osjetila čiji se valovi neprestano uzdižu i spuštaju, koji ostaje nedirnut njihovim uvijek promjenjivim podražajima, očituje temeljnu nepromjenjivost duše. U toj nepromjenjivoj svijesti postaje jedno s Nepromjenjivim Beskonačnim.

Ropska podčinjenost raznim osjetilnim uzbuđenjima tijela uznemiruje i um i dušu. Ako mu je duša uznemirena, čovjek gubi svoju pravu prirodu – a to je mir. Bog je prisutan u najhladnijim i najtoplijim predjelima Zemlje; On je i na Sjevernom polu i u afričkoj pustinji. Na njega ne utječe nijedan ekstrem Njegova djela – Zemlje, a mi bismo se, budući da smo stvoreni na Njegovu sliku, trebali

---

* Bhagavad Gita II:44.

ponašati poput Njega. Smjestio nas je u ovo tijelo izloženo toplini i hladnoći, bolu i zadovoljstvu; međutim, On želi da te suprotnosti promatramo smirena uma. Želi da se uzdignemo iznad njih. Trebamo razvijati izdržljivost, i to promišljeno. Ako ne možemo izbjeći prekomjernu toplinu ili hladnoću, trebali bismo se jednostavno mentalno isključiti. Što više to vježbamo, to će se um sve više oslobađati, pa nijedan neželjeni osjet više neće dotaknuti našu svijest.

Bol se opaža samo u umu

Površina kože ne osjeća osjete dodira; oni se doživljavaju u mozgu. Ne može se kušati, dodirivati, mirisati, čuti ili vidjeti, osim s pomoću uma. Čini nam se da okuse doživljavamo na jeziku, ali je zapravo mozak taj koji ih bilježi. Slično tomu, kada nas boli dio tijela, bol je zapravo u umu, a ne u tom dijelu tijela. Imamo dva instrumenta za doživljaj boli: živce i sivu tvar mozga. No do stvarnog iskustva dolazi samo ako um dopusti vezu između njih. Sve dok um ne kaže da postoji bol, nema boli. To je čudesno otkriće indijskih velikih duhovnih učitelja. Pod utjecajem kloroforma ne osjećate bol, jer osjet ne stiže do mozga. Na krajevima živaca postoje fina vlakna kroz koja se osjet boli prenosi do mozga. Kloroform sprječava protok tih signala.

Mozak je osjetilni instrument uma i um se o svim podražajima u tijelu informira kroz živce i mozak. Budući da se poistovjećuje s mozgom, um te osjete prima i prihvaća. Um osnažen praksom moćnog i pozitivnog mišljenja manje je podložan utjecaju osjećaja zadovoljstva i boli. On te osjete prepoznaje kako mu je Bog namijenio - kao oblik akademskog iskustva.

Osjetljivost je čovjeku dana samo zbog zaštite tijela jer bez osjeta čovjek bi se mogao teško ozlijediti, a da to i ne zna. Osjetljivost nikada nije bila namijenjena za nanošenje boli. Životinje nemaju toliko razvijenu sposobnost percipiranja boli kao čovjek, pa su one i manje podložne boli. Inače ne bi mogle podnijeti okrutnost koju im nanose ljudi. Jastog se stavlja u kipuću vodu dok je još živ!

Budući da um stvara osjećaje boli i zadovoljstva, tjelesna se bol može smanjiti kontrolom uma. Tada se osjet može primiti samo kao upozorenje, bez osjećaja boli. U Bhagavad Giti to se vrlo duboko razmatra, i evo što saznajemo o tome. Preosjetljivost na zadovoljstvo i bol pojačava njihove učinke; smanjenjem osjetljivosti čovjek postaje manje podložan boli i manje zarobljen osjetilnim užicima. Ja sam izvježbao tijelo i um da budu manje osjetljivi što mi je donijelo slobodu od osjetilnih smetnji. Takva vježba vodi oslobođenju.

Jedan je liječnik imao takvu moć uma da je obavio veliki operativni zahvat na samome sebi. I na samu pomisao um se tomu protivi kao nečemu što se ne može učiniti, jer je zarobljen vezanošću za tijelo. No vježbom može postati snažan. Što više disciplinirate svoj um, to će on više biti pod vašom kontrolom. Razmaženo dijete jako pati čak i zbog male ozljede; spartanski odgojeno dijete jedva da trepne zadobije li i težu ozljedu.

Možete se osloboditi diktata osjetila

Gledano s te strane, odgojne metode koje u Indiji primjenjuju veliki duhovni učitelji sasvim su drukčije od onih u školama na Zapadu. Indijski mudraci svoje učenike praktično poučavaju kako se potpuno osloboditi robovanja tijelu i njegovim osjetilima. Udobnosti i pogodnosti koje Zapad pruža potiču pasivnost tijela, a posljedica je da se malo napora ulaže u razvoj mentalne snage. U Indiji od djetinjstva vježbamo kako bismo u korijenu spriječili diktate osjetila. U mojoj školi u Ranchiju djeca su spavala na malim strunjačama, na tvrdom podu i odrasla su zdravija. Zapadnjaci suviše ovise o vanjskim uvjetima kako bi dobro spavali ili bili na miru. U Indiji su nas učili sjediti na vrućem pijesku u meditaciji. S vremenom mogli smo sjediti na vrućini cijeli dan, a jednako tako i na hladnoći. Kao rezultat tog treninga postigao sam takvu misaonu snagu da ništa ne utječe na moju svijest niti je uznemiruje. Kada prekinem vezu uma i osjetilnih telefona, ništa mi ne smeta.

Prije nekoliko godina bilo je strašno vruće – zaista jako toplo. Svi su teško disali. I ja sam to jedva podnosio jer sam se priklonio mišljenju većine ljudi kojima je vrućina bila nesnosna. Namjeravao sam nešto pisati, ali bilo mi je toliko neugodno da se nisam mogao koncentrirati. Tada sam se ukorio: „Što je tebi?" I molio sam: „Gospodine, ista struja stvara toplinu u pećnici i led u hladnjaku. Ovdje je sada hladno." Posvuda oko mene postalo je hladno, kao da me okružila plahta leda. Osjetio sam veliko nadahnuće i pisao bez ikakvih poteškoća.

Drugi put, prije mnogo godina, putovao sam u otvorenom terenskom vozilu. Pridružilo mi se nekoliko mladih ljudi, mojih učenika, od kojih je jedan bio moj tajnik. On i ja spavali smo u automobilu, dijeleći mali pokrivač. Noć je bila ledena. Ja sam čvrsto zaspao, a on je cijeli pokrivač povukao na svoju stranu; kada sam se napola probudio od hladnoće, podsvjesno sam povukao pokrivač s njega. To je trajalo neko vrijeme. Tada je moj um rekao: „Zašto se tako ponašaš? U redu je. Toplo ti je!" Maknuo sam pokrivač i počeo meditirati. Moje je tijelo postalo toplo kao tost. Učenik se tresao od hladnoće kada se probudio dva sata poslije i vidio me kako sjedim tamo, nepomičan. Bio sam u božanskoj ekstazi. Svi su mislili da sam napustio tijelo! Probuđen iz *samadhija* njihovim povicima, nasmijao sam se i rekao: „Što ste se tako uskomešali? Nastavimo s našim putovanjem." „Ali vi ste sjedili po ovoj ljutoj zimi bez kaputa i deke!", protestirali su. Ipak se nisam prehladio. Bio sam jedini komu je bilo toplo!

Ono što morate učiniti je disciplinirati um da bude pozitivniji. Ako donesete odluku u umu da se nećete prehladiti, manje je vjerojatno da ćete uhvatiti prehladu. Um se jednako tako mora uvježbati kako bi prevladao bol. Mentalna osjetljivost povećava bol. Povećati bol znači zaboraviti neslomljivu sliku Boga u sebi.

Navike se počinju formirati u trećoj godini života

Drevni mudraci Indije naučavali su da se sve navike u čovjeku počinju formirati od treće godine. Nakon toga vrlo ih je teško promijeniti. Ako se u ranoj dobi uz obitelj i okolinu razviju predrasude u vašem umu, vjerojatno ćete ih nositi cijeli život. Od svojeg gurua Swamija Sri Yukteswarjija najprije sam naučio kako prevladati misaone predrasude prema osjetilima. Kada sam tek došao k njemu na duhovno školovanje, uvijek bih se prehladio ako nisam imao pokrivač tijekom hladnog vremena. No Učitelj me naučio kako to promijeniti. Nakon toga više nisam bio sklon prehladi što dotad nije bio slučaj. Dok me Učitelj nije poučio, bio sam prehlađen gotovo stalno.

Neki ljudi kažu da bismo trebali ovisiti samo o umu, a drugi vjeruju da treba udovoljavati tjelesnim potrebama. Oba stajališta

Paramahansa Yogānanda u Bijeloj kući, Washington D.C.

Paramanansa Yogānanda i g. John Balfour na odlasku iz Bijele kuće nakon posjeta predsjedniku Calvin Coolidgeu koji promatra kroz prozor. *The Washington Herald* u broju od 25. siječnja 1927. izvijestio je: „Swamija Yogānandu je ... g. Coolidge primio s očitim zadovoljstvom i rekao mu kako je o njemu mnogo čitao. Ovo je prvi put u povijesti Indije da je jednog Swamija službeno primio Predsjednik."

Paramahansa Yogānanda izražava dobrodošlicu indijskom veleposlaniku u Sjedinjenim Državama g. B.R. Senu, gđi Sen i generalnom konzulu Ahuji pri njihovu posjetu Međunarodnoj središnjici Self-Realization Fellowshipa u Los Angelesu, 4. ožujka 1952. – tri dana prije smrti velikoga jogija.

Upravna zgrada u sklopu Međunarodne središnjice Self-Realization Fellowshipa (Yogoda Satsanga Society of India), koju je 1925. ustanovio Paramahansa Yogānanda na Mt. Washingtonu u Los Angelesu, Kalifornija.

su ekstremna. Prema jednoj teoriji, dobro je obavljati redovite liječničke preglede kako biste znali je li s tijelom sve u redu, slično kao što automobil mora proći redoviti tehnički pregled. To je prilično razumno, ali zapamtite, niste stroj. Ako je vaše psihičko zdravlje previše ovisno o stanju tijela, doći će vrijeme kada će i um postati toliko podložan tjelesnim zahtjevima da više neće pomoći nikakva fizička pomoć. To je razlog zašto postoje kronične bolesti. Fizička bolest postaje kronična kada um jednostavno odbija biti gospodar tijelu.

U početku je bolje slijediti put umjerenosti. Ako ste se porezali, stavite malo joda na porezotinu, ali ne budite potpuno ovisni o lijekovima. Poduzmite odgovarajuće razumne mjere opreza sve dok postupno ne budete sposobni više ovisiti o umu. Čak i veliki duhovni učitelji koristili su se lijekovima jer su ovi, naposljetku, nastali od Bogom stvorenih biljaka i kemikalija. Lijekovi nisu nužni duhovno ostvarenom učitelju, ali kako bi pokazao da Božja moć djeluje na bezbrojne načine, on se katkad odluči za korištenje farmaceutskih lijekova. U svakom slučaju, pobjeda leži u snazi uma. Ako ste potpuno uvjereni u to da se možete izliječiti bez lijekova i bez ijedne loše posljedice, vi ste pobjednik.

Jedan duhovni učitelj nakon što je slomio ruku otišao je liječniku po pomoć i dobio povez. Ubrzo zatim došao ga je posjetiti neki bogataš, a njegovi su se učenici zabrinuli misleći da će se posjetitelj razočarati kada vidi njihova učitelja s rukom u zavojima. „Ne obraćajte pozornost na ove poklonike", primijetio je svetac. „Oni pretpostavljaju da ćete vi pomisliti kako se Bog više ne brine o meni kada vidite moju slomljenu ruku. A uostalom to i boli!" Drugi put taj je učitelj u ekstazi pjevao Bogu upavši u obližnju jamicu s užarenim ugljenom. Ipak je nastavio pjevati Bogu. Kada su ga učenici podignuli, uočili su nekoliko komada žeravice koja mu se prilijepila za leđa i opekla tkivo. Poklonici su se uznemirili, ali učitelj se samo nasmijao i mirno rekao: „Pa, zašto ih ne uklonite?" Nikada se nije žalio ni na kakvu bol. Takva je bila njegova psihička snaga. Tom prigodom svetac je pokazao da je prevladao bol, a u prethodnom slučaju, sa slomljenom rukom, pokazao je da je bio u stanju i ponizno podnositi ljudsku patnju.

Budite odlučni u odnosu prema svojem tijelu. „Ideja o toplini i hladnoći, zadovoljstvu i boli, nastaje u kontaktu osjetila s njihovim objektima. Takve ideje su ograničene jer imaju svoj početak i kraj. One su prolazne; podnosite ih strpljivo."* Zašto biti toliko osjetljiv na malo hladnoće ili malo boli? Pomislite na agoniju onih koji pate u ratu. Duhovni je čovjek čak jači od domoljuba; on razvija veću psihičku hrabrost disciplinom svojeg uma da izdrži i nakraju se izdigne iznad svake vrste boli i problema.

Čovjekov život uopće ne ovisi o tijelu

Tijelo je samo koštani kavez prekriven mesom u kojemu ptica života boravi neko vrijeme. Sam život potpuno je neovisan o tijelu. No život se poistovjećuje s ograničavajućim uvjetima tijela; i stoga pati. Ako analizirate tijelo i um, naći ćete da između njih ne postoji povezanost, osim one koju im vi dajete. Samo danju prihvaćate osjete iz tijela. Noću, u snu, kada se vaš um odvoji od tijela, niste svjesni njegova djelovanja; tada osjećate dubok mir.

Budući da je stvoren na sliku Božju, čovjek može živjeti u tijelu potpuno odvojen od fizičkih osjeta. No, umjesto toga, prihvaćamo tijelo kao da je naše. Da bi bio slobodan od osjetila, čovjek se treba misaono odvojiti od tijela. Stoga sveci poučavaju misaonu odvojenost od zadovoljstva i boli. Kako bismo razumjeli i doživjeli iskustvo misaone odvojenosti, moramo to prakticirati. Tu sam istinu dokazao samomu sebi i znam koliko je pogrešno biti osjetljiv. Udovoljavanje osjetilima uzrok je svih patnji i bijede. Bog nije želio da mi patimo. On je stvorio osjetilne percepcije kako bi nas vodile i zabavljale u obliku misaonih slika. Bog je htio da se tijelom koristimo mudro, a ne da se poistovjećujemo s njim i da nas to čini nesretnima. Sveti Franjo tijelo je nazivao „brat magarac". Ako je netko veoma privržen svojem psu i uistinu ga voli, postaje osjetljiv na osjećaje svojeg kućnog ljubimca iako nije fizički povezan sa psećim živčanim sustavom. Jednako tako, naša tjelesna patnja postoji zbog prevelike psihičke povezanosti s „bratom magarcem".

Um mora steći veću kontrolu nad tijelom. Prekrasno je moći živjeti snagom uma jer um može učiniti sve što vi želite. Kako više

---

* Bhagavad Gita, II:14.

ovisiti o umu? Navikavajte se malo po malo na toplinu i hladnoću, spavajte na tvrdom krevetu, budite manje ovisni o udobnostima na koje ste se naviknuli.

Dok sam vam govorio, bio sam potpuno nesvjestan današnje visoke temperature; ali upravo kad sam spomenuo toplinu, počeo sam je osjećati. Jednom sam držao predavanje u Milwaukeeju po iznimno vrućem vremenu. Usto, temperatura mojeg tijela jako je porasla, kako se to već događa kada govorim o duhovnosti. Moj um je rekao: „Ne možeš nastaviti predavanje a da ne obrišeš lice; mokro je od znoja." Posegnuo sam u džep tražeći rupčić, ali nisam ga našao. Tada sam pogledao u duhovno oko i sugerirao svojem umu: „Uopće nije vruće." Odmah je neugodan osjećaj topline nestao; bio sam miran i hladan.

Ispravan pogled na smrt

Provodite u praksi gore spomenuto i vidjet će te je li istina to što vam govorim. Ako ste preosjetljivi, možete povećati bol, ali je i smanjiti psihičkom kontrolom. Umre li vam netko drag, umjesto da nerazumno tugujete, shvatite da je on otišao na višu razinu po volji Božjoj i da Bog zna što je najbolje za njega. Radujte se što je slobodan. Molite se da mu vaša ljubav i dobra volja budu glasnici ohrabrenja na njegovu daljnjem putu. Takvo je stajalište od mnogo veće pomoći. Naravno, ne bismo bili ljudska bića kad nam ne bi nedostajali naši voljeni; ali ne treba dopustiti da se naša čežnja pretvori u sebično htijenje koje će ih zadržavati i vezivati za Zemlju. Prevelika tuga sprječava pokojnikovu dušu da ide dalje prema većem miru i slobodi.

Većina ljudi koji danas žive na Zemlji nisu bili ovdje prije stotinu godina. Drugi su bili ovdje prije nas. A za sto godina mi koji sada hodamo ulicama svijeta nećemo više biti ovdje. Za nas će biti gotovo, a novi naraštaji neće nas se ni sjetiti. Oni će osjećati, kao što i mi sada osjećamo, da ovaj svijet pripada njima; ali jedan po jedan i oni će biti odneseni. Smrt mora biti dobra, inače Bog ne bi odredio da se dogodi svima. Zašto živjeti u strahu od nje?

Oni koji se boje smrti ne mogu spoznati pravu prirodu svoje duše. „Kukavice umiru mnogo puta prije svoje smrti, hrabri pak samo jednom."* Kukavice stalno iznova proživljavaju psihičke slike boli i smrti. Hrabar čovjek doživljava samo konačnu smrt, brzo i bez boli. Ako netko umire prirodnom smrću ili je duhovno napredan, osjetilno tijelo jednostavno otpadne, a kada se svijest ponovno probudi na drugoj razini, ona ima sve osjete tijela, ali bez ikakva fizičkog oblika. Misao je sva svijest, baš kao što je to u snovima. To nije teško zamisliti. U smrti se samo odstrani grubo fizičko tijelo koje je niži oblik uma i uzrok svih vrsta nevolja za dušu.

Zračite mir i dobrotu

U osnovi postoje dvije vrste ljudi: oni koji se neprestano žale na sve i sva, i oni koji se sa smiješkom rješavaju životnih teškoća i uvijek razmišljaju pozitivno. Zašto sve primati tako ozbiljno? Kako bi ovaj svijet bio divan kada bi svi bili pozitivni i skladniji!

Kroz džunglu civilizacije i stres modernog života prolazi se test. Što god dajete od sebe, vratit će vam se. Mrzite – zauzvrat ćete primiti mržnju. Ako ste puni neprimjernih misli i emocija, uništavate sami sebe. Zašto mrziti ili se na nekoga ljutiti? Volite svoje neprijatelje. Zašto se peći na žaru ljutnje? Ako se razljutite, odmah prijeđite preko toga. Prošećite se, brojite do deset ili petnaest, ili preusmjerite misli ne nešto ugodno. Otpustite želju za osvetom. Kada ste ljuti, vaš mozak je pregrijan, vaše srce ima problema s radom, cijelo vaše tijelo se iscrpljuje. Zračite mir i dobrotu jer to je priroda Božje slike u vama – vaša istinska priroda. Tada vas nitko ne može uznemiriti.

Dobro i zlo nastaju u umu

U krajnjem smislu, sve počinje u umu. Grijeh je stvoren u umu. Mala djeca hodaju gola bez ikakve svijesti o grijehu. Za čednoga je sve čisto. Za nemoralnoga je sve zlo. Nedisciplinirani um uzrokuje veliku pustoš u našem životu. Umovi koji robuju osjetilima počinitelji su svih okrutnosti i nepravdi i poticatelji ratova.

Bog vam je dao ovaj osjetilni fizički oblik kako biste živjeli u svijetu kao introspektivna duša, uživajući u filmovima stvaranja, ali bez poistovjećivanja s njima. Tako Bog želi da živite: da pokažete

---

* Shakespeare; *Julije Cezar*, II. čin, 2. prizor 2, stih 32.

kontrolu uma, ne samo kada je sve ružičasto, nego i usred nevolja. *Sel-Realization Fellowship* ne nudi samo priču, nego vas i uči kako da ovladate sobom. Ples života i smrti nastavlja se neprestano; međutim, čovjek ima psihičku snagu da se izdigne iznad svih osjetilnih iskustava promjena, da na njega ne utječe nestalnost života. U Bhagavad Giti opisuje se uzvišeno postignuće te slobode: „Relativnosti postojanja (rođenje i smrt, zadovoljstvo i bol) mogu prevladati čak i na ovome svijetu oni koji postignu nepomućenu smirenost uma. Time su oni učvršćeni u Duhu – istinskom, bez mrlje, savršeno uravnoteženom Duhu."*

Ustrajete li u nepromjenjivosti, postat ćete kralj među dušama. Nepromjenjiv iznutra, iako se tijelo i um stalno mijenjaju, bit ćete jedno s Nepromjenjivim Beskonačnim.

Učenje Gite ne može se ni s čim usporediti. Do u najsitnije detalje govori o životu kakav jest i pokazuje kako bi se čovjek trebao ponašati u svim okolnostima. Ispravno je reći: „Ja sam stvoren na sliku Božju, ali budući da ste izgubili dodir s tom slikom, morate naučiti kako ponovno postati jedno s njom. Poruka Gite pokazuje taj put. Zlato prekriveno naslagama gline i dalje je zlato, iako skriveno. Da bi ga se otkrilo, mora se sastrugati glina. Jednako tako, mnoge blatne naslage u smislu navika i osjetilnih pobuda prekrivaju zlatnu dušu. Da bi se odstranilo „blato", treba razvijati nepokolebljiv odnos prema tijelu i osjetilima. Kako li samo strahujemo za tijelo! Ja sam u umu prolazio i iskušavao sve vrste patnji i prevladao ih.

Kada duša naređuje, um se pokorava

Kako biste shvatili da ste stvoreni na sliku Božju, morate se uzdići iznad straha i ljutnje te uništiti preosjetljivost. Ne budite izbirljivi. Recite sebi: „Danas spavam u krevetu; sutra ću leći na pod, nije važno. Svejedno mi je." Vježbajte tu psihičku neutralnost i um će učiniti točno ono što mu kažete. Um je veoma prepreden, ali ako ga izvježbate, ponašat će se kako vi želite. Kada kažete: „Ne mogu živjeti bez odreska", u umu odjekuje: „Ne mogu živjeti bez odreska." No, ako vi, duša, izdate naredbu: „Dosta je bilo ropstva!", um će se pokoriti.

---

* Bhagavad Gita, V:19.

Stoga, ne budite sluga tijelu ili umu. Sloboda od robovanja osjetilima jedini je put do mira i sreće. Bez obzira na okolnosti, uzdignite se iznad svake misaone osjetljivosti i budite istinski i zauvijek sretni.

Stanje potpuno smirenih osjećaja (*chitta*), stečeno jogijskom meditacijom, u kojem jastvo (ego) percipira sebe kao Jastvo (dušu) i zadovoljno je (učvršćeno) u Jastvu;

Stanje u kojem probuđena intuitivna inteligencija spoznaje nemjerljivo blaženstvo iznad svakog osjetila, i u kojem jogi ostaje ustoličen, i koje više nikad ne prestaje;

Stanje koje, jednom pronađeno, jogi smatra blagom iznad svih drugih blaga - usidren u njemu, on je imun čak i na najveće jade;

To stanje poznato je kao joga - stanje bez boli. Prakse joge stoga se treba pridržavati odlučno i hrabra srca.[*]

---

[*] Bhagavad Gita, VI:20-23.

Uravnotežen život
Liječenje psihičkih poremećaja

1925.

Pokušajte vizualizirati skupinu nezgrapnih ljudskih likova – jedan je s glavom veličine kikirikija i tijelom debelim kao balon, drugi s jednom rukom razvijenom kao kod atlete Sandowa, ali sa stasom patuljka i treći s golemom glavom postavljenom na tijelo liliputanca. Ne bi li to bio (prema vašem shvaćanju) vrlo zabavan ili, pak, jadan prizor kada biste odjednom ugledali ovako šareno društvo?

Sada, pak, vizualizirajte skupinu ljudi normalnog fizičkog izgleda i pojavnosti, ali koji su psihički nestabilni i poremećeni. Kao što odjeća skriva ožiljke, rane i neke deformacije, jednako tako i naizgled zdravo ljudsko tijelo često krije ozbiljne psihičke bolesti.

Kad biste se našli pred velikom skupinom sasvim prosječnih ljudi, pristojno odjevenih i fizički zdravih, i kad biste bili obdareni moći da vidite njihova psihička tijela, koje bi iznenađenje i bol osjetili u srcu. Vidjeli biste da su njihova psihička tijela s razumom kao glavom, osjećajima i osjetilima kao trupom, a voljom kao rukama i nogama – abnormalna, bolesna i deformirana. Uočili biste da neki imaju glavicu s nerazvijenom mudrošću prikvačenu na trup izbočen od požudnih osjetila. Neki bi imali suho energetsko i osjećajno tijelo, s rukama koje pokazuju poslovnu sposobnost i koje su prekomjerno razvijene u odnosu na druge dijelove tijela. Drugi možda imaju velike, stvaralačke mozgove, ali trup suosjećanja i osjećaja im je skvrčen i osušen. Neki, pak, s normalnom glavom i tijelom, izgledali bi kao da imaju nemoćne paralizirane noge volje i samokontrole. Mogli bi tako nabrajati unedogled.

Mnogo ovakvih patoloških deformacija u psihičkim tijelima, nerazvijenim u nekom dijelu i pretjerano razvijenim u drugom, skriveno je unutar čovjeka uzrokujući patnju u njegovoj duši i ometajući njezino izražavanje na materijalnom planu.

Nije neprikladno ovdje spomenuti samo neke od tih psihičkih bolesti, kako bi se ovi nevidljivi, ali glavni uzroci svih nevolja u ljudskom životu mogli otkriti i da ih ti patnici postanu svjesni. Tako ove osobe mogu upoznati prirodu, tihi rast i simptome svojih nedostataka i zaštititi se od naleta tih skrivenih snaga koje uništavaju njihovu sreću.

Duhovna melankolija

Ova bolest rasprostranjena je među onima koji su mentalno i fizički neaktivni, sve pod izgovorom da su previše zauzeti duhovnošću. Ovi bolesnici zanemaruju velike i male dužnosti u materijalnom životu uime služenja Bogu čime prizivaju vraga. Oni pate od pesimizma i nedostatka zahvalnosti za sve ono dobro i lijepo u materijalnom životu. To je zarazna bolest i svi oni koji teže duhovnom životu moraju se od nje štititi stalnim održavanjem imuniteta i protočnosti energije neprestano prakticirajući zdrave i vrijedne aktivnosti.

Smetnje u duhovnoj probavi

Pojavljuju se pri neselektivnom gutanju raznih psihičkih lijekova u obliku pseudoduhovnih knjiga i lekcija duhovnih nadriliječnika. Ova bolest ubija ne samo one koji su doista gladni Istine, nego uništava i moć razlikovanja dobrih i loših učenja. Onaj tko se sve vrijeme hrani teološkim idejama i jede sve što stigne, neće se samo prejesti nego će zajedno s dobrim pojesti i otrovne ideje, izazivajući tako najprije lošu duhovnu probavu, a naposljetku i duhovnu smrt. Dugotrajno prekomjerno proučavanje svih mogućih filozofskih načela i rasprava, bez ikakva nastojanja da ih se prihvati i provjeri vlastitim iskustvom, prouzročit će sumnjičavost, ravnodušnost i nepovjerenje u duhovne zakone.

Sijanje psihičke „divlje zobi"

Oni koji su pogođeni ovom bolešću vode besmislen život, imaju previše vremena ili novca u rukama i nedostaje im pravi cilj ili razumijevanje života. Oni su hiroviti, rade sve što im se prohtije, život ispunjavaju jeftinim romanima, uzbudljivim filmovima ili drugom neproduktivnom razonodom. Oni ne shvaćaju svoju bolest sve dok ih ne pogodi neki strašan udarac ili živčani slom.

Psihička prehlada

Ova je bolest poznata kao očaj. Ne znate kada ćete je pokupiti i patiti od njezinih neugodnih simptoma: grčeva malodušnosti, netolerancije i nestrpljenja. Najgore od svega, zadržava se dugo, a žrtve se lako ponovno zaraze čak i ako su se prividno oporavile.

Psihološki katar

Ova bolest sastoji se od stalnog udomljavanja svjetovnih briga. Pacijenti obično zanemaruju svoje moćno oružje volje i tako pasivno pospješuju stalne strahove umjesto da se protiv njih bore i izbjegavaju ih.

Psihičke fiksacije

Njihove žrtve postaju jednostrane u potrazi za srećom. One smatraju da je novac sreća, ili da je slava sreća, ili zdravlje, ili moć. Oni žrtvuju sve drugo – mladost, ugled, mir uma – na oltaru svojih ambicija koje ih potpuno obuzimaju. Prekasno nauče da samo uravnotežen život – uz poštovanje svih zakona prirode i Boga, te kombinacija aktivnosti i rada, mogu donijeti sreću i ispuniti čovjekovu prirodnu sudbinu.

Pacijenti oboljeli od psihičke fiksacije postaju potpuno opsjednuti nekom od ambicija, sve dok se njihov životni moto ne deformira i iskrivi. Jedan je čovjek, na primjer, bio vrlo uspješan u poslu i skupio milijun dolara; međutim, prije nego što ih je počeo trošiti, umro je od prekomjerne brige i živčanog sloma. Drugi, kako bi stekli slavu, žrtvuju svoje samopoštovanje i iskrenost. Oni koji pate od ove bolesne jednostranosti propuštaju svoj cilj i nikada ne mogu naći pravo zadovoljstvo u posjedovanju onoga za čime žude jer je čovjekova priroda mnogostrana i zahtijeva svestrani razvoj.

Religiozna fiksacija

Ovaj „izam – fanatizam" među takozvanim duhovnim ljudima nastaje zbog prianjanja uz kakvu dogmu ili mišljenje bez provjere vlastitim iskustvom. To uzrokuje provale ljutnje i mržnje prema provjerenim zakonima Istine i liberalnog racionalnog mišljenja. To vjersko ludilo dovodi do nepoštovanja jednostavnih Božjih zakona psihičke učinkovitosti, materijalnog uspjeha i fizičkog zdravlja.

Potrebno je podučavanje duhovnih načela

Fizičke bolesti, budući da su opipljive, bolne i neugodne, pobuđuju naš aktivni otpor i za njih tražimo lijek putem tjelovježbe, prehrane ili nekog drugog načina liječenja. Međutim, za psihičke bolesti, koje su glavni uzrok svih ljudskih problema, ne postoji prevencija ni hitan pristup i tretman, te im se dopušta da upropaštavaju i uništavaju naš život.

Pedagozi, nastavnici tjelesne kulture, propovjednici, reformatori, liječnici i zakonodavci ubrzali bi istinski napredak civilizacije samo kada bi prvi naučili, a onda i podučavali druge kako skladno razvijati sve čimbenike života i ljudske prirode. To je pravo obrazovanje i svestrana ljudska kultura koju svijet traži.

Autoriteti u obrazovanju smatraju da nije moguće podučavati duhovna načela u javnim školama jer ih zamjenjuju s različitim suprotstavljenim vjerskim dogmama. No kada bi se usmjerili na univerzalna načela mira, ljubavi, služenja, tolerancije i vjere koja upravljaju duhovnim životom, i kada bi osmislili kako praktično posaditi takvo sjeme u plodno tlo dječjeg uma, tada bi sve zamišljene poteškoće mogle biti riješene. Velika je greška zanemariti ovaj problem samo zato što je naizgled težak.

Mnogi diplomirani studenti napuštaju sveučilište s glavama „napumpanim" teškim knjigama, a nisu u stanju hodati ravno stazom života jer su njihove noge volje i samokontrole gotovo oduzete zbog nekorištenja. Oni se strmoglavljuju u ponore loših brakova, zloupotrebe seksa, pretjerane žudnje za novcem i poslovnog neuspjeha, jer ih se nije naučilo primjenjivati na fakultetu izoštrenu domišljatost, osim da bi povrijedili sami sebe. Mnogi mladi ljudi kao da uživaju radeći ono što njima samima šteti i nakraju ih odvede u patnju. Prošle su godine u Americi mladi ljudi u dobi od petnaest do trideset godina ukrali milijarde dolara u pljačkama. Tko je odgovoran? Mi – svi mi. Odgovorni su i oni koji vlastitim primjerom ne sprječavaju širenje poroka i koji ne uče druge da budu čestiti. Škole, fakulteti i društvo u cjelini nisu pokušali znanstveno spriječiti kriminal, tako da odstrane njegov pravi uzrok nastao u psihi.

Potrebne su nam škole utemeljene na načelu „kako živjeti"

Zašto ne poduzeti odgovarajuće korake u obrazovanju kako bismo izbjegli krađe milijardi dolara svake godine i kako bi se neki od tih milijuna upotrijebili za otvaranje škola koje se vode načelom „kako živjeti", u kojima bi se podučavalo umijeće življenja i uravnotežen razvoj svih ljudskih sposobnosti?

Smatram da bi bilo ispravno organizirati škole kao vrtove gdje bi se dječje duše uzgajale i njegovale. Vrtlare bi trebalo pomno odabrati u suradnji s roditeljima i javnošću. Nikada ne bi trebali zanemariti učitelje jer oni oblikuju duše. Njega i duhovna hrana u ranom životu ljudske biljke obično određuju njezin daljnji razvoj.

Iskreno cijenim američki moderni školski sustav i stalno poboljšavanje intelektualnog i donekle fizičkog treninga. Ali, ne mogu a da ne upozorim na njegov glavni nedostatak: izostanak duhovnosti. Taj sustav treba nasušno nadopuniti moralnom i duhovnom izobrazbom. Dječaci koji intelektualno pripadaju A-razredu, ili su daroviti igrači bejzbola ili nogometa, često privlače pozornost učitelja koji ih ohrabruju. Nasuprot tomu, ako su učenici D-razreda upitnog moralnog ili duhovnog života, rijetko ih pravilno promatraju ili upozoravaju.

Gdje postoji takva škola koja određenim mjerama potiče sveobuhvatan razvoj ljudske prirode, koja dijete uči istinskom umijeću življenja i priprema ga za prolazak kroz razne manje testove i na kraju završni ispit života? Takve su škole prijeko potrebne za podučavanje umjetnosti i znanosti svestranog razvoja pojedinca.

U takvim školama u kojima se djecu poučava „kako živjeti", jer njihovi su umovi još uvijek neoblikovani i njihova energija još nije usmjerena ni u kojem određenom smjeru, trebalo bi se podučavati znanosti fizičkog, psihičkog i duhovnog razvoja. Odrasli, također u večernjoj školi trebaju ovladati raznim predmetima, ako žele vježbati spremnost i strpljenje, sve dok dobre navike ne zauzmu mjesto nepoželjnih.

Nakon temeljite obuke, studenti takve škole trebali bi neprestano polagati ispite pred samim sobom cijeloga života, a diplome koje će pritom steći bile bi iz područja kao što su: zdravlje, slava, učinkovitost, bogatstvo i sreća.

Rezultati završnog ispita na kraju zemaljskog života bit će prikazani zbrojem postignuća i brojem psihičkih i duhovnih diploma koje su stečene na raznim životnim ispitima. Oni koji budu najuspješniji na tom posljednjem velikom ispitu, dobit će diplomu božanske samodostatnosti, slobodne i radosne svijesti, te blagoslove vječno otisnute na svitku duše. Toj iznimnoj nagradi moljci ne mogu naštetiti, izvan je dosega lopova i protoka vremena, a dodjeljuje se za časni ulazak u Udrugu Istine.

Poticanje snage inicijative

23. svibnja 1927.

Promatrajući svijet u cjelini, te gomile ljudi koji brzopleto jure kroz život, čovjek ne može ne upitati se o čemu je tu zapravo riječ. Kamo idemo? S kojim motivom? Koji je najbolji i najsigurniji put do odredišta?

Većina nas juri bez cilja, poput automobila, bez ikakva plana. Srljajući bezglavo cestom života, propuštamo shvatiti svrhu našega putovanja; rijetko primjećujemo jesmo li na krivudavom sporednom putu koji ne vodi nikamo, ili na ravnoj cesti koja vodi izravno do našeg cilja. Kako možemo pronaći cilj, ako nikada o njemu ne razmišljamo?

Mnogi ljudi, iako nesvjesni svojeg životnog odredišta, ipak su dovoljno poduzetni da odluče što žele i nastoje to pronaći. U skladu s njihovim osobnim željama i promjenljivom okolinom, nastoje iskoristiti pokretačku snagu u sebi kako bi stvorili ono što žele. Kakva je to inicijativa? To je stvaralačka sposobnost, iskra Beskonačnog Stvoritelja unutar svakoga od nas.

Razmislite o desetak znanaca; nisu li umovi većine njih poput motora od jedne konjske snage? Mnogi ljudi slično ograničavaju korištenje svoje stvaralačke energije. U osnovi se njihov život svodi uglavnom na jelo, rad, razonodu i spavanje. Ako se živi takvim životom, koja je razlika između ljudi i životinja? Psiholozi kažu da je jedna od razlika to što je čovjek jedino stvorenje koje se smije. Dobro je smijati se jer ako to ne činite, gubite i ovu jednu isključivo ljudsku karakteristiku. Ne budite poput onih koji, iz dana u dan, uzimaju život tako ozbiljno da se boje čak i osmjehnuti. Oni uopće ne uživaju u životu.

Uz jedinstvenu sposobnost smijeha, čovjek ima i druge izvanredne kvalitete, među kojima je jedna od najvećih - inicijativa. Kakva je to tajanstvena sposobnost? Amerika je zemlja inicijative u poslovanju, u primjeni mehanike. Indija je zemlja inicijative u duhovnosti. Inicijativa je moć stvaranja. Stvarati znači činiti nešto što nitko drugi nije učinio, to je pokušaj da se stvari učine na nov način, pokušaj stvaranja novih stvari. Inicijativa je stvaralačka sposobnost koja potječe izravno od vašeg Stvoritelja. Što ste u svom životu učinili s ovim božanskim darom? Koliko ljudi zaista pokušava koristiti se svojim stvaralačkim sposobnostima? Prolaze tjedni, mjeseci, godine, a oni se ne mijenjaju, osim u godinama. Čovjek inicijative tako je sjajan poput zvijezde padalice – stvara nešto ni od čega, od nemogućega stvara moguće, koristeći se velikom stvaralačkom snagom Duha.

Ne budite osoba s jednom konjskom snagom

Postoje tri vrste ljudi s inicijativom – izvanredna, srednja i uobičajena klasa, a slijede stotine drugih koje sve možemo ubrojiti u „ničiju zemlju" bez identiteta. Postavite si ovo pitanje: „Jesam li ikada pokušao učiniti nešto što nitko drugi nije učinio? To je polazna točka u primjeni inicijative. Ako ne razmišljate tako, vi ste poput stotina drugih koji pogrešno smatraju da nemaju snage djelovati drukčije od onoga što rade. Oni su poput mjesečara; prijedlozi koje dobivaju iz njihova podsvjesnog uma čine ih ljudima sa svijesti od samo jedne konjske snage. Ako idete kroz život samo napola budni, morate se probuditi i afirmirati: „Ja posjedujem najveću ljudsku kvalitetu – inicijativu. Svako ljudsko biće ima neku iskru moći kojom može stvoriti nešto što prije nije bilo stvoreno. Ipak, uviđam kako lako mogu biti zaveden ograničenom sviješću smrtnika koja prožima svijet ako dopustim da me okolina hipnotizira!" Međutim, ako kažete: „Sva polja djelovanja već su zauzeta, čemu uopće pokušavati?", dopuštate da vas hipnotizira frustrirajuća svjetovna svijest. To je razlog zašto u svakom polju ljudskog djelovanja toliki broj ljudi bez inicijative ne postiže ništa.

Na duhovnom putu, također, mnogi ljudi pasivno slijede istu stazu cijeli život. Iako su nezadovoljni, oni bez razmišljanja ostaju pripadnici vjere svoje obitelji. Ili se pak rode u jednoj kršćanskoj Crkvi, ali ih promjena mjesta stanovanja dovede među pripadnike neke druge Crkve i oni joj se pridruže. Čovjek bi trebao slušati unutarnji glas savjesti pri suočavanju sa životnim iskustvima, a ne djelovati slijepo.

Moj guru, Sri Yukteswarji, znao je reći: „Zapamtite ovo: ako u sebi nosite vjeru koja je uistinu božanska i ako u svemiru čak i ne postoji ono što želite, to će za vas biti stvoreno." Imao sam tu neslomljivu vjeru u unutarnju snagu, duhovnu snagu moje volje i to mi je uvijek omogućavalo stvaranje novih okolnosti u kojima sam dobivao ono što sam želio.

Moć poduzetnosti u vama ostaje nerazvijena, neopredmećena, neiskorištena, netaknuta. Ta moć prirođena je duši; vi ste je svi dobili, ali se njome ne koristite. Kako možete steći poduzetnost? Ako još niste razvili moć vlastitog stvaralačkog razmišljanja, ili poduzetnosti u stvaranju svog puta, prvo pokušajte unaprijediti nešto što je netko drugi napravio. Nastojanje da se poboljšaju izumi drugih najčešći je oblik poduzetnosti.

Drugu ili srednju kvalitetu poduzetosti pokazuju ljudi koji pišu ili izumljuju nešto novo, ali što nije od osobite važnosti.

Najbolja ili najposebnija kvaliteta poduzetnosti jest ona koja omogućuje da stojite pred svijetom u blještavom plamenu, poput Burbanka ili Edisona. To su bili ljudi s nepobjedivom poduzetnošću, duhovnom poduzetnošću. Je li Bog bio pristran pa je obdario te iznimne ljude takvom veličinom? Jesu li oni bili izabrani Božanskom Voljom da postanu tako slavni? Ne. Oni su jednostavno upotrijebili svoju poduzetnost da stvore veličinu i slavu na koju pravo po rođenju ima svaki čovjek kao besmrtno Božje dijete. Oni koji traže osobnu slavu nikada ne postižu veličinu; puni oholosti oni nemaju nikakvu stvarnu potporu od Boga. Veliki su oni ljudi koji uživaju u davanju – bez obzira na to je li to snaga, hrabrost, glazba ili umjetnost.

Većina ljudi koji su postali veliki bili su podsvjesno vođeni: imali su dio veličine u svojem nasljeđu koja im je dala tu početnu prednost. Oni su upotrijebili tu nasljednu prednost u životu kako bi postali iznimni, izvanredni. Ako posjedujete takvu iznimnost, to znači da vas nesvjesno vodi snaga uma koja vam je omogućila da ponovnim rođenjem dođete u novu okolinu koja će omogućiti najveći procvat vaše poduzetnosti. U tom smislu može se reći kako se veliki ljudi „rađaju".

Morate otkriti moć koja leži u vama

Ali ja jednako tako znam da veliki čovjek može biti stvoren ili se razviti naizgled ni iz čega. Postoji način da postanete veliki, da steknete tu izvanrednu moć poduzetnosti. Mudrošću, ispravnom vježbom i prakticiranjem učenja *Self-Realization Fellowshipa* možete razviti tu moć poduzetnosti i dovesti je do punog izražaja. Oni koji su davno uložili napor, sada vide plodove svojih aktivnosti. Morate otkriti moć koju imate; morate nastojati prevladati prividne nemogućnosti.

Da biste postigli zapažen uspjeh u kojem god zvanju, morate biti spremni prihvatiti kritičko mišljenje okoline. Morate se držati podalje od ljudi s jednom konjskom snagom i budite originalni - mislite drukčije, govorite malo drukčije. I budite neumorni u svojoj aktivnosti. Čovjek s iznimnom poduzetnošću podnosi sve poteškoće vjerujući u srcu da je u pravu. Svojim putem koračajte s nepokolebljivom postojanošću, znajući da je iza vas beskonačna Stvaralačka Snaga.

Najprije morate sami doći u svjesni kontakt s tom Beskonačnom Snagom. Ona je Izvor sve poduzetnosti i kada se obraćate toj nadsvjesnoj Moći, vaš svjesni i podsvjesni um također se pune tom snagom. Nekada davno bojao sam se da će to malo poduzetnosti koju sam razvio brzo nestati pod teškim ispitima. Sada znam da je u meni taj veliki beskonačni Princip koji je Izvor sve umjetnosti, glazbe, svog znanja. Ako je To iza mene, moram uspjeti.

Uvijek kada želite stvoriti nešto lijepo, prvo mirno sjednite i uđite duboko u meditaciju sve dok se ne susretnete s tom beskonačnom, inventivnom i stvaralačkom Snagom koja je u vama. Pokušajte nešto novo, ali uvijek budite sigurni da je taj veliki stvaralački Princip iza svega što radite; i da će vas taj stvaralački Princip poduprijeti. Svakom ljudskom biću namijenjeno je da ga vodi neograničena stvaralačka snaga Duha. Sumnjom i lijenošću gušite izvor stvaralačke snage u sebi. Neka slobodno poteče! Pokažite neustrašivu odlučnost u svemu što radite.

Većina ljudi zadovolji se suhoparnim citatima, prikupljanjem ideja drugih, a da nikada ne pokažu individualnost koja je u njima. Što je posebno u vama? Gdje je velika jedinstvenost Božje snage u vama? Niste je iskoristili.

Održava vas beskrajna moć Gospodinova

Ispočetka sam se protivio da postanem učitelj – plašile su me implikacije. Učitelj mora biti onaj koji ublažava udarce, u trenutku kada postane uznemiren, ne može pomoći onima koji to traže. Pravi učitelj mora voljeti svakoga; on mora razumjeti čovječanstvo i poznavati Boga. Međutim, kada mi je Sri Yukteswarji rekao da je moja uloga u ovom životu da budem učitelj, prizvao sam Gospodinovu neograničenu moć da me podupre. Počeo sam držati predavanja i tada odlučio da neću govoriti o znanju iz knjiga, nego prema svojem unutarnjem nadahnuću, težeći tomu da iza mojeg govora bude neiscrpna Stvaralačka Snaga. Tom sam se Snagom koristio u razne svrhe; kako bih pomogao ljudima u poslu i na mnoge druge načine. Služio sam se smrtnim umom kako bih odražavao Besmrtnost. Nisam rekao: „Oče, učini to.", nego „Ja to želim učiniti, Oče. Ti me moraš upućivati; Ti me moraš nadahnuti; Ti me moraš voditi."

Učinite male stvari na iziman način; budite najbolji u svojoj djelatnosti. Ne smijete dopustiti da vaš život teče uobičajeno; učinite nešto što nitko drugi nije učinio, nešto što će očarati svijet. Pokažite kako kroz vas djeluju ti Božji stvaralački principi. Zanemarite prošlost. Iako su vaše pogreške katkad duboke poput oceana, ne mogu progutati samu dušu. Imajte nepokolebljivu odlučnost da ćete koračati svojim putem neometani ograničavajućim mislima o prošlim pogreškama.

Život je katkad mračan, dolaze poteškoće, prilike nam promiču neiskorištene, ali nikada u sebi nemojte govoriti: „Ja sam gotov. Bog me je napustio." Tko bi mogao učiniti bilo što za takvu osobu? Vaša obitelj može vas napustiti; dobra sreća vas naizgled može izdati; sve snage ljudi i prirode urotiti se protiv vas; ali s kvalitetom božanske poduzetnosti u sebi, pobijedit ćete svaki napad sudbine stvoren vašim prošlim pogrešnim djelima i pobjednički umarširati u raj.

Iako ste možda poraženi stotinu puta, budite odlučni da bez obzira na to idete k pobjedi. Porazu nije namijenjeno da traje cijelu vječnost. Poraz je privremeni test za vas. Prirodno Bog želi da budete nepobjedivi, da upotrijebite svemoguću snagu koja je u vama, tako da na pozornici života odigrate važnu vama predodređenu ulogu.

Bog je stvorio svijet da vas zabavi

Kako ćete otkriti koja vam uloga odgovara? Ako svi budemo kraljevi, tko će onda biti sluga? Na pozornici su uloge kralja i sluge jednako važne, ako se igraju dobro. Morate zapamtiti da smo zbog toga poslani u ovaj svijet pun različitosti, želja za raznim zvanjima. Bog je svijet zamislio kao igru, veliku predstavu za našu zabavu. Ali, zaboravili smo plan Velikog Redatelja i želimo igrati uloge kako nama odgovara, a ne kako On želi.

Ne uspijevate na pozornici života jer pokušavate igrati ulogu različitu od one koja je za vas božanski osmišljena. Katkad lakrdijaš privlači više pozornosti nego kralj; stoga, bez obzira na to koliko vaša uloga bila neprimjetna, igrajte je savjesno. Uskladite se s Duhom i dobro ćete odigrati svoju ulogu u ovoj zemaljskoj drami.

Nije vam namijenjena patnja. Oni koji igraju tragične likove moraju shvatiti da je to samo njihova uloga. Nije važno koji dio trebate odigrati; uvijek ga nastojte odigrati dobro, u skladu s uputama Glavnog Redatelja, tako da vaša mala uloga prosvijetli druge. Shvatite da se na pozornici svijeta kroz vas izražava jedan dio beskonačne moći Duha.

Beskonačni Duh stvara uvijek novi uspjeh. Beskonačni Duh ne želi da budete automati. Uskladite se s kozmičkom Snagom i bez obzira na to radite li u tvornici ili se družite s ljudima u poslovnom svijetu, uvijek pozitivno govorite: „U meni je beskonačna stvaralačka Moć. Neću otići u grob a da nešto ne postignem. Ja sam božji čovjek, razumno biće. Ja sam moć Duha, dinamičnog Izvora moje duše. Postići ću uspjeh u poslovnom svijetu, u svijetu misli, u svijetu mudrosti. Ja i moj Otac smo Jedno. Ja mogu stvoriti sve što želim, kao i moj Otac stvoritelj."

Tko je stvorio Boga?

Oko 1949.

Zagonetka Božjeg stvaranja i Njegova postanka, svemogućeg i moćnog, zaokuplja svako srce koje Ga žudi upoznati. Nijedan sveti spis nije potpuno rasvijetlio ova naizgled nerješiva pitanja. Međutim, ako duboko promislite i pokušate u cijelosti obuhvatiti ovu temu onako kako ću je opisati, pronaći ćete odgovore na ta pitanja – to su odgovori koje sam primio iz dubine duše i od Boga.

Beskonačni Bog, krajnji je uzrok cjelokupnog konačnog svijeta. Kroz moć *maye* čija oluja prividnih relativnosti bjesni oceanom Njegova bića i Njegove vibrirajuće želje za stvaranjem, dižu se valovi konačnog stvaranja. „Rođenja ja nemam i nepromjenljiva je moja Bit!, pa ipak postajem Gospodar sveg stvorenog, boraveći u Mojoj vlastitoj kozmičkoj Prirodi (Prakriti), utjelovljen putem varke *maye* koja iz Mene proizlazi."*

Prikazujući Se kao stvaralačka kozmička inteligentna Vibracija te uz pomoć oluje prividne relativnosti, Bog iz Sebe stvara sve konačne vibracijske valove uma, energije i tvari: elektrone, protone, atome, molekule, stanice i sav materijalni svijet – bezbrojne galaktike diljem Svemira prožetim mnogim zračenjima.

Tako je inteligentna kozmička Vibracija prvi pojavni uzrok svega što postoji, iako su razni konačni oblici tvari stvoreni ili prouzročeni naknadno, kombinacijom određenih osnovnih oblika: stanice proizlaze iz molekula, molekule iz atoma, atomi su sastavljeni od elektrona i protona, elektroni i protoni od astralona, a ovi od mentalona† proizašlih iz Beskonačnog.

---

* Bhagavad Gita, IV:6.

† To je naziv koji je Paramahansa Yogānanda dao prvom i najsuptilnijem očitovanju stvaralačke vibracije koja proizlazi iz Duha; to su prvotne ideje koje su u osnovi sveg materijalnog svijeta. Mentaloni (misaone čestice) su sastojci idejnog ili kauzalnog svemira, iz kojeg proizlazi astralni svemir sastavljen od astralona, nositelja inteligentne životne energije, iz kojih, pak, proizlazi fizički svemir grube atomske energije (vidi *kauzalni svijet* u rječniku.) (*Napomena izdavača*)

Sve stvoreno postoji i uzrok mu je Bog; stoga Bog postoji. Možemo reći da inteligentni stvoreni svijet postoji zato što postoji inteligentni Bog. Ali, tko je stvorio Boga, iz kojeg proizlazi sve ostalo? Odgovor je: sam Beskonačni.* Zakon uzročnosti odnosi se samo na konačne predmete; on se ne odnosi na Beskonačno. Kao što se svi valovi oceana ponovno gube u oceanu, tako se i svi konačni objekti pojavnog svijeta gube u njihovu vječnom Izvoru. Jednako tako, zakon uzročnosti djeluje izvana u očitovanom stvaranju, ali se gubi u Beskonačnom.

Putem zakona uzročnosti, od naših originalnih roditelja – bića poznatih kao Adam i Eva, stvorenih u konačnom svijetu od Beskonačnoga – poteklo je cjelokupno čovječanstvo. Budući da smo stvoreni od svojih roditelja – a naši roditelji od svojih djedova i baka, logično zaključujemo da su nam Adam i Eva svima praroditelji – pa se vođeni istim zaključivanjem pitamo tko je stvorio Boga. Tako primjenjujemo na Beskonačno zakon uzročnosti koji je nas stvorio. Takvo je razmišljanje pogrešno.

Različita motrišta

Dok vas nose oceanski valovi, nemate jasnu predodžbu oceana kao cjeline; ali motrite li iz zraka, ptičja perspektiva omogućuje vam pogled na široko prostranstvo. Slično tomu, kada se koncentrirate na pojavno u konačnom svijetu i u njega ste uronjeni, jedino što možete vidjeti su te konačne pojave kojima upravlja zakon uzročnosti. Međutim, kada naučite sklopljenih očiju pogledati unutra, nećete vidjeti konačne oblike ni zakon koji ih je stvorio, nego ćete opaziti bezobličnu, bezuzročnu Beskonačnost.

U ledenoj zemlji blizu Sjevernog pola, jedan je Eskim loveći tuljana pogledao prema gore i ugledao putnika iz Indije koji mu se približavao.

„Odakle si došao, prijatelju?" upitao je.

---

* „Ne-Biće nije bilo, niti Bića ne bijaše tada ...
Jedini je disao bez daška, vlastitom snagom.
Izvan toga ničega nije bilo...
Korijen Bića u Ne-Biću pronašli su
Mudraci razumijevajući ga srcem svojim.",
Rig Veda, X:129

„Moj dom je Indija", odgovori stranac.

„Dobro, dobro!" reče Eskim. „Ima li u vas obilje dobrog tuljanova mesa?"

„O, ne, uopće ga nema", odgovorio je zbunjeni posjetitelj. „Mi u Indiji živimo uglavnom na povrću."

„Koja budalasta izjava", pomisli Eskim. „Nitko ne može živjeti bez tuljanova mesa!"

Baš kao što Eskim, ne znajući za drugu prehranu, misli da svi ljudi jedu meso tuljana, tako i bića stvorena zakonom uzročnosti prirodno smatraju da je i Beskonačni Bog nastao zakonom uzročnosti.

Duh ne podliježe uzročnosti

Stoga je u osnovi pogrešno kada konačna ljudska bića stvorena zakonom uzročnosti uopće postavljaju pitanje: „Tko je stvorio Boga?" Beskonačni je stvorio zakon uzročnosti iz kojega proizlazi sve konačno i ograničeno, ali sam Beskonačni postoji bez posebnog uzroka. Kao što apsolutistički vladar donosi zakone u svojem kraljevstvu a da on sam njima ne podliježe, tako i Kralj svemira stvara sve zakone u Svojem kraljevstvu, uključujući i zakon uzročnosti koji upravlja Njegovom konačnom kreacijom; ali On nije podvrgnut Svojim zakonima. „Ja, Nepojavni, prožimam cijeli svemir. Sva stvorenja borave u Meni, ali Ja ne boravim u njima."* Iako je prisutan u svemu, Bog ni na koji način nije vezan za išta konačno i ograničeno.

Dakle, Beskonačno jednostavno *jest*. Mi izvodimo zaključak o Njegovu postojanju i svemoći na temelju Njegovih silovitih očitovanja u svemu stvorenom. Njegova moć itekako je djelatna u pojavnom svijetu. A za vrijeme kozmičkog rastapanja, sva moć, kozmička inteligencija i zakon uzročnosti postaju neaktivni i uranjaju natrag u Apsolut, čekajući ondje na sljedeći ciklus Božjeg stvaranja. Snaga oluje koja podiže valove oceana očituje se u njima. Međutim, nikakva snaga ne očituje se dok je ocean miran. Slično tomu, u stanju stvorenoga svijeta, Beskonačni očituje inteligenciju, um, vibracije, sile i tvari. U neočitovanom stanju Beskonačni postoji samo kao Duh u kojem sve te snage miruju. Iz prostora dolazi svjetlo, galaktike

---

* Bhagavad Gita, IX:4.

i vrijeme, i u tom prostoru sve to nestaje i ponovno biva prikriveno. Ta sfera iza opažajnog svijeta skrovište je Duha.

Beskonačni, koji je izvan i iznad pojmova vibrantne inteligencije, energije, prostora i vremena, predstavlja stvar po Sebi. Može se osjetiti i spoznati kao vječna snaga koja postoji bez početka ili kraja. Stvoreni svijet prouzročio je Bog, a Bog jednostavno *jest*. Nitko i ništa nije stvorilo Boga – On je i bit će ono što jest, oduvijek i zauvijek. „O, Arđuna! Nema ničeg iznad Mene, ili izvan Mene. Sve stvari (stvorenja i predmeti) vezani su za Mene poput niske dragulja na niti."* Ovo ne možete shvatiti sve dok se smatrate ograničenim stvorenim bićem podložnim zakonu uzroka i posljedica. No čim postanete jedno s Bogom u ekstazi, znat ćete točno kakav je i što Bog jest – Onaj bez početka, Onaj bez kraja, Onaj bez uzroka. Tada, kada se stopite s Njim, spoznat ćete da ste i vi Bez-uzročna Vječnost. Kao smrtni čovjek, vi ste samo dio Božjeg stvaranja; kao samospoznati besmrtni čovjek, doživjet ćete sebe kao val u oceanu Boga, kao jednu i jedinu, samodostatnu, vječno postojeću Kozmičku Svijest.

---

* Bhagavad Gita, VII:7.

Nedostajuća poveznica između svijesti i materije

Međunarodna središnjica Self-Realization Fellowshipa, Los Angeles, Kalifornija, 1932.

Velika je razlika između kamena i misli o kamenu: kamen ima težinu i veličinu, vidljiv je i opipljiv; misao o kamenu je nevidljiva i neopipljiva, bez težine ili veličine. Jednako tako, fizičko tijelo, na primjer osobe imena Henry Jones, odlikuju težina, oblik, visina i vidljivost; misao o Henryju Jonesu, pak, nema nijedno od tih obilježja tvari. Unatoč tomu, snažan um s vještinom vizualizacije može u halucinaciji ili u svjesnom snu vidjeti Henryja Jonesa, rukovati se s njim, izvagati ga na vagi i zaključiti da je visok i vitak. Vizualizacija, halucinacija ili čak snoviđenje tijela Henryja Jonesa stvarniji su od same misaone percepcije njegova tijela jer se sanjani objekti opažaju osjetilima dodira, okusa, mirisa, vida i sluha.* Koja je razlika između misli o Henryju Jonesu; vizualizacije, halucinacije, ili percepcije tijela Henryja Jonesa u snu te napokon njegova živog fizičkog tijela?

Razlika između iluzije i varke

Mogli bi zauzeti gledište da je fizički oblik Henryja Jonesa stvaran jer je svima vidljiv, a da njegov prikaz u snu nije stvaran jer je vidljiv samo jednoj osobi. Je li, međutim, moguće da je stvarnost fizičkog tijela Henryja Jonesa - i svih drugih ljudskih bića - varka? Iz Indije dolazi filozofski koncept *maye*, obmane ili misaone pogreške

---

* Organi osjetilne percepcije (oči, uši itd.) pripadaju fizičkom tijelu, ali sama osjetilna percepcija je funkcija čovjekova astralnog tijela koje se sastoji od suptilnog elektriciteta. Dakle, u snovima i halucinacijama osjetila funkcioniraju kroz podsvjesni um, neovisno o njihovim fizičkim organima. (vidi pod *astralno tijelo* u rječniku.)

zajedničke svim ljudima; te pojam *avidye**, iluzije ili misaone pogreške koja je iskustvo svakog pojedinca.

S druge strane, pojedinac shvaća određene istine koje ostali ne razumiju jednako kao on. Tako ljude koji razumiju božansko, koji su spoznali istinu o prirodi Boga i čovjeka, katkad pogrešno optužuju za iluzije i halucinacije oni koji su još u ropstvu kozmičke obmane. Nije u redu da oni koji su pod utjecajem *maye* omalovažavaju svjedočanstvo onoga tko to više nije. Samo onaj tko je prevladao kozmičku varku unutarnjom spoznajom može ispravno procijeniti istinu.

Prosječna osoba fizičko tijelo koje se doživljava osjetilima smatra stvarnim, a misaono, zamišljeno ili sanjano tijelo nestvarnim. Pretpostavimo da sliku Henryja Jonesa koji je u Detroitu u televizijskom prijenosu prate gledatelji u Los Angelesu. Vide li oni pravog Henryja Jonesa? Obična osoba rekla bi: *da*.

Velika iluzija kozmičkoga Maga

Metafizički učitelj obmanu unutar obmane vidi kao iluziju. On shvaća fizičko tijelo Henryja Jonesa kao varljivi oblik – poput fatamorgane grada – ne sasvim ništavno, ali ipak nešto što nije stvarno. Čovjek koji ima dublji spoznajni uvid mogao bi postaviti pitanje zašto smo tako sigurni da fizičko tijelo nije obmana kojoj smo svi podložni? Možemo li biti sigurni da sva ljudska bića zapravo ne sanjaju tijelo Henryja Jonesa i druge materijalne stvari? Ako je Bog čovjeka zaista postavio kao snivača kozmičkog sna, tada svi možda sanjamo postojanje tijela Henryja Jonesa. U tom slučaju ne možemo razlikovati postoji li tijelo Henryja Jonesa stvarno ili ne postoji.

Služeći se određenim pomno isplaniranim i izvedenim vizualnim i zvučnim trikovima veliki čarobnjak Thurston pred publiku dovodi lebdeći lik Henryja Jonesa koji govori i nakon toga iznenada nestane. Nije li onda moguće da nam veliki kozmički Mag prikazuje više nego stvarne zvučne, vizualne i opipljive slike tijela Henryja Jonesa, kao i svakoga i svega ostalog u stvorenom svemiru? Ako je tako, onda se može reći da svatko pod utjecajem ovoga kozmičkog filma može stvoriti lik Henryja Jonesa putem misaonog filma vlastite izrade u svojem

---

* Vidi *avidya* i *maya* u rječniku.

Nedostajuća poveznica između svijesti i materije

„kućnom kinu". U tom slučaju, ljudi pod utjecajem kozmičke varke koju je stvorio Bog, misle: „Ta osoba pati od priviđa", iako su i oni sami žrtve iste kozmičke varke kojom vide metafizički nestvarno, ali ovozemaljski itekako stvarno tijelo Henryja Jonesa. Tako, ako je cjelokupna kreacija samo niz snovitih filmova unutar čovjekove svijesti, tada je sve varka, pa je i mentalna slika ili halucinacija jedne osobe na temelju stvarnog fizičkog tijela Henryja Jonesa u ovom kozmičkom svijetu snova zapravo varka unutar varke, a to znači iluzija.

Mudar čovjek koji se oslobađa utjecaja kozmičkog sna vidi fizičko tijelo Henryja Jonesa i svu tvar kao varljivi kozmički san, zamisao o postanju materije ili Henryja Jonesa kao varljivi san unutar Božjeg kozmičkog sna. Misaonu pogrešku ili iluziju jedne osobe mogu ispraviti drugi ljudi koji ne podliježu toj grešci; ali greška koju dijele svi, ne može se ispraviti, osim putem onih koji su postigli samospoznaju i koji jedini s pravom mogu reći kako je istina da „stvari nisu uvijek onakve kakvima se doživljavaju"* osjetilima.

Kako je svijest postala materijom

Jedina razlika između svijesti i tvari, uma i tijela, jest u brzini vibracije. Vibracija je prijenos energije. Kako je to gibanje proisteklo iz Kozmičke Inteligencije? Sve vibracije u eteru odraz su kozmičke energije kojom upravlja ta Inteligencija. Duh kao neočitovani Apsolut nema vibracija ili pokreta. Duh u očitovanju Stvoritelja je Bog Otac. Stvoritelj je najprije potaknuo Svoj mirujući Duh pokretom misli; tako je prvi čin stvaranja Boga Oca bilo kozmičko inteligentno gibanje ili vibracija misli.† Ovo je gibanje postalo sve jače i grublje, dok se napokon nije promijenilo u izvanjsko očitovanje kao kozmičko svjetlo i kozmički zvuk (koji se u ljudskom tijelu zamjećuju kao vidljivo duhovno oko i čujni kozmički zvuk *Aum* ili Amen). Vibracija svjesne kozmičke energije posljedično je postala sve grublja, dok nije poprimila oblik božanske, poluinteligentne, instinktivno

---

* Fedar, knjiga IV; dijalog 2,5 (Platon).

† Veliki Albert Einstein bio je vrlo blizu toj istini kada je napisao: „Želim znati kako je Bog stvorio ovaj svijet. Ne zanima me ovaj ili onaj fenomen, pojedinosti spektra ovog ili onog elementa. Želim znati Njegove misli; ostalo su detalji."

vođene elektronske energije te se naposljetku pojavila u još grubljem i zgusnutijem obliku plinovite, tekuće i čvrste energije tvari.

Slično tomu, mikrokozmos ili tijelo čovjeka, nastalo je najprije kao vibracijski misaoni oblik, u vidu kauzalnog tijela. Iz ovog su proistekle grublje vibracije koje su dalje stvorile astralno ili energetsko tijelo čovjeka, ono je izvor još grubljih vibracija koje tvore čvrsto fizičko tijelo. Kao što čovjek s pomoću električne žarulje projektora prenosi kombinacije svjetla i sjene te zvuka na filmsko platno što zatim tvori filmsku sliku ljudskog bića, tako i kozmički kinooperater projicira različite kombinacije zamrznutih vibracija misli, kozmičkog svjetla i energije da bi u ljudskoj svijesti proizveo „sliku" čvrstog fizičkog tijela.

Pogrešne misli zastiru savršeni Božji misaoni film

Djelomičnim zastiranjem svjetla iz projektora, filmski operater na ekranu projicira sliku čovjeka bez ruke; ako dopusti svjetlu da slobodno prolazi kroz film, ruka postaje vidljiva. Slično tomu, svijest ili očitovanje bolesti nije ništa drugo nego zastiranje Božje savršene misaone slike čovjeka kojemu je uzrok pogrešna čovjekova misao.

Čovjek je naslijedio slabosti svojih predaka. Nasljeđem se naviknuo na nesavršenost. Njegove pogrešne misli ne zastiru samo savršene misaone slike života i tijela, one priječe slobodan protok kozmičke životne sile koja je uzrok nastanka i održavanja lažne slike ljudskoga tijela.

Amputacija ruke osobi stradaloj u automobilskoj nesreći nije stvarnija od amputirane ruke čovjeka na filmskom ekranu iz prethodnog prikaza. Međutim, sve dok netko nije vješt „kinooperater", nije u stanju ukloniti zapreku koja zastire projekciju savršenog Božjeg filma – zapreku koja izobličuje sliku u vidu ozljede ili bolesti u tijelu. Varljiva priroda tjelesnih nesreća ne može se spoznati sve dok nismo u stanju prenijeti svoju svijest u projekcijsku kabinu Kozmičke Svijesti i upoznati se s tajnama Kozmičkog Operatera. On je taj koji nam putem kozmičkih misaonih filmova vlastite proizvodnje i kozmičke energije koju je sam zamrznuo pokušava prikazati film savršenog čovjeka (stvorenog „na Njegovu sliku") i svekolikog života u svemiru. Čovjek je zbog neznanja izgubio suglasje s božanskom voljom i tako zastire Božju kozmičku filmsku projekciju.

Komad leda je čvrst, težak, hladan i vidljiv. Ako se otopi, postaje

Nedostajuća poveznica između svijesti i materije

tekućina, a ipak ima jednaku težinu, ostaje hladan, još je uvijek vidljiv iako u drukčijem obliku. Ako kroz otopljeni led pustimo električnu struju, razlaže se na nevidljive plinove: kisik i vodik. Tako se komad leda može promijeniti iz vidljive, hladne, čvrste mase u nevidljive, neopipljive plinove jednake težine. Proces može teći i obrnuto, tj. plinovi se kondenziraju u tekućinu koja se zamrzavanjem vraća u nestali komad leda. Slično tomu, čvrsto ljudsko tijelo razgrađuje se na tekućine i isparava u nevidljive plinove; međutim, čovjek još nije naučio kako te sastavnice vratiti u njihov originalni oblik. Još nije pronašao vezu između uma i tijela, Duha i tvari. Ta veza koja nedostaje je kozmička energija.

Suptilno vibrirajuća svjesna energija postaje čista svijest, koja se povećanjem grublje frekvencije vibracije očituje kao tijelo. Kada uporabom svoje volje čovjek stekne vrhovni nadzor nad energijama u tijelu, moći će rastapati vibracije svojega čvrstog fizičkog tijela u astralnu energiju, a astralnu energiju u misaonu energiju. Na jednak će način moći svoju svijest materijalizirati u astralno tijelo i kondenzirati ga u fizičko. Gita upućuje na tu moć. „Onaj tko putem joge spozna potku istine unutar Mojih raznoraznih prikaza, te moć stvaranja i rastakanja Moje božanske Joge taj će biti nepokolebljivo sjedinjen sa Mnom. U to ne treba sumnjati."*

Znanstvenici danas mogu kontrolirati kemijske promjene u tijelu, ali još ne razumiju biokemijski nadzor tvari. Razumijevanje odnosa volje i tijela dovodi do spoznaje da tijelo nije ovisno samo o kemijskoj hrani, nego i o energiji koju dobiva voljom iz nevidljivog kozmičkog izvora. Volja je glavni dobavljač životne snage tijelu. Ljudsko je tijelo, poput baterije, u stanju suspendirane animacije sposobno preživjeti bez kisika, sunca, krutina, tekućina, disanja ili rada srca; međutim, napusti li svijest pa time i volja područje kralježnice i mozga, neminovno dolazi do raspadanja tijela.

Volja kao izvor kozmičke energije

Pokret svakog dijela tijela uvjetuje pokret volje, i djelovanjem tog nevidljivog radioodašiljača volje energija se bežično prenosi u tijelo iz akumulatora u mozgu i bezgraničnog izvora svjesne

---

* Bhagavad Gita, X:7.

kozmičke energije koja okružuje tijelo. Kada ste umorni, možete unijeti energiju u tijelo putem hrane, udisanjem kisika, apsorpcijom ultraljubičastog zračenja sunca ili unosom vode ili druge tekućine; ali kada *voljno* upregnete ruke i tijelo kao da podižete težak teret, u tijelo dovodite energiju putem nevidljive mentalne snage volje. Napinjanje raznih dijelova tijela s koncentracijom i voljom*, jedini je primjer mogućnosti stvaranja energije u tijelu; ne iz fizičkih izvora izvan tijela, nego iz nevidljivog izvora koji se nalazi unutar i izvan našega tijela – a to je Božja inteligentna kozmička energija.

Da bi se ovladalo kozmičkom energijom, tom vezom koja nedostaje između svijesti i tvari, tijela i Duha, valja nam shvatiti istinsku prirodu Jastva – svega postojećeg i jedinstva svega sa Stvoriteljem.

---

* Misli se na „Energetske vježbe" koje uče studenti u sklopu Lekcija Self-Realization Fellowshipa. (Vidi u rječniku.)

Je li Bog Otac ili Majka?

Prvi Hram Self-Realization Fellowshipa u Encinitasu, Kalifornija, 14. svibnja 1939.

Žao mi je onih koji nikada nisu upoznali majčinsku ljubav jer su time propustili veliko iskustvo. Svaka majka odraz je Božje bezuvjetne ljubavi, iako su ljudske majke nesavršene, a Božanska je Majka savršena. Molim se da sve majke žive pobožnim i nesebičnim životom kako bi se njihova ograničena ljudska ljubav preobrazila u čistu sveobuhvatnu ljubav Božanske Majke.

Moja majka meni je bila sve. Moja radost rasla je u njezinoj prisutnosti, osjećao sam se kao na nebu. Bio sam još dječak kada smo otac i ja, u Bareillyju, primili vijest da je teško bolesna. Odmah smo sjeli u vlak za Kalkutu kamo je otišla kako bi nadgledala pripreme za vjenčanje mojega starijeg brata Anante. Dok smo presjedali na drugi vlak, sreli smo na stanici ujaka. Obuzeo me snažan osjećaj da je majka već mrtva. Upitao sam tjeskobno je li još živa. Drugi vlak tutnjao je prema nama, a ja sam se odlučio baciti na tračnice doznam li da je majka mrtva. Točno protumačivši očaj na mojem licu, ujak je odgovorio: „Naravno da je živa!" No kada smo došli do naše kuće u Kalkuti, već je bila preminula. Bijah neutješan. Volio sam svoju majku kao najdražeg prijatelja; njezine utješne crne oči bile su moje najsigurnije utočište. Kako je to stvarno djelovalo na mene, opisao sam u sljedećoj pjesmi:

> Samo ljubavlju prožete, dozivahu me mnoge crne oči –
> Da me tetoše i utješe
> Moju tugu što bez majke ostah – moj život siročeta.
> Ali ništa se nije moglo mjeriti s pogledom
> Ta nestala tamna oka dva
> Što pozivahu na ljubav.

Ljubav ta crna oka dva
Zauvijek je za obzor zašla
U predjelima mnoštva crnih očiju koje gledah.
Tražeći ta oka dva
U rođenju i smrti, u životu i snovima,
I u svim zemljama nepoznatim,
Na kraju sam pronašao
Sveprožimajuće bezbrojne oči
Božanske Majke
U svemiru i srcu,
U zemljinoj jezgri, zvijezdama, unutra i izvana,
Kako željno gledaju na me
Odasvud.
Tražeći i tražeći svoju mrtvu majku,
Pronađoh Besmrtnu Majku.
Izgubljenu ljubav zemaljske majke
Nađoh u mojoj Kozmičkoj Majci.
Tragajući i tražeći,
U Njezinim bezbrojnim očima
Nađoh ona crna oka dva.

    Kada biste samo mogli podijeliti sa mnom uzbuđenje koje sam osjetio kada sam odjednom postao svjestan tih crnih očiju moje majke koje me gledaju odasvud, iz svakog zakutka svemira! Kakvo je to iskustvo bilo! Sva moja tuga pretvorila se u radost.
    Ljudski odnosi dani su nam ne da bismo ih uzdizali u nebesa, nego da bismo ih učinili nebeskima. Ako o svojoj majci uvijek mislite kao o izrazu bezuvjetne ljubavi Božanske Majke ostvarene u ljudskom obliku, to će vam donijeti utjehu kada ona ode. Umrla majka nije za vas izgubljena; ona je predstavnica Božanske Majke koja je došla biti vam majkom nakratko, a nakon što ode, ostaje skrivena iza sveprisutne ljubavi Božanske Majke. Oni koji su izgubili majku, moraju naći Božansku Majku skrivenu iza neba. Ne molite se dovoljno duboko. Molite se Njoj s neprekidnim zahtjevom, s odlučnošću da nećete prestati sve dok ne dođe Njezin odgovor. Ako budete molili tako ozbiljno, onako kako sam ja molio, primit ćete odgovor Božanske Majke u kojoj ćete tada vidjeti i svoju zemaljsku majku.

Je li Bog Otac ili Majka?

Sada svaku ženu gledam kao majku. Čak i kada se u njoj nazre samo malo dobrote, i dalje u njoj vidim Božansku Majku. Muškarci bi se trebali prema svim ženama odnositi kao prema majci; oni ne znaju što propuštaju kada žene smatraju samo objektom za zadovoljenje strasti; jer ta požuda zrcali zlo koje je u njima samima. U ženskom aspektu majke krije se čistoća. Žene su dobile majčinski instinkt kako bi spasile muškarce od zamki zla. To je njihova primarna svrha; one nisu stvorene kao objekti požude. Ništa nije svetije od bezuvjetne suosjećajnosti žene prema muškarcu. Neumoljivi i časni sudac kod kuće je samo dijete svoje žene. Svaka žena treba osjećati ljubav prema cijelom svijetu da bi odražavala ljubav Božanske Majke. Najveći blagoslov koji su dobile žene jest da čovječanstvo nadahnu majčinskom ljubavlju.

Bog je i otac i majka

U stvaranju ovog svemira Bog je pokazao dva očitovanja: muški ili očinski, i ženski ili majčinski. Ako zatvorite oči i predočite si golemi, neograničeni prostor, postajete preplavljeni i zaneseni – osjećate samo čistu mudrost. Ta skrivena, beskonačna oblast u kojoj ne postoji stvoreno, gdje nema zvijezda ni planeta – samo čista mudrost – to je Otac. A priroda sa svojim dijamantno blistavim zvijezdama, Mliječnom stazom, cvijećem, pticama, oblacima, planinama, nebom – bezbrojnim ljepotama stvorenog – to je Božanska Majka. U Prirodi se ogleda majčinski aspekt Boga, prepun ljepote, blagosti, nježnosti i dobrote.* Ljepota u svijetu vid je Božjeg kreativnog majčinskog

---

* U ovom opisu, Paramahansa Yogānanda naglašava ono što smatramo istinskim „majčinskim" kvalitetama, nježnost i djelovanje puno ljubavi koji su u majčinskoj prirodi. U drugim prilikama, Paramahansaji je također upućivao na to da su oblik i osobine pretpostavke očitovanog svijeta, a taj očitovani svijet pretpostavlja postojanje relativnosti. Majka Priroda stoga također mora provoditi inherentne i neumoljive kozmičke zakone svemira. Krše li se ti zakoni, Božanska Pravda odmjerava prikladnu kaznu; stoga smo ponekad svjedoci žestokih prirodnih sila na djelu. One su rezultat čovjekova pogrešnog postupanja koje narušava kozmički sklad. (Vidi *karma* u rječniku.) No nepromjenjiva ljepota Božanske Majke je u tome da ako poklonik ponizno padne pred Njezina koljena i zazove Njezinu bezuvjetnu ljubav, može Je uvjeriti da ublaži kaznu koja inače iz tih zakona slijedi. Tako se u hinduizmu Božanska Majka ponekad očituje kao Kali; njezine četiri ruke simboliziraju ključne atribute, dva blagotvorna i dva destruktivna – što predstavlja osnovnu dvojnost Majke Prirode. (*napomena izdavača*)

instinkta i promatramo li sve ono što je dobro u Prirodi, osjećamo blagost u sebi – vidimo i osjećamo Boga kao Majku u Prirodi.

Tako je Bog i Otac i Majka. Kršćanski i hinduistički spisi opisuju Boga kao trojednog: Oca, Sina i Duha Svetoga – u hinduizmu: *Sat, Tat, Aum*. Otac je Božji aspekt mudrosti, Duh Sveti je majčinski aspekt, a Sin predstavlja kozmičko stvaranje – znamen ili načelo kojim očinski i majčinski odraz Boga izražavaju svoju božansku ljubav. Mi smo djeca te ljubavi. „Kako na nebu, tako i na zemlji" – u ljudskoj obitelji vidimo u malom odraz velike obitelji Svetoga Trojstva: Bog Otac predstavljen je u ljudskom ocu; Duh Sveti ili Priroda očituju se u majci; Sin – čiji je simbol dijete kao izraz ljubavi i oca i majke.

Isus je govorio o Bogu kao Ocu. Neki sveci o Njemu su govorili kao o Majci. U Svojem transcendentalnom aspektu, Bog nije ni Otac ni Majka; međutim, kada o Njemu razmišljamo u kontekstu ljudskih odnosa, On nam može postati ili Otac ili Majka. Bog je i beskonačna mudrost i beskonačan osjećaj. Kada se prikazuje u stvorenom, Bog Svojoj mudrosti daje oblik oca, a Svojim osjećajima oblik majke. Svatko od njih pojedinačno nije savršen, samo je polovina Božje prirode, jer otac se vodi i vođen je razumom, dok se majka vodi i vode je osjećaji. Otac želi dijete usmjeravati razumom, a majka osjećajima.

Majka kaže: „Uči ga ljubavlju." Katkad je dobro dati mnogo ljubavi, ali ako u tome pretjerate, pokvarit ćete dijete. Ponekad je potrebno malo strogosti, ali žestoko kažnjavanje djeteta zbog njegovih grešaka potaknut će ga da još više griješi. Zbog toga u odgoju roditelji trebaju pokazivati oba vida Boga jer su oba nužna za djetetovu dobrobit. Svaki otac treba nastojati ublažiti svoj razum ljubavlju, a svaka majka ublažiti ljubav razumom.

Kada razmišljam o svojem guruu, Sri Yukteswarjiju, u njemu vidim strogost oca i dobrotu majke, bez njihovih slabosti ili zaslijepljenosti. Svaki otac i svaka majka potencijalno su obdareni i očinskom mudrošću i majčinskom blagošću Boga. Oni te darove moraju skladno usavršiti. Roditelji tako lako postaju slijepi na greške svojih potomaka! Ako ne možete vidjeti grešku svoga djeteta, nešto nije u redu s vašom ljubavlju. Roditelji trebaju naučiti voljeti svoju djecu bezuvjetno, a da pritom ne budu slijepi na djetetove greške u ponašanju ili razmišljanju. Oni moraju voljeti svoje dijete bez obzira na njegove prijestupe, ali ga ne smiju podržavati u njegovim greškama. Pomozite svojem djetetu da se izvuče iz zamke zla, radije nego da ga gurate još dublje podupirući ga u njegovu pogrešnom postupanju. Oni vam neće uzvratiti nikakvu ljubav za to vaše pogrešno i popustljivo ponašanje.

Intuitivna priroda čistog razuma i čistih osjećaja

Čist razum i čist osjećaj sadržavaju intuitivnu odliku. Čistim osjećajem vidi se jednako jasno kao i čistim razumom. Većina žena ima snažno razvijenu intuiciju. Jedino kada postanu nepotrebno uzbuđene, gube svoje intuitivne sposobnosti. Čisti razum također je intuitivan, ako je ta moć dovoljno razvijena. Inače, ako su pretpostavke pogrešne, i zaključak će biti pogrešan. Svaki čovjek koji jasno razmišlja prije ili kasnije razvit će pravu intuiciju koja nikada ne griješi.

Ljubomorna žena, puna mržnje i ljutnje vidjet će te osobine i kod drugih. Ako neprestano bude pod utjecajem takvih štetnih emocija, ona će, nažalost, izgubiti svoj dar intuicije. Zbog toga bi svaka žena trebala biti manje emotivna i nastojati se osloboditi svih negativnih osjećaja. Ona će tada razviti taj intuitivni majčinski aspekt Boga. Moja je majka imala snažnu intuiciju jer je bila potpuno slobodna od ljubomore, mržnje i ljutnje.

Bog nikada i nikoga ne napušta. Kada sagriješite i vjerujete da je vaša krivnja neizmjerna, bez iskupljenja; kada svijet izjavi da na vas ne računa i kaže da nikada nećete vrijediti ništa, stanite na trenutak i pomislite na Majku. Recite Joj: „Božanska Majko, ja sam Tvoje dijete, Tvoje nestašno dijete. Molim Te, oprosti mi." Obratite li se majčinskom aspektu Boga, tu onda nema oštra odgovora – jednostavno, rastopit ćete Božansko Srce. Međutim, Bog vas neće podržati ako nastavite griješiti. Morate se odreći pogrešnih djela dok se molite.

Ispovijed se temelji na vrlo razumnom načelu. Čin ispovijedi usporediv je s odlaskom liječniku kada ste bolesni zbog zanemarivanja zdravih navika. Dužni ste reći liječniku svoje simptome, a on će vam odmah propisati lijek za ozdravljenje. No ako nastavite živjeti nezdravo, nikada nećete biti izliječeni. Poznajem dječaka koji se često razmetao: „Mogu raditi štogod mi se sviđa jer znam da će mi idućeg tjedna biti oprošteno kada odem na ispovijed." To je pogrešno stajalište. Ako se ne odreknete zla jednom kada ga priznate, neće vam biti oprošteno.

Božanski čovjek u sebi razvija i očinske i majčinske kvalitete. On može prema svima osjećati jednaku ljubav koju majka osjeća za svoju djecu. Takvi su bili Isusovi osjećaji kada je na križu rekao: „Oče, oprosti im jer oni ne znaju što čine." Kako je mogao osjećati takvu ljubav prema onima koji su ga razapinjali? Zato što je razvio i očinske i majčinske kvalitete Boga. Za Isusa ljudi koji su ga pribijali na križ nisu bili neprijatelji oboružani kopljima i strijelama; oni su bili njegova djeca koja ga nisu shvaćala. Tko osim majke može misliti na taj način, kao što je to Isus mislio? Majka koju sin maltretira boji se samo onoga što se može dogoditi njemu. To je Isus shvaćao i zato je rekao: „Oče, oprosti im."

Ako razvijate majčinsko očitovanje Boga, osjetit ćete ljubav prema svim ljudima na svijetu. Ako se obraćate Bogu kao Božanskoj Majci, Ona brzo popušta jer ste zazvali Njezinu blagost i bezuvjetnu ljubav. Kada štujete Boga kao Majku, možete stati pred Nju i reći: „Božanska Majko, zločest ili dobar, ja sam Tvoje dijete. Ja sam možda bio u kandžama zla u mnogim inkarnacijama, no moram li zbog toga platiti punu cijenu u skladu s Tvojim zakonom? Ne mogu čekati toliko dugo kako bih došao u Tvoju prisutnost! Majko, molim Te, oprosti mi! Zar me baš moraš tako kazniti? Što je učinjeno, učinjeno je. Sve je to prošlost. Ja više neću ponovno griješiti." Božanska Majka može odgovoriti: „Zločesto dijete, odlazi od Mene." Ali vi morate reći: „Ti si moja Božanska Majka. Moraš mi oprostiti." Tada Ona kaže: „Traži od Mene spasenje, dat ću ti spasenje. Traži od Mene mudrost, dat ću ti mudrost. Ali ne traži od Mene Moju ljubav jer kada je odneseš, ostajem bez ičega."* Ako nastavite iskreno moliti: „Želim tvoju ljubav!", Božanska Majka naposljetku će se smekšati: „Budući da si Moje dijete, a Ja sam tvoja Majka, kako da ti ne oprostim?" I Ona vam daje zadnje što ima – Njezinu božansku ljubav.

Viđenje Božanske Majke

U Indiji sam često posjećivao velikoga sveca Učitelja Mahasayu.† Kada sam prvi put došao u njegov dom, bio je usred predane

---

* Iz jedne stare bengalske pjesme čije je stihove preveo Paramahansa Yogānanda u zbirci pobožnih napjeva *Cosmic Chants*. (napomena izdavača)

† Vidi 9. poglavlje knjige *Autobiografija jednog jogija*.

molitve. Pozvao me da sjednem, i dodao: „Razgovaram sa svojom Božanskom Majkom." Cijelo njegovo lice sjalo je odrazom Njezine ljubavi i mogao sam osjetiti te snažne vibracije. Svaki put dok sam bio s njim kada bi razgovarao s Kozmičkom Majkom, ljubav koju sam doživljavao u srcu bila je milijardu puta veća od one koju sam osjećao prema svojoj zemaljskoj majci, koju sam inače veoma volio; u tim trenutcima mislio sam da ne bih mogao podnijeti ni trenutka više bez moje Božanske Majke.

„Kako to da vi možete razgovarati s Voljenom Majkom, a ja ne mogu?" pitao sam ga jednog dana. „Molim Vas, upitajte Je jesam li Joj imalo mio? Moram to znati!" Uporno sam ga molio, sve dok se svetac nije složio.

„Prenijet ću Voljenoj tvoj vapaj."

Te iste noći u meditaciji sam doživio veliko božansko iskustvo: vrativši se kući, u osami tavanske sobice, meditirao sam sve do deset sati uvečer. Odjednom je tamu tople indijske noći osvijetlilo čudesno viđenje. Božanska Majka stajala je preda mnom, nježno se smiješeći.

„Uvijek sam te voljela! Uvijek ću te voljeti!" Rekavši to, iščeznula je.

Sutradan sam u cik zore pohitao do svečeve kuće. Vidio sam u njegovim očima da luta vrtovima Beskonačnosti; takva ljubav prema Bogu rijetko se viđa.

„Je li Voljena Majka rekla što za mene?" pitao sam.

„Nevaljali mali gospodine!"

„Što je rekla Božanska Majka? Obećali ste mi kazati." - ustrajao sam.

Opet je odgovorio: „Nevaljali mali gospodine!" Znao sam u srcu da je prozreo moju igru namjernog prikrivanja misli ne bih li se uvjerio da je moje sinoćnje iskustvo bilo stvarno.

„Zašto ste tako tajanstveni?" pitao sam. „Zar sveci nikada ne govore jasno?"

„Moraš li me ispitivati?" odgovorio je. „Zar imam dodati i jednu jedinu riječ potvrdi koju si dobio sinoć od same Krasne Majke?"

Blaženstvo je preplavilo moje biće. Poklonio sam se pred svečevim stopalima; znao sam da Božanska Majka hoda kroz njih. On je bio taj koji mi je dao otkrivenje i razumijevanje majčinskog oblika Boga. Rekao mi je da ću poslije sresti mog gurua, onoga koji će biti obdaren mudrosnim očitovanjem Boga: „Pod njegovim vodstvom, tvoje iskustvo Boga u vidu ljubavi i predanosti bit će pretočeno u njegovo poimanje duboke i neshvatljive mudrosti."

Kušnja vjere

Ispričat ću vam priču o Božanskoj Majci i iskustvu koje imah s Njom. U dvorištu Središnjice Self-Realization Fellowshipa mali je betonski zdenac želja. Ubrzo nakon što je kupljen, pomagao sam dečkima postaviti ga u tlo. Zdenac je slučajno iskliznuo i pao svom svojom težinom na moje stopalo. Osjećao sam strašnu bol, noga mi je otekla, činilo se kao da je potpuno zgnječena. Odnijeli su me u moju sobu. Prijatelji su htjeli pozvati liječnika.

„Ako mi Božanska Majka kaže da posjetim liječnika", rekao sam, „otići ću nekom od njih. Ako mi Ona kaže ne, neću ići."

Čekao sam, nadajući se da ću osjetiti što bi mogla biti Njezina želja. Iz dana u dan bol u mojoj nozi postajala je gotovo nepodnošljiva; od Božanske Majke nije bilo nikakva znaka.

Sljedeću nedjelju trebao sam održati predavanje pred skupinom brojnih učenika. Činilo se da će me morati prenijeti na podij. Nisam mogao obuti cipelu. Sotona me iskušavao te nedjelje, rekavši: „Zašto ne moliš za izlječenje?" Međutim, moliti bi značilo sumnjati. Božanska Majka znala je za moju nevolju, a ja sam bio spreman poštovati Njezinu želju.

„Neću moliti", rekao sam. „Majka zna što nije u redu sa mnom." U sebi sam se zarekao na svoju bezuvjetnu predaju Njoj. „Bilo da potonem ispod valova smrti ili nastavim ploviti oceanskim valovima života, ja sam s Tobom zauvijek."

„Pogledaj ove ljude", govorio je Sotona dalje. „Oni će ti se svi smijati. Oni te nikada prije nisu vidjeli bolesnog, a sada će vidjeti da ti je ozlijeđena noga."

„Nije me briga." Kada jednom dobijete ljubav Božanske Majke, nikakva pohvala ni pokuda ne može vas dotaknuti.

Šepao sam uz rub pozornice na kojoj sam trebao govoriti i dok sam se penjao, nehotice se poskliznuo na ulazu; već ozlijeđenu nogu još sam i gadno uganuo. Bol je bila toliko snažna da sam mislio kako je svaka kost u nozi slomljena. No u trenutku kada sam ponovno zakoraknuo, iznenada je strašna oteklina splasnula, sva bol nestala; čak sam mogao i obuti cipelu.

To je bio jedan od najvećih dokaza snage ljubavi koji sam ikada doživio. Hodao sam kao da se ništa loše nikada nije dogodilo s mojom nogom. Nepotrebno je reći, bio sam oduševljen – ne zbog ozdravljenja, nego zbog božanske Prisutnosti. Ona je htjela vidjeti hoću li moliti za ozdravljenje. Da sam molio, možda bi se u određenom vremenu ozlijeđena noga prirodno oporavila, ali ja ne bih doživio tako uvjerljivo božansko iskustvo.

Drugi put, u Palm Springsu, pjevao sam Božanskoj Majci. „Majko, primi moje duše zov. Ne možeš se više skrivati. Siđi mi sa neba, Majko, i s planinskih vrhova. Otkrij se u mojoj duši. U mojoj špilji tišine."* Odjednom se Ona pojavila. Vidio sam je u kamenju, palmama, posvuda! Bog nema oblik, ali da bi udovoljio poklonicima, On može preuzeti bilo koji oblik koji poklonik želi. Nemate pojma kako je prekrasna Božanska Majka; kako je Ona velika; koliko ljubavi Ona ima!

Nema većeg iskustva od osjećaja i spoznaje da je Kozmička Majka s vama. Obratite pozornost na prisutnost Majke jer Ona će se skrbiti o vama na svaki način, bez obzira na to je li vaš problem tuga, bol ili bolest. Molite se Bogu kao Božanskoj Majci kada čeznete za utjehom, a kada tražite mudrost, molite se Bogu kao Božanskom Ocu.

Majke, ne ograničavajte svoju svepraštajuću ljubav samo na vlastito dijete. Darujte svima ljubav i razumijevanje Božanske Majke i više nećete biti vezane ograničenjima ljubavi zemaljske majke; bit ćete i božanska majka. Kada uistinu budete mogle reći: „Osjećam se majkom cijelog čovječanstva", više nećete druge gledati kao strance; prepoznat ćete i voljeti svu djecu svijeta kao vlastitu. Svi oblici ljudske ljubavi, u njihovu savršenom stanju, obuhvaćeni su Božjom ljubavlju.

Nikada više ne prosuđujte sebe kao grešnika; odbacite svoje pogrešne navike i molite: „Majko, ja sam Tvoje dijete. Otkrij Se!" Ako pošaljete ovaj zahtjev Bogu kao Božanskoj Majci noću i danju,

---

* Stihovi pjesme „Primi moje duše zov" iz zbirke *Cosmic Chants*.

neprestano, Ona će vam Se prikazati.

Zahvalimo Bogu i molimo Ga za blagoslov svih majki, neka se u njima i dalje zrcale Njegove kvalitete.

Neka svi sinovi i kćeri svijeta budu ispunjeni tom majčinskom ljubavlju koja je odraz bezuvjetne ljubavi Božanske Majke; neka oni tu bezuvjetnu majčinsku ljubav daju jedni drugima, da zavlada nebeski mir na Zemlji.

Umijeće razvijanja pamćenja

Međunarodna središnjica Self-Realization Fellowshipa, Los Angeles, Kalifornija, 28. kolovoza 1932.*

Sposobnost pamćenja čini ljudska bića jedinstvenima. Duše svih stvorenja, nesvjesnim sjećanjem na svoje božansko podrijetlo, prirodno teže traganju za Izvorom. Ovo pridonosi uzlaznoj evoluciji svega u svemiru. Međutim, u skladu s Božjim planom stvaranja, duša tek u ljudskom tijelu, s usavršenim mozgom i živčanim sustavom, ima mogućnost svjesnog sjećanja na njezino izvorno jedinstvo s Duhom.

Putem pamćenja misaono obnavljamo svoja iskustva. Kada ne bi bilo pamćenja, zaboravili bismo sve događaje iz života, svaki dan morali bismo započinjati iznova, poput male djece. Osoba koja „gubi" pamćenje, a tako i svoje sjećanje, ponaša se poput djeteta.

Iskustva nemaju vrijednost ako ih se ne možemo sjetiti i oživjeti ih. Učimo uvidom i analizom svojeg ponašanja u prošlosti. U ljudskomu pamćenju leži vrijednost života svakog čovjeka. Ivan se *sjeća* da je Ivan svakog jutra nakon buđenja i upravo pamćenjem povezuje svoja životna iskustva poistovjećujući se kao Ivan.

Sposobnost pamćenja omogućuje nam da se prisjetimo svakog doživljenog iskustva kada je to potrebno. Pamćenjem onoga što smo učinili prije možemo ponovno obnoviti vještinu koju smo naučili ili prosuditi koja djela trebamo ponoviti, a koja izbjeći u određenoj situaciji.

Podsvjesni um uvijek je aktivan, prikupljajući iskustva tijekom dana, radi čak i u snu kao noćni čuvar koji bdije nad našom tjelesnom kućom. Nakon buđenja, svatko zna je li spavao dobro ili loše.

---

* Ovaj Paramahansajijev govor jedan je iz niza predavanja na otvorenom održanih u sklopu Ljetne škole u središnjici na Mt. Washingtonu. Predavanja je držao pod velikim stablom papra koje je nazvao „Hram od lišća".

Ta snaga pamćenja podsvjesnog uma je sposobnost uvijek budnog, uvijek radosnog Gospodina. Sjeme pamćenja usađeno je u svijesti svake duše jer duša zna da uvijek živi u Bogu. Pamćenje je sjeme besmrtnosti i ako ga njegujemo, sjetit ćemo se svih događaja iz ovog i iz naših prošlih života.

Razvijajte božansko pamćenje

Ako se možemo sjetiti svih naših iskustava kao smrtnika u ovom životu, kako to da se ne sjećamo svih božanskih iskustava koja su se dogodila u našoj duši? Priroda pamćenja je dvojaka: pamćenje smrtnika priziva iskustva samo iz ovog života, a božansko pamćenje obnavlja iskustva duše kroz sva njezina utjelovljenja. Većina ljudi svjesna je samo pamćenja koje imamo kao smrtnici.

Zašto je naše božansko pamćenje uspavano? Neki se ljudi mogu sjetiti mnogih iskustava, smrtnih i božanskih; drugi se ne mogu sjetiti čak ni nedavne prošlosti. Pamćenje ima razne stupnjeve u različitih ljudi, ovisno o sposobnosti mozga. Da bi se razvilo dobro pamćenje, potrebni su; obrazovanje, koncentracija, meditacija i razna nezaboravna iskustva. Bez razvoja pamćenja ne može se postati dobro obrazovana osoba. Ako netko doživi neko iskustvo, a zatim ga zaboravi, za svjesni um to iskustvo kao da i nije postojalo.

Poboljšavamo li kvalitetu svojeg pamćenja, možemo ga osnažiti toliko da smo u stanju prisjetiti se svega, pa čak i našeg božanskog podrijetla. Spasenje se postiže buđenjem božanskog pamćenja, pri čemu se možemo sjetiti svakog iskustva iz prošlih života te na kraju spoznati besmrtnu prirodu naše duše.

Utjecaj tjelovježbe na pamćenje

Asane* i odgovarajuće fizičke vježbe korisne su u razvoju sposobnosti pamćenja. Danas, kada su strojevi zamijenili ljudski rad u mnogim industrijama, čovjek postaje fizički lijen i prijeko mu je potrebno redovito vježbanje. U ovu svrhu počela su se primjenjivati razna pomagala i gimnastičke sprave za vježbanje u kući.

Pri izvođenju fizičkih vježbi, potrebno je usmjeriti um na tu

---

* Položaji tijela *Hatha joge* (vidi *Hatha joga* u rječniku).

aktivnost kako bi se postigla najveća dobrobit. Nije dovoljno samo istezati mišiće, nego mora biti prisutna i unutarnja snaga koncentracije potrebna za buđenje i preusmjeravanje životne sile koja tijelu daje snagu.

Hrana koja jača moć pamćenja

Postoje određene namirnice koje su hrana za mozak; postoji hrana za mišiće, za živce i hrana koja pomože izgraditi i održavati različite organe tijela. Kao pomoć u razvoju pamćenja, trebali biste jesti namirnice koje povećavaju snagu mozga. Proteini su korisni u razvoju pamćenja. Jogiji savjetuju: orasi i bademi, pomiješani s nekoliko kapi limete ili soka od naranče ako ih pojedemo prije spavanja poboljšavaju snagu mozga. Mlijeko i sir također su dobra hrana za mozak.

Jogiji savjetuju i ovo: kada smo zabrinuti i napeti, trebali bismo piti sok od limete pomiješan s vodom, ispirati glavu hladnom vodom te hladnom vodom ovlažiti sljepoočnice, područje između obrva, nosnice i uši. Ovo umiruje živce, um postaje smireniji i vraća se dobro pamćenje.

Izbjegavajte jesti previše masnu hranu koja uzrokuje stvaranje masnih naslaga u krvnim žilama i na površini mozga. Hinduisti kažu da su svinjetina i govedina štetne za ljudsko zdravlje jer sadržavaju previše mokraćne kiseline. Svinja i krava imaju slabo pamćenje. Jedenjem njihova mesa čovjek može poprimiti i njihove fizičke te misaone osobine.

Vježbajte moć pamćenja

Pamćenje se može razvijati vježbanjem. Nije točno da čovjek koji je rođen kao fizički slab nikada ne može postati snažan. Uvijek postoji mogućnost postizanja nečeg većeg u svim područjima našeg života. Potrebno je samo znati kako i gdje tražiti prave puteve. Slično tomu, prema nekim liječnicima, osoba koja naslijedi psihičke slabosti, zadržat će taj psihički nedostatak do kraja života. No dokazano je da se mnogi psihički nedostaci mogu prevladati vježbama koncentracije. Na Zapadu nema mnogo istraživanja u tom pravcu zato što psiholozi uglavnom nisu upoznati s umijećem duboke koncentracije koju stoljećima podučavaju veliki indijski jogiji.

Ispravni načini razvijanja koncentracije nepoznati su većini ljudi. Misaone sposobnosti postoje, ali nisu razvijene. Izostanak razvoja misaonih sposobnosti na kraju dovodi do ozbiljnih problema. Za zdravlje mozga su, kao i za fizičko tijelo, potrebne odgovarajuće vježbe.

Stoga, da bi razvio dobro pamćenje, čovjek ne treba samo vježbati tijelo i jesti zdrave i hranjive namirnice, nego bi se trebao baviti i mentalnim vježbama. Potrudite se zapamćivati. Vježbajte vizualizaciju, gledajte određeni objekt ili krajolik, a zatim tu sliku pokušajte preslikati u svoj um. Pokušaji da se sjetimo stihova pjesama i njihovih melodija, misaono ih pjevajući, razvijaju pamćenje. Sve što se radi s osjećajem ili što pobuđuje osjećaje, razvija pamćenje. Poezija i glazba imaju emocionalnu vrijednost. Svi se mi lako možemo sjetiti najvećih tuga i najvećih radosti iz života. Zašto? Zato što smo ta iskustva proživjeli duboko. Sve što se osjeća snažno, razvija moć pamćenja. Pisanje poezije, misaono zbrajanje i oduzimanje također su dobri načini za razvoj pamćenja i koncentracije.

Meditacija osnažuje pamćenje

Za bolje pamćenje čovjek bi sve trebao raditi s velikom pozornošću. Većina ljudi obavlja svoje aktivnosti odsutna uma; postoji veliki jaz između njihovih postupaka i njihovih misli. Zbog toga se ničega ne mogu dobro sjetiti. Ono čega se čovjek želi sjetiti, trebao bi obavljati s velikom pozornosti. Ne bi trebao biti rastresen, nego svaku djelatnost obavljati s punom pažnjom. U crkvi bi propovijed trebalo pomno slušati. Kod kuće poslove treba obavljati s pažnjom i zanimanjem. Usmjeravanje svjesnog uma na svakodnevne zadatke ne sprječava čovjeka da u pozadini stalno misli na Boga. Međutim, kada čovjek meditira, trebao bi misliti samo na Boga. Meditacijom se jača snaga pamćenja.

Što je meditacija? To je postizanje jedinstva s dušom. To znači odbaciti svijest vezanu za tijelo i ljudsku ograničenost i pokušati se prisjetiti da smo zapravo duša. Kada se čovjek svojim svjesnim psihičkim naporom počne odnositi prema sebi kao prema besmrtnoj duši, a ne kao tijelu u kojem boravi tek jedan život, moći će se sjetiti više svojih iskustava iz prošlih života, a nakraju i da je izašao iz Božjeg naručja. U njemu se nalazi sjećanje na sva iskustva iz svih života. Stupi li u dodir sa svojom dušom, u njegovu svijest vraćaju se zaboravljena vremena i snaga besmrtnog Jastva. Meditacija znači sjetiti se da čovjek nije smrtno tijelo, nego besmrtna duša koja je jedno s Bogom.

Tijekom dana skloni smo o sebi misliti kao o ljudskim bićima, ali noću u dubokom snu bez snova zaboravljamo da smo smrtni. U meditaciji možemo svjesno zaboraviti naše poistovjećivanje sa smrću; napustiti svijest o tijelu i sjetiti se da smo Duh. Oni koji budu ustrajni u ovakvoj meditaciji, postat će majstori.

Pamtite dobra iskustva

Moć pamćenja čovjek je dobio za obnovu dobrih kvaliteta. Zloupotrijebiti je donosi štetu. Razmišljati s mržnjom o drugoj osobi jer ne možete zaboraviti da vas je povrijedila zloupotreba je pamćenja. Međutim, sjetiti se nesretnih iskustava kako bi iz njih naučili lekciju znači ispravno korištenje pamćenja u koje se ubraja i preispitivanje vlastita ponašanja iz prošlosti kako bi izbjegli ponavljanje pogrešaka u budućnosti i bolne posljedice. Ne bi se trebalo vraćati na pogrešne misli i oživljavati ih jer tada će ostati dulje u umu. Pamćenje nam je darovano kako bismo uzgajali samo dobra iskustva i pouke iz života. Riješite se pogrešnih prošlih misli tako da ih izbjegavate. Ako vam unatoč tomu dolaze u um, odbijte ih ugostiti i oživjeti.

Dopustite mi da ponovim: prisjećanje na loša iskustva i zadržavanje na njima zloupotreba je Božjeg dara pamćenja. Bolje je zavjetovati se: „Koristit ću se pamćenjem samo kako bih se sjetio dobrih misli i iskustava. Od ovog trenutka odbacujem iz svog uma sve neugodne uspomene. One pripadaju smrtnom biću. Ja sam dijete Duha. Ja ću vidjeti, čuti, kušati, dodirivati, osjećati i htjeti sve što je dobro. Od svojeg života uzet ću samo dobra iskustva i sačuvati samo ono dobro u sjećanju." Zauvijek odbacite zloupotrebu pamćenja.

Osoba koja ima dobre emocije i razmišlja pozitivno te vidi samo dobro u prirodi i ljudima, pamtit će samo dobro. Pamćenje vam je darovano kako biste se prisjetili samo onog dobrog, tako dugo dok ne budete u stanju potpuno se sjetiti najvišega Dobra – Boga. Gledajući dobrotu u svemu, jednoga dana zasigurno ćete otkriti nevidljivu Snagu koja razbija sve prozorčiće vaših misli i osjećaja kroz koje ste gledali samo bljeskove božanskoga sklada prisutnog u stvaranju; tada ćete gledati kroz beskonačni prozor sveprisutnog Dobra – Boga.

Probudite vječni plamen božanskog pamćenja, sve dok on ne sagori sav vaš zaborav i dok se ne sjetite da ste uvijek bili i jeste – jedno s Gospodinom.

Čovjekova vječna potraga

Prvi Hram Self-Realization Fellowshipa,
Encinitas, Kalifornija, 16. veljače1941.

Ovo cvijeće vani[*] tako je lijepo, ali iza njega je još ljepši vrt. Iako je vrlo suptilan i teško ga je razaznati u početku, uspijete li otvoriti vrata svojeg duhovnog oka[†] koja vode do tog unutarnjeg svijeta, on će vam se otkriti. Živim u tom vrtu - svijetu iznimnih kvaliteta, nježnih misli, slađih i mirisnijih od ikojeg cvijeta. U njemu pčela moga uma stalno pije med Božje prisutnosti.

Usmjerimo li pozornost na unutarnji svijet i sve više živimo u toj nevidljivoj zemlji u nama, nalazimo da kvalitete naše duše poprimaju razne oblike; svaka materijalizacija prozor je kroz koji opažamo Gospodinovu neopisivu slatkoću. Nemojte misliti da traganje za Bogom podrazumijeva samo meditaciju. Svaka dobra kvaliteta koju izrazite mislima i djelima donosi vam skriveni nektar Božje prisutnosti, ako je vaša unutarnja percepcija dovoljno duboka.

Prođemo li kroz vrata duhovnog oka, unutar sebe ćemo pronaći tvornicu inteligentne Životne Energije koja je stvorila cijeli svemir. Nemamo li unutarnju koncentraciju, ostajemo zbunjeni otiscima nevidljivog Duha u prirodi. Promatramo Božje proizvode; Njegovo ime ispisano je u cvijeću i na nebu, u svemu - ali On je tih. Kao ljudska bića jako smo počašćeni jer među svim Božjim stvorenjima jedino čovjek ima fizičke, psihičke i duhovne sposobnosti potrebne za traženje Njega, nalaženje Njega, spoznavanje Njega i razumijevanje Njegova jezika tišine.

---

[*] Misli se na živopisne vrtove koji su okruživali prvi hram Zlatnog lotosa Self-Realization Fellowshipa u Encinitasu.

[†] Kroz „jedno oko" u središtu čela čovjek može vidjeti unutarnje astralne i kauzalne svjetove skrivene iza grubog fizičkog svemira.

Što čini uspješan život?

Dijete uspjehom smatra posjedovanje raznoraznih igračaka, a možda i autić koji može voziti. Dijete siromaha razmišlja kako bi sretno bilo kada bi imalo mnogo igračaka. S druge strane, dijete bogatih roditelja dosađuje se iako ima igračke i osjeća nemir u duši. S vremenom postaje vrlo teško zadovoljiti dijete bogataša jer ono već ima toliko stvari. Kako postanemo stariji, tako se smijemo željama iz djetinjstva; i tko zna bi li nam ono što sada želimo kao ispunjenje životnog sna jednoga dana moglo malo značiti? Otkrio sam da je to tako. Nisam želio postati opijen emocijama, niti biti kao oni koje sam vidio kako bezglavo jure za prolaznim tričarijama, gledao sam dalje od toga. Ako pogledamo malo naprijed, vidjet ćemo da nas većina onoga za što mislimo da želimo, neće učiniti doista sretnima.

Uspjeh je potreban kako bismo zadovoljili osnovne životne potrebe: hranu, odjeću, krov nad glavom i zdravlje. Ako to nemate, barem donekle, u bijednom ste položaju. Trebali biste biti u stanju postići minimalnu količinu udobnosti i sreće koje tražite. Bez obzira na to je li netko naklonjen duhovnosti ili materijalnim dobrima, svi se slažu da postoje osnovne fizičke potrebe koje moraju biti ispunjene kako bi čovjek očuvao svoj tjelesni hram. Ako ne održava svoj hram, ne može uspjeti ni u čemu drugom.

Sreća je tvorevina našeg uma

No što je pravi uspjeh? Postignete li sve što ste željeli u ovom životu, naposljetku ćete ipak biti razočarani. Razmišljajući o tome, uvidio sam da mi je jedino pravo zadovoljstvo bilo ono koje je moj um tomu pripisao. Kada povučem pozornost s nekog predmeta, uživanje nestane. Tako sam shvatio da je zadovoljstvo nešto što dolazi iz uma, samo vlastita zamisao. Ljepota koju primjećujete na svojoj najdragocjenijoj stvari nestaje ako mislima nekamo odlutate. Jedino kada je vaš um usmjeren na određen objekt, opažate njegovu ljepotu. Stoga je razumno reći da se uglavnom u nama, a ne izvan nas, nalazi sreća koju tražimo.

Sreću možemo povećati ili je smanjiti. Neka osoba ima malen dom i kaže: „Uživam u njemu više nego u palači." Netko drugi ima palaču u kojoj ne nalazi toliko zadovoljstva kao osoba koja živi u skromnom domu. Tajna uspjeha i sreće je u vama. Ako ste u izvanjskome ostvarili uspjeh i napredak, ali niste i iznutra, niste istinski uspješni. Milijunaš koji nije sretan, nije ni uspješan. Ne želim reći da osoba koja ima milijun dolara ne može biti uspješna. Bez obzira na to jeste li bogati ili siromašni, ako u životu nađete sreću, tek ste tada stvarno uspješni.

Zadovoljstvo koje traje samo trenutak, a poslije vam donese žaljenje, nije sreća. Postigli ste pravi uspjeh ako ostane lijepo sjećanje na postignuće čak i onda kada prvotno uzbuđenje i užitak s vremenom izblijede. Sve dobro što ste tijekom života učinili, ostaje kao radost u vašem sjećanju. To je pravi uspjeh koji ste postigli.

Biti sretan u svim okolnostima pravi je uspjeh

Uspjeh nije jednostavan; ne može biti određen samo količinom novca i materijalnih dobara. Značenje uspjeha mnogo je dublje. Procjenjuje ga se po količini unutarnjeg mira i psihičke stabilnosti koja vam omogućuje da budete sretni u svim okolnostima. To je pravi uspjeh. Kada pogledate u sebe i vidite da je vaša savjest čista, razum bez predrasuda, volja čvrsta, a ipak prilagodljiva i rasuđivanje oštro; kada postižete voljno što trebate i što smatrate vrijednim, tada ste uspješni.

Kao dijete bili ste sretni zbog sitnica, a sada smatrate da trebate posjedovati nekoliko kuća i automobila, čak i ako uviđate da oni koji ih imaju nisu često i sretni. Jednostavan život i uzvišeno razmišljanje stvaraju zadovoljstvo. Ako je vaš um zaokupljen idejama, to vam može donijeti više sreće nego ako ste usmjereni na izvanjsko. Oni koji su uglavnom zaokupljeni brigom o svojim kućama, posjedima, odjeći, nisu nužno civilizirani. Možete odjenuti psa, ali ga to neće učiniti civiliziranim. Razlika između čovjeka i psa jest to što čovjek po vlastitoj želji mijenja svoju svijest i svoju prirodu. On može proniknuti duboko u sebe, u područje Duha, kamo pas ne može. Čovjekova ljubav je transcendentalna. Kada umremo, pas će neko vrijeme za nama žaliti, u nekim slučajevima i do smrti, ali ljudski prijatelji nas nikada ne zaboravljaju, (ako to žele!), čak i kroz mnoge inkarnacije. Stoga čovječanstvo ima izvanredne prednosti u odnosu na druga stvorenja.

Evolucijski napredak ljudi leži u snazi misli

Vaš najveći evolucijski napredak kao ljudskog bića leži u snazi mišljenja. Svaki dan odvojite malo vremena za unapređivanje uma. Preporučljivo je posvetiti dio vremena čitanju, umjesto da se danju i noću bavite kućanskim poslovima ili beskorisnim aktivnostima. Planirajte svoj život prema određenom redu; no izbjegavajte krajnost, nemojte baš svaku sitnicu podrediti strogom rasporedu. U svakom području života potreban je sklad. Nemojte samo planirati svoj svakodnevni rad i druge prolazne aktivnosti, ne budite dokonog uma koji se ne bavi ničim vrijednim. Posvetite radije dio vremena čitanju važnih knjiga. Uvijek imajte pri ruci dobru knjigu kojom ćete korisno ispuniti slobodno vrijeme. Poželjni su raznorodni sadržaji – malo o znanosti, malo o povijesti, filozofiji, biografije, putopisi – sve što će proširiti i potaknuti vaš um.

Knjige mogu biti dobri prijatelji ako ih dobro izabirete i od njih ćete imati mnogo koristi. Isprva se djela Emersona, Miltona, Platona ili nekog od velikih svetaca mogu činiti jako teškim štivom, ali s vremenom razmišljat ćete o onome što su napisali. Osjetit ćete da ste nešto stekli jer su svi ti mudraci primili svoju mudrost iz beskonačne Božje riznice – ideje koje inače možda ne biste upoznali.

Međutim, mnogi ljudi stalno čitaju, a ipak vam ne mogu reći što su pročitali. Najbolji način čitanja knjige jest razmišljati o pročitanom. Pogledajte kako se to može primijeniti na vaš život. I naučite rasuđivati. Ne prihvaćajte slijepo sve što pročitate; štivo bi trebalo proći test vašeg uma. Ako je vrijedna, knjiga bi vas trebala navesti na razmišljanje. Primjetit ćete da se vaš um razvija.

Primajte znanje izravno od Duha

Ljudi koji ne čitaju i ne meditiraju, koji žive samo izvanjske vrijednosti, ne razvijaju nikakvo dublje razumijevanje. Meditacija nas izravno održava u skladu sa Snagom koja uzrokuje sve misli. Meditacijom stupate u dodir s tom vrhovnom Moći. Kao ljudsko biće nanosite sebi samom štetu ako ne čitate; no, meditacija je još bolja. Ja bih volio čitati, ali jedva da završim dvije stranice prije nego što moram posvetiti pozornost nekoj drugoj obvezi, pa sam odustao od čitanja. Smatram da je mnogo isplativije meditirati. Kada uđem duboko u sebe, pojavi se zračeće svjetlo i osjećam veliku radost, radost koja me ne napušta cijelog dana. To je moje iskustvo. Takvo je iskustvo svih koji se druže s uvijek blaženim Gospodinom.

Ne gubite vrijeme. Bog želi da budete uravnotežena osoba. Ako dopustite da vaš život postane neuravnotežen, kaznit će vas kozmički zakon. Živite jednostavno, svakodnevno vježbajte tijelo, proučavajte vrijedne knjige i njegujte naviku svakodnevne meditacije. Ako meditirate, naći ćete mnogo veću sreću od one koju ste dosad upoznali. Unutar sebe spoznat ćete sve znanje.

Moj život upravo je takav. Nisam pročitao ni dvadeset knjiga otkako sam došao u Ameriku prije dvadeset godina. Ne ponosim se time; da nisam u meditaciji dobio svijest Duha, bio bih potpuna neznalica. Kada pogledam neku knjigu, vidim da koju god istinu sadržava, ja sam je već od Boga primio. Sve misli i istine dolaze od Duha; ako se družite s Njim, izravno primate Njegovu mudrost. Stoga čitajte dobre knjige radije nego što gubite vrijeme na beskorisne djelatnosti; ali još bolje, meditirajte i usidrite svoj um u krajnjoj Istini, koja je Bog.

Čovjekova evolucija određena kozmičkim zakonom

U različitim vremenima i tradicijama čovjek je razvio različite načine razmišljanja o životu i duši. Na primjer, pripadnici nekih primitivnih plemena smatrali su da je glavobolja posljedica gubitka duše, pa su za ozdravljenje tražili pomoć vrača. On bi odlazio u šumu tražeći izgubljenu dušu i vraćao je u kutiji. Zatim bi „premjestio dušu" natrag u pacijentovu glavu kako bi glavobolja prestala. U drugoj kulturi postoji običaj da oboljeli zabode udicu u svoje tijelo da njegova duša ne pobjegne dok kiše, odnosno da ostane na udici.

Kao što su pogrešnim razmišljanjem neki ljudi došli do netočnih zaključaka o duši, tako su ispravnim razmišljanjem drugi došli do dubljeg razumijevanja. Znamo da duša nije isto što i ljudski dah, jer postoje osobe koje su dugo provele u stanju nepokretnosti, ne dišući uopće, pokazujući da duša ne može biti vezana disanjem.* Duša nadilazi dah ili koje drugo fizičko stanje.

---

* Vidi o pothvatu Sadhua Haridasa na stranici 207 .

Bez obzira na to vjeruje li netko u dušu ili ne vjeruje, on je svjesno ili nesvjesno vezan kozmičkim zakonom razvoja svoje dublje prirode. Neovisno o tome čime se čovjek bavi u životu, njegova svijest razvija se dok planinari ili se nekako drukčije stvaralački koristi inteligencijom. Čovjek se razvija svakim stvaralačkim djelovanjem koje čini.

Problem u većine ljudi jest to što pri obavljanju kakve radnje razmišljaju o nečemu potpuno drugom. Ne znaju kako usmjeriti pozornost na ono što rade, u vrijeme dok to rade. Trebali biste naučiti misliti samo na jedno, svom snagom svojeg uma. Sva vaša pozornost trebala bi biti tu. Ne raspršujte je. Raditi nešto nezainteresirano i mlako vodi do neuspjeha i bijede.

Čovjek ne bi trebao biti automat u psihičkom smislu, poput životinje koja se vodi samo instinktima. Biti lakomislen velik je grijeh protiv Duha koji boravi u vama; nama je namijenjeno da budemo svjesni toga što radimo. Trebali biste razmisliti prije nego što djelujete. Moramo naučiti kako se koristiti svojim umom kako bismo mogli razvijati i ostvariti jedinstvo sa Stvoriteljem. O svemu što radimo trebalo bi najprije promisliti.

Slijedite visoke ciljeve. Šteta je koristiti se moći razmišljanja za postizanje nevažnih stvari. Naučite ukloniti korov izrastao u vrtu uma. Učinite vaš misaoni vrt tako lijepim da Bog dođe u njega. Ako želite imati takav misaoni vrt koji cvjeta na tlu mudrosti, morate živjeti jednostavno. Svoje aktivnosti možete preispitati kada sve radite svjesno, a ne odsutna uma; tada odaberite što je važno i zanemarite nebitno. Čim obavite svoje dužnosti, povucite svoj um iz njih i zaposlite ga drugim stvaralačkim djelovanjem.

Bog je ispunjenje čovjekove vječne potrage

Naučite kako njegovati svijest o Duhu. Zbog toga ste rođeni kao ljudsko biće. Stvoreni ste po zakonu evolucije tako da iskažete svoju božansku moć kako biste pronašli Boga. Životinja Ga ne može naći. Lahiri Mahasaya radio je na znanosti pomaganja životinjama da brže evoluiraju, ali nije doživio kraj tog posla. I ja, također, znam određene metode za ubrzavanja evolucije nižih životnih oblika. Ali, što je s milijunima ljudskih bića koja žive poput životinja? Oni napuštaju ovaj svijet a da nisu ispunili svrhu svojeg postojanja. Zašto je ne ispuniti sada? Ako se koncentrirate, možete to učiniti. Jedini smisao života je pronaći sveljubećeg Boga, koji nam nije nadohvat ruke jer se stidljivo skriva. Mi Ga moramo naći. Čovjek vječno traga za tim „nečim drugim", što će mu, vjeruje, donijeti sreću, potpunu i beskrajnu. Za one malobrojne duše koje su tražile i našle Boga, potraga je završena. On je to, Nešto Drugo.

Priroda prikriva Božju prisutnost

Zašto su čovjeku dana iskušenja? Da bi mogao tražiti Onoga koji je primamljiviji od ikoje svjetovne napasti. Svrha zemaljskih mamaca koji vas okružuju nije da se uhvatite na udicu, nego da vas navedu da tražite dalje od njih; da se pitate: „Tko je stvorio sve te stvari? Tko je stvorio mene? Tko sam ja? Jesi li to Ti, Gospodine? Zašto Se skrivaš? Pričaj sa mnom!" Kada Bogu pristupate otvoreno s tim pitanjima, On odgovara. Većina ljudi ne priziva dovoljno snažno i zato Ga nikada ne pronalazi. Morate Mu jasno govoriti jezikom svoje duše: „Gospodine, više ne želim gledati samo ljepotu koju si Ti stvorio. Želim vidjeti Tvoje Lice, koje je mnogo ljepše od cvijeća, fascinantnije od svih drugih lica. Želim vidjeti Tko stoji iza svega u prirodi." Čak i ako se osoba prekrije velom, vidjet ćete da je netko iza. Tako je i priroda poput velikog vela koje prekriva Božju prisutnost. On se tamo skriva, ali mi gledamo samo površinu, ne prodiremo dovoljno duboko da bismo vidjeli stidljivog Stanara. Kada sjedim bez daha, bez riječi, posve usredotočen u meditaciji, postajem svjestan blaženog drhtaja što vibrira u meni, a On mi šapuće: „Ja sam tu."

Inteligencija koju nam je Bog dao otvara nam put k nebesima. Inteligencija označuje vrata koja vode u Njegovo kraljevstvo, ali se njome ne koristite. Zašto je ne upotrijebiti danas, sada? Nemojte čekati da vas poput pseta smrt izbriše s lica zemlje. To je zločin protiv vaše duše. Dobili ste inteligenciju da otkrijete zašto ste ovdje: da nađete Njega.

Kako otkriti Duh

Postoje razne tehnike za otkrivanje Duha. Tišina je jedna od njih. Redovitim povlačenjem u tišinu na određeno vrijeme stišat će se želje koje pokušavaju izvana prodrijeti u vašu svijest i moći ćete uroniti dublje u sebe kako biste osjetili svoju dušu.

Drugi korak ili tehnika je predanost ili iskren i jednostavan razgovor s Bogom: „Ti si me stvorio. Ja nisam želio biti stvoren. Tvoja je odgovornost da mi Se javiš." Ako mu se obraćate određeno vrijeme, a zatim sve zaboravite, nikada nećete dobiti Njegov odgovor. Do Boga je „teško doprijeti" jer nisu svi „skroz unutra" kada tragaju za Njim. Tehnika molitve obično nije djelotvorna jer molitve uglavnom nisu dovoljno duboke, a molitelj predan. Molitvu morate ponavljati i ponavljati, sve dok ne uđete zaista duboko u nadsvijest. Djelotvorna je samo molitva u kojoj vaša duša gori od želje za Bogom. Ponekad ste molili tako, nema sumnje; možda kada ste uistinu nešto žarko željeli, ili hitno trebali novac – tada je vaša želja zapalila eter. Takvi moraju biti vaši osjećaji kada tražite Boga. Razgovarajte s Njim danju i noću; vidjet ćete da će odgovoriti.

Joga je znanstveni put do Boga

Joga je najbolji put do Boga. Metode joge uključuju razne tehnike meditacije čija je učinkovitost znanstveno potvrđena. Veliki indijski mudraci donijeli su logičan zaključak da mora postojati znanstveni zakon koji vodi do Boga, baš kao što postoje i znanstveni zakoni koji djeluju u svemiru koji je On stvorio. Duhovne zakone joge ti su mudraci otkrili opitima. Znanost joge u ovoj će se zemlji ukorijeniti više od ikojeg drugog oblika duhovne potrage. Umjesto odlaska u crkvu da slušaju propovijed, ljudi će se okupljati u školama gdje će meditirati i doista naći Boga.

Svi bismo trebali provoditi vrijeme s Bogom. To je ono što je Isus radio kada je bio sa svojim učenicima. Nisam ovdje samo da vam govorim o slatkoći Božje prisutnosti; moj najveći cilj jest uvjeriti vas da Ga kušate. Koja je korist od toga što govorim o Bogu, ako Ga ne spoznate i ne okusite Njegovu slatkoću? Morate spoznati Boga, kao što sam Ga i ja spoznao.

Ovo vam ne govorim iz oholosti, nego zato što sam poslan da vam svjedočim o Njemu. Danju i noću razmišljam o Gospodinu. Ne gubim vrijeme. Sve što radim, radim samo za Njega, toliko sam zadubljen u Njega da ne primjećujem kako vrijeme teče i ne umaraju me dnevne aktivnosti. Dok radim, osjećam Njegovu prisutnost. To je također moja meditacija. Često dajem ovaj primjer: neki svjetovni ljudi godinama potajno piju alkohol kako bi održali „euforiju" dok obavljaju posao. Tako se i božanski čovjek skriva od ljudi dok meditira o Gospodinu. Pijući opojno vino duboke Božje prisutnosti, on šapuće: „Gospodine, Ti si tako divan, tako čudesan! Volim Te." Zatim se vraća svojim dužnostima. Iznutra takav čovjek razgovara s Bogom sve vrijeme, bez obzira na to što radi.

Nikad se ne odvajam od Njega ni na trenutak. To je stanje koje sam želio i za koje sam radio. Sjećam se da sam katkad osjećao da me je napustio i u tim trenucima želio sam umrijeti radije nego živjeti dalje bez Njega. Ni u čemu nisam nalazio sreću. Tako zaljubljeni u Boga pate kada su odvojeni od Njega. No dođe vrijeme kada poklonik Gospodina vidi posvuda i osjeća besmrtnu fontanu Njegova Duha i blaženstva kako mu vječno izvire u duši. Tako ćete se i vi osjećati budete li meditirali. Molite tako snažno i On će vam doći. U Giti je Gospodin dao prekrasno obećanje: „Uroni svoj um samo u Mene; na Mene usmjeri svoju oštroumnu pozornost; i nema sumnje doživjet ćeš besmrtnost u Meni."*

Tehnike joge znanstveno su utemeljenije u odnosu na molitvu i zato mnogo brže vode do božanskog sjedinjenja. U mojoj mladosti, kada sam Boga tražio samo u molitvi, često je trebalo dugo da postignem neki rezultat. Nakon što sam naučio *kriya jogu* i prakticirao je s dubokom predanošću, postigao sam rezultate u nekoliko minuta. Krišna je podučavao da je joga meditacija veća od asketizma, puta predanosti ili molitve, puta ispravnog djelovanja, ili puta rasuđivanja.† To je najbrži način. Avion će vas od Los Angelesa do New Yorka prevesti za nekoliko sati; volovskom zapregom putovanje bi trajalo nekoliko mjeseci. Ako vježbate jogu, vidjet ćete da je ona avion duhovnog napretka.

Nakon što se usavršite na putu joge, koja obuhvaća tjelesnu disciplinu, psihičku disciplinu i duhovnu disciplinu, svladat ćete prepreke na putu do duhovnog uspjeha i moći ćete se slobodno družiti s Bogom. Zato što je to najviši put. Zato želim upoznati ljude s tim putem. Joga nije mit, tvorevina nečije mašte. Ona je istinska znanost.

---

* Bhagavad Gita, XII:8.
† Bhagavad Gita, VI:46.

Zašto da od Indije ne uzmemo takav vrhunski način za pronalaženje Boga kojem ne nalazimo premca bilo gdje drugdje? Indijski duhovni učitelji s ljubavlju su me podučavali o Kristu, i to na tako dubok način kakav nikada nisam susreo na Zapadu. Vidio sam Krista u njihovu društvu. Oni su razgovarali s njim. Je li nam sveti Franjo lagao? On je vidio Krista svake noći. Gospodin Isus živi! Ja sam ga vidio. Kada ste iza ekrana, vani vidite sve druge, ali oni ne mogu vidjeti vas. Tako vas sveci i anđeli mogu vidjeti, ali vi ne možete vidjeti njih ako ne prakticirate jogu.*

Da biste dosegnuli Boga, vaša molitva mora biti snažna

Ljetos sam u samostanu upoznao jednog svećenika. On je bio divna duša. Pitao sam ga koliko je dugo na duhovnom putu kao redovnik.

„Oko dvadeset i pet godina", odgovorio je. Zatim sam upitao: „Vidite li Krista?"

„Ja to ne zaslužujem", odgovorio je. „Možda mi dođe poslije smrti."

„Ne", uvjeravao sam ga, možete ga vidjeti već večeras ako tako odlučite." Oči su mu bile pune suza, a on je zašutio.

Morate snažno moliti. Ako svake noći meditirate i čeznete za Bogom, tama će nestati i ugledat ćete Svjetlo koje se nalazi iza ovog fizičkog svjetla, Život iza sveg života, Oca iza svih očeva, Majku iza svih majki, Prijatelja iza svih prijatelja, Supstanciju iza svih supstancija, Moć iza svih moći. To je mjesto gdje ja živim i želim da i vi onamo dođete.

Praksa joge budi čežnju duše

Odlutali ste od Boga poput izgubljenog sina i jedino ako ga potražite u sebi i vratite Mu se, moći ćete ovu dolinu suza preobratiti u nebesa. Ne postoji drugi način. Kada bi svi na ovom svijetu bili

---

* Kroz povijest su postojali mistici raznih vjeroispovijesti koji su putem transcendentalnih moći predanosti prema Bogu postigli stanje bez daha, nadsvjesne ekstaze koja jedina donosi istinsko unutarnje viđenje. Duhovni žar takvih velikih duša izvan je emotivnog dometa prosječne osobe. Za čovječanstvo u cjelini, jedina nada za božansko prosvjetljenje jest u jogijskom pristupu Bogu kroz svakodnevnu praksu znanstvenih duhovnih metoda.

milijunaši, tuga i nevolje ne bi nestale jer se stalna sreća ne može kupiti. Ona se postiže samo tehnikama joge i predanošću, poniranjem duboko u sebe. Prakticiranje joge je polovina bitke. Ako u početku i ne osjetite nadahnuće, nastavite li s duhovnom praksom, s vremenom će se pojaviti osjećaj goleme čežnje za Bogom koja je nužna ako Ga želite naći.

Zašto se ne potruditi? Odakle stalno izvire sve što je lijepo u svijetu? Odakle dolazi inteligencija velikih duša ako ne iz predjela beskonačnog Duha? Ako sva ta čuda koja vidite oko sebe nisu dovoljna da vas potaknu na traganje za Bogom, zašto bi vam se On otkrio? Podario vam je sposobnost ljubavi da čeznete za Njim više nego za ičim drugim. Ne zloupotrebljavajte svoju ljubav i razum. I ne zloupotrebljavajte svoju koncentraciju i inteligenciju na lažne ciljeve.

Svijet je igra slika svjetlosti

Noć je vrijeme za meditaciju; nemojte ići u krevet a da se niste družili s Bogom. Ja to nikada ne činim. Noćas, kada sam sjeo na krevet, obuhvatila me Njegova prisutnost. Cijela soba i sve u njoj pretvorilo se u blistavo Svjetlo. Čak i kada sam zaspao, ostao sam zaključan u rukama Božanstva. Nikada nisam osjetio takvu radost.

Ovaj je svijet filmska projekcija Božjeg uma. Ne postoji smrt, ne postoji bolest, ne postoje poroci. Jednoga dana, kada vam On pokaže Svoje Svjetlo koje se transformira u ove strašne kozmičke filmove života i smrti, a zatim ugasi sliku tako da ostane samo Njegovo Svjetlo, moći ćete se smijati nestvarnosti Njegove tvorevine od svjetla i sjena. Tada ćete znati da je On sve stvorio iz Svog Svjetla i da je samo Svjetlo stvarno. Moramo se potpuno prenuti i probuditi iz ovog sna privida kako bismo shvatili da smo zrake tog besmrtnog Svjetla. Ta spoznaja dolazi s prakticiranjem najviših tehnika jogijske meditacije. Puko slušanje predavanja ne može dovesti do te spoznaje.

Bog je naš jedini istinski cilj

Svako malo dobijem pismo od učenika Self-Realization Fellowshipa iz Londona. Tijekom tih strašnih zračnih napada oni nisu propustili nijednu službu meditacije. To je pravi duh Engleske i to je duh koji će spasiti Englesku. Političari nikada neće spasiti svijet; to može samo razumijevanje Boga. On je naš pravi cilj u ovom životu. Inače ne bi bilo nadahnuća da nastavimo dalje.

Oni koji vole Boga, trebali bi Ga štovati u svim religijama. „Na koji god način Mi ljudi iskazuju predanost, tako im se (ovisno o njihovoj želji, njihovom stupnju razumijevanja i njihovom načinu bogoštovlja) Ja očitujem. Svi ljudi, bez obzira na to kako Me traže, slijede put prema Meni."* Ne ogovarajte ničiju vjeru. Trebalo bi njegovati iskrene osjećaje ljubavi i poštovanja prema svima. Gdje god vidite hram ili crkvu, trebali biste se iznutra pokloniti Duhu koji je u njima. Nije za svakoga da postane učitelj, ali uvijek možete potaknuti druge na duhovni razvoj. Ne gubite svoje vrijeme, trošeći sate na slušanje radija ili čitanje beskorisnih romana. Zabavljajte se božanskim porukama koje dolaze iz vaše duše. Samo nježnim podešavanjem prijamnika moje ljubavi, slušam Njegov program u svome srcu.

Nitko vam ne može donijeti spasenje, ako ga vi ne zaslužite – ne vjerom, ne slijeđenjem dogme, nego osobnim znanjem i iskustvom. Trebali biste postavljati ova pitanja svakoga dana: ako postoji Bog, zašto Ga ne vidim? Ako postoje sveci, gdje su oni? Odgovore je moguće dobiti; možete stupiti u dodir s Bogom i Njegovim svecima, ako primjenjujete znanost *kriya joge*. Moja jedina želja jest da vam dam Istinu, da možete doživjeti ono što ja doživljavam.

Svrha ovoga života je pronaći Sebe. Upoznati Sebe. Osjetiti pulsiranje oceana Božje prisutnosti u svom srcu. Pretpostavimo da plutate na oceanu, ljuljate se na krilu njegove moćne prostranosti, a kada isplivate na obalu, i dalje osjećate cijeli ocean koji se u valovima valja iza vas dok hodate obalom – tako ja osjećam Boga. On ni za trenutak, nikada, ne napušta nijedno od Svoje djece. On će odgovoriti na sva vaša pitanja, a onda više neće biti straha. Pronađite tu Moć, osjetite ocean Njegove ljubavi iza vaše svijesti i postići ćete najveći uspjeh koji čovjek može dosegnuti.

---

* Bhagavad Gita, IV:11.

Umijeće življenja

1933. godina

Svaki čovjek gradi svoje težnje i oblikuje želje u skladu s prenatalnim i postnatalnim utjecajima. Nasljeđe nacionalnih, društvenih i obiteljskih karakteristika, ukusi i navike oblikuju svaki ljudski život. Ali na njegovu početku djeca su posvuda jednaka. Isus je rekao: „Pustite dječicu da dođu k meni; nemojte im priječiti, jer takvima pripada kraljevstvo Božje!"[*] Božanskost je ono što ujedinjuje djecu svih nacionalnosti; ali kada odrastu, uočava se utjecaj obitelji i društva na njih pa počinju iskazivati nacionalna i rasna obilježja.

Bog je izrazio Svoju istinu u pojedinim civilizacijama, narodima i pojedincima pojavljujući se na različite načine. Tom raznolikošću On nam je predstavio kaleidoskop ljudskih mogućnosti. Čovjekova je dužnost crpiti iz tih raznovrsnih kvaliteta one najuzvišenije i najbolje kako bi ih razvijao u samome sebi, svojem narodu i cijelom svijetu. Veliki ljudi i sveci su to činili. Oni su živjeli nekoliko stotina godina ispred svojeg vremena i svojim primjerom dokazivali univerzalna, vječna načela istine. Ta su načela bit istinskog umijeća življenja, primjenjiva su i ključna za uspjeh i sreću svih ljudi. Razlike među ljudima raznih nacija, rasa i vjera ne bi trebale stvarati podjele, nego biti temelj usporedbe putem koje će se odabrati najbolje kvalitete za razvoj idealnog čovjeka i svijeta.

Od svih današnjih naroda, Indija i Amerika predstavljaju narode koji su svaki posebno dosegnuli vrhunac u duhovnom odnosno materijalnom razvoju. Indijski i drugi orijentalni narodi iznjedrili su iznimne produhovljene ljude, poput Isusa i Gandhija; dok je Amerika stvorila iznimne poduzetnike i izumitelje, poput

---

[*] Lk, 18:16.

Henryja Forda i Thomasa Edisona. Ti veliki ljudi koji utjelovljuju kombinaciju duhovnih i fizičkih obilježja mogu nam poslužiti kao primjer umijeća življenja čime će se u svim narodima razvijati svestran čovjek najvišeg tipa – u fizičkom, psihičkom, moralnom, materijalnom, društvenom i duhovnom smislu.

Važno je odabrati ne samo nacionalna obilježja, nego i svestrana univerzalna načela življenja od svih naroda i velikih ljudi. Ne posežite samo za onim načelima kojima se čovjek razvija samo u materijalnom smislu, a na račun duhovnosti, ili, pak, obratno; usvojite ona načela koja skladno i ravnomjerno razvijaju boljeg čovjeka uravnoteženih fizičkih, psihičkih, moralnih i duhovnih kvaliteta.

Praktične metode za uravnoteženi razvoj

Slijedi nekoliko praktičnih metoda za uravnoteženi razvoj tijela, uma i duše: u svakodnevnu prehranu uključite mlijeko i mliječne proizvode, što više sirove hrane i svježeg voća, popijte veliku čašu soka od naranče pomiješanog s mljevenim orasima. Jedite manje mesa; izbjegavajte potpuno govedinu i svinjetinu. Čitajte i slijedite naputke pouzdanih suvremenih knjiga o prehrani.

- Postite jednom tjedno uzimajući jedino sok od naranče i koristite se prikladnim prirodnim laksativima koje propisuje vaš liječnik.

- Svako jutro i navečer, s dubokom pozornošću, hodajte žustro, trčite ili fizički vježbajte – naprežući se u skladu s mogućnosti vašeg tijela – sve dok se ne oznojite.

- Čitajte nadahnute odlomke iz Biblije i Bhagavad Gite i meditirajte o njima.

- Čitajte Shakespearea i druge klasike, te prikladne dijelove praktičnih knjiga s temama iz kemije, fizike, psihologije, povijesti istočne i filozofije zapada, komparativne religije, etike i fiziologije. Ne gubite vrijeme na jeftino štivo. Čitajte pouzdane časopise o zdravlju i nadahnute duhovne časopise. Uključite uvodnike i članke o zdravlju kada čitate novine, a ne samo stripove i skandale.

- Posjećujte različite hramove i crkve – protestantske, katoličke, budističke, židovske, hinduističke i tako dalje – kako biste prihvatili i razumjeli sve vjere. Gledajte na svaku od njih kao na Hram našega Boga.

- Poštujte Boga ne samo u hramovima koje je izgradio čovjek, nego naučite štovati Ga i družiti se s Njim u svojem unutarnjem hramu tišine. Prakticirajte meditaciju jedan sat ujutro i jedan sat noću, slijedeći znanstvene tehnike meditacije koje naučavaju veliki duhovni učitelji Self-Realization Fellowship slijeda. Ne budite zavedeni na stranputicu dogmatizma ili neprovjerenih vjerovanja i teologija; putujte autocestom Samoostvarenja koja brzo vodi do Boga.

- Ne robujte osjetilima. Ona nisu namijenjena da vas vežu za materijalne želje, nego da vam služe za otkrivanje dobra, koje odražava Boga.

- Gledajte predstave i filmove samo povremeno, birajući one provjerene kvalitete.

- Poštujte Božje zakone koji se odnose na obitelj, domovinu i sve narode.

- Govorite istinu s ljubavlju i razumijevanjem i poštujte je gdje god je primijetite.

- Proširite ljubav prema obitelji i zemlji da biste u nju uključili ljubav i služenje ljudima svih naroda. Vidite Boga u svim ljudima, bilo koje rase ili religije.

- Trošite manje i tako ćete imati više, odbacujući luksuzne navike. Od vaše zarade stavite na stranu koliko je moguće, tako da možete živjeti od kamate na uštedevinu, bez trošenja glavnice.

- Uvidite da je život podijeljen na četiri razdoblja, i da tijekom svakog od njih čovjekova pozornost treba biti djelotvorno usmjerena na djelatnosti prikladne za taj dio života.*

1. Od 5. – 25. godine: djetetu treba ispravno izgraditi karakter prikladnim odgojem i trebaju mu se usaditi duhovni ideali i navike. Dok prelazi u odraslu dob, treba dobiti opće obrazovanje, naučiti se djelotvornosti putem proučavanja i promatranja te dobiti specijalizirano školovanje u nekom poslu za koji on osjeća da mu odgovara.

2. Od 25. – 40. godine: kao odrastao, treba ispuniti obiteljske i druge obaveze prema vanjskom svijetu, a istodobno održati duhovnu ravnotežu.

3. Od 40. – 50. godine: tijekom tog razdoblja, odrasli bi trebali živjeti mirnije, proučavati inspirativne tekstove i usporedo s tim, pratiti napredak u umjetnosti i znanosti, te provoditi više vremena u meditaciji.

4. Od 50. godine nadalje: zadnji dio svojeg života većinu vremena treba provoditi u dubokoj meditaciji te uz tako stečenu mudrost i duhovnost služiti drugima na društvenom i duhovnom planu.

---

* To je opća primjena drevnih vedskih ideala o podjeli ljudskog života na četiri faze, poznate kao četiri *asharmase*: 1.) fizička, mentalna, moralna i duhovna izobrazba učenika u celibatu (*brahmacharya*). 2.) Ispunjavanje domaćinskih ili svjetovnih odgovornosti (*grihastha*). 3.) Povlačenje iz svijeta u osamu ili ašram kako bi posvetili više vremena duhovnoj potrazi i razmišljanju o Bogu (*vanaprastha*). 4.) Potpuno vanjsko kao i unutarnje odricanje od svih veza sa svijetom (*sannyas*). Iako je potpuno odricanje općenito četvrta *ashrama*, nije ograničavana samo na tu fazu, nego se poticala i ranije u životu za one koji su osjetili vrhunsku želju samo za Bogom.

Slijeđenjem ovih četiriju *ashrama*, čovjeka se učilo umijeću življenja i ispravnom ponašanju; dobio je mogućnost ispuniti svoje materijalne ambicije i odgovornosti; potrebno vrijeme za kontemplaciju duhovnog života i ulaganje većeg napora za Samoostvarenje; konačno, tako je potaknut da vrati svoj život, sve svoje, Bogu, od kojega su došli svi darovi života i sam život.

Budite smireno aktivni i aktivno smireni

Ukratko, nemojte sve vrijeme misliti kako zaraditi novac. Vježbajte, čitajte, meditirajte, volite Boga i uvijek s mirom djelujte. Naučite biti smireno aktivni i aktivno smireni, unoseći u svoje dnevne poslove smirenost proisteklu iz duhovnog djelovanja meditacije. U Giti, Bhagavan Krišna uči: „Ostajući uronjen u jogu, obavljaj sva djela, odbacujući vezanost (za njihove plodove), budi ravnodušan prema uspjehu i neuspjehu. Ovakva psihička postojanost naziva se joga."*

Molim vas, pridružite mi se u ovoj molitvi za istinsko bratstvo pod Božjim Očinstvom:

„Nebeski Oče, pomozi nam da stvorimo 'Sjedinjene Države Svijeta', s Tvojom Istinom kao našim vođom i predsjednikom, koja će nas voditi kroz život pun ljubavi u bratstvu i potaknuti nas da savršeno razvijemo svoje tijelo, um i dušu, kako bi se Tvoje Kraljevstvo Nebeskog Mira, koje je u nama, odrazilo u djelima našeg svakodnevnog života.

„Učini nas zdravima, djelotvornima, savršenim u svakom pogledu, da možemo nadahnuti svu našu zemaljsku braću da izraze svoju pravu prirodu, prirodu Tvoje plemenite djece."

„Nebeski Oče, neka Tvoja ljubav zauvijek sja na oltaru naše predanosti i neka smo kadri probuditi je u srcima svih ljudi."

Ako stupite u dodir i družite se s Bogom u unutarnjem hramu tišine, svladat ćete istinsko umijeće življenja. A zdravlje, napredak, mudrost, ljubav i radost će vam se nadodati.

---

* Bhagavad Gita, II:48.

Navika – vaš gospodar ili rob?

Datum i mjesto nepoznati

Ljudski mozak s uzvisinama moždanih vijuga, isprepletenim arterijskim potocima i tamnim rijekama vena nalikuje na velik posjed. Ima li to iznimno imanje svojeg Božanskog Vlasnika? Postoji li knjiga bez autora, dijete bez roditelja, sat bez proizvođača, ruža bez vrtlara? Nipošto! Jednako tako, moždane predjele tajnovite ljepote oblikovala je čudesna inteligencija.

Tko živi u ovoj predivnoj dvorani sa zidovima ožbukanima koštanim tkivom i opremljenoj vratima vida, dodira, sluha, mirisa i okusa? Ispod kupole ljudske lubanje kolonije bezbrojnih stanica pulsiraju životom i inteligencijom izvodeći živahnu predstavu. Sićušne moždane stanice obavljaju raznovrsne poslove – ugošćuju, promišljaju i primaju goste osjetilnih senzacija koje ulaze kroz vanjska vrata osjetila. Tu se kupuje i prodaje: procesi apsorpcije i eliminacije. Poput malih brodova, krvna zrnca plove duž potoka arterija, natovarena raznim životnim potrepštinama. Za upravljanje i nadziranje mnogih od tih staničnih aktivnosti zadužene su nevidljive skupine vragolastih vilenjaka i dobrih vila – navike. Mogu se katkad napraviti velike nepodopštine ako se stranim i nezakonitim navikama dopusti ulaz u područje lubanje. One se počnu ponašati kao gospodari, preuzimajući upravljanje nad svojim domaćinima, moždanim stanicama. Kada se potonje pokušaju oduprijeti tom zadiranju u njihovu slobodu, na području Sjedinjenih Država Tijela dolazi do građanskog rata. Cijelom tjelesnom zemljom zavlada nered dok moždane stanice bijesno raspravljaju o pravu određenih navika da se ponašaju kao sitni diktatori.

Odakle navikama moć da uvedu tiraniju u ljudskom ponašanju? Svaka ljudska aktivnost, bez obzira na to je li riječ o vanjskom fizičkom pokretu ili o unutarnjem procesu razmišljanja, znači dati glas nekoj od navika. Ponavljanje tog djelovanja ili mišljenja povećava broj glasova u korist izbora te navike u zastupnički dom tjelesne vlasti. Znatan broj takvih akcija vodi ovu naviku u vladin ured. U različitim razdobljima života kolektivno glasanje svih prethodnih ljudskih aktivnosti određuje koje će navike prevladavati i imati vrhovnu vlast.

Izbori koji se temelje samo na broju glasova, bez prihvaćanja poželjnih standarda kvalitete, zemlji mogu donijeti nesreću. Ako je većina glasača duševno zaostala ili su kriminalci, oni uglavnom griješe i izabiru pogrešnog predsjednika. Jednako tako, ako se odbace glasovi ljudskih aktivnosti koje su u skladu s vrhovnim zakonom rasuđivanja, moždane stanice mogu nepromišljeno pasti pod jaram tiranije diktatorskih navika.

Održavanje istinski prosvijetljene duhovne demokracije u tjelesnoj zemlji zahtijeva temeljitu edukaciju građanstva moždanih stanica. Njih treba uvježbati da ne dopuste kandidatima – navikama da budu izabrane samo prema brojčanoj snazi nepromišljeno ponavljanih radnji, nego bi trebale svjesno koristiti pažljivu moć rasuđivanja pri davanju glasa pojedinom djelovanju. One bi trebale biti vođene idealom racionalizma i paziti da ne prihvate mito sentimentalne vezanosti za okolinu koja vodi k zloupotrebi glasačke moći. Zdravo rasuđivanje razuma trebao bi biti jedini vodič u selekciji i izboru predsjedničkih kandidata – navika.

Je li robovanje navikama urođeno ili stečeno?

Navike uživanja alkohola, pretjeranog pušenja, konzumacije prevelikih količina kave ili čaja; zatim sklonost bijesu, pohlepi, zavisti, lijenosti i potištenosti, obično su sve izabrane u izvršnu vlast putem kumulativne snage nerazumnog ponavljanja pojedinih radnji bez ikakva razmišljanja o ropstvu koje slijedi iz toga. Osobe ovisne o takvim navikama nisu rođene s takvom neminovnom sudbinom; u ovom ili u prošlom životu, svjesno ili nesvjesno, one su pale u ropstvo stalnim ponavljanjem pojedinih radnji. Prvo piće nikada nije napravilo pijanicu, prvi čin putenosti nikada nije napravio razvratnika, prva upotreba narkotika nikada nije napravila ovisnika o drogi. Serija mehaničkih ili nesmotrenih ponavljanja takvih pogrešnih djela dovela je na vlast te okorjele navike.* Kvantitativna snaga pobjeđuje kvalitativni glas pažljivog razmišljanja, koji je oslabio zbog izostanka iskazivanja njegove snage i tako izgubio na izborima.

Čuvajte se, dakle, prve izvedbe pogrešnog djela. Što učinite jednom, vjerojatno ćete učiniti opet. Ponavljanjem navika postaje jača i veća, poput kotrljajuće grude snijega. Koristite se razumom u svem svojem djelovanju; inače ćete se nepromišljeno pretvoriti u nemoćnog roba nepoželjnih navika.

Opozovite predsjednika Lošu Naviku i izaberite Dobru Naviku

Okorjela loša navika koja dugo predsjeda tjelesnom državom donosi kaos i bijedu. U toj pogrešno vođenoj zemlji vlada duhovna glad, mentalna groznica i sveopće siromaštvo tijela i uma. Okorjela loša navika treba biti smijenjena pred sudskim vijećem dnevnog preispitivanja kojim predsjeda sudac savjesti, koji treba obavijestiti sud razuma da će neizbježne posljedice ustrajnosti u štetnim akcijama biti narušavanje živčanog sustava, gubljenje snage i gubitak sreće. To stalno glasno izgovaranje note upozorenja može uvelike poslužiti u uvjeravanju suda razuma da donese odluku o trajnom odstranjivanju krivca – zločinačke navike.

Katkad je teško uvjeriti sud. Mnoge osobe koje pretjerano puše, piju ili se upuštaju u seksualna iskustva, ne nastoje ili čak i ne žele osloboditi se ropske navike. One neosnovano misle da u tome što rade nema ničega štetnog jer ne pate odmah od razočaravajućih i bolnih posljedica. Djetinjasto, oni odbijaju vidjeti krajnji rezultat njihovih djela. Oni ne shvaćaju da su pokrenuli zakone koji djeluju nepristrano za dobro ili loše, u skladu s prirodom ljudskog djelovanja; ne uviđaju da pijuci štetnih navika kopaju polako, ali ipak kopaju sigurno, prijeteće, prijevremene grobove, jame bijede, prema kojima kroči rob pogrešne navike užarenim plamenovima patnje. O takvim robovima navika Gita kaže: „Uronjeni u uznemirujuće misli,

---

* Za ljude koji su u prethodnim životima učvrstili obrazac štetne navike kao što je alkoholizam, „prvo piće" je uzeto prije mnogo života; zbog toga u ovom životu čak i to prvo piće može oživjeti tu naviku alarmantnom brzinom i s često tragičnim posljedicama.

uhvaćeni u mrežu zabluda, žudeći samo za senzualnim užicima, oni tonu u podmukli pakao."*

Najprije uvjerite svoj um da se spremate zbaciti tiraniju nepoželjne vladajuće navike; zatim počnite raditi na ustavnom zagovaranju i stvarnom opozivu. Mlitavo ili sažalno stajalište, blaga opomena, pa čak i nasilna ali grčevita pobuna od male su koristi. Naviku ste stvorili stalnim ponavljanjem neke radnje, pa one štetne morate poništiti sličnim redovitim trudom, svjesno jačajući volju i zdravo rasuđivanje.

Uskladite svoje napore s novim i boljim navikama. Održavajte ih stalnom pozornošću radi služenja dobrim navikama i udružite ih s drugim dobrim djelovanjem. Ako se vaše djelovanje počne vraćati starom opasnom društvu loših navika, ne budite obeshrabreni. Ustrajte u ispravnom djelovanju, dajte im dovoljno vremena i pozornosti, pa će glasačka snaga tih novih djela porasti i konačno postati dovoljno moćna da pobijedi bezvrijedne navike i na njihovo mjesto izabere vrijedne.

Za uspostavljanje navike, dobre ili loše, potrebno je vrijeme

Lošoj navici potrebno je vrijeme da stekne moć, stoga ne treba biti nestrpljiv što se suparnička dobra navika ne uspostavlja tek tako. Ne očajavajte zbog vaših nepoželjnih navika; jednostavno ih prestanite hraniti ponavljanjem kojim stječu snagu. Vrijeme potrebno za uspostavljanje navike ovisi o ustroju mozga i živčanog sustava pojedinca i uglavnom je određeno kvalitetom nečije pozornosti. Snagom duboke pažnje izvježbane koncentracijom može se ustoličiti svaka navika, to jest, moguće je u mozgu stvoriti novi obrazac – po volji i gotovo trenutačno. Važnost moći koncentracije i volje pri stvaranju dobre ili loše sreće impresivno je sažeta u sljedećem biblijskom stihu: „Jer tko ima, dat će mu se još, te će obilovati; a tko nema, oduzet će se i ono što ima."† Ta se istina osobito odnosi na navike. Čovjek koji ispravnim djelovanjem jača svoju volju ustrajući na dobrim djelima uz malo truda napreduje u vrlini. Međutim, rob loših navika trati svoju volju i razum pa u konačnici, ne samo da je nemoćan stvoriti

---

* Bhagavad Gita, XVI:16.
† Mt, 13:12.

novu dobru naviku, nego teško uspijeva održati i one dobre navike koje je možda imao na početku.

Čovjekovo djelovanje pod upravom zdravog rasuđivanja proizašlog iz intuicije i mudrosti, neovisno radi li se o dobrim ili lošim navikama, daje mu neograničenu snagu volje. „Krajnji uspjeh postiže onaj čovjek, o Arđuna, čiji um nadzire njegova osjetila, koji bez vezanosti i postojano kroči putem djelovanja kojim će stići do jedinstva s Bogom."* Čovjek takve snage svojom voljom može utvrditi novu naviku u svojem mozgu, ili dokinuti neku drugu. Idealna demokracija pretpostavlja racionalno i dobrovoljno poštovanje dobrih zakona, bez prisile višeg autoriteta, ili drugih vanjskih utjecaja. Slično tomu, mudar čovjek, onaj tko je zaista slobodan, izbjegava greške i čini dobro, ne zbog prisile navike, nego zbog slobodnog i razumnog izbora. Takav čovjek ne dopušta da njime upravlja čak ni dobra navika, kako time ne bi narušio ostvarenje pune slobode izbora djelovanja temeljene na rasuđivanju. Dobra navika može biti na snazi samo zato što nikada nije bilo nikakva iskušenja koje bi je dovelo u pitanje. Tako uspostavljena dobra navika nije nužno i trajno učvršćena u prirodi jer nije izabrana razumom i rasuđivanjem, nego zbog spleta povoljnih okolnosti.

Svi ukusi svojstveni nekom narodu i ljudski običaji navike su stečene stjecajem okolnosti kao posljedica utjecaja okoline. Ljubav prema amerikanizmu ili hinduizmu rezultat je navike i bliskosti s određenom zajednicom. Kada bih imao izbor, najradije bih bio ljudski „kameleon", slobodan prigrliti poželjne odlike svih nacionalnosti i svih vjera.

Svoju moć nad navikama možemo provjeriti zapovijedajući umu da mu se po volji svidi ili ne svidi određena hrana. Jednom prilikom otkrio sam korist ovakva iskazivanja volje: nedugo nakon što sam stigao u Ameriku, bio sam pozvan na večeru, a na stolu je bio poslužen sir Roquefort i slani keksi. Tek što je gospodin Roquefort dotaknuo moje nepce, i čim su za njegov dolazak saznale moždane stanice, odmah su gospodari navike okusa pokrenuli pobunu protiv cijenjenog gosta koji je upravo stigao u moj želudac. Postali su vrlo

---

* Bhagavad Gita, III:7 (vidi *Karma joga* u rječniku).

uzrujani i počeli prijetiti: „Ako dopustiš gospodinu Roquefortu ulazak, mi ćemo svi napustiti tijelo!" Nisam bio nimalo uživao u toj neugodnoj neizvjesnosti! Primijetio sam da su svi drugi za stolom prilično uživali u toj naročitoj poslastici pa sam snažno zahtijevao od svojih osjetila da odmah prigrle sir Requefort kao ugodnu naviku. Tada mi se odjednom svidio njegov okus i volim taj sir i danas.

Zbog čega su katkad vaši postupci ili reakcije suprotni vašim stvarnim željama? Zato što ste tijekom vremena razvili navike koje su suprotne vašim željama i vaše radnje automatski ugađaju vašim navikama. Morate najprije steći navike koje će vaše djelovanje uskladiti s višim idealima.

Navika je automatsko i mehaničko obavljanje radnji bez ulaganja mentalnog i fizičkog napora koji je obično potreban za obavljanje onih radnji koje su za nas nove. Ovaj mehanizam, ako se pogrešno koristi, opasan je neprijatelj koji napada čovjekovu utvrdu slobodnog izbora. Budite praktični. Pokušajte od danas prevladati štetne navike skrivene u vama, odjevene u ruho stečenih ukusa pod utjecajem okoline. Riješite ih se i djelujte slobodno vođeni isključivo razumom. Vi niste vaše navike. Riješite se te zablude i sjetit ćete se svojeg istinskog Jastva, savršene slike Boga u vama.

Stvaranje i uništavanje navika vlastitom voljom

*Hram Self-Realization Fellowshipa,
San Diego, Kalifornija, 12. prosinca 1943.*

Bog na mnoge načine izlazi u susret Svojoj djeci. Katkad usliši želju odmah. Kada sam zamolio Božansku Majku da prestane kiša uoči današnje službe, Njezin glas mi je rekao: „Bit će malo sunca." Ljubaznošću Duha Svetoga dočekalo nas je sunčano jutro.

Gospodin je Majka svih majki, Otac svih očeva, Jedan Prijatelj iza svih prijatelja. Ako uvijek mislite o Njemu kao o najbližem od bližnjih, svjedočit ćete mnogim čudima u životu. „On hoda sa mnom i On priča sa mnom i kaže mi da sam Njegov."* Također, Bog će razgovarati s vama, ako se u meditaciji potrudite i „neumornim stupanjem" uđete u božansku dimenziju.

Pjesnik Francis Thompson govori o Bogu kao o „Božanskom Psu". U toj pjesmi Bog je opisan kao onaj koji vjerno slijedi čovjeka, a ne kao netko za kime čovjek traga. Čovjek pokušava uteći od Boga skrivajući se u neprohodnim labirintima sumnji, pa ipak Božanski Pas ide za njim i upozorava ga: „Sve te stvari izdaju, jer ti izdaješ Mene."

Ako živite odvraćajući Boga od sebe, od sebe odbijate i samu ljubav. U svemu što tražimo, u novcu i osjetilnim užitcima zapravo – tražimo Boga. Mi smo kopači dijamanata, koji umjesto dragog kamenja skupljaju komadiće stakla koji svjetlucaju na suncu. Zaslijepljeni na tren njihovom privlačnošću, zaboravljamo nastaviti potragu za pravim dijamantima koje je mnogo teže naći.

Vaše dobre navike ti su dijamanti koji će vam donijeti istinsko i

---

* Iz himne *U vrtu*, C. Austina Milesa.

trajno zadovoljstvo, ali njih je teže steći. Loše navike su, pak, stakalca koja pružaju lažno zadovoljstvo jer je do njih mnogo lakše doći i koja, budući da su lažna, nakraju donose razočaranje. Obuzet će vas zasićenost tako da vam više ništa neće pružati zadovoljstvo. Ne moram prolaziti kroz sva ta iskustva jer mogu nazrijeti kraj svakog ljudskog užitka te sam u Bogu pronašao jedinu stvarnu i trajnu radost.

Pravi opis „starosti" zapravo je stanje u kojem je nekomu dosadio svijet. Brzo se umorim od svjetovnih životnih užitaka[*] i ovaj svijet za mene bi bio iznimno dosadan da se nisam dao u potragu te da nisam pronašao Božju radost. Sreća i obilje koje nalazim u Njemu su neizmjerni. Vječnost nije dovoljno duga da vam objasnim radost poklonikova srca kada u njega uđe Bog. To nije pretjerivanje jer je Božja radost vječna – neprekidna, uvijek nova, bezgranična. Svatko od nas ima tu i tamo kratak bljesak – sjećanje duše na stanje vječne sreće.

U ovom svijetu svi nas žele iskoristiti za svoje svrhe. Jedino nas Bog – i pravi duhovni učitelj koji poznaje Boga – mogu uistinu voljeti. Obično ljudsko biće ne zna što je ljubav. Kada osjećate zadovoljstvo u nečijem društvu, pomišljate da tu osobu volite. Ali zapravo, vi volite sebe; vaš ego iskazuje zadovoljstvo pažnjom druge osobe, to je sve. Biste li nastavili „voljeti" tu osobu kada bi vam se prestala umiljavati? Što znači voljeti nekog drugog više od samoga sebe vrlo je teško razumjeti, a za prosječnu osobu je još teže to i provesti u djelo. Sljedeća istinita priča o pravoj ljubavi jasno će vam ovo predočiti.

Bijaše jednom u Indiji predani muž koji je vrlo duboko volio svoju suprugu. Jedan drugi čovjek postao je njome zaluđen. Ona je pobjegla s ljubavnikom koji ju je na kraju ostavio, a ona se našla bez prijatelja i sredstava za život. Jednoga dana njezin ju je muž došao posjetiti. Obratio joj se blagim glasom:

„Jesi li završila s ovim iskustvom? Ako jesi, dođi kući sa mnom."

---

[*] Smrt Paramahansajijeve majke kad mu je bilo oko jedanaest godina bila je prekretnica u njegovu životu, koja je ojačala već prisutno vatreno duhovno nagnuće i dovela do čvrste odluke da pronađe Boga. Božanska mudrost zarađena u prethodnim inkarnacijama vrlo se rano u njemu odrazila; to mu je omogućilo da rasuđivanjem uvidi suštinska razočaranja koja nose iskustva ovoga svijeta i spoznaju da trajna sreća može doći samo od Boga. (*napomena izdavača*)

Ona je oklijevala. „Ne mogu ni pomisliti da te nastavim sramotiti."

„Zar me je briga za mišljenje društva?" odgovorio je. „Ja te volim. Onaj drugi je volio samo tvoje tijelo. Ja volim stvarnu tebe – tvoju dušu. Ono što se dogodilo ne čini nikakvu razliku."

To je bila prava ljubav. Muž se nije brinuo o svojoj časti, mislio je samo na dobrobit svoje voljene.

Jedan veliki kamen spoticanja na putu davanja prave ljubavi su navike. U srcu svi mi želimo biti anđeli, ali nas naše navike čine vragovima. Ujutro donosimo odluke da ćemo se pridržavati dobra, ali tijekom dana na njih zaboravljamo. „Duh je spreman, ali je tijelo slabo."[*] Tijelo predstavlja navike. Naš duh, naša mudrost je spremna; ali naše dobre navike su slabe. Gita kaže: „Osjetila željna uzbuđenja na silu obuzimaju svijest čak i onoga tko je na visokom stupnju prosvjetljenja i teži oslobođenju."[†]

Mnogi ne razumiju strašnu prirodu navike. Neke osobe vrlo ih brzo razviju. To je u redu ako je riječ o dobroj navici, ali je opasno kada naša djela vode stvaranju loše navike. Ako povodljivoj osobi date cigaretu, ona i tada može steći naviku pušenja. Ili, ako popije samo čašu vina, postaje doživotni pijanica.[‡]

Budući da ne znate koji tip podsvjesnog uma imate, ili koje su vaše skrivene pobude, bolje je izbjegavati radnje koje mogu dovesti do štetnih navika. Ako um nije osnažen mudrošću i moći rasuđivanja, poput upijajućeg papira vrlo brzo upija loše navike.

Doista mnogo ljudi na ovom svijetu treba pomoć! Bog im pomaže uz pomoć onih koji su spremni biti sredstvom Njegove ljubavi. Neki dan došao mi je jedan zbilja tužan čovjek. Kada ne pije, doista je dobar čovjek, ali čim počne piti, postaje zvijer. Ide iz jedne krajnosti u drugu. Dok je trijezan, sasvim je dobar čovjek, ali kad je pijan, tuče i zlostavlja ženu. Došao je zbog liječenja i znam da ako bi se samo malo uskladio, moglo bi mu se pomoći. Ali vidite kako

---

[*] Mt, 26:41.

[†] Bhagavad Gita, II:60.

[‡] Ovo osobito vrijedi za osobe koje u podsvijesti nose latentno prisutnu snažnu lošu naviku iz prethodnih života. Prvo predavanje iskušenju takva pogrešnog djela od ranije, u ovom životu pokreće već davno uspostavljeni mehanizam navike.

su strašne zle navike! Dok taj čovjek nije pod utjecajem alkohola, u njemu se ne vidi ni tračak zla; tada je pun grižnje savjesti zbog svoje loše navike pijenja alkohola, da se želi čak ubiti. Međutim, ipak i dalje pije! Takva je moć navike.

Ako odlučite da ćete učiniti nešto dobro, morate to i *učiniti*. Ne dopustite da vam išta stane na put. Prije nego što donesete odluku, procijenite da je to dobro. Kada ja nešto odlučim, ne slušam ama baš nikakve proturječne upute. Katkad mi treba dugo da donesem odluku, ali kada je donesem, ništa me ne može zaustaviti. Božji zakon radi za vas kada nešto snažno odlučite, a zatim se čvrsto držite te odluke.

Svi mi mislimo dobro; ali zbog navika katkad činimo djela suprotna našoj volji, štetna za druge i za nas same. Stoga, donesite odluku u svojem umu da vam se loše navike neće moći nametnuti.

Zašto dopustiti da navike upravljaju vama?

Vaši preci došli su ovamo kako bi pobjegli od pravila koja su im ograničavala slobodu djelovanja prema vlastitoj savjesti. Amerikanci, rođeni kao slobodni građani, ne vole da im netko zapovijeda. Zašto biste si onda dopustili da vama upravljaju vaše navike? Primjerice, ne želite jesti, a ipak jedete; ili ne želite se sukobiti s drugima, a to ipak činite. O čemu je riječ? Dopustili ste si postati robovima loših navika.

To što ste rođeni u Americi ili u nekoj drugoj demokratskoj zemlji ne jamči vam slobodu uma i srca. Biti slobodan znači biti u stanju ispravno djelovati u skladu s nalozima vlastite mudrosti duše, a ne iz prisile navike, slijepe poslušnosti ili nerazumnog straha. Mudrost daruje pravu slobodu, i to je pravi duh Amerike.

Raditi sve što vam se sviđa nije sloboda; to je zloupotreba slobode. Pretpostavimo da živite u kući s dvadeset drugih ljudi, a svatko od njih smatra da je sloboda pravo da rade što im se sviđa i svatko od njih želi činiti nešto što je suprotno željama drugih? U takvim okolnostima ne može biti prave slobode. Sloboda dolazi samo slijeđenjem zakona vladanja samim sobom. Činiti slobodno *ono što trebate činiti* onda *kada je to potrebno činiti* – pritom vođen mudrošću – to je jedina prava sloboda.

Robovanje navikama ropstvo je u njegovu najgorem obliku. Odlučite biti slobodni. Probudite božansko sjećanje na slobodu duše, afirmirajući: „Iako sam stekao neke loše navike od djetinjstva, mogu ih odbaciti vježbanjem mudrosti i volje. Ja sam gospodar vlastite tjelesne kuće."

Neka vas vodi mudrost, a ne običaji

Kako to da jedna osoba postupa različito od druge? Uzrok su životne navike, način razmišljanja; utjecaj okoline i naroda. U ovom drugom slučaju navike su nam nametnute. Ja slijedim svoje puteve. Kada sam došao u Ameriku 1920., imao sam dugu bradu. Pomislili biste da ljudi s bradom izgledaju dostojanstvenije; barem se u Indiji brada tako doživljava. No dok sam još bio na brodu, uvjerio sam se da bi Amerikanci, kada vide čovjeka s dugom bradom, bili skloniji razmišljanju: „Evo dolazi divlji čovjek iz džungle!"

Kad sam shvatio da samo rijetki Amerikanci nose bradu, bio sam spreman odreći se svoje; ali odlučio sam zadržati dugu kosu jer ju je i moj guru, Sri Yukteswarji, nosio. Tako nitko nije mogao utjecati na mene da skratim kosu. Kada bih se sada ošišao, isti oni ljudi koji su me godinama ismijavali zbog duge kose, smijali bi mi se zato što nosim kratku kosu smatrajući da sam skrativši kosu smanjio i svoje unutarnje dostojanstvo.

Mi zapravo ne znamo što je ispravno i pravo jer sve uvijek uspoređujemo na osnovi vanjskog izgleda. Stoga često griješimo u prosudbama. Tko može reći što je ispravno, a što pogrešno samo na temelju izgleda?

Trebate se postupno osloboditi ropstva bilo kojoj navici, bez obzira na to je li riječ o odijevanju, hrani ili čemu drugom. Mnogi ljudi osjećaju da moraju jesti meso triput na dan. Drugi su uvjereni da ne trebaju jesti ništa osim salate i orašastih plodova; misle da će se razboljeti ako promijene svoju prehranu! Takva uvjerenja oblik su ropstva. Ne budite vezani ikojom životnom navikom; radije mijenjajte svoje navike kako vam nalaže mudrost. Naučite živjeti ispravno koristeći se moći slobodnog izbora vođeni mudrošću. Jednu noć spavajte udobno na mekom krevetu, a sljedeće noći isto tako udobno i na podu. Ta božanska nevezanost za naviku vid je slobode o kojoj su govorili duhovni učitelji Indije.

Istinska sloboda nasuprot hirovite slobode

Na Zapadu ljudi vjeruju u razne vrste sloboda – ja to nazivam *hirovitom* slobodom. Zbog pogrešnog tumačenja prave prirode slobode, neki roditelji stvaraju od svoje djece robove navika u životu, dopuštajući im da ispune sve svoje želje. Dijete odrasta misleći da će biti sretno sve dok se njegove želje budu zadovoljavale i da je svrha života ispunjavanje svih tih želja. Poslije shvaća da je bilo zavedeno i da je vanjski svijet drukčiji od onoga što je vidio kod kuće. U svijetu nije lako zadovoljiti svaki hir! Takva osoba može doživjeti da je drugi guraju u stranu ne bi li ostvarili svoje hirove pa i njoj ne preostaje drugo nego da i sama postane bešćutnom kako bi zadovoljila sve svoje prohtjeve i želje. „Vjerujući da je ispunjenje tjelesnih želja čovjekov najviši cilj i uvjerene da je ovaj svijet „sve", takve osobe obuzete su zemaljskim brigama i poslovima sve do same smrti."*

Roditelji bi trebali barem pokušati odgojiti svoju djecu kako bi bili spremni za život imajući čvrstu volju i ispravno rasuđivanje, tako da mogu ostvariti svoj put u svijetu, a ipak se kloniti loših navika. Učite djecu kako da budu uistinu slobodna. Ne dopustite im da postanu robovi tijela i nepoželjnih navika. Dobro je djetetu usaditi redovite dnevne navike, ali trebalo bi ga naučiti i smirenosti uma. Ako odlazi spavati na vrijeme, u redu; ako ne, u redu. Ako večera na vrijeme, odlično; ako ne može večerati na vrijeme, opet dobro. Djecu bi trebalo učiti da poštuju prava drugih, ali da ne robuju navikama ni prema čemu i ni prema komu.

Pobijedite loše navike odlučnim – „neću"

Ako magarac želi surađivati, potpuno je poslušan, ali odluči li prekinuti suradnju, nitko ga ne može pokrenuti. Vi biste trebali razviti tu vrstu odlučnosti kada treba reći *neću*. Budite gospodar svojeg raspoloženja i navika. Jednom kada odlučite da nećete raditi nešto što je pogrešno, nitko vas ne može navesti da učinite bilo što protiv svoje volje. Međutim, ako u nekoj prilici otkrijete da ste pogriješili, budite u stanju brzo se predomisliti. Ta prilagodljivost dolazi kada

---
* Bhagavad Gita, XVI:11.

ne dopuštate navikama da vama upravljaju, nego umjesto toga djelujete mudro vođeni slobodnom voljom. Budite slobodni! Ne budite robovi čak ni dobrih navika; postupajte ispravno za vlastito dobro.

Nekim ljudima potrebno je svakodnevno reći što da rade, čak i kada su njihove dužnosti većinom jednake; međutim, obični ljudi obavljaju uobičajene dnevne aktivnosti kao „stvar navike". To je u redu ako njeguju dobre navike; ali je loše za one koji su usvojili loše. Većina ljudi ima kombinaciju i jednih i drugih navika.

Navike su mentalni nosači zvuka

Uzastopno obavljanje neke radnje stvara mentalni otisak. U svakom djelovanju sudjeluju psiha i tijelo, a ponavljanje određene radnje praćeno odgovarajućim misaonim obrascem stvara suptilne električne kanale u fiziološkom mozgu, nešto poput brazda na gramofonskoj ploči. Nakon nekog vremena, kada god stavite iglu pozornosti na te „brazde" električnih kanala, „gramofonska ploča" reproducira originalni mentalni otisak. Svakim ponavljanjem radnje te brazde električnih kanala postaju dublje, sve dok i najmanja pozornost automatski ne „zasvira" jednake radnje uvijek iznova.

Ipak, uz pomoć koncentracije i snagom volje moguće je izbrisati čak i najdublje brazde dugogodišnjih navika. Ako ste ovisnik o pušenju, na primjer, recite sebi: „Navika pušenja dugo je bila utaborena u mojem mozgu. Sada usmjeravam svu svoju pozornost i koncentraciju na svoj mozak i *hoću* da ta navika bude protjerana." Stalno ponavljajte ovu naredbu svojem umu. Najbolje vrijeme dana za te afirmacije je ujutro kada su volja i pozornost još svježe. Uzastopno afirmirajte svoju slobodu, koristeći se snagom svoje volje. Jednoga dana osjetit ćete da više niste zarobljenik te navike.

Poznajem čovjeka koji se želio osloboditi navike pušenja. Bio je strastveni pušač, ali je imao veliku vjeru da može prevladati tu naviku. Rekao sam mu: „Nakon što sam Vam dao iscjeljenje, želim da zapalite cigaretu. Ona će Vam imati okus kao hrpa dronjaka i Vi više nikada nećete uživati u pušenju." I tako je i bilo. Kada je pokušao pušiti sljedećeg dana, smučilo mu se. Prihvatio je moju snažnu misao i mogao sam trenutačno prenijeti svoju svijest na njega. Nakon toga riješio se te loše navike.

Grickanje noktiju još je jedna glupa, beskorisna navika. Zašto biste to činili protiv svoje volje kada ste vi kralj u dvorcu svojeg života?

Budite slobodni kao dijete Božje

Ako je vaš um jak, ako se predate Bogu i zaboravite na tijelo, moći ćete biti slobodni kao dijete Božje. Donesite odluku da se nijedna navika neće u vama ukorijeniti. Ako je vaša mudrost snažna, možete uvjeriti samoga sebe u sekundi što trebate raditi. Probudite tu mudrost koja u vama krijepi moć slobodne volje i koja vam omogućuje da se oslobodite prinudnog instinkta uobičajenih navika. „Čak ako si i najveći među grješnicima, ipak ćeš na splavi mudrosti zasigurno prebroditi more grijeha."*

Najbolji način za oslobađanje od navika je htjeti ih izbaciti iz svojeg uma, i to istog časa! Nemojte nad njima oklijevati, da vam ne oslabe odlučnost. Mudrost je vaše spasenje od navika. Ako netko kaže dječačiću da ne jede slatkiše, on će ih željeti više nego ikad prije. Pretpostavimo da u odrasloj dobi boluje od šećerne bolesti i njegov liječnik kaže mu da će umrijeti ako nastavi jesti slatkiše. Mudrost je ona koja mu kaže da je liječnik u pravu i koja ga potiče da brzo odustane od dugogodišnje navike jedenja slatkiša. Katkad, uz mudrost čovjek uči!

Sjećam se dječaka iz moje škole u Ranchiju u Indiji koji je volio raditi upravo suprotno od onoga što mu je bilo rečeno. Zbog toga sam mu često znao reći da uradi ono što nisam želio da radi i tako sam ga pridobio da čini ono što sam želio. S vremenom se „opametio" u dvostrukom smislu i promijenio na bolje.

Ovo je moja poruka svima koji pate od robovanja navikama: okrenite se protiv takvih navika koje vas dovode u ropstvo i koje vam govore što da radite i recite: „Ja imam bič s kojim ću te istjerati. Ti mi više ne možeš narediti da radim nešto protiv svoje volje. Ja sam po rođenju slobodno dijete Božje. Stvoren sam na Njegovu sliku. Upotrijebit ću svu svoju božanski darovanu mudrost i slobodnu volju da radim sve ono ispravno što bih trebao uvijek i raditi."

Mnogo puta koristio sam se božanskom snagom volje da uništim

---

* Bhagavad Gita, IV:36.

navike koje su htjele zagospodariti sa mnom. Kada sam jeo određenu hranu i shvatio da me za nju veže želja, prestao sam to jesti sve dok nije nestala želja.

Kada sam došao u Singapur, otkrio sam iznimno ukusno voće, ali sam pazio da ne žudim za njim. Znao sam da ako ne pripazim, mogao bih se naći u situaciji da ga želim ujutro, u podne i noću. To je način na koji sebe zarobljavamo. Tako, iako sam potpuno uživao u tom voću tog jednog dana, nisam žalio kada ga sutradan nije bilo. Ako smo oprezni s onim u čemu uživamo, nema razloga za strah. Trebamo zadržati svoju slobodu po svaku cijenu.

Toliko mnogo ljudi nastavlja jesti hranu za koju znaju da nije dobra za njih. No ako kažem da nešto neću jesti, to je kraj. Nije li to sloboda? Činiti stvari, ne zato što vas prisiljavaju navike, ni zato što su vas prijatelji uvjerili, nego zato što vam to kaže vaša mudrost. S mudrošću dolazi takva snaga uvjerenja da ne trebate navike na koje se morate oslanjati da biste činili ispravna djela koja trebate činiti. Kada ste uvjereni da je mudro nešto učiniti, ništa vas ne bi smjelo pokolebati. No morate biti vođeni mudrošću. Vi možete po volji stvarati navike snagom mudrosti. Ja mogu postati sve što mudrost od mene zahtijeva.

Misaoni obrasci navika u većine ljudi već su postavljeni i teško ih je mijenjati. Oni koji svoje misli održavaju elastičnim putem discipline i samokontrole lako se mogu mijenjati. Um treba biti poput plastelina. Mudrost održava um podatnim. To je sloboda. Želim da čovječanstvo uživa u toj slobodi od navika. Kada se oslobodite ropstva navika, znat ćete da nema veće sreće nego li djelovati kao dijete Božje rođeno slobodno.

Nikada ne dopustite da vas život pobijedi. Pobijedite život! Ako imate snažnu volju, možete prevladati sve poteškoće. Afirmirajte, čak i usred iskušenja: „Opasnost i ja rođeni smo zajedno, ali ja sam opasniji od opasnosti!" To je istina koju biste trebali uvijek pamtiti i primijeniti je, tada ćete vidjeti da djeluje. Nemojte se ponašati kao pokorno smrtno biće. Vi ste dijete Božje!

Razvijanje dinamične volje

*Međunarodna središnjica Self-Realization Fellowshipa,
Los Angeles, Kalifornija, 11. siječnja 1949.*

Bog je poslao čovjeka na Zemlju obdarivši ga određenim fizičkim, psihičkim i duhovnim snagama s kojima raspolaže i sposoban je njihovim mudrim korištenjem postići određene rezultate. Snaga koja pokreće strojeve je elektricitet. A što pokreće taj ljudski stroj koji nam je dao Bog, tu pokretljivu strukturu kostiju prekrivenu mesom koja se sastoji se od trilijuna stanica? Nju pokreće *prana*, inteligentna životna sila koja putuje kroz živce, poput elektriciteta kroz žice.

U djetinjstvu je tijelo više usklađeno s umom i lakše izvršava njegove naredbe. No poslije, kako dijete stječe različite navike, tako tijelo i um ne rade skladno kao prije. Iako je, kako sam i prije često isticao, materijalni oblik samo san u svijesti Boga, sve dok se morate koristiti fizičkim tijelom, ono bi trebalo biti pod kontrolom vašeg uma.

Tijelo će uvijek zadesiti nevolje jer to je zakon života; unatoč poteškoćama, trebali biste održavati psihičku neutralnost koja će priječiti uznemirenost uma vanjskim okolnostima.

Sveti Franjo Asiški strašno je patio, a ipak je ostao mentalno čvrst. Uoči svoje smrti je oslijepio. Liječnik je kao liječenje predložio spaljivanje tkiva svečeva lica, od obrva do ušiju užarenom željeznom šipkom. U to vrijeme nije bilo anestetika. Učenici koji su bili uz njega nisu mogli podnijeti taj prizor, ali sveti Franjo je rekao liječniku da počne s postupkom. Pozdravio je brata Vatru ljubaznim riječima i nije pokazao nikakvu vezanost uma i tijela. Gospodin želi da i vi shvatite sljedeću istinu: unutar vašeg prolaznog tijela boravi nepovrediva, besmrtna duša.

Pogrešno bi bilo pretpostaviti da duhovni učitelji uopće ne pate. Isus je dopustio da njegovo tijelo trpi bolove pri raspeću, iako je već bio izbavljen, jer je tako na svojem tijelu svjesno odrađivao neke od karmičkih patnji svojih učenika i svijeta. Međutim, on je poznavao odnos uma i tijela; on ih je vidio kao prividne tvorevine u kozmičkom Božjem snu. Tijelo je samo skup osjeta. Nije lako „odsjeći" osjete, ali vi to možete učiniti, ostajući neprestano svjesni da ste duša, ona koja je jedno s Duhom. U većine ljudi um je gotovo potpuno podređen zahtjevima tijela, stoga je najbolje početi postupno vježbati odvajanje uma od tijela, počinjući s malim promjenama.

Jedna od razlika između običnog čovjeka i nadčovjeka je ta što običan čovjek zapomaže i pati ako je ozlijeđen, dok je jogi učvršćen u svijesti da on nije tijelo, da je odvojen od njega. Ta spoznaja sa mnom je sve vrijeme. Ponekad se vidim kako hodam, a istodobno sam svjestan da nemam tijelo. U božanskoj svijesti shvaćate da vi, kao duša, nemate ruke, oči, uši ili noge, niti imate potrebu za ovim fizičkim dodatcima, iako ih možete koristiti i pokretati. Moguće je čuti, vidjeti, mirisati, kušati i dodirivati samo snagom uma. Kod vidovitosti, na primjer, može se čuti unutarnjom snagom. Mnogi sveci čuju Božji glas ili glas nekog od Njegovih anđela koji ih vode. Oni ne čuju ušima, nego umom. Takvo stanje svijesti istinsko je iskustvo, a ne nekakvo umišljanje. No to ne može postati vaše iskustvo ako ne meditirate. Budete li meditirali s dubokom predanošću, jednoga dana, kada najmanje očekujete, doživjet ćete to iskustvo i shvatiti o čemu vam sada pričam.

Bog mi stalno pokazuje tu istinu, da je tijelo nestvarno. Također mi pokazuje da ovo tijelo mora patiti. No fizička patnja ovog tijela nema ništa s mojom sviješću. Ta patnja posljedica je preuzimanja negativne *karme* drugih i nije povezana s osobnim željama kao izvorom patnje. Ako ovo tijelo čini dobro svijetu i drugima, u redu. Duhovni učitelj ne brine se što se događa s njegovim tijelom. Njemu je jedino važno može li drugima biti od koristi.

Običan čovjek nije svjestan tijela samo tijekom spavanja, pa ipak nakon buđenja odmah zna je li spavao dobro ili loše. Neki materijalisti misle da smo potpuno nesvjesni kada zaspimo, ali to nije istina. Kako bismo tada, odmah nakon buđenja, mogli znati jesmo li spavali dobro ili loše, ako nismo svjesni tijekom spavanja? Možemo sa sigurnošću reći da um postoji i bez tijela.

Mudrost i volja upravljaju tijelom i umom

Koje su, onda, glavne snage koje upravljaju tijelom i umom? To su mudrost i volja. Mudrost je intuitivno, izravno poznavanje istine koje duša posjeduje. U ratu se koriste daljinomjeri za određivanje dometa topovske granate; kada je ispravno određen domet, projektil se učinkovito ispaljuje. Mudrost je vaš daljinomjer, a vaša volja daje vatrenu moć kojom učinkovito dosežete ciljeve u skladu s nalozima mudrosti. Vaša volja uvijek bi trebala biti vođena mudrošću. Jedno bez drugoga je opasno. Ako imate mudrost, a volja nije snažna slijediti ono što nalaže mudrost, to je štetno za vašu dobrobit; ako pak imate jaku volju, ali nemate mudrosti, veliki su izgledi da će se dogoditi „granatiranje" vlastitih snaga.

Vaša pamet nije vođena mudrošću ako vas ne uspijeva navesti na ono što biste trebali uraditi. Ta moć vaše pameti ne ispunjava svoju pravu svrhu ako ne potiče snagu volje potrebnu za obavljanje naredbi duše. „Kaže se da su osjetila nadmoćna fizičkom tijelu; da je um nadmoćan osjetilima; da je pamet nadmoćna umu; ali ono (Jastvo) je nadmoćno pameti."*

Većina ljudi ponaša se poput automata. Oni doručkuju, idu na posao, ručaju, vraćaju se na posao, dolaze kući na večeru, gledaju televiziju te odlaze u krevet, a njihov se tjelesni stroj gasi preko noći. Oni koji žive na ovakav način koriste se samo mehaničkom voljom, obavljaju većinu svojih radnji iz navike, ispunjavaju svoje dužnosti uvijek na određeni način. Oni ulažu mali ili nikakav napor za svjesno vježbanje volje. Istina, oni se koriste snagom volje sve vrijeme za obavljanje uobičajenih radnji, ali ona je čisto mehanička; to nije dinamička volja.

Fiziološka volja – prvi izraz snage volje

Bebin plač pri rođenju prvi je izraz ljudske volje jer tako se otvaraju pluća kako bi započelo disanje. Mudraci kažu da je taj prvi plač protest duše zbog ulaska u kavez slabašnog tijela djeteta. Duša shvaća da će u ljudskom obliku ponovno morati prolaziti mnoge bitke i kao da govori „Gospodine, zašto si me opet postavio ovdje?"

---

* Bhagavad Gita, III:42.

Mnoge bebe sklope ruke pri rođenju. Njihova duša tako štuje Boga i moli: „O Duše, daj mi oslobođenje u ovom životu."

Volja je iznimno važan čimbenik u životu. Ona je snaga kojom se možete vinuti do nebesa spoznaje Boga ili zaglibiti u najdublje blato neznanja. Plač novorođenčeta izraz je fiziološke volje; beba želi otkloniti nelagodu koju osjeća. Većina ljudi još nije prerasla to stanje najranijeg djetinjstva. Oni se odmah žele riješiti svake neudobnosti i kad god vide nešto što ih privlači, plaču za time. Misle da to moraju imati i kako ne mogu živjeti bez toga. Volja koja je tako podređena osjetilima jest fiziološka volja – volja vezana za tijelo i diktate osjetila.

Strašno je koristiti se ikakvom vrstom droge jer droga zarobljava volju tijela. Jednom sam upoznao čovjeka koji je bio ovisnik o opijumu. Cijeli dan samo bi ležao kao u mrtvilu. Trebale su mu mnoge godine da prevlada svoje ropstvo. Uživanje opojnih droga jedan je od najvećih grijeha protiv Duha. Alkohol je isto takav. Oboje dovode do uništenja snage volje. Veliki sveci upozoravali su na njihovu štetnost. Ni pod kojim okolnostima ne bi se smjeli prepustiti iskušenju jer ćete za vrlo kratko vrijeme biti izgubljeni. Piće i opojne droge zločini su protiv duše jer paraliziraju volju bez koje spasenje i ostvarenje duše nije moguće postići.

Mnogi su ljudi pod utjecajem fiziološke volje. Ako dopuste da njima ovladaju snažne navike poput seksa, pića ili mržnje, uništavaju snagu koja upravlja *pranom* i koja joj omogućuje da učinkovito pokreće ljudski stroj. Takvih se, jednom stečenih, navika teško riješiti. Jednom kada steknete naviku nekontroliranih izljeva osjećaja kada god ste razdražljivi, slijedit ćete je unatoč želji da se ponašate drukčije. Navika uništava vrhovni dar s neba – snagu volje – kojom možete ponovno zadobiti vlastito spasenje.

Bez mudrosti volja postaje ovisna o navikama

Kada bi nam Bog i nebesa bili nametnuti, postali bismo njihovi robovi. Međutim, Gospodin nam je dao slobodu izbora da prihvatimo dobro ili ga odbacimo, prihvatimo zlo ili ga odbacimo. Sposobnosti koje vam je dao Bog kao pomoć u tim izborima su mudrost i volja. Razmislite imate li nadzor nad svojom voljom ili nemate. Ne dopustite da vašu volju oslabe loše navike.

Razvijanje dinamične volje

Nakon fiziološke volje, dolazi volja ovisna o navikama. Vaša volja automatski se nalazi u ovoj fazi sve dok je ne vodi mudrost. Događa se da dijete dobrih roditelja ne pokazuje iskrenost ili nema dobre navike. U ovakvom obiteljskom okružju dijete je zasigurno moglo naučiti da bude dobro; ipak kada tijekom odrastanja dođe u priliku koristiti se vlastitom voljom, ono počne upadati u razne nevolje. Zašto? Obično u takvim slučajevima postoji karmička sklonost pogrešnom razmišljanju i navikama kao posljedica djetetove prirode stečene u prošlim životima. Obiteljskim odgojem u ovom životu dijete je učilo kako dobro postupati, ali to je samo površinski sloj koji se nije dublje ukorijenio u njegovoj pravoj prirodi. Voljom takve osobe upravljale su samo privremeno i mehanički dobre navike, a ne mudrost duše i istinsko razumijevanje. Kada se takvo dijete oslobodi dobrog utjecaja obitelji, lako podliježe napastima.

Pitate li lopove i alkoholičare sviđa li im se njihov način života, oni obično kažu „Ne." Kada su krenuli krivim putem, mislili su da će biti sretni. Oni nikada nisu shvatili da bi posljedice tih postupaka mogle biti za njih štetne. Zbog toga duboko suosjećam s ljudima koji su učinili nešto pogrešno. Plačem zbog njih. „Milošću Božjom, nisam na njihovu mjestu." Zlo je vrsta opijata. Zbog toga bi trebala postojati mjesta gdje bi ljudi koji su skrenuli s puta mogli naučiti kako živjeti i kako razmišljati. Zatvor nije prikladno mjesto za preodgoj. Takve se osobe trebaju družiti s ljudima koji im mogu pomoći.

Svuda oko vas su kradljivci koji pokušavaju ugrabiti snagu vašoj volji, ali nitko vam ne može oduzeti volju, osim vas samih. Dijete hoće da sve bude po njegovom. Kada odraste, ako njegovu volju ne nadzire i ne vodi mudrost, shvaća da je postao rob svojih želja. Ne radite li i danas ono za što znate da ne biste trebali raditi i za što znate da će vam poslije donijeti nesreću? Pretjerani nadražaji osjetila oslabljuju volju, stoga ne stvarajte neprirodnu žudnju ni za čime. Pretpostavimo da jako volite određenu hranu. Vaša snaga volje mora biti takva da od sada pa nadalje možete živjeti i bez nje.

Nemoguće je reći što vi stvarno volite ili ne volite jer se vaše sklonosti stalno mijenjaju. Ako preispitate sebe, vidjet ćete da smo u vezi sa sviđanjem i nesviđanjem svi ludi. Ne znamo zašto nam se određene stvari sviđaju, a druge ne. Ono što vam se sviđa pod utjecajem vaše mudrosti i ono što je posljedica vaših fizioloških navika, dvije su različite stvari. Mogu učiniti da mi se nešto sviđa, a u sljedećem trenutku da me to odbija.

Biti vođen mudrošću znači biti kralj svijeta. Mudar čovjek najprije pokušava odrediti je li u pravu pa tek onda djeluje. No ako donese odluku, a poslije otkrije da je pogriješio, odmah priznaje svoju pogrešku. Nikada se nemojte koristiti svojom voljom da budete tvrdoglavi. Možete razgovarati s nekim ljudima satima i oni se naizgled slažu s vama, a zatim se okrenu i kažu upravo suprotno. Oni ne žele odustati od svojeg stajališta. To nije snaga volje, nego robovanje egu. Možete vidjeti takve robove posvuda oko sebe. Oni misle da su slobodni, ali je njihova volja u lancima; oni djeluju mehanički, vođeni dobrim ili lošim navikama. No kada ste u stanju reći: „Držim se podalje od zla, jer zlo djeluje protiv moje sreće", ili „Ja sam dobar, ali ne zato što sam prisiljen, već zato što me dobro vodi ka mojoj vlastitoj sreći" – to je mudrost. Takvu sam poduku dobio od svojeg gurua. Jedno bi trebali uvijek imati na umu: ako je volja vođena mudrošću, to će donijeti nešto pozitivno u naš život.

Kada je Isus rekao Nebeskom Ocu: „Neka bude volja Tvoja"*, to nije bilo zato što Isus nije posjedovao snagu volje, nego zato što je On želio da njegova volja bude vođena Božjom voljom. Kada je Božja Volja nagovijestila: „Odreci se tijela", Isus je upotrijebio iznimnu snagu volje da pobijedi slabosti tijela. Ljudska volja postaje božanskom voljom, potpuno usklađena s Duhom, kada je netko – čak i ako je potrebno odreći se tijela, u stanju učiniti to dobrovoljno, kao što je Krist učinio. Rob tijela rekao bi: „Oni me žele razapeti; moram se pokušati spasiti." Da je Isus tako postupio, ne bi bio Krist koji danas živi u našem srcu.

Faze razvoja volje

Čovjekova volja razvija se iz fiziološke volje novorođenčeta do podložne volje djetinjstva. U toj je fazi poslušan majci i čini sve što mu ona kaže. Nakon podložne volje dolazi na red slijepa volja; udaljava se od majčine volje i počinje osjećati snagu vlastite volje. Do

---

* Mt., 26:42.

Razvijanje dinamične volje

ovoga dolazi u adolescenciji. On preispituje svoju volju i počinje se njome koristiti kako bi postigao ono što želi njegovo srce.

Kao dijete želio sam bicikl i dobio sam ga. Zatim sam želio konja, ali ga nisam dobio. Nakon mnogo vremena, ipak sam ga dobio. Svaku želju koju sam imao, Gospodin je ispunio. Sve što sam želio, uspio sam dobiti. To je bio Njegov blagoslov.

Pritom sam uvijek bio oprezan i pazio da moja želja bude ispravna, prije nego što upotrijebim volju da je ostvarim. Dobro je biti tvrdoglav u dobrim nastojanjima, ali nikada u manje dobrim. Kada ste u krivu, trebali biste se ispraviti. Ako ne postanete slijepi za dobro pogrešnim korištenjem svoje volje, napredujete od slijepe volje do promišljene volje.

Bilo mi je samo jedanaest godina kada mi je umrla majka, bio sam shrvan bolom! Moja najstarija sestra Roma s mnogo ljubavi me usmjeravala. Drugi su pokušavali upotrijebiti silu, ali Roma me osvojila ljubavlju. Čak i kada sam joj svojeglavo govorio: „Odlazi, odlazi", otkrio sam da se pokoravam njezinim željama.

Priroda sveca blaga je poput cvijeta, ali i jača od groma kada donese odluku o nečem dobrom jer je njegova volja vođena mudrošću. Nije bilo baš lako uvjeriti mojeg gurua kada bih imao dobro ideju, ali čim je uvidio da nudim drukčiji kut gledanja, rekao bi: „U pravu si. Učinimo to tako." No kada sam bio u krivu, nije ga se moglo pokolebati.

Promišljena volja najčudesniji je instrument koji možete zamisliti. Vodi li vas promišljena, slijepa ili fiziološka volja? Promišljena volja jest put prema mudrosti. Kada vam na um padne ideja da morate ići u kino, to je fiziološka volja. A kada odlučite: „Pa, to i nije tako važno, ići ću drugi put", to je promišljena volja.

Volja kojom ne upravlja navika jest promišljena volja. Ako ne želite pušiti, nećete pušiti. Ako ne osjećate glad, nemojte jesti iz navike. Kad god se želim suzdržati od uzimanja hrane, nitko me ne može dovesti u iskušenje i navesti da jedem. Još jedna od navika koju je najteže kontrolirati jesu grube riječi. Neljubazni govor paralizira vašu volju. Nikada ne budite prijeki. Uvijek kad ste ljuti vaše lice postaje ružno. Budite puni ljubavi i ljubazni tako da svatko tko vas sretne o vama kaže: „Volio bih tu osobu ponovno vidjeti." Kada kontrolirate svoj govor, nećete biti tako osjetljivi na primjedbe drugih o vama. Prestao sam se ljutiti još u ranoj dobi. Ali sam često znao biti odrješit na riječima prema svojim učenicima koje mi je Bog poslao, a za koje sam vidio da su razumni. Onima nerazumnima nikada nisam ništa govorio.

Vidite kako je divna moć volje. Kada razvijete promišljenu volju, počinjete ovako razmišljati: „Moram stvoriti nešto vrijedno s tom snagom", a zatim se prihvaćate nečeg određenog odjednom i pokušate to ostvariti. Usmjeravate tu volju prema zdravlju, novcu, kontroli navika, ili na želju da spoznate Boga. Ako upregnete takvu volju i s njom djelujete sve do pobjede, tada ste postigli dinamičku volju.

Svijet će vas pokušati prevariti

Sve u životu mami vas i pokušava odvući dalje od Boga. U početku, većina poklonika posustaje jer se ne koriste svojom božanskom voljom; oni zapostavljaju meditaciju. Dan za danom, tjedan za tjednom, oni je zapostavljaju. Znate da želite voljeti Boga, znate da se upravo sada trebate potruditi, a ipak odugovlačite. Sjećam se razdoblja u svom djetinjstvu kada sam gubio mnogo vremena razmišljajući tako. Već sam meditirao svaki dan i bio sam donio odluku da ću meditirati mnogo dulje. Međutim, odgađao sam to sve dok odjednom nisam shvatio da je prošla cijela godina. Tada sam se sjetio priče o mački i vrapcu.

Mačka je uhvatila vrapca, ali je vrabac bio mudar. Podsjetio je mačku da bi bilo ispravno prije jela očistiti i oblizati svoje lice i šape, kako bi se pripremila za obrok - vrapca. To je za mačku imalo smisla, tako da je pustila vrapca i počela s umivanjem. U međuvremenu je vrabac odletio na visoku granu. Mačka je na kraju rekla: „Možeš sada sići dolje. Spremna sam za svoju večeru." Ali, vrabac je zacvrkutao: „Šteta; ja sam sada na vrhu drveta." Mačka je tada odlučila: „Ubuduće ću najprije pojesti svojeg vrapca, a onda se oprati."

Ono što je najvažnije ne smije se odgađati. Kada se ujutro probudite, meditirajte. Ako to ne učinite, cijeli svijet nagrnut će i zahtijevati nešto od vas, a vi ćete zaboraviti Boga. Noću, meditirajte prije nego što vas dohvati san. Ja sam tako snažno usidren u navici meditacije da čak i noću kada legnem spavati meditiram. Ne mogu spavati na uobičajeni način. Navika da budem s Bogom na prvom je mjestu.

Vaša snaga volje odražava sliku Boga

Snaga volje znači slobodu. Snaga volje znači Raj. Ako ne dopustite da vaša volja oslabi pred privlačnostima svijeta, stići ćete do svojeg božanskog cilja. No većina vas dopustila je da vaša volja bude izmorena lošim navikama - mnogi ste u njih zaronjeni svakoga dana - pušenje, piće, ljutiti govor. Mislite da ne možete živjeti bez toga. Ali, bilo je vrijeme kada niste znali za pušenje, piće ili ljutnju. Prihvativši te navike, odustali ste od svoje slobode. Morate li i dalje biti njihov rob? Kako ćete pronaći Boga ako ne iskažete svoju snagu volje tako što ćete se riješiti svjetovnih navika i umjesto toga prionuti meditaciji?

Bez obzira na to što se događa s vašim tijelom, meditirajte. Nikad ne liježite na počinak dok niste razgovarali s Bogom. Vaše tijelo podsjećat će vas da ste naporno radili i da trebate odmor, ali što više budete zanemarivali zahtjeve tijela i koncentrirali se na Gospodina, to ćete više žariti radošću života, poput vatrene kugle. Tada ćete znati da niste tijelo. U snazi vaše volje zrcali se slika Boga. Ta je slika oskrnavljena jer ste od svojeg uma napravili roba. Kada sam odlazio iz Indije, moj mi je guru rekao: „Zaboravi da si rođen među Indijcima i ne prihvaćaj sve navike Amerikanaca... Budi vjeran sebi, budi Božje dijete." Sliječenjem njegova mudrog savjeta, očuvao sam svoju slobodnu volju. Kada bi cijeli svijet bio protiv mene, a ja bio siguran da sam u pravu, a drugi u krivu, ne bih se predomislio.

Ništa nije nemoguće uz dinamičnu volju

Odaberite dobar, ispravan i koristan cilj, a zatim odlučite da ćete ga postići. Bez obzira na to koliko puta ne uspijete, i dalje se trudite. Bez obzira na to što se događa, ako ste nepokolebljivo odlučili, „Zemlja se može tresti, ali ja ću nastaviti raditi najbolje što mogu", primjenjujete dinamičku volju i uspjet ćete. Dinamička volja je ono što nekog čovjeka čini bogatim, nekog čovjeka snažnim, a nekoga svecem.

Isus i nekoliko drugih nisu jedini koji poznaju Boga. Ako se potrudite na pravi način, pronaći ćete Boga. Koja je korist rabiti dinamičku volju da postanete poznati liječnik ili uspješan poslovni čovjek jer sutra možete umrijeti? Zato je Isus rekao: „Zato najprije tražite kraljevstvo Božje."* Upotrijebite svoju volju da najprije spoznate Boga; onda će On usmjeravati vaš put u životu.

Vi se koristite dinamičkom voljom kada danju i noću šapćete u sebi: „Gospodine, Gospodine, Gospodine", s najdubljom željom da Ga pronađete. Bolje je koristiti vašu volju za traženje Boga nego za bilo što drugo. Tako sam sretan što me je On blagoslovio božanskom snagom volje koju je moj guru, Sri Yukteswarji, probudio u meni. Prije nego što sam sreo Gurua, vježbao sam snagu volje sad ovako, sad onako, na beskorisne stvari. No, čak i tada, kada god bih nešto započeo, upregnuo sam dinamičku volju da to i dovršim.

Sjećam se kada sam prvi put upotrijebio dinamičku volju da pomognem drugima. Moj prijatelj i ja tada smo bili samo mali dječaci. Jednoga dana rekao sam mu: „Nahranit ćemo pet stotina ljudi."

„Ali ja nemam ni novčića!" uzviknuo je. „Mi ćemo to ipak učiniti", uvjeravao sam ga. „I mislim da ćeš nam ti donijeti novac."

„To je nemoguće!" – čudio se. Intuitivno uvjerenje ponukalo me da kažem: „Ne ljuti svoju majku ni na koji način. Učini sve što bude tražila od tebe."

Sljedećeg dana dotrčao je i ispričao mi ovu priču: „Kupao sam se i majka me pozvala. Htio sam reći: „Ne smetaj mi" dok se kupam, ali sam je umjesto toga pitao što želi. Rekla mi je da posjetim svoju tetu koja je živjela u blizini. Rekao sam: „U redu."

Kada sam otišao vidjeti tetu, prvo što mi je rekla bilo je: „Tko je taj ludi dječak s kojim se družiš? Jeste li poludjeli? Što ja to čujem o vašem hranjenju pet stotina ljudi?" Bio sam ljut na nju. „Moram sada ići", rekao sam joj i krenuo. No ona me zaustavila i kazala: „Tvoj prijatelj je možda lud, ali njegova ideja je dobra. Evo ti dvadeset rupija."

Dječak se skoro onesvijestio od iznenađenja. Dotrčao je k meni da mi ispriča novosti. Kada smo išli kupiti rižu i druge stvari, ljudi u susjedstvu već su čuli za naš plan i dodali više hrane. Na kraju smo nahranili dvije tisuće ljudi! Ista božanski nabijena snaga volje pridonijela je tomu da osnujem prvu knjižnicu, Saraswat Knjižnicu u Kalkuti.

Kada odlučite raditi dobre stvari, ostvarit ćete ih ako se koristite dinamičkom snagom volje u procesu ostvarivanja. Bez obzira na

---
* Mt, 6:33.

okolnosti, nastavite li se truditi, Bog će osigurati način kako će vaša volja ostvariti rezultat. To je istina koju je Isus istaknuo kada je rekao: „Ako imate vjeru i ne posumnjate..., ako reknete ovoj gori: Digni se odatle i baci se u more! - i to će se dogoditi."* Ako stalno koristite snagu volje, bez obzira na kakve prepreke nailazili, to će proizvesti uspjeh, zdravlje i snagu da pomognete ljudima i, iznad svega, tako ćete ostvariti jedinstvo s Bogom. To je vrsta snage volje koju morate razvijati - snaga volje koja će potaknuti da se ocean isuši, ako je potrebno, kako bi postigli ono što je dobro. Najveća volja trebala bi se koristiti za meditaciju. Bog želi da otkrijemo svoju božansku volju i upotrijebimo je da bismo Ga našli. Razvijte tu dinamičku volju koja teži Bogu. Slobodu vam neće donijeti duboke riječi, nego vaši napori koje ostvarujete putem meditacije.

---

* Mt, 21:21.

Tražite Boga – sada!

*Međunarodna središnjica Self-Realization Fellowshipa,
Los Angeles, Kalifornija, 15. srpnja 1941.*

Spoznaja Boga postiže se jedino velikim naporom samog jogija i božanskom milošću. Iako se Bogu može prići poštujući određena pravila, poklonik mora prije svega uvjeriti Tragača Srdaca da stvarno želi upravo i samo Njega, tek nakon toga On mu šalje milost. Poklonik može biti iznimno usavršen u znanosti joge, ali Bog mu neće dati konačno prosvjetljenje ako svim srcem ne želi jedino Njega.

Sjećam se vremena u ašramu mojega gurua, Swamija Sri Yukteswara, kada sam iz mjeseca u mjesec, s najvećom predanošću tražio Boga; pa ipak sam doživljavao svojevrsno nazadovanje. Kada sam ispitivao gurua o tom problemu, rekao mi je: „Smatraš kako bi s više psihičke snage, ili čudotvornih moći, bio u stanju potpunije osjetiti jedinstvo s Bogom. No to nije tako. Pretpostavimo da ti On udijeli moć nad cijelim svemirom. Tolika moć svejedno bi bila nedovoljna da zadovolji tvoje srce. Bog je vječno nova Radost koju osjećaš u meditaciji. Kada čovjek tu Radost voli više od ičega drugog na ovom svijetu, kada je želi više od novca i slave, više od udovoljavanja svojim promjenljivim raspoloženjima, navikama i osjetilnim iskustvima, tada će mu Bog otvoriti put." Malo je poklonika spremnih na takvu „žrtvu".[*]

Ugoditi Bogu istodobno je i vrlo jednostavno i vrlo teško. On se igra sa svojim poklonicima, čak i kušnjom, On nas stalno i provjerava kušnjom.

Kako je lako ispuniti dan glupostima, kako ga je teško ispuniti vrijednim aktivnostima i mislima! A ipak, Boga ne zanima toliko ono što mi radimo koliko to gdje su nam misli. Svatko ima razne probleme, ali Boga ne zanimaju nikakvi izgovori. On želi da

---

[*] „Žetva je velika, a poslenika malo." (Mt 9:37.)

poklonikov um bude usmjeren prema Njemu unatoč svim problemima. Čak i sada dok vam govorim, moj um uvijek je u Bogu. Ja sam iznutra s Njim sve vrijeme. Živim u Njegovoj Radosti. Nikoga ne volim niti za ičim žudim osim za tom radosti, tako sam otkrio da su nestale sve prepreke koje vode do zajedništva s Bogom. Ova izjava nije bajka; to je istina. No Bog neće doći sve dok ne primi svu poklonikovu ljubav. Ponekad će nam se činiti da nas je On napustio, ali takve kušnje su neizbježne; ali ako smo uporni i odbijamo odustati od naše potrage, Bog nas prima kao Svoje.

U svjetovnim ambicijama uvijek postoji element nesigurnosti. Neki ljudi iz godine u godinu pokušavaju svim srcem zaraditi novac, ali neuspješno. No na duhovnom putu nijedan svesrdni poklonik ne doživljava neuspjeh. Njegovi napori nikada nisu uzaludni.

Ustrajnost je sva čarolija duhovnog uspjeha

Tijelo je najveći neprijatelj božanskoj spoznaji; ono se brzo umara i želi odustati. Istinski poklonik nikada ne oslabljuje svoj trud niti dopušta tijelu da njime ovlada. U tome je potrebna stalna budnost. Moramo vjerovati unatoč svim prividnim suprotnostima da će On doći. Čak i nevjernik koji misli da je mala vjerojatnost da Bog postoji, ali koji ustraje u potrazi za Njim, na kraju Ga pronalazi. Čak i ako se čini da Bog ne reagira, ne treba se prepustiti sumnjama, nego neumorno nastaviti s tim svetim traganjem. *Ustrajnost je sva čarolija duhovnog uspjeha.* Kada bi Gospodin jednostavno i otvoreno odgovarao na poklonikove molitve za božanskim prosvjetljenjem, svi ljudi bi Ga odmah tražili – ali ne zbog ljubavi prema Njemu, nego zbog neograničenih nagrada.

Ovaj svijet je Božje kazalište. To je pozornica. Njegove zamršene i vješto režirane drame čovjeku otežavaju dokučiti Njegovu prisutnost. Budući da potraga nije lagana, imamo sklonost zaboraviti Ga. Čak i dok gledamo kako naši voljeni odlaze u tajanstvenu smrt, ne razmišljamo ozbiljno da ćemo i mi morati jednom otići. No ne bi trebalo čekati smrt da shvatimo da je važno tražiti Boga. To je vrhovna i neposredna dužnost svakog čovjeka. Svaka minuta života trebala bi biti božanska potraga. Goruće pitanje u našim srcima trebalo bi biti: „Kada ću Te naći, Gospodine?"

Bez obzira na okolnosti, nikada ne odustajte od te nasušne potrage. Pretpostavimo da netko sjedne meditirati, a iznenada mu dođu prijatelji. Nema druge nego prekinuti meditaciju; pa ipak čovjek može i dalje svoje misli usmjeravati k Bogu. Što god čovjek radio, unutarnja pozornost trebala bi biti usmjerena prema Njemu. On nam je toliko potreban!

Započnite *odmah*; vrijeme prolazi i jednoga ćete se dana probuditi sa zastrašujućom spoznajom da je život prošao u tren oka, a vi Ga još niste pronašli. Ne dopustite da nijedan dan prođe a da ne učinite napor i meditirate o Njemu. Ubrzo će, na vaše iznenađenje, biti potrebno samo malo truda. Velika sreća dolazi pokloniku koji je ustrajan. Ništa se ne može postići bez neugasivog nadahnuća.

Bhagavad Gita uči da je na duhovnom putu važno uzdići se iznad tjelesnih osjeta. Kontakt osjetila s vanjskom okolinom stvara osjećaj topline i hladnoće, zadovoljstva i boli te druge osjete dvojnosti. Ti osjeti lako utječu na prosječnog čovjeka, ali Gita uči da bi prema njima čovjek trebao ostati suzdržan. To, pak, ne znači da treba biti nepromišljen. Ako se jogi nađe u uvjetima iznimne vrućine ili hladnoće, trebao bi poduzeti razumne postupke koji će mu olakšati stanje, ali pritom mora iznutra ostati miran. Onaj tko je smirenih misli, na putu je da postane svetac. Onaj tko živi u tjelesnom hramu, a da na njega ne utječu promjenjive osjetilne percepcije, tko ostaje smirena uma tijekom zadovoljstva i boli, hladnoće i topline i tako dalje, postaje istinski kralj među ljudima. Onaj koji postigne nepromjenjivost, taj postaje jedno s nepromjenljivim Duhom.

Svi koji su došli u *ašram* mojeg gurua na duhovno školovanje, dobili su takvu vrstu obuke. Jednako se mora disciplinirati učenik joge sa Zapada i s Istoka. Mora naučiti da ne bude potpuno ovisan o zahtjevima tijela. Ako vidi da nalazi vremena za sve drugo, osim za Boga, treba na sebi primijeniti bič discipline. Zašto se bojati? Tako se može dobiti sve. Ako čovjek sam neće vapiti i boriti se za postizanje vlastitoga spasenja, hoće li to za njega učiniti netko drugi?

Spoznaja Boga stanje je do kojega je najteže doći. Neka se nitko ne zavarava i ne misli da mu netko drugi to može „dati". Kad god sam upao u stanje psihičke stagnacije, moj guru za mene nije mogao učiniti ništa. Međutim, nikada nisam odustao od pokušaja usklađivanja s njim i radosno sam obavljao sve što je od mene tražio da učinim. „Došao sam k njemu zbog spoznaje Boga", razmišljao sam, „i moram slušati njegove savjete." U njegovu *ašramu* se nama mladim učenicima ponekad činilo da stalno kuhamo, a bilo je i mnogih drugih izgovora da ne meditiramo. Ipak, iako sam radio mnogo teže nego u svojoj kući, otkrio sam da je okružje u *ašramu* bilo za mene duhovno korisno.

Održavajte svakodnevni sastanak s Bogom

Neka nijedan poklonik ne propusti svoj svakodnevni sastanak s Bogom. Um vam može predlagati film ili neku drugu razbibrigu; ali kada dođe vrijeme za Boga, svakoga dana održavajte to sveto druženje. U protivnome trebat će vam dugo da Ga pronađete.

U potrazi za Bogom postoji osobni element koji je mnogo važniji od vladanja svom znanošću joge. Nebeski Otac želi biti siguran da Njegova djeca žele samo Njega i da neće biti zadovoljna ni s čim drugim. Kad osjeti da u poklonikovu srcu On nije prvi, Bog ostaje po strani. Ali onomu tko kaže: „Gospodine, nije važno ako večeras i ne spavam, samo da sam s Tobom", On će doći. Svakako! Iza bezbrojnih zaslona ovog tajanstvenog svijeta, pojavit će se Vladar sveg stvorenog, prići i otkriti Se. On razgovara sa Svojim istinskim poklonicima, ali se s njima igra i skrivača. Ponekad kada je netko zabrinut, On mu iznenada razotkrije utješnu istinu. Izravno ili neizravno, ali na vrijeme, On ispunjava svaku želju Svoga poklonika.

Ispunjenje pojedine želje čini se potrebnim samo ako čovjek nije uvjeren da može naći savršeno ispunjenje u Bogu. Onoga tko je miran u Bogu ne muče neispunjene zemaljske želje. „Potraže li utočište u Meni, sva bića mogu postići Vrhovno Ispunjenje..."* Nitko me ne može povrijediti ako me omete u ostvarenju nekog posla, jer Bog je meni dovoljan. Njegova radosna prisutnost jedini je čimbenik koji uvjetuje moju sreću. Svatko od vas trebao bi odlučno pokušati meditirati i osjetiti Njegovu prisutnost, tada ćete vidjeti kako brzo postajete svjesni njegove dobrote.

Svijet obožava moćne ljude, poput Aleksandra Velikog i

---

* Bhagavad Gita, IX:32.

Napoleona, ali pomislite kakva su morala biti njihova psihička stanja! A onda pomislite na mir koji je imao Krist. Njegov mir mu nitko nije mogao oduzeti. Razmišljamo da ćemo taj mir tražiti „sutra". Svi koji ovako razmišljaju, nikada ga ne pronalaze. Tražite ga sada. Mi ne zaboravljamo jelo i naše druge dužnosti prema tijelu. One su nam vrlo važne. No onaj tko uporno i snažno voli Boga, više se ne brine o tijelu. Na to je Isus mislio kada je rekao: „Ne brinite se tjeskobno za svoj život: što ćete pojesti, ni za svoje tijelo: u što ćete se obući."*

Sve dok u vašoj svijesti ne osjetite najveću važnost Boga, nećete Ga doseći. Ne dopustite da vas život prevari. Stvorite one dobre navike koje će vas doista učiniti sretnima. Slijedite jednostavnu prehranu, vježbajte fizički i svakodnevno meditirajte – bez obzira na to što se događa, bila kiša ili sunce. Ako ne možete vježbati i meditirati ujutro, učinite to noću. Molite se Bogu svaki dan: „Gospodine, čak i ako umrem, ili se cijeli svijet raspadne, ja ću svakoga dana naći vremena da budem s Tobom."

Tko se brine samo za Boga? Rijetko tko. Većina ljudi želi razgovarati o duhovima i čudesima i tako dalje. No onaj tko poznaje Boga, njemu će On reći sve što je ikada želio znati.

Kriya joga – vrhunski put do Boga

Kriya joga jest vrhunski put do Boga. U osobnoj potrazi za Bogom putovao sam diljem Indije i slušao mudrost iz usta mnogih najvećih učitelja. Zato mogu jamčiti da učenje Self-Realization Fellowshipa sadržava najviše istine i znanstvene tehnike koje su Bog i veliki duhovni učitelji dali čovječanstvu.

Djelovanje *kriye* donosi najveći mir i blaženstvo. Radost koja dolazi s *kriyom* veća je od radosti svih fizičkih osjećaja ugode zajedno. „Neometen osjetilnim svijetom, jogi doživljava uvijek novu radost prisutnu u Jastvu. On postiže božansko jedinstvo duše s Duhom, a tako i beskrajno blaženstvo."† Radost koju doživljavam u meditaciji daje mi odmor vredniji od tisuću sati spavanja. Naprednom *kriya jogiju* spavanje postaje praktično nepotrebno.

---

* Lk, 12:22.

† Bhagavad Gita, V:21.

Kada putem *kriya joge* poklonik uđe u *samadhi*, u kojem mu se oči, dah i srce smiruju, pokazuje mu se jedan drugi svijet. Dah, zvuk i pokreti očiju pripadaju ovom svijetu. Međutim, jogi koji kontrolira dah[*] može ući u nebeske astralne i kauzalne svjetove i ondje se družiti s Božjim svecima, ili ući u kozmičku svijest i družiti se s Bogom. Jogija ne zanima ništa drugo.

Svakomu tko zanemari sve ostalo, imajući na umu što sam rekao, bez iznimke stići će do Boga. Na kraju onamo svi moramo doći. Ali kakva je korist što vam govorim o ovim istinama ako ih se ne pridržavate? Moja ljubav i pažnja prema vama nisu zahtjevni; ali kada bih vas baš svaki dan podsjećao na ove istine, one ne bi bile od koristi nikomu tko se sam ne potrudi redovito meditirati. Nitko nije veći od Boga koji stoluje u srcu svakog čovjeka, pa ipak nas On ne prisiljava da Ga tražimo. On nam je dao slobodnu volju. No onaj tko slijedi pravog gurua i čuva vjeru u njega tako da poštuje njegove upute, promijenit će cijeli svoj život. „Kada shvatiš ovu guruovu mudrost, nećeš ponovno upasti u zabludu."[†]

Pronaći Boga znači biti Mu vjeran

Na licu osobe lako je vidjeti traga li ona za Bogom ili ne. Prave poklonike može se smatrati fanaticima u njihovoj predanosti prema Bogu. Jedini ispravni način fanatizma je odanost Bogu – noću i danju, noću i danju, misliti o Njemu. Bez takve odanosti nije moguće pronaći Ga. Oni koji nikada ne propuštaju *kriyu*, koji dugo sjede u meditaciji i intenzivno Mu se mole otkrit će Blago za kojim čeznu.

Ovaj je svijet samo san. Baš kao što u filmovima ne postoji veća razlika između oceana i neba, koji su jednostavno dvije različite vibracije svjetla, tako je i u ovom svijetu. Tuga i radost, bol i zadovoljstvo, hladnoća i toplina, samo su snovi ovoga svijeta. Gospodin je jedina Stvarnost. Mi bismo uvijek trebali moliti da nijedna kušnja ili napast nikada ne dobiju takvu moć nad nama da zaboravimo Njega. Dok molim, primam više blagodati nego u bilo koje drugo vrijeme. Tada, čak i ako iskrsne neki ozbiljan problem koji bi me pokolebao,

---

[*] Vidi u rječniku.
[†] Bhagavad Gita, IV:35.

ipak odmah uviđam da sam siguran u Njegovim rukama.

Boga je teško spoznati. Put do Njega je poput oštrice britve. No obeshrabrenje nikada nije opravdano jer ne trebamo ništa postizati ili osvajati; trebamo samo shvatiti da je Bog već u nama. Zbog toga bi trebalo iz uma potpuno izbaciti svako negativno mišljenje. Uzajamna povezanost vaših misli s guruovim olakšava vam put. Ako učenik kaže: „Ja to ne mogu učiniti, to je za mene previše teško", takvim se odnosnom vraća na početak svojeg puta. Nitko nas ne zapliće u loša raspoloženja, navike i želje, osim nas samih i nitko nas ne može osloboditi, osim nas samih.

Vodite dnevnik svojeg duhovnog života. Ja sam bilježio kako dugo sam dnevno meditirao i koliko duboko sam otišao. Tražite samoću koliko god je to moguće. Nemojte trošiti slobodno vrijeme u druženju s ljudima samo radi društva. Božju ljubav teško je pronaći u društvu. Gospodin se otkriva u tišini, a *kriya* joga pokazuje vam put.

Moj je najveći cilj ostvarenje svjesnosti Boga u ljudskim dušama. Vidim da je sve drugo nepotrebno. Isključiva svrha Self-Realization Fellowshipa je podučiti ljude o putu do osobnog kontakta s Bogom. Oni koji se potrude, neće Ga mimoići. Donesite svečano obećanje u srcu i molite Oca da vas blagoslovi s upornom željom da Ga pronađete, da više ne gubite vrijeme u beskorisnim svjetovnim razonodama.

Molite se Ocu: „Dok nas Tvoji zakoni stvaranja obvezuju na rad, neka budemo sposobni obavljati svoje dužnosti samo kako bi udovoljili Tebi. Blagoslovi nas u svakom trenutku spoznajom da si Ti važniji od jela, spavanja ili nečega drugog. Blagoslovi nas da možemo svladati Tvoje kušnje i izbjeći strašna iskušenja puti. Neka svi mi, Tvoja kraljevska djeca, budemo okrunjeni u Tvom krilu."

A moja molitva za svakoga od vas jest da se od danas trudite iz sve snage za Boga i da nikada ne odustanete sve dok se ne učvrstite u Njemu. Ako Ga volite, vježbat ćete *kriyu* s najvećom predanošću i vjernošću. Stalno tražite Boga molitvom i *kriya jogom*. Budite dobro raspoloženi jer kako je Babaji jednom rekao, citirajući Bhagavad Gitu*: „Čak i mali djelić ove istinske religije čovjeka štiti od velikog straha i goleme patnje prisutne u ponavljajućim ciklusima rođenja i smrti."

---

* Bhagavad Gita, II:40.

Zašto gubiti vrijeme?
Bog je radost koju tražite

Neformalni razgovor s duhovnim učenicima i gostima održan u Međunarodnoj središnjici Self-Realization Fellowshipa, Los Angeles, Kalifornija, na Božić 1939.

Ovaj Božić zauvijek će ostati u mojem sjećanju, jer velika je radost i čast biti s Gospodinovim poklonicima. Dok smo jučer ovdje, u cjelodnevnoj meditaciji, razgovarali s Kristom, osjetili smo da smo jedna obitelj u Bogu. U meditaciji se duše susreću u srcu i raduju u Duhu.

Neka sve crkve i svi ljudi budu nadahnuti primjerom naše duhovne proslave Božića posvećujući cijeli dan štovanju Kristove Svijesti (*Kutastha Chaitanya*). Tih osam sati jučerašnje meditacije prošlo je kao osam minuta! Božja je ljubav veća od svih osjetilnih zadovoljstava. Kada jednom u srcu doživimo Njegovu ljubav, postajemo toliko njome prožeti da je više nikada ne zaboravljamo. Noćas nisam spavao, ali nisam ni trebao spavati. Jer u vječnoj radosti koju osjećam u Kristovoj Svijesti ništa drugo uopće nije važno.

Dragi moji, moj najveći božićni dar vama jest moja ljubav. Voljeti sve, žrtvovati se za sve i osjećati bezgranično zadovoljstvo u pomaganju drugima – to je milost koju sam primio. Sve bismo trebali raditi za druge, baš kao da je to za nas same. Ako kaput koji nam je potreban stoji pedeset dolara, drage volje ih potrošimo. Kada to možemo učiniti za drugoga, s istim osjećajem radosti, tada znamo što je pravi duh darivanja.

„Riječi moje neće proći"

Neka božićni duh koji osjećate ne završi s današnjim danom; neka bude s vama svake noći dok meditirate. Tada će vam u tišini vašeg uma, kada otjerate sve nemirne misli, doći Kristova Svijest. Ako svi slijedimo

Isusov duh, sigurno je da ćemo svaki dan u sebi doživjeti njegovu prisutnost. Jer Kristova Svijest, koja je bila izražena u Isusu, nije bila namijenjena da bude svjetlo samo za jedno stoljeće, nego za sva stoljeća i za vječnost. Zato je Isus rekao: „Nebo i zemlja će proći, ali riječi moje neće proći."* Radost koju je Krist osjećao i poticao ljude da je traže; zatim duhovna pravila ponašanja koja nam je postavio kao primjer – da volimo svoje neprijatelje, okrenemo i drugi obraz – bezvremena su. Zapovijed da volimo Boga svim svojim srcem, umom i dušom nije bila namijenjena samo biblijskim generacijama, to je vječni zakon.

Život je karavana

Mnogi koji su bili s nama prošlog Božića sada nisu ovdje, a tko zna tko će ovdje biti idućeg Božića? Takav je život. A život ide dalje. To je karavana kojom putujemo samo neko vrijeme. Na tom putu, neki od naših prijatelja upali su u ponor ludosti i neznanja. Kada se umore od patnji koje doživljavaju, počet će tražiti sigurno vodstvo Vlasnika karavane i Vlasnika ove zemlje. On je – nitko drugi nego Nebeski Otac. Iako smo dio ovog karavana, a početak i kraj našeg putovanja obavijeni su tamom, ipak život ima duboko značenje: da nas nauči iskreno tražiti Boga.

Ovaj se svijet može usporediti s predstavom. Glumci ne dolaze niotkuda, nego iz prostorije iza pozornice. Nakon što odigraju svoju ulogu, ne prestaju postojati, samo odlaze iza pozornice na odmor. Prema zamisli Redatelja predstave, izlazimo na pozornicu života na kojoj sudjelujemo u predstavi neko vrijeme, a zatim s nje silazimo. To ne znači da smo tada mrtvi – samo smo iza pozornice, skriveni iza ekrana vremena, u skladu s uputama Redatelja predstave. I vraćamo se na pozornicu života, ponovno i ponovno, sve dok ne postanemo tako dobri glumci da svoje uloge možemo odigrati savršeno, u skladu s božanskom Voljom. Tada će On reći: „Ti više ne moraš dolaziti i odlaziti. Izvršio si Moju Volju. Odigrao si svoj dio i odigrao si ga dobro. Nisi izgubio hrabrost. Sada se možeš vratiti Meni, da budeš stup besmrtnosti u hramu Mojega vječnog Postojanja."†

---

* Mt, 24:35.

† „Pobjednika ću učiniti stupom u hramu mojega Boga odakle sigurno više neće izići." (Otk., 3:12).

Iznimna važnost dobrog društva

Nije lako uspješno odigrati svoju ulogu na Zemlji. Samo uz pomoć dobrog društva možete naći put koji vodi iz tame neznanja. Slijepac ne može voditi slijepca. Druženje s onima kojima je samo do društvenih okupljanja znači gubitak vremena, a druženje s onima koji vole Boga dat će vam ljubav Božju. Gospodin je rekao u Bhagavad Giti: „Među tisućama ljudi, možda tek jedan teži duhovnom postignuću; među blagoslovljenim istinskim tragaocima koji Me marljivo pokušavaju dosegnuti, možda Me tek jedan vidi onakva kakav doista jesam."* Vrlo malo ljudi zainteresirano je za Boga. Kaže se da je dijete zauzeto igrom, mlade zanima seks, a odrasli su uronjeni u brige. Kako li je malo onih koji misle o vječnom blaženstvu Duha! No onaj tko traži Boga i tko svojom dubinom i žarom svoje duše traga sve dok Ga ne pronađe, najmudriji je od svih ljudi. Gospodin zna što vi mislite; ako Ga volite, On će vam Se otkriti.

Nikada nemojte zaboraviti Boga

Bez obzira na to što sam prošao, moja radost bila je poput tihog potoka koji neprestano teče ispod pijeska mojih misli. Te tihe rijeke božanske radosti ne mogu se vidjeti očima, nego ih otkrivamo kada zaronimo duboko ispod vanjskih slojeva svijesti. Neka nitko drugi ne dozna kako su duboki vaši osjećaji prema Gospodinu. Gospodar svemira zna za vašu ljubav, zato je ne pokazujte pred drugima da je ne biste izgubili.

Kada se u tišini duše, u svakom dijelu svojeg života, okrećete prema unutra i govorite: „Oče, nisam Te zaboravio" – i kada ta vrsta predanosti izvire iz dubine vašeg srca – Bog će doći napiti Se iz fontane vaše ljubavi. Jedina svrha života jest uživati u Njemu. To je moguće. Ne bih vam o tome govorio da ne znam za Njegovu bezgraničnu radost i blaženstvo. Ali Ga vi morate pronaći. Bog je tu. Sveci vam nisu lagali. I ja vam ne lažem. Zašto onda gubiti vrijeme? Zašto zaboravljati na Njega? Ja znam kako su strašne posljedice. Zaborav tog unutarnjeg Izvora sreće uzrok je svekolike ljudske patnje i bijede.

---

* Bhagavad Gita, VII:3.

Podižemo svoje ruke da bismo primili Njegove darove života, sunca, hrane i svega što nam On daruje; ali, čak i kad ih primimo, nepažljivi smo prema Darivatelju. Kada biste nekomu s ljubavlju dali darove, a onda otkrili da on nikada i ne pomisli na vas, kako biste se osjećali povrijeđenima! Bog se također tako osjeća. Svaki dan koristimo se Njegovim darom vida kojim promatramo svijet, prihvaćamo Njegove darove mišljenja i razuma, ali zaboravljamo na Njega.

Ako se ikada može reći da je Bog prosjak, to je kada traži vašu ljubav. On vas neprestano slijedi; on vas mami riječima svetaca. Ne zanemarujte Ga!

Koračajte prema Kraljevstvu Gospodinovu

Radost koju ste sa mnom jučer osjetili nakon osam sati meditiranja stalno me prati. Ništa drugo ne bi me moglo toliko usrećiti. Sve drugo je gubljenje vremena. Zašto se vezati za privide svijeta? Svaku minutu koju sam s vama pokušat ću u vas utisnuti svijest o važnosti traženja Boga. Zapamtite, kada duhovno pokušavate napredovati, krećete se prema Njegovu kraljevstvu; a kada to zanemarujete, ne krećete se ili klizite unatrag. Stupajte naprijed! Iskoristite svoje noći za meditaciju. To je način kako ćete Ga otkriti. Čini se veoma teško pronaći Boga, a ipak Njega je najlakše zadovoljiti, čim Ga uvjerite da vam On znači sve. Toga dana će vam doći.

Dragi prijatelji, nadam se da večeras ovaj Božić za vas neće završiti. Moj Božić nikada ne završava. Sa mnom je noću i danju. Gospodin je sa mnom i ja sam s Njim. To je Njegovo obećanje dano u Bhagavad Giti: „Onaj tko Mene vidi posvuda i gleda sve u Meni, nikada Me ne gubi iz vida, niti Ja ikada iz vida izgubim njega."*

Oni koji su ovisni o vinu sve su vrijeme pijani. Bez obzira na to rade li ili se zabavljaju, alkohol je uvijek u njihovim mislima. Božanski Nektar milijun je puta opojniji. Kada vam govorim, ja sam jednako toliko s Njim kao i kada meditiram. Takva ljubav ne poznaje jezik kojim bi ikada mogla opisati tu sreću! Biblija spominje da su na blagdan Duhova apostoli primili Duha Svetog. Sumnjivci su kazali

---

* Bhagavad Gita, VI:30.

„Ti ljudi su pijani od mladog vina."* Oni su doista bili pijani, ali od vina božanskog blaženstva!

Vrelo čiste radosti Duha nalazi se zakopano unutar vaše duše. Kopajte pijukom meditacije sve dok ga ne otkrijete kako bi se kupali u fontani vječnoga blaženstva.

I tako, dragi moji, moj Božić će se nastaviti zauvijek, u vječno rastućoj, vječnoj radosti. Da je ova radost ograničena, poput svjetovne sreće, došlo bi vrijeme kada bi sve završilo. No nijedan svetac nikada neće moći iscrpiti to uvijek-novo Božje blaženstvo. Iako Ga veliki duhovni učitelji poznaju u potpunosti, Njegova radost, kroz vječnost, za njih je uvijek nova. Kada čari Duha ne bi bile beskonačne, čak bi se i sveci radi zabave, željeli tu i tamo vratiti na Zemlju, poput običnih smrtnika koji se stalno iznova vraćaju. No sveci su vječno sretni, kao nitko drugi. To je blago koje su primili kada su odustali od svega drugoga za ljubav Gospodina. Ništa ne može uništiti radost i mir njihova bića. To znači postići Kristovu prirodu.

Udovoljite čovjeku udovoljavajući Bogu

Stoga nastojte udovoljiti samo Bogu. Pokušajte također udovoljiti i čovjeku, ali ne po cijenu udovoljavanja i Bogu. Dobiti priznanje od čovjeka vlastitom spoznajom Boga najveće je djelo koje možete učiniti. Vrijeme leti. Zašto čekate? Sve je privid u svjetovnom životu. Iako morate jesti i spavati, jednoga dana prekidač vašega srca bit će iznenada isključen i morat ćete ostaviti sve iza sebe. Kada mi je jedan posjetitelj rekao: „Ja sam previše zaposlen da bih meditirao", odgovorio sam mu: „Kada umreš, svi tvoji poslovi bit će otkazani. Što onda? Gdje ćeš biti ako nisi pronašao Boga? Tvoji prijatelji će kratko tugovati, a onda nastaviti sa svojim uobičajenim poslovima. Zašto zanemarivati tvog jedinog, vječnog Prijatelja?"

Mudrost blijedi kada svoj um koristite pogrešno, ili se družite s lošim društvom. Tražiti Boga najviši je put do sreće. Ljudska ljubav,

---

* „Kada napokon dođe Pedesetni dan, svi bijahu skupljeni na istom mjestu... Svi se oni napuniše Duha Svetoga... Drugi su podrugljivo govorili: 'Puni su slatkog vina.' Tada stupi i Petar s Jedanaestoricom te povišenim glasom reče ... 'Ovi ljudi nisu pijani, kako to vi zamišljate... već se ovim ostvaruje proročanstvo proroka Joela: 'U posljednje ću vrijeme – veli Gospodin – izliti od svoga Duha na svako ljudsko biće.'" (Dj, 2:1-17).

kao ni jedno smrtno iskustvo ne može se ni približno mjeriti s Njegovim blaženstvom. Svi koji vam govore da je nešto drugo važnije od traženja Gospodina, nisu u pravu, pogrešno vam govore. Ništa ne može biti veće od pronalaženja Njega koji vas je stvorio. Zato hinduistički spisi kažu: „Ostavi sve dužnosti, ako je potrebno, slijedi Mene. Jer napuštanjem dužnosti ti ćeš počiniti grijeh, ali ja ću ti ga oprostiti jer se nijedna dužnost ne može obaviti bez snage koja dolazi od Mene."* Dužnost prema Bogu poništava sve druge dužnosti. Kada odlučno ostavite po strani sve drugo kako biste dosegnuli Njega, tada ste na putu spoznaje.

Prekrasno je ispuniti dužnost prema Bogu i prema čovjeku. Ispuniti dužnost prema Bogu, bez ispunjavanja dužnosti prema svijetu je u redu. Ispunjavati, pak, dužnosti prema svijetu, ali ne i prema Bogu znači biti poput mazge koja nosi vreću zlata. Mazga poznaje samo težinu zlata; ona ga ne može upotrijebiti. Božanski je ispunjavati najprije dužnosti prema Bogu, a potom, s Njegovom sviješću, pomagati svijetu. To je upravo ono za što se Self-Realization Fellowship zauzima: postizanje zajedništva s Bogom putem spoznaje Jastva, a zatim, nakon što postignete to božansko zajedništvo, pomaganje drugima da ga postignu.†

Gdje god je vaše srce, ondje je i vaš um. Gdje god u svijetu bili vaši voljeni, vaše srce onamo stremi. Takvi moraju biti i vaši osjećaji prema Bogu; morate Ga voljeti svim srcem svojim. Volite Ga i svim umom svojim; ako vaše misli lutaju dok molite, to je smiješno. Naposljetku, volite Boga svom dušom svojom. Kada na putu prema Bogu pobijedite sva vaša iskušenja mačem mudrosti, zatvorite jedna po jedna sva vrata osjetila i jednoj po jednoj nemirnoj svjetovnoj misli kažete „zbogom", tada ćete voljeti Boga svim srcem svojim, svim umom svojim i svom dušom svojom. Mjesečev odraz na uzburkanoj površini vode čini se iskrivljenim, ali kada se površina vode smiri, njegov odraz vidi se savršeno. Slično tomu, slika duše iskrivljena je vašim nemirnim umom, ali kada smirite um, voleći Boga svim

---

* Dijelom slobodni prijevod stiha iz Gite, XVIII:66, citiranog na strani 300.

† „Sagorenih grijeha, uklonjenih sumnja i svladanih osjetila, *rišiji* (mudraci), pridonoseći dobrobiti čovječanstva, postižu oslobođenje u Duhu". (Bhagavad Gita, V:25).

srcem svojim, umom i dušom, u sebi gledate čisti odraz Božanskog.

Bog svjetluca u Mliječnoj stazi i u našoj inteligenciji i razumu. On je prisutan u svakoj vlati trave; svaki cvijet zrcali Njegov osmijeh. U svakoj dobroj misli je radost Duha. On je vječan. Kada se duhovno razvijete, vidjet ćete da je On vaše pravo Jastvo, prisutno u vama kao duša, baš kao što se Mjesec odražava u posudi s vodom. Tada vi shvaćate da ste čista slika Božanskog. Uložite li veći napor, bit ćete u stanju razbiti posudu smrtnog ega, a odražena slika duše u vama postat će jedno s Mjesecom Duha.

Tražite Božje priznanje

Ne želimo pohvalu čovjeka; Božje priznanje ono je što tražimo. „Jer što je netko u Tvojim očima, toliki je, ne veći", rekao je sveti Franjo. Ako smo pred Njim besprijekorni, ništa drugo nije važno. Radeći dobro katkad moramo i patiti. Da bismo pronašli Boga, moramo biti spremni na patnju. A što znači trpjeti nelagodu tijela i disciplinu uma, kada za uzvrat dobivamo vječnu utjehu Duha? Kristova radost u Bogu bila je tako velika da je bio spreman odreći se tijela zbog Njega. Svrha života je postići tu golemu sreću – naći Boga.

Odricanje nije samo sebi svrha; to je samo sredstvo za postizanje cilja. Istinski odricatelj je onaj koji najprije živi za Boga, bez obzira na vanjske uvjete postojanja. Voljeti Boga i voditi se namjerom da udovoljimo Njemu, to je ono što je važno. Kada tako živite, spoznat ćete Gospodina. Svaka plemenita misao u vašem umu vodi vas bliže Njemu. Te misli su kao rijeke koje vode do oceana Duha.

Predanost je jedini dar koji je Bogu mio. Njega ne možemo pridobiti bogatim darovima i obećanjima. Boga privlači dolazak u vrt života koji odiše slatkom predanošću. Božanski vam svakako dolazi kada osjeti neprestani miris predanosti iz ruže vašeg srca.

Bez obzira na to koliko naše misli lutale od Gospodina, ili koliko se osjećamo napušteni i usamljeni, ipak nas tragovi naše predanosti vode do neba Duha. Bez obzira na to koliko smo uvučeni u posao, uz predanost Ga ipak možemo dosegnuti, a naš život neće biti potrošen uzalud.

Vaše redovne dužnosti nisu isprika za vaše oklijevanje da tražite Boga. Noću, dok drugi spavaju, svoju pozornost usmjerujte na

Njega. Tada ćete otkriti da ste stotinu puta sretniji i odmorniji. Činite to svake noći, bez razmišljanja o vremenu. Dok meditirate, samo se podsjetite: „Ja sam s Njim, i to je sve što je sada bitno."

Kada posijete sjeme u zemlju, ne smijete ga svaki dan iskopavati kako biste vidjeli klija li; tako ćete samo ugroziti njegov rast. Isto je tako i sa sjemenkama vaših duhovnih nastojanja. Kada ih jednom posijete, ostavite ih ondje i njegujte ih pažljivo.

Nadam se da ćete od večeras ulagati još veći duhovni napor. Ne gubite Ga iz vida. Svijet će ići dalje i bez vas. Niste važni kao što mislite. Mnogobrojni ljudi bili su stoljećima bačeni u „kantu za smeće". Ne dopustite da vam život prođe beskorisno. Ako u srcu volite Boga, veći ste od većine materijalno uspješnih ljudi. Kada udovoljite Bogu, udovoljili ste svakomu. Stoga naučite Ga voljeti. Nemojte misliti da se morate družiti s ljudima sve vrijeme. Kada se družite, učinite sve kako biste pomogli drugima, ali kada ste sami, budite sami s Bogom. Kada dođete do Njega, sve drugo će vam se nadodati.

Vas ne oslobađa ono što čujete, nego ono što učinite s tim što ste čuli. Mnogi čuju ono što bi trebali učiniti, ali rijetki djeluju u skladu s tim. Ne paralizirajte svoju odlučnost. Kada znate da je nešto u redu, zašto to ne slijediti? Zašto ne biste vapili za Gospodinom sve dok se nebesa ne potresu vašim molitvama? Predajte Mu se potpuno. I nikada ne sumnjajte u Njega.

Zaronite duboko u ocean meditacije. Ako ne nađete bisere Njegove prisutnosti, ne okrivljujte ocean, krivite svoje ronjenje. Zaranjajte opet i opet, sve dok ne nađete Njega. „Tražite i naći ćete! Kucajte i otvorit će vam se!" Zapamtite, nemirna beba dobiva majčinu pozornost. Dijete koje se lako umiri, brzo se zadovolji igračkama. Ali nestašno dijete želi samo majku i plače sve dok ne dođe. Plačite, sve dok ne dođe Božanska Majka!

Bog je tako stvaran svojim poklonicima! Svaka riječ koju su o Njemu rekli je istinita, ali Njegova igra obavijena je tajnom. Vaša potraga mora biti neprestana. Ne možete dozvati Boga s malo plača; morate stalno vapiti i plač ne smije prestati ako vas nastoje umiriti skupim stvarima, novcem, slavom ili prolaznom ljudskom ljubavi.

---

* Mt, 7:7.

Kada želite samo Njega, Bog će doći. Tada ste naučili sve lekcije u ovom svijetu. Zauvijek ste ispunjeni radošću Beskonačnog. „Onaj tko radi samo za Mene, komu sam Ja jedini cilj, tko Mi se s ljubavlju preda, tko ne prianja (uz nestvarne svjetove Mojega kozmičkog sna), tko nikomu ne želi zlo (videći Mene u svima) – taj ulazi u Moje biće."*

---

* Bhagavad Gita, XI:55.

Bog kao svjetlo i radost

Ašram Self-Realization Fellowshipa,
Encinitas, Kalifornija, 14. studenog 1937.

Sva priroda je nestvarna. Ono natprirodno jedina je stvarna Tvar. Danas sam hodao dvorištem ašrama promatrajući Sunčevu svjetlost posvuda oko sebe. Dok sam se spuštao stubama do plaže, zastao sam da uključim svjetla koja ih osvjetljavaju ne bih li provjerio jesu li ispravna. Ali nisam ih mogao vidjeti jer dok sam tako stajao, veliko Božje svjetlo odjednom se pojavilo i zasjenilo sva ostala manja svjetla. Čak ni Sunce više nisam mogao vidjeti. Tada sam jasno shvatio da čak ni Sunčevo svjetlo, ni električno svjetlo nisu stvarni. Jedino istinsko svjetlo jest Božje svjetlo.

> Kada bi se na nebu
> Iznenada pojavio sjaj tisuću sunaca
> Preplavljujući Zemlju bezbrojnim zrakama
> Takvi bi mogli biti
> Veličanstvo i sjaj tog
> Svetog Jednog o kome se sanja.[*]

Tim veličanstvenim viđenjem On mi je pokazao silne svjetove – beskrajne prikaze Njegova svjetla. To što sam promatrao samo su izrazi Njegove svijesti. Naša percepcija postaje neograničena ako se uskladimo s Njim, pružajući se posvuda oceanom Božanske Prisutnosti.

Kada upoznamo Duh i kada spoznamo da smo i sami Duh, tada ne postoji kopno, ni more, ni nebo – sve je On. To rastakanje svega u Duhu neopisivo je stanje. Preplavljuje vas osjećaj golema blaženstva – vječne i pune radosti, spoznaje i ljubavi. Na licu poklonika mogu vidjeti treperi li iznutra njegova duša tom radošću, poput lista što

---

[*] Bhagavad Gita, XI:12, prijevod prema engleskom prijevodu Sir Edwina Arnolda.

treperi na vjetru. Takav je jogi. Takvu ekstazu moguće je spoznati samo u ravnoteži aktivnosti svakodnevnog života i duboke, iskrene i nepokolebljive meditacije.

Put do istinske slobode

Egoizam, ponos, pohlepa, ljutnja i drugi ružni oblici samodopadnosti priječe duhovni razvoj i čovjeka sprječavaju da se oslobodi patnje neznanja o prirodi duše. Ispravni put za čovjeka je slijediti upute duhovnog učitelja koji je mudar i koji Boga voli iznad svega, i uskladiti se sa željama takvog gurua. Taj put vodi do slobode. Vašim željama upravljaju navike iz prošlih života kao i nove navike koje neprestano stvarate. To dušu pretvara u zatvorenika i ne možete krenuti putem vječne slobode.

S jedne strane staze života nalazi se mračna dolina neznanja, a na drugoj je vječno svjetlo mudrosti. Kada slijedite vodstvo pravog gurua, ići ćete sigurnim putem do slobode. Tada će sve što želite biti rođeno iz mudrosti i doći će vam bez i najmanjeg napora. Cijeli svemir stvoren je Božjom Voljom i kada se s njom uskladite, što god želite ostvaruje se samim htijenjem. Ne usuđujem se više ništa željeti jer znam da će mi doći na što god pomislim.

Pravi poklonik kaže: „Gospodine, ja nemam želja. Našao sam sve što želim u Tebi; nijedan drugi cilj ne može biti veći."* Posjedovati Njegovu mudrost, ljubav i radost ispunjava sve želje srca. To je izvanredno moćno stanje. Kada ste ujedinjeni s Duhom, vi ste kralj – kralj mirnoće i blaženstva, potpuno zadovoljan i potpun u vašem Jastvu. U vašem jedinstvu s Njim, vidite kako cijeli svijet stoji pred vama, spreman na svaki vaš poziv. Budući da je Bog stvorio čovjeka na Svoju sliku, svi oni koji nađu Njega, nalaze i to da Njegova volja u njima ispunjava njihove i najmanje naredbe.

Spoznaja Boga – izvor sve snage

Sve dok u vama postoji i najmanja želja za dominacijom nad drugim ljudima ili nastojanje da im pokazujete kako ste duhovno

---

* „Stanje koje, kada jednom postigne, jogi smatra blagom iznad svih drugih blaga – učvršćen u njemu, on je otporan čak i na najsnažniju bol." (Bhagavad Gita, VI:22).

moćni ili na koji drugi način superiorni, nećete naći slobodu duše. Svjesnost Boga počiva na poniznosti, ljubavi i meditativnom blaženstvu; ali spoznaja Boga izvor je sve snage. Kada bi mali val znao da je iza njega veliki ocean, mogao bi reći: „Ja sam ocean." Vi biste trebali shvatiti da se iza vaše svijesti prostire Božji Ocean.

Kada su razapinjali Isusa, jednim je pogledom mogao pretvoriti svoje neprijatelje u pepeo, ali to nije učinio. Umjesto toga, on im je oprostio. To je božanska priroda: mir, ljubav, poniznost, sveprisutnost, sveznanje. Onaj tko postane jedno s Bogom nema potrebu dokazivati sebi ili drugima količinu snage koju posjeduje. On zna u sebi da posjeduje svu potrebnu snagu i da se nema čega bojati. No tom se snagom koristi samo kada ga Bog uputi da to učini.

Ostvareni jogi bdije u svojoj beskrajnoj prirodi, a spava u onoj materijalnoj.* Trebali biste postići takvo majstorstvo nad sobom. Nemojte se zavaravati i posvećivati sve svoje vrijeme svijetu. Nadmudrite svijet i njegove mamce: najbolji način da sačuvate vrijeme i upotrijebite ga za svoju najveću korist jest da sve svoje misli usmjerite na traženje Boga, danju i noću, bez obzira na to čime se bavili u svijetu.

Krava mirno pase sa svojim teletom na pašnjaku ne pokazujući nikakve znakove brige za mlado, ali ako mu se približite, krava će se odmah ispriječiti. Takav je i jogi, izvana zauzet sa svojim poslom, ali iznutra svu svoju pozornost uvijek usmjerava na Gospodina.

Isus je rekao: „Ako te na grijeh navodi tvoja ruka ili noga, odsijeci je."† Nije mislio da biste trebali osakatiti svoje tijelo, nego odbaciti vezanost za osjetila koja vas zarobljavaju i sprječavaju da nađete Boga. Poput upornog djeteta koje neprestano zove Božansku Majku, sve dok Ona ne kaže: „U redu, što želiš?" Ona je toliko zauzeta s održavanjem svemira te ne odgovara odmah, ali nestašnom djetetu koje uporno plače i vapi za Njom, Ona će odmah doći.

Božanska Majka itekako vas nastoji vratiti Sebi, ali najprije morate dokazati da želite samo Nju. Morate odmah zaplakati i plakati neprestano; tada se Ona nasmiješi i odmah je s vama. Božanski Duh

---

* „Ono što je noć (ili san) za sva stvorenja, budnost je (blistava) za čovjeka koji sobom vlada. A što je budnost za običnog čovjeka, to je noć (vrijeme sna) za božanski usklađenog mudraca." (Bhagavad Gita, II:69).

† Mt, 18:8.

nije pristran; Majka voli sve. No Njezini poklonici cijene Njezinu ljubav i odgovaraju na Njezinu ljubav. Vidim kako utječe na ljude kada steknu malo ljudske ljubavi ili zarade nešto novca – kako li su samo sretni! Međutim, kada bi mogli vidjeti kakva se snaga, kakva radost, kakva ljubav nalaze u Božanskoj Majci, odrekli bi se svega drugoga.

Bog govori samo s pomoću Svojih poklonika

Svijetu Bog govori samo s pomoću Svojih prosvijetljenih poklonika. Stoga je iznimno važno i korisno uskladiti se s voljom gurua kojeg vam je poslao Gospodin kao odgovor na želju vaše duše. Guru nije netko tko se time sam proglasio; guru je onaj od koga je Bog zatražio da druge dovede k Njemu. Kada u vama već tinja duhovna želja, Gospodin šalje knjige i učitelje da vas dodatno potaknu, a kada vaša želja ojača, On šalje pravog gurua. „Shvati ovo! Predajući se (guruu), postavljajući pitanja (guruu i svojoj unutarnju percepciji), služeći (guruu), mudraci koji su spoznali istinu, prenijet će i tebi ovu mudrost."*

Postoje učitelji koji očekuju da im njihovi sljedbenici budu uvijek na raspolaganju, spremni istoga časa poslušati što im se kaže; ako pak ne poslušaju, učitelj se naljuti. Međutim, duhovni učitelj koji poznaje Boga i koji je pravi guru nikada ne misli o sebi kao o učitelju. On vidi Božju prisutnost u svima i ne osjeća srdžbu ako neki učenik zanemari njegove želje. Hinduistički spisi kažu da oni koji se usklade s mudrošću pravog gurua omogućuju mu da im pomogne. „Razumijevanjem mudrosti koju ti guru daje, o Arđuna! nikada više nećeš pasti u zabludu."†

Prijateljstvo koje postoji između gurua i učenika je vječno. Kada učenik prihvati guruovo školovanje, to znači potpuno predavanje bez prisile.

Ljudsko prijateljstvo je često sebično; kada nam neka osoba prestane biti korisna, gubi se i naša ljubav prema njoj. To je nedostatak ljudske ljubavi.

U prijateljstvu koje je božansko kao i u božanskoj ljubavi – koji nisu uvjetovani materijalnim dobitcima nego duhovnim zakonom

---

* Bhagavad Gita, IV:34.
† Bhagavad Gita, IV:35.

postoji svijest o međusobnoj odgovornosti. Kada osobu pokušavate razumjeti, lako je udovoljiti joj. Ali ako je ne pokušavate razumjeti, nemoguće je s njom održati sklad. Ja se usklađujem sa strancima, ali najbolje mogu pomoći onima koji se sa mnom usklade. Nikada, nikoga ne želim povrijediti. Volim udovoljiti svima - ne kažnjavam ih zbog njihovih pogrešnih želja, nego ih ohrabrujem u njihovim ispravnim težnjama kako bi mogli doista živjeti u svijesti Boga.

Bog - jedini guru

Onaj tko voli Boga nikada ne uživa u ulozi učitelja. On zna da je Bog jedini Guru. Osjećam se kao prah pred vašim nogama. To kažem zbog spoznaje tog moćnog Duha kojega vidim u svakome od vas.

Davno sam već trebao otići sa Zemlje. Volio bih rastopiti ovo tijelo u božanskom Plamenu i sagorjeti svu nečistoću tako da me tijelo više ne odvaja od Beskonačnog. Jednoga dana ću otići, ali sve dok budem na Zemlji, moje najveće zadovoljstvo jest moći reći onima koji su usklađeni s mojim željama i koji mi vjeruju da je jedino što želim zainteresirati ih za to Svjetlo koje mi je dalo utjehu, slobodu i neopisivu sigurnost. „To Svjetlo nad Svjetlima, iza tame... Ono boravi u srcima svih."*

U tom Svjetlu vidim sve one koji su došli i otišli. Vidim sve stvoreno i događaje koji su se dogodili prije mnogo godina. Povijest svijeta je sačuvana iznad, u arhivima vječnosti. To je jedna druga dimenzija. Ovdje u ovom ograničenom svijetu znamo samo za duljinu, širinu i visinu, ali postoji jedna druga stvarnost bez prostornih ograničenja u kojoj je sve vidljivo. Sve je zapravo svijest. Osjet okusa je svijest. Osjet mirisa je svijest. Naši osjećaji, naše misli i naše tijelo su samo svijest. Baš kao što možemo vidjeti, čuti, mirisati, kušati i dodirivati u snu, tako u toj višoj sferi doživljavamo sve te osjete putem čiste svijesti.

To je ono što vidim čak i sada dok razgovaram s vama. Ja nisam u ovom tijelu; dio sam svega što postoji. To što gledam za mene je stvarno baš kao i vi u ovoj sobi. Morate se probuditi kako biste

---

* Bhagavad Gita, XIII:17.

vidjeli da je Bog posvuda i shvatiti da ste sve vrijeme sanjali. Svi vi sjedite ovdje u tom snu i dio ste tog sna. Često ovu sobu vidim u Vječnosti, a drugi put vidim Vječnost u ovoj sobi. Sve crpi život iz tog vječnog Izvora.

Plakao sam i molio se, danju i noću

Sve je Bog. Ova soba kao i cijeli svemir plove poput filma ekranom moje svijesti. Kada se osvrnete prema projekcijskoj kabini, vidite samo zraku svjetla koja projicira slike na ekran. Ideja da je cjelokupno stvaranje također samo kozmički film satkan od Božjeg svjetla čini se nevjerojatnom; ali to je istina. Gledam ovu sobu i ne vidim ništa osim čistog Duha, čistog Svjetla, čiste Radosti. „On prebiva u svijetu, posvuda, obuhvaćajući sve."* Slike mojega tijela i vaših tijela i svega na ovom svijetu samo su zrake svjetla koje izviru iz tog jednog svetog Svjetla. Kada gledam to Svjetlo, ne vidim nigdje ništa osim čistog Duha.†

Sada se to čini jednostavno, ali dok sam kao dječak noćima sjedio i molio, nikakav odgovor nije dolazio. S jedne strane sam vidio neprosvijetljeno čovječanstvo, a s druge Vječnost, koja nije sa mnom razgovarala. To je bilo vrlo okrutno stanje – mislio sam da sam napušten od Boga. Međutim, On me nije napustio, samo se stalno skrivao iza mojih misli i osjećaja. Kada sam počeo gledati svjetlo u sebi, moja duša se na tajanstven način ispunila božanskim mirisom; postalo mi je vidljivo korijenje drveća kao i sokovi koji njima kolaju. Tada sam počeo osjećati velik Duh u blizini. Opet i opet sam plakao i molio, danju i noću, i kada mi sve više ništa nije značilo, kada sam se iznutra odrekao svega – čak i sreće, kako to ne bi bila materijalna sreća – tada mi je On došao. Sada je On sa mnom zauvijek. Svijet me može napustiti, ali me On nikada ne napušta.

Ne znam zašto vam govorim sve ovo, ali osjećam da moram. Znao sam i prije o tome govoriti, ali pred onima koji su to primali

---

* Bhagavad Gita, XIII:13.
† O takvim velikim ljubiteljima Boga, Gita (VII:19) kaže: „Nakon brojnih inkarnacija, mudrac postiže Mene, shvaćajući: 'Gospodin je sveprožimajući!' Tako prosvijetljenog čovjeka teško je naći." (*napomena izdavača*)

ravnodušno, nisam mogao govoriti – moja usta nisu se mogla otvoriti. Ovaj put On je učinio da vam govorim, da vi spoznate da nema ničega za što biste mogli živjeti, osim za Njega. Sve drugo će proći. Molite samo za Ono što je trajno.

Molite samo da spoznate Boga

Ne žudite za ljudskom ljubavlju; ona će nestati. Iza ljudske ljubavi duhovna je Božja ljubav. Tražite nju. Ne molite za kuću ili za novac ili za ljubav ili za prijateljstvo. Ne molite za ništa od ovoga svijeta. Uživajte samo u onome što vam Gospodin daje. Sve drugo vodi u zabludu. Čovjek je došao na Zemlju samo da nauči spoznati Boga; on nije ovdje ni iz jednog drugog razloga. To je istinita poruka Gospodinova. Svim onima koji traže i vole Njega, On govori o velikom Životu u kojem nema boli, nema starosti, nema rata, nema smrti – samo vječna sigurnost. U tom Životu ništa nije uništeno. Ondje je samo neizreciva sreća koja nikada ne blijedi – uvijek nova sreća.

Zbog toga je vrijedno tražiti Boga. Svi oni koji Ga iskreno traže, naći će Ga. Oni koji žele voljeti Gospodina i čeznu da uđu u Njegovo kraljevstvo, koji iskreno u svojim srcima žele spoznati Njega, naći će Ga. Morate imati sve veću želju za Njim, danju i noću. On će potvrditi vašu ljubav ispunjavanjem Svojega obećanja vama kroz vječnost, i upoznat ćete tu beskrajnu radost i sreću. Sve je svjetlo, sve je radost, sve je mir, sve je ljubav. On je sve.

Jesam li našao Boga?

Svibanj 1938.*

Ovo je poruka vama iz mojeg srca. Zapamtite je dobro. Čitajte i duboko u sebi o tome promislite, a zatim u praksi primijenite ove istine koje je Bog izrazio kroz mene.

Najprije se zapitajte: „Jesam li našao Boga?" Ako vas odgovor ne zadovoljava, istinski se posvetite meditaciji, slijedeći učenje duhovno ostvarenih učitelja koji su Ga pronašli.

Indijski sveci stoljećima su provodili razne opite kako bi usavršili univerzalnu znanost joge koja vodi oslobođenju i postizanju jedinstva s Bogom. Za vlastito zadovoljstvo, primijenite učenje joge u duhovnoj potrazi jer do Boga se ne stiže bez primjene zakona koncentracije i meditacije koji jedini vode do Njega. Materijalistički znanstvenici svaki dan otkrivaju tajne prirode primjenom fizikalnih zakona koji ih dovode do novih otkrića. Slično tomu, bez primjene duhovnih zakona, dogmatska teologija postaje ustajala, nemoćna da otvori vrata koja vode do Boga.

Molitve i afirmacije odsutnog uma, neprovjerene naredbe i uvjerenja neće vam dati Boga. Do božanskog Cilja dovest će vas jasno definirane tehnike joge koje vode samoostvarenju, pomoć gurua (onoga tko je prokrčio put kroz šumu teologije i koji *poznaje* Boga) te svakodnevno duboko nastojanje u jogijskoj meditaciji. U Giti nalazimo ove riječi Gospodinove: „Mene ne možeš vidjeti očima smrtnika. Stoga ti dajem božanski vid. Gledaj, to je Moja vrhovna snaga joge."†

---

* Ovaj tekst napisao je Paramahansa Yogānanda. Uključili smo ga u ovu zbirku govora jer izražava jedan od najvažnijih aspekata njegove univerzalne poruke čovječanstvu: „Ono što pročitate neće vam donijeti oslobođenje, već ono što ćete učiniti na temelju pročitanog. Spasenje dolazi iz primjene učenja u vlastitoj praksi, a ne iz teorije; spoznaju valja ostvariti, ona ne dolazi iz slijepog vjerovanja." (*napomena izdavača*)

† Bhagavad Gita, XI:8.

Da biste došli do Boga, morate svaki dan pronaći malo vremena da s Njim budete nasamo; morate se kloniti raznih ometanja, neuspješnih pokušaja, silnih želja, općenito gubljenja vremena i morate slijediti duhovno probuđenog učitelja koji je našao Boga. Koristite se svojim zdravim razumom i intuicijom da biste prepoznali prave učitelje koji poznaju Boga. Do Boga vas mogu dovesti samo oni koji su Ga doživjeli.

Koristite se noćnim satima koliko god možete, te ranim jutrima i svim slobodnim trenutcima između zahtjevnih dužnosti, kako biste se iznutra molili Bogu svom svojom dušom: „Otkrij Se!" Samoća je cijena spoznaje Boga. Probudite se! Ne gubite više vrijeme na slijepa vjerovanja; slijedite provjerene načine postizanja samoostvarenja i upoznajte Boga.

Svrha života jest naći Boga

*Hram Self-Realization Fellowshipa,
Hollywood, Kalifornija, 8. listopada 1944.*

Ja radim samo za Boga. Zemlja me ne može opčiniti svojim varkama jer sam ih sve prozreo. I vi biste trebali shvatiti da ste privremeno na Zemlji; ovdje ste samo da biste naučili potrebne lekcije i pomogli svima koje sretnete na svojem putu. Ne znate zašto su vam dodijeljene vaše uloge, zato morate naučiti što Bog očekuje od vas. Nemojte težiti ispunjavanju osobnih želja; vaša jedina želja trebala bi biti slijediti Gospodinovu volju te živjeti i raditi za Njega.

Danas smo ovdje, sutra odlazimo: mi samo smo sjene u kozmičkom snu. No iza nestvarnosti ovih prolaznih slika besmrtna je stvarnost Duha. Život ovdje na Zemlji čini se uzaludnim i kaotičnim sve dok se ne usidrimo u Bogu.

Zbog toga sam ja ovdje, kako sam vam već često govorio, da svjedočim o najvećoj važnosti Duha. Nemojte se usmjeravati na kratkotrajne svjetovne ciljeve i ljudske vezanosti. Takva zaluđenost odvlači vaš um od Gospodina i vašega vječnog Jastva u Njemu. „Onaj tko je prevladao vezanosti i prema objektima osjetila i prema djelovanju, koji nema potrebu za sebičnim planovima – za takvog čovjeka rečeno je da je postigao čvrsto jedinstvo duše s Duhom."*

Ovamo ste došli po Božjoj volji, ali vam je Bog dao slobodu da živite u skladu s vlastitom voljom. Vi biste se sada trebali naučiti poslušnosti – uskladiti se s voljom Svemogućega. Takav ja pokušavam biti. Svako jutro pitam Ga da mi kaže što On želi da učinim; zatim Ga vidim kako radi mojim rukama i mozgom i sve se događa onako kako On želi.

To je Snaga kojoj biste trebali vjerovati, Snaga kojom možete naći vodstvo, sreću, moć i slobodu. To je Snaga koja će vam dati oslobođenje.

---

* Bhagavad Gita, VI:4.

Nijedna druga dužnost nije važna, ako vas misli i želje udaljavaju od vaše dužnosti prema Bogu; sve drugo je nestvarno. Da bih shvatio ovu istinu, uz pomoć meditacije i društva velikih duhovnih učitelja, iz svojih sam misli uklonio sva svjetovna snatrenja. Želio bih usaditi ovo razumijevanje u vaša srca. Sve dok ne shvatite da je Bog mnogo važniji od bilo čega drugog, dok u životu ne budete nastojali udovoljiti Njemu, uopće nećete duhovno napredovati.

Zanemarivati Boga nije pametno

Nije li prava mudrost vršiti Njegovu volju i izravno pomagati u vraćanju drugih k Njemu? Moja najveća radost je podsjećati druge na važnost i potrebu prisjećanja na Boga. Ova Zemlja nije naš dom. U trenutku se od vas može zatražiti da napustite ovaj svijet; tada ćete morati otkazati sve svoje poslove. Zašto onda davati ikojoj aktivnosti prvorazrednu važnost, izgovarajući se da nemate vremena za Boga? To jednostavno nije pametno. *Maya*, taj veo kozmičke iluzije koji nas obavija, razlog je zbog kojeg se uplićemo u svjetovne pojave i zaboravljamo na Gospodina.

Isus je rekao: „Ako te tvoje desno oko navodi na grijeh, iščupaj ga i baci od sebe, jer je bolje da ti propadne jedan od udova nego da ti cijelo tijelo bude bačeno u pakao."*

On je govorio u slikama, a ne doslovno; ovdje se misli na zaplitanje uma u pogrešne želje i osjetilne užitke koji mogu unutar čovjeka iskriviti božansku sliku duše. Krist je mislio da sve dok pogrešna želja vodi osjetila u zastranjenje, zaboravljamo na Boga, u kojem se nalazi naša prava sreća. Stoga je bolje, rekao je, da se osjetilo „iščupa" nego da ga se zloupotrebljava. Krist je govorio na dramatičan način kako bi upozorio da ništa u životu, čak ni samo tijelo, nemaju nikakve vrijednosti ako ostanemo u neznanju o Bogu. Bez spoznaje Boga, život postaje „pakao" – stršljenovo gnijezdo problema. Na ovom svijetu nema sigurnosti, nitko ne zna s koje će ga strane pogoditi nesreća.

Čovjek koji ima rak leži u bolnici. „Pa", reći ćete, „to nisam ja, to je netko drugi." Ali ja sam psihički boravio u bolesnom tijelu i

---
* Mt, 5:29.

znam kako se ti ljudi beznadno osjećaju. Dok ste dobro i snažni, ne trošite vrijeme na gluposti. Bog razumije sve; On zna da nas je poslao na ovo strašno mjesto. On tuguje u Svom srcu nad našom patnjom. Ništa Ga ne povrijedi više nego kada nas vidi kako gmižemo po blatu nestvarnog. On želi da se vratimo Kući. A onima koji se potrude da Ga upoznaju, odgovara: „Iz čiste samilosti sam Ja, Božanski Stanovnik, zapalio u njima sjajno svjetlo mudrosti koja protjeruje svu tamu neznanja."*

Za svakog čovjeka koji svoje korake usmjeri k Bogu, anđeli pripreme veliko slavlje. Oni se zaista pojave i tu dušu koja se vraća primaju s velikom radošću.

Nema puta natrag Kući ako oko sebe pletete mrežu svjetovnih želja. Došli ste igrati svoju ulogu na pozornici vremena, ispuniti ulogu koja je napisana za božansku dramu; ali važan dio vaše uloge jest misliti o Njemu i vršiti Njegovu volju, ništa drugo. Obmana je svaka misao, svako djelo koje ne stavlja Njega na prvo mjesto. Hinduistički spisi kažu: „Čim osjetite želju za Bogom, odmah promijenite svoj život i uronite u Njega."

Svaka duša mora sama naći svoj put natrag. Nitko osim vas nije odgovoran za vaše pogreške i navike. Jednom kada otkrijete vaše Jastvo u svojoj duši, vi ste slobodni. Ali, sve dok god niste slobodni, tako dugo postoji opasnost; morat ćete se vraćati na Zemlju i odrađivati sve želje koje su ostale neispunjene.† Vaše tijelo je smrtno, ali duša nadživljava tijelo. Ako umrete želeći Cadillac, morat ćete se zbog toga vratiti ovamo. Nećete ga moći dobiti na nebu, gdje se automobili ne voze.

Iako je snaga želje jaka, moć Božanske Volje je jača. Ta je Volja u vama i radit će kroz vas, ako joj dopustite i ako svjetovnim željama odbijete dopustiti da oko vas pletu mrežu inkarnacija.

Tražite Boga dok ste još mladi i jaki, jer Ga u starosti i bolesti možda nećete moći tražiti. S vremenom većina ljudi počne razumijevati pravo značenje života, jer tek kada tijelo oslabi, moraju

---

* Bhagavad Gita, X:11.

† Želje se mogu odraditi materijalnim ispunjenjem, ili u skladu s osobnim duhovnim razvojem, mentalnim postupkom rasuđivanja ili duhovnim postupkom duboke meditacije.

posvetiti pažnju svojem krhkom fizičkom ustroju umjesto da budu u potrazi za Stvarnošću.

Jedina svrha života jest pronaći Boga. Ako ste u braku, vi i vaš voljeni trebali biste zajedno tražiti Božansko. Ali ako niste u braku, poslušajte Kristovu zapovijed: „Tražite najprije Božje kraljevstvo." Kada upoznate Njega, On će vam reći što da radite. Inače, ne znate kakva vas u braku sudbina može čekati. Tragične priče koje su došle do mojih ušiju su nezamislive! Strašne priče o ljudskoj neprilagodljivosti. Ljude bi trebalo podučavati dok su mladi kako kontrolirati svoje emocije. Mislim da se nitko ne bi trebao vjenčati ako najprije nije naučio kontrolirati svoje impulse. Sve dok čovjek nije emotivno stabilan, nije sposoban imati obitelj. Najveće je postignuće imati samokontrolu; a tek će onda, ako želite ući u brak, prava osoba biti magnetski privučena u vaš život.

Neznanje je poput jakog otrova koji djeluje na nas. Zbog njegova štetnog učinka ne shvaćamo našu pravu prirodu, da smo stvoreni prema Božjoj slici. Prije svega, otkrijte putem neprestane molitve što Bog želi da radite. Nema ničeg većeg od poslušnosti Njegovoj volji. Vaše želje su one koje vas porobljavaju i navode da mislite: „Ja želim ovo" ili „Ja želim ono". Ne djelujte onako kako vam vaš neprijatelj, ego, diktira; radije zatražite da ispunite volju Nebeskog Oca, vašeg jedinog Prijatelja.

Sve dok ste u neznanju, ne možete reći koliko vas inkarnacija u patnji još čeka. Meditacijom uklonite neznanje. Što dulje meditirate, vaša volja moći će potpunije „spržiti" štetne mentalne bakterije kojima ste odavno bili zaraženi. Na primjer, neki ljudi skloni su ljutnji; ne shvaćaju da su u mnogim životima njegovali naviku razdražljivosti. Drugi su robovi instinkta seksa, kao rezultat loših navika koje su nosili inkarnacijama. Bolje je sada borbom se osloboditi loših navika. „Pobjednika ću učiniti stupom u hramu mojega Boga, odakle sigurno više neće izići (nikada se više reinkarnirati).":*

Svakodnevno sa mnom izrecite Gospodinu: „Ja radim za Tebe. Kad god me Ti želiš uzeti, ja sam spreman. Ja sam Tvoje dijete." On će vam dati jednaku slobodu u kojoj i ja uživam. Radim sve više i

---

* Otk, 3:12.

više poslova, ali nikada ne osjećam preopterećenost, jer sve radim za Njega. Ja Njega volim. Ta predaja Bogu u meni je uništila karmu neznanja. Sve dok postoje braća koja plaču na stranputicama, ja ću ponovno doći u ovaj svijet da obrišem njihove suze. Zašto bih trebao biti zadovoljan i uživati u blagodatima neba dok drugi pate?

Romansa božanske ljubavi

Preoblikujte svoj život. Svake noći družite se s Njim; pričajte s Njim; molite Mu se iskreno. Odustanite od smiješnih molitvi koje ne dolaze iz dubine srca. Recite: „Gospodine, znam da si Ti tu. Moraš razgovarati sa mnom! Izađi iz špilje tišine." Ta molitva izražena je u pjesmi koju sam napisao Božanskoj Majci boraveći u pustinji pokraj Palm Springsa.

> Majko, primi moje duše zov!
> Ne možeš se više skrivati.
> Siđi mi s neba Majko,
> I s planinskih vrhova,
> Otkrij se u mojoj duši,
> U mojoj špilji tišine.

Kada sam dovršio pjesmu, ugledao sam prekrasan lik Božanske Majke! Pojavila se na nebu. Kao odgovor na zov duše moje, vidio sam Kozmičku Majku posvuda i u svemu. Uputio sam Joj molitve i štovanje. Ona me blagoslovila i razgovarala sa mnom.

Najveća romansa je ona s Beskonačnim. Nemate pojma kako život može biti lijep. „Nedodirljiv za osjetilni svijet, jogi doživljava uvijek novu radost koja se nalazi u Jastvu. U božanskom zajedništvu duše i Duha on postiže neprolazno blaženstvo." (Bhagavad Gita, V:21). Kada iznenada posvuda otkrivate Boga, kada On dolazi i razgovara s vama i vodi vas, tada započinje romansa božanske ljubavi.

Bog! Bog! Bog!
Paramahansa Yogānanda

Dok penjem se zavojitim putem budnosti,
Iz dubina sna,
Šapućem:
Bog! Bog! Bog!

Ti si hrana, i kada prekidam post
Noćne odvojenosti od Tebe,
Kušam Te i u mislima govorim:
Bog! Bog! Bog!
Kamo god da idem, snop pažnje mog uma
Uvijek je na Tebe usmjeren;
A usred bitke dnevne žurbe, moj tihi ratni poklik uvijek je:
Bog! Bog! Bog!

Kada bučne oluje iskušenja grme,
A briga urlik na me se ruši,
Ja nadjačavam njihovu buku, glasno pjevajući:
Bog! Bog! Bog!

Kada moj um plete snove
S nitima sjećanja,
Na magičnom platnu ja utkivam:
Bog! Bog! Bog!

Svake noći, u najdubljem snu,
Moj mir sniva i kliče: Radost! Radost! Radost!
I moja radost vječno pjeva:
Bog! Bog! Bog!

Paramahansa Yogananda

U budnosti, jelu, radu, sanjanju, spavanju,
Služenju, meditiranju, pjevanju, božanskoj ljubavi,
Moja duša bez prestanka bruji, a da nitko ne čuje:
Bog! Bog! Bog!

PARAMAHANSA YOGĀNANDA: JOGI U ŽIVOTU I SMRTI

Paramahansa Yogānanda ušao je u *mahasamadhi* (jogijevo konačno svjesno napuštanje tijela) u Los Angelesu, Kalifornija, 7. ožujka 1952. nakon što je održao govor na prijmu u čast indijskoga veleposlanika u SAD-u H. E. Binaya R. Sena.

Taj veliki svjetski učitelj pokazao je vrijednost joge (znanstvene tehnike spoznaje Boga) ne samo u životu nego i nakon smrti. Naime, tjednima nakon što je umro njegovo nepromijenjeno lice sjalo je božanskim sjajem neprolaznosti.

Gospodin Harry T. Rowe, upravitelj mrtvačnice u Forrest Lawn Memorial Parku u Los Angelesu (u kojoj je tijelo velikog učitelja privremeno bilo smješteno), poslao je službeni dopis Self-Realization Fellowshipu u kojem među ostalim stoji:

„Odsutnost bilo kakvih vidljivih tragova raspadanja na mrtvom tijelu Paramahanse Yogānande predstavlja jedinstven slučaj u našoj praksi… Ni dvadeset dana nakon smrti na tijelu nije bilo moguće vidjeti tragove raspadanja… Na koži nije bilo vidljivih tragova plijesni kao ni pojave sušenja tjelesnih tkiva. Ovakva potpuna očuvanost tijela je, koliko nam je poznato iz arhiva mrtvačnice, nešto još nezabilježeno… Kada je stigao lijes s Yogānandinim tijelom, osoblje mrtvačnice očekivalo je kako će kroz stakleni pokrov vidjeti uobičajene znakove tjelesnoga raspadanja. Naše zaprepaštenje je raslo iz dana u dan jer nismo mogli vidjeti nikakve promjene na truplu. Yogānandino mrtvo tijelo bilo je u stanju nevjerojatne nepromjenljivosti…

Iz njegova tijela ni u jednom trenutku nije bilo moguće osjetiti zadah raspadanja… Yogānandino je tijelo 27. ožujka, kada je lijes zatvoren brončanim poklopcem, izgledalo posve jednako kao i 7. ožujka, one noći kada je umro. Na dan 27. ožujka nije bilo moguće reći da je njegovo tijelo doživjelo ikakve vidljive tragove raspadanja. Stoga ponovno ističemo: slučaj Paramahanse Yogānande jedinstven je u našoj praksi."

Prigodne poštanske marke i kovanice izdane u čast Paramahanse Yogānande i Lahirija Mahasaye

Vlada Indije izdala je dvaput prigodne poštanske marke u čast životu i djelu Paramahanse Yogānande: (lijevo) 1977. u povodu obilježavanja dvadesetpete obljetnice njegova *mahasamadhija*; (desno) 2017. u povodu obilježavanja stogodišnjice njegova osnivanja Yogoda Satsanga Society of India.

Vlada Indije odala je 2019. počast Paramahansi Yogānandi izdavanjem posebne kovanice u apoenu od 125 rupija u sklopu obilježavanja 125. obljetnice njegova rođenja. U prigodnoj brošuri tiskanoj tom prilikom među ostalim stoji: „Znanstveno zasnovano učenje joge Paramahanse Yogānande lišeno ikakva sektaštva posvuda u svijetu privlači ljude raznih vjera i profila obrazovanja."

Indijska vlada također je 2020. izdala posebnu kovanicu u apoenu od 125 rupija obilježavajući 125. obljetnicu *mahasamadhija* Lahirija Mahasaye, preteče *Kriya joge*.

Dodatni izvori učenja Paramahanse Yogānande o tehnikama Kriya joge

Self-Realization Fellowship predan je besplatnom pomaganju svim duhovnim tragateljima širom svijeta. Informacije o našem godišnjem rasporedu javnih predavanja i tečajeva, meditacijskim službama i službama nadahnuća koje se održavaju u našim hramovima i centrima širom svijeta, popisu duhovnih boravišta na osami te o drugim djelatnostima, dostupne su putem naše internetske stranice, ili pismenim putem, na adresi ispod:

www.yogananda.org

Self-Realization Fellowship
3880 San Rafael Avenue
Los Angeles, CA 90065-3219
USA
Phone +1(323) 225-2471 • Fax +1(323) 225-5088

Lekcije
Self-Realization Fellowshipa

Osobno vodstvo i upute Paramahanse Yogānande o tehnikama joga meditacije i načelima duhovnog života

Ako vas zanimaju duhovne istine opisane u *Čovjekova vječna potraga*, pozivamo vas da se pretplatite na Lekcije Self-Realization Fellowshipa koje su dostupne na engleskom, španjolskom i njemačkom jeziku.

Paramahansa Yogānanda osmislio je taj skup lekcija za učenje kod kuće kako bi iskrenim tragaocima pružio mogućnost da nauče i vježbaju drevne tehnike joga meditacije koje se spominju u ovoj knjizi-uključujući i znanost *Kriya joge*. Unutar tih lekcija sadržane su i njegove praktične upute glede postizanja uravnotežena fizičkog, misaonog i duhovnog života.

Lekcije Self-Realization Fellowshipa moguće je nabaviti po cijeni koja pokriva troškove tiskanja i slanja poštom. Svim studentima na raspolaganju je besplatno osobno vodstvo redovnika i redovnica iz Self-Realization Fellowshipa u izvođenju tih tehnika.

Dodatne informacije (obavijesti)...

Pozivamo vas da posjetite internetske stranice www.srflessons.org na kojima možete zatražiti besplatni sažetak sadržaja Lekcija.

Također u izdanju Self-Realization Fellowshipa...

Autobiografija jednog jogija
Paramahanse Yogānande

Ova proslavljena autobiografija predstavlja očaravajući portret jednog od duhovnih velikana našega doba. Paramahansa Yogānanda nam s opčinjavajućom neposrednošću, izvanrednom jasnoćom i pronicljivošću priča nadahnjujuću kroniku svoga života – iskustva njegova zanimljivog djetinjstva, susrete s mnogim svecima i mudracima tijekom njegove mladenačke potrage duž čitave Indije za prosvijetljenim učiteljem, desetogodišnje školovanje u duhovnoj školi cijenjenoga učitelja joge te trideset godina provedenih u Americi. U knjizi se nalaze i zapisi njegovih susreta s Mahatmom Gandhijem, Rabindranathom Tagoreom, Lutherom Burbankom, katoličkom stigmatičarkom Theresom Neumann te drugim slavnim duhovnim osobama Istoka i Zapada.

Autobiografija jednog jogija je istovremeno prelijepo napisana priča o jednom izuzetnom životu te dubok uvid i uvod u drevnu znanost joge koja u sebi sadrži od davnina štovanu praksu meditacije. Autor nam jasno objašnjava tanahne ali vrlo određene zakone koji jednako djeluju u pozadini svakodnevnoga života kao i izvanrednih događaja koje nazivamo čudima. Njegova očaravajuća životna priča tako postaje polazište za dubok i nezaboravan pogled u krajnje tajne ljudskoga postojanja.

Knjiga se danas smatra klasikom duhovne književnosti i prevedena je na više od pedeset i pet jezika, a predmet je i proučavanja na sveučilištima. Neprolazni bestseler još od svoga prvog objavljivanja pred više od sedamdeset i pet godina, *Autobiografija jednog jogija* našla je svoj put do srca milijuna čitatelja širom svijeta.

„Iznimni prikaz."

— *The New York Times*

Autobiografija jednog jogija Paramahanse Yoganande.

„Dojmljiva i jasno iznesena studija."

— *Newsweek*

„Ništa što je dosad objavljeno na engleskom ili bilo kojem drugom jeziku ne može se mjeriti s onim što o jogi piše u ovoj knjizi."

— ***Columbia University Press***

Knjige na hrvatskom u izdanju Self-Realization Fellowshipa

Autobiografija jednog jogija

Čovjekova vječna potraga

Afirmacije za znanstveno izlječenje

Metafizičke meditacije

Znanost o religiji

Zakon uspjeha

Kako razgovarati s Bogom

Riječi mudrosti Paramahanse Yogananande

Živjeti bez straha

U svetištu duše

Duhovni dnevnik

Samo ljubav

Dostupne preko www.srfbooks.org
ili preko: www.amazon.com

Knjige na engleskom Paramahanse Yogānande

Dostupne u knjižarama ili izravno od izdavača:

Self-Realization Fellowship
3880 San Rafael Avenue
Los Angeles, California 90065-3219
USA
Tel +1(323) 225-2471 • Fax +1(323) 225-5088

www.yogananda.org

Autobiography of a Yogi

The Second Coming of Christ:
The Resurrection of the Christ Within You
Nadahnuti duhovni komentar izvornoga Isusovog učenja.

God Talks with Arjuna; *The Bhagavad Gita*
Novi prijevod i komentar.

The Yoga of the Bhagavad Gita:
An Introduction to India's Universal Science of God-Realization

The Yoga of Jesus:
Understanding the Hidden Teachings of the Gospels

Wine of the Mystic:
The Rubaiyat *of Omar Khayyam — A Spiritual Interpretation*
Nadahnuti komentar pjesničkog djela „Rubaije" Omara Hajjama koji nam otkriva skrivenu znanost o spoznaji Boga unutar ovih zagonetnih pjesničkih slika.

Man's Eternal Quest
Prvi svezak predavanja i neslužbenih govora Paramahanse Yogānande.

The Divine Romance
Drugi svezak predavanja, neslužbenih govora i eseja Paramahanse Yogānande.

Journey to Self-realization
Treći svezak predavanja i neslužbenih govora Paramahanse Yogānande.

Whispers from Eternity
Zbirka molitvi i iskustava Božanskog Paramahanse Yogānande doživljenih tijekom uzvišenih stanja u meditaciji.

Songs of the Soul
Mistična poezija Paramahanse Yogānande.

The Science of Religion

How You Can Talk With God

Metaphysical Meditations
Više od 300 meditacija, molitvi i afirmacija za duhovno uzdizanje.

Scientific Healing Affirmations
Paramahansa Yogānanda ovdje predstavlja duhovno objašnjenje temelja znanosti o afirmaciji.

The Law of Success
Objašnjenje dinamičkih načela na kojima se temelji čovjekov uspjeh u ostvarenju životnih ciljeva.

Where There Is Light:
Insight and Inspiration for Meeting Life's Challenges

In the Sanctuary of the Soul:
A Guide to Effective Prayer

Inner Peace:
How to Be Calmly Active and Actively Calm

To Be Victorious in Life

Why God Permits Evil and How to Rise Above It

Living Fearlessly:
Bringing Out Your Inner Soul Strength

Knjige na engleskom

Sayings of Paramahansa Jogananda
Zbirka izreka i mudrih savjeta koji predstavljaju odgovore dane s puno ljubavi i iskrenosti što ih je Paramahansa Yogānanda davao onima koji su k njemu došli po vodstvo.

Cosmic Chants
Tekstovi (na engleskom) i glazba (notni zapis) 60 devocijskih pjesama s uvodom u kojemu je objašnjeno kako duhovno pjevanje može voditi do spoznaje Boga.

Čovjekova vječna potraga

Zvučni zapisi Paramahanse Yoganande

Beholding the One in All

The Great Light of God

Songs of My Heart

To Make Heaven on Earth

Removing All Sorrow and Suffering

Follow the Path of Christ, Krishna, and the Masters

Awake in the Cosmic Dream

Be a Smile Millionaire

One Life Versus Reincarnation

In the Glory of the Spirit

Self-Realization: The Inner and the Outer Path

Ostala izdanja
Self-Realization Fellowshipa

The Holy Science
Swami Sri Yukteswar

Only Love:
Living the Spiritual Life in a Changing World
Sri Daya Mata

Finding the Joy Within You:
Personal Counsel for God-Centered Living
Sri Daya Mata

Intuition:
Soul Guidance for Life's Decisions
Sri Daya Mata

God Alone:
The Life and Letters of a Saint
Sri Gyanamata

"Mejda":
The Family and the Early Life of Paramahansa Jogananda
Sananda Lal Ghosh

Self-Realization
(Časopis koji je osnovao Paramahansa Yogananda 1925. godine)

DVD (dokumentarni)

Awake:
The Life of Jogananda
Flm u produkciji CounterPoint Films.

Iscrpni katalog knjiga i audio/video zapisa – uključujući rijetke arhivske snimke Paramahanse Yogānande- dostupan je na Internetskim stranicama www.srfbooks.org

Ciljevi i ideali udruge Self-Realization Fellowship

kako su ih iznijeli Paramahansa Yogānanda, utemeljitelj
Brat Chidananda, predsjednik

Širiti među narodima znanje o točno definiranim znanstvenim tehnikama za postizanje izravnog, osobnog iskustva Boga.

Naučavati kako je svrha čovjekova života evolucija putem vlastita napora kako bi ograničena ljudska svijest napredovala do Božanske Svijesti. U skladu s tim, osnivati diljem svijeta hramove Self-Realization Fellowshipa za stupanje u dodir s Bogom te poticati uspostavljanje pojedinačnih Božjih hramova u domovima i srcima ljudi.

Otkriti potpun sklad i temeljno jedinstvo izvornog kršćanstva kako ga je naučavao Isus Krist i originalne joge kako ju je naučavao Bhagavan Krišna. Pokazati kako su ta načela istine zajednički znanstveni temelj svih istinskih religija.

Isticati jedan božanski put do kojeg u konačnici vode staze svih istinskih vjerskih uvjerenja, a to je put svakodnevne posvećene meditacije o Bogu.

Oslobađanje čovjeka od trostruke patnje: fizičke bolesti, misaonog nesklada i duhovnog neznanja.

Poticati „jednostavno življenje i uzvišeno razmišljanje". Širiti duh bratstva među svim ljudima učenjem o vječnom temelju njihova jedinstva – srodstvu s Bogom.

Pokazati nadmoć uma nad tijelom i duše nad umom.

Pobijediti zlo dobrim, tugu radošću, grubost nježnošću, neznanje mudrošću.

Ujediniti znanost i religiju shvaćanjem jedinstva njihovih zajedničkih temeljnih načela.

Zagovarati kulturno i duhovno razumijevanje Istoka i Zapada te razmjenu njihovih najistaknutijih obilježja.

Služiti čovječanstvu kao vlastitom Višem Jastvu.

Rječnik

Arđuna – uzvišeni učenik kojemu je Bhagavan Krišna prenio besmrtnu poruku u djelu Bhagavad Gita (v. drugdje). On je jedan od pet prinčeva iz klana Pandava i jedan od ključnih likova velikoga indijskog epa, *Mahabharata*.

astralni svijet – skriveno područje Gospodinova stvaranja, svemir od svjetla i boja prožet suptilnim silama nezamjetnim u fizičkom svemiru, tj. vibracijama životne energije ili astralona (v. *prana*). Svako biće, svaki objekt, svaka vibracija na materijalnom planu, imaju svoj astralni otisak jer se u astralnom svemiru (nebu) nalazi matrica našeg materijalnog svemira. Poslije fizičke smrti čovjekova duša odjevena u astralno svjetlosno tijelo odlazi na jednu od viših ili nižih astralnih razina, u skladu sa svojim zaslugama, kako bi nastavila duhovnu evoluciju u većoj slobodi koju pruža to suptilno okružje. Ondje duša ostaje karmički predodređeno vrijeme, do ponovnog fizičkog rođenja.

astralno svjetlo – suptilno svjetlo koje zrače astraloni (v. *prana*); osnovna potka astralnog svijeta. Putem sveobuhvatne intuitivne percepcije duše poklonici duboko uronjeni u meditaciju mogu opaziti astralno svjetlo, osobito kao duhovno oko (v. drugdje).

astralno tijelo – čovjekovo suptilno tijelo od svjetla, *prane* ili astralona; drugi od triju plašteva kojima je duša prekrivena: kazualno tijelo (v. drugdje), astralno tijelo i fizičko tijelo. Snage astralnog tijela oživljavaju fizičko tijelo, kao što elektricitet osvjetljava žarulju. Astralno tijelo ima devetnaest elemenata: inteligenciju, ego, osjećaje, um (osjetilnu svijest); pet instrumenata znanja (osjetilne moći unutar fizičkih organa vida, sluha, mirisa, okusa i dodira); pet instrumenata djelovanja (izvršne ovlasti u fizičkim instrumentima razmnožavanja, izlučivanja, govora, kretanja i vještine ruku; i pet instrumenata životne sile koje obavljaju funkcije optoka, metaboličkih procesa, upijanja, kristaliziranja i izlučivanja.

astraloni – vidi *prana*.

ašram – duhovna škola; često samostan.

Aum (Om) - sanskrtska korijenska riječ ili iskonski zvuk koji predstavlja očitovanje Boga kao stvoritelja i održavatelja svih stvari; Kozmička Vibracija. *Aum* iz Veda postao je sveta riječ *Hum* kod Tibetanaca, *Amin* kod muslimana, *Amen* kod Egipćana, Grka, Rimljana, Židova i kršćana. Velike svjetske religije naučavaju kako sve stvoreno izvire iz kozmičke vibratorne energije Auma ili Amena, Riječi Duha Svetoga. „U početku bijaše Riječ i Riječ bijaše kod Boga, i Riječ bijaše Bog... Sve je po njoj (Riječ ili *Aum*) postalo, i ništa što je postalo nije bez nje postalo." (Iv 1: 1,3)

Amen na hebrejskom znači *siguran, vjeran*. „Ovo govori Amen, 'Vjerni' i Istiniti 'Svjedok', 'Početak' Božjega 'stvorenja'." (Otk. 3:14). Poput brujanja stroja u pogonu, tako i sveprisutni zvuk *Aum* vjerno svjedoči o radu „Kozmičkog Motora" koji održava cjelokupni život i svaki djelić stvorenog s pomoću vibratorne energije. U Lekcijama Self-Realization Fellowshipa (v. drugdje), Paramahansa Yogānanda podučava tehnike meditacije koje u osobnoj praksi daju izravno iskustvo Boga kao *Auma* ili Duha Svetog. To blaženo zajedništvo s nevidljivom božanskom Snagom („Branitelj, Duh Sveti" – Iv. 14:26) stvarna je znanstvena osnova molitve.

avatar - božanska inkarnacija; od sanskrtske riječi *avatara*, sastavljene od korijena *ava*, što znači „dolje" i *tri*, u značenju „prijeći, sići". *Avatar* je onaj koji se, nakon što je postigao jedinstvo s Duhom, vraća na Zemlju kako bi pomagao čovječanstvu.

avidya - doslovno „ne-znanje" zabluda; očitovanje utjecaja *maye* - kozmičke iluzije (*v.*) u čovjeku. U osnovi, *avidya* je ljudsko neznanje o njegovoj božanskoj prirodi i Duhu kao jedinoj stvarnosti.

Babaji – vidi pod *Mahāvatar Babaji*

Bhagavad Gita - „Božanska pjesma". Drevni indijski sveti tekst koji se sastoji od osamnaest poglavlja i dio je velikog epa *Mahabharata*. Izražena je u obliku razgovora između avatara (*v.*) Gospoda Krišne i njegova učenika Arđune, pred povijesnu bitku na polju Kurukšetra. Gita je duboka rasprava o znanosti joge (jedinstva s Bogom) i bezvremenski naputak za sreću i uspjeh u svakodnevnom životu. Gita je istodobno alegorija, povijest i duhovna rasprava o unutarnjoj borbi u čovjeku koja se vodi između njegovih dobrih i loših sklonosti. Krišna u Giti na raznim mjestima oslikava: gurua, dušu, ili Boga. Arđuna predstavlja poklonika koji teži učenju. Mahatma Gandhi o ovom univerzalnom svetom spisu je napisao: „Oni koji će meditirati o Giti svakodnevno

Rječnik

će iz nje crpsti svježu radost i novi smisao. Ne postoji nijedna jedina duhovna nedoumica koju Gita ne može rastumačiti."

Osim ako nije drukčije naznačeno, citati iz Bhagavad Gite u ovoj knjizi temelje se na prijevodu Paramahanse Yogānande sa sanskrta, ponekad doslovnom, a ponekad u parafrazama, ovisno o kontekstu onoga što želi naglasiti. Većina navoda iz Gite u ovom izdanju knjige Čovjekova vječna potraga su iz Paramahansajijeva opsežnog prijevoda s komentarima objavljenima u knjizi *God Talks With Arjuna: The Bhagavad Gita. Royal Science of God-Realization* u izdanju Self-Realization Fellowshipa iz 1995. U govorima u kojima je slobodnije prenosio stihove kako bi naglasio određenu poruku, zadržan je parafrazirani oblik i kao takav zapisan u fusnoti.

Bhagavan Krišna – *avatar* (*v.*) koji je živio u drevnoj Indiji, prije više tisuća godina. Jedno od značenja riječi Krišna koje navode hinduistički sveti spisi je „sveprisutni Duh". Dakle, Krišna je, kao i Krist, duhovna titula koja označuje božansku dimenziju *avatara* – njegovo jedinstvo s Bogom. Naziv *Bhagavan* znači „Gospodin". U vrijeme razgovora koji vodi u Bhagavad Giti, Gospodin Krišna bio je vladar kraljevstva u sjevernoj Indiji. U svom ranom životu, Krišna je živio kao pastir koji je opčinjavao sve prisutne glazbom svoje flaute. Često se smatra da Krišna u toj ulozi alegorijski predstavlja dušu koja glazbom flaute u meditaciji vraća sve zavedene misli u stado sveznanja.

bhakti joga – duhovni pristup Bogu s naglaskom na bezuvjetnu i potpunu ljubav kao glavno sredstvo za postizanje zajedništva i jedinstva s Bogom. Vidi: *joga*.

Božanska Majka – aktivno, stvaralačko očitovanje Boga; *shakti*, ili moć transcendentnog Stvoritelja. Drugi izrazi za ovo očitovanje Boga su Priroda ili *Prakriti*, *Aum*, Duh Sveti, Inteligentna kozmička vibracija. Također, osobni prikaz Boga u vidu Majke kao utjelovljenja Gospodinove ljubavi i odlika suosjećajnosti.

Hinduistički sveti spisi uče da je Bog istodobno imanentan i transcendentan, osoban i neosoban. Njega se može tražiti kao Apsolut; u očitovanju jedne od Njegovih vječnih odlika, poput ljubavi, mudrosti, blaženstva, svjetla; u pojmu *ishta* (božanstva); ili u oblicima kao što su Nebeski Otac, Majka, Prijatelj.

Brahma – Višnu – Šiva – tri očitovanja Božje imanentne prisutnosti u stvaranju. Oni predstavljaju trojednu funkciju Kristove Inteligencije (*Tat*) koja upravlja djelovanjem Kozmičke Prirode u stvaranju, održavanju i uništenju svemira. Vidi: *Trojstvo*.

Brahman (Brahma) – Apsolutni Duh

chitta – intuitivni osjećaj; cjelokupna svijest, unutar koje su *ahamkara* (ego), *buddhi* (inteligencija) i *manas* (um ili osjetilna svijesti).

čakre – u sustavu joge, sedam skrivenih središta svjetla i svijesti u kralježnici i mozgu, koji oživljavaju fizičko i astralno tijelo čovjeka. Ova središta nazivaju se čakre („kotači") jer je energija koncentrirana u svakoj od njih poput kotača iz kojega isijavaju zrake svjetla i životne energije. Po uzlaznom redoslijedu, imena čakri su: *muladhara* (trtični, u bazi kralježnice); *svadhisthana* (križni, oko 5 cm iznad *muladhare*); *manipura* (slabinski dio, nasuprot pupka); *anahata* (prsni dio, nasuprot srca); *vishuddha* (vratni dio, u bazi vrata); *ajna* (tradicionalno u točki između obrva, a zapravo je izravno povezana polaritetom s *medullom*; vidi također: *medulla* i *duhovno oko*); te *sahasrara* (u najgornjem dijelu velikog mozga).

Ovih sedam središta predstavljaju prema božjem planu izlaze ili „vrata zamke" kroz koja je duša prethodno sišla u tijelo i kroz koja se mora ponovno uzdignuti putem meditacije. Putem uzastopnih sedam koraka, duša nalazi izlaz u Kozmičku Svijest. U svom svjesnom uzdizanju kroz sedam otvorenih ili „probuđenih" cerebrospinalnih središta, duša putuje autocestom do Beskraja; to je pravi put kojim se duša mora uputiti da bi se ponovno ujedinila s Bogom.

Spisi o jogi općenito smatraju samo šest nižih središta kao čakre, dok se *sahasrara* navodi odvojeno kao sedmo središte. Međutim, svih sedam središta često se prikazuju u vidu lotosa, čije su latice otvorene ili okrenute prema gore, simbolizirajući duhovno buđenje u kojem se život i svijest uzdižu kralježnicom.

dah – „Putem daha u čovjeka ulazi mnogo kozmičkih struja koje izazivaju nemir u njegovu umu", napisao je Paramahansa Yogānanda. „Tako ga dah veže uz prolazne pojavne svjetove. Jogi stoga uči znanstvenom tehnikom meditacije umiriti dah kako bi se oslobodio patnje prolaznosti i uzdignuo u blaženo područje Stvarnosti."

dharma – vječna načela ispravnog postupanja koja su u osnovi čitavog stvaranja; temeljna ljudska dužnost usklađenosti života s tim načelima. Vidi također *Sanatana Dharma*.

diksha – duhovna inicijacija; od sanskrtskog korijena riječi *diksh*, posvetiti se. Vidi također pojmove *učenik* i *kriya joga*.

Rječnik

duhovno oko - jedno oko intuicije i sveprisutne percepcije unutar Kristova (*Kutastha*) centra (*ajna čakra*) između obrva. Poklonik u dubokoj meditaciji vidi duhovno oko kao prsten od zlatnog svjetla unutar čijeg središta se na pozadini opalno plave boje nalazi bijela petokraka zvijezda. Na razini mikrokozma ovi oblici i boje predstavljaju redom: vibratornu oblast stvaranja (Kozmičku Prirodu, Duh Sveti); Sina ili Božju inteligenciju prisutnu u stvaranju (Kristova Svijest), i Duh koji stoji iza cjelokupnog stvaranja u području izvan svake vibracije (Bog Otac).

Duhovno oko ulaz je u konačna stanja božanske svijesti. U dubokoj meditaciji, kada poklonikova svijest prodre u duhovno oko, u tri oblasti koje su sažete u njemu, on doživljava redom sljedeća stanja: nadsvijest ili uvijek novu radost spoznaje duše u jedinstvu s Bogom kroz *Aum* (*v.*) ili Duh Sveti; Kristovu Svijest, jedinstvo s Božjom univerzalnom inteligencijom prisutnom u stvaranju, i kozmičku svijest, jedinstvo s Božjom sveprisutnošću koja se nalazi izvan, ali i unutar vibratornog stvaranja. Vidi također pojmove: *svijest, stanja svijesti, nadsvijest, Kristova Svijest*.

Objašnjavajući odlomak iz knjige proroka Ezekiela, Paramahansa Yogānanda je napisao: „Kroz božansko oko na čelu, („istok"), jogi usmjerava svoju svijest prema sveprisutnosti, gdje čuje riječ ili *Aum*, božanski zvuk „šum velikih voda"; to su vibracije svjetla koje čini istinsku potku sveg stvaranja". Ezekielovim riječima (Ez 43:1-2): „Zatim me povede k vratima što gledaju na istok. I gle, Slava Boga Izraelova dolazi od istoka; šum joj kao šum velikih voda: i zemlja se sjala od slave njegove."

Isus je „također govorio o duhovnom oku: „Kada ti je oko zdravo, cijelo je tvoje tijelo u svjetlu... Zato pazi da svjetlo u tebi nije tama." (Lk 11:34 - 35).

Duh Sveti - vidi *Aum* i *Trojstvo*.

duhovni učitelj - onaj tko je ovladao sobom (spoznao Jastvo). Paramahansa Yogānanda je isticao da „ono što izdvaja duhovnog učitelja nisu njegove fizičke sposobnosti već duhovne ... Dokaz da je netko duhovni učitelj predstavlja sposobnost svjesnog i voljnog ulaska u stanje bez daha (*sabikalpa samadhi*) te postizanja nepomućenog blaženstva (*nirbikalpa samadhi*)". Vidi *samadhi*.

Paramahansaji nadalje ističe: „Svi sveti spisi objavljuju da je Gospodin stvorio čovjeka na Svoju svemoguću sliku. Nadzor nad svemirom čini se nadnaravnim, ali zapravo je ta moć svojstvena i prirođena svakome tko postigne 'ispravno sjećanje' na svoje božansko podrijetlo.

Ljudi koji su spoznali Boga... ne ovise o egoističnom načelu (*ahamkara*) i njegovim hirovitim zahtjevima osobnih želja; djela istinskih duhovnih učitelja su u suglasju s *ritom*, prirodnom pravednošću. Riječima Emersona, svi takvi duhovni velikani postaju 'ne kreposni, već Krepost sama; tada dolazi do ispunjenja svrhe stvaranja i Bog je vrlo zadovoljan.'"

duša – individualizirani Duh. Duša je stvarna i besmrtna priroda čovjeka i svih živih bića; zaogrnuta je samo privremeno plaštem kauzalnog, astralnog i fizičkog tijela. Priroda duše je Duh: uvijek – postojeća, uvijek – svjesna, uvijek – nova Radost.

egoizam – ego princip, *ahamkara* (u doslovnom značenju „ja činim"), korijenski je uzrok dvojnosti ili prividne odvojenosti između čovjeka i njegova Stvoritelja. *Ahamkara* dovodi ljudska bića pod utjecaje *maye* (*v*.), tako da se subjekt (ego) lažno pojavljuje kao objekt; stvorenja zamišljaju sama sebe kao tvorce. Odbacivanjem svijesti ega čovjek se budi u svojem božanskom identitetu, svojem jedinstvu s istinskim Životom: Bogom.

elementi (pet) – Kozmička Vibracija, ili *Aum*, izgrađuje sve fizički stvoreno, uključujući i čovjekovo fizičko tijelo, očitovanjem pet *tattvi* (elemenata): zemlje, vode, vatre, zraka i etera (*v*.). To su inteligentne, stvaralačke snage vibratorne prirode. Bez elementa zemlje ne bi bilo stanja čvrste tvari, bez elementa vode, nijednog tekućeg stanja; bez elementa zraka, nijednog plinovitog stanja; bez elementa vatre, nikakve topline; bez elementa etera ne bi bilo pozadine na kojoj se odvija cjelokupna kozmička filmska predstava. *Prana* (kozmička vibratora energija) u tijelo ulazi kroz medullu i zatim se grana u pet elementarnih struja djelovanjem pet nižih čakri (*v*.) ili središta: trtičnog (zemlja), križnog (voda), slabinskog (vatra), prsnog (zrak), i vratnog (eter). Sanskrtski izrazi za ove elemente su: *prithivi*, *ap*, *tej*, *prana*, i *akasha*.

energetske vježbe – čovjek je okružen kozmičkom energijom kao što je riba okružena vodom. Energetske vježbe koje je osmislio Paramahansa Yogānanda i koje se uče u sklopu *Lekcija Self-Realization Fellowshipa* (*v*.) omogućuju čovjeku punjenje tijela kozmičkom energijom, ili univerzalnom *pranom*.

eter – sanskrtski *akasha*. Iako u dosadašnjim znanstvenim teorijama prirode materijalnog svemira za njega nema dokaza, eter je indijskim mudracima bio poznat i važan. Paramahansa Yogānanda govorio je o eteru kao pozadini na kojoj Bog projicira kozmičku filmsku predstavu stvaranja. Prostor daje dimenziju objektima, eter odvaja slike. Ova „pozadina", kao stvaralačka sila koja usklađuje sve prostorne vibracije, neophodan je čimbenik u razmatranju finijih sila – misli i životne energije (*prane*) – te prirode prostora i podrijetla fizikalnih sila i materije. Vidi *elementi*.

gune – tri osebujnosti Prirode: *tamas*, *rajas* i *sattva* – ometanje, djelatnost i širenje; ili masa, energija i inteligencija. U čovjeku se tri *gune* očituju kao neznanje ili tromost, djelatnost ili borba te mudrost.

guru – duhovni učitelj. Riječ guru često se pogrešno koristi općenito za bilo kojeg učitelja ili instruktora, no istinski Bogom prosvijetljeni guru je onaj tko je ovladavši sobom spoznao svoje jedinstvo sa sveprisutnim Duhom. Samo je takav guru sposoban voditi tragatelja na njegovu ili njezinu unutarnjem putovanju prema božanskoj spoznaji.

Kada je poklonik spreman ozbiljno tražiti Boga, Gospodin mu šalje gurua. Bog vodi učenika kroz mudrost, inteligenciju, samoostvarenje i učenje takvog učitelja. Učenik koji slijedi duhovne naputke gurua i dopušta mu da ga dovede u red, tako taži glad svoje duše za *manom* spoznaje Boga. Istinski, od Boga izabrani, guru, određen je pomoći iskrenom tragatelju kao odgovor na vapaj čežnje njegove duše. Stoga guru nije običan učitelj, nego onaj čije ljudsko obličje, govor, um i duhovnost Bog koristi kao kanal za privlačenje i vodstvo izgubljenih duša natrag u njihov dom besmrtnosti. Guru je živo utjelovljenje istina iznesenih u svetim spisima. On je sredstvo spasenja koje je Bog poslao kao odgovor na poklonikovo htijenje za oslobođenjem od materijalne vezanosti. „Biti povezan s Guruom", napisao je Swami Sri Yukteswar u svojoj knjizi *The Holy Science* (*Sveta znanost*), „ne znači samo biti u njegovoj fizičkoj prisutnosti (što je ponekad nemoguće), nego ponajprije zadržati ga u našim srcima, držati se njegovih načela i biti usklađen s njim." Vidi *duhovni učitelj*.

Gurudev – „Božanski učitelj", uobičajen sanskrtski izraz poštovanja koji se koristi pri obraćanju i koji se odnosi na nečijeg duhovnog učitelja.

Gurui slijeda Self-Realization Fellowshipa – Gurui Self-Realization Fellowshipa su Isus Krist, Bhagavan Krišna, i niz uzvišenih učitelja novog doba: Mahāvatar Babaji, Lahiri Mahasaya, Swami Sri Yukteswar i Paramahansa Yogānanda. Self-Realization Fellowship nastoji uputiti na sklad i temeljno jedinstvo učenja Isusa Krista i duhovne znanosti joge koju je dao Bhagavan Krišna. Svi spomenuti Gurui svojim uzvišenim učenjima i božanskim nadahnućem pridonose ispunjavanju misije Self-Realization Fellowshipa u cilju upoznavanja cijelog čovječanstva s praktičnom duhovnom znanosti spoznaje Boga.

hatha joga – sustav tehnika i fizičkih položaja (*asana*) koje promiču zdravlje i mentalnu smirenost. Vidi *joga*.

Inteligentna Kozmička Vibracija – vidi *Aum*.

intuicija – sveznajuća sposobnost duše koja omogućuje čovjeku izravan uvid istine bez posredovanja osjetila.

Jadava Krišna – *Jadava* se odnosi na klan kojemu je Bhagavan Krišna bio kralj i jedno od mnogih imena pod kojima je Krišna poznat. Vidi *Bhagavan Krišna*.

Jastvo – piše se velikim slovom da označi *atman* ili dušu, božansku bit čovjeka, te da se razlikuje od običnog jastva u smislu ljudske osobnosti ili ega. Jastvo je poosobljeni Duh čija je temeljna priroda vječno svjesno i uvijek novo Blaženstvo. Jastvo ili duša su čovjekovo unutarnje vrelo ljubavi, mudrosti, mira, hrabrosti, suosjećanja i svih ostalih božanskih kvaliteta.

joga – od sanskrtske riječi *yuj*, „jedinstvo". Joga označuje jedinstvo individualne duše i Duha; također i postupke kojima se ovaj cilj postiže. Unutar sustava hinduističke filozofije, joga je jedan od šest ortodoksnih dijelova: *Vedanata, Mimamsa, Sankhya, Vaisesika, Nyaya* i *Yoga*. Podvrste joge su: *hatha joga, mantra joga, laya joga, karma joga, jnana joga, bhakti joga* i *raja joga. Raja* ili „kraljevska" *joga*, sveobuhvatno je učenje joge koje se proučava u Self-Realization Fellowshipu. Ovu vrstu joge spominje Bhagavan Krišna svojem učeniku Arđuni u Bhagavad Giti. „Jogi se smatra većim od onoga tko asketski disciplinira tijelo, većim čak i od sljedbenika puta mudrosti ili puta djelovanja; Stoga, o Arđuna, budi jogi!" (Bhagavad Gita VI:46) Mudrac Patanjali, najistaknutiji autor joge, naznačio je osam određenih stupnjeva kojima *raja jogi* dostiže *samadhi*, ili jedinstvo s Bogom. To su: 1. *yama*, moralna pravila; 2. *niyama*, vjerske zapovjedi; 3. *asana*, ispravni položaj tijela za postizanje stabilnosti; 4. *pranayama*, kontrola *prane*, suptilnih životnih struja; 5. *pratyahara* – usmjeravanje pažnje prema unutra; 6. *dharana*, koncentracija; 7. *dhyana*, meditacija i 8. *samadhi*, nadsvjesno iskustvo.

jogi – onaj tko prakticira jogu (*v.*). Svatko tko prakticira znanstvene tehnike za ostvarenje božanske spoznaje je jogi. On može biti u braku ili samac, može imati svjetovno zanimanje i obiteljske odgovornosti, biti član redovničke zajednice ili svećenik.

Rječnik

ji (izgovara se 'đi') – nastavak koji se dodaje imenima i naslovima u Indiji u svrhu iskazivanja poštovanja; npr. Gandhiji, Paramahansaji, Guruji.

jnana joga – put do jedinstva s Bogom kroz pretvorbu moći rasuđivanja intelekta u sveznajuću mudrost duše.

juga – ciklus ili podrazdoblje stvaranja opisano u drevnim hinduističkim tekstovima. Sri Yukteswar (*v.*) je u knjizi *Sveta znanost* opisao 24,000-godišnje razdoblje precesije Zemljine osi i trenutačni položaj čovječanstva unutar tog razdoblja. Prema drevnim tekstovima ovaj ciklus dio je mnogo većeg univerzalnog ciklusa, čije trajanje su izračunali drevni mudraci, *rišiji*, a koji se spominje u 16. poglavlju *Autobiografije jednog jogija*:

„U tim spisima spominje se univerzalni ciklus u trajanju od 4. 300. 560. 000 godina, što je mjera poznata kao jedan Dan Stvaranja. Ovaj golemi broj temelji se na odnosu između trajanja jedne sunčeve godine i višekratnika broja pi (iracionalni broj koji iznosi zaokružen na četiri decimale: 3,1416 i predstavlja omjer opsega i promjera kruga).

„Životni vijek čitavog svemira, prema starim prorocima, iznosi 314. 159. 000. 000. 000 sunčevih godina, što je 'Jedno doba Brahme.'"

karma – učinci prošlih djela iz ovog ili prethodnih života; od sanskrtske riječi *kri* – činiti. Uravnotežujući zakon karme kako ga opisuju hinduistički sveti spisi, zakon je akcije i reakcije, uzroka i posljedice, sijanja i ubiranja plodova. Slijedom prirodne pravednosti svako ljudsko biće svojim mislima i djelima oblikuje vlastitu sudbinu. Koju god energiju čovjek pokrene, mudru ili nepromišljenu, ova mu se vraća naposljetku, poput kruga koji se nepobitno vraća na početak. Razumijevanje karme kao zakona pravednosti pomaže čovjeku shvatiti kako za vlastito stanje ne treba kriviti ni Boga ni drugog čovjeka. Osobna karma čovjeka prati iz jednog u drugo utjelovljenje, sve dok je ne odradi ili duhovno transcendira. (Vidi *reinkarnacija*.)

Skupno djelovanje ljudi unutar zajednice, naroda ili svijeta kao cjeline čini grupnu karmu koja stvara lokalne ili dalekosežne posljedice, prema stupnju i prevazi dobra ili zla. Misli i djela svakog ljudskog bića, dakle, pridonose dobru ili zlu ovog svijeta i svih ljudi u njemu.

karma joga – put do Boga kroz nevezujuće djelovanje i služenje. Nesebičnim služenjem i prepuštanjem plodova djelovanja Bogu, videći Boga kao jedinog Vršitelja, poklonik postaje slobodan od ega i doživljava Boga. Vidi *joga*.

kasta – kaste izvorno nisu bile zamišljene da budu nasljedne, nego je to bilo razvrstavanje ljudi prema njihovim prirodnim sposobnostima i mogućnostima. Čovjek u svojoj evoluciji prolazi kroz četiri različita stupnja razvoja koja drevna hinduistička mudrost naziva: šudra, *vaišja*, *kšatrija* i *brahman*. Šudre su ponajprije usredotočene na zadovoljavanje svojih tjelesnih potreba i želja; posao koji najbolje odgovara njihovom stupnju razvoja je tjelesni rad. *Vaišju* potiče ambicija za uspjehom u svjetovnim pothvatima isto kao i zadovoljavanje osjetilnih užitaka; njegove su kreativne sposobnosti veće nego kod šudre, a njegova su tradicionalna zanimanja poljodjelac, poslovni čovjek, umjetnik ili bilo koje drugo u kojemu njegova umna energija nalazi ispunjenje. *Kšatrija* je kroz mnoge inkarnacije ispunio želje šudra i *vaišja*, te on napokon počinje tražiti smisao života, pokušavajući prevladati svoje loše navike, kontrolirati svoja osjetila i činiti ono što je ispravno. *Kšatrije* predstavljaju plemenite vladare, državnike, ratnike. *Brahman* je prevladao svoju nižu prirodu, ima prirodnu težnju za duhovnom potragom, spoznao je Boga pa je u stanju podučavati i pomagati druge na putu do oslobođenja.

kauzalni svijet – iza fizičkog svijeta materije (sastavljenog od atoma, protona, elektrona) i suptilnog astralnog svijeta svjetlosne životne energije (sastavljene od astralona) nalazi se kauzalni ili idejni svijet misli (sastavljen od mentalona). Kada čovjek dovoljno uznapreduje i transcendendira fizički i astralni svemir, boravi u kauzalnom svemiru. U svijesti kauzalnih bića, fizički i astralni svemiri rastočeni su do svoje misaone osnove. Sve što fizički čovjek može samo zamisliti u mašti, kauzalni čovjek može učiniti stvarnim i vidljivim – jedino ograničenje su same misli. Naposljetku čovjek skida zadnji pokrivač duše – svoje kauzalno tijelo – da bi se ujedinio sa sveprisutnim Duhom, onkraj svih vibratornih područja.

kauzalno tijelo – u svojoj biti čovjek je kao duša biće odjeveno u kauzalno tijelo. Njegovo kauzalno tijelo idejni je otisak za stvaranje astralnog i fizičkog tijela. Kauzalno tijelo sastoji se od 35 idejnih elemenata kojima odgovara 19 elemenata astralnog tijela te 16 temeljnih elemenata materijalnog fizičkog tijela.

kozmička energija – vidi *prana*.

kozmička iluzija – vidi *maya*.

Kozmička svijest – Apsolut, Duh iza svega stvorenog. Jednako tako to je *samadhi* – stanje jedinstva s Bogom do kojega se dolazi u meditaciji pri čemu svijest obuhvaća područje unutar i onkraj vibratornog svemira. Vidi *Trojstvo*.

Rječnik

Kozmički zvuk – vidi *Aum*.

Kristov centar – *Kutastha* ili *ajna čakra* u točki između obrva, izravno je povezana polaritetom s medullom (*v.*); središte volje i koncentracije, i Kristove Svijesti (*v.*), sjedište duhovnog oka (*v.*)

Kristova svijest – „Krist" ili „Kristova svijest" predstavlja Božju svijest koja prožima cjelokupno stvaranje. U Bibliji se naziva „jedinorođeni Sin", jedini čisti odraz Boga Oca u stvorenom svijetu; u hinduističkim svetim spisima naziva se *Kutastha Chaitanya* ili *Tat*, kozmička inteligencija Duha prisutnog u svemu stvorenom. To je sveprisutna svijest, jedinstvo s Bogom kakvu su očitovali Isus, Krišna i drugi *avatari*. Veliki sveci i jogiji poznaju to stanje kao *samadhi* (*v.*) u koje se ulazi meditacijom u kojem njihova svijest postaje jedno s inteligencijom svakog djelića sveg stvorenog; u tom stanju oni osjećaju cijeli svemir kao svoje tijelo. Vidi *Trojstvo*.

Krišna – vidi *Bhagavan Krišna*.

Krišnina svijest – Kristova Svijest, *Kutastha Chaitanya*. Vidi *Kristova Svijest*.

kriya joga – sveta duhovna znanost nastala u Indiji prije više tisuća godina. Uključuje određene tehnike meditacije čije predano prakticiranje vodi do spoznaje Boga. Paramahansa Yogānanda je objasnio da sanskrtski korijen riječi *kriya* potječe od *kri* – činiti, djelovati i reagirati; isti korijen nalazi se i u riječi *karma*, prirodnom načelu uzroka i posljedice. *Kriya joga* je stoga „ostvarenje jedinstva (*joga*) s Beskrajnim određenim djelovanjem ili obredom (*kriya*)." *Kriya joga* je oblik *raja* („kraljevske" ili „potpune") *joge* koju je izložio Krišna u Bhagavad Giti te Patanjali u *Yoga sutrama*. U modernom dobu ovo znanje ponovno je oživio Mahāvatar Babaji (*v.*); *Kriya joga* je *diksha* (duhovna inicijacija) koju su davali Gurui Self-Realization Fellowshipa. Nakon *mahasamadhija* (*v.*) Paramahanse Yogānande, *dikshu* daje od njega imenovani duhovni predstavnik, predsjednik Self-Realization Fellowshipa/Yogoda Satsanga Society of India (ili netko imenovan od potonjeg). Da bi mogli zatražiti *dikshu*, članovi Self-Realization Fellowshipa moraju prethodno ispuniti određene duhovne uvjete. Onaj tko je primio ovu *dikshu* je *kriya jogi* ili *kriyaban*. Vidi također *guru* i *učenik*.

Lahiri Mahasaya – *Lahiri* je bilo obiteljsko ime Shyame Charana Lahirija (1828. – 1895.). *Mahasaya*, sanskrtski vjerski naslov, znači osobu „velikog uma". Lahiri Mahasaya je bio učenik Mahāvatara Babajija, i guru Swamija Sri Yukteswara (gurua Paramahanse Yogānande). Kristoliki učitelj s čudesnim moćima bio je također i obiteljski čovjek s poslovnim odgovornostima. Njegovo poslanje bilo je približiti jogu modernom čovjeku tako što će meditacija biti usklađena s redovnim obavljanjem svjetovnih dužnosti. On je poznat i kao *yogavatar*, „utjelovljenje joge". Lahiri Mahasaya je bio onaj učenik kojemu je Babaji otkrio drevnu, tada već skoro zaboravljenu znanost *kriya joge* (*v.*) te ga ovlastio da inicira u kriya jogu sve iskrene duhovne tragatelje. Život Lahirija Mahasaye opisan je u knjizi *Autobiografija jednog jogija*.

laya joga – ovaj sustav joge uči uroniti um u percepciju određenih astralnih zvukova što dovodi do jedinstva s Bogom u vidu kozmičkog zvuka *Aum*. Vidi *Aum* i *joga*.

Lekcije Self Realization Fellowshipa – Učenja Paramahanse Yogānande skupljena u opsežni niz lekcija za učenje kod kuće, pristupačan svim iskrenim tragateljima za istinom diljem svijeta. Ove lekcije sadržavaju meditacijske tehnike joge kako ih je podučavao Paramahansa Yogānanda, uključujući kriya jogu (*v.*) – dostupnu onima koji ispune određene zahtjeve. Informacije o tim *Lekcijama* mogu se dobiti na zahtjev od Međunarodnog središnjice Self-Realization Fellowshipa.

mahasamadhi – od sanskrtskog *maha* – „veliki", *samadhi*. Posljednja meditacija ili svjesno zajedništvo s Bogom, tijekom kojega se jogi sjedinjuje s kozmičkim zvukom *Aum* i odbacuje fizičko tijelo. Prosvijetljeni duhovni učitelj uvijek zna unaprijed trenutak koji mu je Bog odredio da napusti svoje tjelesno boravište. Vidi *samadhi*.

Mahāvatar Babaji – besmrtni *mahavatar* („veliki *avatar*") koji je 1861. inicirao u *kriya jogu* (*v.*) Lahirija Mahasayu i tako ponovno učinio dostupnu ljudima drevnu tehniku spasenja. Vječno mlad, on stoljećima živi na Himalaji, stalno udjeljujući svijetu blagoslove. Njegova misija je pomagati prorocima u ispunjavanju njihova posebnog poslanstva. Dodjeljivani su mu mnogi naslovi koji označuju njegovu uzvišenu duhovnu veličinu, ali sam *mahāvatar* priklonio se jednostavnom imenu Babaji, koje dolazi od sanskrtske riječi *baba* – „otac" i sufiksa *ji*, koji izražava poštovanje. Više informacija o njegovu životu i duhovnoj misiji nalazi se u knjizi *Autobiografija jednog jogija*. Vidi *avatar*.

mantra joga – božansko zajedništvo koje se postiže predanim, koncentriranim ponavljanjem zvuka korijenskih riječi koje imaju duhovno blagotvornu vibratornu snagu. Vidi *joga*.

maya – prijevarna moć, suštinski ugrađena u potku svega stvorenog, putem koje se Jedno pojavljuje u vidu mnoštva. *Maya* je načelo relativnosti, izokretanja, suprotnosti, dvojnosti, oprečnih stanja, „Sotona (doslovno na hebrejskom: „suparnik, protivnik") kojeg spominju starozavjetni proroci i „đavao" kojega je Krist živopisno označio kao „ubojicu" i „lažova" jer „nema istine u njemu" (Iv 8:44).

Paramahansa Yogānanda je napisao:

„Sanskrtska riječ *maya* znači 'mjeritelj'; to je magična moć prisutna u stvaranju koja čini da se Nemjerljivo i Nerazdvojno očituju kao ograničenja i podijeljenosti. *Maya* je sama priroda – svijet čuda, koji je uvijek u kretanju kao suprotnost Božanskoj postojanosti.

„U Božjem planu i igri (*lila*), jedina uloga Sotone ili *maye* je da pokuša odvratiti čovjeka od Duha ka materiji, od Stvarnosti ka nestvarnome. '... jer je đavao grešnik od početka. Sin se Božji pojavio da uništi đavolska djela' (1 Iv. 3:8). To jest, pojava Kristove Svijesti unutar samog ljudskog bića, lako i bez napora uništava privid ili 'đavolska djela'.

„*Maya* je veo prolaznosti u Prirodi, neprekidno nastajanje u stvaranju; veo kojega svaki čovjek mora podignuti kako bi iza njega mogao vidjeti Stvoritelja, nepromjenjivu Postojanost, vječnu Stvarnost."

meditacija – koncentracija na Boga. Izraz se općenito upotrebljava da označi izvođenje bilo koje tehnike kojom se pozornost okreće jednousmjereno prema unutra na određeni prikaz Boga. U posebnom smislu, meditacija se odnosi na krajnji rezultat uspješnog izvođenja takve tehnike: na izravno iskustvo Boga intuitivnim opažanjem. To je sedmi korak (*dhyana*) osmerostrukog puta joge koji je opisao Patanjali (*v.*), a koji se ostvaruje tek nakon što se postigne ta usmjerena, unutarnja koncentracija i nevezanost za vanjske osjetilne utiske. U najdubljoj meditaciji može se doživjeti osmi korak puta joge: *samadhi* (*v.*), zajedništvo, jedinstvo s Bogom. (Vidi također *joga*.)

medulla – glavna točka kroz koju životna sila (*prana*) ulazi u tijelo; sjedište šestog cerebrospinalnog središta čija je uloga primanje i usmjeravanje toka kozmičke energije. Životna sila je pohranjena u sedmom središtu (*sahasrara*) koje se nalazi u najvišem dijelu mozga. Iz tog se spremnika ona raspodjeljuje kroz cijelo tijelo. Suptilni centar u medulli je glavni prekidač koji kontrolira ulazak, skladištenje i raspodjelu životne sile.

Mt. Washington – posjed, poslije i sinonim za tamošnji Matični centar i Međunarodna središnjica Self-Realization Fellowshipa u Los Angelesu. To zemljište površine pet hektara Paramahansa Yogānanda je kupio 1925. godine. Na njemu je izgradio centar za obuku redovnika te administrativni centar sa svrhom širenja drevne znanosti *kriya joge* diljem svijeta.

nadsvjesni um - sveznajuća moć duše koja izravno opaža istinu - intuicija.

nadsvijest - čista, intuitivna, svevideća, uvijek blažena svijest duše. Ponekad se općenito koristi za oznaku različitih stanja *samadhija* (*v.*) tijekom duboke meditacije, poglavito prvo stanje *samadhija* u kojem se transcendira svijest ega i postiže spoznaja vlastitog jastva kao duše, stvorene na Božju sliku. Ovome slijede viša stanja spoznaje: Kristova svijest i kozmička svijest (*v.*).

paramahansa - duhovni naslov koji se odnosi na duhovnog učitelja (*v.*). Može ga dodijeliti samo istinski *guru* učeniku koji je dosegao duhovnu zrelost. *Paramahansa* doslovno znači „vrhovni labud". U hinduističkim svetim spisima, *hansa* ili labud simbolizira duhovni uvid. Swami Sri Yukteswar dao je ovaj naslov svojem voljenom učeniku Yoganandi 1935.

paramguru - doslovno, „vrhovni guru", ili „veliki guru"; guru vlastitog gurua. Za duhovne učenike Paramahanse Yogānande, *paramguru* je Sri Yukteswar. Za Paramahansajija je to bio Lahiri Mahasaya. U tom smislu je Mahavatar Babaji Paramahansajijiev *param-paramguru*.

Patanjali - drevni autor poznatog djela o jogi: *Yoga Sutre* u kojemu je izložen osmerostruki put joge: 1. - *yama*, moralno ponašanje: 2. - *niyama*, vjerske zapovjedi; 3. - *asana*, ispravni položaji tijela koji omogućuju meditaciju; 4. - *pranayama*, nadzor *prane*, suptilnih životnih struja; 5. - *pratyahara*, pounutarnjenje; 6. - *dharana*, koncentracija; 7. - *dhyana*, meditacija; i 8. - *samadhi*, nadsvjesno iskustvo. Vidi *joga*.

prana - u hinduističkim svetim spisima skupni naziv za iskre inteligentne i suptilne energije koja omogućuje život, za koje je Paramahansa Yogānanda skovao naziv „astraloni" - pranične životne čestice. U osnovi *prana* predstavlja zgusnute Božje misli; temeljnu osnovu tvorevine astralnog svijeta (*v.*) i načelo koje se nalazi u osnovi materijalnog svemira. U fizičkom svijetu postoje dvije vrste *prane*: 1. kozmička vibratorna energija koja prožima cijeli svemir i osnova je svega u njemu; 2. specifična *prana* ili energija koja prožima i održava ljudsko tijelo kroz pet struja ili njihovih djelovanja. Struja *prane* vrši funkciju kristalizacije; struja *Vyane* funkciju optoka; struja *Samane* funkciju upijanja; struja *Udane* zadužena je za metabolizam, struja *Apane* ima funkciju izlučivanja.

pranam – oblik pozdrava u Indiji. Ruke su sklopljene, dlanovi spojeni, laktovi u visini srca, a vrhovi prstiju dodiruju čelo. Ova gesta zapravo je oblik *pranama*, u doslovnom smislu „potpunog pozdrava", od sanskrtskog korijena *nam* „pozdraviti ili pokloniti se", i predmetka *pra* – „potpun". *Pranam* je općeniti način pozdravljanja u Indiji. Pred redovnicima ili drugim duhovnim uglednicima, u znak poštovanja pozdravu se dodaje i izgovorena riječ: *Pranam*.

pranayama – svjesni nadzor *prane* (stvaralačke vibracije ili energije koje potiču i održavaju život u tijelu). U znanosti joge *pranayama* omogućuje izravan put do svjesnog odvajanja uma od fizioloških funkcija i osjetilnih percepcija koje čovjeka vežu za tjelesnu svijest. *Pranayama* tako oslobađa čovjekovu svijest kako bi se mogla ujediniti s Bogom. Sve znanstveno utemeljene tehnike koje vode jedinstvu duše i Duha mogu se svrstati u jogu, a *pranayama* je vrhunska tehnika koja jogiju omogućuje postizanje tog božanskog jedinstva.

raja joga – „kraljevski" ili najviši put do jedinstva s Bogom. Njezino učenje zasniva se na znanstveno utemeljenoj meditaciji (*v.*) kao sredstvu za spoznaju Boga te uključuje najvažnije dijelove svih drugih oblika joge. Učenja Self-Realization Fellowshipa o *raja jogi* daju upute kako organizirati život, utemeljen na *kriya joga* (*v.*) meditaciji koji vodi usklađenosti tijela, uma i duše. Vidi *joga*.

reinkarnacija – učenje po kojem se ljudska bića prema zakonu evolucije opetovano utjelovljuju napredujući iz života u život k sve višem stupnju duhovnog razvoja, pri čemu može doći do zastoja prouzročenog pogrešnim djelovanjem i željama, a napredak se ostvaruje duhovnim nastojanjima, sve dok se naposljetku na postigne samoostvarenje i jedinstvo s Bogom. Nakon što tako nadvladaju ograničenja i nesavršenosti svijesti smrtnika, duša se zauvijek oslobađa obveze novih utjelovljenja. „Pobjednika ću učiniti stupom u hramu moga Boga odakle sigurno više neće izići." (Otk 3:12).

Pojam reinkarnacije ne pripada isključivo istočnjačkoj filozofiji, nego je kao temeljna istina života bio prihvaćen kod mnogih drevnih civilizacija. Ranokršćanska crkva je prihvaćala načela reinkarnacije kako su ih bili izložili gnostici i brojni crkveni poglavari, uključujući Klementa Aleksandrijskog, Origena i svetog Jeronima. Tako je bilo sve do Drugog carigradskog sabora 553. godine kada je to učenje izuzeto i stavljeno izvan crkvenih kanona. Danas mnogi zapadni mislioci počinju prihvaćati smisao zakona *karme* (*v.*) i reinkarnacije, videći u njima jedino smisleno objašnjenje prividnih nejednakosti života.

rišiji – vidovnjaci, proroci, uzvišeni pojedinci koji izražavaju božansku mudrost; posebno se odnosi na prosvijetljene mudrace drevne Indije kojima je intuitivno bila otkrivena mudrost Veda.

sadhana – put duhovne discipline. Posebne upute i meditacijska praksa koju guru propisuje svojim učenicima, kako bi potonji, uz njihovo vjerno sliječenje, na kraju spoznali Boga.

samadhi – najviši stupanj osmerostrukog puta joge kako ga je izložio mudrac Patanjali. (*v.*) *Samadhi* se postiže kada onaj tko meditira, sam čin meditacije (kada je um odvojen od osjetila i pozornost usmjerena prema unutra) i predmet meditacije (Bog) postanu Jedno. Paramahansa Yogānanda je objasnio da se „u početnom stanju zajedništva s Bogom (*sabikalpa samadhi*) poklonikova svijest sjedinjuje s kozmičkim Duhom; njegova životna sila se povlači iz tijela koje se doima 'mrtvim', ili krutim i nepomičnim. Jogi ostaje potpuno svjestan svojega obamrlog tijela i nepomičnog stanja. Napredujući do višeg duhovnog stanja (*nirbikalpa samadhi*), on je sposoban biti u zajedništvu s Bogom bez potrebe za umirivanjem tijela i tijekom budnog stanja svijesti, čak i usred zahtjevnih svjetovnih dužnosti." Oba ova stanja odlikuje jedinstvo s uvijek novim blaženstvom Duha, ali *nirbikalpa* stanje doživljavaju samo najnaprediji duhovni učitelji.

samoostvarenje – Paramahansa Yogānanda ga objašnjava kao „ostvarenje spoznaje, tijelom umom i dušom, našega jedinstva sa sveprisutnim Bogom; kako ne moramo moliti Njegovu prisutnost jer smo zapravo uvijek blizu Njega. Štoviše, Njegova sveprisutnost pripada i nama i da smo mi dio Njega sada kao i za cijelu vječnost. Ono što trebamo učiniti je sami ostvariti ovu spoznaju."

Sanatana Dharma – doslovno – „vječna religija". Odnosi se na sveukupni nauk Veda koji je postao poznat pod nazivom hinduizam nakon što su Grci ljude na obali rijeke Ind prozvali *Indijcima* ili *Hindusima*. Vidi *dharma*.

Sat - Tat - Aum – *Sat*, Istina, Apsolut, Blaženstvo; *Tat*, univerzalna inteligencija ili svijest; *Aum*, kozmička inteligentna vibracija stvaranja, riječ – simbol za Boga. Vidi *Aum* i *Trojstvo*.

Self-Realization – kratica za udrugu Self-Realization Fellowship koju je osnovao Paramahansa Yogānanda, i koju on obično spominje u svojim govorima na taj način.

Rječnik

Self-Realization Fellowship – Društvo koje je osnovao Paramahansa Yogānanda u SAD-u 1920. (u Indiji 1917. pod nazivom Yogoda Satsanga Society of India) kako bi diljem svijeta promicao duhovna načela i tehnike meditacije *kriya joge* (*v.*) za dobrobit čovječanstva. Međunarodno sjedište, Matični centar nalazi se u Los Angelesu, Kalifornija. Paramahansa Yogānanda je objasnio da naziv društva *Self-Realization Fellowship* označuje „*udrugu*, tj. povezanost s Bogom, kroz *samoostvarenje* u prijateljstvu sa svim dušama koje su u potrazi za Istinom." Vidi također „Ciljevi i ideali Self-Realization Fellowshipa", na strani 464.

Self-Realization magazin – časopis koji objavljuje Self-Realization Fellowship. U njemu se objavljuju tekstovi i govori Paramahanse Yogānande kao i ostali zanimljivi članci duhovnog sadržaja s naglaskom na primjenu u svakodnevnom životu.

Sotona – doslovno, na hebrejskom „protivnik, suparnik". Sotona je svjesna i neovisna univerzalna snaga koja sve i svakoga drži u prividu lažne svijesti koja negira duhovnost i stvara dojam ograničenosti i odvojenosti od Boga. U svom postignuću Sotona se služi oružjem *maye* (kozmičke iluzije) i *avidye* (individualne zablude, neznanja). Vidi *maya*.

siddha – doslovno „onaj koji je uspješan". Netko tko je postigao samoostvarenje.

Sri (izgovara se 'šri') – naslov poštovanja. Kada se koristi uz ime religiozne osobe, znači „sveti" ili „duboko poštovani".

stanja svijesti – ljudska svijest smrtnika poznaje tri stanja: budnu svijest, svijest spavanja i svijest sanjanja. Ali čovjek na taj način ne može doživjeti svoju dušu, stanje nadsvijesti niti može doživjeti Boga. To može iskusiti samo čovjek koji je uskladio svoju svijest s Kristovom. Smrtni je čovjek svjestan samo svoga tijela, a čovjek usklađen s Kristom svjestan je čitavog svemira kojeg osjeća kao svoje tijelo. Iza stanja Kristove svijesti nalazi se kozmička svijest, iskustvo jedinstva s Bogom u Njegovoj apsolutnoj svijesti izvan područja vibracija stvorenog svemira, uključujući i osjećaj jedinstva s Gospodinovom sveprisutnošću unutar pojavnog svijeta.

swami – pripadnik indijskog najstarijeg reda redovnika kojega je u osmom ili početkom devetog stoljeća reorganizirao Swami Šankara (*v.*). Swami se drži zavjeta celibata i odricanja od svjetovnih veza i težnji; posvećuje se meditaciji i drugim duhovnim disciplinama te služenju čovječanstvu. Poštovani Red swamija podijeljen je na deset grana: *Giri, Puri, Bharati, Tirtha, Saraswati* i drugi. Swami Sri Yukteswar (*v.*) i Paramahansa Yogānanda pripadali su ogranku *Giri* („planinski").

Sanskrtska riječ *swami* označuje „onoga tko je postigao jedinstvo s Jastvom (*Swa*)".

Swami Šankara – ponekad se spominje kao Adi („prvi") Shankaracharya (Shankara + *acharya*, „učitelj"); najcjenjeniji indijski filozof. Datum njegova rođenja je nepoznat; mnogi znanstvenici smještaju ga u osmo ili rano deveto stoljeće. On je tumačio Boga ne kao negativnu apstrakciju, nego kao pozitivno, vječno, sveprisutno, uvijek novo Blaženstvo. Šankara je reorganizirao drevni Red swamija i osnovao četiri velika *matha* (redovnička centra za duhovnu obuku), čiji vođe u apostolskom nasljeđu nose naslov Jagadguru Sri Shankaracharya. Značenje *Jagadguru* je „učitelj svijeta".

Swami Sri Yukteswar– Swami Sri Yukteswar Giri (1855. – 1936.), indijski *jnanavatar*, „utjelovljenje mudrosti", guru Paramahanse Yogānande i *paramguru* svih *kriyabana* Self-Realization Fellowshipa. Sri Yukteswarji je bio učenik Lahirija Mahasaye. Po nalogu Mahāvatara Babajija, gurua Lahirija Mahasaye, napisao je knjigu *Sveta znanost*, raspravu o temeljnom jedinstvu kršćanskih i hinduističkih svetih spisa. Pripremao je Paramahansu Yogānandu za njegovu duhovnu misiju promicanja *kriya joge* (*v.*) izvan Indije. Paramahansaji je s mnogo ljubavi opisao život Sri Yukteswarjija u knjizi *Autobiografija jednog jogija*.

Škola u Ranchiju – Yogoda Satsanga Vidyalaya, obrazovna i odgojna ustanova za dječake koju je Paramahansa Yogānanda utemeljio 1918. u Ranchiju, indijska savezna država Bihar. Osnovana je na posjedu Maharaje od Kasimbazara koji je ustupio svoju ljetnu palaču i deset hektara zemlje za potrebe škole. Posjed je konačno kupljen za vrijeme boravka Paramahansajija u Indiji 1935. – '36. Više od dvije tisuće djece pohađa Yogoda škole u Ranchiju, od predškolske dobi do fakulteta. Vidi *Yogoda Satsanga Society of India*.

tehnika koncentracije – tehnika koncentracije koju podučava Self-Realization Fellowship (poznata i kao *Hong-Sau* tehnika) u svojim Lekcijama. Ova tehnika pomaže na znanstveno utemeljen način odvratiti pozornost s objekata vanjskog svijeta koji uzrokuju nemir te je usmjeriti na samo jednu stvar u određeno vrijeme. Zbog toga je ova tehnika iznimno važna za postizanje koncentracije na Boga u meditaciji. Hong-Sau tehnika je sastavni dio znanosti *kriya joge* (*v.*).

Rječnik

Trojstvo – kada se Duh pokazuje u stvorenom svijetu, On postaje Trojstvo: Otac, Sin, Duh Sveti, ili *Sat, Tat, Aum*. Otac (*Sat*) je Bog Stvoritelj koji postoji izvan stvaranja. Sin (*Tat*) je Božja sveprisutna inteligencija prisutna u svemu stvorenom. Duh Sveti (*Aum*) je vibratorna Božja moć koja se opredmećuje ili predstavlja samo stvaranje.

Ciklusi kozmičkog stvaranja i rastvaranja redaju se naizmjence u Vječnosti (vidi *yuga*). U vrijeme kozmičkog mirovanja, Trojstvo i sve druge relativnosti stvorenog svijeta razlažu se (rastapaju) u Apsolutnom Duhu.

učenik – onaj koji u svojoj težnji k duhovnom uzdignuću dolazi guruu tražeći od njega da ga upozna s Bogom u svrhu čega uspostavlja vječnu duhovnu povezanost s guruom. Oni koji slijede učenje Self-Realization Fellowshipa uspostavljaju odnos guru – učenik putem *dikshe*, inicijacije u *kriya jogu*. Vidi također *guru* i *kriya joga*.

Vedanta – doslovno „završetak Veda"; filozofija koja proizlazi iz *Upanišada*, kasnijih dijelova Veda. Šankara (osmo ili rano deveto stoljeće) je bio glavni predstavnik Vedante koji je isticao da je Bog jedina stvarnost i da je sav stvoreni svijet u osnovi iluzija. Budući da je čovjek jedino stvorenje sposobno spoznati Boga, čovjek također mora biti božanskog podrijetla, a njegova je dužnost shvatiti svoju istinsku prirodu.

Vede – četiri sveta hinduistička teksta: Rig Veda, Sama Veda, Yajur Veda i Atharva Veda. One sadržavaju obredna pjevanja i molitve za oživljavanje i produhovljavanje svih dijelova ljudskog života u svakom području djelovanja. Među mnogobrojnim indijskim tekstovima, Vede (sanskrtski korijen *vid* – „znati") jedini su spisi koji nemaju poznatog autora. Rig Veda ukazuje na nebesko podrijetlo himni i govori nam da su one potekle iz „drevnih vremena", preodjevene u novi jezik. Sadržaj Veda prenošen je u drevna vremena božanskim otkrivenjem *rišijima* – *vidovnjacima* te se smatra da ti sveti tekstovi posjeduju *nityatvu*, „bezvremenu konačnost".

Yogoda Satsanga Society of India – Naziv udruge koju je Paramahansa Yogānanda osnovao u Indiji 1917. Njezino sjedište, Yogoda Math, nalazi se na obalama Gangesa u Dakshineswaru, blizu Kalkute, s podružnicom (*math*) u Ranchiju, indijska savezna država Bihar. Pod okriljem ove udruge niz je centara za meditaciju diljem Indije, kao i dvadeset i jedna odgojno-obrazovna institucija, od osnovnog obrazovanja do razine sveučilišta. *Yogoda* je riječ koju je skovao Paramahansa Yogānanda na temelju sanskrtskih izraza: *yoga*, „jedinstvo, sklad, ravnoteža" i *da*, „ono što daje, pruža". *Satsanga* znači „božansko prijateljstvo" ili „prijateljstvo u Istini". Na Zapadu je Paramahansaji preveo indijski naziv kao „Self - Realization Fellowship". (*v.*)

zlo – sotonski utjecaj koji zaklanja uvid u sveprisutnost Boga unutar stvaranja i koji se očituje u vidu nesklada u čovjeku i u prirodi. U širem smislu, sve što je u suprotnosti s božjim zakonom (vidi *dharma*) i što čovjeka čini nesvjesnim njegova istinskog jedinstva s Bogom i što ga priječi u postizanju spoznaje Boga.

životna sila – vidi *prana*.

www.ingramcontent.com/pod-product-compliance
Lightning Source LLC
Chambersburg PA
CBHW071055230426
43666CB00009B/1724